本书原著出版得到圣彼得堡政府文化委员会、“列里赫遗产”国际慈善基金、纽约列里赫博物馆、世界彼得堡人俱乐部、圣彼得堡国立大学法律系、圣彼得堡国立大学列里赫中心的支持

本书出版受到陕西省文物保护专项资金资助

尼古拉·康斯坦丁诺维奇·列里赫
（印度，库卢，纳加尔，摄于 1937 年左右；纽约列里赫博物馆收藏的照片）

陕西省考古研究院
Shaanxi Academy of Archaeology

陕西省文化遗产研究院
Shaanxi Provincial Institute of Cultural Heritage

H. K. 列里赫的
文化遗产保护探索之路

俄罗斯圣彼得堡国立列里赫家族博物馆（研究院） 著

陕西省考古研究院
陕西省文化遗产研究院 编译

科学出版社

北京

内 容 简 介

本书是一部关于尼古拉·康斯坦丁诺维奇·列里赫及其所倡议的《列里赫公约》的综合性研究著作。

本书主要为2005年4月15日在圣彼得堡律师事务所举行的国际科学实践会议以及在圣彼得堡举行的第5～15届“列里赫遗产”国际科学实践会议的资料，充分肯定了尼古拉·康斯坦丁诺维奇·列里赫本人以及《列里赫公约》对保护世界文化遗产所做出的杰出贡献。并从《列里赫公约》的发展历史和基本思想、第二次世界大战后《列里赫公约》的推行与发展，以及《列里赫公约》在世界范围内的传播与实践等几个方面进行了深入系统的介绍。

本书可供文化遗产保护、国际法等研究的人员及大中专院校相关专业师生阅读参考。

图书在版编目（CIP）数据

H. K. 列里赫的文化遗产保护探索之路 / 俄罗斯圣彼得堡国立列里赫家族博物馆（研究院）著；陕西省考古研究院，陕西省文化遗产研究院编译. —北京：科学出版社，2020.9

ISBN 978-7-03-066064-0

Ⅰ. ① H… Ⅱ. ①俄… ②陕… ③陕… Ⅲ. ①文化遗产–保护–研究–世界 Ⅳ. ① K103

中国版本图书馆CIP数据核字（2020）第173248号

责任编辑：王琳玮 / 责任校对：王晓茜

责任印制：肖 兴 / 封面设计：刘可红

科学出版社 出版

北京东黄城根北街16号

邮政编码：100717

http://www.sciencep.com

中国科学院印刷厂 印刷

科学出版社发行 各地新华书店经销

*

2020年9月第 一 版 开本：787×1092 1/16

2020年9月第一次印刷 印张：35

字数：830 000

定价：198.00 元

（如有印装质量问题，我社负责调换）

原著编委会

А. А. 邦达连科、Н. В. 布罗夫、Л. Н. 加连斯卡娅、С. Н. 伊科妮科娃、В. Л. 梅利尼科夫、Л. В. 米先科、М. Б. 皮奥特罗夫斯基（主席）、В. Н. 特罗扬（副主席）、Ю. Ю. 布德尼科娃

目　录

第二次世界大战期间（1939 ~ 1945 年）文化、科学和教育工作者的功勋

《列里赫公约》战后历史与现代文化财富保护体系：成就与问题

在紧急状态下文化遗产保护的问题

《文化权利宣言》——当今的《列里赫公约》

М. Б. 皮奥特罗夫斯基
（历史学博士、俄罗斯科学院主席团记者和成员、俄罗斯美术学院正式成员、
国家埃尔米塔什博物馆董事长、圣彼得堡国立大学东方学系主任）

文化是各民族之间最佳的联系纽带。文化的多样性是文化融合的关键，它不单单是当今世界的一个现实存在，有其自身价值，而且还切实影响着所有现代文明，并早已成为其最宝贵且最坚实的一环。

20 世纪时，针对文化的多样性与统一性，列里赫家族提出了“以文化作为东西方之间的桥梁”的观点，该观点主要体现在尼古拉·康斯坦丁诺维奇·列里赫[①]的艺术创作和哲学学说中。令人欣慰的是，在列里赫家族的故乡——圣彼得堡的列里赫家族博物馆学院，列里赫家族遗产得到了很好的研究。在圣彼得堡国立大学，每年都会举行一次“列里赫遗产”国际研讨会，并且形成了一个良好的传统，那就是在会议期间还要颁发尼古拉·列里赫国际奖，该奖项的创立者是世界彼得堡人俱乐部、圣彼得堡国立大学、列里赫家族博物馆学院、Н. К. 列里赫艺术学校以及“列里赫遗产”基金。五大创立者从不同方面反映了列里赫这位伟大画家和人文学家的个性特点。

2005 年 4 月 15 日举行了纪念“列里赫公约签署 70 周年”的会议，会议期间讨论了《列里赫公约》，即首个《关于保护艺术和科学机构及历史纪念物条约》的国际公约（华盛顿，1935 年，也被称作《和平条约》）对于当代社会的意义。就推动保护文化遗产的国际体系的建立而言，《列里赫公约》具有实质性的意义。

2003 年 11 月，联合国教科文组织总干事松浦晃一郎出席了俄罗斯总统下辖的文化委员会会议。在此次会议上，与会人员向俄罗斯总统和联合国教科文组织的领导人提出了一系列方案。然而，这些方案并没有得到落实。如果将文化保护事业只寄希望于外部的物质援助，那么将无法实现。此项事业主要取决于某一国家的政策，但是就当今社会而言，要更大程度上取决于某些文化事业的捍卫者和献身者以及文化事业资助者的倡议。当然联合国教科文组织以及其他国际组织在这方面的作用也是不可或缺的，这些组织的作用在于建立完善的文化法律体制，其客体为文化财产，主体为文化财产的保护者和所

---

① 本书中称列里赫、Н. К. 列里赫、尼古拉·康斯坦丁诺维奇、列里赫·康斯坦丁诺维奇、尼古拉·列里赫，皆指尼古拉·康斯坦丁诺维奇·列里赫。各处均保留原文表示方式。

有者。

但要注意的是，目前还没有形成完善的法律体制：主要体现在人权和文化权方面。

人权是一种绝对价值，我们应竭尽全力保护人权。虽然当今世界仍然需要遵守人权宣言，但很少提及文化权。在我看来，Д. C. 利哈乔夫或 H. K. 列里赫的思想显得有点“乌托邦”。但是，我相信这种态度会有所改变，一切都会不断向前发展。毕竟，红十字会和人权理念曾经一度也是受人怀疑的。

在当今社会，俄罗斯人 H. K. 列里赫和 Д. C. 利哈乔夫之名在世界上也变得越来越为人们所熟知。尼古拉·康斯坦丁诺维奇提出了保护文物的伟大观点，并且这种观点早在 70 年前就得以践行：在美国华盛顿的白宫通过了《列里赫公约》，甚至还采用了特殊旗帜，即和平旗帜，来标记文化财产。同样，Д. C. 利哈乔夫院士也给我们留下了在有些人看来显得有些“乌托邦”的《文化权利宣言》。但不可避免的是，人们会将他的《文化权利宣言》与《列里赫公约》进行比较，因为在人类发展的新阶段，Д. C. 利哈乔夫的《文化权利宣言》使我们重新关注到了那些固有的文化权利问题。在我看来，是时候重新审视这些思想，并思考在建立世界新秩序的环境下如何应用这些思想了。很显然，与人权一样，文化权也应受到同等程度的保护，而德米特里·谢尔盖耶维奇的《文化权利宣言》是真正符合需求的。

有这样一个进退两难的处境：如果教堂里面有敌人的机枪手，那么是否需要轰炸该教堂？在第二次世界大战期间，同样也面临着这样的情况，要么轰炸，要么不轰炸，这主要取决于做决定的人。当时做任何决定都不简单，必须要权衡局势。我认为，《列里赫公约》中的方案是可行的。在有红十字会与红新月会标志的地方，意味着不能对该地方的人们进行轰炸，但是同样会有不遵守该约定的情况，不过，这些标志的存在仍然能阻止一些人的行为。除此之外，还需要得到更多的支持，并在全球范围内采用列里赫设计的标志——内有三个红色实心圆（褐红色）的红色圆圈，有了这个标志便意味着该纪念物是不可侵犯的，且所有人都应遵守此规定。

这些传统得到了延续，并且出现了《文化权利宣言》。有些东西应该融入文明社会每个人的血液之中，明白有些事情是坚决不能做的，因为这可能会对整个人类文化造成损害，而不仅仅是单独的个人。当然，仅有宣言还是不够的，在立法、心理学和教育方面，我们需要做的还有很多。

例如，很多律师说只有人才能成为法律的主体，而文化不能。从表面上看，在当今社会这种观点是正确的，但随着进一步和更深入的思考，就会发现这种观点其实也并不完全正确。处在任何情况下都可以找到出路，当然，前提是要去探索。这就是创造性的工作。在探索的过程中，所有的参与者，如国际组织、国家元首、文化主体（即艺术家、文化工作者），当然，还有文化领域内所有真正的朋友，以及那些为后代保存文化财产的博物馆学专家，都要有一个积极的态度。

要知道，博物馆的主要功能就是进行教育。我们所有的工作都是为了孩子们。博物馆中陈列的文化遗产会给人一种特殊的感觉，将有助于增强人们的理解力，促进精神“扫盲”。受过博物馆学教育的人将会切身感受到这是什么，这不是什么，什么是有价值的，什么是没有价值的。通常，现在的文化工作者是缺乏这种感觉的。因此，对H. K. 列里赫在俄罗斯、美国、法国、比利时、拉脱维亚和印度建立并为此付出了很多精力的博物馆提供帮助是很重要的。

我认为，如何尽快使文化“主体”在全世界上得到应有的关注，而不仅仅只是在由于战争和恐怖活动而遭受损害时才受到关注，这取决于我们所做的努力。当国际社会意识到，无论在任何情况下都不能损害人类文化发展基础时，这一天的到来也就为时不远了。

欢迎来到 2005～2015 年国际

列里赫会议举行地——圣彼得堡

列里赫唤醒了我们

H. B. 布罗夫

（俄罗斯人民演员、圣彼得堡国家文化机构——
国家历史文物博物馆“圣以撒大教堂”负责人）

在我国（指俄罗斯，译者注）的历史长河中，必然会在某个时刻出现某个人而将某些人唤醒。例如，十二月党人唤醒了赫尔岑，赫尔岑又唤醒了其他人，以此类推，无穷无尽。严格来说，在我19岁时，尼古拉·康斯坦丁诺维奇·列里赫在某些方面唤醒了我。更具体地说，这件事发生于1972年，当时我只有19岁，生平第一次在阿拉木图市外的大山里生活。正是在阿拉木图的一家大型书店，我突然发现了一本厚重的硬皮书，这本书是在H. K. 列里赫逝世25周年前夕，由国家货币、奖章和勋章发行总局出版社出版的，书中再现了H. K. 列里赫的生平事迹。准确地来说，我国（指俄罗斯，译者注）发行的卢布也与此有关，在（浅灰色）卢布的票面上印着尼古拉·康斯坦丁诺维奇的画作。也许就是在那时，列里赫唤醒了我。因为这种直观明显的冲击力让人不得不思考，画家列里赫想要给我们传达的是什么，最终让人与哲学家、思想家列里赫在一定程度上产生共鸣……我也决定要唤醒一些人，因为我意识到，在敌对的世界和恶劣的环境中，无私奉献会使自己的名字流芳百世，这对我来说是一种启发，同时也有那么一点羞愧。

列里赫所开展的保护文化财产的事业将与人类社会共存亡。值此人类文化生活中伟大的事件之一，即《关于保护艺术和科学机构及历史纪念物条约》的首个国际条约（华盛顿，1935年4月15日）通过70周年会议之际，我在此对与会人员表示衷心的祝贺，也预祝会议取得圆满成功。我相信，世界、彼得堡（建立了优秀的彼得堡家族博物馆学院）、列宁格勒州、伊兹瓦拉的尼古拉·列里赫庄园博物馆在列里赫遗产领域所做的一切努力都将会得到应有的收获。这些正是我们生活中所说的一些“小事”，但没有这些所谓的“小事”，人类可能就会很难继续存在。

我一直认为列里赫的性格是多样化的，最重要的是，他呼吁人们不断思考什么才是人类社会最重要的东西。对人们来说，不论信仰，不分地区，最重要的东西都是一样的，那就是精神生活。列里赫自己对这个问题非常关注，同时也呼吁我们关注这个问题，我希望，在此问题上他已将我们唤醒。

《列里赫公约》70周年纪念日快乐！一个伟大灵魂的纪念日快乐！

2005年4月15日在圣彼得堡律师事务所举行的国际科学实践会议上的发言

任务永远紧迫

B. E. 米哈伊洛夫
（俄罗斯联邦总统在西北联邦区圣彼得堡市的全权代表
机构下属公共关系部门的首席顾问）

在此，请允许我代表俄罗斯联邦总统在西北联邦区圣彼得堡市的全权代表 И. И. 克列班诺夫向“《列里赫公约》70 周年”会议的开幕表示祝贺，并向会议主办方表示感谢，感谢他们提醒我们所有人记住这个极其重要的日子，提醒我们，尼古拉·康斯坦丁诺维奇·列里赫提出的保护文化财产的任务一直都是十分紧迫的。

只有在两种情况下，保护文化财产的任务才会变得不那么紧迫。第一，具有包容、有效的法律，使得保护文化财产的任务得到彻底规范，整个社会能自觉保护和接受文化，不再需要任何人提醒文化所具有的价值，文化成为人与人之间同一性的基础，就像个人与整个人类的关系一样。但遗憾的是，这种情况目前还没有出现，并且这种“理想国度”也不会很快形成，尽管我们一直在为此努力。第二，文化从地球上消失。幸运的是，这种情况也没有出现，尽管人类社会已产生了大量对文化财产具有影响的冲突和矛盾。

在一个健康的社会中，文化将会一直被提上议事日程。我至今仍然记得，面对文化任务和文化责任，伟大的彼得堡公民、人道主义者、和平爱好者、画家——尼古拉·康斯坦丁诺维奇·列里赫给我们留下的一些具有现实意义的话语。

> 当今社会经常提到的文化任务，需要有一些现代化的表现形式。文化本身可以消除任何一切的敌对与分离。如果文明的顶端以及文化的上层领域，首先是结合了所有人类才华成果的结晶，那么用于完成这些扩展任务的工具也应是真正意义上现代化的工具。正是广阔的文化视野提高了人类的总体思维水平，进而呼吁我们面向现代化，进行开放并不断完善[①]。
>
> 美好的事物不能仅靠一些规定和法律来保护。只有当人类理解到美是无价之宝，它会给人以创作灵感，使人变得高尚，让人活得更加精致，人类真正的财富才会有安全的保障。而绝不能认为，对文化的破坏（不管是公开的，

① H. K. 列里赫：《雪铁龙之旅》（Keylang，1932 年），《火焰城堡》，里加，1991 年，第 225 页。

还是隐蔽的）只是发生在过去，是由某些传说中的领袖和征服者所造成的。即使是在当今社会，我们依然能看到各种形式的破坏现象。因此，发起一场旨在保护和拯救美的运动不是可有可无、不符合现实的，相反，这是最紧急、最有必要、最刻不容缓的任务[①]。

对后代负责，履行我们伟大的义务，这是一件多么有意义的事啊！首先，我们要做的就是保护伟大的文化宝藏。这是一项艰巨的任务，但如果是由我们来从事这样一项伟大的事业，我们理应为此感到高兴。伟大之路必定会障碍重重，但克服障碍的过程也是我们学习的过程。通过克服这些障碍，我们可以提升我们的聪明才智和创造力，并能提高警惕性。总之，我们会或多或少聆听到一个美妙动听而又持续不断的呼唤：创造，创造，创造！这种呼唤会激励我们更好地生活。我们应将这些极其重要的准则纳入现有的所有事物中。要牢记，为年轻一代的攀登之路奠定基础是我们的责任所在[②]。

2005 年 4 月 15 日在圣彼得堡律师事务所举行的国际科学实践会议上的发言

① H. K. 列里赫：《帕那刻亚》（喜马拉雅山脉，1937 年），《日记簿》第Ⅱ卷，莫斯科，1995 年，第 21 页。

② H. K. 列里赫：《东方友人们》（1942 年），喜马瓦特，萨马拉，1995 年，第 14、15 页。

《列里赫公约》诞辰 70 周年

丹尼尔·恩京
（纽约列里赫博物馆馆长）

2005 年是《列里赫公约》在华盛顿白宫签署 70 周年的周年纪念，签署该公约的参与人员有美国总统富兰克林·德拉诺·罗斯福以及其政府成员，还有列里赫博物馆的代表。这是极其重要的事件：泛美联盟的所有参与国都签署了该公约，即几乎北美洲和南美洲的所有国家都签署了该公约。

对于这段历史，大多数人却知之甚少。在致罗斯福总统的信中，叶莲娜·伊万诺芙娜·列里赫向其提出了一个旨在统一两个美洲的高级计划。因此，在乌拉圭首都蒙得维的亚举行了旨在推进该公约的一次重要会议。基于此原因，列里赫家族最早的一批女同事中的一位成员——弗朗西斯·格兰特，也是列里赫博物馆受托管理委员会的委员，曾被派往拉美各主要国家的首都，拜会这些国家的元首，向他们阐述列里赫在西方进行活动的思想及目的。弗朗西斯·格兰特还带去了 H. K. 列里赫的大量画作，用于在南美各国的首都进行展览，这样一来，整个南美大陆首次看到了列里赫的艺术作品。

在纽约的列里赫博物馆中保存着大量关于《列里赫公约》的资料。我们已将其中的部分资料转交给了本书的出版人员，从而使读者能够更加全面地了解列里赫家族在西方所进行的活动中的一个最重要使命——战争期间文化遗产的保护。即使在当今社会，公约本身也是一股重要的力量，其影响会波及世界各地，并不断提醒着人们，对于人类而言，重新审视和更高程度地尊重自身的文化遗产是有多么的迫切，学会珍视各国的文化、科学和教育成果，并尽一切可能来保护世界文化遗产是多么的重要。

“和平旗帜”是这一人类使命最有力的全球性象征。这一标志是地球上古老的标志之一，其无处不在，遍及世界各地，没有人能完全占有并操纵它。它象征着人们对保护自身最美好东西的普遍渴望，这既包括过去，也包括现在所取得的成果。

所有人类创造的最美好的东西，经常会不被尊重、受到破坏、被人忽视乃至遭到残酷对待，对此，我们需要不厌其烦地来提醒人们，地球给予我们信任，我们也应对她负责，这是我们的神圣职责。我们不是这个星球的主人，我们没有权利去伤害她，而是应该去保护她、关心她、呵护她，使她变得更加美好，为我们的后代服务。

2005 年 4 月 15 日在圣彼得堡律师事务所举行的国际科学实践会议上的发言

世界上的彼得堡人

B. T. 奥勒洛娃

（世界彼得堡人俱乐部董事长）

在《列里赫公约》诞辰 70 周年的这个日子里，让人不禁回想起尼古拉·康斯坦丁诺维奇·列里赫在国际社会正式通过《文化财产保护公约》前一年所说的话："……有关保护最伟大、最美好事物的任何劝告都会及时缩短我们前进的道路。" ①

还是在沙俄时代，和平问题以及在战争和社会动乱的年代中保护文物的问题就引起了列里赫的深切关注。他认为文化是人类最大的财富，其融合了科学、艺术、教育领域最优秀的成果，是未来的基础。

此公约不仅呼吁人们要保护人类的文化和精神遗产，同时还呼吁各民族团结统一、尊重各民族的自身价值、以保护文物作为最高的道德标准。

我曾经说过，我们城市的多民族性、国际性以及这座城市悠久的历史，使得彼得堡成为世界上最美丽的城市之一。

我认为，按照国际法的规定来看，我们的同胞——彼得堡人尼古拉·列里赫成为制定该公约原则的发起人并不是偶然的。

世界彼得堡人俱乐部的纲领中有一条被称为"列里赫家族遗产"，此纲领力求体现这位画家和思想家的伟大遗愿。为此曾举办过圣彼得堡青少年最佳创意作品大赛、"普罗米修斯之星"国际儿童大赛，旨在鼓励人们追求更高的精神理想；还举办过展览会和音乐会；发表过文学作品，其中主题为"我的族谱"的文学作品具有特殊的地位；与圣彼得堡尼古拉·列里赫艺术学校、圣彼得堡国立大学、列里赫家族博物馆学院、"列里赫遗产"国际慈善基金一起成立了"尼古拉·列里赫"国际奖；在画家列里赫出生之地（大学街 25 号）建立纪念碑，该纪念碑是在雕塑老师、艺术家鼓励协会（成为世界彼得堡人俱乐部的会员单位已将近十年）学校继承人的指导下由艺术学校的学生来完成的。

在这个值得纪念的日子里，我们希望每个人都能跟尼古拉·康斯坦丁诺维奇·列里赫一样，关心整个世界的和平："让那些美好的符号，那些充满善意的旗帜遍及世界各地吧。" ②

2005 年 4 月 15 日在圣彼得堡律师事务所举行的国际科学实践会议上的发言

---

① H. K. 列里赫，《关于世界和平》（北京，1934 年 12 月 25 日），《通向未来的大门》，里加，1991 年，第 11 页。

② H. K. 列里赫，《关于世界和平》（北京，1934 年 12 月 25 日），《通向未来的大门》，里加，1991 年，第 11 页。

反抗精神

C. H. 伊科妮科娃
（科学哲学博士、教授、圣彼得堡国立文化艺术大学文化理论和历史教研室主任）

人的身上存在某种惊人的反抗精神，即抵制庸俗行为的传播、抵制因循守旧的主张、抵制破坏美好的一切东西。对此，H. K. 列里赫曾精辟地写道：“如果你问人们在战争以及屠杀后的和平时期是否需要保护文化财产，每个人都会说，当然需要，这是毫无疑问的。”然而，很多时候事实并非如此。文化财产正在消失，文物正遭受着破坏。因此在我看来，不仅要制定相关的法律，还要对所有的教育活动进行改进，培养人们正确对待历史上留下的遗产，这都是非常重要的。就这一方面而言，出现的问题远比我们想象的要多得多。就拿私有化时期来说，这一时期大量的文物古迹归私人或者市政所有。假如文物落到一个没有文化且未受过教育的人手中，难道还能指望他对文物古迹进行正确的保护、研究？所以，在生活的各个领域——从经济学到宗教，很多东西都是由文化人所受到的教育程度来决定的。因为在这些人的身上存在着上述所说的反抗精神。

今天，我们庆祝这个伟大的日子，70 年前，一个人——一个“大写的人”、我们的同胞 H. K. 列里赫的反抗精神使一些人团结在一起，使得他们开始关心我们的过去。没有过去就没有我们现在的光明与欢乐，没有过去就没有未来，因为青少年的教育不可能只涉及当代生活中的例子。这种三位一体的理念在“和平旗帜”中有着明显的体现，根据 H. K. 列里赫的想法，这种理念呼吁人们保护精神生活财富、建筑和艺术著作、科学和教育宝藏——整个人类文化以及作为文化载体的人类财富。

我有幸参与了新版《文化理论史》教科书（圣彼得堡：彼捷尔出版社，2005 年）的编制，我想将这本书赠给本次会议的主办方——“列里赫遗产”国际慈善基金、列里赫家族博物馆学院，希望在未来能够真正向人们展示多样化且具有吸引力的列里赫遗产。在这本教科书中有一章名为“文化带来和平”，以纪念尼古拉·康斯坦丁诺维奇·列里赫的努力。

2005 年 4 月 15 日在圣彼得堡律师事务所举行的国际科学实践会议上的发言

将想法转变成财富

Б. Б. 巴德马耶夫

（圣彼得堡 Datsan Gunzechoyney 佛寺住持）

俄罗斯文化的特点是具有民族多样性和宗教多样性。而佛寺不仅仅只是一种东方元素，就像我们常说的，这是一种早已融入了俄罗斯文化中的文化，因为俄罗斯的建筑学家和学者、彼得堡的原住民，其中包括尼古拉·康斯坦丁诺维奇·列里赫，都直接参与了佛寺的建设。正因为如此，佛寺不仅是圣彼得堡的文化财产，也是整个俄罗斯的文化财产。这种财产不仅包括作为有形资产的独特寺院建筑，即物质文化遗产，还包括无形资产，即非物质文化遗产（宗教文化以及宗教行为都属于非物质文化遗产的范畴）。

我们必须明白，在俄罗斯这样一个多民族的国家，有必要克服某种意识的约束和限制，将我们所有的想法变成一种财富，从而使人类积累的财富为我们服务，教育后代。

在 Н. К. 列里赫的《和平公约》中，他呼吁我们为此而努力，并如是要求他的学生和儿子——著名的佛学家 Ю. Н. 列里赫。

2005 年 4 月 15 日在圣彼得堡律师事务所举行的国际科学实践会议上的发言

《列里赫公约》在俄罗斯小城市的处境

C. B. 梅德韦杰夫

（特维尔州上沃洛乔克市“伊里斯”教育体系支持和发展基金董事）

亲爱的朋友们！请接受我对《列里赫公约》70 周年纪念活动地诚挚问候。这一国际条约在过去和现在一直都是精神文明重要的顶峰之一，可以很清楚地看到，从其观点出发，可将文化保护和教育工作向前推进许多年。各种形式的列里赫遗产一直都是一个迫切的问题，1935 年甚至还专门划分出了《华盛顿公约》。就结构和简洁性而言，可将其与基督教的基本戒律相提并论。只有在谈及戒律的情况下，我们才指的是个人的道德原则，而在涉及《列里赫公约》的情况下，我们则指的是社会的道德原则。但随着时间的推移，我们会发现该条约正在不断影响着全球的进程。也许，这就是精神上的胜利与肉体上的胜利的区别所在，后者的意义会随着时间的推移而衰减。

确立社会发展的道德原则在一些小城市显得尤为必要。正因为如此，尼古拉·列里赫的创作之路起源于瓦尔代高地，俄罗斯的心脏地带，俄罗斯伟大的伏尔加河、第聂伯河和西德维纳源头地带。在此，特向《列里赫公约》70 周年纪念活动的与会人员表示衷心的问候。衷心祝愿各位与会人员再创艺术新高。

2005 年 4 月 15 日在圣彼得堡律师事务所举行的国际科学实践会议上的发言

在法学系学习的经历使 H. K. 列里赫获得了法学方面不可或缺的知识

A. B. 格列边希科夫
（圣彼得堡市律师事务所负责人，圣彼得堡国立大学法学系副系主任、劳动法教研室副教授、法学副博士）

尊敬的女士们、先生们，各位朋友、同仁：

请允许我向我系的各位同学和老师表达我的感激之情，感谢他们为保护 H. K. 列里赫的艺术遗产和发展其思想的伟大事业所作出的努力。H. K. 列里赫的生活与我系和我校有着直接的关系。

H. K. 列里赫自己曾提到，他去法学系学习是家庭妥协的结果，他的兴趣主要在历史和艺术创作上。

同时，他也曾多次强调与系里的教授、老师沟通的重要性和带来的好处。在那些年里，俄罗斯著名学者尼古拉·米哈伊洛维奇·科尔库诺夫、费奥多尔·费奥多罗维奇·马尔坚斯、尼古拉·斯捷潘诺维奇·塔甘采夫、瓦西里·伊万诺维奇·谢尔盖耶维奇等杰出的法学家都曾在这所皇家大学即圣彼得堡国立大学法学系任教。

参加学生社团是列里赫的一个极大兴趣所在。与系里未来的历史活动家、后来成为俄罗斯的骄傲并被载入世界艺术史册的列昂尼德·安德烈耶夫、亚历山大·布洛克、扬·赖尼斯、米哈伊尔·左琴科、伊戈尔·斯特拉文斯基、谢尔盖·佳吉列夫、尼古拉·古米廖夫一起，他们获得了许多关于国家和社会制度的知识。

当然，这些人在系里的工作和学习时间并不完全与 H. K. 列里赫在校时间相吻合，但不能否认系里存在着特殊的创作氛围，正是这种氛围促进了艺术家和研究员人格的培养。

在系里的学习使 H. K. 列里赫获得了许多新知识——他所处时代的俄罗斯和以往各个时代不同国家的国家制度。法律领域的知识，无疑会有助于理解国家在过去、现在和将来在世界秩序中所处的地位。H. K. 列里赫指出，他对古罗斯的国家制度和文化的认识是从历史记录文献中获取的，这些文献包括了最初的一些法律编年史。

在我们看来，H. K. 列里赫关于文化在社会进步中占有特殊地位的结论是具有特殊价值的。这种观点与当时流行的马克思唯物主义理论是不一致的。在提出优先发展生产力和生产关系以及使生产力和生产关系相互对应的同时，马克思唯物主义理论忽略了不同民族的历史和文化传统。对于H. K. 列里赫来说，人的内心世界在人的所有组成部分中是非常重要的，其中包括意识到自己是全部人类社会关系中的主体。在他的绘画作品中，列里赫着重关注了个人对周围世界的感知，以及感知世界的复杂性、多样性、整体性和不平衡性，这种情况的出现并不是偶然的。

H. K. 列里赫受到的法律教育对他人生中的第二个重要领域——社会活动也是有明显帮助的。他认为，在保护文化财产方面，进行国际法律合作是非常有必要的。在对人类最重要的财产进行国际保护并为其创造法律依据的层面，他是俄罗斯法律传统当之无愧的接班人。如果说俄罗斯著名的彼得堡人、法学家Φ. Φ. 马尔坚斯一生的成就是促进达成了旨在杜绝野蛮残忍对待士兵和平民的战争法规与惯例方面的国际法令的话，则尼古拉·康斯坦丁诺维奇·列里赫最大的成就之一就是促进达成了著名的《列里赫公约》，现在，该公约是大家公认的人类在保护精神财产事业中迈出的重要一步。

如今在教育和培养未来的法学家时，很显然我们不能仅仅只是依靠技术手段来传授法律知识，还要让其在实践中运用这些知识。对于个人和社会而言，某些法律规定的价值依据是很重要的。在这方面，我们以H. K. 列里赫为例。

当时他写道：

> 《文化财产保护公约》不仅需要作为一种正式工具，还需要作为一种教育法，从入学的第一天起，就要用保护人类自身真正财富的崇高思想来教育年轻一代（《日记簿》）。

对于H. K. 列里赫具体的生活和创作，我们可以这样说：在培养新一代的法学家时，我们要以他为榜样，尊重人类真正的财富，比如自由、有尊严的生存以及对幸福的追求。

为此，我们现在正与将我们聚集于此的各个组织开展合作，并且在将来仍会与这些组织进行合作，尽最大可能发扬H. K. 列里赫的思想。请允许我再次向你们表示感谢，感谢你们为教育活动所付出的一切。

圣彼得堡国立大学第五届“列里赫遗产”国际科学实践会议
2005年10月6日在主楼彼得罗夫斯基大厅举行的全体会议

4 月 15 日文化节——立陶宛的国家节日

伊莲娜·扎列茨肯涅
（立陶宛维尔纽斯市列里赫协会名誉主席）

亲爱的朋友们！

请允许我向第六届“列里赫遗产”国际科学实践会议的开幕表示祝贺。

很高兴此次会议是在十月举行的，十月——这不仅是一个美丽的月份，还是一个充满精神盛宴的月份。

10 月 9 日是伟大先驱——尼古拉·康斯坦丁诺维奇·列里赫的诞辰纪念日。

让我们共同来庆祝这个伟大的节日吧！

我们在立陶宛的 H. K. 列里赫协会已经庆祝了圣法兰西斯纪念日，纪念了 E. И. 列里赫和圣谢尔吉·拉多涅日斯基。在克莱佩达市和考纳斯市，我们也举行了节日活动，自今年 3 月起，在立陶宛考纳斯市主要的图书馆持续进行了主题为“美学之路”的 H. K. 列里赫作品复制品展览。

在展览开幕期间，还召开了第十届道德论坛——“文化和宗教”，在论坛上，有人曾向总统提议将 4 月 15 日定为文化节，也就是国家节日。这个提议得到了论坛成员和与会人员的签字确认，由立陶宛国会通过，并由立陶宛政府确认。自 2007 年 4 月 15 日起，我们将庆祝一个新的国家节日——文化节。

10 月 7 日，主题为“美学先驱”的斯维亚托斯拉夫·列里赫作品复制品展览会在阿利图斯市开幕。

11 月初，展览由考纳斯市转移到维尔纽斯市立陶宛国防部下辖的军官俱乐部。

文化事业工作在未来仍将继续。在这个充满美和光明的领域中，不同民族、不同种族的人民将紧密团结在一起。这种精神环境也将人类的心灵和最崇高的追求紧密结合在一起。

我们希望在你们的会议上，围绕着那些过去、现在和将来成为人类精神灯塔的伟大代表，将人们紧紧团结在文化的世界里。

圣彼得堡国立大学第六届“列里赫遗产”国际科学实践会议
2006 年 10 月 9 日在主楼彼得罗夫斯基大厅举行的全体会议

正是在彼得堡大学诞生了《列里赫公约》思想

A. H. 基尔皮奇尼科夫
（历史学博士、教授、俄罗斯联邦功勋科学家、列宁格勒州荣誉公民、圣彼得堡市俄罗斯科学院物质文化史研究所斯拉夫和芬兰考古部主任）

亲爱的同事们、朋友们！我对所有成功和积极拯救列里赫遗产的人表示感激与赞赏，因为这个任务在当今社会尤为迫切。这里我要引用尼古拉·康斯坦丁诺维奇·列里赫的话“未来的康庄大道都是在过去的荆棘小路基础上形成的”，这也适用于“列里赫时代”主题展览，在该展览上展出了上千件展品原件。我们见证了人们开始重新关注那些散落在世界各地的列里赫遗产。这种关注引起了惊人的效果，因为此还新开了博物馆。在我看来，在我们这个时代，要开一个博物馆是很不容易的，尤其是有关人道主义方面的博物馆。这些热心者所做的一切都是值得钦佩的。支持这项运动对我们来说是十分重要的，因为这与彼得堡是密切相关的：正是在这里，在彼得堡大学里诞生了《列里赫公约》思想。这个伟大的思想流传了下来，形成了“和平与文化旗帜”标志——内有三个实心圆的大圆圈，并被载入了世界法律文献。要实施“列里赫时代”计划，可以通过开展以下全球国际展览来实现：“尼古拉·列里赫和他的世界文化公约”，“画家、思想家尼古拉·列里赫的生活以及创作和艺术才能”。当然，这是一个工作上的建议，也是一个梦想：从世界各地收集列里赫遗产（哪怕是部分遗产），并在世界各大城市举行展览。

1899 年，H. K. 列里赫参观了拉多加古城，也正是从那时起，他作为俄罗斯历史歌颂者的才能得到了充分的发挥。他创作了一幅又一幅的精彩画作，这些全都是源于对这座城市的印象。他向全世界歌颂我们的历史。我知道，在 Л. C. 米图索沃的手稿中曾发现了尼古拉·康斯坦丁诺维奇的草稿图——象征性的图画《展翅高飞的鸟》。博物馆的组织者将这幅图作为其博物馆的标志，但不知道这幅图在现实中是有原型的：所描绘的是 10 世纪时的一种雄鹰样式的悬挂物，其在格涅兹多沃的考古发掘工作中被发现。众所周知，列里赫热衷于考古学，很显然，他当时要么见过此物，要么见过与之类似的东西。这是一段多么传奇的历史啊！并且，拉多加古城的考古发掘工作发现了留里科维奇时代的国玺，上面绘有鹰的图像，此乃我国最早的国徽。这就是此画中鸟的由来。祝大会取得圆满成功！

圣彼得堡国立大学第六届“列里赫遗产”国际科学实践会议
2010 年 10 月 8 日在主楼彼得罗夫斯基大厅举行的全体会议

感谢你们的坚持与努力！

T. K. 姆克尔特切夫
（艺术学博士、莫斯科国家东方艺术博物馆副总经理）

各位参会人员、亲爱的朋友们：我很荣幸能在这里发言！在此，对于那个将我们所有人聚集于此的伟大人物，我必须要说几句。尼古拉·康斯坦丁诺维奇·列里赫虽是20世纪的伟大人物，但其影响力却远远超出了20世纪。这是一位为俄罗斯和世界文化做出过很多贡献的伟人。

对于列里赫家族博物馆学院，我同样也想要说几句。那些将我们聚集于此的人们，将延续尼古拉·康斯坦丁诺维奇·列里赫一贯支持的传统，承担起文化使者的角色。如果没有热心者、无私奉献者的支持以及人们对他们所做一切的理解，那么文化将会逐渐消失。因为到那时，文化将会不受重视，人们不会想象到，文化的消失是一件很容易的事，也不会想象到保护文化是一件迫在眉睫的事。

对于坐在这里的人来说，我认为已无必要再详细介绍尼古拉·康斯坦丁诺维奇·列里赫的生平。但还想说一点，那就是，在20世纪初他还进行了古罗斯建筑方面的研究，并且还是最早一批向人们展示古罗斯建筑对于理解俄罗斯历史具有重要意义的人员之一。后来第一次世界大战爆发，列里赫意识到人类已经开始走向自我毁灭。值此之际，他谈到了立法措施，最终形成了著名的《列里赫公约》。现在这个国际条约已纳入了旨在在战争时期保护文化财产的、并于1954年通过的《海牙公约》中。

我不想说些毫无意义的漂亮话，我想说的是在我们这个时代，文化经常是不受到重视的。我记得很清楚，很多年前，记者曾问我："请问如果你有一条童话故事中的金鱼，你最大的愿望是什么？"——你们知道我是怎么回答的吗？——"我希望能有文化项目的预算支出，以此对文化进行保护。"在电视上，有人问道："就只是这样？！难道不要房子、别墅或者其他什么？"——"对，就这样，我只要知道国家划拨给文化项目的钱确实用在了文化项目上面就可以了。让这些钱用在该用的地方，使更多的人能够有机会到图书馆借阅书籍、参观博物馆、在音乐厅倾听悦耳的音乐、到剧院观看演出。"

这是尼古拉·康斯坦丁诺维奇·列里赫一生所从事的事业，也是他开展各种活动的动机，后来也就成了圣彼得堡国家列里赫家族博物馆学院所从事的事业。他唤醒了人们对于那些真正关心民族文化和从事世界文化事业的人们的回忆——这是很伟大的！

在此，我想要对主办方表示感谢，感谢他们的坚持与努力。同时，我也要祝贺我们所有人，因为我们的祖国涌现了如此之多的优秀人物。而其中一个让我们感到骄傲的人就是尼古拉·康斯坦丁诺维奇·列里赫。今天我们的会议就是专门为他以及那些曾经以他为中心，与他一起并肩工作并继承其事业的人们而举行的。当然，这份事业的继承者也包括我们今天的主办方。非常感谢他们！

国立艾尔米塔什博物馆第十一届“列里赫遗产”国际科学实践会议

2011 年 10 月 9 日在会议厅举行的全体会议

H. K. 列里赫的创作与俄罗斯过渡时期的历史研究密切相关

Н. Г. 斯克沃尔佐夫

（社会学博士、教授、圣彼得堡市圣彼得堡国立大学主管科研的副校长）

2012 年迎来了许多重要历史事件的周年纪念日。除了俄罗斯国家成立 1150 周年以外，还有 1812 年卫国战争胜利 200 周年，以及改革家、政治家彼得·阿尔卡季耶维奇·斯托雷平的周年纪念日。正是由于这些原因，俄罗斯联邦总统签署了总统令，宣布将这一年定为“俄罗斯历史年”。

第十二届“列里赫遗产”国际科学实践会议的主题是“罗斯起源——斯拉夫人和瓦朗几亚人”。

必须要指出的是，在 2012 年之前，有很长一段时间都没有庆祝俄罗斯国家成立周年纪念日。150 年前，沙皇亚历山大二世曾发起了俄罗斯国家成立 1000 周年的庆祝活动。还在他的父亲——沙皇尼古拉一世在位时期，即 1852 年，尼古拉一世就下令将 862 年正式确定为“俄罗斯国家成立年”。根据《往年纪事》所述，正是在这一年，东斯拉夫部落结束了内战，开始了瓦朗几亚人的统治，而瓦朗几亚人也成了俄罗斯第一个王朝的创始人。

当然，这个日期多多少少是有一点象征性意义的。国家制度并非是一年、两年或十年就能形成的。但正是在这期间，罗斯和欧洲城市开始出现，并得到发展，这实质上就是国家形成的标志。

早在千年以前，俄罗斯国家的独特性就已经开始显现出来。俄罗斯国家的发展是通过众多部落和民族的联盟来实现的，而不是分裂。这是一个重要的历史借鉴，因为一个国家的出现有助于形成共同的价值观。

古罗斯时期的历史事件一直是历史学家们争论的一个问题，其结果在很大程度上取决于国内的政治局势和统治意识形态。同时，这些历史事件又在俄罗斯的艺术文化中得以生动形象地体现出来，比如在一些作家、作曲家和画家的作品中。

画家、哲学家、考古学家、社会活动家 H. K. 列里赫的创作与其对俄罗斯历史的研究密切相关，尤其是过渡时期的历史。他将以俄罗斯古代事件为主题的题材添加到艺术文化中，并在自己的毕生创作中来展现这些事件的不同方面。H. K. 列里赫并不追求对某一历史事件进行具体的描述。虽然在科学考古资料的基础上，他给我们呈现出一些过去的场景，但他作品的本质并不是要再现过去，而是要将它们有诗意地体现出来。H. K. 列里赫的创作特点是富有想象力、对过去饱含情感、善于表达出过去特有的韵味。

我相信，在这次会议上，我们不仅会详细谈及尼古拉·康斯坦丁诺维奇·列里赫的作品——历史画代表作，还会详细谈及这些作品中体现出的哲理。《列里赫公约》是最重要的遗产。在此，祝会议取得圆满成功。

圣彼得堡国立大学第十二届“列里赫遗产”国际科学实践会议

2012 年 10 月 9 日在主楼彼得罗夫斯基大厅举行的全体会议

让和平的旗帜点亮我们的生活

玛格达莲娜·奥克谢·纳尔维连涅
（医学博士、立陶宛“通过文化实现和平”协会副主席、
立陶宛“和平旗帜”委员会主席，立陶宛维尔纽斯市）

亲爱的朋友们！亲爱的兄弟姐妹们！很高兴再次来到圣彼得堡参加这样盛大的活动，也正是得益于这样的活动，才能让我们今天相聚于此。

在此，我带来了立陶宛列里赫协会对大家诚挚的问候，跟《列里赫公约》一样，明年立陶宛列里赫协会也将会迎来80周年纪念日。

立陶宛列里赫协会很久以前就成立了，协会成员还曾参加了在新西伯利亚举行的列里赫报告会。同时，我还要转达“和平旗帜”委员会成员对大家的问候。我们希望和平旗帜——爱、快乐、美与光明让我们的生活变得更加美好。谢谢大家！

圣彼得堡国立大学第十四届“列里赫遗产”国际科学实践会议
2014年10月8日在主楼彼得罗夫斯基大厅举行的全体会议

世界范围内的新一轮统一

O. H. 切格拉科夫

（区域文化教育协会“文化呼唤”的董事长，圣彼得堡市）

亲爱的朋友们！我们相聚于此，实际上不仅仅只是为了听那些精彩的报告，也是为了体验一些最重要的东西，那就是快乐，这也是尼古拉·列里赫想要带给我们的东西。在这个世界上，从来没有一个人像列里赫一样，对快乐有如此深刻的阐述。而他发起的公约也正是对实现快乐的一种保障。生活中，快乐的形式是多种多样的，比如相遇的快乐、转变的快乐、祷告的快乐、幸福的快乐、受人赏识的快乐以及协同创作的快乐。当然，也正是在这种快乐中，有时也会让人产生一些新的想法。对此，以色列“生活伦理协会”负责人尼娜·安纳托利耶夫娜·萨尔茨曼曾做过精彩的发言。她曾说，不同民族都有共同的“根”。许多生活在俄罗斯的人认为俄罗斯的根本是俄罗斯民族。正如你们所知道的，多年来我一直在思考一个问题，那就是俄罗斯到底是一个怎样的国家？俄罗斯是一个多民族的国家，在这片土地上，既曾出现过鞑靼军队的统治，也曾建立了基辅罗斯、哈扎尔汗国。这所有的一切都是一个不可或缺的整体，由此形成了今天的俄罗斯。那些曾经分离出去和不被其他国家认可的民族也完成了统一。

目前，我们正准备在世界范围内进行新一轮的统一，不论具体是哪一个民族，或者来自哪里，任何人都可以成为“新国度”中的一员。这个“新国度”确实应该诞生，就好像当时欧亚主义的诞生一样。在未来，这个“新国度”将会有一个名字——“亚俄”。我们的会议也为“新国度”的诞生奠定了基础。因此，非常希望以后也能常有这样的会议，让我们在各种思想、言论、行动和精彩的报告中碰撞出新的火花。谢谢大家！谢谢主办方能够组织本次会议，也感谢各位与会人员的参与！

圣彼得堡国立大学第十四届“列里赫遗产”国际科学实践会议

2014 年 10 月 8 日在主楼彼得罗夫斯基大厅举行的全体会议

21 世纪的道德准则

B. H. 特罗扬
（物理学和数学博士、教授，圣彼得堡市）

亲爱的朋友们！今年是有众多周年纪念日的一年，不仅有 H. K. 列里赫诞辰 140 周年纪念日，还有列里赫家族的许多周年纪念日。当你越是了解尼古拉·康斯坦丁诺维奇·列里赫的精神遗产，就越能理解不管是过去、现在，还是将来，他在我们的文化生活中扮演着多么重要的角色。其“文化学说”是他迈出的第一步，实际上这也是 21 世纪的伦理道德准则。学说中阐述了未来文明的基本标准，但遗憾的是，这种文明目前还没有实现，我们仍然停留在幻想阶段。根据尼古拉·康斯坦丁诺维奇的想法，这种未来文明应建立在几个重要的基础上，比如善良、爱和理解——人与人之间的理解、各民族之间的理解。但遗憾的是，我们离这种标准还差得很远，因此我们必须为之奋斗。1935 年诞生的《列里赫公约》是尼古拉·康斯坦丁诺维奇·列里赫迈出的第二步，这份文件举世瞩目，因为它通过文化将人们团结在了一起，并一直沿用至今。

亲爱的朋友们，我认为召开“列里赫遗产”研讨会是非常重要的，也希望在以后能有更多的这类会议。在每一份报告中，或多或少都会对尼古拉·康斯坦丁诺维奇·列里赫及其家族成员留给我们的遗产有一些新发现。因为他的整个家族都是很了不起的。画家、学者、哲学家、诗人——这些都是俄罗斯知识分子中的精英，他们有的生活在俄罗斯，也有的生活在世界其他国家，当然，我更希望他们留在俄罗斯。文化不能被消灭，也不能只局限于某一个国家，我们的文化是世界的。关于这一点，尼古拉·列里赫国际奖的获奖者在其发言中进行了很好的阐述。我很高兴这个奖能够持续成为一个真正的国际性奖项。这意味着围绕 H. K. 列里赫的思想，我们形成了一个统一的整体。这是让人非常欣慰的，同时，我们也希望在未来的很多年里能够继续召开这种会议。在此，我想要对列里赫家族博物馆学院及其院长和所有员工表示感谢，感谢他们多年来的努力与付出。他们所做的一切对人类活动来说是很重要的，也是很有必要的。这一点，我们在各位与会人员的身上就可以看出。

亲爱的同事们以及我们的博物馆团体，我们需要你们！当然，我们也要感谢我们的博物馆——国立艾尔米塔什博物馆，因为 M. Б. 皮奥特罗夫斯基和他的同事们一直与我们保持着沟通和联系。谢谢大家！

国立艾尔米塔什博物馆第十四届“列里赫遗产”国际科学实践会议
2014 年 10 月 10 日在会议厅举行的全体会议

《列里赫公约》的历史及其基本思想

《列里赫公约》：从草案到实施

Л. Н. 加连斯卡娅
（法学博士、圣彼得堡国立大学法学系教授）

保护文化财产是国际合作领域中的一个重要方向，有着很深的渊源。每个民族的文化都需要得到关心与呵护，因此，应制定相应的法律规则。不管是和平时期，还是战争期间，文化财产都有可能遭到破坏、损毁以及被盗，而在战争时期，这种情况显得尤为严重。为了对文化财产进行保护，各个国家正积极开展国际合作，采取适当措施以防止破坏文化财产的行为，并与这些破坏行为做斗争。这种国际合作始于20世纪，而在发展这种国家间合作的过程中，俄罗斯杰出的画家尼古拉·康斯坦丁诺维奇·列里赫起到了十分重要的作用。

Н. К. 列里赫毕业于圣彼得堡国立大学法学系，但是他并未从事法律方面的工作，而是将自己的一生都奉献给了艺术事业，然而在保护人类文化遗产（其中也包括俄罗斯文化遗产）的活动中，他受到的法律教育无疑发挥了重要作用。

作为一个人和一位画家，Н. К. 列里赫无法对和平时期以及战争时期所有破坏文化和自然财产的行为进行阻止，感到很痛苦。思想的前瞻性、对世界和平的共同愿景和对文化财产的理解共同决定了其思想的历史意义。

在1904 ~ 1905年的日俄战争期间，他萌生了签订专门的国际协议以保护文物的想法[①]。及至第一次世界大战期间，他向俄罗斯政府，还有法国总统普恩加莱提出了该提案，并致函美国大使[②]。

1928年，Н. К. 列里赫开始重新着手签订保护文化财产的国际条约事项。他曾找过一个名叫乔治·加夫里洛维奇·什克利亚韦尔（George Chklaver）的法国律师，请他制定该条约的草案，当时另一个著名的法学家阿尔伯特·茹弗尔·德·拉·普拉代尔（Albert Geouffre de la Pradelle）也积极参与了该条约草案的编制。条约草案发表的范围

---

① 博古斯拉夫斯基 М. М.：《文化财产的国际保护》，莫斯科：国际关系出版社，1979年，第86页。

② Н. К. 列里赫：《致美国驻俄罗斯大使查尔斯·威尔逊 С. 的电报草稿》，彼得格勒，1914年9月18日。Н. К. 列里赫：《致法国总统雷蒙·普恩加来的一封信》，彼得格勒，1914年9月18日左右。威尔逊 Ч. С.：《致 Н. К. 列里赫的一封信》，彼得格勒，1914年9月12/25日（Ю. Ю. 布德尼科沃发表）。《列里赫遗产》国际科学实践会议：《人类团结道路上的新俄罗斯》第Ⅱ卷，圣彼得堡：上沃洛乔克，2005年，第319 ~ 321页。

很广，知名度也越来越高[①]。在该条约草案中体现了尼古拉·列里赫对保护文化财产的态度。尼古拉·列里赫将其称为“旨在保护所有国际认可的艺术和科学财产的国际和平条约”。

该条约草案由序言和四大条款组成。

序言中指出，签订该条约是为了促进各个国家的人们道德水平的提高，以及为了人类的共同利益而促进艺术和科学的发展；并确定了从事青少年教育、艺术和科学事业的机构是世界上所有国家共同的财产。

在条约草案的第一条中，列出了大量亟待保护的文化财产：历史纪念物，博物馆，科学、艺术、教育和文化机构以及这些机构和组织的人员、财产和收藏品。所有这些财产应被视为是中立的，应受到各交战国的尊重与保护。在缔约国拥有主权的领土范围内，对上述机构和组织的保护与尊重均适用，对不同国籍的机构和组织均应一视同仁，不应区别对待。

在第二条中提到，应向国际常设法院、国际智力合作研究院、泛美联盟部门提供“应受条约特别保护的公共或私有纪念物、机构、收藏品、组织的名单”，以进行登记。对已登记的对象应使用和平旗帜标志（内有三个红色实心圆的红色白底大圆圈）进行特殊标注。此外这条还规定：“如果上述对象用于军事目的，将不再享受中立特权。”

第三条规定：“在本公约规定的应对艺术和科学机构、古迹、收藏品和组织进行保护和尊重的情况下，如果存在任何违反该规定的行为，则受到损害的机构或组织有权通过本国政府向其登记的国际机构寻求帮助。该国际机构有权向所有缔约国提出抗议，而缔约国应就该事件成立国际调查委员会，且该委员会的调查结果应对外公布……”此外，在该条中还提到，该委员会的成立和其职责应由专门的协议来规定。在对成立上述委员会的方案做出分析后，M. M. 鲍古斯拉夫斯基得出了比较合理的结论：上述委员会的成立只是为了确定是否造成损害，而非为了对造成损害的人员采取任何措施[②]。

公约草案第四条规定了各缔约国的义务，规定缔约国应在国家立法中确立保护国内外文化财产的措施。

所有研究者一致指出，尼古拉·列里赫曾打算将该公约作为一个普遍性的文件[③]。这个结论显然是从列里赫所提出的条约内容中得出的，因为内容规定如下。

（1）该条约的依据是关于文化和科学财产不可侵犯的一般规定。

（2）在受保护对象的名单中，不仅仅只是各种建筑物和各个机构，还有收藏品。

---

① 详见该版本的《列里赫公约文件》中第Ⅰ、Ⅲ～Ⅵ章。这里，文件中的文本出自于《列里赫公约文件》篇中最开头部分列出的英文原著译文。另一份用俄文出版的文件在内容上略有差异，该版本曾在《和平旗帜》的小册子中出版。俄罗斯在哈尔滨的《列里赫公约》委员会报告，出版于满洲里，哈尔滨，1934年，第17～20页（详见该版本中B. Л. 梅利尼科夫的文章中的附录Ⅰ）。

② 博古斯拉夫斯基M. M.：《文化财产的国际保护》，莫斯科：国际关系出版社，1979年，第88页。

③ 亚历山德罗夫 E.：《文化财产和文化设施的国际法律保护》，索非亚，1978年，第93页。

（3）公共和私人、国内与国外文化和科学财产均应受到保护。

（4）与区域组织（泛美联盟）、普遍性组织（比如国际常设法院、国际智力合作研究院）一起对文化和科学财产进行登记。

（5）不仅在战争时期要对文化和科学财产进行保护，在和平时期也要对文化和科学财产进行保护。

如上所述，公约草案获得了社会广泛的支持。1929 年在纽约、1930 在巴黎和布鲁日（比利时），先后成立了该公约的常设委员会。1931 年还在比利时召开了第一次《列里赫公约》国际会议，在会议上就如何在全世界对这个国际条约中所阐述的思想进行宣传的问题进行了讨论。1932 年，同样还是在比利时召开了第二次《列里赫公约》国际会议，会议决定成立列里赫基金，以促进列里赫思想的宣传。第三次会议于 1933 年在华盛顿召开，来自 27 个国家的代表建议所有国家的政府签署《列里赫公约》[①]。

但是在欧洲，列里赫的思想没有得到英国和德国政府的支持；此外，德国政府还百般阻挠一些国家签署该条约。因此，签订保护文化和科学财产的世界性条约的想法未能变成现实。这个想法只在局部地区得到了实现：1933 年，美洲国家第七次会议在蒙得维的亚召开，会议通过了一项决议，呼吁美洲国家签署《列里赫公约》。

1935 年 4 月 15 日，美国和 20 个拉美国家在华盛顿签署了《关于保护艺术和科学机构及历史纪念物条约》[②]。这个条约在法律文献中通常被称为《列里赫公约》，以表达对伟大的俄罗斯画家和文化活动家列里赫的敬意。

在对该草案和 1935 年的条约进行对比时可发现，后者发生了一些改变，虽然草案的主要思想在最终的条约文本中被保留了下来，但最终的条约与草案还是有所区别。

该条约由序言和八大条款组成。

条约序言肯定了“在危险情况下保护各民族、国家和私人文化遗产”的必要性，并确保在战争与和平时期尊重和保护文化财产。

在第一条中列出了受该条约保护的对象名单。这些对象包括历史纪念物、博物馆以及科学、艺术、教育和文化机构，同时也包括这些机构的工作人员。不难发现，这份名单比草案规定的名单范围要狭窄得多，因为在这份名单中没有各种收藏品和组织。

在该条的第三段有非常重要的一句话：“对历史纪念物、博物馆以及科学、艺术、教育和文化机构的尊重和保护，在战争与和平时期具有同等重要的地位。”

在研究此条内容时，应注意到其本质其实是“文化财产是中立的，因此应受到交

① 第三次《列里赫公约》和《和平旗帜》国际会议的决议，华盛顿，1933 年 11 月 18 日（英语版）。27 个国家的官方代表和 7 个国家的观察员一致通过，详见该版本的《列里赫公约文件》篇中第 XX 章。

② 条约文本详见：*The Department of State Treaty Information Bulletin*，1935 年，第 67 期。该版本《列里赫公约文件》篇中第 XXXI 章（英文版）和第 XXXVI 章（英文、西班牙文、葡萄牙文和法文版）。俄文译著：《和平旗帜》，莫斯科：国际列里赫中心，1999 年，第 316 ~ 318 页，详见该版本中 В. Л. 梅利尼科夫的文章中的附录 II 中译文。

战国的尊重和保护”。对于这一点，该条约的第五条又进行了进一步的说明：“如果第一条中提到的古迹和机构用于军事目的，则它们将不再享有本条约规定的特权。”

根据这些规定可得出结论：该条约主要是用于在战争时期保护文物古迹和文化机构的。当然，不能因为这个结论就认为《列里赫公约》的重要性有所下降，相反，它强调了该文件的重要性，因为正是在战争时期，文化财产才更加需要特别的保护。

条约第二条的内容与草案第一条的规定相对应（但二者文字表述不尽相同），该条规定文化财产的保护是不分国界的，也就是既要保护国内文化财产，也要保护国外文化财产。

受保护的对象应用特殊的旗帜来标记（条约第三条、草案第二条）。

条约缔约国向泛美联盟提供了他们希望受到保护的文物古迹和文化机构的名单（第四条），而泛美联盟则将这些名单提供给各国政府。在该条以及整个条约中未曾提到成立负责调查违反《列里赫公约》行为的委员会，以及针对违反者所采取的措施。

在其他各条中提到了签署该条约以及随时加入该条约的方式（第六条）、泛美联盟对存约国职责的划分（第七条）以及废除本条约的方式（第八条）。

尼古拉·列里赫关于必须保护文化财产的思想在1935年的《列里赫公约》中得到部分体现，并在后来的文化事务国际合作中得到了发展。

早在1899年，列里赫就曾写道：“……何时才能实现历史景观不被侵犯，何时才能让那些糟糕的现代化房屋远离文物古迹，何时我们所有行为的动机不仅仅是因为建设发展和其他一些现实原因的需要，还为了审美和民族情感。”① 现在，这一天终于到来了。联合国教科文组织通过了几个关于保护历史建筑群的法令：1968年11月19日通过了《对保护受公共或私人工程危害的文化财产的建议》②，1976年11月26日通过了《关于历史地区的保护及其当代作用的建议》③。在这些文件中强调了历史建筑群的重要性，并提出了保护这些建筑群的措施。特别是在1976年的《关于历史地区的保护及其当代作用的建议》中规定：“历史或传统建筑群及其周围的环境是一种不可替代的文化遗产。对这些建筑群进行保护并将其纳入当代社会生活中，这是此类建筑群所在国家政府和公民的义务。从全体公民和国际社会的利益出发，根据每个成员国国家管理机构的结构，应由国家、区域或地方当局来负责完成此事。”在保护建筑群方面，建议各个国家制定共同的政策，采取法律和行政措施（制定计划、法律以及确定主管机构等），以及保护建筑群的技术、经济和社会措施，积极参与国际合作。

---

① H. K. 列里赫：《从瓦兰吉亚人到希腊人的发展之路》，《艺术和艺术产业》1899年第9、10期，第719～730页。

② 《联合国教科文组织颁布的国际法规、公约、协议、纪要、建议书、宣言》，莫斯科：联合国教科文组织，1993年，第323～331页。

③ 《联合国教科文组织颁布的国际法规、公约、协议、纪要、建议书、宣言》，莫斯科：联合国教科文组织，1993年，第357～368页。

在指出当代社会这一成就的同时，我还想说，对于我们所研究的列里赫思想，目前还没有强制性的国际法律文件来保证该思想的实现：只是通过了一些“建议”性的文件，到目前为止尚未签署国际条约。这意味着，保护历史建筑群只能在国内进行，并且完全依赖于相关国家所推行的文化政策。因此在我们生活的城市中，我们每一个人都能在历史建筑群的中心发现一些不和谐的建筑。圣彼得堡也不例外。

尼古拉·列里赫对大自然充满了敬意，并对大自然的神奇与美赞叹不已，他认为我们应爱护并保护大自然。1901年，他在自己的作品《亲近自然》中写道：“关爱自然在很早以前就被认为是一个迫切的问题：我们植树造林、加深河道、增加土壤肥力、防止坍塌，这一切都需要艰苦的工作和较大的成本。但是，合理利用自然及自然景观也是保持自然良好状态的重要条件之一，而且这个条件的实现不需要额外花费什么金钱，也不需要刻意地去做什么，只需要仔细观察，让一切都合理即可。为了实现这一点，首先需要意识到自然的便是最好的。[①]”

保护自然遗产一直是国际社会关注的焦点，并反映在了联合国教科文组织的文件中，比如1962年12月11日通过的《关于保护自然景观和地形地貌的美与特点的建议》(以下简称1962年《建议》)[②],1972年11月16日通过的《关于在国家一级保护文化和自然遗产的建议》(以下简称1972年《建议》)[③],1972年11月16日通过的《世界文化和自然遗产保护公约》[④]。

不难发现，联合国教科文组织的1962年和1972年的《建议》是针对各个国家的，其呼吁各国采取全国性措施来保护自然遗产，而这些措施正是保护自然的整体措施中重要的组成部分。

在1962年《建议》中认为，自然景观和地形地貌是大多数国家经济和社会生活的重要因素，保护自然景观和地形地貌在很大程度上能够促进人类身体、道德和精神力量的恢复，促进各民族艺术和文化生活的发展。在该建议中，阐述了保护自然景观和地形地貌的美与特点的定义，即“对代表人类文化和审美情趣或者作为典型自然环境的代表，自然形成和通过人类劳动形成的城市和乡村景观、地貌进行保护和恢复(如有可能)”；并给出了各国在保护自然遗产时应遵守的一般规定(第二章《一般原则》)(采取预防和纠正措施，其中最重要的是工作和活动的监督措施)；规定了保护措施，尤其是要在面积辽阔的景观地区划分出“特区”；要求重视居民的教育工作。

---

① H. K. 列里赫：《亲近自然》(1901年),《文集》(第一本书)，莫斯科，1914年，第83页。

② 《联合国教科文组织颁布的国际法规、公约、协议、纪要、建议书、宣言》，莫斯科：联合国教科文组织，1993年，第313～319页。

③ 《联合国教科文组织颁布的国际法规、公约、协议、纪要、建议书、宣言》，莫斯科：联合国教科文组织，1993年，第331～340页。

④ 《联合国教科文组织颁布的国际法规、公约、协议、纪要、建议书、宣言》，莫斯科：联合国教科文组织，1993年，第290～302页。

至于 1972 年《建议》，应注意到它是与《世界文化和自然遗产保护公约》在同一天通过的，这两个文件针对的是同一个对象——文化和自然遗产。

1972 年《建议》号召各个国家在其领土范围内采取措施来保护文化和自然遗产，该《建议》中的自然遗产包括（第二条）：

（1）从审美或科学角度看，具有特殊价值的，由物理和生物结构或这类结构群组成的自然遗迹；

（2）从审美或科学角度看，具有特殊价值的地质和自然地质结构，以及范围明确的珍贵或濒危动植物分布区；

（3）从科学、保护、自然之美的角度看，具有特殊价值的自然风景名胜区或受到严格限制的自然区，或者人与自然共同创造出的作品。

如果我们将 1962 年《建议》与 1972 年《建议》进行比较，就会发现前者保护的对象范围要更广，更加符合尼古拉·列里赫保护自然遗产的思想，而在 1972 年《建议》中，采取的措施只针对那些具有特殊价值的对象。

关于这个问题，唯一具有约束力的文件是《世界文化和自然遗产保护公约》。此条约的名称就已经表明，它只保护具有突出普遍价值的自然遗产。

因此可以说，保护自然景观之美以及保护具有特殊价值的对象，这是每个国家的任务，而保护世界自然遗产则需要全世界的努力。自然遗产的这种划分是有重要依据的，这也是 H. K. 列里赫关于必须保护自然遗产思想的发展。

战争期间对文化遗产的破坏引起了尼古拉·列里赫深深的担忧。在第一次世界大战爆发前，他曾创作了一系列画作，反映了战争期间文化遗产未能受到保护的情况。而在第一次世界大战期间，在他写的政论文章中，对破坏兰斯大教堂以及鲁汶图书馆的行为表示愤慨。对待文物和各个机构的野蛮行为使其提出了签订国际条约的提案，此条约也就是后来的《列里赫公约》。列里赫提出的“必须对文化遗产进行特殊保护”的思想在 20 世纪中期得到了发展，1954 年 5 月 14 日通过了《关于武装冲突时保护文化财产公约》（以下简称 1954 年《公约》）以及该公约的《执行规则》和《议定书》①。1999 年通过了 1954 年《公约》的《第二议定书》②。《关于保护战争受难者的 1949 年日内瓦公约》的《1977 年附加议定书》也有规定：“禁止任何针对历史纪念物、艺术品或礼拜场所的敌对行为。”③ 所有这一系列的国际条约都是为了在国际性和非国际性武装冲突期间对保护文化财产事项进行控制和管理。在这些文件中体现出了列里赫提出的“必须对文化遗产进行特殊保护”的思想。尤其是 1954 年《公约》的第四条规定：“各缔约国应尊重位于其领土内以及其他缔约国领土内的文化财产……”同时还体现了他

① 《苏联与其他国家签订的现行有效条约、协议、公约汇编》（第十九期），莫斯科，1960 年，第 114 ~ 146 页。

② 《俄罗斯国际法年鉴》，2004 年专刊，圣彼得堡：俄罗斯 - 涅瓦河出版社，2005 年，第 188 ~ 206 页。

③ 《1949 年 8 月 12 日日内瓦各公约及其附加议定书》，莫斯科：国际红十字委员会，2001 年，第 327、328 页。

的另一个思想：不仅需要保护各个机构，还需要保护可移动文化财产，该思想在《列里赫公约》草案中有阐述，但是未列入1935年《条约》中。这一点在1954年《公约》第一条给出的文化财产定义中有明显体现："为达成本公约之目的，'文化财产'一词应包括下列各项，而不问其来源或所有权如何：对各民族文化遗产具有重大意义的可移动或不可移动的财产，如建筑、艺术或历史纪念物，而不论其为宗教的或非宗教的；考古遗址；具有历史或艺术价值的整个建筑群；艺术作品；具有艺术、历史或考古价值的手稿、书籍及其他物品；以及科学收藏品或书籍和重要的档案资料，或者上述财产的复制品……"

从这一定义中可以看出，尼古拉·列里赫的另一个思想"保护文化财产，而不管其所有权如何"在现代国际法规中得到了体现和发展。上述定义表明：1954年《公约》适用上述对象，而不管其所有权〈……〉。

同时，我们也不得不指出1954年《公约》中的缺憾：在该公约里仅仅提到了"对各民族文化遗产具有重要意义"的财产。这种限制是不合理的，因为对财产价值的理解是不可靠的，可能会随着时间的流逝而改变。此外，有一些文化财产代表的价值不是对于整个民族的，而只是对于整个民族中的一部分，譬如部族、部落、族群等。在武装冲突期间，这些财产同样也应受到尊重和保护。

在法律文献中经常可以发现，在1954年《公约》和后续一系列文件中使用了"军事需要"的概念，这使得有可能会违反保护文化财产的义务。因为在各个条约中，"军事需要"的内容是不得对外披露的，这使得受保护的文化财产有可能会受到破坏，而破坏者却不需要为此而承担责任。值得注意的是，在1935年的《关于保护艺术和科学机构及历史纪念物条约》中只字未提"军事需要"，这无疑增加了该条约的重要性。

在国际法中，《列里赫公约》中关于禁止使用文化财产用于军事目的的规定得到了肯定。1954年《公约》（第八条）拒绝向用于军事目的的可移动文化财产保存地及其他不可移动文化财产提供特别保护。

尼古拉·列里赫建议对受保护的建筑物和机构使用特殊识别标志（列里赫称其为"和平旗帜"）来进行标记。该旗帜由其亲自设计，采用的是内有三个红色实心圆的白底红色圆圈。如上所述，1935年《关于保护艺术和科学机构及历史纪念物条约》的第三条规定使用这个旗帜来标记受保护的纪念物和机构。由于某些原因，1954年《公约》放弃了使用这个旗帜来标记受保护的文化财产，而使用盾状的识别标志：下端尖，十字交叉，蓝白相间（盾的组成为：一蓝色正方形，其一角作为盾尖，正方形之上为一蓝色三角形，蓝色三角形两边的空间各为一白色三角形）（第五章）。这样一来，在不断改进的基础上，尼古拉·列里赫提出的"用特殊标志来对受保护建筑物和纪念物进行标记"的想法得到了进一步的肯定。

俄罗斯联邦几乎加入了这一领域里的所有国际条约，并通过了一系列文化领域的规范性文件。本报告的目的并不是分析我们国家的立法，但是必须要考虑到这一点。

联合国教科文组织的各“公约”和“建议”均是由多种语言文字来编写的，其中也包括俄语，俄语是该国际组织的官方语言之一。在对不同语言的文本进行对比时会发现，这些文本与原本是有出入的，尽管他们声称与原本是完全一致的。比如在俄文版本中，1954 年《公约》的官方名称为 Конвенция о защите культурных ценностей в случае вооружённого конфликта（《关于武装冲突时保护文化财产公约》），而在英文版中，此公约的名称为 *Convention for the protection of cultural property in the event of armed conflict*。还有一点需要注意的是，英语单词“property”［对应俄语应为“собственность（财产）”］但在俄文版本中被翻译成了“ценность（价值）”。如果术语“собственность（财产）”在法律上有自己的含义，那么术语“ценность（价值）”就不应该是这个含义，因此，不能随意使用。

术语“文化财产”在俄罗斯法律中很少使用，却广泛使用于其他国家的法律中。加拿大、中国、美国、瑞士、日本等均通过了专门的法律来保护文化财产，这些国家并未对文化财产进行界定，而仅限于列出文化财产清单。

因此可以说，文化财产的概念不仅用于国际条约中，还用于许多国家的立法中。这不是没有根据的，因为很显然，文化财产有特殊的法律制度。这种法律制度的特点如下。

（1）对于涉及文化财产的问题，将由单独的法律进行法律调控；

（2）在所有国家中，所有权的转让、文化财产的输入和输出都是受到限制的；

（3）规定国家在和平和战争时期都要对文化遗产进行特殊保护。

目前，在俄罗斯立法中形成了这样一种状况：在有些法规中，有保护文化遗产的规定，规定国家应给文化机构提供支持，而其余法规（比如《俄罗斯联邦民法典》）则完全忽视了文化财产的特殊地位，而是将它们与普通物质财产相提并论。这将给保护文化财产带来严重的障碍。

有鉴于此，建议完善俄罗斯立法并将“文化财产”的概念纳入立法中。艾尔米塔什博物馆和圣彼得堡国立大学法学系已开始合作着手进行这项工作。

2005 年 4 月 15 日在圣彼得堡律师事务所举行的国际科学实践会议上提交的论文

20 世纪 20 ~ 30 年代国际文化合作背景下的《列里赫公约》

B. И. 福金
（法学博士，圣彼得堡国立大学国际关系系教授）

1922 年，国际联盟设立了国际智力合作委员会，负责协调各个国家智力合作委员会的工作。1923 ~ 1925 年制定了世界大型图书馆、博物馆学、考古学、艺术学领域的合作规划。为了在这些领域开展工作，还成立了相应的小组委员会[①]。1925 年 5 月召开了第五届国际联盟大会，会议批准了巴黎国际智力合作研究院（巴黎研究院）章程。1931 年设立了国际联盟下属的国际作家和画家常设委员会，该委员会与国际智力合作委员会进行了密切合作。该委员会的活动基地是巴黎研究院[②]。自 1931 年起，巴黎研究院开始出版月刊杂志《智力合作简报》[③]。很快就出现了一个定期出版物 *Mouseion*（国际智力合作委员会下属的国际博物馆委员会机构主办）。然后，国际智力合作体系开始产生和运作，根据保罗·瓦列里的倡议，这个体系被称为"智力联盟"。为了解决文化领域内最重要的国际问题，该体系制定并向国际联盟和各个国家政府提出了一系列建议[④]。

针对保护历史纪念物和艺术作品的国际法律规定，国际博物馆委员会于 1932 年 7 月向国际联盟秘书处提出了一系列建议：提议由国家机构对文化财产进行保护，主要的标准就是要最大限度地保存文化财产。同时，该委员会还建议各国要制定青少年教育制度，教育他们尊重所有时代和所有民族的文化财产。然而，国际联盟的秘书处并没有向联盟大会提交相应的法律文件，流失的历史和艺术珍宝归属问题也没有得到解决。但出版了旨在调整考古活动，且与国际法一致的国家法规汇编。该委员会积极与

① 《国际合作，阅读和信息》，日内瓦：1937 年，第 9、13、14 页。

② 《国际合作公报》，国际智力合作研究院，1931 年，编号 2，第 53 页，编号 3，第 103、104 页，编号 5，第 255 页，编号 7、8，第 356、363 页。

③ 《国际合作公报》，国际智力合作研究院，1931 年，第 5 页。

④ 《国际合作公报》，国际智力合作研究院，1935 年，第 533 页。

60个来自不同国家的考古和历史研究院[①]、国家档案馆以及博物馆开展合作[②]。但是，在国际联盟框架下编制相应的国际法律文件的目标仍然未能实现。

就一定程度而言，《列里赫公约》是填补这个法律空白的一次尝试。一些国家签署了这个公约，对这些国家来说，文化财产流失引起的问题并不妨碍对现有博物馆藏品的保存。该公约不能用来代替普遍性的国际文件，但是它为制定这个复杂和微妙的活动领域的法规奠定了基础，首次在国际层面上提出了关于保护世界文化遗产的问题。第二次世界大战结束后，文化财产流失以及归还丢失文物的问题在国际社会中变得尖锐起来，在这种情况下，《列里赫公约》发挥了巨大的作用。但是，《列里赫公约》由于自身所处的地位而不能作为一种被全世界认可并具有强制约束力的法律规范。该公约在国际文化合作中的地位和作用，首先是由这份文件的社会意义以及它所传递的道德观念来决定的。

2005年4月15日在圣彼得堡律师事务所举行的国际科学实践会议的发言

---

① 《国际合作公报》，国际智力合作研究院，1932年，第782页。

② 《国际合作公报》，国际智力合作研究院，1932年，第422页。

在当代全球化问题产生的背景下《列里赫公约》提出的道德基础

A. A. 邦达连科
（物理和数学副博士、圣彼得堡国立列里赫家族博物馆学院院长）

在当今许多公共和私人生活领域问题全球化的背景下，谈及《列里赫公约》时，就不可能不涉及这个公约产生的背景以及它的发起人和组织者——尼古拉·康斯坦丁诺维奇·列里赫，他的作品包罗万象，并总是能反映生活中最重要的问题。在这些问题中，无论是保护公共文化财产，还是保护个人文化财产，都成了他所关注的重点。

在人类数千年的历史长河中，人们制定了大量的法律、法规、规则、限制，其目的都是①保护人类社会的公共安全及个人安全；②为人们生活和社会发展创造最有利的条件；③发展与完善社会和个人生活。

每种不同的理论学说和价值观都有自己的道德体系，这是在某一世界发展过程中个人与社会和谐发展最基本原则的汇总。因此，在历史上，道德观念已经成为人类和社会发展方向和发展状况的主要表现形式，并随着世界的发展而发展。道德观念是不断发展的人类社会中最先进的意识部分，是一种“父母式”保护的情感升华，是文化、智力和物质形成的基础。

众所周知，即使保护者看起来是如此谦虚和有耐心，愿意一直等待，直到被保护者的良心和责任感被唤醒，但被保护者与保护者之间的关系也并不总是良好的。在这种情况下，保护者会承受一切可能的磨难、否定和侮辱，经历最令人难以置信的变化和蜕变，但唯一不变的是——对无知的被保护人充满了爱和怜悯。

如今广泛流传着多种观点，认为社会生活领域可以脱离伦理道德而存在，社会上存在着多种道德观念以及不同文化之间存在着冲突。然而，当今社会的全球性挑战和最新的科学成果激励着我们努力纠正这种极具欺骗性的假象。

在帮助消除假象的过程中，责任与勇敢、大胆认知与创造、热烈追求与爱的概念也找到了自己存在的根基。这些概念使人们坚信人类可以实现精神统一，相信人类相对于世界来说具有永恒性与内部同一性。

在明确所谓的人择原理和引入标度不变性概念的同时，现代哲学和协同学也提到了这一点。

在古老的学说和主要的宗教教义中很早就提到了这一点，在自己的语言和概念体系中，这些学说和宗教教义将个人和整个人类看作是一个整体，作为一个统一的形象或类似的存在。

可以毫不夸张地说，对伟大统一的信念和对亲人的爱，这是人与世界同一性的具体表现，其作为一种共同财富，为生命奠定了统一的基础。这本身就是一条寻求“统一伦理道德”的道路，对其最深层次的理解便是“通过文化来实现和平”。如果不结合道德和文化之根本，如果这个根本没有根植于精神领域，人类将会失去关注的焦点，迷失在多种多样的“道德理论”和“文化冲突”中。

在谈到作为一种有效实践哲学的道德时，就不可避免地会谈到人类与社会文化财产的保护问题。H. K. 列里赫认为，文化财产不仅包括人类创造的物质成果和物质财富创造过程中的文化积累，还包括道德和精神财产。我们把作为一系列人类活动基本条件的自然潜力、社会存在的空间和大气也归入文化财产的概念中。因为地球上的自然潜力取决于人类活动的动机和结果，所以自然潜力既属于物质财产，又属于文化和精神财产。保护文化财产和增加文化财富将会成为提高与改善生活水平的可靠基础。

当代俄罗斯正面临着一个尖锐的问题，那就是在保障社会安全与和谐的条件下，如何形成一个发达的公民社会，并将该公民社会视为“可使人们过上真正想要的生活的唯一可接受的社会结构”①。这个问题恰是“如何形成全球性公民社会”这一更具普遍意义的难题中的一部分。建立全球性公民社会的基本条件是要承认和理解共同的精神和道德基础。上述问题的尖锐性与复杂性，以及与一系列经济、政治、全球性、世界观难题的关联性使得保护最基础、最具有普遍意义的事物（即文化财产）成了首要任务。因此，通过保护文化的方式来实现社会和平与和谐成了主要的任务之一。

阿尔贝特·施韦泽认为，在拥有普遍道德基础的同时，文化还具有多样性，正是这种多样性使得公民社会的通用机制在所有社会差异和同一性中能够发挥作用。也正是在此基础上，作为人们与社会群体自发性组织的结果，作为人们与社会群体权利与自由的守护者，不管是在国家层面，还是在国际层面上的公民社会都可以且应该协调并确保这一系列的权利和自由。

上述实践的关键在于责任。毕竟，从实践的角度来看，道德就是责任，其在人的一生中都与个人的内在统一保持一致，也可以说是与造物主保持一致（造物主按照自己的样子创造了我们，或者我们认为自己就是造物主）。可以说，这是指人要对自己以及身边人的文化和道德财富、对创造力（传统上称之为“精神力”）的状态及利用程度负责。对社会责任的这种理解与道德含义的现代诠释、道德的永恒性和适用性密切相

---

① 索洛宁 Ю. А.、库拉科娃 Т. А.:《通过公共关系建立公民社会》，圣彼得堡：圣彼得堡大学，2000 年第 28 期，第 27 页。

关。H. K. 列里赫曾说："为文化服务是一项崇高的人类壮举。每一个有思想的人都应为了幸福而奋斗，以共同推动社会的发展。"[①]

列里赫的所有理论都有一个典型特点：不仅具有生命力，还切合实际。他所提出的广义文化概念和文化遗产保护体系无疑也具有这一特点。对于当今社会而言，列里赫在争端调解、教育和文化领域获得的经验是极其重要的。

列里赫认为，从组织角度来看，这项工作的中心环节是博物馆，因为博物馆集合了各个领域的人类创造，而且博物馆的使命是传递以下思想：

（1）人们的精神统一，人们内心对完美与创造、知识、美与文化的追求；

（2）各种创造的结合以及文化的融合；

（3）人们对创作使命以及共同利益的责任感。

博物馆是人们接触生动的历史传说、经验以及创作之谜的地方。因此，博物馆不仅是博物馆物件和收藏品形式的文化财产的守护者，还是人类精神与道德方面的文化财富的守护者。在具有附加社会功能的同时，博物馆成了各种社会思潮在融合文化概念的基础上相互碰撞之处。博物馆的工作建立在坚实的科学基础之上，其成果引起了社会各界的广泛关注。也正是博物馆为科学精英与公众倡议的结合提供了独特的机会。

H. K. 列里赫成立的一系列国际科学、艺术、教育和社会组织以及其长达20年（1921～1941年）的工作就是这方面的一个突出例子。这一系列组织的核心是纽约列里赫博物馆以及该博物馆在印度和波罗的海沿岸地区的分支机构。

该馆是一个真正的跨学科、跨宗教的专业中心，在融合文化的基础上为艺术和科学的结合创造了条件：摒弃了各种限制、隔阂与不良因素。

列里赫家族在纽约建立的列里赫博物馆不仅符合他们内心对创造与完美的追求，也是对因战争、各国破坏文化和野蛮行径而产生的时代挑战的回应。在H. K. 列里赫看来，那些机构都是应时代要求而生的，在产生国际误会以及出现激烈斗争时具有很强的实用性[②]。

这颗曾经被抛弃的"种子"开始迅速生根发芽，出现了大量的知识、方法、措施以及一系列考察队、组织、团体等，它们发展的内在动力是被称为"生活伦理道德"的综合道德和哲学体系[③]。该体系主要结合了东方哲学的深厚传统与欧洲科学的最新成果，承认世界上主要宗教的内在同一性，并且指出这些宗教的情况与物理、化学、地质学、心理学等领域最新的科学数据一致，还预测了新的科学方向[④]。生活伦理道德特别重视人们的自我认识和自我完善、人的内在本质、个人与社会的创造力、人与人的

① H. K. 列里赫：《十日》（喜马拉雅山脉，1931年10月24日），《火焰城堡》，里加，1991年，第206页。

② H. K. 列里赫：《新时代》（蒙赫甘岛，1922年），《莫里亚之花》，《祝福之路》，里加，1992年，第106～111页。

③ 或者在东方称为"火神阿耆尼"。

④ E. H. 克尼亚泽瓦娅、C. П. 库尔久莫夫：《复杂体系的进化与自组织规律》，莫斯科，1994年。E. H. 克尼亚泽瓦娅、C. П. 库尔久莫夫：《协作基础》，莫斯科，2004年。

配合与合作、人们的教育与个性培养。

正是这个根植于多个世纪精神传统之中的普遍道德体系的观点，以及 H. K. 列里赫在俄罗斯期间所获得的科学、艺术、教育和管理方面的丰富经验，使得有人在 1921 年提出了一个想法：在纽约成立艺术联合学院，然后建立列里赫博物馆作为所有活动的中心。当然，这个想法之所以能够实现，要归功于世界各国的文化团体的广泛响应，比如美国、拉美各国、法国、比利时、南斯拉夫、捷克斯洛伐克、印度、立陶宛、拉脱维亚、爱沙尼亚、德国、中国、日本等。在这一点上充分体现出了将上述科学和教育成果与公民倡议结合起来的原则，也展现了对博物馆工作的广泛理解。

涵盖各种现象与问题的全球性通用做法为建立最广义的世界人类文化财产保护体系，并将其上升到国际层面创造了条件和机会。

因此，主要任务是保护文化财产和增加文化财富，使其成为提高与改善生活水平的可靠基础。生活伦理道德学说以及世界上数十个国家在这个学说原则上建立的科学、艺术、教育机构、社会组织、委员会和倡议小组与纽约博物馆中心组成的联盟机构是综合解决这个任务的主要工具。这个统一机构的活动不仅依赖于文化、科学和政治领域重量级人物的威信，还有赖于美洲和欧洲国家机构的支持，尤其是法国、比利时、南斯拉夫和捷克斯洛伐克。这种支持主要体现在对国内（俄罗斯）和国际法律的发展上。在创造前提条件，缓和国家与社会、文明与文化之间的对立的同时，要在公众意识中唤醒立足于精神性和自由创作的价值体系。

上述体系最重要的成就之一是使西半球国家通过并推行了《关于保护艺术和科学机构及历史纪念物条约》（简称《列里赫公约》，华盛顿，1935 年）。众所周知，该条约至今仍然有效，其中的一系列观点在后来的许多类似文件中仍具有非常重要的地位（例如，当代主要的国际文件——1954 年在海牙签订的《关于武装冲突时保护文化财产公约》)。这主要体现在以下三个方面：

（1）不仅要求在战争时期尊重、保护文化财产，在和平时期同样也要尊重、保护文化财产（序言和第 1 条）。

（2）对文化财产的广义理解包括个人和社会形态中的人为因素（第 1 条）。

（3）使用识别标志，即“和平旗帜”对纪念物进行标记，该符号在东西方各民族长期的文化传统中具有深刻的历史和哲学意义。

列里赫认为该公约的最高使命在于：“一方面，我们将通过在各地宣传‘和平旗帜’，促进和平的发展，并逐步缩小战场范围。另一方面，在学校引入‘文化日’以及灌输和平建设使命的同时，我们将借助人类创造过程中的典型例证在年轻一代中树立和平意识，并提高和完善这个意识。对于有利于和平与文化的事业，完全不需要得到全世界的认可，在保持生命力的同时，还可为实现共同利益和发展一切美好事物来奠定基础。”[①]

① H. K. 列里赫：《对〈列里赫公约〉的国际联盟成员的呼吁》，《火焰城堡》，里加，1991 年，第 255 页。

列里赫提出的世界文化联盟计划是对公约思想的一种延续，世界文化联盟被认为是“科学、艺术、工业、金融等机构、团体和文化工作者的合作联盟”[①]。列里赫认为，为了实现文化传统的复兴，需要在世界范围内采取一系列重要的措施：“我们衷心希望，世界文化联盟能够真正为所有愤怒、茫然、迷失的灵魂带来光明，并使之走向新的美好生活。……就让各种联盟、机构、博物馆、协会、组织、会议和公约尽情地发展和壮大吧，用教育的力量来驱赶生活中所有由无知和愚昧带来的恐惧。”[②] 这个计划在开始三年后暂停实施。原因是美国进入了大萧条时期，而且纽约的一些委托机构不可靠，随后又出现了金融危机，接着爆发了第二次世界大战。虽然战后恢复了和平并成立了一系列国际组织，比如联合国及其教科文组织，并在维持和平和文化领域做了大量的工作，但是世界文化联盟需要克服的问题仍然无法避免。

正如我们所看到的那样，保护世界文化的多样性——这是列里赫的文化观念和他建立的体系中最重要的方面之一。在刊载于《人民之声》(1933 年)的这篇文章中，列里赫称之为“进步的因素”，他写道：“个性是一系列最珍贵情感和创造能力的独特表现形式，对于这一点，没有人会反对。如果存在一种所有人都应保护的个性，那么在每个集体，即家庭、国家、民族中就应该展示出这种个性，也就是说，这种品质应受到保护。”实际上，2001 年 11 月 2 日在巴黎举行的联合国教科文组织第 31 届大会通过了联合国教科文组织发布的《世界文化多样性宣言》，在这个宣言中，我们也能找到相同的观点：“保护文化的多样性是一种道德义务，与尊重人们的个性密不可分。”[③] 联合国教科文组织总干事松浦晃一郎将这个宣言称为“在全球化进程中实现人道化”、建立人性化世界的重要工具。在保护文化独立性的同时，宣言表达了“在承认文化多样性、人类的团结意识以及开展文化交流的基础上实现更广范围的团结统一”的愿望。在该文件中还强调了“保护、普及以及向后代传递反映人类经验和愿望的各种文化遗产”的必要性，以及国家政策与个人和社会力量结合的重要作用，指出了要保护和促进作为“人类可持续发展关键因素”的文化多样性，不能“仅仅只依靠市场的力量”。

在该文件中还明确指出，文化是“社会团结以及以知识为基础的经济发展”的中心问题，是“和平与国际安全的最佳保障”。我们可以将这一点与 H. K. 列里赫的思想进行比较：“只有真正展现出人们的内心世界，不带有任何偏见，才能体现出创作的高度。在这种创作中，人们追求的是和平与自我完善，换句话说，他们重视的是自身文化的重建。”[④] 事实上，《世界文化多样性宣言》是在现代化条件下对列里赫思想——“将

① H. K. 列里赫：《文化联盟》(1942 年 2 月 1 日)，《日记簿》第Ⅲ卷，莫斯科，1996 年，第 14 页。

② H. K. 列里赫：《迂腐之人》(1943 年 12 月 26 日)，《日记簿》第Ⅲ卷，莫斯科，1996 年，第 171、172 页。

③ 《联合国教科文组织通过了文化多样性的宣言》，巴黎，2001 年 11 月，http://www.peace.ru/tolerance/news/cul-div.htm.

④ H. K. 列里赫：《迂腐之人》(1943 年 12 月 26 日)，《日记簿》第Ⅲ卷，莫斯科，1996 年，第 149 页。

文化和道德确立为社会和个人生活基础”的深入研究，证实了“在社会和平的所有客观决定因素，文化具有首要性”的观点。

在谈到人性化的全球化原则时，我们可以借用 H. K. 列里赫的话：“很显然，远古时期遗留下来的原则是开展新变革和取得新成就的基础。……永恒的生活伦理道德与我们是密切相关的。要知道，在坚定、永恒的道德基础上不但可以创造真正的繁荣，还可以为各族人民谋取福祉。清醒、纪律、自我意识、对责任的理解以及对新生活的追求不是建立在对过去的否定与破坏上的，而是建立在坚定不变的基础之上的。”①

2005 年 4 月 15 日在圣彼得堡律师事务所举行的国际科学实践会议提交的论文

① H. K. 列里赫：《新生活运动》（北京，1935 年 1 月 6 日），《日记簿》第 I 卷，莫斯科，1995 年，第 111、112 页。

《列里赫公约》和世界文化联盟的主要里程碑事件

B. Л. 梅里尼科夫

（文学副博士、圣彼得堡国立列里赫家族博物馆学院主管科研的副院长）

在对尼古拉·康斯坦丁诺维奇·列里赫（1874～1947年）的工作成果进行总结的同时，他的儿子——著名的东方学家Ю. Н. 列里赫写道："世界和平、保护文物的问题在很早以前就引起了尼古拉·康斯坦丁诺维奇·列里赫的关注。"这里的"很早"是指至少半个世纪以前，在这段时间内，尼古拉·康斯坦丁诺维奇做了大量的工作。

毫无疑问，1893～1898年，Н. К. 列里赫在圣彼得堡国立大学法学系所获得的知识，在他制定国际条约——享誉世界的《列里赫公约》时，对其是非常有益的。

列里赫在圣彼得堡国立大学学习期间，国际人道主义法律学校已经有了25年的历史，其创始人为费奥多尔·费奥多罗维奇·马尔坚斯（1845～1909年）[①]，他是一位杰出的法学家和社会活动家，也是《文明国家的现代国际法》（1882～1883年）的作者。马尔坚斯在世时，这本书就已被译成了世界上主要的语言，成了外交家的必备书籍，也是1897年春列里赫在校学习的基础课程。

Н. К. 列里赫很好地理解了Ф. Ф. 马尔坚斯的主要思想，并对他后面的作品进行了了解。对于Н. К. 列里赫后来从事的国际活动中所接触到的问题（和平解决国家间的矛盾、国际仲裁法庭、保护文化财产等），费奥多尔·费奥多罗维奇属于绝对的权威。Ф. Ф. 马尔坚斯还是第一次海牙和平会议纲领的实际起草者，这次会议根据俄罗斯的倡议于1899年召开，为裁军进程和制定战争规则奠定了基础。Ф. Ф. 马尔坚斯还和他的学生积极参与了主要协议的制定以及1907年第二次海牙和平会议。《列里赫公约》的序言和总则，甚至是它的名称，都与马尔坚斯以及他学生的人文主义遗产有着直接的联系，在这些学生中，在学校期间最有名的是他的继承人——国际法教研室教授米哈伊尔·亚历山德罗维奇·陶贝（1869～1963年）。米哈伊尔·亚历山德罗维奇·陶贝与列里赫交好多年，侨居国外时列里赫就曾与他商量过保护文化财产的问题。20世纪20～30年代，米哈伊尔·亚历山德罗维奇·陶贝在海牙任国际法教授，同时也是法国列里赫公

① 本书中称Ф. Ф. 马尔坚斯、费奥多尔·费奥多罗维奇，皆指费奥多尔·费奥多罗维奇·马尔坚斯。

约委员会的主席。

事实上，第一个关于保护物质和精神文化财产的提案是在 1899 年由 H. K. 列里赫提出的。H. K. 列里赫曾在圣彼得堡考古研究所授课，并在圣彼得堡进行了考古发掘工作。也就是在那时，他第一次谈到了有必要采取措施来保护那些向我们传达古代处世态度和世界观的考古遗址。一方面，要培养人们正确、谨慎和细心来对待国家财产的态度；另一方面，要采取保护措施，防止无知居民和好战分子以及破坏者对国家财产的侵占。这也是 H. K. 列里赫在 1900 ~ 1903 年创作《圣彼得堡考古地图》以及在 1903 ~ 1904 年创作《古罗斯纪念建筑物草图集》的主要目的之一。

正如 Ю. H. 列里赫写到的一样，在 1904 年日俄战争的炮火声中，尼古拉·康斯坦丁诺维奇·列里赫首次提出了关于保护所有国家文化财产的想法。

众所周知，在修建铁路时，列里赫坚决反对破坏大诺夫哥罗德的历史和考古遗址，他对保护独一无二的费拉邦多夫修道院建筑群做出了巨大贡献。在那时，我们的同胞并不总是能对俄罗斯国内的艺术做出正确的评价，尤其是无法正确评价古代艺术，这让列里赫感到很心痛。要想一一列举出列里赫为了让人们保护、理解和感受俄罗斯古代艺术而所做的一切，这是不可能的。因此，我们所提到的只是他在这一活动领域中最重要的一些事件：1910 年，H. K. 列里赫加入了艺术和古代文物保护协会理事会；自 1910 年起，他开始在圣彼得堡文物保护与登记委员会以及费拉邦多夫修道院修复委员会工作；1915 年，他成了罗斯艺术复兴协会创始人之一，该协会关注的对象是历史纪念物和博物馆。

面对 1914 ~ 1918 年第一次世界大战所带来的前所未有的破坏，鉴于鲁汶和兰斯被摧毁，H. K. 列里赫曾向俄罗斯军队最高指挥部提出请求，呼吁他们保护文化财产。

在圣彼得堡的中央国家历史档案馆中保存着一些文献资料，可用于确定尼古拉·康斯坦丁诺维奇·列里赫第一次倡导在国际层面上保护文化财产的时间以及当时的情况。第一次世界大战为 H. K. 列里赫提供了经验，使其明白在出现破坏文物的行为时如何才能形成强有力的社会舆论，也最终证实了他的某些想法——要想在战争中反对混乱与黑暗，并保持生机勃勃的生活状态，唯一有效的途径就是团结各方力量和组织社会各阶层的人们进行反抗。1914 年 9 月，皇家艺术促进会下属的绘画学校全体人员在 H. K. 列里赫的领导下曾写信给当时的两大世界强国（美国和法国）的首脑。

在发给法国总统雷蒙·普恩加莱的电报中，H. K. 列里赫写道："我们野蛮的敌人破坏文物的行为让人震惊，他们破坏了美丽绝伦、无与伦比的兰斯大教堂，对这种无法弥补的损失我深表遗憾。我有幸作为兰斯学院的一员，现向您转达皇家艺术促进会学校的校务委员会、艺术世界协会、俄罗斯之声报、晚间报、联交所新闻报的惋惜与遗憾。兰斯学院成员、彼得格勒皇家艺术促进会学校校长尼古拉·列里赫敬上。"

战后时期出现了新的民族矛盾，1923 ~ 1928 年在完成中亚探险后，H. K. 列里赫重新开始关注世界问题，他与各国的社会和文化工作者进行联系，并呼吁他们立即商讨保护文化财产的问题。

从一开始，那些珍视人类文化财产的人就在关注“和平旗帜”和文物保护运动。所以法国和比利时的文化工作者较早响应 H. K. 列里赫的号召，这不是偶然的。1928年8月，法国国际法学家乔治·加夫里洛维奇·什克利亚韦尔博士和阿尔伯特·茹弗尔·德·拉·普拉代尔教授根据国际法规编写了《列里赫公约》主要文件中的法律部分，目的是“促进自己国家精神福利的提高”①（详见本部分附录一）。

为了传播公约的思想，1929～1930年又成立了5个委员会，在法国、比利时、印度各成立了1个，在美国成立了2个。

1930年，公约草案被提交给国际联盟的博物馆委员会，该委员会批准了该公约的草案，并将其提交给了国际智力合作委员会来审核。

在国际联盟主管机构进行上述活动的同时，许多非政府组织和世界文化与科学领域的重要人物都对 H. K. 列里赫进行了声援。该公约草案通过美国和欧洲媒体进行发表，一经发表就立即引起了科学和艺术领域的杰出人物、各国政府首脑和国际社会的广泛关注。阿尔伯特·爱因斯坦、T. 曼、R. 泰戈尔、H. 威尔斯、南斯拉夫国王亚历山大、捷克斯洛伐克总统 T. 马萨里克、拉脱维亚总统 A. 克维耶西斯、爱沙尼亚副总统和教育部部长 B. 皮亚特斯以及许多军事家都曾对此公约表示拥护和支持。比利时著名的诗人和剧作家 M. 梅特林克先生还曾呼吁所有人都关心人类的未来：“让我们紧紧围绕着这一高尚运动，汇聚我们所有的精神力量吧。”

印度伟大诗人拉宾德拉纳特·泰戈尔是一个狂热的和平战士，1931年在给列里赫·康斯坦丁诺维奇的信中写道：“一直以来，我都密切关注着您为了各国人民的利益而进行的伟大人道主义工作，您的《列里赫公约》以及‘和平旗帜’对保护所有文化瑰宝来说将会是一个极其重要的象征。国际联盟的博物馆委员会通过了这个公约，为此我感到由衷的高兴，并且我深深地感觉到，此公约将对各国人民之间的文化理解产生巨大影响。”

比利时皇家文物保护委员会成员卡米尔·秋利平克曾建议：将有众多历史文物的布鲁日市作为宣传《列里赫公约》思想的中心。1931年，卡米尔·秋利平克组建了国际《列里赫公约》与“和平旗帜”拥护协会。1931年9月13～16日，在布鲁日召开了第一次《列里赫公约》国际会议。

参与这次会议的人员不仅有各国政府代表，还有各种非政府组织和文化组织的工作人员，会议批准了关于开展《列里赫公约》思想传播运动的方案。公约思想的宣传活动在学校和年轻人中受到了特别关注，并与一系列国际机构建立了定期的联系，如国际艺术委员会和限制军备会议委员会。在执行第一次国际会议决议的同时，巴黎列里赫博物馆和布鲁

① 在这一点上，H. K. 列里赫这样写道：“我提交给我们博物馆的方案是由巴黎大学国际法和政治学博士、国际科学院讲师 Г. Г. 什克利亚韦尔根据国际法的规定，并与阿尔伯特茹弗尔德拉普拉代尔教授——海牙国家法庭成员、国际法学院副主席和索邦大学院士商量后编制而成的。这两个人均是我们博物馆的名誉顾问。”（H. K. 列里赫：《和平旗帜》（纽约，1930年3月），《光之国》，《神圣巡逻》，里加，1992年，第68、69页）

日国际《列里赫公约》与"和平旗帜"拥护协会均积极赞成所有国家通过《列里赫公约》。

1931 年 12 月 27 日，在纽约举行了"和平旗帜"国际节。在这一天，宣布了开始对"和平旗帜"进行文化朝圣，并宣读梵蒂冈的文书以示支持。从这一天起，"文化日"就开始成为所有民族和国家共同的节日。

1932 年 8 月 8 ~ 9 日，在布鲁日召开了第二次国际会议。在会议召开的同时，1932 年 7 ~ 9 月展出了受保护文物的照片。此次展览共展出了 6000 多张著名纪念建筑物的照片，共有 22 个国家参与。第二次国际会议决定在布鲁日成立专门的机构，以便在全世界范围内对《列里赫公约》思想的实现提供帮助。会议还决定与不同国家进行交流，以使这个公约能够成为一个国际性文件。

1933 年 11 月 17 ~ 18 日，第三次"《列里赫公约》与'和平旗帜'"国际大会在华盛顿召开，共有 30 多个国家参加了这次会议。在 27 个国家的官方代表和 7 个国家的观察员一致通过的本次会议决议中，包括有针对所有国家政府签订《列里赫公约》的建议。

此次会议还批准成立了"《列里赫公约》与'和平旗帜'"常设委员会，并推选 H. K. 列里赫院士及其妻子 E. И. 列里赫女士为名誉主席，推选美国农业部部长亨利 · A. 华莱士为名誉赞助人，纽约列里赫博物馆主席路易斯 · L. 霍希为主席，列里赫博物馆理事会理事弗兰西斯 · 格兰特为副主席，纽约大学教授拉尔夫 V. D. 马戈芬为秘书长。"《列里赫公约》与'和平旗帜'"常设委员会设立于 Master Building，York（310，River-side Drive），有着 10 余年历史的列里赫博物馆便坐落于此。

1933 年 12 月 16 日，在蒙得维的亚召开了美洲国家第七次国际会议，会议针对所有美洲国家通过了支持《列里赫公约》的决议。

随后，世界各地的"《列里赫公约》与'和平旗帜'"委员会纷纷成立。例如，1934 年 9 月 5 日在中国哈尔滨召开了关于成立俄罗斯列里赫公约委员会的哈尔滨分会的会议。尼古拉 · 康斯坦丁诺维奇 · 列里赫本人也出席了此次会议。此外，参与此次会议的还有：内斯特大主教、纳法奈尔院长、H. Л. 贡达特季将军、Г. K. 金斯教授、H. И. 尼基福罗夫教授、Э. Э. 安涅尔特教授、A. П. 希翁宁教授，以及 H. Φ. 奥尔洛夫、E. C. 考夫曼、B. H. 伊万诺夫、B. M. 阿纳斯塔西耶夫、B. K. 列里赫、Ю. H. 列里赫、H. A. 维尤诺夫、B. C. 弗罗洛夫和 Г. A. 索福克洛夫博士。会议开始时，首先由内斯特大主教宣读祈祷文《上帝》，然后 H. Л. 贡达特季将军请大主教为会议的开幕致祝词。H. K. 列里赫院士在会上发表了题为《列里赫公约简述》的讲话。他在讲话中提到："一直以来，人类都在通过各种方式争取和平，并且每个人心里都意识到，这一建设性工作将会开创一个全新的时代……通过这种方式，我们才能进行下一步的工作，使世界文化充满活力……这个保护人类文化财富的公约，其本身的历史已为很多人所知晓……上帝保佑，愿保护宗教、艺术和科学财富这一伟大事业能够取得圆满成功。"

H. K. 列里赫院士在 1914 年 9 月从彼得格勒寄给美国大使查尔斯 · C. 威尔逊先生的电报中曾写道："作为美国政府的代表，您不会眼睁睁看着最好的艺术作品被毁而无动于衷，并且贵国也不会对这种野蛮行径袖手旁观，因为即使是在最残酷的历史中也很难找到类似的野蛮行径。为了那些神圣的艺术，为了人类最大的幸福，以及为了那些让世界变得更美好的事物，请您竭尽全力反对那些罪恶的破坏者，因为伟大的美国政府是不会眼睁睁看着那些人类赖以生存的美好事物走向毁灭的，并且也不会成为人类的敌人。”经过 20 多年的艰苦工作，1935 年 4 月 15 日在美国首都华盛顿签署了保护文化财产的国际条约，即世界著名的《列里赫公约》（详见附录二）。在顺利完成这个任务的过程中，纽约列里赫博物馆发挥了重要作用，是这个公约的正式发起人。

美国与其他国家在美国白宫签署了该公约，美国总统富兰克林·D. 罗斯福出席了签署仪式并在发言中提到：“为了让世界上所有的国家都能加入这个公约，我们将致力于制定对保护现代文明极其重要的普遍适用原则。这个条约的精神意义远比这个文件本身的意义要深远得多。”

1936 年 9 月，H. K. 列里赫响应了拉宾德拉纳特·泰戈尔的和平呼声。

同年 10 月，在布鲁日的列里赫公约国际中心设立了国际艺术节，这是在争取和平的斗争中取得的成果。

但遗憾的是，《列里赫公约》的思想在第二次世界大战的战火中被人们遗忘。因为对世界文化财产的忽视，在欧洲出现了大片大片的废墟。

不过 H. K. 列里赫院士从未停止对“和平旗帜”档案的补充，此档案可以证明，“《列里赫公约》与‘和平旗帜’”常设委员会的工作从未中断。期间有新的同事加入并不断寻求文化倡议发展的新形式，比如成立世界文化联盟、美俄文化协会、印度安德拉科技公司、日内瓦艺术学院等。第二次世界大战后不久，纽约“《列里赫公约》与‘和平旗帜’”常设委员会的成员为：达德利 K. 沃森博士、约瑟夫·J. 维德（副主席）、凯瑟琳·S. 坎贝尔、梅格达莱娜·列耶列尔、E. M. 马尔科娃博士、И. Э. 穆罗姆采夫、K. И. 穆罗姆采娃（通信秘书）、Г. И. 穆罗姆采娃（通信秘书）、加拉贝德·H. 佩利恩、E. O. 史密斯博士、戴维·H. 福格尔、达德利·福斯迪克（主席）、З. Г. 福斯迪克（执行秘书）、珍妮特·福斯迪克、英格博格·弗里奇、C. M. 沙夫兰。

第二次世界大战后，这个公约的思想重新引起了文化界的关注。1946 年 2 月 15 日，H. K. 列里赫将自己制定的关于活动发展的新提案寄给了纽约“《列里赫公约》与‘和平旗帜’”常设委员会总部。在长期的沉默后，他第一次提名自己的同胞作为《列里赫公约》的名誉顾问。他还建议邀请支持该公约的苏联文化工作者参与合作，如弗拉基米尔·彼得罗维奇·波将金、伊戈尔·埃姆曼努伊洛维奇·格拉巴里，阿列克谢·维克托罗维奇·休谢夫、康斯坦丁·米哈伊洛维奇·西蒙诺夫、谢尔盖·谢尔盖耶维奇·普罗科菲耶夫、德米特里·德米特里耶维奇·肖斯塔科维奇。在最新的名誉顾问名单中有来自美国、瑞士、南斯拉夫、英国、比利时、捷克斯洛伐克、保加利亚、挪威、中国、印度、西班牙、葡萄牙、瑞典、法国、波兰、埃及、罗马尼亚、阿根廷、丹麦等国的杰出代表。尼古拉·康斯坦丁诺维奇·列里赫在他的提案中这样说：“海牙国际法庭现有 15 名法官。有对公约感兴趣的来自法国的巴杰万教授，以及俄罗斯国家法教授克雷洛夫[①]。公约写完后，请寄 16 份给我们的丹麦同事，以赠予各位法官和各地图书馆。在你们的随寄信函中可提到海牙国际法庭会完全支持该公约，并且你们展示出足够的信心，相信以后这个公约在保护文化财产方面会得到更多人的支持与认可。”

战争和战后艰难的岁月夺走了许多《列里赫公约》参与者的生命，卡米尔·秋利平克逝世了。1947 年 12 月，尼古拉·康斯坦丁诺维奇·列里赫也与世长辞。

在世界范围内推动《列里赫公约》的所有活动都落到了他的遗孀——世界上数十个哲学与道德协会的创始人、作家叶莲娜·伊万诺芙娜·列里赫（1879 ~ 1955 年）以及他的两个儿子——著名的东方学家、旅行家、“乌鲁斯瓦季”喜马拉雅研究学院院长尤里·尼古拉耶维奇·列里赫（1902 ~ 1960 年）和著名的画家和社会活动家斯维亚托斯拉夫·尼古拉耶维奇·列里赫（1904 ~ 1993 年）的身上。

在印度，总理贾瓦哈拉尔·尼赫鲁、副总统萨瓦帕利·拉达克里希南博士、钱德拉·文卡塔拉曼教授（班加罗尔）、教育部部长、胡马云·卡比尔博士（新德里）等许多人都支持文化古迹保护公约。1946 年，全印度文化统一会议表示支持《列里赫公约》。1948 年 9 月，该公约得到了自由印度临时政府的支持。20 世纪 40 年代末，在印度的“《列里赫公约》与‘和平旗帜’”委员会中，已有 18 位国家知名人士和杰出的文化人物。其中列里赫家族的代表是斯维亚托斯拉夫·尼古拉耶维奇·列里赫。

1950 年，“《列里赫公约》与‘和平旗帜’”常设委员会向联合国教科文组织总干事多列士波特博士寄出一份《列里赫公约》以及关于这场始于 1929 年运动的所有历史文件。

1935 年 4 月 15 日，在美国总统富兰克林·D. 罗斯福的见证下，由西半球主要国家签署的《列里赫公约》很好地延续了俄罗斯国际人道主义法律学校的传统，该学校的主要代表人物在 19 世纪与 20 世纪之交都曾任教于圣彼得堡国立大学。

《列里赫公约》在保护文化不受现代野蛮与蒙昧行为破坏方面不断发挥着重要作用。截至目前，世界上有很多地方仍然存在着《列里赫公约》的地区和国际性委员会。1954 年，这个公约成了《关于武装冲突时保护文化财产公约》的核心，目前已获得世界上绝大多数国家的签署支持。

1954 年 5 月 14 日，在联合国教科文组织召开的大会上通过了《关于武装冲突时保护文化财产公约》及其《关于武装冲突时保护文化财产公约》的议定书，并于 1999 年 3 月 26 日通过了 1954 年《关于武装冲突时保护文化财产公约》的第二次议定书，

---

① 谢尔盖·鲍里索维奇·克雷洛夫［1888 年 1 月 1（13）日出生于圣彼得堡，1958 年 11 月 24 日卒于莫斯科］，苏联国际法学者、外交家、法学博士（1930 年）、教授（1938 年）。1946 年加入苏联共产党。1918 ~ 1958 年从事教学工作（国立列宁格勒大学、高等外交学校、苏联共产党中央委员会下属社会科学教授）。联合国成立史、航空法、国际公法和国际私法研究性著作的作者。1946 ~ 1952 年，联合国国际法院的苏联成员。参与了在敦巴顿橡树园和旧金山举行的关于制定联合国章程的各种国际会议。

其目的在于提高公约的有效性。

在《关于武装冲突时保护文化财产公约》正文中明确规定，在1899年和1907年海牙和平会议上以及《列里赫公约》中规定的战争时期文化财产保护原则是通过该公约的准则。我们应为此感到自豪，因为提出这些原则的是毕业于圣彼得堡的俄罗斯人。

众所周知，为实现《列里赫公约》思想的运用、发展以及某种意义上的全球化，早在1931年，尼古拉·康斯坦丁诺维奇·列里赫就提出了成立世界文化联盟，他把这个联盟看成是“科学、艺术、工业、金融等机构、团体和文化工作者的合作联盟”（附录三）。列里赫认为，为实现传统文化的复兴，需要在世界范围内采取一系列重要措施：“我们衷心地希望，世界文化联盟能够真正为所有愤怒、茫然、迷失的灵魂带来光明，并让他们走向新的美好生活。”他曾多次清楚、明确地表达了这一点。这里要指出他众多言论中的一条：“在和平旗帜的指挥下，在强大的精神统一过程中，如在建立世界文化联盟的过程中，我们将走向最高统一程度的光明世界。”

世界文化联盟纲领中宣称的该组织成立目的如下：

（1）在世界上所有国家传播“文化带来和平”的列里赫思想；

（2）在世界范围内推行列里赫家族的文化学说；

（3）保护人类文化瑰宝并将其登记造册；

（4）保护社会组织、教育、科学、宗教、艺术以及其他加入“文化联盟”或与“文化联盟”合作的研究院；

（5）通过媒体来报道世界文化联盟的工作情况。

此外，该组织还提议支持先进的科学研究，研究妇女和儿童教育问题，在各国间进行文化成果交流活动。

正如大家所见，该国际组织的首要任务是教育工作和保护文化财产。这就是为什么许多当代作家将《列里赫公约——世界文化联盟》方案视为一个旨在解决当今世界系统（综合）问题的全球性创新方案。A. A. 邦达连科在他的研究著作中将建立世界文化联盟视为一个真正的现代化方案，H. K. 列里赫为其奠定了基础，并应在未来一直延续下去。在得到国际认可的情况下，他就世界文化联盟的作用和地位谈到如下七点：

（1）在全球发展领域。在以保护世界自然和文化财产为前提的“文化—道德—创造”之路上，世界文化联盟是人类社会发展和进步的协调和战略规划机构。

（2）在全球政治领域。世界文化联盟是稳定与和平的平衡点和组织基础。

（3）在社会 / 经济领域。对于社会重大项目，应在世界文化联盟各分支机构的庇护下，用更加深入的系统鉴定来代替所谓的环境鉴定，包括环境、文化等其他重要方面。这方面，迫切需要对各种问题进行科学和法律研究。

（4）在创新领域。通过专门成立的科学、教育、艺术和广泛意义上的文化机构的协助，世界文化联盟鼓励进行科学、艺术等其他社会重大创新。

（5）在文化和土木工程领域。调动各种社会力量来解决社会面临的紧迫任务。尤其是，在社会上扩大文化倡议的范围，促使社会重要劳动领域就业率的上升。

（6）在民族文化交流领域。在系统性的国际文化交流基础上实现各民族和族群文化传统的兼容并蓄。

（7）在意识形态领域。在各个国家、各种文化和宗教的关系，以及人类交流中，加强精神道德和伦理因素在人们的意识、生活以及人类活动中的应用。

列里赫家族博物馆学院对世界文化联盟的存在和复兴问题如此重视并非偶然。对于数代列里赫家族的追随者来说，尼古拉·康斯坦丁诺维奇·列里赫在世界文化联盟成立那年的所言是很有远见的："在这里，我想说一下我对博物馆的看法。博物馆不是一个死板的仓库，也不是守财奴的宝藏，博物馆与'文化中心'的概念是密不可分的。我们的博物馆已经成了文化联盟的阵地。"曾经在博物馆中出现的世界文化联盟，有一天定能在博物馆中再次出现。

20 世纪 40 年代后半期，叶莲娜·伊万诺芙娜·列里赫一次又一次地提出建立世界文化联盟的想法："在新的世界格局到来之际，应重新高举和发展'和平与文化旗帜'……让未来的人们随处可见'和平与文化旗帜'，并牢记该旗帜产生与发展的伟大基础。伟大从来都不是出现在和平与繁荣时期，而总是出现在困难、痛苦以及被无知之人嘲笑之时，但是，我们仍然要坚持下去，直到在'新时期建设'的领导下，文化被认可与肯定。"在给同事的信中，叶莲娜·伊万诺芙娜·列里赫阐述了世界文化联盟即使在当今社会也算是独一无二的组织结构。据她所言，世界文化联盟应包括以下部门："第一个部门——和平部；第二个部门——精神建设部；第三个部门——科学部；第四个部门——艺术部；第五个部门——妇女与教育部；第六个部门——手工艺及劳动部；第七个部门——合作与产业部；第八个部门——安防与安全部；第九个部门——土地规划与建设部；第十个部门——健康与保健部。其余的将被纳入上述部门，成为这些部门的一部分。因此，公平正义属于和平部，军队属于安防与安全部，财产属于合作与产业部。当然，精神建设还包括宗教与哲学。各部门在各委员会和主席的领导下展开工作。"因此，世界文化联盟是一个有着明确结构的组织，它具有自己的体系与机构。同时，H. K. 列里赫还提醒，应防止对该组织进行过分限制，呼吁开展最广泛且最多样化的合作，他指出，世界文化联盟应成为人类真正快乐的源泉。

但遗憾的是，研究者很少关注世界文化联盟，并且对这个组织的介绍也很少。很少有人对该组织未曾实现的方案进行研究，而对该组织曾经存在过但没有得到进一步发展并且很快在动乱中沉寂，在第二次世界大战期间，完全失去意义等情况的研究就更少了。列里赫家族成员在自己的书和信中提到，世界文化联盟是一个迟来的创举，这在一定程度上证实了这些评价。例如，1942 年 5 月 29 日，在新一轮可怕战争的最紧张时刻，H. K. 列里赫曾给自己的美国同事写道："显然，我们的世界文化联盟暂时休眠了，因为战争阻碍了整个世界的发展，但各民族之间的文化交流不应中断。未来，文化交流必将汇聚成一个整体。文化建设已经恢复；人类会重新踏上文化建设之旅，也不会有人说，文化之路是一条不切实际的道路。但是，在这条道路上，需要相互扶持、相互帮助，鼓励那些胆小怯懦的人。同时还需要因地制宜，才能做到最好。赶快行动起来吧！因为行动会给我们带来力量。”

任职于彼得堡列里赫家族博物馆学院的同事，于2001年在纽约列里赫博物馆馆藏中发现的世界文化联盟的部分档案使得对该组织起源的系统研究变得可行。能有这样的机会，我们首先应该感谢纽约列里赫博物馆馆长丹尼尔·恩京，在查找和复印所有需要的档案卷宗和手稿时，他为我们提供了很大的帮助。对这些档案资料进行研究后，在一定程度上可以弄清世界文化联盟存在的第一个阶段（列里赫时期）的主要里程碑事件，并能明确该组织在历史中的贡献。

1931年1月12日，H. K. 列里赫、尤里·列里赫、叶莲娜·列里赫、斯维亚托斯拉夫·列里赫、路易斯·L. 霍希、凯瑟琳·S. 坎贝尔、内蒂·S. 霍希、海伦·赛德尔（Mrs. Helen Seidel）、埃丝特·J. 里奇曼、J. 厄尔·施拉克（Mr. J. Earl Schrack）、吉娜·里奇曼（后来被称为福斯迪克）、贝莎·库斯－贝克（Mrs. Bertha Kunz-Baker）、M. M. 里奇曼、弗朗西斯·R. 格兰特共同签署了世界文化联盟的原始备忘录。同纽约的世界文化联盟档案中的所有文件一样，这份文件也是用英文来书写的。在这份文件中，有凯瑟琳·S. 坎贝尔所做的记录——《世界文化联盟（1931年1月12日注册文件草案）》（附录四）。上述14人也成了该联盟理事会最初的14名成员。

1931年12月23日，在纽约获得了“登记证书”，根据该证书，该组织的全称是世界文化联盟与世界文化理事会（World League of Culture and World Council of Culture, Inc）。1931年12月30日，纽约州最高法院法官欧内斯特 E. L. 哈默核准了登记。

列里赫家族的美国同事通过了世界文化联盟美国分部的基本法律文件，该法律文件由基本法（7条）和章程（10条）所组成（附录五）。这样一来，美国分部成了世界文化联盟第一个官方工作机构。

1932年6月16日，世界文化联盟第一次会议在纽约的列里赫博物馆所在地——Master Building（310，River-side Drive）召开。值得一提的是，一年半以后，即1933年11月17、18日在华盛顿召开《列里赫公约》第三次国际会议之后，这个地址成了“《列里赫公约》与‘和平旗帜’”常设委员会的官方地址。这种具有前瞻性的行为再一次证明了《列里赫公约》—世界文化联盟是一个统一的战线。世界文化联盟为《列里赫公约》的通过奠定了基础，反过来，《列里赫公约》又呼吁为世界文化联盟在签署这个国际条约的国家进行有效活动奠定了坚实的法律基础。正因为如此，如果没有世界文化联盟的文件资料，《列里赫公约》的历史将是不完整的，反之亦然。

自第一次会议召开以来，世界文化联盟的所有文件均由该组织秘书、后来成为美国分部副主席的凯瑟琳·S. 坎贝尔来负责管理。她手里保存了美国分部四次会议（1932年11月22日、1932年12月13日、1933年1月3日和1933年5月1日）签字确认的会议纪要、世界文化联盟秘书长的四份报告、美国分部的四份财务报告以及喜马拉雅分部两次会议（1933 年 2 月 8 日和 1933 年 3 月 22 日）的会议纪要，世界文化联盟的主要创始人 H. K. 列里赫、尤里·列里赫、叶莲娜·列里赫、斯维亚托斯拉夫·列里赫以及 B. A. 希巴耶夫（秘书）均加入了喜马拉雅分部。

虽然世界文化联盟美国分部两年（1932、1933 年）的总预算仅有 25 美元（凯瑟琳·S. 坎贝尔捐赠），但正是这个分部成了协调世界文化联盟在美洲、欧洲和亚洲其他分部活动的主要机构。世界文化联盟的初期主要成果是通过了《列里赫公约》和“和平旗帜”，“和平旗帜”作为它的官方标志，这种情况之所以能够实现，很大程度上要感谢美国分部的同事们[①]。

在世界文化联盟的档案中保存着 H. K. 列里赫的文章，这些文章均用英文写就，涉及该组织活动的方方面面，以及该组织的进一步发展。其中，有一些主席的正式信件。尼古拉·康斯坦丁诺维奇共有 7 篇此类文章。后来，一些文章还被选入他的书籍《火焰城堡》（1933 年）中，成了单独的篇章《文化。世界文化联盟》。

1932 年 6 月 16 日，在世界文化联盟的第一次会议上，路易斯·霍希宣读了尼古拉·康斯坦丁诺维奇在布鲁日举行的“和平公约与和平旗帜”第二次国际会议上发言的一小段，在该段内容中，尼古拉·康斯坦丁诺维奇·列里赫表示，他相信比利时会议会为真正意义上的文化联盟的建立奠定基础[②]。

第一封信是 1932 年 7 月 24 日在喜马拉雅山下写的随笔《世界文化联盟》[③]。在这份文件中，尼古拉·康斯坦丁诺维奇·列里赫首次对这个全新的世界组织的名称进行了解释：“世界文化联盟成立的目的是在未来更好地推进社会各方面的发展。这是一个高度统一的概念，是其他任何定义、名称都无法比拟的。‘联盟’一词表现出了统一性和普遍的友好性。‘世界性’的概念是不需要任何解释的，因为在这个概念上，人们的认知基本是一致的，不会有任何争议。同样，对于‘文化’一词的概念，但凡受过教育的人都不会有什么争议，因为文化能够使世界变得更加美好，也会使心灵变得优雅与高尚。成立世界文化联盟是人们长久以来的期盼，也具有重大意义。”

---

① 根据世界文化联盟档案，美国分部主要负责人的名单如下：泰奥菲尔施耐德（主席）、亨利·J. 福尔曼（副主席）、约翰·奥哈拉科斯格雷夫（副主席）、莱昂达博（副主席）、保罗·R. 拉多萨夫列维奇（副主席）、约瑟夫坎贝尔（副主席）、凯瑟琳·S. 坎贝尔（秘书、后来成为副主席）、查尔斯·弗莱舍（财务主任）、英格博格弗里奇（秘书）。美国分部执行理事会的成员包括：内蒂·S. 霍希、路易斯·L. 霍希、埃丝特里奇曼、M. M. 里奇曼、Z. G. 里奇曼（后来被称为福斯迪克）、西德涅伊纽伯格、弗朗西斯·R. 格兰特、海伦赛德尔、厄尔施拉克、贝莎库斯－贝克、大卫·格兰特、杰西·O. 施耐德。世界文化联盟成员：里奥·G. 斯特恩、迈尔斯·J. 韦尔奇、马丁·李普曼、艾拉梅尔、李·韦尔奇、亨利 G. 坎贝尔、多拉弗里奇、威廉·迈纳、埃伯哈特·里斯、伊迪丝菲佛、弗雷德·菲佛、艾米·韦尔奇。

② 此处和后文提到的世界文化联盟档案中的文件均是 M. A. 雷斯托沃和 B. Л. 梅利尼科夫翻译。

③ 俄文版出版于 1933 年，名为《文化—合作》。H. K. 列里赫：《文化—合作》，《火焰城堡》，里加，1991 年，第 65、66 页。

第二封信为《向世界文化联盟致以衷心祝贺》，弗朗西斯·R. 格兰特在世界文化联盟第二次会议上宣读了这封信。这封信的写作时间是1932年9月1日[①]。在信中，H. K. 列里赫写到了文化工作者应该具有的素养，并指出文化是永垂不朽的："哪里是文化的发源地，哪里就会成为人们关注的焦点，并直击人们心灵的最深处。无论在哪里，一旦产生了文化，它便再也不会磨灭。文明可能会消失，但文化作为一种真正的精神财富是永垂不朽的。"根据列里赫所言，文化工作者应具备以下素养：

（1）快乐；

（2）像一个"真正的医生"一样，不但能够将人们从过去的痛苦中拯救出来，还能睿智地预见未来；

（3）尊老爱幼；

（4）永远秉持耐心和宽容的态度；

（5）不畏艰险；

（6）乐于助人；

（7）对所有的事情赤诚以待；

（8）孜孜不倦地学习；

（9）永远保持年轻的心态，这样心便永远不会老；

（10）头脑灵活；

（11）善于观察，为了幸福、知识和美好不断奋斗；

（12）明白合作精神的含义。

第三封信《致世界文化联盟》也是写于喜马拉雅山脚下，写作时间为1932年11月[②]。在这封信中，伟大的思想家对他的第二故乡——印度的定期出版物进行了独特的评论。在对数千份印度报纸和杂志整体工作给予肯定评价的同时，尼古拉·康斯坦丁诺维奇·列里赫还呼吁不仅要谈论过去，还要勇于谈论现在。他认为专业出版机构《全印贸易杂志》（*All India Trade Magazine*）就是一个面对现实且充满生命力的绝佳例子，该杂志出版过《现代商人的文化使命》，并在文章末尾援引了歌德的话。同时，在这封信中，列里赫还呼吁支持世界文化联盟的所有团体、研究院和委员会在它们各自的国家对各个刊物和出版社进行评论或描述，哪怕是一个短评或描述，但不应将注意力放在负面现象上。他认为，这种评论对世界文化联盟积极正面的发展是必要的，也是现代思想运动最有价值的收藏品。

第四封信为《向世界文化联盟美国分部致以衷心祝贺！》。这封信件于1932年12月20日写于库鲁。在收到1932年11月20日和24日来自纽约的信函后，尼古拉·康

---

① 俄文版同时出版，名称为《文化——崇尚光明》。H. K. 列里赫：《文化——崇尚光明》，《火焰城堡》，里加，1991年，第63、64页。

② 俄文版同时出版，名称为《印度之声》。H. K. 列里赫：《印度之声》，《火焰城堡》，里加，1991年，第67～69页。

斯坦丁诺维奇·列里赫了解到他当选为世界文化联盟最高主席（Supreme President of the World League of Culture），为此，他对所有的同事表示了感谢，并提醒他们“和平旗帜”的最高使命。他写道：“在接受主席这个职位的同时，我清楚地意识到这是一项艰难的任务。但同时也深深地感到，在‘和平旗帜’的召唤下，谁都不应该袖手旁观。在人类的各种责任中，文化工作是最高尚且神圣的责任之一。我们应号召大家来从事这项事业，并从中获得巨大的精神快乐。”在这封信的最后他还提到，除了纽约以外，他还打算在一些国家成立世界文化联盟的分部。值得注意的是，所有现有列里赫团体都自动成为这个组织的分支机构，如拉脱维亚的列里赫协会就宣布了全体成为世界文化联盟拉脱维亚分部的成员。

第五封信为《光之城》，这是《火焰城堡》（1933 年）中一篇有名的文章①。在这篇文章中，尼古拉·康斯坦丁诺维奇·列里赫首次提到了通往“位于纯净湖泊之上的光之城”的四个团体。他将不同民族传统当中“光之城”的含义与文化的“光明万能药”进行了对比：

（1）约翰团体，东方的宗教创作与精神布道团体；

（2）博亚诺沃团体，北方的魔术与艺术团体；

（3）毕达哥拉斯团体，西方的科学和哲学团体；

（4）米库利诺团体，南方的爱与奉献团体。

东正教的僧侣阿列克西把“光之城”这几个团体的事告诉了列里赫。于是他重新开始努力创建未来的世界文化联盟，整个人类团体的思想都是建立在这个基础上。《生活道德学说》的戒律中也贯穿了这一思想，尼古拉·康斯坦丁诺维奇在主席的信中引用了其中的一部《火焰世界》。

在保存在世界文化联盟档案中的文章《交流》（1933 年）中，尼古拉·康斯坦丁诺维奇·列里赫写道，人类的劳动是“真正的财富”，“如果在所有的创作中，人们能够对劳动有正确的理解，那么在人类关系中，它将会是一个恒定值”。在他看来，不同领域的劳动者工会组织都可成为世界文化联盟的成员：“世界文化联盟应刻不容缓地鼓励进行劳动交流，提高工作质量并进行真诚的合作。”②

从第六封信开始，列里赫写给世界文化联盟的信被称为“主席的信”。

第六封信是《世界之痛》，这封信在 1933 年 3 月 24 日写于喜马拉雅山下。信中尼古拉·康斯坦丁诺维奇·列里赫详细地阐述了在历史和现代背景下联合保护文化和自然遗产的问题。他列举了自然正在受到如下威胁：

（1）自然原本的模样正在被类似的东西所代替；

（2）缺少资金对自然进行协调保护；

---

① 俄文版同时出版，H. K. 列里赫：《光之城》，《火焰城堡》，里加，1991 年，第 70 ~ 73 页。

② 俄文版同时出版，H. K. 列里赫：《交流》，《火焰城堡》，里加，1991 年，第 73 ~ 76 页。

（3）对自然以及自然赐予的宝藏缺乏了解，不关注自然；

（4）城市扩张；

（5）唯利是图，对自然进行“掠夺”；

（6）技术统治文化的作品大行其道；

（7）战争和军事准备。

在这封信的结尾，尼古拉·康斯坦丁诺维奇·列里赫呼吁：“做到对自然的绝对尊重，明白为实现人类自身的幸福，在生活中要不断进行自我提高。因此，在主要的教育工作中，文化联盟必须全力向人们阐述一点，正确对待自然是快乐劳动、获得智慧与快乐、不断获得新知识和进行创造的源泉。”

最后，写给世界文化联盟的第七封信——这是一篇短论《教师》，写于 1933 年 4 月[①]。写作地点是在喜马拉雅乌鲁斯瓦季研究院，这显然进一步强调了这篇文章的普遍教育意义和教学意义。尼古拉·康斯坦丁诺维奇·列里赫在这封信中详细阐述了青少年的现代教育问题，并回顾了他 20 岁左右在圣彼得堡任教的经历。他认为，任何国家和社会在教育领域主要的任务应是：

（1）确保民众普遍受教育的权利；

（2）防止学校在政治、行政和财务方面的专制行为；

（3）保证教师在社会上享有应有的物质地位；

（4）教育体制的全面发展，教师之间没有高低之分。

这位著名教育家在 70 多年以前提出的思想至今还让人耳目一新，就好像是今天刚提出来的一样。今天，我们一遍又一遍地提到非物质文化遗产，这其中也应包括教学机构：“保护教育基础应是文化联盟的首要任务。没有对教育的关心，文化联盟自身的存在也就没有了意义。为了知识，为了那些美好的事物，为了真诚的合作，我们应该团结起来，共同奋斗。因此，需要请世界文化联盟的所有成员在自己的每一次活动中，在自己所从事的领域中关心和重视教育事业的现状。”

毫无疑问，世界文化联盟正等待复兴，特别是在现代世界国家联盟——联合国，以及所有国际政治组织出现危机的背景下。当代俄罗斯时期，世界文化联盟应紧随着“列里赫时期”（20 世纪 30 年代）的脚步。俄罗斯很好地延续了《列里赫公约》的思想，比如科学院院士 Д. С. 利哈乔夫的《文化权利宣言》，这使俄罗斯能够引领世界文化普及，向全世界提出保护文化遗产的倡议。到那时，H. K. 列里赫——1931 年成立的世界文化联盟第一位最高主席所预见的最光明的未来将会到来。并且到那时，世界文化联盟也最终将会迎来是否能够永存的关键时期——真正意义上的全球化时期。

最后，我们将牢记尼古拉·康斯坦丁诺维奇·列里赫于 1933 年在《火焰城堡》一

---

① 俄文版同时出版，H. K. 列里赫：《教师》，《火焰城堡》，里加，1991 年，第 81 ~ 86 页。

书中写到的话："在我们加入世界文化联盟之时，其实很难预见这个组织会如何发展。但还是要高举'和平旗帜'·意识到不仅是在战争时期需要这面旗帜，在日常的生活中也需要。并且会自发地将这面旗帜的概念与世界文化联盟的观念联系在一起。"也就是说，如果人类高举"和平旗帜"，那么文化的繁荣时期也就为时不远了。今天，如果没有这面旗帜，有效保护文化财产就无从谈起。而在当今社会，这是最困难，也是最紧迫的任务。

2005 年 4 月 15 日于圣彼得堡律师事务所国际科学实践会议

参 考 文 献

阿库连科 В. И.:《文化财产国际保护法》,《城市之星》2001 年第 2 期，第 12 ~ 19 页。

博古斯拉夫斯基 М. М.:《文化财产的国际保护》，莫斯科：国际关系出版社，1979 年。

邦达连科 А. А.:《全球化条件下的〈列里赫公约〉和世界文化联盟计划》,《列里赫遗产》国际科学实践会议，第Ⅰ卷，圣彼得堡：圣彼得堡国立大学列里赫中心，2002 年，第 165 ~ 169 页。

邦达连科 А. А.、梅利尼科夫 В. Л.:《列里赫与大学》，圣彼得堡，上沃洛乔克，2002 年。

布德妮科娃 Ю. Ю.:《永恒的记忆——一个刊物的历史》,《列里赫遗产》国际科学实践会议，第Ⅱ卷，圣彼得堡：圣彼得堡国立大学列里赫中心，2005 年，第 313 ~ 328 页。

加连斯卡娅 Л. Н.:《博物馆与法律》,《文化领域国际合作的法律问题》，列宁格勒，1987 年。

《和平旗帜》(俄罗斯哈尔滨《列里赫公约》委员会报告)，满洲里，1934 年，(详见该版本《列里赫公约文件》第 XXⅢ章)。

《和平旗帜》，文件、论文、杂文、书信集，莫斯科：国际列里赫中心，1995 年。

《主题为"和平旗帜——保护 21 世纪文化财产的紧迫性"的国际会议资料》(2003 年 8 月 20 日),《城市之星》，2004 年，第 5 期，第 94 ~ 124 页。

梅利尼科夫 В. Л.:《Н. К. 列里赫的教学原则(美国时期)》,《列里赫遗产》国际科学实践会议，第Ⅰ卷，圣彼得堡：圣彼得堡国立大学列里赫中心，2002 年，第 88 ~ 101 页。

梅利尼科夫 В. Л.:《Н. К. 列里赫科学档案中关于在西北地区的传说》,《列里赫遗产》国际科学实践会议，第Ⅰ卷，圣彼得堡：圣彼得堡国立大学列里赫中心，2002 年，第 426 ~ 433 页。

Е. И 列里赫:《寄往美国的信件》(第五卷，1923 ~ 1952 年),《环球》1999 年。

Н. К. 列里赫:《考古学·第一册·皇家考古委员会资料》(1892 ~ 1918 年),《彼得堡的列里赫文集》，第 2、3 期，萨马拉，1999 年。

Н. К. 列里赫:《光之国》,《神圣巡逻》，里加：威登，1992 年。

Н. К. 列里赫:《日记簿》(共 3 卷)，莫斯科：国际列里赫中心，1995 ~ 1996 年。

Н. К. 列里赫:《寄往美国的信件》(1923 ~ 1947 年)，莫斯科，1998 年。

H. K. 列里赫：《火焰城堡》，巴黎，1932 年。

Ю. Н. 列里赫：《为和平而奋斗的 H. K. 列里赫》，《文化带来和平》，莫斯科，1990 年，第 173 ~ 175 页。

Р. Я. 鲁济季斯：《尼古拉列里赫——文化领袖》，里加，1936 年。

《俄罗斯视野》，俄罗斯东正教时期圣斯皮里东耶夫斯基青年团体出版社，华盛顿西雅图，1935 年 4 月 21 ~ 1935 年 4 月 24 日第 11 期（详见该版本《列里赫公约文件》第 XXX 章）。

В. А. 希巴耶夫：《保护人类文化财产的列里赫公约》，《H. K. 列里赫选集》，里加，1935 年，第 57 ~ 74 页（详见该版本《列里赫公约文件》第 XXXV 章；英文版《列里赫公约文件》第 XXXIII 章）。

А. М. 舒斯托娃：《国家联盟的新台阶》，*DELPHIS*2000 年第 4 期，第 2 ~ 4 页。

ChklaverG. LePacteRoerich：*GandArtistique*，巴黎，1931 年第 10、11 期，第 180 ~ 185 页。（详见该版本《列里赫公约文件》第 VII 章，俄文版《列里赫公约文件》第 XXIII 章）。

《洛里奇博物馆公报》第 II 卷，纽约，1932 年。（详见该版本《列里赫公约文件》第 IX 章）。

《关于促进在全球范围内通过洛里奇协定与和平旗的第三国际公约》，纽约，1933 年 11 月，手册。（详见该版本《列里赫公约文件》第 XVIII 章）。

附录一 关于保护艺术和科学机构、组织和收藏品的国际条约

（由 H. K. 列里赫提出、根据纽约的列里赫博物馆的要求，在 1928 年 8 月由法学博士乔治·加夫里洛维奇·什克利亚韦尔和教授阿尔伯特·茹弗尔·德·拉·普拉代尔编制的《列里赫公约原始草案》）

缔约国。

这些国家在国家责任的基础上还被赋予了一个神圣的职责：提高自己国家的精神生活水平以及发展人类社会的艺术和科学成就。

这些国家的青少年教育、艺术和科学专业机构是世界上所有国家共同的财富。

在受到那些睿智和具有前瞻性的思想的鼓舞下，各缔约国在 1864 年 8 月 22 日达成了关于改善伤病员待遇的《日内瓦公约》。

1889 年 2 月 26 日柏林会议《总议定书》赋予了科学考察特殊保护的权利。

1889 年 7 月 29 日和 1907 年 10 月 18 日海牙会议的《最后议定书》，尤其是第四公约的第 27 条规定，在包围和轰击中，要尽可能保全宗教、艺术、科学、慈善事业的专用建筑物以及历史纪念物。

1919 年 9 月 10 日《圣日耳曼昂莱条约》的第二条确认了 1885 年柏林会议《总议定书》中关于缔约国授予科学组织及其设备和收藏品特殊保护的规定。

《非战公约》是实现国家政策的工具，签署于 1928 年 8 月 28 日。

——决定缔结《关于在所有文明国家保护专用于艺术、科学以及艺术和科学收藏品的机构和组织的正式条约》。

并为此任命了相关的全权代表，这些全权代表按照规定方式行使他们的权利并达成了以下内容。

第一条

教育、艺术和科学机构，艺术和科学组织以及这些机构与组织的人员、财产和收藏品应被视为中立，并依此条受到交战国的尊重与保护。

对上述机构和组织的保护和尊重适用于缔约国主权范围内的全部领土，对不同国籍的机构和组织应一视同仁，不应区别对待。

第二条

每一个缔约国应向海牙国际常设法院、巴黎国际智力合作研究院或者华盛顿泛美联盟的教育部门（可自行选择）提供其所需条约特别保护之公共或私有纪念物、机构、收藏品、组织名单。

这些机构、收藏品和组织应用特殊的旗帜来标记（白底，一个大的红色圆圈，中间有三个红色实心圆），看到这个旗帜时，交战国和所有缔约国的人们应对这些机构、收藏品和组织进行特别的保护和尊重。

上述机构、收藏品和组织若被用于军事目的，应停止享有中立特权。

第三条

在本公约规定了应对艺术和科学机构、收藏品及组织进行保护和尊重的情况下，如果有任何行为违反了该规定，则受到损害的机构或组织有权通过自己国家的政府向其登记的国际机构提出上诉。该国际机构有权向所有缔约国表达自己的抗议，而这些缔约国应就此事成立国际司法调查委员会。然后应对外公布该委员会的决定。关于上述司法调查委员会成员和作用的详细情况将由专门的协议来规定。

第四条

各缔约国宣布，他们打算采取必要的国内立法措施，加强对国内外的艺术和科学机构、收藏品及组织的保护。

本条约将由各缔约国根据本国立法进行批准。

批准文件交由 ________________ 管理。 ____________________

在大多数主要缔约国批准后，该条约开始生效。

没有参与该条约编制的国家，如果收到了通知，则该条约也可适用于这些国家。

相关全权代表对本公约签字盖章确认。

公约有两份，一份用英文来书写，一份用法文来书写，两份具有同等效力。签字城市 ________，__________ 年 _____ 月 _____ 日

俄文版出版于刊物：《和平旗帜》，俄罗斯在哈尔滨的《列里赫公约》

委员会，报告，出版于满洲里，【哈尔滨】，1934年，第17～20页，英文版更加完整与准确，详见该版本的《列里赫公约文件》篇中第Ⅰ章（该篇中个别译文选自于Л. Н. 加连斯卡娅教授发表的文章）。另外，还有一种全译本，出版于：利沃夫—明斯克—莫斯科—里加，《城市之星》2004年第5期，第101～103页

附录二 《关于保护艺术和科学机构及历史纪念物条约》

（《列里赫公约》，签署时间：1935年4月15日中午12点，签署地点：华盛顿白宫，签署人：21个美洲国家的代表。1935年4月16日，泛美联盟执行理事会秘书在华盛顿证实了该公约的签署，1935年7月2日，获得了美国参议院的批准，1935年7月10日，获得了美国总统的批准，1935年7月13日，在华盛顿获得了泛美联盟成员美国政府的批准，1935年10月25日，由美国总统宣布，1935～1936年，由美国政府下属的出版社出版，出版语言有英语、西班牙语、葡萄牙语和法语四种文本）

各缔约国致力于使1933年12月16日出席美洲国家第七次国际会议的所有国家批准的决议规定得到正式执行，本次会议建议，未履行会议决议的美洲国家政府共同签署由美国列里赫博物馆首倡的《列里赫公约》，旨在广泛采用已设定并昭示之旗帜，在危险时保护构成民族文化宝藏的国家或个人所有不可移动之纪念物。缔约国基于给予与会各国通过的决议，设想以公约形式之目的，决定缔结条约，旨在战时与和平时尊重及保护文化宝藏，议定如下各条：

第一条

历史纪念物，博物馆，科学、艺术、教育和文化机构应视为中立，依此条受交战国尊重与保护。

上述机构之人员也应受同样的尊重与保护。

历史纪念物，博物馆，科学、艺术、教育和文化机构在和平时及战时也应受同样的尊重与保护。

第二条

第一条所述纪念物和机构的中立地位以及对它们的尊重与保护适用于签约国和加入国主权范围内的全部领土，不应因该纪念物及机构的国籍而区别对待。各国政府同意采用必要的国内立法措施，以确保上述纪念物和机构得到保护与尊重。

第三条

为识别第一条所述纪念物及机构，将使用条约所附的特别旗样（白底，一个大的红色圆圈，中间有三个红色实心圆）。

第四条

签约国政府和加入国政府应在其签约或加入时，或其后随时向泛美联盟寄送其所需条约保护之纪念物和机构清单。

泛美联盟在通知签约或加入国政府时，也要寄送本条约所及之纪念物和机构清单，并将其中任何变化通知其他签约国政府。

第五条

第一条所及之纪念物和机构若被用于军事目的，应停止享有本条约的特权。

第六条

开放本条约供所有国家签署。未在本日签署的国家可随时签署或加入。

第七条

入约、批准及退约书应由泛美联盟保存。泛美联盟应将保存情况通知其他签约加入国。

第八条

每一签约或加入国可随时退出本条约，在通知其他签约国或加入国三个月后生效。

下列负责签署的全权代表，于交存全权证书后，按规定形式代表本国政府签约，并在与签名相对的日期上盖章，以昭信守。

阿根廷共和国	费利佩 · A. 埃斯皮尔	1935 年 4 月 15 日
玻利维亚	恩里克 · 芬诺	1935 年 4 月 15 日
巴西	奥斯瓦尔多 · 阿拉纳	1935 年 4 月 15 日
智利	M. 特鲁科	1935 年 4 月 15 日
哥伦比亚	M. 洛佩斯 · 普马雷霍	1935 年 4 月 15 日
哥斯达黎加	曼 · 冈萨雷斯 · Z.	1935 年 4 月 15 日
古巴	吉列尔莫 · 帕特森	1935 年 4 月 15 日
多米尼加共和国	拉夫 · 布拉谢	1935 年 4 月 15 日
厄瓜多尔	S. E. 阿尔法罗	1935 年 4 月 15 日
萨尔瓦多	赫克托 · 大卫 · 卡斯特罗	1935 年 4 月 15 日
危地马拉	阿德里亚娜 · 雷西诺斯	1935 年 4 月 15 日
海地	A. 布兰切特	1935 年 4 月 15 日
洪都拉斯	M. 帕兹 · 巴拉奥纳	1935 年 4 月 15 日
墨西哥	F. 卡斯蒂 · 略纳胡拉	1935 年 4 月 15 日
尼加拉瓜	亨利 · 德 · 拜莱	1935 年 4 月 15 日
巴拿马	R. H. 阿尔法罗	1935 年 4 月 15 日

巴拉圭	恩里克·博尔德纳夫	1935年4月15日
秘鲁	M. 德·弗莱雷和·S.	1935年4月15日
美国	亨利·华莱士·A.	1935年4月15日
乌拉圭	J. 里克林	1935年4月15日
委内瑞拉	佩德罗·M. 阿卡亚	1935年4月15日

兹证明，上述文件是《关于保护艺术和科学机构及历史纪念物条约》(《列里赫公约》)的原件，内容真实可靠，并有各国代表在上述日期的签字，该条约交由泛美联盟保管并开放供所有国家签署或加入。

华盛顿，1935年4月16日

E. 吉尔·博尔赫斯，
泛美联盟执行理事会秘书

条约所附之特别旗样（一个大的红色圆圈，中间有三个红色实心圆）：

H. K. 列里赫《列里赫公约》Pax Cultura（和平旗帜），1931年

M. A. 雷斯托沃从英语翻译过来的译文，B. Л. 梅利尼科夫对美国政府出版的该版本《列里赫公约文件》第XXXI和XXXVI章的翻译。H. Л. 涅克拉索娃翻译的译文，发表于《和平旗帜》文集（莫斯科：国际列里赫中心，1995年，第315～318页），和平旗帜下各族人民团结的当代国际委员会：利沃夫—明斯克—莫斯科—《城市之星》，2004年，第5期，第104～106页

附录三　世界文化联盟的章程

该联盟为在未来建立一个既自由和谐又服从文化领导的人类创造力联盟指明了方向。

世界文化联盟成立的目的在于实现真正的和平，并团结一切文化力量，保护人类的创造不受破坏以及发展国民教育。

（1）世界文化联盟是科学、艺术、工业、金融等机构、团体和文化工作者的合作联盟。

（2）各个组织、协会、团体根据自愿原则加入世界文化联盟，保持自己的独立性，也保留自己的名字，但要在各领域互相支持。

（3）所有加入世界文化联盟的组织要推选一个自己的代表加入联盟理事会。每个国家都有这样的理事会，如有需要的话，可在理事会成员中派专人成立针对特殊问题的委员会。

（4）联盟各部门主席组成最高理事会，并推选出一名最高主席。各部门主席可通过最高主席进行联系；也可自行直接联系，但是要向最高主席的秘书处寄一份通信复印件。

（5）为了对具有普遍意义的问题进行讨论，可召开全体大会或各部门的分会，根据地方理事会的决定也可邀请一些未加入联盟，但通过自身的能力能够为文化事业提供帮助的机构和个人参加会议。

（6）退出联盟，既可单独退出，也可与加入联盟的其中一个机构一起退出。在后一种情况下，这两个机构均应发出声明。在任何情况下，联盟的出发点都应是促进发展，而不是阻碍和限制发展。

（7）联盟最高理事会可根据主席的邀请组织集会，距离较远的理事会成员之间也可进行书面联系，对为了实现作为人类进步基础的文化繁荣而组织的所有活动进行沟通交流。

摘自 P. Я. 鲁济季斯的著作《文化领袖尼古拉·列里赫》（里加，1936 年），并参考了 H. K. 列里赫在 1942 年 2 月 1 日写的文章《文化联盟》（《日记簿》，第Ⅲ卷，莫斯科，2002 年，第 2 版，第 16、17 页）以及纽约列里赫博物馆《世界文化联盟档案》中英文版 *World League of Culture* 里面的说明。此文写于 1932 年夏，后在 1933 年 2 月 8 日世界文化联盟喜马拉雅分部第一次大会会议纪要中被称为 *leaflet on aims*（根据字面上的意思就是《目标宣传单》）。除了没有序言和第四条有细微差别外，它基本上与提到的俄文版完全一致

附录四　世界文化联盟

（1931 年 1 月 12 日注册文件草案）

世界文化联盟——由尼古拉·列里赫和叶莲娜·列里赫创立的世界性组织，该组织成立的目的在于，所有人不分种族、宗教或阶级，共同协作保护世界最优秀的文化

传统。

这是对尼古拉·列里赫提出的“文化带来和平”思想的响应。世界文化联盟的成立与列里赫提出的《列里赫公约》和“和平旗帜”的思想是一致的，并且其活动目的是在全世界传播这些思想。该联盟呼吁保护人类创造的所有成果，并团结地球上所有希望保护人类进化和创造成果的人们来保护其不受任何损失，避免任何风险和破坏。

世界文化联盟通过以下方式来达到这些目的：

（1）世界文化联盟的所有成员，即男人、女人以及孩子们在全世界的共同协作。所有人不分种族、宗教或阶级，均可加入世界文化联盟。该组织对所有关心人类创造遗产，想要团结起来保护文物和文化传统的人们开放。

（2）世界文化联盟创建公用的世界文化财产目录，这些文化财产的资料将以照片、描述、附图、文学特写的形式以及在具体情况下采用其他适当形式来进行保存。该目录是为了使后代能够回想起那些被人遗忘的事物，将有助于《文化进化大事记》的编撰和还原人类创造的最真实的历史。

（3）世界文化联盟创办独立的刊物，如期刊等，用于传播关于世界文化财富的知识以及确保文化保护的重要意见得到不断交流，以及保护并促进文化的发展。

（4）世界文化联盟指导所有的教育运动工作，旨在提高人们对文化传统的了解和文化的普及程度。

（5）世界文化联盟与所有现有文化协会、科学和艺术机构，为和平而战的组织以及致力于世界文化发展的中小学、博物馆、教堂、大学开展合作。

（6）作为团结所有“世界文化和世界和平运动”的委员会，世界文化联盟在各个国家成立分部，建立图书馆并开设讲座。

（7）世界文化联盟设有理事会，成员在 30 人以上。

签字：

尼古拉·列里赫	尤里·列里赫
叶莲娜·列里赫	斯维亚托斯拉夫·列里赫
路易斯·L. 霍希	凯瑟琳·S. 坎贝尔
内蒂·S. 霍希	海伦·赛德尔
埃丝特·J. 里奇曼	J. 厄尔·施拉克
吉娜·里奇曼	贝莎·库斯－贝克
M. M. 里奇曼	弗朗西斯·R. 格兰特

M. A. 雷斯托沃从英语翻译过来的译文，B. Л. 梅利尼科夫对纽约列里赫博物馆中《世界文化联盟档案》原件的翻译

附录五　“世界文化联盟”美国分部的基本法律文件

根据此文件和前面提到的《目标宣传单》，1933 年 2 月 8 日，整个列里赫家族加入的世界文化联盟喜马拉雅分部如是说道：“尽管还没有形成最终的立法草案，我们还是很高兴看到‘通过文化实现各族人民之间的和平’的呼声引起了很大的关注，并且最大限度地实现协调与合作已经深入‘《列里赫公约》与和平旗帜’美国委员会的工作中。在众多教育活动和国际领域中，文化工作也取得了不小的成绩。”

一、基　本　法

第一条　名称

该组织的名称为：“世界文化联盟”美国分部。

第二条　目的

该组织成立的目的是：

推动“文化带来和平”的思想发展，支持《列里赫公约》与“和平旗帜”，在世界范围内保护艺术作品和文化财产；编制世界文化财产目录；不分种族、宗教或阶级，保护全人类的集体活动，以及保护联盟下属的推动和平思想发展的教育、科学、宗教和艺术等机构；宣传联盟的工作情况以及联盟的工作目标。

第三条　成员

（1）赞同这些目标的个人和组织均可加入联盟。

（2）各个组织、协会、团体根据“自主原则”加入世界文化联盟，保持自己的独立性，也保留自己的名字，但要在各个领域互相支持。

（3）计划加入联盟的个人和组织由联盟中表现较好的成员来推荐。申请中应随附想要加入的会员类别说明并附上年费支票。然后将该申请提交给执行理事会，由执行理事会的多数票来决定申请人或申请单位能否最终加入联盟。

（4）成员资格的有效性——自通过之日起的一年以内。如果是在每月 15 号之前（包括 15 号）取得会员资格，则从当月的 1 号开始算起，如果是在每月 15 号之后取得会员资格，则从下个月的 1 号开始算起。

第四条　管理机构

（1）由联盟的执行理事会和联盟官员对联盟进行管理。

（2）执行理事会的理事包括成立联盟的创始人、在任期履行职责的联盟官员以及每年由联盟大多数人投票选举的个别成员。执行理事会负责管理联盟事务、联盟资金开销和投资。

第五条　负责人

联盟的官员是指主席、副主席（一个或多个）、秘书和财务主任。他们的任期为一年，在任期内根据联盟章程开展工作，直至选举出下一届继任者。

第六条　理事会

（1）如无其他规定，执行理事会在每个月的第一个星期一定期举行会议，但7、8、9月除外。

（2）理事会的法定成员人数为7人，负责对理事会事务进行管理。

第七条　修改

如果在会议召开四周前以书面形式提出对本基本法进行修改，且执行理事会2/3的票数同意修改，则可以对本基本法进行修改。

二、章　　程

第一条　联盟官员选举

（1）联盟官员由执行委员会的多数票选举产生。

（2）选举在每年11月举行的会议上进行，这也是一年一度的联盟官员会议。

（3）推荐委员会成员应在一年一度的联盟官员会议举行之前的每月会议上提供候选人名单。

（4）选举通过投票产生。

第二条　官员职责

（1）主席。主席负责主持他所参加的所有会议。

（2）副主席。在主席不在的情况下，副主席应负责主持所有的会议。在这种情况下，副主席应通过选举进行轮替。

（3）秘书。秘书负责管理联盟文件，并在包含结果的报告汇编中记录所有会议纪要。秘书还负责向执行理事会传达所有会议通知，管理联盟的所有通信原件以及保存联盟的成员名单。

（4）财务主任。联盟支出的所有款项由联盟的财务主任支付。联盟支出的所有款项均使用支票来进行支付，支票上要有财务主任签字并由其中一个官员批准。财务主任要在每一次的联盟会议上汇报联盟的财务状况。

第三条　成员及资格

联盟的成员分为以下几类：

（1）咨询委员会成员。咨询委员会成员由联盟执行理事会多数票选举产生，以表彰他们高度重视为联盟提供服务的精神，或者其在自己的领域中卓有成效的工作。这些人员享有会员权利，并免交所有费用。

（2）通讯员成员。通讯员成员——定期选举出来推动联盟向理想化方向发展的人员。作为联盟成员，他享有所有联盟特权，并且免交每年的会费。

（3）个人入会资格。个人会员每年应向联盟交 1 美元的会费，作为对联盟的支持。单位入会资格。单位会员每年应向联盟交 3 美元的会费，作为对联盟的支持。

第四条　不履行义务的会员

（1）经过理事会多数票决定，可将单位从会员名单中除名。

（2）如果在第二次通知后的四周内还没有交会费的成员，直接从会员名单中除名，不再另行通知。

第五条　会议

（1）执行理事会的定期会议只能是该理事会的成员参加。

（2）如果理事会有三位成员提出要求，并在及时通知的情况下，执行理事会可随时召开特别会议。

（3）如果执行理事会认为有必要邀请某一类成员参加会议，在多数票同意的情况下，则可执行。

（4）所有加入联盟的组织有派代表出席联盟召开的特别会议的特权。

（5）为了对具有普遍意义的问题进行讨论，可召开全体大会或非全体会议，根据地方理事会的决定也可邀请一些未加入联盟，但通过自身的能力能够为文化事业提供帮助的机构和个人参加会议。

第六条　补缺

在任何官员死亡或辞职的情况下，应由执行理事会的多数票选出他的继任者。

第七条　常务委员会

由以下常务委员会来负责联盟的日常活动：

（1）成员委员会；

（2）联盟职位候选人推举委员会；

（3）执行理事会成立的其他委员会。

第八条　修改

只能在修改章程的特别会议上对本章程进行修改。应在会议召开前四周发出通知，并注明原因。如果与会成员 2/3 投票同意，则可对章程进行修改。

第九条　工作开展程序

（1）会议召开安排。

（2）宣读和通过议定书。

（3）财务主任的报告。

（4）秘书的报告。

（5）委员会的报告。

（6）未完成工作汇报。

（7）新工作汇报。

（8）休息。

第十条　议会的权力

《罗伯特议事规则》规定，要在该《规则》适用且不违反本基本法和章程规定的情况下对联盟活动进行管理。

M. A. 雷斯托沃从英语翻译过来的译文，B. Л. 梅利尼科夫对纽约列里赫博物馆中《世界文化联盟档案》原件的翻译。《罗伯特议事规则》——是指在美国国会众议院通过的规则基础上编制的议会程序参考手册。其是在1876年由军事工程师亨利·M. 罗伯特将军编写而成的

国际博物馆委员会和《列里赫公约》

Ю. В. 斯皮丽栋诺娃

（文学副博士、圣彼得堡国立文化艺术大学文化理论和历史教研室
高级讲师、城市电气交通博物馆副馆长，圣彼得堡市）

国际博物馆委员会起源于 1922 年由国际联盟发起成立的国际智力合作委员会（共有 12 个成员）。参与国际智力合作委员会工作的还有一批顶尖的科学家，比如法国哲学家 A. 柏格森，该委员会第一任主席为 M. 罗多夫斯卡－居里、阿尔伯特·爱因斯坦等。

由于缺乏资金，最初国际智力合作委员会的活动主要是以通信形式来进行的。为了回应国际智力合作委员会要求划拨资金的申请，法国政府在 1925 年 8 月 9 日颁布了法令，还在巴黎成立了国际智力合作研究院（巴黎研究院），同时承诺对其进行拨款。该研究院于 1926 年 1 月 16 日成立，实际上是国际智力合作委员会的执行机构和国际联盟的常设秘书处。在有了必要的物质基础后，该研究院在文化领域的国际合作方面迈出了具有实质性意义的第一步。该研究院在 1926 年成立了国际博物馆委员会①，积极与各家博物馆、图书馆、档案馆、考古研究院等不同国家的文化机构开展合作②。国际博物馆委员会还出版了杂志 *Mouseion*，杂志上刊登了关于博物馆活动、考古工作、艺术作品保存和修复等具有现实意义的资料。

不管是这个研究院，还是国际联盟，维护和平都是它们最重要的任务。特别是 1936 年 5 月在马德里召开了“和平解决国际问题”的会议③。在智力合作研究院的公报中会定期出现一些关于维护和平问题的文章：《放映有利于和平的电影》④《传播和平行为：外交协定》⑤等。20 世纪 30 年代初，阿尔伯特·爱因斯坦和西格蒙德·弗洛伊德通过该研究院进行了通信。他们的这些信件后来还出版成书，书名为 *Why war?*。两位学者在信中就是否可以避免战争带来的危险进行了讨论。爱因斯坦说道：“目前我们还远

---

① 该委员会是联合国教科文组织在 1946 年成立的国际博物馆协会的原型。

② 《国际智力合作研究院（IICI）档案清单介绍（1925 ~ 1946 年）》，《联合国教科文组织（UNESCO）档案资料相关通讯文件、文献和出版物》第 1 卷，巴黎：1990 年 6 月，UIS.90/WS/1.AG 1/1，参考文件网址：http://www.unesco.org/archives/files/ag01fa00001f.pdf.

③ 《和平解决国际问题》，巴黎：智力合作研究院，1936 年 6、7 月，编号 66、67，第 1 ~ 43 页。

④ 《放映有利于和平的电影》，巴黎：智力合作研究院，1938 年，编号 85、86，第 36、37 页。

⑤ 《传播和平行为：外交协定》，巴黎：智力合作研究院，1936 年，编号 70，第 22 ~ 28 页。

远没有形成一个能够做出最权威、不存在争议的判决，并能够完全实施该判决的超国家组织。”[①] 弗洛伊德认为，权力与暴力是对立的说法这是一种误解，“但是，这两者很容易会彼此演变，权力会产生暴力，暴力也会产生权力”[②]。

国际博物馆委员会的工作范围包括寻找方案，解决文化遗产保护问题，其中包括了在武装冲突下保护文化遗产的问题。根据该委员会的提议，1932 年 10 月 10 日，国际联盟大会建议各国要采取措施来培养人们在任何情况下都要尊重文物的意识。该委员会成员认为，一个受过教育的人不仅只是在战争时期会保护文物，在和平时期也会保护文物。当时，国际博物馆委员会认为实施下列行为的时机还不是很成熟：继续执行这些建议和考虑通过国际协议，就文化遗产问题对交战国的行为进行调节。

在此期间，《列里赫公约》曾提交给该委员会进行审核。国际博物馆委员会的官方观点体现在了该组织秘书长欧里庇德斯·丰杜基季斯（Euripides Foundoukidis）的报告中[③]。欧里庇德斯·丰杜基季斯在自己从事的行业中也是一个专家。在准备 1931 年举行的关于修复文物的雅典会议的过程中，他将“艺术遗产”的概念引入了科学词典中。在当时，必须在战争时期保护文物的理念并不新鲜。在分析了公约草案的状况后，丰杜基季斯公正地指出，该公约草案的发起人曾试图重树这个思想的迫切性，并表示这个草案的实质重申了费迪南德·维特在 1915 年提出的观点[④]。

F. 维特教授是伯尔尼大学的教授，他第一个指出了 1899 年和 1907 年通过的《海牙公约》并没有达到预期的效果。1915 年 4 月 30 日在日内瓦召开的公开会议上，F. 维特和日内瓦大学法学系教授保罗·马里奥提出了在军事行动的威胁下保护纪念物的提案。他们提出了成立国际组织“金十字”的想法，以对战争时期保护纪念建筑物的措施的实施情况进行监督。按照他们的想法，给中立国家的首脑和海牙国际法院院长颁发委任状，由他们责成交战国不把纪念物作为战略目标。同时，也提议用识别标志来对纪念物进行标记。在 1915 年 8 月 18 日举行的布鲁塞尔会议上，德国、奥匈帝国和瑞士的代表对在战争中保护纪念建筑物的可能性进行了分析。一年前在日内瓦提出的保护文物并对其进行标记的方案也得到了重申。这次会议的成果是形成了成立在战争期间保护文物的国际委员会的方案[⑤]。

在分析了《列里赫公约》草案的情况后，丰杜基季斯得出的结论是：该公约在战争时期保护文物方面并没有提出任何新的保护方式。广义的保护对象包括博物馆、档案馆、

---

① 阿尔伯特·爱因斯坦、西格蒙德·弗洛伊德：*Why war*，巴黎：智力合作研究院，1933 年，编号 25、26，第 14 页。

② 阿尔伯特·爱因斯坦、西格蒙德·弗洛伊德：*Why war*，巴黎：智力合作研究院，1933 年，第 16 页。

③ 欧里庇德斯·丰杜基季斯：《国际博物馆办公室和战争时期文物及艺术品的保护》，Mouseion，第 35、36 卷，巴黎：国际博物馆办公室，1936 年，第 11 ~ 24 页。

④ 阿尔伯特·爱因斯坦、西格蒙德·弗洛伊德：*Why war*，巴黎：智力合作研究院，1933 年，第 14 页。

⑤ 阿尔伯特·爱因斯坦、西格蒙德·弗洛伊德：*Why war*，巴黎：智力合作研究院，1933 年，第 12 页。

科学研究院等，对于这一点，该委员的秘书长也提出了质疑。他质疑的内容在于，这会使保护措施的效果有所下降："这个公约本应使拥有文化财产的城市实现非军事化，就每个国家而言，这样的城市有很多……如果一个国家履行义务，遵守此公约的规定，那么在战争期间该国就应当相信，可以划出一片非作战区域，这里不得进行空中轰炸或远程射击。这个悖论揭示了在武装冲突中合理保护文物的复杂性。一方面，我们不可避免地要采取统一的原则作为国际联盟的政策基础，另一方面，也要呼吁各个国家的主管机构按照国际博物馆委员会的建议，采取相应预防措施，保护各种古迹、遗迹。"①

尽管对该草案有一些批评意见，但在 1930 年时，该委员会的执行机构还是将其提交给了国际智力合作委员会进行审核。该草案的提交鼓舞了该公约的拥护者以及 H. K. 列里赫的同事们。丰杜基季斯写于 1930 年 6 月 17 日，并签字寄给乔治·什克利亚韦尔的信被收录到 *Le Pacte Roerich*，*Bannière de Paix* 中，随后得到了出版（巴黎，1931 年），信中证实了国际博物馆委员会对该草案的褒奖。其具体内容如下："国际博物馆委员会的理事会对在战争时期保护博物馆、收藏品和艺术纪念物的国际公约草案进行了了解。理事会认为，这个公约是可以实现的。为了使这个观点更加具有说服力，它委托国际博物馆委员会的秘书处，请求专家咨询委员会的成员允许在理事会成员的签名后加上他们的签名。"②

在收到该信的几天后，H. K. 列里赫写道："我很高兴地宣布，出席 5 月 22 日在布鲁塞尔召开的国际联盟智力合作研究院博物馆委员会会议的各国代表一致签署了这个草案。该草案将于 7 月 12 日和 7 月 18 日提交给国际联盟的智力合作委员会来审核，我们希望，这个草案今后能够得到各国政府的批准。总之，可以坦诚地说，'和平旗帜'已经得到了普及，并且拥有了无数的朋友和文化信仰者。"③ 这样一来，公约草案在审核的第一阶段就得到了国际博物馆委员会成员的认可。现在，公约的拥护者可以利用这一点来宣传自己的思想，尽管该草案在委员会的后续讨论中没有达到预期的效果。特别是 H. A. 华莱士在给 F. D. 罗斯福的详细报告中写道："自 1930 年《和平旗帜草案》公布后，各国政府、国际法学家、文化机构和一些世界著名的文化工作者对其进行了审核，该草案取得了重大进展。1930 年 5 月，国际联盟下属的国际博物馆管理局无条件批准了与'和平旗帜'相关的计划。"④

丰杜基季斯公布了 7 月份讨论的结果："在对这个方案表达出基本的好感以及遵照不压制一切善良意图的愿望的同时，委员会的执行机构对这个方案的效果表示出了担心。1930 年 7 月在日内瓦召开的文学和艺术小组委员会会议认为不宜批准这个计

---

① 阿尔伯特·爱因斯坦、西格蒙德·弗洛伊德：*Why war*，巴黎：智力合作研究院，1933 年，第 15 页。

② 《列里赫公约，和平的旗帜》，1931 年，编号 1，第 16 页。

③ 列里赫：《"列里赫博物馆"法国友谊委员会大会宣言》，《列里赫博物馆的法国使者》，巴黎：1930 年，编号 1，第 47 页。

④ 《和平旗帜》，《H. K. 列里赫选集》（第二版），莫斯科：国际列里赫中心，2005 年，第 106 页。

划；该小组委员会的大多数成员对这个公约的效果表示怀疑。"[①] 一年后（1931 年 7 月 8 日），该草案重新提交给国际联盟的文学和艺术小组委员会来审核，但是再次被拒绝。尤其是国际博物馆委员会主席朱尔斯·杰斯特列（Jules Destree）、国际智力合作委员会主席吉尔伯特·默里[②] 还对该草案提出了质疑。

尽管《列里赫公约》草案在委员会的讨论过程中被拒绝，但朱尔斯·杰斯特列（1863 ~ 1936 年）——这位比利时杰出的政治家、法学博士对这个公约草案还是很感兴趣。在委员会对公约草案进行讨论不久前，即 1931 年 5 月，杰斯特列在 *Le Soir* 报的"自由论坛"专栏发表了一篇名为《战争和精神财富》的文章，在该文中详细分析了这个公约的初步草案，并对以前没有出现过类似的想法感到很惊讶。在他的文章中，朱尔斯·杰斯特列甚至将这个草案命名为《国际联盟公约》，因为在这个阶段，国际博物馆委员会已经认为这个草案是有可能实现的。杰斯特列还指出："……无论这个草案在不同国家的外交机构中的命运如何，但不可否认的是，尼古拉·列里赫教授的倡议对'保护人类文明最珍贵的宝藏'的国际思想做出了重要贡献。各个国家通过这个草案将为不可挽救的破坏行为创造一个法律和道德屏障，在过去的战争中，这些破坏行为给文物和机构带来了巨大的损失……我们希望，比利时不是最后一个加入类似公约的国家。"[③]

1932 年提交给文学和艺术常设委员会审核的公约草案也未获得批准。有鉴于此，国际智力合作委员会的主席表示，在绝对尊重文物的情况下，发动战争的思想是毫无意义的。"人类的智慧是无穷的，为了对文物和艺术作品进行保护，我们应不断积累智慧，避免战争。"[④] 这个观点是在 1933 年国际博物馆委员会执行机构的会议上提出来的。在此次会议的决议中还指出，国际博物馆委员会同意国际智力合作委员会和国际历史纪念物委员会提出的观点，反对支持这种（战争）行为，他们一致认为这些（战争）行为是不可能实现的，而该（战争）思想本身也是不合时宜的[⑤]。

当然也出现了一些文章，这些文章对该草案进行了尖锐的负面评价。特别是巴黎周刊 *Comœdia* 发表了一篇名为《列里赫公约会议邀请各国政府通过该公约，从而在战争时期对艺术作品进行保护》的文章，该文的副标题为"但是，国际博物馆委员会认为这个公约是有危险的，也是行不通的"。在解释为什么这个公约行不通的同时，该文

---

① 欧里庇德斯·丰杜基季斯：《国际博物馆办公室和战争时期文物及艺术品的保护》，*Mouseion*，第 35、36 卷，巴黎：国际博物馆办公室，1936 年，第 15 页。

② 《列里赫公约会议邀请各国加入此项协议以实现战争时期对艺术品的保护：但国际博物馆办公室认为这项协议具有危险性且无法实现》，*Comœdia*，巴黎，1933 年 11 月 29 日。

③ 朱尔斯·杰斯特列：《战争和精神财富》，*Le Soir*，布鲁塞尔：1931 年 5 月 31 日。

④ 欧里庇德斯·丰杜基季斯：《国际博物馆办公室和战争时期文物及艺术品的保护》，*Mouseion*，第 35、36 卷，巴黎：国际博物馆办公室，1936 年，第 15 页。

⑤ 欧里庇德斯·丰杜基季斯：《国际博物馆办公室和战争时期文物及艺术品的保护》，*Mouseion*，第 35、36 卷，巴黎：国际博物馆办公室，1936 年，第 17 页。

的作者重申了委员会的理由，认为在广义的保护对象下，不可侵犯原则是不可能被采用的。“无法实现的《列里赫公约》，——根据作者的观点，——对于和平思想本身来说可能是有害无益的。所有的和平主义者都赞成一个道理，国际联盟的代表主要也是根据这个道理对这个协定提出反对意见的。这个道理，这个协定违背了日内瓦政策的总路线。日内瓦政策的总路线不是要使战争变得人性化，而是要在法律之外使它变成一个不容争辩和不可修改的条文规定。

在 *Comœdia* 上发表了乔治·什克利亚韦尔——一位法学博士、《列里赫公约》法律部分编纂专家之一的回信。什克利亚韦尔坚持这个公约是可以实现的，并且是有成效的：“同《日内瓦公约》一样，《列里赫公约》同样也是可以实现的。正如禁止有毒气体的国际协议一样，保护文物对和平思想本身也是有益的。”什克利亚韦尔还提到，当初 A. 杜南在提议创建红十字会时也曾受到各界的质疑。“相反，我们认为，国际法应创建屏障，以防止暴力和残酷行为。”① 为了证实自己所说的话，他引用了美国军队总监察长普雷斯顿少将的观点，证明他完全赞同《列里赫公约》的原则。

国际联盟经过长时间的讨论，最终未批准《列里赫公约》草案。后来尼古拉·康斯坦丁诺维奇·列里赫在一封信中写道：“不过，马萨里克在 1930 年还告诉了我们一些简易的操作。他这样定义显然是有他的理由的。自那时起，国际联盟就不存在了，并伴随着发生了很多事。”②

1931 年，负责保护古迹的各国政府代表共同参加了雅典会议，在此次会议的议事日程中，并没有战争时期保护古迹的问题。会议的结论如下：除了要不断地精心保护古迹以外，还需在社会上树立尊重这些古迹的意识，从而促进对其进行保护。与会者还得出如下结论：这种教育的效果也可以在战争时期得到体现，因为从小懂得尊重艺术品的作战人员会下意识地保护这些艺术品③。

但这并不意味着国际博物馆委员会完全拒绝任何旨在解决战争时期文化遗产保护问题的活动。取代交战双方有关古迹活动的硬性规定是，委员会认为通过准备技术设施来保护战争时期的古迹是更有效的。特别是，委员会建议在博物馆内建造存放个人艺术品的安全储藏室，以及为博物馆配备报警时将艺术品运输至这些储藏室的技术装置，还建议培养开展类似活动的博物馆工作人员，并在和平时期采取措施，使可能成为军事行动目标的物体与具有较高艺术价值和历史价值的古迹的距离更远一些。

西班牙内战的爆发（1936 年 7 月）推动国际博物馆委员会再次关注战争时期文化

---

① 乔治·加夫里洛维奇·什克利亚韦尔：《列里赫公约协会响应国际博物馆办公室》，*Comœdia*，巴黎：1933 年 12 月 15 日。

② 尼古拉·康斯坦丁诺维奇·列里赫：《危害性》（1941 年 4 月 26 日），《日记簿》（第 2 卷第 3 分卷），莫斯科，1995 年，第 409 页。

③ E. 丰杜基季斯：《保护战时古迹和艺术作品的国际博物馆委员会》，《博物馆》（第 35、36 卷），巴黎：国际博物馆委员会，1936 年，第 15 页。

遗产的保护问题，并重新考虑就该问题是否需要签署国际公约的原始意见。应当注意的是，此时美国和拉丁美洲各国均已通过了《列里赫公约》。委员会还请求比利时著名法学家夏尔·维舍拉分析战争时期对各种古迹进行保护的草案。研究结果于1936年10月以报告的形式来提请委员会的执行机构予以关注①。夏尔·维舍拉表示，任何国际法律文书都应以现实概念为基础。在他看来，“只有调节剥夺了交战各方任何破坏历史古迹和艺术作品的理由，该调节才有机会得以执行”②。因此，他得出如下结论：在军事行动中的问题并不仅限于文化遗产的全面保护，还涉及对文化遗产破坏无重大军事利益时可能采取的实际保护措施③。

由于这些原因，夏尔·维舍拉并没有找到令人满意且能够实现《列里赫公约》草案所规定的措施：“从最值得称道的意图中得到启发，该文件并未明确说明解决这一目标（保护战争时期的文化遗产——Ю. С.）所遭遇的重大障碍，即不容置辩的军事利益，无论承诺如何郑重，总是可能要受到军事行动总指挥官想法的支配。”④保护遗产的广义解释引起了夏尔·维舍拉与欧里庇德斯·丰杜基季斯同样的怀疑。夏尔·维舍拉的论据也是基于不可能采用欧洲国家文化遗产，以及战略性设施附近人口稠密地区的巨大艺术和文化财产不可侵犯的原则。对《列里赫公约》所规定的内容进行负面评价的另一个原因是，在机构的建议草案中没有保证有效实施不可侵犯原则的控制措施。在注意到草案的意义重大的同时，夏尔·维舍拉得出了结论：它显然不如在1923年由华盛顿会议（1922年2月4日决议）批准的法学家委员会制定的规定更完整和更准确⑤。

由英国、法国、荷兰、意大利、日本和美国代表组成的法学家海牙委员会，在1922～1923年制定了空战规则，在该规则中，建议对最有价值的文化古迹提供特殊保护。还特别建议在受保护的建筑物（大矩形板状，按对角分为两个三角形——白色和黑色）上做标记。在著名古迹周围建议设置半径不小于500米的特别保护区。关于空战的海牙规则并没有被采纳⑥。但国际博物馆委员会的这个草案将作为20世纪30年代末战争时期古迹保护公约草案的起草基础。

---

① C. de维斯切：《战时历史古迹和艺术作品的国际保护》，《博物馆》（第35、36卷），巴黎：国际博物馆委员会，1936年，第1～9页。

② C. de维斯切：《战时历史古迹和艺术作品的国际保护》，《博物馆》（第35、36卷），巴黎：国际博物馆委员会，1936年，第4页。

③ C. de维斯切：《战时历史古迹和艺术作品的国际保护》，《博物馆》（第35、36卷），巴黎：国际博物馆委员会，1936年，第4页。

④ C. de维斯切：《战时历史古迹和艺术作品的国际保护》，《博物馆》（第35、36卷），巴黎：国际博物馆委员会，1936年，第4、5页。

⑤ C. de维斯切：《战时历史古迹和艺术作品的国际保护》，《博物馆》（第35、36卷），巴黎：国际博物馆委员会，1936年，第5页。

⑥ 博古斯拉夫斯基M. M：《文化财产的国际保护》，国际关系出版社，1979年，第85页。

除了 1923 年的法学家海牙委员会草案以外，夏尔·维舍拉还注意到因适应新的作战要求而出现的第二份草案——这是荷兰考古学会的草案，该学会在 1918 年编写了该草案，并将呼吁通过签订特殊公约来保护战争期间历史和艺术古迹的报告提交给荷兰外交部，还提交了这一公约的草案。在草案中提到，战争时期古迹保护的效率直接取决于和平时期采取的古迹保护措施。提出了一个想法：在保护古迹环境的情况下，可以保护战争时期的单独古迹。因此，提议宣布集中重要文物的城市，如罗马、巴黎、佛罗伦萨、威尼斯、布鲁日，为非军事化城市①。

夏尔·维舍拉承认这些草案是准确且经过深思熟虑的产物，但仍坚持认为，应从军事角度来研究这些草案，以便有效地来执行这些草案②。

西班牙内战确凿地证明了需要对战争时期的古迹保护进行国际管理。1937 年 7 月，国际博物馆委员会设立了专家委员会来制定公约草案的初稿。专家委员会的杰出干部、团结的法学家、军人和博物馆工作人员见证了国际博物馆委员会是如何彻底解决这个问题的。从法学家的角度来看，委员会包括：国际法教授霞飞·拉普拉杰尔利、希腊政治家及国际律师尼古拉·波利季斯、国际司法常设法院成员夏尔·维舍拉教授。法国航空部防空检查员、Ф. 穆瓦纳维尔大尉（巴黎）、萨斯（荷兰国防部，海牙）大尉则从军事角度提出了建议。博物馆工作人员有：维多利亚和阿尔伯特博物馆（伦敦）馆长埃里克·马克拉甘、美术委员会（罗马）高级督察弗朗西斯·佩尔拉季、艺术史博物馆（维也纳）第一馆长 A. 斯季克斯、法国国家博物馆和罗浮宫学院联盟主席（巴黎）亨利·韦尔内等人③。

在未设置详细分析草案的目标时，我们注意到，专家委员会着手制定了兼顾不可避免的军事利益和古迹可能的最大安全性的规则。最后提出了公约草案，该草案包含了文化遗产保护的法律和技术规定，以及执行规则。该草案于 1938 年 9 月提交给理事会和国际联盟大会来审查。作为一个国家，荷兰政府受到委托，来负责解释公约草案的意义，并召开外交会议，以便最终审查和通过草案④。然而，由于第二次世界大战的爆发，公约未被采纳。但是该草案后来成了《关于武装冲突时保护文化财产公约》的基础。该公约于 1954 年 5 月 14 日由联合国教科文组织批准通过。

《列里赫公约》的追随者围绕战争时期文化遗产的保护问题仍在进行激烈的讨论，并再次引起国际博物馆委员会对已签署《列里赫公约》的泛美联盟国家的关注。安

---

① 博古斯拉夫斯基 M. M：《文化财产的国际保护》，国际关系出版社，1979 年，第 85 页。

② C. de 维斯切：《战时历史古迹和艺术作品的国际保护》，《博物馆》（第 35、36 卷），巴黎：国际博物馆委员会，1936 年，第 9 页。

③ E. 丰杜基季斯：《1938 年在艺术、考古学和民族学领域的智力合作：国际博物馆委员会的报告》，《博物馆》（第 43、44 卷），巴黎：国际博物馆委员会，1938 年，第 286 页。

④ E. 丰杜基季斯：《1938 年在艺术、考古学和民族学领域的智力合作：国际博物馆委员会的报告》，《博物馆》（第 43、44 卷），巴黎：国际博物馆委员会，1938 年，第 291 页。

娜·卡缅斯基（1867 ~ 1952 年）是圣彼得堡神智学会的负责人、侨民，也是“俄罗斯境外的俄罗斯神智学会”组织者之一，她居住在日内瓦，曾担任全球和平联盟的秘书长。在 1937 年 11 月 30 日给欧里庇德斯·丰杜基季斯的信中（图一），她对公约的命运

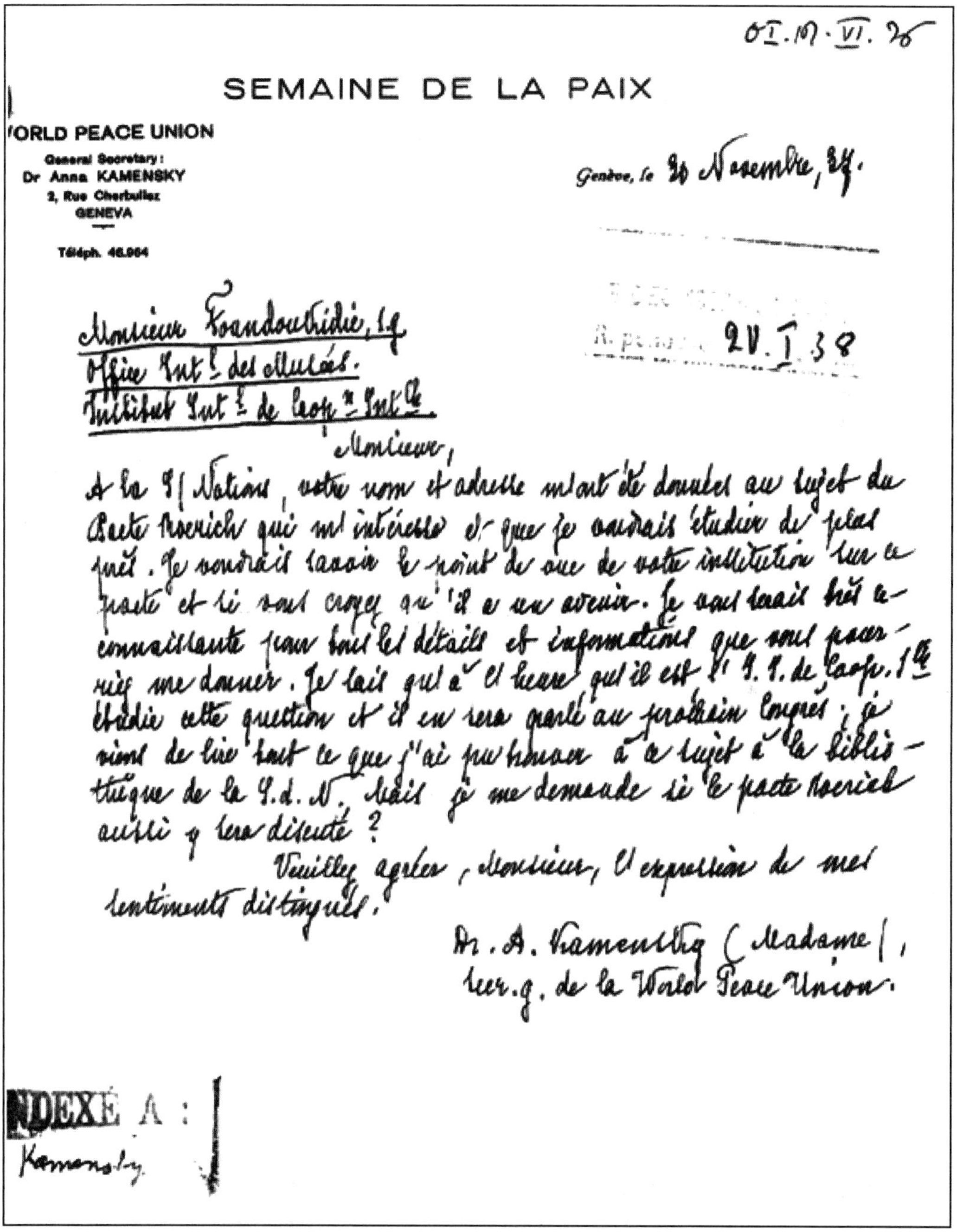

OI.M.VI.26

SEMAINE DE LA PAIX

/ORLD PEACE UNION
General Secretary:
Dr Anna KAMENSKY
2, Rue Cherbuliez
GENEVA
Téléph. 46.964

Genève, le 30 Novembre, 37.

Réponse 24.I.38

Monsieur Foundoukidis, Sg.
Office Intl des Musées.
Institut Intl de Coop. Intle

Monsieur,

A la S.d.Nations, votre nom et adresse m'ont été donnés au sujet du Pacte Roerich qui m'intéresse et que je voudrais étudier de plus près. Je voudrais savoir le point de vue de votre institution sur ce pacte et si vous croyez qu'il a un avenir. Je vous serais très reconnaissante pour tous les détails et informations que vous pourriez me donner. Je sais qu'à l'heure qu'il est l'I.I. de Coop. Intle étudie cette question et il en sera parlé au prochain Congrès. Je viens de lire tout ce que j'ai pu trouver à ce sujet à la bibliothèque de la S.d.N. Mais je me demande si le pacte Roerich aussi y sera discuté?

Veuillez agréer, Monsieur, l'expression de mes sentiments distingués.

Dr. A. Kamensky (Madame),
secr.g. de la World Peace Union.

NDEXÉ A :
Kamensky

图一　安娜·卡缅斯基写给欧里庇德斯·丰杜基季斯的信
（日内瓦，1937 年 11 月 30 日 © 联合国教科文组织档案）

很感兴趣，并询问公约是否会在国际智力合作研究所的下届全体大会上进行讨论[1]。丰杜基季斯在自己的回信中十分含糊地援引了自己的报告和夏尔·维舍拉的文章，而不提任何有关公约本身的具体情况[2]。因没有得到自己所问的问题的答案，在随后的咨文中，安娜·卡缅斯基对寄给她的文章中很少讨论《列里赫公约》草案表示惊讶，并询问丰杜基季斯：国际博物馆委员会是否认为公约不切实际[3]。丰杜基季斯这次将自己的文章和夏尔·维舍拉的文章寄给了卡缅斯基[4]。

卡米尔·秋利平克是比利时帝国考古学院成员、《列里赫公约》国际联盟主席（图二），从1937年秋天起，他就公约内容与其他人士进行了积极的公文往来。在一封写给阿文诺尔（国际联盟的秘书长之一）的信中，他表示欢迎国际联盟总秘书处代表参与大会，这次大会召集了一些国际人物来讨论战争时期文化遗产的保护问题。他还表示愿意制订国际联盟的国际公约草案，并请求寄来该草案的样本[5]。这封信明确表示，秋利平克认为有必要利用大会，来提醒国际专家和国际联盟记住《列里赫公约》。在回

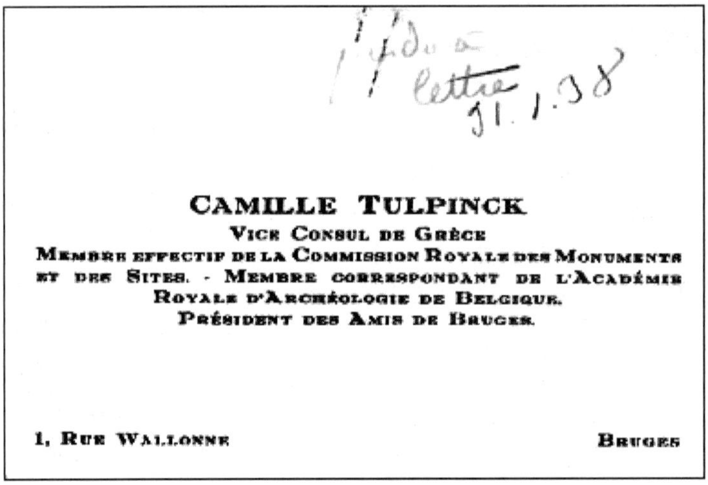
CAMILLE TULPINCK
VICE CONSUL DE GRÈCE
MEMBRE EFFECTIF DE LA COMMISSION ROYALE DES MONUMENTS ET DES SITES. - MEMBRE CORRESPONDANT DE L'ACADÉMIE ROYALE D'ARCHÉOLOGIE DE BELGIQUE.
PRÉSIDENT DES AMIS DE BRUGES.

1, RUE WALLONNE　　BRUGES

图二　卡米尔·秋利平克约1938年的名片

① 安娜·卡缅斯基给欧里庇德斯·丰杜基季斯的信（日内瓦，1937年11月30日），联合国教科文组织档案，IICI，国际博物馆委员会，Ⅵ 26。

② 欧里庇德斯·丰杜基季斯给安娜·卡缅斯基的信（巴黎，1938年1月20日），联合国教科文组织档案，IICI，国际博物馆委员会，Ⅵ 26。

③ 安娜·卡缅斯基给欧里庇德斯·丰杜基季斯的明信片（日内瓦，1938年1月22日），联合国教科文组织档案，IICI，国际博物馆委员会，Ⅵ 26。

④ 欧里庇德斯·丰杜基季斯给安娜·卡缅斯基的信（巴黎，1938年1月26日），联合国教科文组织档案，IICI，国际博物馆委员会，Ⅵ 26。

⑤ 卡米尔·秋利平克给M. 阿文诺尔的信（布鲁日，1937年10月25日），联合国教科文组织档案，IICI，国际博物馆委员会，Ⅵ 26。

信中，他发现了有关委员会目前尚未制定国际公约并处于问题初步研究阶段的信息[①]。1938 年 1 月 31 日，秋利平克请求丰杜基季斯告知《列里赫公约》的来源、作者，并给出了为了研究战争时期遗产保护问题而召开外交会议理由的纪要，以及会议召开的时间和地点[②]。丰杜基季斯回复说，就该问题召开外交会议的决议尚未通过，而国际博物馆委员会正就此问题进行全面研究[③]。此时实际上还准备要印刷定期发行的 *Mouseion*[④] 杂志，在这本杂志中，包含了披露战争时期古迹保护国际规则依据的资料和公约草案的初稿。在 *Mouseion* 4 月刊的附录中，刊布了标题为"发展国际博物馆委员会，保护战争时期的古迹和艺术品"的概述[⑤]。8 月，秋利平克再次表示出对日内瓦公约的批准程序和期限的强烈兴趣[⑥]。但在这一次的回函中，只向其承诺可让他随时了解国际联盟公约草案的讨论进程[⑦]。

卡米尔·秋利平克在与国际联盟的来往信函中，试图通过"世界、艺术、科学和劳动博物馆"使其直接和间接地注意到《列里赫公约》，这家博物馆创建于布鲁日，并作为一个推行公约的研究院，以便宣传保护文化遗产的理念[⑧]。1938 年 5 月，秋利平克请求丰杜基季斯将其推荐为"世界博物馆……"以支持委员会法国机构的成员[⑨]。

与国际联盟分支机构的来往信函明确表明，卡米尔·秋利平克对国际保护文化遗产规则范围内的所有正在进行和即将发生的事件都非常熟悉。但并不总是详尽地回复其坚持不懈的询问。他难以抑制的兴趣和真正的热情由衷地表明，他是如何忘我地来推动实施《列里赫公约》的。

国际博物馆委员会作为 20 世纪 30 年代国际联盟的国际智力合作研究院机构，积

① G. 拉齐维尔给卡米尔·秋利平克的信（日内瓦，1937 年 10 月 28 日），联合国教科文组织档案，IICI，国际博物馆委员会，Ⅵ 26。

② C. 秋利平克给 E. 丰杜基季斯的信（布鲁日，1938 年 1 月 31 日），联合国教科文组织档案，IICI，国际博物馆委员会，Ⅵ 26。

③ E. 丰杜基季斯给 C. 秋利平克的信（巴黎，1938 年 2 月 11 日），联合国教科文组织档案，IICI，国际博物馆委员会，Ⅵ 26。

④ 《博物馆》（第 43、44 卷），巴黎：国际博物馆委员会，1938 年。

⑤ 《保护战时古迹和艺术作品的国际博物馆委员会的研究》，《博物馆：每月补编》，巴黎：国际博物馆委员会，1938 年 4 月，第 1～3 页。

⑥ C. 秋利平克给 E. 丰杜基季斯的信（布鲁日，1938 年 8 月 13 日），联合国教科文组织档案，IICI，国际博物馆委员会，Ⅵ 26。

⑦ E. 丰杜基季斯给 C. 秋利平克的信（巴黎，1938 年 9 月 12 日），联合国教科文组织档案，IICI，国际博物馆委员会，Ⅵ 26。

⑧ C. 秋利平克给 E. 丰杜基季斯的信（布鲁日，1938 年 1 月 31 日），联合国教科文组织档案，IICI，国际博物馆委员会，Ⅵ 26。

⑨ C. 秋利平克给 E. 丰杜基季斯的明信片（布鲁日，1938 年 5 月 23 日），联合国教科文组织档案，IICI，国际博物馆委员会，Ⅵ 26。

极参与保护和平时期和战争时期的文化遗产。在分析了委员会的材料后，我们得出的结论是，就其战争时期古迹保护国家法律的调控政策而言，该委员会已经历了两个阶段。第一阶段是在 20 世纪 30 年代的前半期，此时期的特点是对是否需要签订国际公约持有怀疑态度。也正是在此时期，《列里赫公约》草案被提交给委员会来审议。协会的各个委员会经过长时间的讨论，最终认定该草案是不合时宜且不切实际的，故拒绝通过该草案。第二阶段是 20 世纪 30 年代的后半期，并与西班牙内战的爆发有关。此时该委员会又得出了相反的结论，承认有必要采用保护战争时期文化遗产的国际公约，并正在起草此公约的草案。尼古拉·康斯坦丁诺维奇·列里赫的追随者围绕战争时期文化遗产保护主题进行热议，以使委员会想起泛美联盟国家签署的《列里赫公约》（该公约旨在保护和平时期和战争时期的文化古迹）。然而，那时的国际博物馆委员会并没有改变其对《列里赫公约》中提出的条款的看法。但第二次世界大战的爆发妨碍了此公约的通过。战争使许多国家的文化遗产遭受到无法补救的重创，并对古迹造成了无法弥补的损失和极大的破坏。只有在 1954 年联合国教科文组织通过了《关于武装冲突时保护文化财产公约》后，国际社会才在这一领域取得了一些进展。该公约的序言指出，公约的指南是在武装冲突情况下保护文化财产的原则，该原则在 1899 年和 1907 年的海牙和平会议和《列里赫公约》中有规定。自《列里赫公约》草案审核之日起，欧洲需要花 25 年来确保战争时期保护文化遗产的理念在国际公约中得到体现。

在圣彼得堡国立大学召开的第七届“列里赫遗产”国际科学实践会议上提交的论文

哈尔滨协会（历史的片段）

阿列克谢·尼古拉耶维奇·安年科

（俄罗斯记者协会的成员，善于创作的知识分子俱乐部主席哈卡斯，阿巴坎市）

我很幸运，不仅遇到了自称为“编者”的人，还与其一起合作。起初，我与纳塔利娅·德米特里耶芙娜·斯皮林娜（1911～2004年）相识，后来又与季娜伊达·尼古拉耶芙娜·丘尼欣（1900～1986年）相识（图一）。我看了大量有关纳塔利娅·德米特里耶芙娜·斯皮林娜（1975～1978年在阿卡杰姆戈罗多克我有幸与她联系）的文献。她在1979年来到了切尔诺戈尔斯克，当时我在阿巴坎，我们互相通信，互通资料，并讨论问题。

图一　哈尔滨妇人中的季娜伊达·尼古拉耶芙娜·丘尼欣（第二排左侧）
（切尔诺戈尔斯克，20世纪70年代）

除了一本有关鲍里斯·尼古拉耶维奇·阿布拉莫夫的《心的追求》[①] 的书中和我的一些文章 [②] 中的一些话以外，几乎没有出版任何关于季娜伊达·尼古拉耶芙娜·丘尼欣的书籍。

她生于 1900 年 3 月 12 日，住在赤塔。在内战期间，她与她的未婚夫（撤退到中国的白军部队的一名军官）一起来到异国他乡。她的未婚夫因伤死在了医院，而季娜伊达·尼古拉耶芙娜·丘尼欣与母亲玛丽亚·安东诺芙娜·丘尼欣一起居住在哈尔滨。季娜伊达·尼古拉耶芙娜受过初中教育，后来成了穆利尼奥山矿的一名会计师。

哈尔滨是俄罗斯文化的“亚特兰蒂斯”，20 世纪上半叶，它是远东和满洲地区俄罗斯文明的绿洲。这个城市的显著特点是宽容和容纳：城内有教堂、犹太教堂和清真寺；除母语以外，俄罗斯儿童还学习中文和英文。例如，在这里印刷的台历“三巨人”，为东正教徒、伊斯兰教徒、路德派教徒、犹太人、亚美尼亚人都留有单独的页面。同时，这也是一座国际化的城市，呈现了鲜明的俄罗斯文化特色。“1934 年，尼古拉·康斯坦丁诺维奇·列里赫来到哈尔滨，——那些年的目击者写道，——可以比喻为在漆黑夜空中划出一条火线的流星……他的到来给人留下了不可磨灭的印象，惊动了整个社会。花园公寓一下子就变成了不停朝圣之地……”[③]。正是在这里——哈尔滨，于 1934 年成立了《列里赫公约》俄罗斯委员会。因为当时没有其他地方可以稳定地发挥俄罗斯“和平旗帜”委员会的职能！

正是在哈尔滨，1934 年 7 月 18 日，即获得拉多涅日斯基显灵者力量的教会节日那天，成立了圣谢尔盖联合会。几天后，尼古拉·康斯坦丁诺维奇承担起领导这个联合会的责任。该联合会的参与者包括：彼得·阿列克谢耶维奇·奇斯佳科夫、弗拉基米尔·康斯坦丁诺维奇·列里赫、阿尔弗雷德·彼得罗维奇·海多克及其妻子叶芙根尼娅·谢尔盖耶芙娜、阿布拉莫夫 - 鲍里斯·尼古拉耶维奇和尼娜·伊万诺芙娜、瓦西里·尼古拉耶维奇·格拉马奇科夫、叶卡捷琳娜·彼得罗夫娜·因格、季娜伊达·尼古拉耶芙娜·丘尼欣、尤里·尼古拉耶维奇和纳塔利娅·娅科弗列弗娜·加夫里洛夫、米哈伊尔·米哈伊洛维奇·布京、叶夫根尼娅·尼古拉耶夫娜·图尔金、瓦尔福洛梅耶夫等人。从快速发展的联合会中很快就分离出了非常活跃的道德学说（火神阿耆尼）研究小组 [④]。很显然，该小组并未出现在无防守区内。该小组中有一些通神论者、蔷薇十

① 鲍里斯·尼古拉耶维奇·阿布拉莫夫：《心的追求》，新西伯利亚：西伯利亚列里赫协会，1997 年，第 183 页。

② 例如，阿列克谢·尼古拉耶维奇·安年科，“金刚石”网站编辑。2007 年 4 月 16 日，访问模式：http://www.lomonosov.org/article/cooperators_site_adamant.htm。切尔诺戈尔斯克编辑：《哈卡斯地方志专家：文集》（第 1 分卷），哈卡斯共和国文化部，哈卡斯共和国国家官方机构“国家档案馆”。阿巴坎：《双桅小帆船》，2013 年，第 147、148 页。哈卡斯：《列里赫的思想——走进生活！》，杰利菲斯，莫斯科，2013 年，档案号 3（75），第 22 页。

③ 阿尔弗雷德·彼得罗维奇·海多克：《内心的记忆》，《列里赫大国》，莫斯科，1994 年，第 355 页。

④ 弗拉基米·安德烈耶维奇·罗索夫、尼古拉·列里赫：《尼古拉·康斯坦丁诺维奇·列里赫在戈壁沙漠郊区的探险》，《兹韦尼哥罗德公报·第二册·新国家》，莫斯科：阿里阿瓦尔塔新闻，2004 年，第 60 ~ 62 页。

字会员、“活着的道德学说”的接受者，以及那些在尼古拉·康斯坦丁诺维奇·列里赫在哈尔滨逗留期间开始学习的人。

图二　尼古拉·康斯坦丁诺维奇·列里赫
（中国，1934～1935年）
[收藏于列里赫博物馆（纽约）]

季娜伊达·尼古拉耶芙娜是联合会中较活跃的成员之一。她给我讲述了文集的内容，比如，她文中的阿尔弗雷德·彼得罗维奇·海多克：“尼古拉·康斯坦丁诺维奇没有给我们看过讲义。在平静、悠闲的谈话中简单明了地谈到这个星球的新时代的到来，以及新人类。这些新人类的出现应取代曾经的那些闭眼互相残杀、在疯狂侵略中窒息的人类。但这些新人类不可能扇动着粉红色翅膀从天而降——他们的存在仅可能源自现实。合作与友爱的新世界应该用人类的手和脚来构建。而建设者在哪里？他号召我们成为建设者。建设应从自我改造开始，并开展与自身缺点的不懈斗争，将低质量转变为高质量——自我完善，从而扩大开辟广阔空间的意识……”①。尼古拉·康斯坦丁诺维奇·列里赫把自己的照片送给了她，而她将该照片保存了一生（图二）。

20世纪30年代，季娜伊达·尼古拉耶芙娜·丘尼欣已是一位著名的裁缝师。在一次会议上，她缝的两面“和平旗帜”均赠送给了尼古拉·康斯坦丁诺维奇·列里赫。其中一面旗帜——在1934年供尼古拉·康斯坦丁诺维奇·列里赫探险的第一阶段使用，随后将该旗帜留给了联合会——由季娜伊达·尼古拉耶芙娜·丘尼欣从中国带回苏联。第二面旗帜的尺寸更大——是1935年4月15日（在美国总统富兰克林·德拉诺·罗斯福出席的情况下，在华盛顿签署《列里赫公约》的日期）飘扬在查干库列探险营地（内蒙古）上方的旗帜，尼古拉·康斯坦丁诺维奇·列里赫在《旗帜》中提到了此事②（图三）。这面旗帜由尼古拉·康斯坦丁诺维奇·列里赫的儿子尤里·尼古拉耶维奇·列里赫于1957年从印度带到苏联，并放在他的莫斯科公寓里。

我曾多次去过季娜伊达·尼古拉耶芙娜·丘尼欣回国后的居所——切尔诺戈尔斯克（克拉斯诺亚尔斯克边疆区）。随着交往的深入，在我面前呈现出的是高雅女性的美好

① 阿尔弗雷德·彼得罗维奇·海多克：《生活老师》，《国际列里赫中心的选集》（第1分卷），莫斯科，1993年，第82页。

② 尼古拉·康斯坦丁诺维奇·列里赫：《旗帜》，《牢不可破》，里加：维耶达，1991年，第101页。

形象，即为崇高文化理想奉献出自己的一生。她在一个小木箱里保存着最有价值的东西：尼古拉·康斯坦丁诺维奇·列里赫1934年逗留于此时制作的“和平旗帜”和被送至哈尔滨的尼古拉·康斯坦丁诺维奇·列里赫日记原稿、书籍——《活着的道德》。她承认，这是她所拥有的东西中最珍贵的东西。在过去的几年里，她独自一人生活，但是有来自朋友们的支持。她逝于1986年2月14日。

纳塔利娅·德米特里耶芙娜·斯皮林娜早在20世纪90年代就支持将我的想法告诉给季娜伊达·尼古拉耶芙娜·丘尼欣。我也尽力为之。她的信可以证实，我与季娜伊达·尼古拉耶芙娜·丘尼欣、阿布拉莫夫家族亲朋好友的联系，并经常去他们那里（韦尼奥夫）作客。我把所有的信都带到了这里。

季娜伊达·尼古拉耶芙娜·丘尼欣——阿列克谢·尼古拉耶维奇·安年科。1977年12月22日①。

亲爱的阿列克谢·尼古拉耶维奇安年科：

祝您新年快乐，万事如意、身体健康、生活顺利！

尊函敬悉，迟复为歉。原因是我摔断了右臂，并在医院待了一个月。因此我不能用手绘制和写字。再有就是支气管炎犯了和严重的鼻出血。但我现在正在好转。显然，还应该继续住一段时间！

很高兴的是，您精力十足且工作状态良好！是的，这很难让人意识到！衷心祝您成功！我写信给纳塔利娅·德米特里耶芙娜②，告知继承一事的困难。她回复说，她会亲自来找他，而不是等人送来。此时您会难过，但为了多年的友谊，我还是要选择纳塔利娅·德米特里耶芙娜·斯皮林娜！但您的文章依然保存着。这是第二次探险时发送的原稿，而纳塔利娅·德米特里耶芙娜·斯皮林娜已有了副本，您了解我的处境，且没有埋怨我！

好在您与格拉马奇科夫还保持着书信来往③！当您完成大作后，我很想拜读④！

至于缬草，当然我很需要它。如果您决定将它送给我，我将非常感激，

① 亲笔签名。作者档案。

② 所指的是纳塔利娅·德米特里耶芙娜·斯皮林娜。

③ 所指的是瓦西里·尼古拉耶维奇·格拉马奇科夫（1908～1988年），他是1934～1935年尼古拉·康斯坦丁诺维奇·列里赫第二次中亚探险的参与者之一。

④ 阿列克谢·尼古拉耶维奇·安年科：尼古拉·康斯坦丁诺维奇·列里赫的最后一次探险（1934～1935年），据《H. B. 格拉马奇科夫的回忆》,《列里赫读物》，1997年，俄罗斯科学院西伯利亚分院和西伯利亚列里赫协会1997年11月3～6日的会议资料，新西伯利亚市：西伯利亚列里赫协会，2000年，第342～354页。《尼古拉·康斯坦丁诺维奇·列里赫的黑山卫星》《列里赫遗产：国际科学实践会议丛刊·第八卷·尼古拉·康斯坦丁诺维奇·列里赫及其同时代的人：建筑师和建筑；西方人眼中的东方》，圣彼得堡，2011年，第406～411页。

费用将由我来出。

再次恳请您不要生我的气！我是那么地想继续保持我们之间的来往和相互通信！

祝您一切顺利！

亲爱的季娜伊达·尼古拉耶芙娜：

季娜伊达·尼古拉耶芙娜·丘尼欣已将部分档案资料交给了我：《和平的旗帜》、日记原件、叶莲娜·伊万诺夫娜·列里赫书信的复印件、一些尼古拉·康斯坦丁诺维奇·列里赫的书籍。尤其值得注意的是其中一本书——《莫里亚之花》，该书于1921年在柏林出版。其中，在最后一页上有亲笔题词："哈尔滨的同事——М. Н.、В. Г.、В. В.和Е. П. 带着最美好和最亲切的思念致亲爱的朋友季娜。1939年10月24日，哈尔滨市"。在该页的下面写着："保管人，请记住受托的珍宝。请考虑——号召我们了解以上古代条例，《日记簿》"①。而季娜伊达·尼古拉耶芙娜·丘尼欣则在扉页上写道："季娜伊达·尼古拉耶芙娜·丘尼欣给阿列克谢·尼古拉耶维奇·安尼科留下了美好的记忆。1977年8月17日。"根据已知的信息，这些文字对我而言，就是"活着一定联系"。阿尔弗雷德·彼得罗维奇·海多克回忆道："我们协会是合作学校，虽不是正规的，但却是诚心诚意的……"②。

还知道三个哈尔滨人小组（叫作年轻团体），负责人分别是阿尔弗雷德·彼得罗维奇·海多克、鲍里斯·尼古拉耶维奇·阿布拉莫夫、叶卡捷琳娜·彼得罗夫娜·因格。鲍里斯·尼古拉耶维奇·阿布拉莫夫的学生——奥莉加·亚历山大罗夫娜·科佩茨基、纳塔利娅·德米特里耶芙娜·斯皮琳娜、德米特里·谢苗诺维奇·希波夫、尼古拉·亚历山德罗维奇·祖布钦斯基和莉利亚·伊万诺芙娜·祖布钦斯基（乌拉诺夫）、鲍里斯·安德烈耶维奇·丹尼洛夫（叶卡捷琳娜·彼得罗夫娜·因格离开时"转交"）、根纳季·彼得罗维奇·库奇马、安东宁娜·尼古拉耶芙娜·科切温诺娃、柳德米拉·费莉克索弗娜·斯特拉娃、格奥尔基·亚历山德罗维奇·伊万诺夫……

我注意到，季娜伊达·尼古拉耶芙娜·丘尼欣转交给我的"和平旗帜"，跟我一起到过萨彦岭的博鲁斯山峰、阿尔泰的上维蒙，以及国际列里赫中心（当我在那里工作时）。有趣的是，在制作国际公共文化空间计划"和平旗帜"样本时，它被用作模型，并在1997～1998年进入了"和平号"轨道空间站。

哈尔滨协会的"和平旗帜"曾在新西伯利亚的列里赫博物馆中展出，现在已在圣彼得堡国立列里赫家族博物馆学院找到了自己的固定位置。2010年，它还在"列里赫

① 《"活着的道德"学说（火神阿耆尼）》，《莫里亚花园集·第Ⅰ册·召唤》，1924年，第247页。

② 阿尔弗雷德·彼得罗维奇·海多克：《奇妙的彩虹》，里加：威登，1994年，第336页。

图三　尼古拉·康斯坦丁诺维奇·列里赫第二次在中亚进行探险时，
插在查干库列（中国）的“和平旗帜”，1935 年

时代”国际展览会中展出，该展览在圣彼得堡的中央展厅“曼涅日”内举行[①]。

我想用季娜伊达·尼古拉耶夫·丘尼欣发表在《心的追求》一书中的文字来结束对鲍里斯·尼古拉耶维奇·阿布拉莫夫的描述。读过这些话，我眼前看到的是季娜伊达·尼古拉耶芙娜·丘尼欣和哈尔滨协会的成员们：

> 不屈的信念，以知识来支持。她燃烧自己照亮别人。她不仅相信，她还知道，这是令人信服的行动。她分享他的知识。她的每一句话都是一个启示。
>
> 伟大的愿望和强烈的创作理念。
>
> 有益！这被周围的人所感知，并具有不可改变的特征。思想的力量是巨大的！坚强信念穿透了一切。他的思想起到了积极作用，曾多次给不知道来自哪里的人们带来帮助。他慷慨地分享了自己的热情。
>
> 我怀着感激的心情回忆起他精神上给予的支持和在生活困难时刻他安慰的话！在我的记忆中，说过了许多明智的话[②]。

在国立艾尔米塔日博物馆举行的第十一届“列里赫遗产”国际科学实践会议
2011 年 10 月 9 日的全体会议

① 切斯诺科娃·玛利娅·尼古拉耶夫娜：《〈列里赫时代〉部分展览项目的概述和部分收藏家参与其创建过程》，《列里赫遗产：国际科学实践会议丛刊·第十卷·〈列里赫时代〉国际展览项目的成果与前景》，圣彼得堡，2013 年，第 44 页。

② 季娜伊达·尼古拉耶夫娜·丘尼欣：《思想的力量》，《心的追求》，新西伯利亚：西伯利亚列里赫协会，1997 年，第 183 页。

尼古拉·康斯坦丁诺维奇·列里赫历史和文化遗产古迹的保存模型 ③

尤利娅·瓦连京诺芙娜·斯皮里多诺娃
（文化学副博士、圣彼得堡国立文化研究所理论教研室和文化历史高级讲师、城市电力交通博物馆副馆长，圣彼得堡市）

依然保存之物，需要最细心的保护……

尼古拉·康斯坦丁诺维奇·列里赫，寻找古代罗斯。1911 年 ④。

在 19 世纪末 20 世纪初的俄罗斯帝国，古迹保护问题在社会上引起了很大的反响——当时这一领域的学者、文化工作者都很活跃。他们都是有经验的研究者（有艺术史学家和考古学家尼科季姆·巴甫洛维奇·孔达科夫、东方学家尼古拉·伊万诺维奇·维谢洛夫斯基、建筑师和建筑历史学家尼古拉·弗拉基米罗维奇·苏丹诺夫、建筑师弗拉基米尔·瓦西里耶维奇·苏斯洛夫、考古学家亚历山大·安德烈耶维奇·斯皮岑），也有一些热衷于艺术的人（建筑师和修复家彼得·彼得罗维奇·波克雷什金、艺术史学家和考古学家鲍里斯·弗拉基米罗维奇·法尔马科夫斯基、艺术家和艺术史学家亚历山大·尼古拉耶维奇·伯努瓦、艺术学家伊戈尔·埃姆曼努伊洛维奇·格拉巴里）。他们每个人都为文化遗产的保护和推广做出了自己的贡献，且都与他们所研究的方向有关：考古遗址、建筑古迹、修复法等。

尼古拉·康斯坦丁诺维奇·列里赫是画家和社会活动家，他制定了一套针对遗产保护的法律体系，在该体系中，首次对俄罗斯的古迹保护采用了综合法。

列里赫为保护古迹所做的努力并不是其最终目的，而是在社会上教育和巩固历史记忆的手段。斯韦特兰娜·尼古拉耶芙娜·伊孔尼科夫揭示了列里赫文化研究的精髓，其主题思想是“精神提升作为人类的主要使命”与“和平问题和文化财产保护问

③ 季娜伊达·尼古拉耶夫娜·丘尼欣：《思想的力量》，《心的追求》，新西伯利亚：西伯利亚列里赫协会，1997 年，第 183 页。

④ 尼古拉·康斯坦丁诺维奇·列里赫：《寻找古代罗斯》，《建筑师》1911 年 2 月 6 日，档案号：6，第 61、62 页。

题”①。文化导向的人文理解使列里赫认识到，为子孙后代保存文化遗产是个人发展的基础。遗产作为过去事件的历史信息之一，行使了文化传播的功能，即进行世代的延续。

在俄罗斯国内史学界广泛报道了尼古拉·康斯坦丁诺维奇·列里赫对保护文化遗产所做的贡献，特别是帕维尔·费奥多罗维奇·别利科夫、马克·莫伊谢耶维奇·博古斯拉夫斯基、德米特里·尼古拉耶维奇·波波夫、叶夫根尼·帕尔拉季耶维奇·马托奇金、弗拉基米尔·列昂尼多维奇·梅利尼科夫、奥列格·弗拉基米罗维奇·拉扎列维奇这些人对列里赫的相关活动有更加详细的说明。研究人员已经高度重视尼古拉·康斯坦丁诺维奇·列里赫作为一个考古学家、画家、社会活动家的活动。然而，确定尼古拉·康斯坦丁诺维奇·列里赫对全部古迹保护看法的体系，至今都没有成为一个单独的研究主题②。

当谈到对任何现象或过程的特定理解或领会方式时，需合理使用术语概念（来自拉丁语 conceptio——理解、系统）。这个术语也适用于列里赫对文化遗产保护的总体看法。列里赫在一份纲要性文件或文章中没有大量引用这个概念。显然，列里赫并没有给自己提出这样的任务，而是更加注重将自己的想法付诸实践。然而，列里赫一贯的想法及其行为表明这一概念正逐步形成。符合以下标准的矩阵是确定看法体系的基础：古迹类型学、一整套的文化遗产保护措施、保护和平时期和战争时期的文化遗产。

一、古迹类型学

在 19 世纪末至 20 世纪初的俄罗斯，所有类型的古迹与“古物”“古代遗迹”的概念相结合；出现了“艺术文物和古迹”这样的术语，并在政府文件中发现了术语“历史古迹”③。除了这些名称之外，列里赫还使用了“上一代人的文物”“过去的碎片”等这些名称。而莫斯科皇家考古学会于 1911 年颁布的古迹保护法草案，将古迹分为了五大类：建筑、绘画、雕塑、实用艺术、文献和出版物。其中建筑遗迹包括考古遗址，如古城遗址和古墓葬等，而建筑物本身则除外④。马林娜·阿纳托利耶夫娜·波利亚科娃指出，考古遗址没有划分出特别的类型，这表明考古学与建筑史之间的界限模糊⑤。

---

① 斯韦特兰娜·尼古拉耶夫娜·伊孔妮科娃、尼古拉·康斯坦丁诺维奇·列里赫：《透过文化认识世界》，《圣彼得堡列里赫文集》（第Ⅳ分卷），圣彼得堡：圣彼得堡大学出版社，2001 年，第 16 页。

② 在 2013 年，本文作者就该问题进行了学位论文答辩。尤利娅·瓦连京诺芙娜·斯皮里多诺娃：《列里赫公约载入文化遗产保护历史》，圣彼得堡国立文化艺术大学文化学准副博士的学位论文，2013 年。评论员：弗拉基米尔·列昂尼多维奇·梅利尼科夫：《列里赫公约载入文化遗产保护历史》，《德尔斐》，莫斯科，2013 年，档案号：3（75），第 118 ~ 121 页。

③ 马林娜·阿纳托利耶夫娜·波利亚科娃：《俄罗斯文化遗产保护》，莫斯科：德罗法，2005 年，第 191、192 页。

④ 苏联科学院历史研究所、苏联科学院考古研究所（列宁格勒分院）、苏联中央国家历史档案馆：《俄罗斯历史和文化古迹保护：18 ~ 20 世纪初期：文件汇编》，莫斯科，1978 年，第 279 页。

⑤ 马林娜·阿纳托利耶夫娜·波利亚科娃：《俄罗斯文化遗产保护》，莫斯科：德罗法，2005 年，第 190、191 页。

19世纪下半叶，“古迹”的概念已成为考古遗址的代名词。叶夫根尼·亚历山德罗维奇·里亚宾宁指出，考古专家是不同人文知识领域的专家，因为“作为世纪之交古物学的考古学，覆盖了整个过去社会的精神潜能”[①]。

自19世纪中期开始，俄罗斯就一直在积极进行考古发掘，并开始形成了自己的考古专家圈子。还出现了考古学会，该学会广泛开展宣传活动，并在考古大会上积极讨论古迹的保护问题。其中几个较大的考古学会有：敖德萨皇家历史和古迹学会（1839年）、俄罗斯圣彼得堡皇家考古学会（1846年）、莫斯科皇家考古学会（1864年）。考古学会在处理古迹保护问题上发挥着重要作用，许多学会有权签发公开发掘证。

按照20世纪初古迹研究和尝试分类的总体趋势，列里赫也广泛解释了“考古遗址”的概念。这位艺术家对“过去”遗产的了解始于考古发掘，“他把全部精力都花在了考古上”[②]。奥列格·弗拉基米罗维奇·拉扎列维奇指出，从研究周期（自石器时代到中世纪后期）来看，以及从古迹类型学的角度来看，他对考古学领域具有广泛的科学兴趣。列里赫几乎研究了俄罗斯所有类型的考古遗址——停车场、小火山、古墓地、坟墓、古老的城镇和城市[③]。

列里赫单独或以小组形式进行的发掘工作的范围也是惊人的。在俄罗斯，它涵盖了圣彼得堡、诺夫哥罗德、特维尔、普斯科夫、弗拉基米尔、雅罗斯拉夫尔、沃罗涅日等省区。列里赫在圣彼得堡期间制定的考古遗产研究方法，已经成功地运用在两次中亚探险期间（1923～1928年和1934～1935年）。

列里赫除了建立作为一门学科的考古学外，还高度重视通过自己制定的研究方法来保护所发现的古迹。因此，列里赫在自己的一份考古报告中谈到了古墓的现状并得出结论：状态相当好，但是，当然，并不是不会遭到开垦和碾压，特别是小古墓和古代墓地将遭到损坏[④]。但是，在列里赫的文章中越来越多地洞悉到令人担心的事：“古城遗址的命运如何？如果它们不会被改造为板棚、营房和仓库，那么至少肯定要运走沙子。”[⑤]这时，在考古专家的圈子中都在讨论发掘地的保护问题，包括其填土。有经验的文物研究者和列里赫的导师亚历山大·安德烈耶维奇·斯皮岑都坚持需要保护和复原出土文物。亚历山大·尼古拉耶维奇·梅德韦季还指出，亚历山大·安德烈耶维奇·斯

① 叶夫根尼·亚历山德罗维奇·里亚宾宁、尼古拉·康斯坦丁诺维奇·列里赫、皇家考古委员会、尼古拉·列里赫：《考古学·第一册·皇家考古委员会的材料（1892～1918年）》以下简称为《考古学》编者、备注和注释。弗拉基米尔·列昂尼多维奇·梅利尼科夫萨马拉：《火神》，《圣彼得堡列里赫文集（第2、3分卷）》，1999年，第21页。

② 谢尔盖·恩斯特：《尼古拉·康斯坦丁诺维奇·列里赫：列里赫大国》，莫斯科：绘画，1993年，第11页。

③ 奥列格·弗拉基米罗维奇·拉扎列维奇：《尼古拉·康斯坦丁诺维奇·列里赫的考古生活与创作：历史技术副博士学位论文摘要》，新西伯利亚，1999年，第10页。

④ 尼古拉·康斯坦丁诺维奇·列里赫：《皇家考古委员会于1896年出版的列弗·康斯坦丁诺维奇·伊万诺夫斯基的发掘资料》，1897年。见尼古拉·列里赫：《考古学》，第76页。

⑤ 尼古拉·康斯坦丁诺维奇·列里赫：《当选》，莫斯科：苏维埃俄国，1979年，第95页。

皮岑是第一个关注制定新研究方法问题的人："应尽可能慎重和准确地发掘，以便在不能复原古迹的情况下，能根据报告制造古迹模型。"① 列里赫在自己的学术和政论活动中都阐明了他的导师对考古遗址保存问题的诸多看法②。

其同时代人——谢尔盖·罗斯季斯拉沃维奇·恩斯特在描述列里赫对古迹的看法后，开始使用"古时概念"这一术语③，这个广泛的概念适用于考古遗址和建筑遗迹。甚至列里赫的部分文章也可作为证据：《涅列季采斯帕斯》(1906年),《最古老的芬兰教会》(1907年),《基辅什一税教堂》(1909年),《大诺夫哥罗德》(1910年),《雅罗斯拉夫尔的先知以利亚教堂》(1912年)等。

建筑遗迹的概念是在19世纪下半叶寻找民族建筑风格的过程中形成的。当时出现了研究古俄罗斯建筑的专著，特别是历史学家伊万·叶戈罗维奇·扎别林的报告《古俄罗斯建筑的独特性》(1871年)，此报告证明了古代罗斯时期存在着独立的建筑学校④。20世纪初，古代罗斯大师的作品获得了更大的认可。出现了一个建筑期刊蓬勃发展的时期：从19世纪末到1917年，共有29本建筑专业刊物⑤。为了研究建筑遗迹，还出现了莫斯科和圣彼得堡建筑学会、圣彼得堡建筑师和艺术家协会、俄罗斯艺术品和文物古迹保护协会。自1902年以来，伊戈尔·埃姆曼努伊洛维奇·格拉巴里开始撰写他的不朽名著《俄罗斯艺术史》。在游历了保存着大量木结构建筑的俄罗斯北部地区后，他对大量的档案材料进行了研究。阿纳托利·阿法纳西耶维奇·福尔莫佐夫指出，艺术评论和审美评估首次出现在伊戈尔·埃姆曼努伊洛维奇·格拉巴里的作品中⑥。

为了表达自己对是否需要保护古代罗斯建筑遗迹的看法，列里赫除了在期刊上刊登文物破坏行为的信息之外，还利用自己画家的技能参与了建筑学会的工作。1903～1904年，其在古城之旅期间绘制的"建筑草图"是这次以艺术表现形式呼吁的高潮。这些草图曾在展览会上展出，并在艺术环境中得到了积极的反应⑦。列里赫不是唯一一

① 亚历山大·尼古拉耶维奇·梅德韦季：《把俄罗斯考古文物放入博物馆陈列（过去和现在）》，莫斯科：ГНОМиД出版社，2004年，第26页。

② 弗拉基米尔·列昂尼多维奇·梅利尼科夫：《亚历山大·安德烈耶维奇·斯皮岑和尼古拉·康斯坦丁诺维奇·列里赫》,《历史和考古研究实践：亚历山大·安德烈耶维奇·斯皮岑150周年国际学术会议的材料》，圣彼得堡，2008年，第111～120页。

③ 谢尔盖·恩斯特：《尼古拉·康斯坦丁诺维奇·列里赫：列里赫大国》，莫斯科：绘画，1993年，第14页。

④ 亚历山大·亚历山大罗维奇·福尔莫佐夫：《俄罗斯社会和文化古迹保护》(增补第2版)，莫斯科：苏维埃俄国，1990年，第73页。

⑤ 马林娜·阿纳托利耶夫娜·波利亚科娃：《俄罗斯文化遗产保护》，莫斯科：德罗法，2005年，第192页。

⑥ 亚历山大·亚历山大罗维奇·福尔莫佐夫：《俄罗斯社会和文化古迹保护》(增补第2版)，莫斯科：苏维埃俄国，1990年，第78页。

⑦ 弗拉基米尔·列昂尼多维奇·梅利尼科夫：《古代艺术的万神殿——尼古拉·康斯坦丁诺维奇·列里赫的首次个展100周年》,《列里赫遗产：国际科学实践会议丛刊·第五卷·文化财产保护：圣彼得堡的传统》，圣彼得堡：圣彼得堡国立大学列里赫中心，2009年，第78～133页。

个关注俄罗斯建筑遗产话题的艺术家。建筑景观作为一个独立的类型，出现在20世纪初的写生画中。除了列里赫以外，亚历山大·尼古拉耶维奇·伯努瓦、谢尔盖·阿尔谢尼耶维奇·维诺格拉多夫、叶夫根尼·叶夫根尼耶维奇·兰谢列、康斯坦丁·费奥多罗维奇·尤翁对其也运用自如。在亚历山大·亚历山大罗维奇·福尔莫佐夫看来，列里赫能采用一些方法来表达我们的建筑精神和他对古代大师作品的赞赏[①]。列里赫的功绩在于，"建筑系列"被他认为是教育社会尊重古物的主旋律。成果当然有一些，但在整个社会还不具规模。列里赫对建筑古迹的保护与他同圣彼得堡皇家建筑师协会的密切合作相关，他还在会议上定期提交自己的报告。列里赫不是唯一一个坚持对建筑古迹保持更为敏感态度的人，但他是第一个，并在很多方面都超过了同时代的人，他也谈到了是否需要保护那些"已经奉自然界为神圣的地方，以及是否需要保护历史景观和建筑群"[②]。

列里赫在其文中对古迹进行描述时，并未将古迹脱离历史文化环境，并认识到它在自然环境中的整体性质或城市建设元素。这里可以引用这样一段话："中间有旋涡和明亮尾流的灰棕色沃尔霍夫广泛展开；古墓已成为高岸的守卫者……由于一半古墓藏匿于可耕的黑丘陵中，有五个绿色圆顶的白色伊万诺夫教堂耸立……到处都有东西，每一个地方都饱含着往事。这就是历史的心境。"[③]阿列克谢·尼古拉耶维奇·季亚奇科夫得出的结论是，"20世纪上半叶，大多数作者在不超过艺术范畴的情况下，甚至在不受这个概念限制的情况下，都对古迹发表了自己的见解，其中只包括使用特定物理材料建造的古迹"[④]。但列里赫除外，对于古迹的历史文化环境，主要的信条由这位艺术家于1901年在《致自然》一文中规定："但有一点，就是要保护和修复古迹本身，这是非常重要的。在尽可能的范围内，不得扭曲其环境印象。"[⑤]1915 ~ 1916年，列里赫极力反对铁路通过大诺夫哥罗德的设计，这条铁路破坏了城市的历史风光。在深入研究文物古迹与其周边的历史文化环境具有密切关系的同时，这位艺术家还预想到了今天的文化景观概念。

人文景观被视为人类与自然共同创造的结果。尤里·亚历山德罗维奇·韦杰宁声称，当今保护文化景观的方法还只是初步的探索[⑥]。虽然这一定义被纳入联合国教科文

① 亚历山大·亚历山大罗维奇·福尔莫佐夫：《俄罗斯社会和文化古迹保护》(增补第2版)，莫斯科：苏维埃俄国，1990年，第82页。

② 尼古拉·康斯坦丁诺维奇·列里赫，上述文章，第213页。

③ 同上，第78页。

④ 叶莲娜·尼古拉耶夫娜·马斯坚妮察：《当今世界的文化遗产：概念和问题概念化》，《世界政治和意识形态的时代典范：文集》，圣彼得堡：圣彼得堡国立文化艺术大学，2008年，第257页。

⑤ 尼古拉·康斯坦丁诺维奇·列里赫，上述文章，第213页。

⑥ 尤里·亚历山德罗维奇·韦杰宁：《文化景观保护和修复方法》，《俄罗斯联邦人民的遗产》，莫斯科，2008年，档案号：4，第16页。

组织的文件《保护世界文化和自然遗产公约》（1972 年）中，但直到 20 世纪 90 年代初，文化景观才在法律上被视为文化遗产。在俄罗斯法律中，文化景观于 2002 年被列为《俄罗斯联邦民族文化遗产（历史文化古迹）法》中规定的“旅游景点”。而列里赫将历史景观看作是文化遗产的独立组成部分和具有自身价值的组成部分，这远远领先于他同时代的人。

深信必须保护具有历史文化背景的古迹，列里赫得出了有关保留历史名称重要性的合理结论。他担忧历史地名被遗忘并为其表示遗憾：“痛苦和恐惧已成为每个俄罗斯人关注的焦点，村庄的名称（其中有许多村庄都具有历史感，有许多村庄是历史研究的唯一资料来源）已成为可以被祖国和家乡随意忘记的名称。”这位艺术家大声疾呼“保护城市、村庄和景区俄语名称的智慧美”[①]。

尤里·亚历山德罗维奇·韦杰宁曾指出，“文化景观”的概念并不仅限于物质实体，还包括民族创建的语义层和民间传说，以及地名录中记录的语义层[②]。当今与文化景观保护密切相关的是非物质文化遗产的保护。除了口头传说和表达方式之外，还包括语言，非物质文化遗产包括：表演艺术；习俗、仪式、节庆；与自然和宇宙相关的知识和习俗；与传统手工艺相关的知识和技能[③]。联合国教科文组织通过了《保护非物质文化遗产公约》，故这类重要的文化遗产在 2003 年被法律所认可。列里赫在这方面可谓走在了时代的前面。在此概念出现之前，他就已开始对非物质文化遗产的各个组成部分进行研究了。

19 世纪时，在俄罗斯人文科学中形成了一个新的方向，被称之为“神话学派”。神话学派的追随者旨在基于对俄罗斯语言、诗歌和神话的研究，进而发现俄罗斯文化的特点。神话学派的创始人是语言学家和艺术学家费奥多尔·伊万诺维奇·布斯拉耶夫（1818 ~ 1897 年），其代表作为两卷本的《俄罗斯民间文学艺术历史概述》（1861 年）。他的功绩在于建立了对民间古物的新态度，还揭示出了俄罗斯语言和文化的精神财富。亚历山大·尼古拉耶维奇·阿法纳西耶夫（1826 ~ 1871 年）对俄罗斯神话和民间故事的研究做出了巨大贡献，他将 550 多个故事、轶事，还有俄罗斯 30 个省区的口头语收录自己的作品《俄罗斯民间故事》中。

列里赫将注意力转向对非物质文化遗产的综合研究。这位艺术家关注的是农民民间艺术、传统工艺和工具的变化和消失、方言的消失、习俗和仪式的逐渐消亡等内容。他发现了社会工业化及其被生产制造业奴役的主要原因：“为何工厂不向人民发放翻新

① 尼古拉·康斯坦丁诺维奇·列里赫：《请爱护古物》，《小型列里赫图书馆》，莫斯科：国际列里赫中心，1993 年，第 46 页。

② 尤里·亚历山德罗维奇·韦杰宁、马林娜·叶夫根尼耶芙娜·库列绍娃：《文化景观作为遗产》，莫斯科：遗产研究所，圣彼得堡：德米特里·布拉宁，2004 年，第 15 页。

③《保护非物质文化遗产的国际公约组织第 32 届大会报告·第一卷·决议》，巴黎：联合国教科文组织，2004 年，第 61 页。

古物时所穿的、合适美丽且不粗糙的服装面料呢？请给予土壤和服装、歌曲和音乐、舞蹈和欢乐。即使古老的歌曲、巴拉莱卡琴取代了古时优美的曲调，也不会演奏出庸俗的进行曲和圆舞曲。让俄罗斯人用俄语工作。”① 列里赫认为方言是文化多样性的一个组成部分。在文章《按旧俗》（1903 年）中，他称赞被保存下来的伯朝拉“波卢韦列茨”方言：“波卢韦列茨使伯朝拉增添了独特的魅力——古普斯科夫土地殖民化的残迹。不可思议的是，在一些村庄，从整体上来看还保留了具有自身特点的服装和习俗，甚至是自己的方言——非常接近利沃尼亚语。”②

“文化遗产”的概念，除了物质和非物质文化遗产以外，还包括文化财产。在文化学上，这一概念的解释非常广泛。在法律领域，狭义上它指可移动的古迹，即具有历史和文化意义的宗教或世俗性质的物体。目前，文化学家认识到将古迹划分为可移动和不可移动古迹的分类法已不适用，他们制定了“文化综合体”的概念。在这篇文章中，使用了“文化财产”这个术语的狭义概念，因为它是收集活动和博物馆建设的基础。

20 世纪初，俄罗斯的文化财产主要为教堂文物、祈祷日用品。在寺院和寺庙圣器室内保存了许多古老的圣像、刺绣品、手稿和教堂器具。然而，在公众意识中，教堂古物主要为礼拜专用品③。早在 19 世纪 40 年代，俄罗斯圣像就已被收藏于英国，德国的德累斯顿、哥廷根、慕尼黑，以及梵蒂冈博物馆内④。这时在俄罗斯兴起了收集圣像的风潮，尤其是出现了尼古拉·米哈伊洛维奇·波斯特尼柯夫、吉洪·费奥多罗维奇·博利沙科夫、阿列克谢·费奥多罗维奇·拉赫曼诺夫、谢尔盖·尼古拉耶维奇·季霍米罗等收藏家的收藏物。然而，俄罗斯社会还没有意识到圣像对于俄罗斯文化的意义。

在研究古代俄罗斯的绘画作品时，列里赫是首批发现圣像艺术价值和审美价值的一员。早在 20 世纪初，他就遗憾地承认：“当我不断地强调我们旧圣像的美和重要性时，许多人，甚至很多文化人都还是不能理解我，并将我的话视为考古的突发奇想。”⑤25 岁时，列里赫写了短篇小说《圣像阁》，巧妙地营造出氛围，圣像画家在该氛围中作画。十年后，他又发表了《圣像》一文。而首部研究圣像画术的著作则出现在 19 世纪 40 年代，那时也出版了伊万·彼得罗维奇·萨哈罗夫和伊万·米哈伊洛维奇·斯涅吉廖夫的相关书籍。阿纳托利·阿法纳西耶维奇·福尔莫佐夫得出的结论是，这些资料丰富的书籍没有改变社会对古俄罗斯绘画的看法：“伊万·彼得罗维奇·萨哈罗夫没有对圣像艺术的价值做出任何评

---

① 尼古拉·康斯坦丁诺维奇·列里赫：《当选》，莫斯科：苏维埃俄国，1979 年，第 91 页。

② 尼古拉·康斯坦丁诺维奇·列里赫：《考古学》，编者、备注和注释。B. Л. 梅利尼科夫。萨马拉：《火神》，1999 年（《圣彼得堡列里赫文集》第 2、3 分卷）。第 450 页。

③ 瓦西里娅·斯捷潘诺维奇·久欣娜：《教堂文物古迹保存在 18 ~ 20 世纪初期的俄罗斯：文件汇编》，莫斯科：祖国，1997 年，第 3 页。

④ 亚历山大·亚历山大罗维奇·福尔莫佐夫：《俄罗斯社会和文化古迹保护》（增补第 2 版），莫斯科：苏维埃俄国，1990 年，第 35 页。

⑤ 尼古拉·康斯坦丁诺维奇·列里赫，上述文章，第 216 页。

价，而伊万·米哈伊洛维奇·斯涅吉廖夫的评价也很少。"[①] 列里赫不是唯一一个首先发现古代俄罗斯艺术的人，但在瓦连京·米特罗凡诺维奇·西多罗夫看来，他是第一个从某些专业的角度看我们圣像画家作品的人，他也是第一个谈到这些作品具有极大审美价值的人[②]。

列里赫曾多次指出私人收藏对文化财产保存的重要作用。伊琳娜·维塔利耶夫娜·萨韦尔金娜在分析了收藏品的组成后，得出了如下结论：由于亚历山大二世的改革造成了社会变迁，而他（指列里赫，译者注）也随之发生了改变，现在主要是收集国内的艺术品和俄罗斯的古物[③]。列里赫以俄罗斯古物和公爵夫人玛利娅·克拉夫季耶夫·捷尼舍夫（斯摩棱斯克）、费奥多尔·米哈伊洛维奇·泼留希金（普斯科夫）、弗拉基米尔·瓦西里耶维奇·佩列多利斯基（诺夫戈罗德）的收集活动为例。这位艺术家本身就是一个痴迷的收藏家。"到 1905 年，他们已经收集了相当多的石器时代遗物，这些收藏品来自于考古发掘活动。大约在同一时间，列里赫还开始收集西方古代大师的画作。"[④]

文化财产的保护与博物馆的建设问题密切相关。说到古代文物的保管和博物馆的收藏品，列里赫常常抱怨展览筹备工作的不科学、收藏品匮乏等问题，并称它们为"独品"[⑤]："……按长一俄尺高计算的饰带立在顶端；这里风马牛不相及的祭神品、日常品和军事物品按工艺种类被强行联系在一起。在这里，很难从整体上对图画、古代生活及其特点进行讨论。"[⑥]

列里赫在博物馆学的实践中亦闻名遐迩。他是建立老圣彼得堡博物馆的发起者之一，也是建立彼得一世以前的艺术和生活习惯博物馆，以及帝国艺术奖励协会绘画学校所属的俄罗斯艺术博物馆的发起人之一。在侨居国外期间，在他的直接参与下，还在美国纽约建立了列里赫博物馆，在印度建立了"乌鲁斯瓦季"喜马拉雅研究所。这并不是列里赫积极参与建立的博物馆的全部工作成果[⑦]。阿纳托利·阿法纳西耶维奇·邦

---

① 亚历山大·亚历山大罗维奇·福尔莫佐夫：《俄罗斯社会和文化古迹保护》（增补第 2 版），莫斯科：苏维埃俄国，1990 年，第 55 页。

② 尼古拉·康斯坦丁诺维奇·列里赫：《善良的眼睛》，《瓦连京·米特罗凡诺维奇·西多罗夫文章的引言》，莫斯科：文学作品，1991 年，第 10 页。

③ 伊琳娜·维塔利耶夫娜·萨韦尔金娜：《俄罗斯私人收藏历史：教材》，圣彼得堡：圣彼得堡国立文化艺术大学，2006 年，第 82 页。

④ 波林娜·伊戈列夫娜·米亚赫科夫：《尼古拉·康斯坦丁诺维奇·列里赫的西欧绘画作品集》，《列里赫时代：展览目录·绘画和图形》，圣彼得堡：黄金时代，2009 年，第 29 页。

⑤ 尼古拉·康斯坦丁诺维奇·列里赫：《关于艺术》，《小型列里赫图书馆》，莫斯科：国际列里赫中心，几内亚比绍绿洲，1994 年，第 57 页。

⑥ 援引尼古拉·列里赫：《考古学》，第 439 页。

⑦ 见出版物中的《弗拉基米尔·列昂尼多维奇·梅利尼科夫的清单》；阿纳托利·阿法纳西耶维奇·邦达连科：《关于列里赫博物馆的意识形态及其相关的博物馆》，《列里赫遗产：国际科学实践会议丛刊·第九卷·列里赫家族在博物馆和世界收藏品中的遗产》，圣彼得堡，2012 年，第 21 页。

达连科指出，在列里赫博物馆意识形态的框架下，不能以传统的方式将博物馆理解为保存社会文化记忆的研究所，而应将其理解为社会教育和社会变革的研究所、社会文化创造的研究所[①]。在这种认识的背景下，20 世纪 20～30 年代，在纽约列里赫博物馆内进行了一项特殊的试验。

重新回到列里赫观点解释的矩阵，可以肯定的是，列里赫是俄罗斯较早的文化工作者之一，他认为必须保存古迹综合体（包括物质、非物质遗产和自然遗产）。这位艺术家的许多看法都超越了时代。列里赫表达了一种前瞻性的观点，在历史文化环境中需要对古迹进行整体保护。

二、一整套的文化遗产保护措施

这是列里赫的下一组观点。这里谈论的是发掘、登记、研究和防止遗产遭到破坏，以及国家控制等问题。

在保护古迹的过程中，发掘、登记和研究为首要和必要的步骤。列里赫力求发掘古迹表明列里赫在积极从事考古发掘工作。他在刊物中一再表示，与他同时代的人仍然对古俄罗斯知之甚少："我们仍然没有领略到它辉煌的历史篇章。"[②] 在贵族看来，彼得一世以前的时代似乎是野蛮的远古时代。

在列里赫看来，应从这几个方面来对古迹进行登记：收集信息、检查地表古迹、以照片或图片的形式进行描述和记录，以便刻划出外形及呈现出目前的保存状况[③]。这些措施的目的是编制俄罗斯古迹登记表。在申请需要确定和登记古迹时，这位艺术家没有提出任何新的观点，但强调了这些措施的重要性。就 19 世纪而言，在俄罗斯曾多次试图收集有关文物的资料，但仅仅建立了国家文物保护体系，因此编制文物汇总表的尝试并没有产生预期的效果。然而到了 20 世纪初期，俄罗斯内务部收到了来自全国 80 个省和县的古迹信息，随后编制了包含有 4108 个名称的总登记表，这份登记表中共有 2456 种不同的古迹[④]。

从列里赫绘制第一个跨世纪"圣彼得堡省考古地图"的倡议中，可以发现古迹登记的经验。采用这个地图时规定了活动方向，如编制使用手册大全，该手册与名录中

---

① 阿纳托利·阿法纳西耶维奇·邦达连科：《关于列里赫博物馆的意识形态及其相关的博物馆》,《列里赫遗产：国际科学实践会议丛刊·第九卷·列里赫家族在博物馆和世界收藏品中的遗产》，圣彼得堡，2012 年，第 22 页。

② 尼古拉·列里赫：《考古学》，第 561 页。

③ 奥列格·弗拉基米罗维奇·拉扎列维奇、维亚切斯拉夫·伊万诺维奇·莫洛金、彼得·彼得罗维奇·拉别茨基：《尼古拉·康斯坦丁诺维奇·列里赫——考古学家》，新西伯利亚：俄罗斯科学院西伯利亚分院考古学和人种学研究所出版社，2002 年，第 78 页。

④ 马林娜·阿纳托利耶夫娜·波利亚科娃：《俄罗斯文化遗产保护》，莫斯科：德罗法，2005 年，第 122 页。

所列的历史文化遗产的要求一起被发送到各个县。该手册由列里赫亲自编制，并于1899年在圣彼得堡考古研究所印刷出版。正如叶夫根尼·亚历山德罗维奇·里亚宾宁所说的那样，列里赫在八个圣彼得堡州下属的县——格多夫、拉多加、卢加、施吕瑟尔堡、扬堡、皇村、彼得霍夫、圣彼得堡收集到的资料，包含许多现已消失的考古遗迹的宝贵信息[①]。

列里赫朝圣古城的结果是，他不仅完成了100多个“建筑系列”的艺术作品，还与夫人叶莲娜·伊万诺夫娜·列里赫一起拍摄了约500张照片，为古迹的发掘和普及推广贡献出了自己的一分力量。此时的照相法，已不再是记录古迹的新方式。在此期间，开始建立俄国皇家考古委员会（以下简称“皇家考古委员会”）的照片档案，建筑修复家彼得·彼得罗维奇·波克雷什金对这些档案的建立做出了巨大的贡献。到1917年，皇家考古委员会古迹部的照片档案有将近17000张照片，其中大部分是这位学者[②]在多次旅行和修复作业过程中所拍摄的。

在列里赫之前，也长期使用艺术古迹记录的方法。艺术家是所有识别古代文献和珍品的考察之旅必不可少的参与者。将古迹，包括建筑物在内的实物画下来，这可以想象为一个整体的物体，并发现和记录该物体的各个部分。尤其是，画家德米特里·伊万诺维奇·伊万诺夫是1809 ~ 1810年康斯坦丁·马特韦耶维奇·博罗兹金院士领导的较早对一些俄罗斯南部和北部城市古文献学和人种学考察队的一员，并绘制了古物、服装、教堂器具的草图[③]。列里赫全面收集了这些资料，还对这些地区的古迹进行了全面的检查，随后进行了艺术和照相记录，并制定了历史和艺术的研究方法。

有科学依据的修复是保护古迹的重要措施。列里赫满怀怒气地写道：“原样保存完整的东西不多，保留到最后的或许更少，且它们还被冠以修复称号的粗糙、虚假的仿冒品所替代。”[④]在他的许多随笔和呼吁书中，都包含了古迹“整旧如新”的主题。在《旧年》杂志上刊登了标题为“尼古拉·康斯坦丁诺维奇·列里赫记事簿”，引起了读者很大的反响和反馈，以及与反对者的辩论。在这些文章中，表达了列里赫对修复活动的基本信条。列里赫遵循了进步趋势，并按照该趋势，在修复之前对文物进行全面研究，包括文献档案方面的研究。列里赫将没有科学依据的修复称为“无声的屠杀”，将

① 叶夫根尼·亚历山德罗维奇·里亚宾宁，上述文章，第28、29页。又见文中关于这项工作的安排：弗拉基米尔·列昂尼多维奇·梅利尼科夫：《尼古拉·康斯坦丁诺维奇·列里赫学术档案馆中的西北传奇》，《列里赫遗产：国际科学实践会议丛刊·第一卷·列里赫家族在圣彼得堡文化历史区的博物馆大学》，圣彼得堡：圣彼得堡大学出版社，2002年，第426 ~ 433页。

② 马林娜·瓦西里耶夫娜·梅德韦杰夫：《彼得·彼得罗维奇·波克雷什金和古迹保护问题》（俄罗斯科学院物质文明史研究所档案资料），《考古信息》（第11分卷），圣彼得堡，2004年，第379页。

③ 马林娜·阿纳托利耶夫娜·波利亚科娃：《俄罗斯文化遗产保护》，莫斯科：德罗法，2005年，第177页。

④ 尼古拉·康斯坦丁诺维奇·列里赫：《寻找古代罗斯》，《考古学》，1911年，第562、563页。

修复家的工作台比作“艺术的断头台”。在认识到修复的首要任务是保护古迹后，列里赫在很多情况下仅呼吁采取古迹保存措施：“请避光；保持空气温度；防止振动；最后，请清除灰尘和污垢，但表面的损坏对其代表的精神意义也有不好的影响。”[①]

从1898年开始，他就对大诺夫哥罗德、雅罗斯拉夫尔、普斯科夫、莫斯科的建筑遗迹进行精细修理工作，并有科学依据地对其进行修复。这是列里赫对一些被修复古迹做出的评估：“……在萨福诺夫近期的‘修复’后，米罗日斯克修道院内整幅画都倒塌了；在那里，完好的古迹都被毁坏了”[②]，“……灰色的圣像壁被非艺术自愿捐赠品所丑化”[③]。当然，这种恶意评价引起了反对者的不满。列里赫与皇家考古委员会成员进行了辩论，并常常将评论发给他们。尽管有相反的观点，但许多反对者都高度评价了尼古拉·康斯坦丁诺维奇·列里赫的活动，尤其是修复家彼得·彼得罗维奇·波克雷什金。

这种争论并不局限于皇家考古委员会的框架，在19世纪末20世纪初关于修复方法的辩论是全球性的趋势。此时的修复正在经历着思想和方法上的变化。在欧洲，发现在威廉·莫里斯和卡米洛·博伊托作品中表现的“风格复辟”的做法普遍不符合要求的情况越来越多。因而形成了“考古修复”方法，该方法旨在防止任何可能发生的伪造现象以及对新增体裁合理性的否定。修复的依据是对古迹彻底的、有条理的实地研究，就像对考古遗址的研究一样[④]。在俄罗斯，修复辩论的方向与欧洲相同。修复古迹时的考古研究方法在伊万·叶戈罗维奇·扎别林和阿列克谢·谢尔盖耶维奇·乌瓦罗夫的作品中得以体现[⑤]。呼吁学者要使用与修建古迹所用的相同材料进行修复。列里赫也关注古代技术问题，并指出“有必要知道：这些物品是如何生产的，油漆是如何得到的，彩色石块是如何放上去的；他［考古学家——Ю. С］需要做好保存、复活和修复类似古迹的准备工作”[⑥]。

列里赫认为将考古文物放入博物馆陈列是保护考古文物的一种方式。在对古代诺

① 尼古拉·康斯坦丁诺维奇·列里赫：《请爱护古物》，《小型列里赫图书馆》，莫斯科：国际列里赫中心，1993年，第21页。

② 尼古拉·康斯坦丁诺维奇·列里赫：《请爱护古物》，《小型列里赫图书馆》，莫斯科：国际列里赫中心，1993年，第41页。

③ 尼古拉·康斯坦丁诺维奇·列里赫：《请爱护古物》，《小型列里赫图书馆》，莫斯科：国际列里赫中心，1993年，第8页。

④ 谢尔盖·谢尔盖耶维奇·波德亚波利斯基、赫尔曼·鲍里索维奇别索诺夫、列昂尼德·安德烈耶维奇·别利亚耶夫、塔季扬娜·梅福季耶夫纳娜·波斯尼科夫娜建筑遗迹修复：学校教材》，莫斯科：建设出版社，2000年，第24、25页。

⑤《在19～20世纪俄罗斯历史和艺术古迹修复》，莫斯科：教学方案；母校，2008年，(*Gaudeamus*)，第33、34页。

⑥ 奥尔加·伊万诺夫娜叶莎洛娃、阿凡纳西亚·彼得罗维奇·索博列夫：《俄罗斯期刊中的尼古拉·列里赫（1891～1918年）·第1分卷·1891～1901年》，圣彼得堡：哥斯达黎加公司，2004年，第99页。

夫哥罗德进行发掘时，列里赫是第一个提出建立露天博物馆想法的学者。其发掘时的探沟当时保存完好，可供今后游览者参观。但是，市政府不支持这一想法，因而最终探沟被填平①。列里赫也反对修建古迹："雄伟壮观、充满浪漫色彩的大教堂被非常糟糕的小房子所取代。"②因此，他先想到需要建立防护区，以便能有效地保护现存的文化遗产。

在保护古迹方面，国家对履行必要要求的监督发挥着重要作用。1888 年，皇家考古委员会具有保护和修复国内古迹的主要协调中心资格，并负责发放考古发掘工作许可证。19 世纪时，政府官员和公众人物曾多次试图建立保护古迹的国家体系。1869 年，莫斯科皇家考古学会还编制了《古迹保护法》初稿。1877 年，教育部阿列克谢·鲍里索维·奇洛巴诺夫－罗斯托夫委员会制定了《历史古迹保护条例草案》。20 世纪初，仍在讨论相关的法律草案。列里赫并不否认需要类似的法律，但担心所制定的条例没有得到应用。最后，他发现尽管多次试图制定文物保护法并在此基础上建立古迹保护国家体系，但到 1917 年时，这些目的并未实现。然而，在培养社会爱护古物的态度以及为实施保护古物社会运动奠定基础上，列里赫对国家寄予了厚望。

除了学术界和社会各界广泛讨论的这些措施以外，如发掘、登记、研究和修复古迹，列里赫还提出了有关古迹使用重要性的问题，以便能保护古迹。此话题在今天引起了很多的讨论，主要集中在问题的解决上，古迹所有者是否能根据其所有权或租赁权提供必要的古迹保护措施。列里赫是第一批注意到"古迹投入资本较大"的富人之一③。列里赫得出了如下结论：在很多情况下，以营利为目的的使用古迹，都可能成为保护古迹的方法。

列里赫的观点包括了一套复杂的文化遗产保护措施。在注意到构建以往俄罗斯客观图景的信息不足的同时，这位艺术家坚持认为需要继续发掘古迹。除了发掘以外，一整套措施还包括登记、详细研究、有科学依据的修复古迹、建立国家监控体系、培养人们爱护文物的态度，其中，列里赫最先注意到的是古迹修复时的"整旧如新"问题。除了研究和解读古迹以外，这位艺术家还提出了古迹保存使用的问题。国家遗产保护历史进一步证明了列里赫的观点是多么的进步。正如叶莲娜·尼古拉耶夫娜·马斯坚妮察所指出的，包括研究、解释和使用的整套措施已成为现代遗产概念的基础，这一概念在 20 世纪 60 年代末 70 年代初逐渐开始在欧洲扩散，20 世纪 70 年代末又在美

---

① 奥列格·弗拉基米罗维奇·拉扎列维奇、维亚切斯拉夫·伊万诺维奇·莫洛金、彼得·彼得罗维奇·拉别茨基：《尼古拉·康斯坦丁诺维奇·列里赫——考古学家》，新西伯利亚：俄罗斯科学院西伯利亚分院考古学和人种学研究所出版社，2002 年，第 82 页。

② 尼古拉·康斯坦丁诺维奇·列里赫：《当选》，莫斯科：苏维埃俄国，1979 年，第 87 页。

③ 尼古拉·康斯坦丁诺维奇·列里赫：《请爱护古物》，《小型列里赫图书馆》，莫斯科：国际列里赫中心，1993 年，第 27 页。

国和一些其他国家普及，及至20世纪80年代末至90年代初，则在苏联和后来的俄罗斯扩散[①]。

三、保护和平时期和战争时期的文化遗产

所研究的文化遗产保护措施在和平时期是有效的。在战争时期，出现了对古迹特别不利的形势。由美国和拉丁美洲于1935年4月15日签署的《关于保护艺术和科学机构及历史纪念物条约》(以其发起人列里赫来命名的《列里赫公约》更广为人知)，规定保护和平时期和战争时期的文化遗产。

在该问题的俄罗斯国内史料研究中，巩固了这一看法，即列里赫提出在俄日战争期间（1904～1905年）必须签订一项关于战争时期保护古迹的专门国际协议的想法[②]。"正如尤里·尼古拉耶维奇·列里赫所写，当时首先想到保护各国文化古迹的国际条约的是尼古拉·康斯坦丁诺维奇。"[③]1948年，斯维亚托斯拉夫·尼古拉耶维奇·列里赫在周刊《印度》中发表的《列里赫公约与和平旗帜》一文中指出："这种公约的思想是列里赫教授在1904年最早提出的，并且首先由他提供给俄罗斯建筑师协会，然后又在1914年提供给俄罗斯的政治家。"[④]

1904年，尼古拉·康斯坦丁诺维奇·列里赫确实在圣彼得堡皇家建筑师协会做了报告：3月16日的"论旧俄"报告[⑤],11月2日的"过去和现在的俄罗斯艺术生活"报告[⑥]。然而，通过分析这些报告以及1904～1905年期刊中的各种评论后发现，当时还不允许引用列里赫关于战争时期遗产特殊保护的任何陈述。列里赫对封锁阿瑟港期间瓦西里·瓦西里耶维奇·韦列夏金在"彼得罗巴甫洛夫斯克"装甲舰上死亡的消息感到震惊，列里赫负责组织他的遗作展览（将画家的500余张作品呈现给观众）。此外，他还当选为致力于俄日战争的爱国展委员会书记（1904年）。这位画家从事慈善事业，并付出极大的精力为红十字会工作。在这种情况下，可以谈谈战争的余波对列里赫个人及其人文观点的巩固和发展的影响。

---

① 叶莲娜·尼古拉耶夫娜·马斯坚妮察：《当今世界的文化遗产：概念和问题概念化》,《世界政治和意识形态的时代典范：文集》,圣彼得堡：圣彼得堡国立文化艺术大学，2008年，第257、258页。

② 博古斯拉夫斯基M.M:《文化财产国际的保护》,莫斯科：国际关系出版社，1979年，第86页。

③ 弗拉基米尔·列昂尼多维奇·梅利尼科夫：《列里赫公约和世界文化联盟里程碑》,《列里赫公约：70年·2005年4月15日在圣彼得堡律师事务所召开的国际科学实践会议材料》,圣彼得堡：圣彼得堡国立大学列里赫中心，2005年，第39页。

④ 斯维亚托斯拉夫·尼古拉耶维奇·列里赫：《列里赫公约与和平的旗帜》,《和平的旗帜：汇编》(第2版，增补和修改),莫斯科：国际列里赫中心，2005年，第216页。

⑤《建筑师》1904年3月21日，档案号：12，第144～146页。

⑥《建筑师》1904年11月7日，档案号：45，第508～510页。

列里赫还在圣彼得堡国立大学学习期间（1893 ~ 1898 年），就在国际法学家费奥多尔·费多罗维奇·马尔坚斯教授（1845 ~ 1909 年）的讲座上了解到了国际法在保护战争时期古迹方面的应用经验。费奥多尔·费多罗维奇·马尔坚斯教授是 1899 年由俄罗斯倡议召开的第一次海牙和平会议方案的实际起草人，在这次会议上通过了《陆战方法公约》。在该公约中要求“在围攻和轰炸时采取一切必要措施，以便在建筑和场所不同时用作军事用途的情况下，尽可能地爱惜科学、艺术和慈善用途的寺庙、建筑物、历史古迹、医院和收集病人和伤员的场所”①。相同内容的文章在 1907 年还被列入第四公约——《陆战法规和惯例公约》中。

后来，通过古迹破坏的具体实例对列里赫在大学讲座上听到的内容进行了分析，并编入系统中。1915 年，列里赫向沙皇尼古拉二世和尼古拉·尼古拉耶维奇大公提交了报告，在该报告中阐述了需要在战争时期保护文化遗产的想法，并指出俄罗斯作为战争参与国也对古迹造成了破坏。他向各交战方提出类似的建议：致电法国总统，并写信给美国政府②。但这一切努力都没有取得预期的结果。在迁居国外期间，列里赫在其随笔、散文、书信中继续坚持宣传古迹保护思想。对他来说，对战争的强烈谴责成了新主题。1929 年颁布了《列里赫公约》草案，六年后，该草案在美国和拉丁美洲各国签署的《关于保护艺术和科学机构及历史纪念物条约》中得到了体现。《列里赫公约》成为第一个国际公认的文件，它规定要对战争时期的文化遗产进行保护。按照 1935 年《关于保护艺术和科学机构及历史纪念物的条约》对列里赫看法体系的解释，揭示了艺术家文化遗产整体保护概念的演变。

在其丰富多彩的活动中，作为考古学家、艺术家、作家、政论家和社会活动家，尼古拉·康斯坦丁诺维奇·列里赫形成了一个坚定的观点，可称之为保护文化遗产的普遍观念。其主要条款如下：保护对象是全套古迹，包括物质遗产、非物质遗产和自然遗产。为了保护遗产，制定了一整套措施，其中包括古迹发掘、登记、研究、科学修复以及国家控制体系的建立。列里赫指出，需要教育整个社会尊重古迹。除了研究和解读古迹以外，这位艺术家还指出古迹保存使用的问题。如今，这个三位一体（说）已成为现代遗产保护战略的基础。在和平时期，按照尼古拉·康斯坦丁诺维奇·列里赫的观点，需要保护文化遗产免遭无知和不合理的修复；在战争时期，需要保护古迹免遭战争的破坏。这个想法在《列里赫公约》中的具体化，开辟了国际人道主义法发展的新阶段。在 1918 年移民之前，列里赫在俄罗斯建立了需要保护广泛分布的古迹和

---

① 《陆战法规和惯例公约》,《全部法律汇编·第 20 卷》（第 3 版），1900 年，档案号：18540，第 426 页。

② 奥列格·弗拉基米罗维奇·拉扎列维奇、维亚切斯拉夫·伊万诺维奇·莫洛金、彼得·彼得罗维奇·拉别茨基：《尼古拉·康斯坦丁诺维奇·列里赫——考古学家》，新西伯利亚：俄罗斯科学院西伯利亚分院考古学和人种学研究所出版社，2002 年，第 84 页。另见：尤利娅·尤里耶夫娜·布德尼科娃：《〈永恒的记忆〉——一个版本的历史》,《列里赫遗产：国际科学实践会议丛刊（第二卷）》，圣彼得堡，2005 年，第 319 ~ 321 页。

采取一整套古迹保护措施的体系。这一概念的规定反映了20世纪初遗产保护的进步趋势，尤其是在古迹修复时的“整旧如新”问题，以及将考古遗产放入博物馆陈列。在一些规定中，列里赫预料到许多21世纪的遗产保护要求，特别是保护其历史和文化环境中的古迹、文化景观的概念以及开发保护区等问题。

在圣彼得堡国立大学召开的第十届“列里赫遗产”国际科学实践会议

2010年10月8日在主楼彼得罗夫斯基大厅举行的全体会议

人类感谢尼古拉·康斯坦丁诺维奇·列里赫

阿尔维尔斯·哈尔特曼尼斯
（拉脱维亚列里赫协会主席，拉脱维亚里加市）

艺术家、学者、哲学家尼古拉·康斯坦丁诺维奇·列里赫的名字现在越来越知名，每年都会传来关于他异常广泛、多样性的创意活动的新消息。越来越多的文化界人士意识到，《列里赫公约》与“和平旗帜”对于人类文化瑰宝的保护是非常重要的，不过，同时需要面临充满猜忌和怀疑的态度。在这种情况下，列里赫被视为“神秘主义者”，并且列里赫运动本身也被视为一种宗教信仰。对于这种充满怀疑的态度，有各种各样的原因，其中一个原因就是偏见。然而，与偏见和其他原因相比，还有一个隐藏在以列里赫名字命名的某些运动中的因素里。

可以用不同的方式来叙述某些美丽而高贵的东西。可以讲述得让听众心中产生兴趣，甚至赞叹，但即使是最美丽的东西，也可能是毫无吸引力的，并往往充满偏见和误解。从列里赫留下的文字可以看出，任何狂热的做法对其而言都是异己的。正是从这些文字中可以学习到如何炫丽且十分简单地描述现象和想法，使读者了解其本质并为之着迷，而不是害怕。众所周知，对于狂热的做法，往往是一种强迫意见，为此产生了自然界的抗力，因为“大自然容不得暴力”（K. K. 斯坦尼斯拉夫斯基）。很难想象文化和美好的概念与狂热的结合。列里赫的有些文章和短篇小说并没有吸引力甚至某些情况下甚至是吓唬人的，他并没有过错，因此可以建议每个人都亲自来了解列里赫的文章和随笔。如果学生不喜欢上学，比如美术课，原因并不是不喜欢艺术本身，而通常是不喜欢学科教师。此外，还有他们心中长期保持对学科教师的厌恶态度。列里赫在他的日记中写道：

> 在不同的国家，有写关于我的神秘主义。他们信口雌黄，而我其实真的不知道这些人正在追求什么。很多次，我不得不说，我真的很担心这个未定义词“神秘主义”。它让我想起了英文“mist”——即“模糊”。所有模糊不清的东西都不符合我的本性。如果神秘主义在人类的认识中是对真理和不断认知的探寻，那我就不会反对这样的定义。但我放弃了，在这种情况下，人们了解的并不是真正的认知，而是他们自己都不知道怎么说的东西。而每一个不确定性因素通常都会带来损害。
>
> 在古代，神秘的参与者被称为神秘主义者。但是现在发生了怎样的神

秘？我们不要将近几年提升的且接近微妙能量认知的科学认知称为神秘。试问，哪部作品能看出我的神秘主义？（尼古拉·康斯坦丁诺维奇·列里赫，《神秘主义》，1937 年）。

当然，列里赫的名字是这样如雷贯耳，甚至已与文化最深的本质相结合，这使得社会的各种关系—理解和支持以及否定态度都是完全合理的。

人们很难理解，文化问题既不是时尚之物也不是抽象概念，但绝对是最重要，并且是保证人类继续生存的唯一基础。当大量文化和精神价值对许多人来说是抽象领域或是演讲点缀及娱乐时，人类绝境已经变得如此明显，这不需要特别的天赋智力来呈现不久的未来。可以说出很多人类疯狂的明显特征，但这份清单并不能使情况变好。

对于许多听说过列里赫名字的人，似乎会对他作品中存在着东方哲学而感到奇怪。这种哲学，似乎与其文化理念格格不入。《活着的道德》一书引起了特别的怀疑。毕竟，假如我们应被称为人类历史上最伟大的苦修者，而在其活动基础上没有深刻认识到哲学观，那么这将是一项非常艰巨的任务。因为即使这些古典学者，如艾萨克·牛顿、尼古拉·特斯拉、阿尔伯特·爱因斯坦的科学也只是他们想法的应用领域之一，牛顿的炼金术记录和爱因斯坦对海伦娜·彼得罗夫娜·布拉瓦茨卡娅的“秘密学说”的兴趣就证明了这一点。此外，爱因斯坦还是列里赫纽约博物馆的科学顾问。每个充满怀疑的人都应该问问自己是否知道很多关于人类天才及其想法的来源？拉脱维亚最伟大的诗人莱尼斯，也对东方哲学很感兴趣，并且在他的个人图书馆中有一本关于“火神阿耆尼”的书籍，莱尼斯在该书的每一页上都做了标记。难道人们的想象力如此狭隘，他们不允许将列里赫强化的文化理念深深扎根？尽管如此，里哈德·鲁济季斯还是经常强调，对于列里赫向人类提供的一些抽象或不切实际的东西，或那些没有为个人活动或个人榜样奠定基础的东西不具有代表性。

经常被列里赫提及和多次强调的文化理念，作为人民真正团结统一的基础，这并不是空想，而是这位艺术家在实践中经过验证的真理。人们常常认为他们不打算付出自己的努力而获得成果是空想。但可以断定，关于人类在贸易和投机“文化”的基础上，在没有人情关系的地方能够继续生存的想法是真正的空想。人类的平衡基于精神价值，而不是动物本能。当人性因为知识分子的冷漠和纵容而被践踏时，对精神原则的忽视已经表明人类进入了历史上的解体和痛苦时代。但是错误地认为文化只是属于社会的某些个别阶层，这是一个关系到整个社会和整个国家基础的问题。如果我们应该列出使人类成为真正的人与“实现其对世界的价值”的要素和概念，则会看到，所有这些要素和概念都是文化大树的树根和树枝。

当然，保护人类文化财产并不是破坏其市场乃至科学价值，而是破坏作者投入文化财产中的所有创作、想法和美感。即使是否认作者作品中的思想和精神能量可能性的最大怀疑论者，在参观博物馆时，仍然不希望只看到美丽而准确的副本，而不是原稿。在潜意识里，他仍然渴望与作者本人和他的内心世界接触。如果他想并假设，人类世界可以如此美丽且有价值，如果他激起了自己心中的热情，如果他渴望为人类带来美，并让这个世界变得更加美好，文化财产将有助于人们看到和感知到这一切。当打着艺术的幌子胡作非为时，只有了解了文化基础和对文化的不懈关注，才能抵御当前对仇视人类和庸俗行为的推崇。

列里赫选择从古至今可以在几乎所有民族的艺术和宗教中找到的标志作为文化符号和“和平旗帜”。这个标志不是由一些艺术家付费或为竞争而创建的一个抽象形式，而是基于自己学术著作和经验的深刻认识的结果。在远古时代，这一符号的普遍存在清楚地证实了它在人类历史上的伟大意义。这样的标志应是文化和人类团结的象征，因为它在世界历史上和在人们的世界观中有着很深的渊源。因此，“和平旗帜”不能被一些既没有过去，也没有未来的任意符号所代替。

人类因“和平旗帜”和《列里赫公约》而感谢尼古拉·列里赫。需要一次又一次地关注尼古拉·列里赫，关注他一生的作品、他的创造性成就以及他为人类的无私奉献。

“您写了不同国家的危机……这不是一场金融危机，却是灭绝人心的危机。文化表现形式不是在豪华房间里创造出来的，而是在房子的阁楼里创造出来的。诚然，那些为文化而跳动的心脏，需要的不是金钱，而是不懈的精神动力。只要神圣的火焰熊熊不息，金钱也就源源不绝。”（1931 年 3 月 12 日尼古拉·康斯坦丁诺维奇·列里赫在致格奥尔吉·加夫里洛维奇·什克利亚韦尔的信中写道）

“有人说，许多现代年轻人首先要看报纸的体育和电影版面。还有人说，很多人难以列举出最杰出的哲学家，但同时能准确地列举出拳击手、摔跤手以及电影明星。也许，并不完全是这样的，但教授和学校老师的叙述让我们反思现代的思想潮流。同样，这一切都值得去思考，究竟是什么促使这一代人走向这样的极端。了解过罗马帝国或拜占庭末世的人，都能惊讶地找到很多相似之处。其中惹人注目的是对马戏、角斗士、赛马和各种奖品的特殊追求。难道现在每个村庄、每条街道，很快都将不会有“自己的美艳皇后或美丽的手臂或腿，或自己独特的头发。似乎人类的想象力无法被任何其他人所激发……”（尼古拉·康斯坦丁诺维奇·列里赫:《伊索寓言》，北京，1934 年 12 月 23 日）

“真正的文化不仅需要保护，还必须能够战斗。只有到那时，人类将开始脱离野生状态。现在是时候成为这个伟大概念完整意义上的人类了。”（1949 年 8 月 27 日叶莲娜·伊万诺芙娜·列里赫在致季娜伊达·格里戈里耶芙娜·福斯季克和 Д. 福斯季克的信中写道）

“美好的事物不能仅靠一些规定和法律去保护。只有当人类理解到美是无价之宝时，它才会给人以创作灵感，使人变得高尚，让人活得更加精致，人类真正的财富才将会有安全保障。而绝不能认为，对文化的破坏（不管是公开性的还是隐蔽性的）只是发生在过去，是由某些具有传奇色彩的领袖和征服者所造成的。即使是在当今社会，我们依然能看到各种形式的破坏现象。因此，发起一场旨在保护和拯救美的运动不是可有可无、不符合现实的，相反，这是最紧急、最有必要、最刻不容缓的任务。事实上，艺术和美学领域的教育是必不可少的。虽然这种需求是美好的，但它仍然被委以责任和义务。当我们看到想法付诸行动时，我们总是很高兴。”（尼古拉·康斯坦丁诺维奇·列里赫：《帕那刻亚》，喜马拉雅，1937 年）

“假借政策的名义，不爱护很多地方最好的指路标杆。‘没时间！’，‘我们都很忙！’，‘有重要的事情！’——恰恰是最高价值的文化不是最重要的事情”（尼古拉·康斯坦丁诺维奇·列里赫：《示例》，查干库列，1935 年 4 月 6 日）。

在圣彼得堡国立大学召开的第十届“列里赫遗产”国际科学实践会议
2010 年 10 月 8 日在主楼彼得罗夫斯基大厅举行的全体会议

尼古拉·康斯坦丁诺维奇·列里赫文学遗产中的文化定义

莉莉娅·阿列克谢耶芙娜·科涅夫斯基赫
（哲学副博士，彼尔姆国立技术大学文化学系副教授，彼尔姆）

“文化中充满了对光明的敬意。”文化的定义为熟悉列里赫遗产思想的人所熟知。“现代最伟大的直觉主义者”（作家阿列克谢·马克西莫维奇·高尔基这样来称呼尼古拉·康斯坦丁诺维奇·列里赫），感知到时代潮流，并在社会意识甚至还没有准备好确定人类历史上这一丰富且最伟大的现象时，就已经确定了文化的优先权。众所周知，截至20世纪初，在西欧学者的著作中只找到了7个这样的文化定义（1871～1919年）。哈佛大学的学者A.克罗伯和K.克拉克洪进行了这些研究。他们同样指出，30年（1920～1950年）内这样的定义已经有157个。而今天，那些继续进行美国研究人员试验的人，甚至不能给出一个确切的数字。据说，文化的定义已经超过或即将超过三位数。

在一个世纪内，急切试图确定什么是文化的动态只能证实，人类意识的发展进入了一个新的阶段。这一阶段是指，在整体的感知中必须反思千百年来人类用“手脚”建立了什么，需要了解这段时间内所取得的成就和发现、积累的全部精神词汇，从文化的角度来看，需要重新修改人类现代文明与精神世界的形成之路。

新兴阶段的文化成为一个形成文艺复兴时期人文主义意识形态的根本基础。那时，人们真正地对自身的发展负责，并且不相信鬼神之说。其凭借自己的智慧声称，我们将探索世界。利用知识，在下一世纪实现科学合理的现实愿景。现在已明白科学合理的认知本身并不存在，而仅仅是整个人类认知丰富表现手法的逻辑基础。人类所需认知的可能不仅是知识，还有生活实践、直观的洞察力和艺术形象。所有这些加在一起就是人类创造的第二大自然，即文化。

如果不把尼古拉·康斯坦丁诺维奇·列里赫所表达的文化概念写入已建立的文化定义系统中，那么现代文化知识将是不完整的。当然，它们并不限于本文开头所列出的表现形式。列里赫也有很多言简意赅的文化定义，这些文化定义可见于他的各个文学遗产中。因此，列里赫通过以下文件来定义文化（众所周知，在任何情况下列里赫都用大写字母来书写这个术语）：

（1）《存在的统一基础》（第 132 页）[①]；
（2）《演变的指导性概念》（第 46 页）；
（3）《吸引人的综合概念》（第 37 页）；
（4）《人格尊严》（第 42 页）；
（5）《美貌与知识财富相结合》（第 39 页）；
（6）《积极行动的结果》（第 41 页）；
（7）《没有利己主义精神，但有务实的创造性精神》（第 41 页）；
（8）《否定之否定——不是“无”，而是“有”》（第 37 页）；
（9）《分工与合作的喜悦》（第 38 页）；
（10）《科学和艺术的开端》（第 38 页）；
（11）《创造性思维》（第 39 页）；
（12）《古老传统》（第 39 页）；
（13）《新发现》（第 40 页）；
（14）《新路径》（第 41 页）；
（15）《责任的喜悦》（第 42 页）；
（16）《一切都无私的……力争造福人类》（第 116 页）；
（17）《精神的理解与和谐》（第 71 页）；
（18）《火热创作的所有成果总和》（第 82 页）；
（19）《神圣的、鼓舞人心的、引领向上的概念》（第 95 页）；
（20）《精致、理解、创造性》（第 152 页）。

每个被引用的定义和第一个众所周知的定义一样，都是一把特殊的钥匙，旋转这把钥匙能开启人类创造的多样且精彩的世界。考虑到文化现象的多层性、多级性、容积度和复杂性，列里赫并不追求其学术定义。对他来说，更重要的是通过简单生动的定义表现形式来将感知意识与文化完整连接。重要的是，开始时的工作思想力求独立展开该定义的界限，并在这个过程中使用目前有认知个体的知识储备。同时，定义了文化，列里赫强调文化较高的实质性和创造性基础，该基础是人类经验的精髓。

与此同时，对文化进行深入思考后，尼古拉·康斯坦丁诺维奇描述了与文化对立的方面，从而用“矛盾”法确定了这种现象。在他看来，以下情况均不是文化：

（1）“醉心于物质、物体、暂时的概念，在这种情况下，光线被尘云遮住且文化价值扑朔迷离”（第 46 页）；
（2）“不和谐是缺乏文化的第一个标志”（第 64 页）；
（3）“恐惧、对死亡的恐惧、对敌人的恐惧”（第 63 页）；

---

① 采用以下出版的引文：尼古拉·康斯坦丁诺维奇·列里赫：《文化和文明》，莫斯科：国际列里赫中心，1997 年。在括号中注明页码。

（4）“粗俗、分化、破坏、粗暴、精神谋杀”（第 73 页）；

（5）“财富本身并不能产生文化”（第 51 页）；

（6）“谴责、诽谤闲话和关于未知事情的话语已不再适用文化世界承载”（第 48 页）；

（7）“让每个人按自己的方式运动，才会避免古板的限制”（第 127 页）；

（8）“全部分化否定”（第 41 页）；

（9）“谴责、轻视、污染、忧郁、分化、不适宜文化的所有无知产物”（第 42 页）。

在列里赫的概念中，这些特征和价值与文化概念不能并存，它们再次强调并突出其较高的意义和内容。

此外，还要继续划定文化空间，列里赫不断强调文化和文明的差异。他提请注意区分开这些概念的精神成分：

（1）“错误地用文化的意义来代替文明，甚至进步，——他写道。文明和进步仅仅是文化的个别情况”（第 41 页）。

（2）“需要为机械认知增添激情。这将是文化与文明的第一个差异”（第 63 页）。

（3）“文明有时会消亡，但文化的种子依然保留其永恒的生命力”（第 90 页）。

（4）“文明的下一个阶段是对文化的渴望和向往”（第 136 页）。

（5）“拉丁词根——崇拜有着十分深厚的精神内涵，而文化从其根本上具有公民、社会生活结构。这似乎是十分明显的，每个国家都完成了公众化程度，即在高度综合的情况下建立永恒的、坚不可摧的文化概念的文明社会……每个标准产品的制造商，每个工厂主，当然也是文明人，但没有人会坚持认为每个工厂老板一定是有修养的人”（第 142 页）。

（6）“可以很容易地想象‘文化之家’，但称‘文明之家’将是不恰当的”（第 142 页）。

（7）“也许是我对文化概念太过专注，因为我们参阅的是详解词典和百科全书中最平淡无奇的定义。臭名昭著的韦伯斯特将文明定义为公民行为或社会文化相对繁荣的文明状态。同一本词典将文化定义为改善和发展教育、学科的行为；受到精神与道德教育的教育和守纪律；明确化；人民和社会组织的特有成就，如希腊文化”（第 143 页）。

（8）“让文明上升到高于公共生活的界限，但这种文化将永远是生存的本质、生活质量的本质。为了不断细化和净化意识，我们必须追求这种精神品质。高品质必须渗透到整个日常生活中。每个技能都将是高质量的，或在这个高质量水平下我们将转换和净化我们的精神”（第 156 页）。

（9）“文明是指外部公共范围内的某种东西，但文化首先指的是精神价值。因此，文化具有真正的实用性，并应列入一个组织性严密的生活中”（第 158 页）。

（10）“文化中不容有肤浅的内容。也就是说，文化是有意识的认知、精神的细化和信服，同时，规定的文明表现形式甚至完全取决于流行的模式”（第 159 页）。

（11）“无论如何努力忘记‘文化’这个词并限制其文明，甚至还在较低水平的文明社会中排除了任何粗鲁行为，仍然有人发现有文明野蛮人的存在。当然，可能存在各种形式的野蛮。可以看出，置于最高程度隐私的人们，不仅没有丧失个人形象，反而提升了个人形象。相反，很多时候，即使是在所谓的文明生活方式中，人们也会陷入野蛮和狂野……这一切都只证明文明是多么的脆弱以及必须牢记文化原则”（第 160 页）。

（12）“有多少个畸形工厂存在，不是在暗处和隐蔽处，而是在大家面前！文明主宰保护它们并证明其价值是相同的。文化之母可能流下眼泪，而文明主宰欢笑地迎接所有好的尝试”（第 181 页）。

正如我们现在所看到的那样，列里赫强调基于文化、精神本质的人与人类精神原则的重要性。正是这种原则把人变成了人类，并且是人类进化发展的基础。列里赫将所有人的高级称号和应得到的称号均归入“文化”的概念中，并且多次强调，文化是社会发展的下一个阶段的现象，随之而来才会出现文明。从而，列里赫思考文化和文明，对其意义的领会和著名的德国哲学家奥斯瓦尔德·斯宾格勒有所不同。斯宾格勒在其作品《西方的没落》（第 1 ~ 2 卷，1918 ~ 1922 年）中，认为文明是文化存在的最后阶段。列里赫是乐观主义者，他展望未来，并看到未来的人将拥有最好的、最完美的品质。是英雄、劳动者、工作者、知识分子、建设者、创造者。他负责、宽容、无私、欢乐、开明和细腻、公正和虔诚。他能够欣赏美，不能忍受恶意诽谤、局限的思维、无知，并且知道自己和其他人的人格尊严。就是说，他在文化方面的成就都应归功于改进的机会。所以，列里赫一次又一次地说，应该保留和保护“文化”这一神圣的概念：

（1）“忽视文化价值就是无知可耻的犯罪”（第 47 页）；

（2）“那些无知的词族太可怕了，它禁止说出‘文化’一词，并想通过限制思维来摧毁任何思考和表达文化的人”（第 127 页）；

（3）“是时候列出既有文化朋友也有文化敌人的清单了。对其遗忘不足以阐述历史事物的实际状态”（第 128 页）；

（4）“高度的文化是不容忽视的；个性、种族、国家只能在文化的基础上发展”（第 73 页）；

（5）“如果我们敢于说出‘文化’这个词，则意味着，我们首先应对品质负责”（第 99 页）；

（6）“如果不敢奢求品质，那最好不要谈文化”（第 101 页）；

（7）“我们将有勇气抛开昨天的所有琐事，只为荣耀和文化的利益团结起来……文化的大概念将帮助我们蔑视一切不体面的日常生活琐事，这些琐事就像细沙，能引起令人痛心的不和谐”（第 132 页）；

（8）“文化不容恶意诽谤……文化工作者应以公正的态度来进行观察，使投身于教育事业的人不会蒙受损失。他们应富有同情心且亲切地给对方施以援助之手”（第 168 页）；

（9）“处处都需要道德与文化的基础。如果没有这些道德与文化，将有回归野性和混乱的危险……文化思想是通往未来的大门”（第 169 页）；

（10）“我们每天都在请我们的朋友思考、说出和运用美与文化的概念”（第 182 页）；

（11）“那些学者告诉我们，美建设了国家的文化和成就。毁掉美的古迹，历史的全貌都会遭到破坏”（第 184 页）；

（12）“为了美好的事物请不要畏惧，要谨记：无知的嘲笑只会导致荒谬的行为”（第 184 页）；

（13）“如今，这需要相互理解，因为世界因仇恨和毁灭而颤抖！每个人心中都渴望精神的统一和创造性的创作”（第 186 页）。

因此，我们看到了列里赫所解释的文化的不同定义。它们与当前这一现象现有定义的体系一样充分和全面，该体系从不同的角度来考虑和研究文化，如起源、结构、功能、感受、积累等角度。在这种情况下，列里赫文化的定义有共同的论点，即文化是未来人类社会的形成和存在方式。在列里赫看来，没有文化，无论什么都无法进行。从艺术上定义什么是文化，尼古拉·康斯坦丁诺维奇再现了这个概念的完整性和混合性，同时对现代文化的定义进行了分析和分类。列里赫根据自己的理性知识，还依托艺术形象，让读者能够再次理解其意义，并延伸其推理的定义；“文化是热情、激情、忠诚、奉献、日常劳作、有意识的产物和心声的袒露”（第 90 页）。他将他的读者变成对话者和潜在的文化共同创造者。他的论据针对的不仅是智力，还有他的情感和理智，以及心情：“我们最诚挚的愿望不仅是让协助者工作，还让他们有机会成为共同的创造者，以及文化新阶段的创造者。”（第 195 页）

真正在深入的个人主观层面上开始形成和认识文化。列里赫在自己的政论文章和信件中注重文化倾向的形成，并清楚地了解了这个组织的每一个成员。他把日常生活中确定文化优先权的希望主要寄托在文化领域洞悉一切的个人身上，以及每个人都可以在自己的小天地内进行的转换。

但同时，生活中主要的文化应得到肯定。尼古拉·康斯坦丁诺维奇相信国家级文化，因为没有它，将会失去这个将人民群众变成一个民族的大基础。建立起相互关系的政策，在列里赫看来，国家应指导那些在文化基础上形成的思想。可以将《关于保护艺术和科学机构及历史纪念物条约》（《列里赫公约》）称作为画家、思想家和公众人物列里赫提供的政治文件样本。自该公约通过，70 年过去了，但它仍然是独一无二的。

世界慢慢理解文化是其存在的基础。“美的持久性、古老文化的生命力告诉我们真实生活中的抽象物化现象”（第 184 页）——尼古拉·康斯坦丁诺维奇·列里赫写道。这暂时还只是正在形成阶段，在现实生活中很少反映出必须将文化的“抽象性”转换成日常生活实践的观点：并不是世界所有国家（包括俄罗斯）在其规范性文件中都有正式通过的定义（即国家文化政策中“文化”术语所指的定义）。因此，某些地方就没有这样的定义。今天我们看到，这变成对文化政策和整个国家政策错误优先级的选择、文化和社会发展目标和任务的无序性，甚至是无效浪费在文化上的精力和资金。

尼古拉·康斯坦丁诺维奇·列里赫的整个生活和工作都是为了确定和肯定日常生活文化和社会生活最高级别文化的重要性、价值，以及文化结合和保护的意义。他留给子孙后代的遗产是他对最伟大文化现象深刻反思的认知，其中包含了需要进一步研究和实际运用的、强大的启发式进化潜力。用它富于表现力地标出沿途的里程碑。

2005年4月15日在圣彼得堡律师事务所举行的
国际科学实践会议提交的论文

教育作为文化的基本原理

尼基塔·弗拉基米罗维奇·布拉戈沃
（卡尔·伊万诺维奇·马伊学校历史博物馆馆长，圣彼得堡市）

在谈论文化前，至少需要想象，在大多数情况下这些广泛使用的词语究竟指的是哪些词语。关于这一点已写了很多，也说了很多，但并不是所有，也不是总能意味着这个概念是相同的。例如，如果一个人匆忙跑出来，不顾红灯，就算他是科学副博士，就可以认为他是一个有素养的人？不，当然不能。那是受过教育的人？——是的，这是有可能的，但不多。在教育这类“技术员”方面还存在着明显的缺口，或许还不止一个。而如果是衣着无可挑剔的女士，坐在公交车上，往人行道上扔烟头，无论她是一个天才还是一个“超级巨星”，都不可能将其算作有素养的人。任何一个人都可以举出上百个这样的例子，显而易见的是，几乎大多数人对此都会有一致的评论。如果数学教授从来不读费奥多尔·米哈伊洛维奇·陀思妥耶夫斯基的《群魔》，就可认为凡·高与保罗·高更是同一人？如果有学位的高级专家宣称他只尊重那些创造物质财富的人（设计机器、建造房屋或种植土豆），就可认为其他人都是“好吃懒做的人”，就好比认为生活中通常只需要一个勺子，而不需要刀叉一样？对于这样的人，“文化”的概念会毫无用处，也不值得耗费任何时间。

因此，必须将文化作为多层次、多方面的概念，以及一种在不同情况下结合社会公共领域内一定知识水平成果的人类行为规则的总称来理解。在每一个国家，甚至某些地区中，与文化水平的统一标准一起存在的还可能有某些特点。拥有一定的文化水平是否为每个人生活的必要组成部分？唉，当然不是。但是，人类的发展，也离不开数百年来对文化领域内积累的成果基础的理解。

教育是循序渐进的理解各个方面和各个有深度文化的基础。早在古代文明时期，就已经开始关注教育对个体生活和国家命运的决定性作用。顺便说一句，这个词是一个主要的组成部分，在百科全书中列出作为拉丁词“文化”的翻译，此外还有如培养、教育、发展，甚至尊重等含义。

古希腊哲学家锡诺普的第欧根尼（前 400 ~ 前 325 年）同样表示：“每一个国家的基础是什么呢？——是青少年教育问题。”而两个世纪后，罗马政治家、演说家和作家马库斯·图留斯·西塞罗（前 106 ~ 前 43 年）也十分有力地重审它，并声称“每个国家的基础都是青少年的正确教育问题”。时光飞逝，时代变换，国家出现又消失，但教育问题的重要性仍然是思想家关注的重点。早在中世纪，一位杰出的捷克教育家、人道主义者约翰·阿莫斯·夸美纽斯（1592～1670年）在自己最完美的作品《大教学论》（1633～1638年）中指出了改善人类生活的方式："如果需要采用防止人类腐败堕落的方法，则应主要对青少年进行认真谨慎的教育。"当然，我国（指俄罗斯，译者注）教授尼古拉·伊万诺维奇·皮罗戈夫（1810～1881年）首先担心的是社会的道德状况。在"非核心"期刊《海上集》中（1856年第6期），著名外科医生在这方面的文章（名为《生活问题——关于非正式教育的文章失传已久的手稿片断》）很具有代表性。在该文中，特别强调了学校教育工作作为一般教学过程不可分割的一部分的重要性。在不确定的情况下可以增加的部分，在任何情况下都是仅次于家庭的次重要部分，因为童年和少年是形成个性的两个时期。谈到在我国（指俄罗斯，译者注）20世纪大部分的时间内，这两个组成部分至少仍有需要改进之处——这意味着为此应尽量谨慎地表达。革命前的俄国，在这方面并非一切都是顺利的。不过此时一些十分先进的中等学校是很出名的，他们的经验值得重视和研究。毫无疑问，其中的圣彼得堡卡尔·马伊学校占有突出的地位。在这个由进步教育家、实践家卡尔·伊万诺维奇·马伊（1820～1895年）于1856年创立的学校中，从其存在的第一天起就将培养青年道德培养、多才多艺和善于独立思想作为首要任务，最终使他们有机会成为公民，并能为社会谋福利。

教育过程中最重要的部分是尊重、信任和对待作为未来个体的每个学生的独特方法。卡尔·伊万诺维奇·马伊及其同事制定教学原则体系的基础是约翰·阿莫斯·夸美纽斯的名言"Primum amar-oleinde docere"（先爱—再教）。基于这一假设，校长建立了自己的教学团队。他认为，如果教师不能完全负责地说"先爱"，即不仅不能传授给自己学生进步的知识，每天还不能毫无保留地奉献自己所有的时间和所有的感情，这样的人是不能当老师的。他应选择其他的职业。

教师——首先是教育者，他首先应用自己、自己的言行、对同事和儿童的态度、服装、文化去教育。"教师榜样——是教育最有效的手段"，——指出了"马伊式"学校的一个原则。而事实上，卡尔·伊万诺维奇·马伊完全按照所选择的方式在学校建立了一个忠于自己事业且志同道合的教师团队，并逐渐形成了一种特殊的关系氛围，后来被称为"马伊精神"。第一任校长的继任者——瓦西里·亚历山德罗维奇·克拉考（1857～1935年）（1891～1906年管理学校）和亚历山大·拉夫连季涅维奇·利波夫斯基（1867～1942年）（1906～1928年管理学校）保留了传统习俗并发扬传统文化。所有这一切都促使1918年毕业的作家列弗·瓦西里耶维奇·乌斯片斯基在其1970年发表的回忆录（标题为"老圣彼得堡人手记"）中写道："……'马伊式'学校没有也不可能有蒙昧主义教师、反动派教师、'套中人'、穿文官制服的官员。'马伊式'学校本着自己科学和教学天赋的原则选择了一代又一代的教师。"其中许多人，比如优秀教科书的作者，都在教育学中留下了足迹，在科学和文化中享有名声和较高的地位，并被授予学衔。其中，后者有数学老师、苏联科学院通讯院士尼古拉·马克西莫维奇·京特，物理老师、圣彼得堡科学院通讯院士奥列斯特·丹尼洛维奇·赫沃尔松，德语老师、苏联科学院外籍院士马克斯·尤利乌斯·法斯梅尔。大部分教师都是崇高文化理想的传递者，这在学校的日常生活中能得到体现。

从校长站在第一个台阶上向每个学生打招呼、与他们互相握手起，学校的一天就开始了。课间休息时，校长通常都是在休息室，任何人都可以去找他谈论任何话题。午餐时，教师与自己的学生一起坐在桌前，在这种情况下，与其说是在行使监督功能，不如说是在很大程度上扮演一个学长的角色。老师和学生们一起准备学校的表演，通常一起参加郊游，可以增长知识并通过各种手段来收集收藏品。当然，孩子们也前往各种博物馆，并参观了各种校园。校长及其同事们熟悉每个学生的家庭情况，这使他们能够更准确地对不同的孩子因材施教。无论他们的父母的等级地位、他们的民族甚至学习成绩是否相同，都能受到平等对待。没有人能够夸耀受到老师的优待或抱怨老师对自己缺乏关注。

所有这一切和许多其他方面的知识一样，不仅教育了后代，而且还培育了多样性的文化。早晨的问候是老年人与年轻人相互尊重的习惯，在学校，不论年龄大小，都对所有学生称呼为“您”，这延续了人与人之间相互尊重的文化，并让每一个人都感到自己从小就受到了社会的尊重。在吃饭、检查博物馆藏品时，以及在圣彼得堡周边地区徒步旅行或游览参观其他城市时，与老师们的交流同样也促进了孩子们的文化发展。如果补充一点，教学大纲不仅包括了常规的教育课程，还包括了熟悉艺术史、美术课、塑型、唱歌、跳舞、击剑、体操、手工课，那就会明白为什么这所学校被称为“神秘的岛屿”和“脱离形式主义的广阔海洋”，为什么这所学校的大部分毕业生不仅是非常有学问的人，而且还肯定是有素养的人。难怪彼得·彼得罗维奇·谢苗诺夫－天山斯基在该校建校 25 周年校庆仪式上的讲话中，不仅特别注重学校精神、教师对学生的信任和尊重，还指出了学校活动最有价值的成就，其结果是“以前的任何一个学生都没有失去道德”。许多在不同年份研究了“马伊”的人，后来都成了科学与文化领域的杰出人物，其中有 22 人被授予了高级学术职称——通讯院士或院士，100 多人进行了博士学位论文答辩。为社会和世界文化做出了杰出贡献的一辈“马伊”杰出人物包括亚历山大·尼古拉耶维奇·伯努瓦、尼古拉·亚历山德罗维奇·伯努瓦、德米特里·谢尔盖耶维奇·利哈乔夫、尼古拉·康斯坦丁诺维奇·列里赫、尤里·尼古拉耶维奇·列里赫、斯维亚托斯拉夫·尼古拉耶维奇·列里赫、瓦伦丁·亚历山德罗·谢罗夫、康斯坦丁·安德烈耶维奇·索莫夫、列弗·瓦西里耶维奇·乌斯宾斯基、马克斯·尤利乌斯·法斯梅尔以及许多其他人。其中，尼古拉·康斯坦丁诺维奇·列里赫占据着特殊的地位，他不仅是 20 世纪极为杰出的画家，在很大程度上恐怕还是作为文化的不懈传教士、为保护文化财产而奋斗的战士、著名的《列里赫公约》（整个国际社会在 2005 年庆祝其通过七十周年）的创始人。可以毫不牵强地说，学生时代和那时的“马伊”教师为其成为杰出思想家及其个性的形成做出了一定的贡献。有证据表明，亚历山大·伊凡诺维奇·克拉考支持和引导少年尼古拉·康斯坦丁诺维奇·列里赫对考古的兴趣，卡尔·伊万诺维奇·马伊在他精彩的地理课上激起了尼古拉·康斯坦丁诺维奇·列里赫了解这门学科奥秘的欲望，而亚历山大·拉夫连季涅维奇·利波夫斯基的历史和艺术史讲座则让他特别注意过去发生的事件。至于对绘画的主要认知，以老师尼古拉·费奥多罗维奇·洛伦茨（以前的学生对这个老师保留着美好的回忆）为代表的学校涉及了一些。

毫无疑问，尼古拉·康斯坦丁诺维奇·列里赫，是一个世界文化的标志性人物，在一定程度上是特殊的，但不是唯一的，上述画家、文学家、艺术学家的名单就证明了这一点。但是，并非只有人道主义专业代表和所说的学校毕业生才具有较高水平的共同文化。在这里，可以卡尔·伊万诺维奇·马伊中学 1913 年的优秀毕业生——物理学家雅科夫·伊里奇·弗伦克尔（1894 ~ 1952 年）为例。在介绍他在科学方面所取得的成就时，亚伯兰·费奥多罗维奇·约费院士写道："雅科夫·伊里奇·弗伦克尔是联盟中最杰出的人物，以及世界上最杰出的理论物理学专家之一。"同时，他也是一个不错的画家、许多同时代人画像的作者，写了一些好诗，还能完美地演奏小提琴，并具有一个有高度修养和多才多艺的人的所有品质。当然，这是一个多才多艺的学者，但这些方面的发展和"磨合"是以教育为条件的，如家庭教育和学校教育。一个"马伊人"——德米特里·谢尔盖耶维奇·利哈乔夫院士还相当肯定地讲了关于中等教育机构活动中的首要任务："学校的主要任务是教育。教育要服从于大教育环境。"而他最后的理解定义是："教育——首先是让学生在道德氛围中形成品德和养成生活习惯。"但遗憾的是，几乎所有或大多数生活在今天的人都忘记了现代学校在社会教育中所发挥的重要作用。因为现代生活存在很多问题——腐败、盗窃、说谎、生活愚昧、道德准则丧失、肆意妄为，以及所谓的流行文化的繁荣、过度的冒险主义等。个人教育体系的恢复是一个漫长而复杂的过程，但这个过程是绝对必要的。没有这个过程，就不可能有文明的未来。

2005 年 4 月 15 日在圣彼得堡律师事务所举行的
国际科学实践会议提交的论文

尼古拉·康斯坦丁诺维奇·列里赫教育遗产的当前趋势

恩娜·莫伊谢耶夫娜·罗曼诺夫斯卡娅
（圣彼得堡尼古拉·康斯坦丁诺维奇·列里赫艺术中学教学法专家、俄罗斯文化功勋工作人员，圣彼得堡市）

首届“列里赫遗产”国际科学实践会议召开至今已过去八年。已出版的第一卷《会议报告》完整地保存了相关的材料，在我看来，对这些材料的运用是卓有成效的。近年来，列里赫家族博物馆学院确定了自己在圣彼得堡全市、俄罗斯全国乃至全世界的文化空间中的位置及其遵循了列里赫文化理念传统的生活方式。

“只有团结、友好和正确地肯定真正的价值，才可以造福，才可以改善生活”，——尼古拉·康斯坦丁诺维奇·列里赫在《通向未来的大门》（1936年）一文中提出的这个论题[①]在列里赫家族博物馆学院院长阿列克谢·阿纳托利耶维奇·邦达连科[②]的报告中被引用，并在过去几年里成功地在生活中得到了体现。

在与世界彼得堡人俱乐部和以尼古拉·康斯坦丁诺维奇·列里赫名字命名的艺术学校合作的情况下，过去在皇家艺术奖励协会学校实施了该草案，不能低估其重要性。其中之一——国际尼古拉·列里赫奖章创始于圣彼得堡建立300周年之际，该奖章的组委会主席为米哈伊尔·鲍里索维奇·比奥特洛夫斯基。今天，该奖项可在《列里赫公约》（事实上，该公约在人类世界历史上具有至关重要的意义）的上下文中查看。

自尼古拉·康斯坦丁诺维奇·列里赫产生需要签署专门保护战争时期文化古迹的国际协议的想法之日起，已过去了一个世纪。在《列里赫公约》的序言中谈到了签订该协议的两个原因：一个是缔约各方关于“促进己方国家的道德福祉及人类社会研究的艺术与科学取得成功”的“神圣职责”；另一个是“青少年教育机构、艺术和科学机构是世界各国的公共财富”。“文化财产保护公约，需要作为教育法，”尼古拉·康斯坦丁诺维奇·列里赫写道，“从开学第一天起，就在教育年轻一代要有关于保持全人类真正

---

① 尼古拉·康斯坦丁诺维奇·列里赫：《通向未来的大门》，里加：威登，1991年，第221页。

② 阿列克谢·阿纳托利耶维奇·邦达连科：《列里赫家族的未来俄罗斯文化博物馆大学》，《列里赫遗产：会议报告·第一卷》，圣彼得堡，2002年，第46～58页。

价值的崇高理想。”[①]

重新回到第一届“列里赫遗产”国际的会议材料上，我想提一条现实性日趋增强的建议：“应配合相关组织将‘列里赫遗产’的客观信息列入20世纪的历史教科书。[②]”

在20世纪戏剧性事件的背景下，《列里赫公约》值得研究和分析，以警示本世纪。

在随笔《美的认知》（1932年）中，尼古拉·康斯坦丁诺维奇·列里赫确定了年轻一代精神教育的大纲：“……无论如何，即使在最困难时，也不要搁置培养兴趣爱好的想法，也不能偏离‘活着的道德’的主题。不要忘了思考的艺术，并要铭记心灵财富。”[③]

在圣彼得堡国立大学召开的第九届“列里赫遗产”国际科学实践会议

2009年10月8日在主楼彼得罗夫斯基大厅举行的全体会议

① 《和平的旗帜》，莫斯科：国际列里赫中心，1995年，第161页。

② 《列里赫遗产：会议报告·第一卷》，圣彼得堡，2002年，第572页。

③ 尼古拉·康斯坦丁诺维奇·列里赫：《火焰城堡》，莫斯科，1999年，第373页。

列里赫法律和道德遗产的基本生活价值观

叶莲娜·亚历山大罗芙娜·特罗菲莫娃
（哲学博士，圣彼得堡国立经济大学副教授，圣彼得堡市）

只有最伟大的措施才符合最高生活理念。

——尼古拉·康斯坦丁诺维奇·列里赫

在迅速发展的现代和“未来”（阿尔文·托夫勒），人们不仅会遇到价值取向、文化实质的变化和生活观念的改变，还会遇到价值本体论取向在范式坐标系中的变化。残酷无情的时代就需要选择或认同人的价值和“人类的素质”（奥雷利奥·佩西），或拒绝支持新人类世界文明。在这些条件下，研究工作（旨在引起对本国思想和文化创造性储备的注意）的重要性与日俱增。在我们看来，哲学、投影人类学，尤其是俄罗斯宇宙论、列里赫家族精神遗产正是这种“创造性的源泉”。

当现代人类正经受价值取向危机时，注意人文主义的基础和基本价值是十分重要的，其中人类和其他生命形式的价值是最高的。

一方面，当今国际社会正处于危机状态，另一方面，在老年学、医学和生物技术领域所取得的成就，自然引起了很大的社会反响，并需要对人类进化的前景问题进行多方面的哲学思考，揭露其创造力，寻找可替代的文化精神和人类文明的发展之路。基因技术、植入前诊断的进步，采用献血母性和胚胎的研究都直接导致人为和自然界限的消失，并提出一个关于对人类基因库、人类有针对性地干预界限和范围的问题，强调人类作为一个未来物种的问题。

着眼于根本、人生价值基本特征和限制人类生存的理由，列里赫的法律和道德遗产让极端和最佳文化存在条件的概念和理论分析变得有意义。评论基层大众文化形式、各种实用主义和技术化的文明，并注重其舒适性、成效、自给自足的物质生活和娱乐文化，尼古拉·康斯坦丁诺维奇·列里赫在自己的“精神”呼吁书中，敦促不要忽视保留这个空间的必要性，在该空间内，人不仅是消费者，还是文化的创造者。以最杰出的人道主义者代表为代表的俄罗斯宇宙论提醒我们文化中“伦理转向”的必要性，人权的扩张，以及在世界上发生的责任范围。

列里赫一生都在实施专门保护战争时期与和平时期文化古迹的国际协议。应其要求，格奥尔吉·加夫里洛维奇·什克利亚韦尔和 A. Ж. 德拉普拉德尔这两位教授将列里赫的思想翻译成国际语言，并作为《列里赫公约》而闻名世界。根据联合国教科文组织的倡议，将公约的基本思路作为 1954 年《关于武装冲突时保护文化财产公约》的基础。1993 年，联合国教科文组织研究了海牙公约的实施问题，并得出了结论：1954 年的公约中没有原则性缺陷。所有问题都与公约的不履行有关。1972 年，联合国教科文组织通过了《保护世界文化和自然遗产公约》。世界遗产指的是那些构成整个人类财产的文化遗产和自然遗产：文物、建筑群和遗址。还成立了文化遗产基金会，开展建立专项财产清单的工作，并制定了“人与生物圈”工作计划。1972 年通过的《保护世界文化和自然遗产公约》的基础是保护普遍遗产的想法——这不仅是所在国的事情，更是整个人类的事情。正如尼古拉·康斯坦丁诺维奇·列里赫所言，文化是“通向未来的大门”！

经过仔细研究后发现，在整体精神背景下所采用的列里赫法律和道德遗产，与 1948 年的《世界人权宣言》和《世界精神宣言》（于 1993 年在芝加哥召开的第二届世界宗教会议上通过）的基本规定十分相符。列里赫家族及世界各地的工作人员进行的大量文化财产保护工作，也有人们不能时常记起的一面——注意人生价值、道德和精神发展的问题。按照马克·莫伊谢耶维奇·博古斯拉夫斯基的真实看法，最主要的是，尼古拉·康斯坦丁诺维奇·列里赫的想法引起了广泛的公众保护文物运动，此运动远比 1935 年签署的公约发挥的作用要更大①。实际上，我们所谈论的问题依然存在，且仍在进行保护国际文化财产的运动，运动队伍里包括不同国家、年龄、职业和宗教的代表。尼古拉·康斯坦丁诺维奇·列里赫鼓舞人心的文化宣言和“活着的道德”学说文本是这一运动的根本所在。其中，《文化的呼唤》如此清晰地表明，保护文化财产已成了生活的道德准则。1929 年的《列里赫公约》草案和 1935 年的《关于保护艺术和科学机构及历史纪念物条约》不仅为国际文化遗产保护体系奠定了基础，还成了俄罗斯国内面向“活着的道德”学说的列里赫运动发展的强大动力。在《列里赫公约》草案中，道德和法律相互依存的观点特别清楚地体现在缔约各方关于“促进己方国家道德福祉”的神圣职责的话语中。应注意到列里赫家族活动与慈悲的和平理念之间的深层联系。在这方面，与文化红十字会相比，公约能更加准确生动地表达了尼古拉·康斯坦丁诺维奇·列里赫对世界文化遗产的亲切和虔诚态度。列里赫在其文《美的价值》中写道：“为了巩固我们的《文化财产保护公约》，首先应了解红十字会的历史和起源。”②

自古以来，生活价值和文化价值就存在着差异性（我们回忆起了锡诺普的第欧根尼和他的大桶及他给予亚历山大大帝的回复），新康德主义哲学依次对这些价值进行了分界。

列里赫家族遗产超出了新康德主义价值论的两分法：对文化财产的保护工作被看作是一种精神觉醒，一条个人和地球生活的启蒙之路。价值问题在列里赫遗产中具有

① 博古斯拉夫斯基 M. M:《文化财产的国际保护》，莫斯科，1979 年，第 86 页。

② 尼古拉·康斯坦丁诺维奇·列里赫：《通向未来的大门》，里加，1936 年，第 60 页。

非常重要的地位。1935年，尼古拉·康斯坦丁诺维奇·列里赫在谈到那些支持公约理念的人时写道："在不同作品中表达的人类精神价值，不可能经过冷静和正式的讨论。在这个热门主题中，表现出了所有心中积累的知识、所有的高尚气度、所有对荣誉和人类尊严的认知。"① 然而，列里赫作为一个新康德主义者，却始终如一地对价值概念（一些客观存在于评估个体之外的东西）与评估概念（评估主体本身固有的一些主观东西）加以区分。寻找最高的绝对（超越）价值的问题总是使尼古拉·康斯坦丁诺维奇·列里赫焦急不安，而且重新评估价值的号召也得到了各方的响应。在一系列文章中，他警告说，世界价值观可能被扭曲："谈到重新评估价值时，我们所使用的言词可能还不够。应该说只是在评估价值，或在重新评估价值时我们究竟应如何认识那些从来没有过的价值。"②

将关于《列里赫公约》的话题正确地引入一个经典的教学主题——道德与法律相互作用。如果传统观念认为，道德是指藏在人类内心最深处的精神，那么法律就是指体制关系范畴（即在人类法规、制度和机构中固定的关系）。如果道德的依据是传统（在社会发展的早期阶段）以及后来的良心，那么法律的依据就是规律。道德制裁是精神性的、理想性的制裁，他们不会以监狱、处以罚款等形式来威胁任何人。道德将人类作为一个有意识、不受拘束的主体。道德不受体制约束。道德标准、要求和价值观的合法都用其存在的事实来保证。康德著名的绝对服从让人再次想到了规律。在这方面，很难抑制住对《列里赫公约》与绝对服从的比较。只有在这种情况下，我们才会面对文化的绝对服从。是否可以考虑将《列里赫公约》作为文化古迹和文化历史、自然文化景观的破坏禁令和作为创造性文化活动的一种动力？在最近的研究中，《列里赫公约》的文化强制性与其说是被创造性的推动，不如说是被禁止。这种文化旗帜下对生命价值观的见解是非常深刻的。

尽管伦理、道德常常被认为是人类独立生活的开始，但历史发展的逻辑本身使道德寻求与其近似但从未与其融合的法律支持。借助坚硬的法律臂膀，促使道德不断来寻求和巩固人际关系中的公正秩序。古埃及对正义的向往（"真理正义之神"）、古印度的建立（"佛法"）、中国古礼程序（"道"），这一切都逐渐引入了法律合同、协议的主题思想。一个人或社会对文化遗产的态度是一种对自己、他人、本国和世界历史态度的特殊指示器，该指示器由民族道德意识的发展结果和个人的道德意识所确定。不是偶然直接地从道德词汇中选取一个对世界文化财产的态度——对文化遗产的尊重。爱、恨、鄙视、着迷、钦佩、同情——这是个人的事，但要倡导尊重全人类的世界和国家精神财富的普遍要求。难的是这个问题的实际解决办法，如何将外部文明要求变成自由个性的内部精神财富，变成个人行为的规范。在这条漫长的教育之路上不仅会收获

① 尼古拉·康斯坦丁诺维奇·列里赫：《日记簿》第一卷，莫斯科，1995年，第644、645页。

② 尼古拉·康斯坦丁诺维奇·列里赫：《火焰城堡》，巴黎，1932年，第34页。

喜悦和成功，还会有很多失望，并丧失沟通和相互理解的能力。现在，我们正遇到一个奇怪的景象：在复苏与恢复俄罗斯文化景观相当广泛的区域的同时，我们发现树枝、嫩芽、树冠与俄罗斯文化生命之树的内部整体却同时枯死。这种状况不能不令人担忧和焦虑。

生命是内在的、整个宇宙固有的一个整体。生命——不仅仅属于经验实用性的范围。直接体会到或者认识到的世界最深层本质，也有生命。一生都渴望用不同的语言——科学、艺术、神话的语言来表达自己。在德国生活哲学中不断成熟的有生命概念、更多的活动概念、有机概念，而不是机械概念，尼古拉·康斯坦丁诺维奇·列里赫也经常强调生命力的概念。

对生命力的追求并不局限于自然科学，也包含在文化科学和人文科学内（根据海因里希·李凯尔特的看法）。在这里，列里赫提出了一个习惯旧事物，并保持其生命力的任务。

生命主题贯穿于原始自然界、宇宙和文物世界。精神生存空间的理念是列里赫遗产和俄罗斯宇宙论中的一个基本理念。俄罗斯思想的“生存空间”是无处不在的，并且不断产生令人难以理解的表现形式。该“生存空间”赋予智慧和观察美景的乐趣，让自己毫无畏惧地想起无限虚无的恐怖和救赎的喜悦，向往其他世界，呼吁扩张意识和大公合一。可见和不可见的。表现出和未表现出的。咒骂和感谢的对象。代表球、圆、圈……

叶莲娜·伊万诺芙娜·列里赫写信给自己的学生和通信人：“你们是对的，行星链及其所有的地球仪或球体或原则（想如何称呼它们）都是一个整体……当然，地球也是有生命的，因为在太空中，所有原子都是有生命、意识和精神的。在古老的哲学著作中，可以将地球与一个具有特殊生命的大型动物进行对比，从而发现其意识或精神的表现形式。

在太空中，实际上并没有被动的开始；一切都因数十亿集中点所产生的，并布满太空和在其中不断形成的空间能量的互相渗透和相互影响而存在。一切都在运动，一切都在改变，因此，一切都存在[①]。

在俄罗斯宇宙论中，对人生、生存空间的三种态度清晰可见：本体论、价值论和工程技术的态度。对通用变化论和创造性的渴望（按照较大比例改变所有生物，重新评估价值和改造自然）使俄罗斯宇宙论具有整体前卫的特点，并让人将其与当时的建筑、设计和艺术进行比较。例如，我们将想起康斯坦丁·埃杜阿尔多维奇·齐奥尔科夫斯基关于新完美世界（在这个世界中人们会变得不朽和快乐）的梦想，以及尼古拉·费奥多罗维奇·费奥多罗夫关于废除死刑的想法。夸大工程技术方法的作用迫使人们连续不断地、强烈地提出有必要转变物质生活和人类生物性的问题。

---

① 叶莲娜·伊万诺芙娜·列里赫：《信函（1929 ~ 1938 年）》（第 2 卷），里加，1940 年，1936 年 3 月 17 日来信，第 150 页。

尽管自己的草案内容很超前、大胆，但俄罗斯宇宙论（哲学的生动体现，首先体现在弗拉基米尔·谢尔盖耶维奇·索洛维约夫的遗产）的许多分支都是在原始统一观点的基础上扩大的。

统一哲学与俄罗斯宇宙论通过存在的能量论紧密联系在一起。唤醒我们生命的有机物质和自发的内心、交感关系、自然力和精力，所有这些连接接口都使宇宙充满急促的呼吸和心跳。

但是，如果统一性是作为一种实验哲学趋于协同寂静主义，则俄罗斯宇宙论试图理解宇宙所有不同的流动和能量运动。也许最难的事情是弄清楚这个俄罗斯宇宙论的起源，以及同时对创造性的不懈渴求。在这方面，重要的是观察谢尔盖·谢尔盖耶维奇·霍鲁日不断变化的想法和关于人性在寂静主义人学中的可塑性想法："……今生人们没有过上富足的生活，始终处于多变的状态，并只能通过无休止的精神活动、人类本质的特殊建设和集中来支撑。"①

与东正教唯能论不同的是，俄罗斯宇宙论有更广泛的视觉接受范围。然而，东正教唯能论总是存在于俄罗斯宇宙论中。这在对综合核心作用的认识上表现得尤其明显。《内心》是"活着的道德"学说书籍中的一本，它在很多方面都是对"抽象开端"批判的延续，并试图克服道德领域的理性图式。列里赫的"活着的道德"是一种独特的、生动的具有推行必要性和重要性的实践哲学，不管第一眼看上去有多么难以置信，但重要的是精神冥想和精神工作的充足。"活着的道德"学说不仅重视外部理论，还经常涉及内部概念，并规定道德寻求和道德活动的生力军。当时，在就列里赫遗产和俄罗斯宇宙论问题产生激烈研究争议的情况下，俄罗斯宇宙论对现有物质的态度问题在整体上具有现实意义。在俄罗斯宇宙论中，现代人的现实生活是否具有负面价值呢？

我们研究对待生命态度的某些方面，并了解其在"活着的道德"学说中的价值。一切都渗透着万物交感连通性的深邃感，其中包括《敬畏世界生命》（弗拉基米尔·谢尔盖耶维奇·索洛维约夫）。由于对无穷无尽的问题、神秘的未知领域有着巨大的兴趣，俄罗斯宇宙论试图消除紧张、人类生活的个体特殊性与无边世界（产生恐惧、害怕，同时给予梦想、灵感并通过将这一切视为同一个整体来进行大胆探寻）之间的某些间隙。

在"活着的道德"学说中，突显了以下理念：对比宇宙现象与地球生命的必要性；世界的融合趋势；无法控制住生命与其最高起源之间的联系；与人类生活息息相关的世界事件发展趋势的坚定性和连续性；生命的连续性和无限性，生命的周期性和进化性；没有空隙；心理能量的集中。生命在伟大层次链中的构想。然而，拥有自由意志的人，能够走上上升之路，毕竟"宇宙中的一切都是活的，且一切皆有可能"②。

---

① 谢尔盖·谢尔盖耶维奇·霍鲁日：《关于沉默的两部曲》，莫斯科，1991 年，第 9 页。

② 《活着的道德"学说（火神阿耆尼）·无边无际·第一部分》，§ 100。

精神能量使生命得以体现，并赋予其意义。《活着的道德》一书中充满了生活的乐趣和热爱生活的理念："无限热爱生活。最糟糕的病态现象是为生活疲于奔命，这时将唤醒人类沉睡的敌人。"[①] 还谈到人民健康和人类生活各个部分的协调。在以下引文中，我们了解到无边无际的宇宙空间和"在遥远的世界"中生命形式的多样性："请不要忘记，微妙世界的环境和遥远的世界生活是如何多变的。从地球的角度来看，一些行星上的生命很难可以被称之为生命，但思想已经萌芽，我们仍称该根基为生命。"[②] 整个生命运动应当是一切存在的基础。因此，河流或急流是生命的象征，而湖泊或者井从来都不是生命的象征[③]。

在理解"活着的道德"学说中所述的生活时，我们正面临着宇宙学和人格论的非经典范畴及蜕变。

"活着的道德"学说认识到了大自然的完美和智慧，且不脱离生活，并要求每天的生活都完整。在与安排生活有关的和充满活力的背景下，《列里赫公约》可能被视为人类几千年来真正生存战略的卓越设计，并给出实现各国人民和平与相互理解的关键线索："通过文化来实现和平。"假设说，《列里赫公约》可以被看作是一般性原则——贯穿于基督教伦理学和东方道德遗产的非暴力原则在生活中具体历史缩影的尝试："生活中的每种暴力行为都是对和谐的破坏和对宇宙秩序蓄意侵犯的严重报复。"[④]

《列里赫公约》是阐述生命和曾经在地球上生活的人们的一种最有力表现形式。在列里赫精神遗产中，不允许出现"死亡"这一概念。没有死亡，死亡是一种最重要的沉默形式。没有死亡，但是有一种让人感觉恐惧和苦恼的东西，使人心在白天和夜晚都难受地跳动着？有的只是遗忘和记忆、恐惧和颤抖、启蒙和爱的快乐、死亡的恐怖、怨恨、仇恨……

《列里赫公约》是人类对文化可能面临灭亡的深渊，以及多代人"祈求得到"的古迹不可挽回损失的恐惧反应。为什么在相信人类精神不灭的情况下，对文化灭亡的恐惧是推动列里赫活动的因素？在期待对列里赫遗产产生新的深度理解时，总是会遭遇一些死角和悖论，如意识扩张之路上布满令人懊恼的和不可排除的障碍。

生命与文化主题的内部结合贯穿于列里赫所有的精神遗产中。文化的形式是多样的，但对于列里赫而言，最重要的是文化所隐藏的精神。在列里赫的文化认识中有要求无条件执行和必然的因素。文化规定了人类行为的模式和标准，督促人类不断提高自己。众所周知，人是不断努力的。在这种情况下，列里赫从来不把应有的评价和物质的对立性绝对化，从来不会让文化价值"遥不可及"。在尼古拉·康斯坦丁诺维

---

① 《"活着的道德"学说（火神阿耆尼）·兄弟般的团结·第二部分。地上》，§ 886。

② 《"活着的道德"学说（火神阿耆尼）·兄弟般的团结·第二部分。地上》，§ 43。

③ 《"活着的道德"学说（火神阿耆尼）·奥姆》，§ 494。

④ 《"活着的道德"学说（火神阿耆尼）·兄弟般的团结·第二部分。地上》，§ 893。

奇·列里赫的许多文章中，道德主题与文化主题有着内部联系，知识主题与爱情主题、“热情之火”主题、内心的认知“经验碗”相融合。“活着的道德”是恢复个人与其所在的全宇宙相关联的生存根源，而不仅仅是一个反射行为，这不是一个“认知”，而是意志和整个精神行为。“活着的道德”主张阐明本体论的地位和作为生命主要开端的创造的意义。在寻找本体论创作源头时，“活着的道德”寻求文化的原始起源——宇宙无限的辩证法，宇宙起源的过程。

文化古迹，积蓄了过去几代人的生命能量，滋养着这个星球的生命，并且是智力圈的最强大冲力（弗拉基米尔·伊万诺维奇·维尔纳茨基），或者更确切地说，是精神领域的最强大冲力（巴维尔·亚力山德罗维奇·弗洛连斯基）。这种经过修改的想法是将作为保护和使用俄罗斯文化和自然遗产的新方法转入当前研究：“遗产保护的方法论基础是两个彼此相互联系的概念——智力圈和文化的生态环境。”[①]

在研究墓碑时，活体文化能源变得很明显：文化的强大在于文化包含了死亡、离开、分离、告别、记忆与遗忘的主题。每个文化古迹都承载着以自己的方式塑造的赋予生命死亡的意义。看到这些文化古迹，就好像看到了一种漫长而呆滞、麻木的生活，这是死亡、离别的征兆啊！看到文化古迹，就想到生命的死亡。分析灭亡的古印度文化，安德烈·杰米契夫指出：“致力于精心塑造生活，并维持固定结构安全系数的生活。”[②] 生命的脆弱需要一个安全系数。

文化古迹不仅是外表厚实、对称性、建筑标新立异、风格精致，也能让我们同时注意到卡戎两岸，这是一个盛大的、不能与任何事物相媲美的现实神话。好的建筑始终是一个神话般的现实，这深刻地反映了对时间和萧条时代、永恒、开始和结束及其可能或不可能结合的态度。

在俄罗斯的民族意识中，文化与生命的关系常常是反常的，安德烈·杰米契夫清楚地发现：“在俄罗斯人宇宙论意识的结构下，与死亡的斗争通过无限恶性拓展空间以及征用土地——珍藏祖先遗骸的地方来展开。永不磨灭的并不是文化，而是生命。渴望拯救的正是生命，而不是文化。通过上帝得以永恒的方式来拯救生命，而不是凭借尘世间短暂延续的方式来拯救生命。”[③] 因此，拯救文化的列里赫草案超出了俄罗斯传统宇宙论的界限，并向我们展示了欧洲和世界的根源。

2005 年 4 月 15 日在圣彼得堡律师事务所举行的
国际科学实践会议

① 《文化景观作为遗产》，莫斯科；圣彼得堡，2004 年，第 7 页。

② A. 杰米契夫：《死亡之语》，《哲学死亡学概论》，圣彼得堡，1997 年，第 11 页。

③ A. 杰米契夫：《死亡之语》，《哲学死亡学概论》，圣彼得堡，1997 年，第 44 页。

《列里赫公约》呼吁创作走向统一（哲学和神话方法）

维亚切斯拉夫·埃梅里科维奇·沃伊采霍维奇
（哲学博士，特维尔国立大学哲学、文化理论和信息技术教研室教授）

一、关于尼古拉·康斯坦丁诺维奇·列里赫的世界观

弗拉基米尔·阿纳托里耶维奇·希巴耶夫提供了关于《列里赫公约》的历史特写①。该公约在美国总统富兰克林·德拉诺·罗斯福出席的情况下，于 70 年前的 1935 年 4 月 15 日在华盛顿由来自北美和南美国家的代表所签署。根据该公约，缔约各国承诺保护所有人类天才的文化成就，就像红十字会保护人类免受肉体上的痛苦一样。尼古拉·康斯坦丁诺维奇·列里赫称其公约是："通过文化来实现和平。"这个社会行为的内幕和世界观的意义是怎样的呢？

首先，尼古拉·康斯坦丁诺维奇·列里赫是一位伟大的艺术家。艺术采用"模模糊糊的"、含蓄的概念和模式（与科学不同），因此很难清楚地识别、确定和用语言来表达主要模式、形式、概念、具体的方法以及他的世界观原则。然而，从其艺术创作、信函、传记的哲学角度进行研究时，可以做到这一点。更加必要的是世界观，特别是，哲学是思想家创作的基础，并让我们了解未说完的、未写完的、未表现出以及在备注中未被发现的，但伟人作品的研究者最感兴趣的东西。

对尼古拉·康斯坦丁诺维奇·列里赫而言，人类活动中最有价值的领域是艺术、宗教、科学、整个精神文化及其所有表现形式。因此，从哲学的角度来看，尼古拉·康斯坦丁诺维奇·列里赫的世界观中可以区分出这些重要的概念，如文化、光明（被理解为一种形而上的方式）、上帝、美、真理、认知、上层、层次（或精神提升阶段）、教师、永恒的召唤。趋近它们的方法：沉思、沉默、醒悟、创作、非暴力、宽容、合成、消极转化为积极、作为改造内在精神的进化、作为增加能量变化频率的提升（即从红色过渡到紫色等）、共鸣（作为对号召的响应）等。

---

① 见该版本"列里赫公约文件"篇中第 XXXIII 和第 XXXV 章。俄文版的现代再版书：《列里赫大国》，莫斯科，1994 年，第 165 ~ 168 页。

二、关于尼古拉·康斯坦丁诺维奇·列里赫的创作原型

尼古拉·康斯坦丁诺维奇·列里赫作品的神话根源（在一定程度上潜意识的、原始的根源）和基础是什么样的?

石头和火焰合乎艺术家、思想家列里赫的兴趣。我们从古代神话中得知的这两个概念，成为表达尼古拉·康斯坦丁诺维奇·列里赫艺术作品的主要方式。石头和火焰、土和火都表达了这位伟大艺术家和思想家的艺术世界观和感受。众所周知，在西方神话中，所有存在的事物通常都被确定为有四个元素（有时候是五个）：土地、水、空气、火（某些时候加上乙醚）。把土地、水、空气、火作为基础。在列里赫的艺术作品中主要描绘了：石头、土壤、山脉、墙壁、洞穴以及火焰、光、蜡烛等，空气和水较少见（不同于伊万·康斯坦丁诺维奇·艾瓦佐夫斯基）。更为少见的是描绘一个具体的人（通常是一群人）。

有人可能会问，为什么列里赫主要使用第一和第四个元素，而很少使用第二和第三个元素呢？如何来解释艺术家这种偏好呢?

我的回答是：这方面可以解释，且答案直接关系到他的文化创作、《列里赫公约》和走向统一。

许多思想家很早就注意到某个人（个人、集体、人民）的精神与上述四个元素之间的联系，以及民族历史特点与特定元素性质的联系。例如，德国精神无处不在。"stein"（石）一词在最古老的姓氏中及城市和市镇的名称中不断重复出现。较高的和稳定的德国文化成就也是通过石头的形象来表示的。只要记住位于德国南部世界著名的新天鹅堡（字面意思为《新天鹅石城堡》）就可以了。也许与地球相关的类似形象，是英语（盎格鲁－撒克逊）文化的基础。所有这一切都体现在人的性格及其文化中。西方文化（日常生活、艺术、宗教、科学与存在的社会形态）的"阳刚"特征，自古以来就闻名。俄罗斯文化就相反，以其"柔软""女性化"而闻名——当然，这相比于德国文化而言。

在俄罗斯文化中，水是最突出的元素（尽管是陆地，而不是海洋处于统治地位）。这足以比较相同类型的天鹅形象，该形象在古老的传说中得以复活，并几乎同时在19世纪60 ~ 70年代出现在德国和俄罗斯理查德·瓦格纳的作品（鼓舞了新天鹅堡的创造者路德维希二世）中，以及彼得·伊里奇·柴可夫斯基的作品中。但是，如果在德国出现了"石头"天鹅，那么在俄罗斯出现的就是水天鹅（《天鹅湖》）。史学家、音乐家、艺术家、作家多次指出俄罗斯灵魂中最明显的"水"特性。因此，著名的科幻小说作家和学者鲍里斯·斯特鲁伽茨基在以笔名"C. 雅罗斯拉夫采夫"出版的中篇小说《人间魔鬼》中，描述了主人公与老巫婆之间的谈话。在解释主人公经历的奇怪事件后，谈到犹太人如石头般的性格（精神）是不变的，而斯拉夫人（俄罗斯）的性格则如水一般流动着，就像一条小溪，它流动绕过障碍物，并寻求自己进一步的目标。

从哲学角度来看，人类中柔美的那一半（女性）负责保存，且中间元素——水和空气适合于这种职责。不那么柔美的那一半（男性）负责改变种族，引进种族生存所需的新信息。边缘元素——土和火适用于这种职责。这是因为如果按密度来布置这四种元素（土、水、空气、火），则中间两个元素需要保存基因组（在身体和精神意义上），边缘两个元素则需要改变。

由此可以得出尼古拉·康斯坦丁诺维奇·列里赫关于活动的结论：对他本人而言，重要的是保留文化中的旧事物和创造新事物（尽管缺少其中一个，另一个就没有意义）。第一，智人（homo sapiens）中柔美的那一半的主要职责，第二，人类中男性的主要职责。只有它们一起，才是完整的、永恒的。

因此，《列里赫公约》首先呼吁保存旧事物，创造文化中的新事物；其次，呼吁全人类、全世界的文化，力求统一。人类文化活动中最缺乏的正是创造力。消除民族、宗教等方面的差异是可能的，但只有走向全人类甚至全世界统一的“对光明的敬意”之路后才有可能。尼古拉·康斯坦丁诺维奇·列里赫正是走的这种“正统佛教”之路。他的道路类似于列夫·托尔斯泰和其他伟大的宗教、科学、哲学、神话和各种世界观的“综合型大师”之路。

如何才能对《列里赫公约》进行现代化的创造性延续？善良的人能够做什么和应该做什么？主要是走向光明、统一，特别是一致的认知，以使学识渊博的人——学者、牧师、艺术家更容易理解。

三、什么是一致认知

已知的认识或假设，即各种神话、所有的科学、艺术、宗教、哲学，原则上可以从单一的来源得出。

许多知名作家直接表明了这一点。“完全一样”，“无论是上面，还是下面都一样”，“主体和客体一样”等，所有这些见解都是秘传、神学、哲学和其他类型的世界观中最被认可理论的基础。

一致认知是一种思想形式或认识，或信息，①它是整体上与现实相符的模型；②它将已知知识集成在系统中；③它为人们所能理解。

表示一致认知的主要学说类型有：发达的神话、宗教、哲学、秘传学说。最出名的宗教有佛教、基督教、伊斯兰教。还可以加上它们的前身——异教思想和婆罗门教、犹太教。在这些哲学概念中，最具影响力的是道教、佛教哲学、卡巴拉、柏拉图、亚里士多德、基督教神学、伊斯兰神学。在许多秘传学说中，对当今有影响的是赫耳墨斯神智学、灵知主义、数字占卜术、各种神秘主义的变体。在某种程度上，工作方向为莱布尼茨、黑格尔、弗拉基米尔·谢尔盖耶维奇·索洛维约夫、俄罗斯宇宙论者、尼古拉·康斯坦丁诺维奇·列里赫规定方向的哲学家对科学、哲学、宗教、艺术进行综合。所有这一切——当今不断发展的精神科学的来源，该科学协调人类的精神和肉体，并确保我们进入盘旋上升的下一阶段。

在这些学说里体现了一致认知的哪些属性？如果区分出本体论、认识论、价值论方面的传统哲学中的这些属性，则一致认知的属性可以包括：

（1）绝对性——通过一致认知来体现出绝对性。

（2）永恒和无限性——超越时间和空间，甚至超出了形式，并以一个隐藏的形式“一致认知 =8”表示，或者更准确地说，用∞表示。

（3）光明——一致认知与绝对性（作为主观意义上的光）有直接关系。文化术语的含义，如果我们研究它的两个词根，就可以发现有对光明的敬意。在这方面，整个人类活动及其文化的含义都被丢失和隐藏。拥有的部分一致认知使人焕发光泽，使人具有捐助者精神，并有利于个人健康和亲人精神上、心灵上、肉体上的健康。

（4）创造性——一致认知有助于创造，甚至创造作品，以及形成新的创造形式的能力。

（5）爱——是由一致认知启发的一种对联结的渴望，信仰救世主、造物主、上帝、真主阿拉、不可名状的“道”、佛光等。

（6）自相矛盾——因为逻辑层面的一致认知有一组内部自相矛盾和相互排斥的观点，所以用传统的二值逻辑用来体现它是过于草率的。

（7）吸引力——任何形式的生命进化仅走向了统一，人的进化则只产生了共同的理想、永恒的目标，而一个有利的进化途径则是通过对一致认知的热爱。

四、一致认知的语言

语言指的是主体模拟现实和生存片段所需的信息表达的思维形式。自然、日常语言——俄语、巴布亚语等，人工语言——数学、信息、虚拟、科学语言，以及艺术、手势、气味、颜色的语言等。虽然依据毕达哥拉斯和伽利略的看法，可以将数学、哲学、神学称之为某种高级语言，甚至比普通语言更自然的语言。回想一下，伽利略用几何语言来描述大自然。自然语言与人工语言之间并没有明确的界限，可以随时通过第三种语言来连接、诠释两种不同的语言。例如，手势语和精神分析的语言，或俄语和祈祷语，或斯坦尼斯拉夫斯基戏剧语言和地理信息系统语言，或气味的语言和柏拉图的哲学语言。

“语言是存在之家”——马丁·海德格尔写道。显然，他想说的是，我们所有人都存在于语言的世界中，语言之外一切都不复存在。

> 我不同意伟大的德国哲学家的观点。存在不仅是在语言之外，甚至还在信息之外，并脱离形体世界，即所谓的无定形世界，“这里的一切都联合在一起，难以分辨，但却存在”。

即使在今天，众所周知，宗教、艺术、科学方面世界无形体可能性的趋势。因此，在东正教中，自4世纪起就推行并认同祈祷和默祷仪式，这时人们不说一句话（甚至是心里想的话），但达到了协同作用——达到人类与上帝融合可达到的最高程度。缄默的僧侣，特别受人敬重，这是真实的。在20世纪的逻辑学和数学中出现了非常抽象的、无元素的微积分学（λ——丘奇演算，以及为整个现代数学基础的范畴论）。这就像一个纯粹的形式，没有元素，没有实际内容（但有一个非常丰富的潜在内容）。这些科学理论是走向无形体世界的阶梯。

有时候很难将理论与特定语言分离，因为，思想的内容及其形式融合在一起，并且在哪里也找不到这种语言形式。

要求体现一致认知的理论出现在许多国家，并用日常或自然语言进行阐述。因此，另一种文化的代表在理解该理论上已经产生了矛盾。例如，许多欧洲人很难理解道教，因为道教的主要原则是“自然无为”“无为而治”原则[①]，这直接与西方思想相矛盾。在东方（在文化意义上），沉思比行动更有价值。在西方，则是相反的。

与艺术家和相应哲学教义的创造者一样，学者也很难解释“主客融合”的意义，从16世纪起，在欧洲思想中，客观真理就占据了统治地位，即无主体，无论如何超出人道的认知。假设一个人可以把个人谎言引入对客体的研究及其理论模型。

五、在理解一致认知上的矛盾

（一）个人和沟通方面

对于毫无准备的人而言，个人理解某一个理论总是很困难，因为它涉及一种对理论友好，甚至热爱的态度。如果一个人不渴望了解新知识，就会出现误解，会产生一种“不”的感觉，这种感觉变成对该一致认知方案的否定。逻辑系词“否定”具有特殊的世界观意义。它只使用在有阴影、有对立物的底层和最“密”层。但在思想世界层面上（如柏拉图教义总结）已经缺乏否定。所有思想都存在。莱布尼茨同样也表示：“存在的一切都是不矛盾的。”他得出了所有的可能世界理论。

有经验的教师告诉学生：“如果没掌握好某些知识，就请喜欢上它，然后你就会了解它。”就像一个男女之间的爱情关系。这种爱没有障碍，因此在爱情的基础上创造一切最好的东西。使徒保罗很好地写了这件事。

爱体现在物质世界。在俄罗斯，直到20世纪，最好的东西（著名的建筑设施、庄园、桥梁、发明）都是在友情和爱情的基础上完成的。

教学时会发现，感情更丰富的学生比那些缺乏感情的学生或胆小的学生更容易掌

① 老子曰：“道常无为而无不为。”

握新知识。

因此，英国的科学哲学家迈克尔·波兰尼在20世纪发展了关于隐性知识的学说。他的研究被广泛应用于科学哲学和心理学。

爱是相互理解和接近一致认知的主要手段。但应从最高的精神意义上来理解爱——就像赫拉克利特、黑格尔、弗拉基米尔·谢尔盖耶维奇·索洛维约夫所理解的那样。例如，黑格尔在《宗教哲学》中对作为追求同一性的爱情进行了描述。这可能意味着爱是渴望内部团结，渴望我和你、男人和女人、母亲和孩子、苦修者与整个造物主、整个宇宙的完全融合。

（二）一致认知语言的分类

首先，关于一致认知的语言基础。在人类基因库中记录的人体构造为一致认知语言奠定了最普通的基础（基因组作为体现人体构造的单一形式）。这是25000个基因。

也许，很快就将发现一个类似的，但更复杂的人类心理结构（心理基因组）。毕竟，我们首先是用心灵去获取知识。

这两个结构将可能构建一致认知的客观依据。然后我们就可以通过掌握一致认知来设置智人进化（走向光明）的特征。其他生物可能以另外的方式来进化。

其次，可以将一致认知的语言划分为哪几类（语言种类）？

从历史上看，首先是神话语言，然后是宗教语言，最后是哲学语言。它们相互独立且并列存在，有时与上述内容交叉，有秘传教义的语言，其中与宗教、哲学，甚至艺术、科学和工程学都有许多共同之处。

从公元前4～前3世纪起，在西方的古希腊就出现，并发展和区分了学科，还出现了综合知识的问题。因此，尝试重新建立起分裂时代之前的早期一致认知。

首先在哲学中得以建立，例如，毕达哥拉斯和300年后亚里士多德的哲学。然后在基督教神学中建立，例如，托马斯·阿奎那的基督教神学。从17世纪起，再次试图重新建立起统一的数学，并用统一的语言将各个学科联系起来，例如，解析几何（笛卡儿），微积分（莱布尼茨、牛顿）。19～20世纪仍在继续进行尝试——数学家的集合论（康托尔）、范畴论（麦克莱恩、艾伦伯格），物理学家的一般场论、寻找统一科学理论的结构（库拉科夫）。

同时还试图制定哲学（莱布尼茨、黑格尔、谢林、德日进、费奥多罗夫、索洛维约夫、俄罗斯宇宙论者、维尔纳茨基）、天主教义（教皇科学院）以及秘传（布拉瓦茨卡娅、列里赫）中一致认知的原则。

自20世纪末开始，再次试图利用一致认知的方案来打破人类发展的僵局。

非线性科学，在俄罗斯被称为协同学（自组织理论），这使自然科学与人文科学能够密切联系，并在以后使科学与神话、宗教密切联系。在同一方向上采取人择原理、通用进化论、虚拟学。哲学为它们之间相互理解提供了统一的基础。

宗教的哲学分析、比较研究（宗教的比较分析）提供了人类进化到一致认知的最简单途径（模式）。世界三大宗教——佛教、基督教、伊斯兰教。它们出现的时间相隔600年。如果在爱的理念的指导下，寻求它们之间的共同点，则基督教和伊斯兰教的内部基础很相似。它们有一个共同的历史和文化起源——犹太教。相同的人物重复出现在圣经中。共同的祖先是亚伯拉罕（亚伯兰、易卜拉欣）。因此，这三个宗教被称为亚伯拉罕诸教[①]。基督教和伊斯兰教的共同理念——“一切从神”。

本质上的差异只保持在：①感觉层面，因为它们取决于个人的教育（在科学上，对类似的情况评论如下：“每一个事实都有理论基础”）；②传统层面——历史短暂的文化形式。

提高认知共性度，我们同意安拉上帝无限性的想法，以及无法体现神的无穷力量。这个简单想法的认知会导致产生一个非常重要的沉默程序，这个程序存在于所有的宗教习俗中。它将会开启无定型的认知之路，即上帝创造了这个世界（存在层面），在这个世界中存在着某种东西，但它还不成型。存在的东西成型，并降至最密的存在层。

例如，在希腊神话中有普罗透斯海神，他可以采取任何形式来欺骗人（但不是神）。

同样，数学哲学也出现了一种观念，即这种学科——“一切可能的形式理论”（科尔莫戈罗夫），或类似地，“数学就像是普罗透斯，可以采取任何形式”（麦克雷恩）。实际上普罗透斯本身是没有意义的，但可能是最完整的，充满了可能的内容。

因此，有一个“无法形容的开始”理念。在犹太神学中，这用单词“Б-г”来表示，并强调这个符号的条件性和隐喻性。在无法形容的层面上，基督教、伊斯兰教、犹太教合并成一个教。

佛教徒和道教徒也同意万物起源的这种解释（如果道教被认为是宗教的话）。开始的第一批人，或决定保持沉默，或比喻说“佛光”。老子及其追随者（道家徒）说这是“黑暗的，或不可名状的道”。命名它——意味着它被人性化和扭曲了。在量子论中也有类似的情况，用海森堡的不确定性原理来表示。

在这里，可能会出现异议。比方说，当我们总结时，我们从具体的特点中得出抽象概念，并得到一个空洞的概念。是这样，也不是这样。如果我们总结时，保持不变，那么我们就会得到一个真正空洞的概念。但是，如果我们本身在认知的过程中不断发展，那么概念将随着主体（知识的载体）的发展而变化，然后概念就会变得更加复杂丰富。

这种情况已随数学的发展而出现了。算术、几何、代数演变至集合论，在20世纪演变至最一般的数学基础——范畴论。最后的理论已经是一组虚文，但具体内容是空洞的，且不复杂。实际内容是空洞的，潜在内容是最完整的。

那位进入无形世界的学者、神学家、哲学家，能够设计出各种各样的宗教、艺术、

① 其价值体系的基础是来自贝里沙书籍《创世纪》中关于亚伯拉罕献祭的普遍神话。

科学、政策、魔术工程学、哲学学说……

无形世界，或许有可能是一个完整的世界——并有体现一致认知的思想形式。

在物理学上，它对应的是真空。在数学上，比喻的说法——空集，或空范畴（在积极的意义上为空，即最完整），以及所有集合（各类范畴）。

这里顺便说一下，真空具有最大的势能信息，且空范畴的信息量最大。这类似于主观意义上的光，它在沉默或缄默中开启。

以同样的方式来推理，可以得出将自然科学与人文知识，甚至艺术结合起来的科学形象。马克思认为，科学趋向心理物理学。时至今日，历经150年，这个想法已经毫不新奇了。

因此，走向一致认知的主要途径——按元语言的等级提升。描述（n）级语言，并用（n+1）级语言或（n+1）级元语言来表达意思。对于目标语言，元语言充当主体。

考虑到以宗教思维（基督教）上升至一致认知水平为例，上升指的是从n=1开始，从（n）级过渡到（n+1）级。著名的基督徒学者有牛顿、莱布尼兹、欧拉及康托尔。

零级（目标语言，或0语言）。关键词：这个椅子，这个桌子，我的妈妈玛莎，我的爸爸谢廖扎，这棵松树等。这是感性的经验语言。

一级（或1级语言）。关键词：一般的东西，性质，关系，时间，空间，运动，一般人……这是解释感性语言的理论语言。

二级（或2级语言，相对于1语言的元语言）。关键词：许多东西（或所有东西的种类），许多事物之间的关系，作为一种集合的世界。这是解释1语言的元理论语言。

三级（或3级语言）。关键词：所有集合，上帝（作为父亲与儿子，和圣灵的结合，所有事物和人的创造者）……

因此，3级语言很难被称之为一般的语言。在第3级上，我们超出了逻辑范畴，产生了整体矛盾和悖论。

头脑仍在工作，用哲学思维对前一级进行解释。有类比、比喻、解释、反思、内省，甚至是内在的精神体验。该级使人排除否定，理解精神恋爱。

六、总　　结

存在一致认知，它是一个由科学、哲学、宗教、艺术混合而成的变体，由尼古拉·康斯坦丁诺维奇·列里赫在其文化保护公约中提出。为了理解一致认知，人类自身应做出改变和进化，按元语言的等级提升，并以爱和对普遍结合的渴望为指导。进化——意味着脱去厚实的黑外壳，使其具有精神，并使用越来越薄的透明体，走向统一。

2005年4月15日在圣彼得堡律师事务所举行的国际科学实践会议

尼古拉·康斯坦丁诺维奇·列里赫关于列里赫遗产维护保养问题和列里赫家族博物馆学院概念实施问题的思想体系①

阿纳托利·阿法纳西耶维奇·邦达连科，
弗拉基米尔·列昂尼多维奇·梅尔尼科夫
（圣彼得堡国立列里赫家族博物馆学院）

一

说起列里赫家族博物馆学院建立和活动的依据，在列里赫遗产保护与修正的综合问题上，首先需要注意的是尼古拉·康斯坦丁诺维奇·列里赫本人对博物馆概念、博物馆活动，及其主题、博物馆的实践方法和形式、整个文化保护活动的看法体系的特点，还有对该领域人类活动社会文化意义的评估。

对于作为博物馆原始文化学创作人的尼古拉·康斯坦丁诺维奇·列里赫而言，这在保护广义文化方面是关键的一环。这不仅仅是一个具有艺术、历史或任何其他文化价值的收藏品，还首先是各类和各领域人类创作的缪斯住所，其结合作为人内在精神统一和人类对改进和创作的内在愿望，以及对美的追求的生动体现。这是"各种美丽的住所，绝不是只保存某些样品，而是真实地、富有创造性地使用它们"②。

由此产生了博物馆物品和列里赫收藏品价值的一般标准——对未来的重要性。博物馆给列里赫的印象是一个人与富有生命力的文化历史传统的接触点，是创作的经验和秘诀③。因此，博物馆收藏品和个别物品真正的绝对价值和绝对条件，作为其创作的

① 本文的简略版已经公布：阿纳托利·阿法纳西耶维奇·邦达连科、弗拉基米尔·列昂尼多维奇·梅利尼科夫：《尼古拉·康斯坦丁诺维奇·列里赫的博物馆思想体系：列里赫遗产的维护保养问题》，《圣彼得堡国立大学的公告·系列6：哲学、政治学、社会学、心理学、法律、国际关系》（第1分卷），2006年，第40～46页。

② 尼古拉·康斯坦丁诺维奇·列里赫：《火焰城堡》，里加：威登，1991年，第240页。

③ 阿纳托利·阿法纳西耶维奇·邦达连科：《列里赫公约和在全球化背景下的"世界文化联盟"草案》，《列里赫遗产：会议报告》（第一卷），圣彼得堡：圣彼得堡国立大学出版社，2002年，第167页。

真正来源，以及富有生命力和充满灵感的创作的真实结果。

考虑到文化是作为个人完善和社会秩序的基础，列里赫将博物馆不仅看作是博物馆物品和收藏品的文化财产保护者，也看作是人类文化财产及其精神和道德，以及其对自然界、内部环境和外部环境（正如现在所说的环境）谨慎和尊重态度的保护者。因此，博物馆在全包容的文化理念的基础上变成了各种社会倾向互相影响的场所，并获得额外的社会文化功能。列里赫关于综合博物馆、生态博物馆的未来概念清晰可见，并预料到了“新博物馆学”的规定①。

列里赫对重要的文化和博物馆概念的广泛理解增强了真正的灵感和共同创作的能力，这与真正的自我完善分不开，并一直被尼古拉·康斯坦丁诺维奇·列里赫认为是所有任务中最重要的任务。他最重视的正是个人的努力和个人的实践，经常重复他“学院派”教师阿尔希波维奇·伊万诺维奇·库因吉的话：“如果说别人都可以做到，那么你也去征服它吧。”20 世纪 20 ~ 30 年代初在纽约的列里赫博物馆内进行的一种特殊实验与这种方法相关。当众多的志愿者团体、文化团体和纽约博物馆及其分支机构的委员会开始被视为博物馆相关部门的管理人时，试图将各种博物馆工作中所需的科学方法的精选原则与个人和社会主动性进行稳定结合。列里赫认为，“科学应该邀请所有的爱好者加入其保护区。正是爱与亲切关怀建立起那些由后代沿文化之路推进的著名保护区”②。在这里我们渴望将科学知识列为国家保护文物（就列里赫而言），以便其能够为更多的参观者所享用。

1928 年，列里赫在印度建立列里赫纽约博物馆分馆——“乌鲁斯瓦季”喜马拉雅研究所（开始作为一个科研站，并计划开展探险、会议、讲座、研讨会、展览会形式的工作）时，实践已经证实了这些设想的可行性。“乌鲁斯瓦季”研究所内一下子就建立起了科学成就馆——“馆中馆”。由于对列里赫而言，科学的发展始终与人类自我认识的历史密不可分，因此开始产生了“基于考古发现和沉浸在自然科学的新型科学研究”，即所谓的富有成效的研究方法，以便最大限度地减少“无用成本”③。

为了便于比较，我们举一个例子。约翰·瓦根斯别尔格是“西班牙巴塞罗那储蓄银行”科学博物馆的馆长，在谈到目前所有博物馆（首先是科学博物馆）内部和外部深层次的扩张和全球化的痛苦时期时，考虑将后者作为科学中心，即“其整个环境有助

---

① 另见：阿纳托利·阿法纳西耶维奇·邦达连科：《在现代博物馆建设实践中的列里赫家族博物馆学院》，《博物馆的大成就？》，圣彼得堡：奥西波夫，2005 年，第 354 ~ 365 页。阿纳托利·阿法纳西耶维奇·邦达连科：《列里赫家族博物馆学院作为圣彼得堡国立大学的项目》，《大学博物馆：过去、现在和将来：纪念格哈德·弗里德里希·米勒大学第一任大学校长诞辰 300 周年和圣彼得堡国立大学历史博物馆 60 周年的国际科学实践会议的材料》，圣彼得堡，2005 年 10 月 17 ~ 19 日，圣彼得堡：圣彼得堡国立大学出版社，2006 年，第 255 ~ 269 页。阿纳托利·阿法纳西耶维奇·邦达连科：《关于列里赫博物馆意识形态及其相关的博物馆》，《列里赫遗产：会议报告》（第九卷），圣彼得堡，2012 年，第 15 ~ 23 页。

② 尼古拉·康斯坦丁诺维奇·列里赫：《通向未来的大门》，里加：威登，1991 年，第 27 页。

③ 尤里·尼古拉耶维奇·列里赫：《西藏和中亚》，萨马拉：火神，1999 年，第 200 ~ 204 页。

于科研和认知的微观世界”。科学中心应形成各种科学思想和理念，并举行展览会、辩论会、研讨会、座谈会以及各种会议。而在一般情况下，“科学社会思想的推广是我们整个民主制度的必要条件”，因此需要克服科学家和普通人之间的距离，因为“科学家本身不想成为一个脱离社会的社会群体”①。

随后确定了人类精神体验的统一，并在事实上延续了谢尔盖·费奥多罗维奇·奥尔登堡关于西方和东方“融合”的著名思想，尤里·尼古拉耶维奇·列里赫指出：“东方知识渗透到我们的生活并征服科学的时代再次来临。西方的科学研究以东方文化为依据。”在这里，通常东方指的是紧张的精神生活和内部搜索的典型传统，而西方指的是个人自由行为的典型传统。对于列里赫，这是一个整体的界限。

单一传统和未来自我认识与自我完善、合作和创作的分类，以文化保护和博物馆意识形态及尼古拉·康斯坦丁诺维奇·列里赫活动为基础。这一活动的主要目的是向人类寻求其最高的创作维度。通过恢复与原型、单一生命根源的本体论联系，以及通过自由的道德和认知实践来达到这一维度。

责任是这项实践活动的重要支柱。在列里赫看来，道德是一种责任，与其内部创作一致性密切相关，也可以说，与创造者相关，按照创造者的形象和相似之处创造我们或我们认为自己是被创造出来的。可以说，这里正在谈论的是人类对自己及其亲人的文化道德尊严，和传统上被称为精神的创造力情况的责任。这种责任感与列里赫现代道德服务意义的解释，及其不变性和可用性密切相关：“为文化服务是人类伟大的勇敢行为。每一个善于独立思考的人的造福责任就是配合共同进化”②。

因此在列里赫的话语中，行为主体不仅仅是一些文字，它们也含有后现代主义提出的独特意义，还是一个独特的不可名状与难以形容的原型形象。他对意识存在有着自己的感悟，经过升华成为他文化财产的主要部分，之于选择能力上，即会选择和优先选择。根据柏拉图模型，按产地选择的原则，或者说，分层原则是区分（原样）能力的深层含义。事实上，列里赫整体上的代表性概念和沟通概念以同一个原则为依据。因此，谈到各种高级形式的沟通，列里赫凸显其主要质量——对其参与者是否有道德影响。“沟通被他们视为不可变动的、自愿的、积极的、有助于参与者进修的行为。”③ 人在生活中会碰到所有负面的、模棱两可的、保守的、不道德的行为，其沟通理解不包括与仇恨相对的“沟通能力”。因此，有效的沟通和联系始终是交往的上策，比如列夫托尔斯泰给列里赫的书信中说的警句“做一个好舵手”、有能力做出高尚的选择、保持一颗善良之心。

---

① Д. 瓦根斯别尔格：《现代科学博物馆学的基本原则（2001 年）》，《培养——俄罗斯网络杂志》2003 年第 2 期。

② 尼古拉·康斯坦丁诺维奇·列里赫：《火焰城堡》，里加：威登，1991 年，第 206 页。

③ 弗拉基米尔·列昂尼多维奇·梅利尼科夫：《尼古拉·康斯坦丁诺维奇·列里赫的道德观和沟通问题》，“三个关键”，《教育学报》（第 3 分卷），莫斯科，1999 年，第 67 ~ 70 页。

在这种选择下，究竟应如何来确保分层标准的检查？机制是什么？通常认为，神话是内在的模型和对柏拉图原理的检验。例如，吉尔·德勒兹，“神话及其不断循环的结构，实际上是基本原理的发展史”（神话层次）并“规定建立模型，将根据该模型遣责不同的追求者”[①]。在具体的实例中考虑了柏拉图的三位一体——“非参与者”、参与者以及被动的参与者（或基本原理，追求对象和争夺者），——德勒兹需要对三位一体组成部分之间和内部组成部分之间的“各种层次，甚至一个层次”加以区分，突出争夺者的组成部分。

在这里值得强调更多的细节。列里赫通过大量的艺术作品和文学、哲学作品了解三位一体的原则和不同历史和文化传统中的层次。这些研究的典范成就了《活着的道德》书籍的汇编，并高举世界和平的旗帜，作为保护广义文化财产的象征。在和平旗帜的标志理念中，正好反映了提升和真实性的同一分层标准，需要无条件的尊重、庇护和保护该标准。正如著名的《列里赫公约》里所提出的要求一样[②]。所谓的三位一体方法论（基于系统化的三位一体概念）的研究发展了现代这些关于三位一体内部层次的认识[③]。我们研究竞争参与者的层次及其无尽退化方面的下限后，遇到海市蜃楼、拟像和“消失的复制品”。但对于被动的参与者的层次而言，这同样是真实的。

这里不禁回想起一个古老的俄罗斯童话，讲的是玛利亚被邪恶的巫师沃佳诺伊所绑架，她的儿子伊万努什卡去寻找自己的母亲，最终母亲从巫师手中逃脱。追求者在自己要求和寻求真理、正义和美好生活的过程中很容易想起童话中渴望爱、关怀和保护的伊万努什卡，仿佛母亲就要从他的生命中消失一样。众所周知，巫师试图通过各种谎话来阻止和迷惑小男孩。他否认玛利亚的存在，并坦言，伊万努什卡面临的是一个未解之谜。沃佳诺伊说玛利亚就在魔湖水中，并放大其形象，还提供了一个绝望的选择。然而，儿子知道，他母亲的原像背后隐藏了很多拟像。他的任务是凭借心中的温暖找到她，因为这个任务没有合理的解决办法[④]。

在这个童话中，以纯粹的形式提供了基础检查机制，且参与者和被动的参与者都应接受检查。该机制是争夺者之心。《内心》——又称为列里赫“活着的道德”核心书籍。内心的修养正是自我完善道路上的自由道德实践，以及合作与自由共同创作突破

---

① 吉尔·德勒兹：《意义的逻辑》，巴黎：Minuit，1969 年，第 292 ~ 307 页。叶夫根尼·阿尔图罗维奇·奈曼翻译的《柏拉图与幌相》片段。

② 《列里赫公约·70 年：2005 年 4 月 15 日在圣彼得堡律师事务所召开的会议材料》，圣彼得堡：列里赫中心，2005 年，第 52 ~ 58 页。

③ 例如，雷姆·格奥尔吉耶维奇·巴兰采夫：《关于三位一体方法论》，《物理学和形而上学之间：科学与哲学》，圣彼得堡，1998 年，第 51 ~ 61 页。

④ A. A. 邦达连科：《列里赫公约和列里赫关于人文全球化概念的世界文化联盟草案·哲学与社会进步》，维尔纽斯，2003 年，第 248 页。

的主要任务。这就是为什么列里赫博物馆的主要任务最终是“改变生活”[①]。Д. 瓦根斯别尔格称这个“核心”机制为“文化或文化情感的互动”。

因此，在列里赫的三位一体中分为非谓语、原型、参与者，其中第三个成分就是这位经由原型上升至非谓语的思想家。这种上升正是由于参与者参与到原型中，而原型也参与到非谓语中。参与者的施瓦尔茨影子则是应该“知道自己位置”的拟像。拟像没有竞争力，因为它没有内心，其形象的脱离以及与原型的不同就在于此。唯一的修复途径是恢复形象和通过模仿同化，比如说在同一种意义上，在其“模仿基督”过程中使用了托马斯·肯皮斯的这个概念。因此，重要的不仅是“抑制拟像，使它们保持在深处，防止浮在表面以及在任何事物中产生拟像”[②]，还有处理和同化没有丧失“心跳能力”（即无论是被动的参与者，还是参与者都通过拟像与其形象的“有机”联系来保持与原型联系的能力）的潜在拟像。

发现和发展这种潜力是博物馆沟通的重要任务之一。值得记住的是，推行此概念的邓肯 Φ. 卡梅伦认为博物馆沟通是参观者与博物馆展品（“实物”，有其特殊的事物身势语）沟通的视觉空间过程[③]。因此，早在形成沟通方式以前，参观者就已经被视为“享有充分权利的沟通过程参与者、交谈者和博物馆合作伙伴，而不是知识和感想的被动接受者”[④]，尼古拉·康斯坦丁诺维奇·列里赫不仅预料到现代博物馆学的这种趋势，还进一步确定了这种沟通的方向向量。在列里赫看来，这是个体进化，即单个逐渐上升至统一的原型（为明显存在的一个共同基础）。

然而博物馆的参观者，也就是同一个争夺者、参与者，以及博物馆，即被动的参与者、追求创作和服务原型的对象，都经历了退化仿真阶段，还能提升和从仿真、幻想，或如列里赫所说的“幻”中解放出来。仿真阶段同样具有传染性，无论三位一体中的两位是否会产生了这个阶段：被动的参与者（博物馆、被动拟像）或参与者（参观者、积极拟像）。其结果是沟通退化的发散非线性耗散过程，及其摆线时间性，其秘诀在于“它并不体现任何与其吸收混沌状态相反的秩序”。它本身就是一种与宇宙相对立的混沌（博物馆和参观者），作为一种主要的内在进化过程，也是非线性的过程，伴随有耗散结构的出现，但会聚到全球吸引区[⑤]，并具有复杂的线性螺旋时间性。

在反被动的参与者或参与者分层方面，形象和拟像的反对派从尼古拉·康斯坦丁诺

---

① A. A. 邦达连科：《列里赫公约和列里赫关于人文全球化概念的世界文化联盟草案·哲学与社会进步》，维尔纽斯，2003 年，第 254 页。

② 吉尔·德勒兹：《意义的逻辑》，巴黎：Minuit，1969 年，第 292 ~ 307 页。

③ 詹姆斯·弗朗西斯·卡梅隆：《博物馆：寺庙或论坛》，《博物馆学：博物馆文化协会、中央革命博物馆的学术论文集》，莫斯科，1992 年，第 259 ~ 275 页。

④ 塔玛拉·尤里耶夫娜·尤列涅娃：《博物馆学》，莫斯科，2003 年，第 331、332 页。

⑤ 叶连娜·尼古拉耶夫娜·克尼亚泽娃、谢尔盖·帕夫洛维奇·库尔久莫夫：《协同的基础》，锐化制度，自组织，速度世界，圣彼得堡：Aletheia，2002 年。

维奇·列里赫处获得了文化与文明对立的表现形式，并反对进化流和空有形式的“布朗运动”。后者能够“扭转”湍流涡旋中的进化流，形成有序的超拟像①。而事实上，如果“现代化（就列里赫而言，文明。——А. Б.，В. М.）是受拟像的影响”，而那么“为时过早的现代化（就列里赫而言，文化。——А. Б.，В. М.）就包含了提升的形象和正确的生活方式。实际上，这种紧张的对立在列里赫的作品中被称为未表现出的混沌与被显示出的宇宙的对立，列里赫作品中经常提到的恶战和世界末日加剧了该对立。有趣的是，在许多方面与列里赫相反的鲍德里亚也见证了末日审判，该审判“已经发生，并最后在我们的眼前以‘我们注定死亡的场面来’结束”。他还注意到灾难性事件的过程，但与列里赫相反，鲍德里亚博物馆是这次消亡和“剥夺世界末日真实事件人性”的虚拟化参与者②。

圣彼得堡列里赫家族博物馆学院概念③的重点和列里赫代表制（其改造是早晚的事，显然是在不久的将来）的主要规则以列里赫的这些想法为依据。从这个角度来看，必须要对列里赫遗产的复杂和多方面综合体的维护保养和保护问题进行仔细分析。

二

与往常一样，尼古拉·康斯坦丁诺维奇·列里赫在一个系列或个人随笔和短论中阐述了自己的观点及其感兴趣的主题理论立场，经常发现自己认知的历史渊源颇深，而且几乎总是试图在其所建的博物馆、研究所、艺术和文化教育中心的活动中用艺术反映和通过实践来检验它们④。这种多面性导致以下定义的产生：列里赫遗产——一套由列里赫创作或属于他的艺术、文学、科学作品和其他作品，包括档案、文件、手稿、书籍、照片、收藏品、家具、陈设品和日常生活用品、个人物品等。其他曾经属于列里赫家族成员及其近亲、同事或其相关组织的纪念品、建筑物和地产，以及值得纪念的地方和列里赫家族的旅行和探险路线，知识、见解、实际措施和材料、探险、组织和社会的“非物质”组成部分，其核心是完整的活着的道德哲学学说。

从这些立场出发，在尤为重要且在俄罗斯具有社会敏感度的列里赫遗产的一般性问题上，分析圣彼得堡列里赫家族博物馆学院的活动和地位时，需要注意以下几点。

（1）列里赫遗产，作为大规模的、唯一的世界文化遗产综合体，是不完整的，且部分丢失，并在继续丢失，因此需要关怀、保护、研究和维护保养。

---

① 让·鲍德里亚：《象征交换与死亡》，莫斯科：多布罗斯韦特，2000 年，第 111 页。

② 让·鲍德里亚：《象征交换与死亡》，莫斯科：多布罗斯韦特，2000 年，第 321 页。另见：让·鲍德里亚，《冷漠的极点》，格拉塞，1997 年，第 47 页。

③ 阿纳托利·阿法纳西耶维奇·邦达连科：《列里赫家族的未来俄罗斯文化博物馆大学》，《列里赫遗产：会议报告》第一卷，圣彼得堡：圣彼得堡国立大学出版社，2002 年，第 46 ~ 58 页。

④ 阿纳托利·阿法纳西耶维奇·邦达连科：《列里赫家族的未来俄罗斯文化博物馆大学》，《列里赫遗产：会议报告》第一卷，圣彼得堡：圣彼得堡国立大学出版社，2002 年，第 254 页。

（2）列里赫遗产的保护与维护保养问题尤为突出，因为①涉及许多对该遗产有着各自解释（往往缺乏真实性和历史性）的社会“列里赫”组织，这创造了各种伪宗教或半神秘教派的“列里赫”拟像；②还涉及一些思想积极的宗教界人士，其对列里赫遗产的解释也是不足和伪造的，并再次产生思想迫害的实际作法；③使得传统无端政治化问题、向“列里赫”范畴引入异于列里赫遗产的政治冒险精神变得复杂化。

（3）呈现尼古拉·康斯坦丁诺维奇·列里赫及其家人生活的景象，客观来讲，肯定很有趣，很有吸引力的，并且可以说，具有启发意义，它“激发”伪研究者编写规定的伪研究性著作，这种著作经不起认真严谨的批判性分析，并超越所有合理解释界限，但现在出版却十分有利可图。

（4）关于列里赫遗产研究和维护保养的科学工作的延迟潜伏着“列里赫”神化和拟像客体化的危险，以及列里赫遗产内容空洞和创造性潜力逐渐丧失的危险。

（5）圣彼得堡列里赫家族博物馆学院收藏品的来源、组成和时间覆盖范围是单一的，其特点是博物馆的物品和收藏品真实可靠，其历史命运相同，并具有同源和精神的继承性。它在列里赫遗产中占据重要位置，反映了这个优秀的圣彼得堡家族生活和多方面创作的最重要的俄罗斯时期，对其不了解，不可能对整个综合体做出适当的评估。

三

圣彼得堡列里赫家族博物馆学院收藏品的历史、组成和结构，大涅瓦河岸的博物馆建筑内部空间的历史和特点（施密特中尉堤岸41栋——米哈伊尔·彼得罗维奇·博特金院士的故居），以及在多边主客体的相互作用下，瓦西里耶夫斯基岛的历史文化景观，与作为部分世界文化遗产的一整套列里赫遗产，为博物馆内部空间及其焦点和展览会，与博物馆周边的社会文化环境及其未来的发展方向、途径和吸引点的规划和设计建立了必要的基础。

早期制定的纪念性生平展览会和纪念性艺术展览会综合体[①]的初步设计与现代相适应，能够区分出该综合体的主要特征和特点。该综合体的描述超出了本文的范围，如讨论博物馆内部空间与所形成的博物馆外部社会文化环境，博物馆及其未来的发展方向、焦点和途径之间的联系问题。

单独的国际会议专门以“在圣彼得堡文化历史区的列里赫家族博物馆学院”为主题于2001年在圣彼得堡国立大学举行。主要的文献研究工作还在后面，但现在已经可以说，按照这些文献的研究材料可以编写出有趣的研究著作，准备一篇以上的学位论

---

① 弗拉基米尔·列昂尼多维奇·梅利尼科夫：《斯捷潘·斯捷潘诺维奇·米图索夫的纪念收藏品作为圣彼得堡列里赫家族博物馆学院的博物馆收藏品的基础》，《列里赫遗产：会议报告》（第一卷），圣彼得堡：圣彼得堡国立大学出版社，2002年，第71～76页。

文，并可以完成在圣彼得堡形成和发展列里赫学术流派的任务，并作为继承列里赫家族艺术、科学和哲学遗产的学者的一种特殊历史科学共性。就圣彼得堡列里赫科学活动起源来说，列里赫家族是科学和文化历史上独立的流派或风向标：尼古拉·康斯坦丁诺维奇·列里赫从大学开始就担任圣彼得堡考古研究院（后来作为一个独立的大学）的教师，尤里娅·尼古拉耶维奇在列宁格勒国立大学东方语言文学系、地理协会和城市的其他科学中心讲授东方历史、文化和地理，这使得在未来能够脱离占据我们时代的“列里赫”拟像。

在圣彼得堡国立大学召开的第五届“列里赫遗产”国际科学实践会议

2005 年 10 月 6 日在主楼彼得罗夫斯基大厅举行的全体会议

尼古拉·康斯坦丁诺维奇·列里赫作品中的东方主题

B. Л. 梅尔尼科夫
（文化学副博士，圣彼得堡国立列里赫家族博物馆学院主管科研的副院长）

一

“俄罗斯领土广袤，延伸至整个第六板块，地跨东西”——尼古拉·康斯坦丁诺维奇·列里赫在自己名望极盛时写道（1935 年）。他从数十年在各个领域——艺术、科学、社会活动和哲学的探索和孜孜不倦的工作中得出对世界文化和历史地图上发祥地的理解。

早在尼古拉·康斯坦丁诺维奇·列里赫的大学时代，不同种类的艺术和科学就已经发生了相互影响。他呼吁成年时期各种创作活动的联系也应一样，这表明了他抑制不住的协调一致、并汇集到一起的愿望，以及找出外部不同之间，甚至相互矛盾的方面与生活现象之间一致性的愿望。这是他艺术思维的典型特征，此特征对其各个方面的活动都有影响。

尼古拉·康斯坦丁诺维奇·列里赫能够感受到各种现象（十分自然和明显的现象）在所有生命形式上的深层联系。正是这种综合能力，使他如此赞赏其他人的这种才能，并以此来鼓励年轻人，使他能够看到主体与客体、哲学与科学、东方智慧与西方知识之间的联系，并建立起这种看似矛盾的现象之间相互理解的桥梁。

二

尼古拉·康斯坦丁诺维奇·列里赫巨大的文学遗产，深藏于其几十年的信件、文章、书籍、期刊中，他提到了对亚洲的第一印象并沉浸在东方世界中。

中学时代（1883 ~ 1892 年）加强了尼古拉·康斯坦丁诺维奇·列里赫对历史和艺术的渴望，还产生了新的兴趣。这位年轻人参加了业余演出，创作了演出大纲草图。在地理课上，他绘制了亚洲地图并为其着色。

尼古拉·康斯坦丁诺维奇·列里赫后来回忆了这些课程及其演出：“在卡尔·伊万

诺维奇·马伊中学绘制了亚洲地图。用黄色颜料标注沙丘和戈壁。用软铅笔的一侧画出阿尔泰山脉、塔尔巴哈台山脉、阿尔滕塔加山脉、昆仑山脉……喜马拉雅冰川要涂白色颜料……卡尔·伊万诺维奇·马伊的地理课也带你进入一个迷人的世界。不仅绘制了颜色丰富的地图，还用彩色橡皮泥将包含我们所有美丽山脉的浮雕图像紧紧粘住，并提倡更大的尺寸和存储色素的新组合。老实说，这样一个令人印象深刻的图像十分吸引人。在节假日还安排了地理游行，且还要作诗。记得亚历山大·伯努瓦塑造了黄河的形象，而淡黄发男子卡林则塑造了蓝色扬子江的形象。我去了伏尔加。"（《半世纪》，1935 年 1 月 21 日）卡尔·伊万诺维奇·马伊学校的历史博物馆馆长 H. B. 布拉戈沃表明（2006 年），这个戏剧表演在许多参与者的记忆中都留下了不可磨灭的印记。亚历山大·尼古拉耶维奇·伯努瓦、伊万·瓦西里耶维奇·彼得拉申、德米特里·普罗科菲耶维奇·谢苗诺夫在自己的回忆录中均用了很大的篇幅来记录这一演出。

富有经验的教师卡尔·伊万诺维奇·马伊（1820 ~ 1895 年），在地理课上讲述了远方的土地和勇敢的探险，并引起了列里赫对旅行的兴趣，而列里赫家中的常客——康斯坦丁·费奥多罗维奇·戈尔斯通斯基和阿列克谢·马特韦耶维奇·波兹涅耶夫则吸引了列里赫对东方国家的注意。

有些手稿保存了年轻时的列里赫关于东方主题文学最早的试作。在他 1887 ~ 1888 年的诗集中，有对西方与俄罗斯军队、撒拉逊士兵与奥尔登斯基士兵交战富有诗意的描述，这显然是他从《罗兰之歌》和《伊戈尔王远征记》借鉴的[①]。他关于哥萨克人的随笔时间为 19 世纪 80 年代末 90 年代初，在该随笔中他真正注意到，"哥萨克人和鞑靼人有许多共同的特点，且他们战争的主要任务不是歼灭对方，而是相互抢劫"[②]。关于车臣人的文本则表明，对高加索人性格的反思已经脱离老师的管束："无论客人是否来自敌对部落，他对车臣人都是敬畏的，但一旦他来到车臣人的居地，并要求有一个简陋的住所时，车臣人就会为客人洗脚，让其坐在上座，并用最好的葡萄酒和美食来款待他，让他留下过夜，通常还会将自己的床让给他，并在早上祝他一路顺风；当客人离开自己的房屋时，车臣人不负责第二天在山区遇到这些客人时，不会用自己的军刀打他的头。[③]"

又过了几年，通过最普通的途径——在大学和学术职业的自我教育——所有唤醒他精神的东西都在靠近尼古拉·康斯坦丁诺维奇·列里赫，并通过最"正常的"，但不是"异常的"途径得到关于东方的第一手资料和第一个观点[④]。

年长的同事都把他的思想集中到东方上，多年后，他感激地回忆起这些同事。他

---

① 《国立特列季亚科夫斯卡亚画廊手稿部》全宗号 44，目录号 1，案卷号 41，第 1 ~ 19 页。

② 《立特列季亚科夫斯卡亚画廊手稿部》全宗号 44，目录号 1，案卷号 87，第 36 页。

③ 《立特列季亚科夫斯卡亚画廊手稿部》全宗号 44，目录号 1，案卷号 15，第 8 页；案卷号 26，第 22 页。

④ 《立特列季亚科夫斯卡亚画廊手稿部》全宗号 44，目录号 1，案卷号 9，第 1 页。

仍然保留着对弗拉基米尔·谢尔盖耶维奇·索洛维约夫（1853～1900年）的“亲切回忆”（1947年4月28日他写了关于伊戈尔·埃姆曼努伊洛维奇·格拉巴里的一些东西）。俄罗斯著名的哲学家、神学家、诗人、散文家、文学评论家都十分喜欢早期的，但未保存下来的尼古拉·康斯坦丁诺维奇·列里赫画作之一——《斯文托维特的战马》。尼古拉·康斯坦丁诺维奇·列里赫注意到：“他也许第一个谈起库库诺尔。预料到俄罗斯与东方的联系。我们是亚洲人！”①

在另一个文本中，尼古拉·康斯坦丁诺维奇·列里赫在进行这些回忆时还提到了另一个导师——著名的音乐和艺术评论家弗拉基米尔·瓦西里耶维奇·斯塔索夫（1824～1906年）：“听了我的计划和看过我的画作后，弗拉基米尔·索洛维约夫捋着自己长长的白胡子并重复道：‘要知道这就是东方，伟大的东方。’而斯塔索夫则一边笑着捋着自己更长的白胡子，一边说道：‘如果语言是如此的接近梵文，怎么不是东方？’（《立陶宛》，1936年）。

艺术学家柳德米拉·瓦西里耶夫娜·科罗特金娜（2009年）在自己的最新研究中正确地指出，1895年与弗拉基米尔·瓦西里耶维奇·斯塔索夫的相识，对尼古拉·康斯坦丁诺维奇·列里赫创作人的形成具有重要意义。此时这位艺术家正沉浸在斯拉夫异教世界中，同时还对古印度文化感兴趣。弗拉基米尔·瓦西里耶维奇·斯塔索夫加强了自己对未来在尼古拉·康斯坦丁诺维奇·列里赫创作与人生命运中占据重要地位的印度文化的喜爱。

如今，弗拉基米尔·瓦西里耶维奇·斯塔索夫更被誉为巡回展览派思想家、艺术和音乐评论家。但必须要记住的是，他首先是东方国家古代文学领域的专家。弗拉基米尔·瓦西里耶维奇·斯塔索夫的想法体现在尼古拉·康斯坦丁诺维奇·列里赫一系列早期的大型艺术画作中，如《信使·民要攻打民》（1897年），《长老在聚集》（1898年）和《出征》（1899年）。其中，年轻的艺术家致力于表达历史意境，为此决定以一种特殊的方式来制作大型画框，并用真正的考古文物或其艺术复制品对其装饰。弗拉基米尔·瓦西里耶维奇·斯塔索夫在1897年7月31日写给尼古拉·康斯坦丁诺维奇·列里赫的一封私人信件中，可能写了关于《信使》画框的详细建议：“俄罗斯著名的饰物（手稿）不早于11世纪；而你应该早一点。因此，或许你应该取（木材）：单或双马头……——在农村木房的房脊上（这是阳光、光明的象征——也许是‘神’、善意、厌恶邪恶的象征），或者我们在立杆上见到的浮雕木刻（在洗涤时用来拍打衣服），船舶桅杆上的梅花装饰……（也有‘太阳’和‘厌恶邪恶’），虽然，最后，我们所有最古老的手稿图片中都是‘皮编带’（这里暗藏的含义——巫术、咒语）。此外，还有毛巾上用红线绣的花纹。你找不到任何更好和更可靠的东西了。请注明，您希望从这一切中选择什么，我将描摹或让别人来描摹，并立即发送给您。但是，几年前，罗佩特就

① 《立特列季亚科夫斯卡亚画廊手稿部》全宗号106，目录号1，案卷号10155，第1～4页。

为‘古斯拉夫框架’给列宾画了吞食对方的龙、怪物、野兽的巨兽。这个想法非常不错！您同样也不会创作吗？想必会创作的！或者送您一个更纯粹的亚洲远古图的一个样本？可以在毛巾图中以最古老的形式完美地创作出祭祀农妇，手里拿着树枝，比如，穿着方格衣服，就像小亚细亚人有更古老的时间，——或有我们小俄罗斯人的长条地毯”[①]。因此，多亏了弗拉基米尔·瓦西里耶维奇·斯塔索夫，东方的艺术风格才能在最早的时期就渗透到尼古拉·康斯坦丁诺维奇·列里赫的创作世界中。

早期列里赫另一个“东方”的灵感来源无疑是“由王储尼古拉·亚历山德罗维奇大公在 1890 ~ 1891 年前往东方旅行时带回的物品所举办的展览会”，该展览会于 1893 年在圣彼得堡的冬宫举行。在那些年里，俄罗斯王位的继承人、未来的皇帝尼古拉二世乘坐“亚速夫纪念”号巡洋舰完成了东方国家之行。路线为从希腊和埃及到印度。他参观了印度的许多城市，包括马德拉斯、加尔各答、贝拿勒斯和锡兰岛，这位旅行家还前往了新加坡、曼谷和日本。陪同他的有东方学家、外交家、收藏家、公爵埃斯佩尔·埃斯佩罗维奇·乌赫托姆斯基（1861 ~ 1921 年）。在旅途中，他们收集了大量反映印度人民和其他东方国家人民宗教信仰的艺术作品。1893 年，在冬宫大厅，乌赫托姆斯基介绍了所收集的人工制品，其中有“如意宝珠”。这是他对埃斯佩尔·埃斯佩罗维奇·乌赫托姆斯基公爵的第三卷专著《王储东方旅行记》（1890 ~ 1891 年，1897 年在莱比锡出版）的描述：“在有如意宝珠，和没有疾病和过早死亡的地方：她完成了每一个愿望，且其外表为世界之王的娱乐服务；‘莫力－伊尔登尼’——珍贵的马，在其背上悬挂着如意宝珠。她有能力克服所有骑在马上的各种恐惧，如风般地疾驰过巨大的空间。这些物品的起源可以追溯到远古时代。”（XXVIII ~ XXIX）书中各种神灵的雕像图片还有观世音、“邪恶的守护者”和弥勒佛形象，并说：“这就是所谓的古印度弥勒佛蒙古人，一个使深陷罪孽的世界复活的救世主。”（XII、XIX、XXIV）

所有这一切都是尼古拉·康斯坦丁诺维奇·列里赫 20 世纪 20 ~ 30 年代画作的题材，这些画作由于最近在“佳士得”和“苏富比”拍卖会上的惊人售价而变得举世闻名。

很难想象，从少年时代起就对东方文化感兴趣的尼古拉·康斯坦丁诺维奇·列里赫，没有参观冬宫的展览会，也不了解展览目录和随附的出版物，包括一本德国印度学家阿尔伯特·格伦威德尔（1856 ~ 1935 年）写的关于佛教神话的书（1900 年）。

埃斯佩尔·埃斯佩罗维奇·乌赫托姆斯基公爵在自己的《王储东方旅游记》一书中提到，是带着怎样的诚挚与敬意来接待最高代表团。探险队员们对他们所参观的国家绝不是只了解皮毛，他们还试图进一步了解民族文化的特点。因此，在俄国皇室代表团的逗留计划中，不仅包括参观古代佛教遗迹和众多的神社，还包括参观各种各样的博物馆藏品。

埃斯佩尔·埃斯佩罗维奇·乌赫托姆斯基公爵是俄罗斯东部开发政策的支持者。由

---

① 《立特列季亚科夫斯卡亚画廊手稿部》全宗号 44，目录号 1，案卷号 1320。

于接近皇室，他试图使王储尼古拉·亚历山德罗维奇相信，俄罗斯的未来将与亚洲联系在一起。他在报刊上说："西欧与亚洲人民之间有一个巨大的鸿沟，而俄罗斯人与亚洲人之间则不存在这样的鸿沟。"他还写道："那里的阿尔泰和帕米尔无边无际，没有任何研究者能研究出彼得一世以前的罗斯及其原封不动的传说宽度，和对神奇物质不竭的爱，对因罪孽带来的自然灾害和其他灾害的谦卑顺从，以及整个精神面貌上严格伟大的痕迹。"埃斯佩尔·埃斯佩罗维奇·乌赫托姆斯基公爵还注意到，"俄国没有其他的出路：要么成为亘古以来被要求的那样（结合西方与东方的世界大国），要么不光彩地走向下坡路，因为欧洲本身，最终会以自己的外在优势来压制我们，而西方老外将比被我们唤醒的亚洲人民更危险"①。真正的预言思想！而这些想法收获了以列里赫为代表的前赴后继的传播者。与上面提到的，画家在《天使之宝》（1905 年）画布上放置的珍宝与石头进行了对比，《如意宝珠》将我们引向早期激发尼古拉·康斯坦丁诺维奇·列里赫艺术想象力的东西方最古老的交流。

1897 年，从圣彼得堡省古墓中发现的遗物被送到了以尼古拉·康斯坦丁诺维奇·列里赫命名的圣彼得堡大学人种地理学研究室。这些遗物中有人头骨。尼古拉·康斯坦丁诺维奇·列里赫在 1897 年 9 月 19 日举行的俄罗斯帝国考古学会俄罗斯和斯拉夫考古部会议报告中提到了它们："关于伊万诺夫和我从古俄罗斯人公认的古墓中发掘的头骨，佩特里教授注意到：它们的混合类型，可以说是斯拉夫人和芬兰人头骨，且在任何情况下都没有人类学家可以据此优先将它们列入斯拉夫人和芬兰人头骨的任何迹象。看来，研究这一地区许多俄罗斯村庄现有人口的人类学家应得出同样的结论。"而另一个迹象则表明，尼古拉·康斯坦丁诺维奇·列里赫在学生时代就已对人类学和人种学问题产生了兴趣，并希望最大程度的来提高"人冢"图像的可靠性和可信性。

在引用的片段中，列里赫称爱德华·尤利耶维奇·佩特里（1847 ~ 1899 年）为优秀的俄罗斯地理学家和人类学家，后者从 1887 年起为教授，他在尼古拉·康斯坦丁诺维奇·列里赫在圣彼得堡大学学习期间是俄罗斯人类学协会的主席。尼古拉·康斯坦丁诺维奇·列里赫当然知道，他关注的学者，是专著《人类学》（2 卷，1890 ~ 1897 年）和《地理学方法和原则》（1892 年）的作者，以及著名的《马克思大世界地图册》——最好的一本世界地图册的编辑②。

毫无疑问，爱德华·尤利耶维奇·佩特里影响了尼古拉·康斯坦丁诺维奇·列里赫，但不见得后者就局限于一个精确的人类学定义。爱德华·尤利耶维奇·佩特里渊博的知识，及其超高的文化和个人魅力无法使年轻的苦修者、未来的东方旅行家和文化人列里赫仍保持无动于衷，就像爱德华·尤利耶维奇·佩特里管理的圣彼得堡大学人种地理学研究室感兴趣的材料和非比寻常的氛围一样。

① 引谢尔盖·谢尔盖耶维奇·奥尔登堡的文章，《尼古拉二世统治时期》，顿河畔罗斯托夫，1998 年。

② 尤利·米哈伊洛维奇·绍卡利斯基在爱德华·尤利耶维奇·佩特里死后感兴趣的材料和非比寻常的氛围一样。

在爱德华·尤利耶维奇·佩特里的一些作品中，表达了与以上引用的埃斯佩尔·埃斯佩罗维奇·乌赫托姆斯基公爵主张相符的思想。例如，“俄罗斯必须意识到，俄罗斯在亚洲的地位可能是非常显著的。与‘未来国家’的直接接触，将领土推进至太平洋海岸线，拥有一些好的港湾……最后，未来西伯利亚的新财富，能够工作和显著增加亚洲和俄罗斯欧洲部分的人口，所有这一切都丰富了我们未来可利用的物种……毫无疑问，俄罗斯占全亚洲的 1/3 以上，这块最大的、最富有的和世界人口最多的大陆将在未来、在人类生活中发挥巨大作用”（《关于西伯利亚的人口和大东方铁路》，1888 年）。在《关于尼古拉·米哈伊洛维奇·普尔热瓦尔斯基重要性的几句话》（1891 年）中，爱德华·尤利耶维奇则写道：“他跨越了北京与和田子午线之间，以及阿尔泰与普尔热瓦尔斯基蓝色河流上游纬线之间最危险和最难走的一段，这段距离约为 30000 俄里[①]；他手拿武器走向新的发现之旅。我们钦佩的不仅是这些人的事迹，还有他们的精神。以普尔热瓦尔斯基的名字成立了一所学校，以培养俄罗斯未来的旅行家，这位伟人的传记同时有助于人民精神的提升，并能激起同情心。”

在尼古拉·康斯坦丁诺维奇·列里赫的创造性遗产中，寻找这些语句众多的相似之处并不是特别困难。早在学生时代，尼古拉·康斯坦丁诺维奇·列里赫就力求表达出这种思想。爱德华·尤利耶维奇·佩特里关于“同情心”的话语加强了他对东方艺术和科学的探索。1899 年（尼古拉·康斯坦丁诺维奇·列里赫大学毕业后一年），爱德华·尤利耶维奇·佩特里新的优秀作品——《教学地图集》出版了。在该书第一页有一幅《西藏高原》彩色地图，在这本地图集中还有其他东方地图。尼古拉·康斯坦丁诺维奇·列里赫当然知道这是一本有趣的出版物。早在少年时代，他就立志“不浪费时间，并要以某种方式让亚洲有自由发展的余地”。在随笔《亚洲》（1937 年）中，他回忆道：“来自亚洲的每个纪念品是从小和终生值得特别纪念的东西。”因此，从爱德华·尤利耶维奇·佩特里处获得的有关东方的信息，将永远保存在“特殊纪念品”的宝库里[②]。

在学生文件和艺术家材料中也保存有如下内容：“我这本书《关于波斯人及其宗教》的摘要引自海伦娜·彼得罗芙娜·布拉瓦茨基的著作《印度的洞穴和丛林》。”[③]海伦娜·彼得罗芙娜·布拉瓦茨基书籍的单行本于 1879 年和 1883 年在莫斯科出版发行，后于 1893 年在圣彼得堡出版。显然，此书在出版后不久就到落入了尼古拉·康斯坦丁诺维奇·列里赫的手中。“从小就确定了与印度的联系——这位艺术家在 1937 年时回忆道——我们的地产‘伊兹瓦拉’被泰戈尔认定为梵语词。叶卡捷琳娜统治时期，在我们的隔壁住着一位笃信印度教的王公，而且直到最近仍保留着莫卧尔公园的痕迹。我

① 1 俄里 ≈ 1.0668 千米。

② 当注意的是，在爱德华·尤利耶维奇·佩特里的《西藏高原》地图里画出了那些尼古拉·康斯坦丁诺维奇·列里赫在未来探险的 20 ~ 25 年后将参观的中亚地区。在地图上可以找到艺术家和旅行家居住的库卢谷地。

③ 《列季亚科夫斯卡亚画廊手稿部》全宗号 44，目录号 1，案卷号 34，第 1 页。

们有一幅古老的画作，这幅画描绘了一些雄伟的高山，并始终能吸引我的注意力。只是后来，我从布赖恩·霍德森的书中得知，这是著名的干城章嘉峰。叶莲娜·伊万诺芙娜的叔叔（列里赫）在18世纪中叶前往印度，随后他又身着美丽的拉其普特人服装出现在彼得堡的宫廷舞会上，并再次前往印度。从那时起，就没听到关于他的任何消息。自1905年以来，列里赫的许多绘画和素描都专门来描绘印度。《杰瓦斯萨里》、《拉克什米》（在‘天秤座’）、《印度之路》（关于戈卢别夫的旅行）、《王国的边界》、《克里希纳》和《印度梦》——所有这些都是在印度之行前画的，就像《加亚特里讷》和《沙漠城市》一样。"（《印度》，1937年）

在《日记簿》和《大学》（1937年）中，尼古拉·康斯坦丁诺维奇·列里赫提到了他的叔叔、著名的内科医生亚历山大·帕夫洛维奇·科尔库诺夫（1856～1913年），他曾长期就职于托木斯克国立大学医学系："在我们这里，有门捷列夫、索韦托夫及东方学专家戈尔斯通斯基和波兹涅耶夫，因此培养了对东方的兴趣。另外，通过他的叔叔科尔库诺夫，又传来了医学界的消息，叫我去西伯利亚、阿尔泰。听到了对远方和顶峰的呼唤——别卢哈，汗腾格里！"

1898年，在这位艺术家的人生中又发生了一件大事，他结识了一位研究藏药的医生——康斯坦丁·尼古拉耶维奇·里亚宾宁（1877～1953年）。1928年，康斯坦丁·尼古拉耶维奇·里亚宾宁回忆道："我们第一次与尼古拉·康斯坦丁诺维奇·列里赫相遇是在1898年。那时的尼古拉·康斯坦丁诺维奇·列里赫已是一位著名的画家、考古学家和管理者，并与我同住在世界重要的省会城市。共同研究广大群众很难理解的人类精神领域的兴趣爱好使我们走到了一起……记得当时我们谈了很多关于印度精神的伟大成就和东方导师，其思想和学说的深度体现了他丰富的精神知识，这些知识收集和存储在单独文献中心的密室内，主要是，相传自古以来就存在的喜马拉雅协会。对于我们而言，最后一个中心一直是不容置疑的认知和真理的来源。我们认为那时已经开辟了通往印度的道路。"后来在1926～1928年，康斯坦丁·尼古拉耶维奇·里亚宾宁医生也加入了尼古拉·康斯坦丁诺维奇·列里赫的中亚探险队，详细记录下了这场无与伦比的、给予参与者严峻考验的旅行。1927年11月15日，他把来自东方传说中的伟大格言记录下来："学者的墨水要比烈士的鲜血更神圣。"并补充道："这样看待东方的价值观！"

除了海伦娜·彼得罗芙娜·布拉瓦茨卡娅、康斯坦丁·费奥多罗维奇·戈尔斯通斯基、弗拉基米尔·瓦西里耶维奇·戈卢别夫、伊万·巴甫洛维奇·明纳耶夫、谢尔盖·费奥多罗维奇·奥利坚布尔格、爱德华·尤利耶维奇·佩特里、阿列克谢·马特韦耶维奇·波兹涅耶夫、格里戈里·尼古拉耶维奇·波坦宁、尼古拉·米哈伊洛维奇·普尔热瓦尔斯基、埃斯佩尔·埃斯佩罗维奇·乌赫托姆斯基公爵和费奥多尔·伊普波利托维奇·谢尔巴茨克的作品以外，了解古代遗迹和现代东方文学对年轻的尼古拉·康斯坦丁诺维奇·列里赫东方情结的形成具有深远的意义。他回忆："茹科夫斯基的译著《纳利和达马扬季》《上帝与舞蹈女》，巴利蒙特的译著《阿斯娃戈莎》《沙恭达罗》，巴尔特鲁沙伊季斯的译著《薄伽梵歌》和《吉檀迦利》，泰戈尔的译著《仪轨》等其他诗人的作品在辽阔的俄罗斯领土上被广泛传阅……在俄罗斯充满激情地阅读《罗摩克里希纳的预言》和维韦卡南达书的畅销书籍。"（《印度》，1945 年）尼古拉·康斯坦丁诺维奇·列里赫也看过著名的德国英语语言学家、印度学家和神话学家弗里德里希·马克斯·缪勒（1823 ~ 1900 年）的名作《印度六派哲学》，该书于 1901 年出版了俄文版。早在俄罗斯时期，列里赫就意识到梵文与俄语、立陶宛语、拉脱维亚语之间的深层相似之处，以及俄罗斯和东方民族的同源，伟大的印度人拉宾德拉纳特·泰戈尔（1861 ~ 1941 年）（尼古拉·康斯坦丁诺维奇·列里赫于 1920 年在伦敦见到了他，并从此与他保持着多年的书信往来）的作品在这方面对他很有帮助。在 1910 年出版诗集《吉檀迦利》是一件喜事。"这些曲调使得彩虹绚烂明亮……《吉檀迦利》是完整的启示录"——艺术家承认。以下："在诗人有说服力的话语中贯彻和反映了自古以来对东方智慧的爱。"（《托尔斯泰和泰戈尔》，1937 年）

因此，尼古拉·康斯坦丁诺维奇·列里赫在俄罗斯从书籍、手稿以及与著名东方学家和旅行家的个人联系中，首先了解到那些在未来将成为他画中人物的传奇人物。柳德米拉·瓦西里耶芙娜·科罗特金娜（2001 年）正确地指出，尼古拉·康斯坦丁诺维奇·列里赫精神追求的演变使亚洲国家的梦想逐渐成为他内部世界不可分割的一部分。

早在这位艺术家生活在"俄罗斯"期间，诗人和艺术评论家安德烈·别雷（1880 ~ 1934 年）就被尼古拉·列里赫称为"东方的专家"（1909 年）。因而邀请尼古拉·康斯坦丁诺维奇·列里赫加入权威性的圣彼得堡佛教寺庙建设学术委员会（1909 ~ 1915 年，建筑师 Г. В. 巴拉诺夫斯基），也是十分合理的。

尼古拉·康斯坦丁诺维奇·列里赫在俄罗斯活动的兴盛时期对俄罗斯艺术的东方起源表达了怎样的看法？为什么在 1917 年之前，同时代的人都将他视为东方专家，以及俄罗斯文化中亚洲事物的传播者？

直接给出对这些问题的答复，第一是这位大师的艺术作品；第二是尼古拉·康斯坦丁诺维奇·列里赫的学术和收集活动，包括他对考古学和人种学的研究，1892 ~ 1917 年其在俄罗斯北部和中部、伏尔加河流域以及高加索地区的旅行；第三是这些年他的手稿和所发表的意见。

自 19 世纪末开始，尼古拉·康斯坦丁诺维奇·列里赫就为承认老俄国本土的艺术价值而战。他与其妻叶莲娜·伊万诺芙娜·列里赫（1879 ~ 1955 年）在 1903 ~ 1904 年完成了"古物"历史艺术之旅，他写道："最近，我们发现了很多日本艺术，这是西方艺术家的长期财产，且许多人开始喜欢日本的作品及其生动的图画，和饱含无比柔和色调的生动情节。或许通过东方艺术，我们可以不以考古学家的眼光，而以热烈的爱和喜悦来看待我们众多的不同之处。几乎我们所有人都有一条致命的'外国'之路，在这里我们可能无法避免共同的命运。"①

① 《列季亚科夫斯卡亚画廊手稿部》全宗号 44，目录号 1，案卷号 22，第 17 页。

1905年11月2日在圣彼得堡建筑师协会所做的演讲——《过去和现在的俄罗斯艺术生活》，尼古拉·康斯坦丁诺维奇·列里赫谈到了俄国国内众多古迹的悲惨状况：太少人能说出快乐。当然，如果这导致了任何东西的产生，如果有人不是因为官方命令，而是因为一个强大的舆论（可以保护我们的珍宝）号召力来破坏古迹，则可以谈论恐惧。但听不到任何这些消息。仍然羞于思考西方和东方。在德国和其他国家的古物——怎么比得上我们所遭受的全部不幸！

在《马列斯和勃克林》一文中，这位艺术家首次强调了西方和东方最高艺术成就的同一性（“不变性”）：“要打造一个许多世纪和民族的美丽神殿，不得不剔除多少出名的、最喜欢的东西。一个很好的东方例子；初期艺术作品的造诣触动人心；印象派艺术家的果敢精神令人惊奇。长时间的思路——脱离不真实的，目光短浅的‘现实主义’，不同于任何庸俗的想法。通过这些途径前进；实现革新；精确我们对单词‘绘画’的理解。”（1906年）

当回忆起在圣彼得堡与诗人亚历山大·亚历山德罗维奇·勃洛克（1880～1921年）和画家米哈伊尔·瓦西里耶维奇·弗鲁别利（1956～1910年）的会面时，尼古拉·康斯坦丁诺维奇·列里赫在自己的记忆中，根据他们与东方的亲密关系将其联系起来：“以只有勃洛克所独具的方式表达的预知，都以特殊的方式体现在他的所有话语中。他知道，我们亚洲人能机智地实施这一说法。弗鲁别利向往亚洲，或者更确切地说向往东方。他了解那个反映真正东方的拜占庭。即使是在他最后的作品中，比如，在《贝壳》中，弗鲁别利就是个东方通，因为这样能想到伊朗、印度和中国的大师。”（《勃洛克和弗鲁别利》，1937年）

与妻子在1907年完成了芬兰之旅后，尼古拉·康斯坦丁诺维奇·列里赫写道：“《斯堪的纳维亚的问题》是历史艺术任务中最美丽的问题之一。在深度上能与其比较的只有东方运动的问题。用自己无穷的力量来了解最古老的国家，以及充满了浓厚文化气息的人是神秘的……首先，需要商量好一件事：在早期斯堪的纳维亚人前往东方时，比诺夫哥罗德的反向运动要更加显著。”（《最古老的芬兰寺庙》，1908年）

尼古拉·康斯坦丁诺维奇·列里赫关于俄罗斯艺术东方起源的观点的精髓见于他的纲领性文章《艺术的喜悦》（1908年）。我们列出了该文中专门描写东方的片段。

> 伟大意大利人的“优良遗教”（采用纯装饰性的迂回说法），在俄罗斯合作社的工作中可以听到；鞑靼统治时期为俄罗斯的绘画增添了东方的易变性。可悲的是，许多以前的作品没有按照重要的传说来进行更新……
>
> 从鞑靼统治时期起，从这个令人讨厌的时代起，时间将所有蒙古人带到罗斯的东方美丽而精巧的装饰物都抹掉了。
>
> 关于鞑靼统治时期，只剩下一些关于可怕的大屠杀的记忆。要忘记的是，亚洲神秘的发源地培养了这些古怪的人，并让他们具备中国中原及其西藏、

整个印度的丰富才能。在鞑靼利剑的光泽下，罗斯再次听到了一个关于奇迹的故事（前往希腊的狡猾的阿拉伯客商曾经知道这个奇迹）。

蒙古编年史、外国驻华使馆的中篇小说讲的是，难以理解伟大游牧民族严厉性格和细腻性格的混合。中篇小说知道可汗是如何将最好的艺术家和大师召集到一起的。

除了所有教科书的规定以外，可能还有关于鞑靼人本质的不同观点。回想起他们对战败者、未能捍卫自己地位的人的蔑视态度，游牧民族的很多行为似乎不具有象征性？在俄罗斯公爵的尸体上宴饮，傲慢地对待信使，对俘虏施以残酷的刑罚？难道公爵的互不来往、相互侮辱和诽谤，或者可耻的屈服没有给予鞑靼人傲慢的最佳理由？如果鞑靼人最终使公爵懂得了坚韧、坚强和统一，则他们将鞑靼人的权力象征物——帽子和腰带留给他，并使珍贵的地毯、刺绣和各种饰物成为俄罗斯的日常通用品。没有人注意到，鞑靼人拥有最古老的亚洲文化，也不由自主地蔑视所有战败者，并在俄罗斯平原上炸死他们。

不要忘记，除了鞑靼俘虏之歌外，可能还有完全不同的歌：《我们，鞑靼人，走吧》。

从寂寞不安的时代起，就有苏兹达尔、弗拉基米尔的遗迹，以及尤里耶夫－波利斯基神话般的寺庙。并不是俄罗斯人建立了这些寺庙，也许是阿兰人安德烈·博戈柳布斯基？

如果我们不敢去想鞑靼之火，那么回想起更早的公爵内讧破坏了雅罗斯拉夫和弗拉基米尔伟大作品的魅力将是更糟的。俄罗斯撞锤还敲击了白色射塔和墙壁，据编年史记载，它们以前发白光，“就像奶酪一样”。而鞑靼人之前就开始空着 300 个基辅教堂……

生命中只剩下一粒尘土，整个可怕的锁子甲中只剩下铁球——从中很难展开其所有以前的数值，不知道的人很难相信，发现的不是无聊的考古废物，而是以前真正美妙的物质。所有人是时候开始明白，艺术不仅是众所周知的：也是时候相信，更多艺术现在对于我们而言是暂时隐藏的。而许多艺术则看似乏味，但沉浸其中的喜悦会使其焕发光彩，而观众将成为一个创造者。在这一点上——具有过去与未来的魅力。无法了解过去的人不能思考未来……

无理性的芬兰幻象是否不同于艺术？醉心于东方的艺术诠释形式是否不同？在第一批斯基泰人手中改编的古代世界著作是否非常糟糕？半出名的西伯利亚游牧民族只有粗糙的黄金饰品是否足够？

这些发现不仅贴近艺术，还让我们羡慕消失民族概括思想的清晰度。坚定而巧妙地将他们伟大的象征植入无数作品中。即使是冰冷的武器、残酷的镇压，也不能破坏先天性的艺术追求。我们小心翼翼地对神秘的青铜时代和铜器时代的束缚进行了研究。每天都有新的结论，每靠近一大步就赋予生命一个新的字母。一系列十分顺利的游行！眼前，拜占庭还闪烁着纺织品和搪瓷制品、黄金和绿宝石的光芒，但注意力已经转移。

从我们身旁经过的是形形色色的芬兰人和突厥人。神秘地出现雄壮的雅利安人。保留未知过路人的发源地……他们有多少人！从他们的礼物中合成实际艺术的新民族主义。现在许多年轻人都开始做这件事。在这些热忱中——保证有健康，强壮的后代。如果国家趋势不衰退，必定会出现具有吸引力的“新民族主义”，那么伟大的古物，或者更确切地说：伟大古物的真与美将是其十分重要的财富。

因此，尼古拉·康斯坦丁诺维奇·列里赫在“俄罗斯”生活时期进行“东方文化研究”的结果是了解作为东西方之间文化空间（“桥梁”）的俄罗斯，该文化空间拥有过去时代和民族的最好样本。同时，他在利用合成艺术的新民族主义将这个文化空间扩展到全世界时，看到了俄罗斯的未来及其在人类历史上的特殊使命。

评论家亚历山大·约瑟福维奇·吉多尼从阅读尼古拉·康斯坦丁诺维奇·列里赫的文章中得出了同样的观点（1915 年）：“如果这位艺术家相信俄罗斯吸收了世界上所有的美和所有的民间故事……那么在他的文章中应当指出对东西方伟大文化之间，贯穿俄罗斯的伟大之路的明确感觉……”

最后，为了寻找人类文化的共同来源，作为其思想中艺术起源的结果，艺术家在那时是统一的，还没有被划分为“东”、“西”、“南”和“北”的传奇时代“延伸了”东方的主题。对于尼古拉·康斯坦丁诺维奇·列里赫而言——这个史前期，首先是新石器时代和旧石器时代：“……墨守成规的生活结束、民族化的结束、政治经济条件的结束、人群分散。但艺术并没有结束，新人涌现。于是我们来到了石器时代。”（《艺术的喜悦》，1908 年）

对于俄罗斯而言，这个想法首次被提出是在 20 世纪初的石器时代艺术讲座文稿中：“在每个人看来，在俄罗斯艺术起源的主题中，首先得听到关于远东、印度、蒙古、中国的消息。但是这一次，请原谅，如果能够吸引到不同道路上的观众，贴近生活的古老象形文字。①”

这位艺术家在古代文物中寻找并发现了个人创作或学术收藏，以及文化古迹社会保护活动的刺激因素。由于他在这一领域工作多年，出现了一个至今都有效的国际条约，该条约被称为《列里赫公约》（华盛顿，1935 年 4 月 15 日）。

在俄罗斯最后的生活期间，他写了一系列辞藻华丽的诗，在诗中对东方发出了内

① 《列季亚科夫斯卡亚画廊手稿部》全宗号 44，目录号 1，案卷号 46，第 2 页。

心的呼唤：

你难道没有看到
通往我们明天将探寻事物的
道路吗？
星形古代文字出现。
请珍惜自己的财富。
不需要随身武器。
使劲儿穿鞋子。
把腰带系紧些。
前路坎坷！
照亮东方。同志们，
是时候出发了！（《正当时》，1916 年）

三

重新修改所有艺术家著名作品的清单（包括那些在他的参与下完成的作品），我们看到早期在他的作品中出现了东方主题。

1897 年，“俄罗斯的起源、斯拉夫人”系列中的一幅画《在异国的海岸》完成（现存于阿列克谢·尼古拉耶维奇·萨拉托夫国立艺术博物馆）。这幅画在其完成之年首先在皇家美术学院的比赛作品展览会上展出。最早研究该作品的是与系列中的其他绘画作品联系在一起的叶菲姆·伊萨科维奇·沃东诺斯（1966 年）。在他看来，这是“一个关于斯拉夫古代不安的日常生活的真实故事”。Б. Д. 瑟罗米亚特尼科夫，油画第一所有者的近亲（作者本人将其送给他）则提供了几种不同的解释。在 Б. Д. 瑟罗米亚特尼科夫的出版物中（2008 年）中，艺术家试图解释为什么将这个作品赠给在 1897 年秘密去过中国和韩国“海岸”的著名记者、旅行家和《关于红色艾利克的民间史诗》译者的谢尔盖·尼古拉耶维奇·瑟罗米亚特尼科夫（1864 ~ 1933 年）。摆在我们面前的是一个关于东方和西方“相遇”的悲惨故事。在莫斯科的国立特列季雅科夫画廊和圣彼得堡国立列里赫家族博物馆学院内保存着铅笔素描《在异国的海岸》，整体上与萨拉托夫图一致。阿尔弗雷德·彼得罗维奇·伊万诺夫在其未发表的作品清单（1915 年）中，将这幅画命名为《一个人、在异国的海岸》。

从早年起，作为艺术家的列里赫不仅喜欢俄罗斯古物，还喜欢居住在俄罗斯及其周边国家的其他民族的遗产。在其很多关于东方主题的早期作品中，尼古拉·康斯坦丁诺维奇·列里赫认识到东方和西方的象征性结合不是一个悲剧，而是作为陷入僵局的现代欧洲中心文明的“救生圈”。在与弗拉基米尔·瓦西里耶维奇·斯塔索夫的谈话中，他还有意对此纽带进行了联系，尼古拉·康斯坦丁诺维奇·列里赫创作了关于古代斯拉夫人、瓦兰吉亚人、波洛伏齐人和楚德人的作品。来自鄂毕河、额尔齐斯河之间地区的西徐亚人的金饰牌促使他去创作《西伯利亚的雕刻》（1903 年），这幅画在圣彼得堡艺术企业艺术家的第一次展览会“现代艺术”（1903 年）上展出。后来现代家具的装饰和戏剧舞台布景大胆地采用了列里赫论述的彼尔姆兽形图案，而楚科奇人和爱斯基摩人的骨雕则确定了人类发展的早期作品的风格。

许多在第一次“尼古拉·康斯坦丁诺维奇·列里赫画展”（1903 年）目录中提到的作品，至今仍然不为专家所知，但根据其保存下来的名字，我们可以判断列里赫对东方的兴趣是浓厚的，如《游牧民族》（1902 ~ 1903 年）、《拜占庭》（1902 ~ 1903 年）、《间谍》（1901 年）等。

在很多艺术学家看来，尼古拉·康斯坦丁诺维奇·列里赫早期的主要艺术思想是他自 20 世纪初起就有的文化融合思想（首先是西方和东方的文化）。他在优秀作品——保存在斯特列利尼亚（圣彼得堡）“国会大厦”的画作《天使之宝》（1905 年）中得到了生动的体现。

在尼古拉·康斯坦丁诺维奇·列里赫的俄罗斯东部和更广的欧亚大陆东部之行中，有一个自然的吸引力，该吸引力受到数百年来俄罗斯社会的传统和俄罗斯国家历史的限制。

正如文化学家薇拉·叶夫根耶芙娜·戈列尼谢娃－库图佐娃（2002 年）所指出的，俄罗斯东部政策的基础早在 13 世纪就已确定。此政策是由亚历山大·涅夫斯基公爵奠定的基础，与亚洲各国人民、游牧汗国的联盟传统，以民族和宗教的宽容为支撑，且一直到 19 世纪才吸引了居住在邻近地区的人民前往俄罗斯。由亚历山大·涅夫斯基发起的与金帐汗国人的联盟，在蒙古帝国瓦解后，俄罗斯实际上继承了其领土，并与他们一起保护生活在这里的人民。这使喀山在 1552 年被征服后，伊凡四世（雷帝）可以在 1553 年开始兼并西伯利亚。自那时起，在亚洲区域内，俄罗斯沙皇被称为“白王”，即“西方的皇帝”。

在俄罗斯东方运动中，这一重要的时刻在尼古拉·康斯坦丁诺维奇·列里赫于 1913 ~ 1914 年创作的多个版本的大型作品《攻占喀山》（别称《征服喀山》）中得以体现。阿列克谢·米哈伊洛维奇·列米佐夫作家专门为此画作写了一章《渔人的鱼钩》，这一章在列里赫专著（1916 年）中可以看到。

根据阿列克谢·维克托罗维奇·休谢夫建筑师的设计图，尼古拉·康斯坦丁诺维奇·列里赫的装饰画（长约 40 俄丈①）②，用来装饰喀山火车站的大厅。在绘画装饰中有

① 1 俄丈 =2.13 米。

② 《纪事》，《阿波罗》，圣彼得堡，1913 年，档案号 5，第 46 页。

计划地加入了东方元素。据亚历山大·约瑟福维奇·吉多尼所言（1915年），“沿着已取代古代道路—河流的铁路干线，在我国（指俄罗斯，译者注）东西方之间不断地交换了数千人”。尼古拉·康斯坦丁诺维奇·列里赫的巨著《克尔热涅茨之战》（1911年）和《征服喀山》（1913年）应告诉这些人，“俄罗斯以及表现出最具世界意义的文化这一极其重要的统一是如何形成的……”但遗憾的是，1933年，按照马斯洛夫（那时他还是艺术学校的校长）的指示毁坏了这两幅画。“这种破坏文明的行为引发了艺术家的抗议，并谴责了马斯洛夫——尼古拉·康斯坦丁诺维奇·列里赫写道——拥护者不能理解为什么臭名昭著的马斯洛夫毁掉的正是这两幅墙画”（《文化》，1940年12月25日）。

尼古拉二世执政期间（1894～1917年），圣彼得堡开始兴建佛教寺庙，这是俄国与东方修好的一个重要里程碑。1913年2月21日，为庆祝俄国罗曼诺夫王朝建立300周年，这座寺庙首次举行了拜佛活动。据说，尼古拉·康斯坦丁诺维奇·列里赫当时负责监督寺庙的艺术造型工作。

正如叶卡捷琳娜·比比科娃·戈列尼谢娃－库图佐娃（2002年）所言，在当时的俄国，并不是每个人都支持加深和巩固与东方的关系。一些社会政治人士认为，注重“东方问题”本身就是一个错误。这一主张的理由是，国家势力向东扩张与日本发生冲突，引发了日俄战争（1904～1905年），激起了民众的不满情绪，以至造成社会动荡。针对这一事件，尼古拉·康斯坦丁诺维奇·列里赫在1904年完成了一幅名为《在远东》的画作。同年，此画被彼得堡卡杜申印刷厂印在了明信片上，并以其简洁明了和针对性强的特点而轰动一时。

西欧派和斯拉夫派坚持认为，俄国的兴趣和注意力已经从东方转移到了西方（巴尔干问题），从而引发了更大的动荡——爆发第一次世界大战和1917年革命。

在某种意义上，这些事件打断了俄国东方政策的连续性。但是，在彼得堡和俄国境外，仍有一些俄国知识分子对东方保持着浓厚的兴趣，而且赞同叶卡捷琳娜·比比科娃·戈列尼谢娃－库图佐娃（2002年）的观点：“相信我们国家的未来在东方，因为革命前俄国亚洲政策的拥护者，恰恰是东方学家们。”

东方思想也渗透到了当时的俄国文化中，并以特殊方式体现在艺术中。尼古拉·康斯坦丁诺维奇·列里赫的作品就是这方面最鲜活的例子。在俄国艺术界广受赞誉的尼古拉·康斯坦丁诺维奇·列里赫，自青少年时期就开始关注东方文化遗产。与那些鼓吹西方文明的人不同的是，作为历史传统的捍卫者，他秉持着更加人道与和谐的原则。因此，我们必须以一种全新的眼光来看待尼古拉·康斯坦丁诺维奇·列里赫及其家族的文化使命。不同于西方文学的主流趋势，尼古拉·康斯坦丁诺维奇·列里赫是新时代（new age）新兴派和有争议派的先驱。作为俄国与东方、与亚洲融合传统的捍卫者和继承者，在其早期的创作中，尼古拉·康斯坦丁诺维奇·列里赫就以惊人的艺术表现力创作出多部以东方为主题的作品。

四

19世纪末20世纪初的民族文艺评论以独特的方式记录了尼古拉·康斯坦丁诺维奇·列里赫艺术创作中东方主题的萌芽。

首次出现是在关于壁画《罗斯的勇士们是如何没落的》（1896年）画稿的报道中。在尼古拉·康斯坦丁诺维奇·列里赫的艺术遗产名录中，《古代基辅公国勇士们的晚会》是其鼎盛时期的代表作，涵盖了古基辅勇士赞歌和整个英雄时代（布面油画，78厘米×137厘米，现保存于伊兹瓦拉的尼古拉·康斯坦丁诺维奇·列里赫庄园博物馆）。一位佚名评论家写道："有这样一种观点，这幅勇士赞歌的出现比弗拉基米尔时期其他勇士赞歌的出现晚很多。理由就是勇士赞歌《伊里亚·穆罗梅茨三征》，据记载，在流浪者广为流传的预言证实之前，就已消失了。"但这个观点未必会成立。直到1223年成吉思汗第一次入侵，弗拉基米尔时期的勇士们仍然存在。在鞑靼人到来之前，他们和波洛韦次人以及其他不安分、但实力相对较弱的民族有交往。而经常战胜这些敌人让他们变得更加自信，甚至变得狂妄自大。当一大群神秘的新生力量从东方涌来时，我们的勇士们不得不以同样的狂妄自大来应对。这种狂妄自大从阿廖沙·波波维奇的吹牛大话中可见一斑：

> ……请赐予我们力量吧，哪怕是上帝的力量也行：
> 兄弟们，我们有上帝的力量，我们所向披靡……

这种自夸根植于这个民族虔诚的信仰，他们相信上帝派遣了两名雷将，他们可以一分为二，数量增加一倍，最后变成不可估量的队伍出征，勇士们：

> 战斗了三天又三小时，
> 他们强劲的臂膀挥不动了，
> 他们骁勇的战马疲惫不堪，
> 他们的钢刀不再锋利如初，
> 而越来越强大的力量，
> 冲向勇士们，
> 强大的勇士们惊慌失措，
> 四散溃逃……，最后，倒下了

这幅画的主要注意力集中在前景人像——一个站在高处并感到自己浑身上下仍充满力量的强壮勇士。感受到死亡的气息，他倚在战马的脖颈上，但已无力驱赶落在战马脖颈上的乌鸦，还有一只乌鸦在一旁呱呱地叫着。战马也很想回去，可是它的四肢仿佛灌了铅一般，动弹不得，马儿努力想要抬起腿来，却是徒劳的。战马前面躺着一个完全僵硬的勇士，木偶似地一动不动，很像一尊石像。不远处跑来一个人，在他身后战斗仍在继续，兵器在黄昏的余晖中闪着寒光，旋风裹挟着一团团灰尘肆意飞舞，一群群乌鸦掠过天空。而地平线上，一座座静谧的山丘和雄浑的深红色夕阳构成画面背景，赋予了这幅画特别的韵味和意境①。

本文作者记录了尼古拉·康斯坦丁诺维奇·列里赫艺术生涯的重要时刻——承认强大的东方力量。画面虽然没有传达出具体的东方形象，但仍具有鲜明的“东方”特征。象征性地表现出了我们从油画《东方之光》（*Ex Oriente Lux*）的远景构图中看到的内容：这种光可以使不崇拜它的一切面目全非，甚至变成石头。

我们来看尼古拉·列伊金在《学术画展》（1902 年）上的点评：

……两个穿着制服的民事局人员，一个秃顶，另一个后脑勺有斑秃，他们认真地盯着尼古拉·康斯坦丁诺维奇·列里赫并排而立的两幅画——《海外来客》和《弗拉基米尔远征科尔孙》。这两人分别站在画的左右两侧，时而立定直勾勾地盯着看，时而向后退几步，时而又向前走几步。

“我丝毫看不懂这幅画想要表达什么意思，这好像不是颓废主义。”那个秃顶的人小声地说道。

“这是真正的颓废主义！”那个斑秃的人回应道，“但是画风非常奇特。”

“有点拜占庭的风格，但换个角度来看，又像是历史风俗画。”

“嗯，这的确是在描述历史事件，只是表现方式实在太过奇特！”

“奇怪……一切都好奇怪……油画……风俗画……甚至连必要的配景都没有。”

“有点中国风的感觉……有点东方的感觉……”

“就是中国风，你知道吗，我明白了……我知道它是什么了，我猜到了……我试着解释一下……”

“说说看。”那个斑秃的人说道。

“这幅画模仿的是我们古时候的木版画，我们古老的彩绘木版画。”那个秃顶的人解释说。

“嗯？？？是这样吗？”

那个斑秃的人疑惑地望着那个秃顶的人。

虽说上面的对话有点滑稽可笑，但它也充分地阐明了画家在构图中运用多种艺术手法杂糅出的东方特征，及其与中世纪俄国木版画的渊源，以及拜占庭式的美。这两

① 全景插图，圣彼得堡，1897 年，第 58 卷，6 月 19 日，第 4 号，第 81、84 页，手稿：第 75 页。

幅巨大的油画——《弗拉基米尔远征科尔孙》（1900 年）[①] 和《海外来客》（1901 年）[②] 的主题都是古代异教徒。在创作它们时，尼古拉·康斯坦丁诺维奇·列里赫选取了那个时期的艺术形象——龙头船、红色的船帆、蓝色的河流。在《海外来客》命名前，画家还添加了“民间画”，用来说明画作的艺术处理与民间艺术的关系。正如柳德米拉·瓦西里耶夫娜·科罗特金娜（2009 年）所说，鲜艳的红、蓝、绿色彩组合给人一种清晰、明亮的感觉，极大程度地反映了尼古拉·康斯坦丁诺维奇·列里赫对古代生活的理解。

在第四届《艺术世界》杂志展（莫斯科，1902 年）的图册中，画作《发源地》、《老者》、《海外来客》、《偶像》、《远征》和《建设城市》被合编为“罗斯”系列（第 177 ~ 182 号）。这一系列的动态和静态场景，一方面向我们呈现出声势浩大而又充满艰辛的向东运动，另一方面又表现出人们对“未知上帝”庄重、虔诚的呼唤。

透过 20 世纪初文艺批评的这面镜子，我们看到的下一部作品是《古代生活》（1904 年）。在欣赏这幅画作时，有些人联想到了日本版画 [③]。《俄罗斯公报》评论员写道，这幅画“力图重构人们生活在湖中小木屋的那个时代，前景是低低的湖岸，岸边零星分布着几棵杉树，在离岸不远处的湖中木桩上矗立着几座小圆屋，尖尖的屋顶上覆盖着厚厚的茅草，几个赤裸着上身的渔民正在拉网上岸，小屋上方还盘旋着几只海鸥，画面的色调忧郁、阴沉”[④]。谢尔盖·亚布洛诺夫斯基也持相同意见：“如果你相信列里赫先生，就会相信古时候的整个大自然，无论是河流、森林，还是土地，它们的面貌和色调完全不是现在看到的这样。现在，只有在画中才能见到地毯中编织的那些色调，而整个画面看起来真的就像一张完美的地毯。《古代生活》这幅画，除了名字之外，画面上看不到任何生活的影子，这简直就是‘古代自然’。但细看之下，你就会发现它真的是生活的再现。画中有几个赤裸着上身的古人，他们站在岸边浅水区，膝盖以下浸没在水中，背对着观画的人，他们弯着腰，好像在拖拽船只。可以说：‘这就是古人生活的真实写照啊。’”[⑤] 这里成功地联想到了地毯，这是一种东方修辞——将地毯的概念赋予大自然。

1905 年，尼古拉·康斯坦丁诺维奇·列里赫在莫斯科《天秤》杂志上发表了一篇名为《杰瓦萨丽·阿布图》的印度童话，并配了两幅插图：《杰瓦萨丽与鸟》和《杰瓦萨丽变成了石头》[⑥]。柳德米拉·瓦西里耶芙娜·科罗特金娜（2009 年）写道：“这部童话

---

① 《弗拉基米尔远征科尔孙》（红色船帆）麻布，油画，27 厘米 ×52 厘米，左下角黑色铅笔签名：尼古拉·列里赫，1900 年，巴黎，现保存于国立特列季亚科夫画廊，档案号：1617。

② 在 1901 ~ 1910 年，画家又出了几幅不同版本的《海外来客》（临摹品），分别保存于俄罗斯国家博物馆、国立特列季亚科夫画廊、白俄罗斯共和国国家艺术博物馆（明斯克）、敖德萨艺术博物馆、巴什基尔米·瓦·涅斯捷罗夫国家艺术博物馆、基洛夫州维·米·瓦斯涅佐夫和阿·米·瓦斯涅佐夫艺术博物馆和其他收藏品。

③ 柳比捷利：《首届“俄国艺术家联盟”展览会》，《俄罗斯公报》1903 年 12 月 24 日（第 353 期），第 4 页。

④ 《俄罗斯公报》1903 年 12 月 22 日（第 351 期），第 3 页。

⑤ 《俄国词话》，莫斯科，1903 年，1904 年 12 月 22 日，1 月 4 日，第 350 期，第 2 页。

⑥ 胶画，两部作品均下落不明，首次出现在维也纳米特克美术馆展览会上。

受古印度轮回传说的启发，从精神层面来看，故事中的女主人公与一切自然现象紧密相连：她能听懂鸟兽、花草的语言。死后变成了一块石头，成为大自然的一部分。这幅画的配色也具有象征性：明亮的粉红色与蓝色组合，描绘出了印度自然界的奇特景象。”这些作品的灵感来源于印度阿旃陀石窟的壁画，引发了艺术评论家们一系列相互矛盾的说辞。

米哈伊尔·费利齐安诺维奇·霍达谢维奇（1905年）写道：“列里赫塑造的‘杰瓦萨丽·阿布图’形象的原型取自纪念碑上刻划的古印度女子。但遗憾的是，我没法同时给读者提供列里赫先生塑造的‘形象’与‘原型’。但是《天秤》杂志同时刊登了‘形象’与‘原型’，只要仔细揣摩，应该能认识到，用语言创作出‘原型’是不可能的：简而言之，丝毫不差、最大限度地临摹印度壁画的外形轮廓以及所有装饰品，呈现出一个不同寻常，甚至矫揉造作的女性形象是列里赫先生‘作品’的中心和全部意义。我甚至说过：那不是‘临摹’，而是‘描绘’，一方面，如果不是害怕遭到反对，这是majorem gloriam‘型’，另一方面，可以说这是对列里赫先生的艺术直觉和模仿能力的恭维。但问题是，正是这严重丑化了的人物构成了‘型’的本质（毕竟确定型的既不是姿势，也不是饰物）。只要将‘原型’与‘作品’放在一起，每个人，只要他会看，而且想看，就能看到‘原型’是一位面容姣好、清秀温婉的印度女子，她有细长且微微弯曲的鼻子、优美的椭圆形眼睛和动人的唇部曲线。而作者塑造的‘形象’则严重失真。”

我们想试着弄清，尼古拉·康斯坦丁诺维奇·列里赫在创作《杰瓦萨丽·阿布图》的插图时所借鉴的原型是什么。他曾是《皇家考古委员会公报》的专栏作者，他的名字经常出现在“新闻和书报选评”栏——其中有《皇家考古委员会公报》专门附录搜集到的评论和历史学家、考古学家最感兴趣的简讯。在第四版附录中，根据阿列克谢·阿列克谢耶维奇·博布林斯基伯爵[①]的创作和翻译作品编制的“图书简讯”栏，针对出版物发表了一些生动有趣的评价，毫无疑问，尼古拉·康斯坦丁诺维奇·列里赫选用了这些评论。关于这一点，法国杂志*L'Homme Préhistorique*（《史前人类》）和*L'Anthropologie*（《人类学》）的摘抄本可以证明，该摘抄本现保存于圣彼得堡国立列里赫家族博物馆学院。

在双刊号杂志《人类学》上（巴黎，1902年第5～6期）刊登了《图书简讯》，该文来自科·德·维法利维的著作《伊朗－印度的肖像学和人类学》。科·德·维法利维详细介绍了阿旃陀地下石窟，其中最古老的石窟可以追溯到阿育王时期，即公元前3世纪。他还表示，已经发现了27处这样的石窟和大量壁画：“古老的形式。前面有角的奇特头饰、大幅壁画、巨型佛像，反映国王普利克济二世接待科斯洛埃斯二世大使的趣味横生的画面（约前625年）。”

尼古拉·康斯坦丁诺维奇·列里赫的作品充分反映了他对阿旃陀艺术的浓厚兴趣。

---

① 尼古拉·列里赫：《考古学·第一册·皇家考古委员会资料（1892～1918年）》，《列里赫圣彼得堡作品集》第Ⅱ、Ⅲ卷，萨马拉：阿格尼，1999年，第409、410页。

虽然早在1905年就有作品发表（《艺术家笔记》《我们贫穷了》），但列里赫文学作品中对阿旃陀的认识，基本上基于他在20世纪20年代游历印度期间的所见所闻。不过叶莲娜·巴甫洛芙娜·雅科夫列娃对此持不同意见。她认为，早在20世纪初，列里赫不仅对阿旃陀形象感兴趣，还进行了深入研究，以至于她自己都非常感兴趣。“从《杰瓦萨丽·阿布图》（1905年）的手稿来判断，当时还没去过印度的列里赫就已经创作出了非常优秀的关于阿旃陀的写生画。”叶莲娜·巴甫洛芙娜·雅科夫列娃在自己的学术论文中写道（1996年）。叶莲娜·巴甫洛芙娜·雅科夫列娃认为，列里赫对阿旃陀的认识可能来源于蒂·沃特斯的学术论文（1905年）。但正如我们所看到的那样，也可能存在另外一些激发尼古拉·康斯坦丁诺维奇·列里赫灵感的来源。那一时期，对科·德·维法利维出版作品的研究还非常少，但列里赫却经常研读这些作品，十分重视，比如，笔名为“蝎子”的作者在批注中提到的源头：“我们的固定读者，也许还记得尼古拉·列里赫1905年首次在《天秤》杂志（第8期）上发表的漂亮插图《杰瓦萨丽·阿布图》。后来，这幅图片收录到了捷克杂志 *Moderni Revue* 的精装本中，并在捷克艺术杂志 *Volné Směry* 中得以重现。目前，我们的一个热心读者来信，给我们指出尼古拉·列里赫在创作‘杰瓦萨丽·阿布图’形象时所借鉴的原型。它是一幅来自印度的洞穴中的古画，经常被刊载在各种畅销‘文化史’中，欧洲人对它的认识来源于格里菲斯的名著。随信寄给我们的，还有一期 *A. Schutz und Andezen. Kunstgeschichte. Berlin*（1903年），里面也有这幅画。该女子的神态和她身上的所有装饰品，果然与印度原画和尼古拉·列里赫的画作完全一致。这并不是一个没有意义的消息，作为表明尼古拉·列里赫创造力的资料，我们无论如何都看不出其中有什么理由可责难他。列里赫是从哪里获取的古印度女性形象？又从哪里汲取了那个时代的精神？还是来自于对真实遗迹的研究？指责艺术家，只因为他密切关注他创造的那个时代的形象，同样，沃尔特·司各特也因借鉴历史资料所创造出的人物的可信度而受到了责难。”①

1906年12月13日，尼古拉·康斯坦丁诺维奇·列里赫给《天秤》杂志社写了一封信，他在信中写道：

> 为探寻我插图中女性形象的原型，霍达谢维奇先生已经花了整整一年多的时间，那时整个知识界都知道印度石窟的著名壁画，那里与世无争，那片宁静给了我灵感，创造出一个人物形象，让我想要写一部关于杰瓦萨丽的故事。
>
> 在没有描绘出霍达谢维奇先生心目中的人物形象之前，这个问题我自己也无法回答。
>
> 如果戈佐利借鉴了马萨丘创造的人物形象，如果安杰罗在自己的雕塑作品中全部采用了古罗马躯干像和其他部位，对皮维斯和莫里斯·德尼来说，如

① 《天秤》，莫斯科，1906年8月，第8期，第79页。

果洛伦泽蒂兄弟、奥尔卡尼亚、戈佐利在某种程度上远非格格不入，如果我的展览画派同行们兰谢列、索莫夫、伯努瓦、巴克斯特的作品呈现出了 18 世纪的版画和其他资料，如果瓦斯涅佐夫、马柳京、比利宾非常需要历史博物馆和民族学博物馆的物品，如果北方的文物古迹窃窃私语，并走进了蒙克和盖伦的作品中，如果所有这些中的任何东西都保持原样，那只能说明霍达谢维奇先生远远不懂艺术[①]。

《杰瓦萨丽·阿布图》中的插图与阿旃陀 2 号石窟中著名的壁画《摩诃摩耶菩萨之母》和《伏在王公身前的女孩》（前 5 世纪）非常相似，这不仅说明了作者早在生活在俄国时就对古印度文化有了深刻的认知，更重要的是，这表明了作者艺术创造的“精神”层面成分越来越倾向于东方题材。

著名艺术评论家谢尔盖·恩斯特（1918 年）称胶画《杰瓦萨丽与鸟》（1905 年）为最“温柔”的画，并给出了这样的描述：“……一个戴满黄金手镯、面色苍白的女孩无力地倚靠在印度寺庙的雕花柱子上，而旁边的小树上开满了暗粉色的奇异花朵，一群灰蓝色、琥珀色和蓝色的鸟儿唱着歌，仿佛在歌唱它们对沉浸在秘密中的女孩的喜爱。”从风格上来说，上面提到的柱子具有贯穿尼古拉·康斯坦丁诺维奇·列里赫 1901 ~ 1910 年所有系列作品的斯拉夫“偶像”气息。很显然，这位艺术家想要通过此细节来强调斯拉夫人的印度起源。

在列里赫的众多画作中，俄罗斯的评论家常常将斯拉夫神话和圣经神话中的题材定义为“东方”主题。比如，艺术家和艺术评论家姆斯季斯拉夫·弗拉基米罗维奇·法尔马科夫斯基在表达自己对《蛇妖》（1906 年）[②] 这幅画的印象时，说这幅画是作者对关于伊戈尔、公主、蛇的《鸽子书》的理解，他写道：“……从画面中我们可以看到，一条火红色的蛇妖暴怒，撞击着战士，并用它长满金色毛发的尾巴紧紧地缠住它的玩物——哭泣的普佳季什娜，这是一条来自东方的蛇。”[③] 对比俄罗斯艺术文化界的两大泰斗——米哈伊尔·瓦西里耶维奇·涅斯捷罗夫和尼古拉·康斯坦丁诺维奇·列里赫时，评论家描述到“概念斗争”，即作品中东西方影响的冲突：“最早出现的斯拉夫人受远古人类影响，把所有概念都混淆在一起，我们现在仍然不知道，长着白色眼睛的、沉默寡言的芬兰族人的宗教信仰是在哪里结束的，对快乐的斯拉夫神的崇拜又是从哪里开始的？但是，离我们越近，越往南，斯拉夫人就离芬兰越远，离拜占庭和波斯则越近：故事中充满精巧奇异的东方色彩，仿佛让人感受到来自于伊朗和印度的奇幻梦境。而故事的主角是眼睛睁得大大的拜占庭，表情严肃，禁欲主义者枯瘦蜡黄的身体套着

① 《罗斯》，圣彼得堡，1906 年 12 月 15 ~ 28 日，第 76 期，第 4 页。

② 蛇妖硬纸板，胶画，50 厘米 ×89 厘米，俄罗斯国家博物馆档案。

③ 《教育》，圣彼得堡，1908 年 8 月，第 8 期，第 39 ~ 44 页。

精致的紫红袍。忧伤严肃的色彩遮盖了云层，天空仿佛在等待着审判。”①

从1908年开始，尼古拉·康斯坦丁诺维奇·列里赫重整旗鼓，在他的作品中展现出了东方游牧民族主题。1909～1915年，亚历山大·波尔菲里耶维奇·鲍罗廷创作的四幕（五场）歌剧《伊戈尔王》在谢尔盖·巴普洛维奇·佳吉列夫私人剧院上演，他为此设计了一系列舞台布景和演出服装，其中包括为《波罗维茨舞曲》之《波罗维茨人的阵营》创作的多幅草图。栩栩如生的巨型画布呈现出的舞蹈场景令同时代的人颇为震惊。单调凄凉、荒无人烟的辽阔草原场景瞬间感染了观众。艺术家成功地描绘出了草原的味道，游牧民族火炉上散发的香气四处弥漫，馥郁芳香。在交响音画高潮来临时，伴随着激烈奔放的自然力量，波罗维茨人涌入舞台。他们纵身跃起，手中的长鞭啪啪作响，似乎在驯服草原上的野马。尼古拉·康斯坦丁诺维奇·列里赫史诗级的不朽画作，隐藏着潜在力量和原始力量，与这紧张狂热又激烈的舞蹈节奏完美融合。正如艺术理论家玛格丽特·瓦西里耶芙娜·达维多娃（1974年）所说，《波罗维茨舞曲》是最完整的俄罗斯芭蕾舞剧演出之一，它的音乐、布景和舞蹈完美和谐地融为一体。

尼古拉·康斯坦丁诺维奇·列里赫创作的东方绘画元素引发了广泛的文艺讨论。下面是同时代人对《波罗维茨人的阵营》所发表的一些看法。

> ……浑浊阴郁的天空，阴沉黯淡的光影，波罗维茨人的营火冒着浓烟，缓缓地飘向空中，天空中布满了厚厚的、黑压压的烟团。这里说明的还是艺术家的独创性，就像开始时那样。这种烟雾既不是“做出来的”，也不是借助舞台设备做出的惊人效果。它是画在金橙色的天空背景中的，只要恰当地变换光线，烟雾就会活灵活现、栩栩如生②。

> 毋庸置疑，这部剧是成功的……
>
> 这部剧的大部分戏份都落到了伊戈尔身上，这里有一个真正的高潮，整个演出厅的人都沸腾了……究其原因，自然是隐藏在伊戈尔总谱中的这种力量，它在演出中一下子被释放出来，这是彼得堡人在马林斯基剧院从来没有见识过的。这幕剧是佳吉列夫剧院真正的辉煌成就，因为这种力量是一众天才——乐队指挥库柏、芭蕾舞编导福金、舞台布景画家列里赫、导演萨宁智慧的结合。之所以说是结合，是因为他们中的每一个都可以让其他人事半功倍。
>
> 从舞台布景开始：帐篷有着不同寻常却又恰到好处的浅红色色调，在

---

① 《教育》，圣彼得堡，1908年8月，第8期，第39～44页。

② 列宁格勒，喀山，巴黎歌剧院舞台上的《伊戈尔王》，《言者杂志》，圣彼得堡，1908年，1909年12月24日，1910年1月6日，第660期，第4、5页。

黑暗、凝重的天空下，远处隐约可见冒着浓烟的篝火。在这种背景和光线下，古典的东方服饰——“长袍大褂”熠熠生辉、令人印象深刻，忽明忽暗的色调变化万千，这一切都能见识到一名真正艺术家的想象力。快来观看这场舞蹈演出吧，它是福金编导的；它也是一场群众运动，因为它是萨宁导演的。有时，在狂热运动的漩涡中，整个舞台变成一个充满神奇色彩的万花筒。独舞者也是精心挑选的：彼得连科扮演孔恰科夫内，斯米尔诺夫扮演弗拉基米尔，沙罗诺夫扮演伊戈尔，扎波罗热茨扮演孔恰克，但在观众面前，在芭蕾舞剧团面前，在合唱团和乐团面前，他们所有人都稍显逊色。

巴黎的观众也被折服了，用雷鸣般的掌声来表达自己的喜悦之情……①

……如果巴黎人完全不知道鲍罗廷的歌剧，那他们肯定是为鲍罗廷、列里赫、福金的亨嘉之会，为他们带来的这场完美融合音乐、色彩与动作的前所未有的视听盛宴而神魂颠倒。

马林斯基剧院新上演的“伊戈尔王”，丝毫没有这种一致性，没有从整体上来深入考究波罗维茨人营地的艺术色彩。没有列里赫笔下一望无垠、傍晚升腾着袅袅青烟的草原，也没有微微泛着红光、将熄未熄的篝火，科罗温用枝繁叶茂的山林景色让整个舞台变得沉闷压抑……②

从列里赫妙绝古今的舞台布景、广袤无垠的大草原、富有古韵的五彩斑斓的服饰开场，到最普通的表演者的收场，一切都饱含着某种深邃的寓意、高涨的激情和史诗般的自发性。我们说“普通表演者”，这里要强调说明一下：《波罗维茨舞曲》的盛大就在于，没有普通的表演者，也没有领舞的女芭蕾舞演员和芭蕾舞群舞演员。这是一个合唱的场面，整个部落的聚集③。

1913 年 6 月，尼古拉·康斯坦丁诺维奇·列里赫首次造访高加索。关于这件事，俄国和当地期刊都报道过④。在他的人生中发生了一件重大事件：他是亲眼见识了东方世

---

① 科斯特列夫尼：《沙特莱剧院上演的俄罗斯歌剧和芭蕾舞剧》，《言者》，圣彼得堡，1909 年 5 月 15 ~ 28 日，第 796 期，第 5 页。

② 《歌剧〈伊戈尔王〉之〈波罗维茨人的阵营〉》，《言论报》，圣彼得堡，1909 年 9 月 29 日、10 月 12 日，第 267 期，第 4 页。

③ 图根霍尔德雅科夫：《在巴黎演出的俄罗斯芭蕾》，《阿波罗》杂志，圣彼得堡，1910 年 5 ~ 6 月，第 8 期，第 69 ~ 71 页。

④ 《高加索边疆区》，皮亚季戈尔斯克，1913 年 6 月 14 日，第 131 期，第 5 页。《白天》，圣彼得堡，1913 年 6 月 16 日，第 159 期，第 6 页。《皮亚季戈尔斯克的回声》，1913 年 6 月 16 日，第 137 期，第 5 页。《南俄罗斯艺术》，基辅，1913 年，第 6 期，第 283、284 页。

界的第一人。尼古拉·康斯坦丁诺维奇·列里赫在基斯洛沃茨克的加涅申旅馆给叶莲娜·伊凡诺芙娜·列里赫写的信中提到：艺术家就得创造或想象[①]。1913年6月20日白天，列里赫写道：我开始画一小幅画，向沙皇展示《王国的边界》。6月29日：开始去窗外写生。6月30日：今天2～7点一直在阳台上画画，已经完稿。7月2日：3～7点在阳台上画画。7月5日：还有3幅画没有完成，所有的时间都被打乱了。7月8日：正在构思新的画作，这是一个很好的现象。今天我想到，虔诚的普罗科皮移走大乌斯秋格的石群，石头本应落在乌斯秋格，而他把石头全部移走了；石头地，远处的城市和普罗科皮在祈祷。

回到圣彼得堡后，尼古拉·康斯坦丁诺维奇·列里赫邀请了艺术评论家亚历山大·巴甫洛维奇·伊万诺夫（1876～1933年）到自己的工作室做客，伊万诺夫当时正在准备有关列里赫的大型专题研究。尼古拉·康斯坦丁诺维奇·列里赫在翻阅这个专题研究的草稿后，对“高加索”系列的作品留下了深刻印象。“就在刚过去的这个夏天，出现了一小套‘高加索’系列的画集”，亚历山大·巴甫洛维奇·伊万诺夫1913年秋写道，“列里赫在基斯诺沃茨克度过了整个六月”[②]基斯洛沃茨克坐落于山麓中心地带，远离高加索雪岭，镶嵌在一块盆地之中，四周群山环绕、层峦叠嶂。这里的山有圆的，有山脊和山峰扁长有如打磨过一般的，有绿树成荫的，还有濯濯童山，山上分布着大片牧场，到处都绿草如茵。这些山是那么的高，以至于晴朗的时候，云朵会从它们的脊背和头顶飘过。山间的峡谷顺着山势倾泻而下，一直延伸到盆地中，狭窄的沟壑给白垩露头的地层戴上了一条白丝带，阿乌尔有些地方顶部平坦，呈现出深灰色，紧贴山脉。这样壮观的山地景观，是创作这五幅大型写生画——《格罗布山》《布古尔斯坦山》《蓝色山峦》《阿乌尔山》《黎明时分的布古尔斯坦山》[③]的灵感所在。

很显然，在1913年的高加索之行中，列里赫不仅去了高加索矿泉，还游历了其他地方，相对于已经欧化且相对舒适的基斯洛沃茨克，在那些地方更能感受到浓郁东方的“精神”。吸引他的是那些古阿兰文化的遗迹——雷姆山，它是博尔古斯坦（写生画的名字听起来像是“布尔古斯坦”）要塞，还有厄尔布鲁士山附近地区以及一些山村。除了亚历山大·巴甫洛维奇·伊万诺夫上面提到的那些写生画，1913年夏天创作的名作还有：《群山》[④]、《高加索》[⑤]和两幅《云》[⑥]。

在基斯洛沃茨克的文学作品中，还有一篇《印度之路》[⑦]，文中展现了他对印度

① 国立特列季亚科夫画廊手稿部全宗号：44，目录号：1，案卷号：226、337、379、383、385、387、389、399、414、444、456。

② 上方是尼古拉·康斯坦丁诺维奇·列里赫的亲笔签名：2月11日。

③ 俄罗斯国家博物馆手稿部全宗号：143，案卷号：3，第38、39页。

④ 《群山》，硬纸板，胶画，25厘米×32厘米，1995年前保存于格罗兹尼造型艺术博物馆，现下落不明。

⑤ 《高加索》，硬纸板，水粉画，42厘米×73厘米，乌兹别克斯坦艺术博物馆（塔什干），档案号：1157。

⑥ 第一幅：胶画，下落不明。第二幅：硬纸板，胶画，76厘米×71厘米，希·列·卡甘收藏，莫斯科。

⑦ 尼古拉·列里赫：《印度之路》，《俄国词话》，莫斯科，1913年7月7～20日，第156期，第2、3页。

的所有憧憬和向往。他只收到那里寄来的发表在俄国词话上的一篇随笔《祖父》[①]，还有两篇故事——《沙漠城市》[②] 和《王国的边界》[③]。后一个故事的开头是这样写的："在印度。"在高加索时，这位艺术家深深地感受到他心中理想国度的魅力。对尼古拉·康斯坦丁诺维奇·列里赫来说，高加索是他"王国的边界"，这个边界以外就是他向往的印度。

早在 1913 年旅行期间，尼古拉·康斯坦丁诺维奇·列里赫就希望能再次回到高加索，但不是他自己，而是和他的夫人以及两个儿子——尤里和斯维亚托斯拉夫。关于这一点，叶莲娜·伊凡诺芙娜·列里赫写道"我迫不及待，之后沿着格鲁吉亚军事道路前行了 32 个小时，那里有车，但是没有你，我是不会去的"（1913 年 6 月 19 日）；"要是你在这里就好了，我们就可以通过格鲁吉亚军事公路……"（1913 年 6 月 21 日）；"我认为高加索本身就很漂亮，以后，我和你，还有孩子们再去一趟那里"（1913 年 7 月 1 日）。

这次旅行，即重新探索高加索的奥秘和研究东方，不仅实现了，而且还富有成效，并且深深地印在列里赫的记忆中，很多年都挥之不去，列里赫在随后几年的书中对高加索和高加索人民的一系列记载都足以证明。在尼古拉·康斯坦丁诺维奇·列里赫的艺术遗产中，高加索主题在他 1913 ~ 1916 年的作品中均有提及：《旗帜》（1913 年）、《远方的山峦——高加索》（1913 年）、《蛇的咆哮》（1913、1914 年）、《注定要没落的城》（1914 年）、《巨人之路》（1914 年）、《复活神水》（1915 年）、《梅赫斯基——月亮上的人》（1915 年）、《小山岗》（1916 年）、《王国的边界》（1913、1915、1916 年）、《蓝山谷》（1916 年）、《曼努的智慧》（1916 年）、《废墟》（前一幅画的草稿）（1916 年）、《在山间小路上》（1916 年）等。有些作品已经提到印度，但作品中描绘的山还是高加索山，像《王国的边界》（描绘的是高加索山主脉）和《曼努的智慧》（描绘的是厄尔布鲁士山）。俄国评论家们对这些作品中的一些发表了评论。许多同时代的人认为，这些作品是这位大师对东方世界的进一步认识。

> 无论《蛇的咆哮》过于鲜艳的颜色让你的眼睛有多么不舒服，但这幅色调单一的木版画就是强大到可以让你联想到太古时代[④]。

> 列里赫在《蛇的咆哮》中做了一个极为大胆的决定，将所有的焦点转移到山上的晨光。艺术家复活了人类关于蛇的古老传说，一条扬着头在阳光下

① 尼古拉·列里赫：《祖父》，《俄国词话》，莫斯科，1913 年 6 月 27 日、7 月 10 日，第 147 期，第 2 页。
② 尼古拉·列里赫：《沙漠城市》，《俄国词话》，莫斯科，1913 年 6 月 11 ~ 24 日，第 133 期，第 2 页。
③ 尼古拉·列里赫：《王国的边界》，《俄国词话》，莫斯科，1913 年 7 月 3 ~ 16 日，第 152 期，第 2 页。
④ 梅岑纳特，《"艺术世界"展》，《彼得格勒报》1915 年 3 月 5 日，第 62 期，第 2 页。

咆哮的蛇[①]。

在尼古拉·康斯坦丁诺维奇·列里赫的《注定要没落的城》中，充满了古老传说中的阴森恐怖的感觉。白石城被一条巨蛇一圈一圈地慢慢包围起来，孤零零地矗立在山顶上，城内的建筑物畏惧地蜷缩在一起，彼此之间紧挨着。此时山顶已经蒙上了夜的黑暗，天空中那颗一闪一闪的小星星，将成为这座“注定要没落的城”灭亡的见证人[②]。

过去的那个夏天非常适合这位艺术家的艺术创作，他从乡村带回来一批优秀的、有趣的油画和素描。无论是它们的内涵，还是具体的表现形式，这些画作都十分多样化……大幅装饰画《曼努的智慧》，讲的是大师的精神追求，以及他对伟大的印度文化的向往之情……大幅胶画《王国的边界》再一次展示了列里赫在表现形式方面的成就。在这幅画中，所有的“构图线条”，以淡绯红色－火红色为主色调的整体色彩调，展现了极大的节制与自由[③]。

大篇幅画《曼努的智慧》构图非常完整，在这幅画中，绿色和紫色的搭配显得异常和谐，东方特色与漂亮的山形完美结合……这幅非常原始的画作《梅赫斯基——月亮上的人》，艺术家用一种实在的力量描绘出深邃的苍穹中的月亮，表达了他对另一个世界的向往和憧憬，以及对这个神秘世界的回忆[④]。

在这位艺术家艺术生涯的后期，东方主题得到了大规模的发展。无一例外，他所有的“东方”系列油画都具有深厚的俄罗斯民族特点，并延续了俄罗斯文化发展的基因线。

瓦莲京娜·巴甫洛芙娜·克尼亚泽娃（1998年）致力于研究列里赫作品中的继承线，并完成了多部著作，此外，她还将注意力放在这位艺术家在俄国、西方以及东方经常做的一件事情，即行善上。在这个话题上，尼古拉·康斯坦丁诺维奇·列里赫使人们回想起，自古以来到底是什么使各民族变得亲近起来。《虔诚的普罗科皮为神秘的漂浮物祈祷》（1914年，俄罗斯国家博物馆）和《宝马》（1925年，下诺夫哥罗德国家艺术博物馆）这两幅画比较接近列里赫自己的道德观。他的许多作品都描绘了女子等待英雄、送别英雄和心系家园等场景：《温克拉达》（1909年）、《海外的伟大土地》（1910年，国立诺夫哥罗德联

---

① Videns：《消息与观点》，《生活之声》，圣彼得堡，1915年3月18日，第12期，第19页。

② 尼科利斯基·维：《艺术展》，《俄国词话》，莫斯科，1915年2月10～23日，第32期，第6页。

③《尼古拉·康斯坦丁诺维奇·列里赫新作》，《市场消息报》，圣彼得堡，1916年10月26日、11月8日，第15885期（晨版），第5页。

④ 罗斯季斯科沃夫·亚历山大·亚历山大罗维奇：《“艺术世界”展》，《言论报》，圣彼得堡，1917年2月24日、3月9日，第52期，第2页。

合博物馆保护区)、《主宰者》(1924 年，中央革命博物馆)、《一定要记得》(1947 年，俄罗斯国家博物馆)、《幸福的火焰（恒河上的火)》(1947 年，国立东方博物馆）等。

导师主题以这位艺术家“俄国”时期的一条类似“红”线为开端。在尼古拉·康斯坦丁诺维奇·列里赫眼中，导师是神圣而又特别具体的。对他而言，导师就是那个帮助他认清生命的意义、承认建立道德功勋必要性的那个人。他也曾有一位这样的“生命导师”——伟大的俄国艺术家阿尔希普·伊万诺维奇·库因吉（1841 ~ 1910 年)。库因吉创作了多部以俄国圣贤——普罗科皮·普拉韦德内、尼古拉·丘多特沃列茨、谢尔盖·拉多涅日斯基等俄国人民精神导师为题材的作品。20 世纪 20 年代中期，列里赫开始创作“东方导师”系列作品。他的画作中先后出现了释迦牟尼、老子、孔子、穆罕默德、琐罗亚斯德等人类的导师。在同系列作品中，在美国和印度时创作的圣谢尔吉·拉多涅日斯基的形象则是后世永不磨灭的灯塔，也是当代俄罗斯艺术文化所需要的。

五

至于东方主题在尼古拉·康斯坦丁诺维奇·列里赫大师以后的创作中是如何深入和广泛发展起来的，他在 20 世纪 20 ~ 40 年代创作的上千幅绘画作品足以能证明。在尼古拉·康斯坦丁诺维奇·列里赫 1923 ~ 1928 年的中亚探险期间，曾不止一次地去观摩“伟大的骑士”题材作品，现以此注解为例对这位艺术家艺术遗产中的东方主题进行说明。

首先映入眼帘的是，艺术家提供了两种基本的油画题材解决方案，即竖幅和横幅。

竖幅的是保存在蒙古札那巴札尔造型艺术博物馆（乌兰巴托）的《里格登 - 贾波 - 香巴拉的统治者（伟大的骑士)》，这幅画完成于 1927 年，是以粗麻布为底布的油画，尺寸为 165 厘米 ×125 厘米，这幅画的背面有作者的藏语题词，达什尼亚美·甘加（2007 年）的译文为：雷帝雷格登达格瓦——香巴拉的统治者。这幅画是作者赠给大人民呼拉尔——蒙古国的最高立法机构的礼物。根据尼古拉·康斯坦丁诺维奇·列里赫书中的记载，这幅画的本名为《亚洲之心》(1929 年)。在瓦季姆·瓦西里耶维奇·索科洛夫斯基（1978 年）的画册中，这幅画叫作《未来（伟大的骑士)》，在博物馆中叫作《伟大的红色骑士》。

作者在自己撰写的《阿尔泰——喜马拉雅》(1929 年）和《亚洲之心》(1929 年)，以及 1995 ~ 1996 年出版的《日记》中曾多次提到这幅画作的创作情况和赠送给蒙古国的情形。柳德米拉·瓦西里耶芙娜·沙波什尼科娃（1998 年）在《大师》一书中写道：“这幅画栩栩如生，融合了传统和新生。天空中挂满了红色的云彩，一个骑士骑着红色的骏马在奔驰，骑士高声地吹着调子，他的脸好像寺庙中的神像一样。在他的前方，湛蓝的天空中飞着一群红色的鸟儿，他们是未来的使者。穿过蒙古的青山，足下是嫩绿的草原，去开大呼拉尔会议。这幅画有点像古代的唐卡。但这幅画反映的事件是关于现在和未来。这幅画具有标志性的意义，是那个时代的符号。”

帕维尔·费多罗维奇·别利科夫和瓦莲京娜·巴甫洛芙娜·克尼亚泽娃在艺术家

（1996年）的传记中，引用了尼古拉·康斯坦丁诺维奇·列里赫解释这幅画内涵的话。那是1927年他把油画献给蒙古人民共和国第一任总理巴林·车林多尔济（1868～1928年）时说的话："蒙古人民正在新世纪的旗帜下建设自己的美好未来，伟大的自由骑士在蒙古辽阔的草原上飞驰……大呼拉尔在常务会议上做出建设人民新生活的决议，并大声呼唤红色的英俊的主宰骑士。在亚洲的鼎盛时期，艺术作品或书籍被认为是最好的礼物。亚洲又一次迎来了盛世……"

蒙古政府计划修建一座寺庙，专门用于陈列该作品和其他珍贵物品。于是派出政府特派员，请列里赫来设计这座新建筑物的样式（"图"，正如尼古拉·康斯坦丁诺维奇·列里赫在《阿尔泰－喜马拉雅》第十一章中所写。然而，在他离开后，蒙古国发生政治变动，这个项目也因此夭折，这幅画随之转移到蒙古学术委员会，之后很快就被忘记了，直到1959年，艺术家的儿子——著名的东方学家尤里·尼古拉耶维奇·列里赫（1902～1960年）前往乌兰巴托出席第一届国际蒙古学家大会时再次提起。但当时他并未找到这幅画，直到数年之后，他的追随者、时任蒙古人民共和国国家科学院东方学研究院院长的沙格达伦·比拉在展品储藏室里发现了这幅画。关于这件事，伊涅萨·洛马金娜（1970年）曾通过苏联报刊报道过。从那时起直到今天，在蒙古札那巴札尔造型艺术博物馆的所有陈列品中，这幅油画仍占据着最重要的位置。

对蒙古创作的兴趣年年高涨。2008年11月，在乌兰巴托举行的"列里赫与蒙古"大会上，来自蒙古和俄罗斯的艺术学家、文化学者在各自的报告中也提到了这个现象［同年，部分报告发表在"Аав хүү Рерих нар ба Монгол"（"列里赫与蒙古"）文集中］。

有人认为，这幅画是以红色为主调的马尔坦风格。达什尼亚美·甘加（2007年）联系这幅画的蒙古名，强调了这一颜色的特殊意义："在蒙古语中，有许多定义马的毛色的术语，是因为马身上泛着火光的颜色，因此很难确定这幅画中马的毛色的准确叫法，甚至连云朵都是绯红色的。飞在前面的鸟儿，看上去很像鸽子或燕子，它们也被蒙上了一层红色。"这幅画在蒙古的既定名字叫《伟大的红色骑士》，这与蒙古首都的名字——乌兰巴托有关，如果逐字逐句翻译，就是《红色骑士》。

值得注意的是，作者曾提到过，他的"伟大骑士"应该骑什么样的马。它应该是爱尔德尼·莫林或查干·莫林，这驮着世界宝藏的白马是西藏、蒙古故事传说中的经典形象。在《通往未来之门》（1936年）一书中，尼古拉·康斯坦丁诺维奇·列里赫在欧亚神话的大背景下对爱尔德尼·莫林进行了仔细分析："在民间传说和史诗中，我们都知道骑白马的英雄，我们见过白马圣叶戈里，见过白马圣弗洛尔和圣拉夫尔，也见过飞马珀伽索斯，还见过古立陶宛上古之神的白马，骑着白马奔驰的日耳曼瓦尔基利亚女神们。听到过古伊朗白马伊斯法甘纳的故事，见到过骑着马的守庙人阿周那，听到过古亚洲的伟大英雄格谢尔－汉纳的故事，在西藏的柱子上甚至可以看到打马蹄铁的场面。我们知道驮着钦塔曼尼火红色担子的马希马瓦特。白马爱尔德尼·莫林是蒙古人民幸运宝藏的承载者。在中国画中，白马也驮着像火焰一样的宝藏，好像是圣古别尔特的鹿。白马的步态勾勒出了中国的边界，马的身后是长城。还有骑着白马的英雄。蒙古查干·莫林、爱尔德尼·莫林都是白马，在不同的故事中，有着不同的叫法。骑着白马飞驰的有里格登－贾波、香巴拉的统治者，在火光的映照下，白马披上了火红色的外衣。而当人们期盼未来时，伟大的骑士就把脸转向期盼的人群，一会儿这边，一会儿那边”[《爱尔德尼·莫林（蒙古族史诗）》，1935 年]。

关于《伟大骑士》的去向，尼古拉·康斯坦丁诺维奇·列里赫也曾在他的考察日记中提到过：“里格登－贾波，香巴拉的统治者，行走在荒无人烟的地方，沿着通往东方的道路前进。”（《阿尔泰－喜马拉雅》第Ⅻ章《西藏》，1927～1928 年）

这幅油画的构图有多个横向版本。在尼古拉·列里赫纽约博物馆的藏品中，最有名的是《未来（伟大的骑士）》的手稿。这幅手稿创作于 1927 年，采用的是坐标纸和石墨铅笔（纸张 26.5 厘米 ×21.4 厘米，图形 11.1 厘米 ×19.8 厘米）。

很明显，对于欧洲人而言，“读”横幅画时最好能结合传统的符号说明。从伟大骑士的姿势和他的头饰，很容易看出 1921 年蒙古人民革命领袖达姆金·苏赫－巴托尔（1893～1923 年）的影子。大熊星座的七颗星星象征着香巴拉的七位统治者。主星为北极星，握在里格登－贾波化身的伟大骑士手中。众所周知，北极星（小熊星座的 α 星），位于天球北极附近。在东方，常将“天轴”与神圣的须弥山联系起来。即将到来的弥赛亚也将从北方来，因此香巴拉经常被称为“北方”香巴拉。

时至今日，在蒙古仍能见到具有佛教标志和反映造世图案的敖包：在象征着须弥山的大土堆或石堆周围，顺着光的方向，摆放了十二个角锥形的小石堆，分别对应十二个大陆、岛屿或地球上的其他地方。在尼古拉·康斯坦丁诺维奇·列里赫的手稿中，太阳和新月两个上角的图案表达了这个想法，这里应该这样“解读”：白天的十二个小时和夜间的十二个小时，以及四个明亮处，都在等待着“北方”香巴拉统治者的到来。

图一　尼古拉·康斯坦丁诺维奇·列里赫（纳加尔，印度，1931～1933 年，© 列里赫博物馆，纽约）

沙格达伦·比拉院士说，列里赫父子对信仰佛教的国家及地区，尤其是中国西藏和蒙古广泛流传的香巴拉传说非常感兴趣。毫无疑问，尼古拉·康斯坦丁诺维奇·列里赫创作的《里格登－贾波——香巴拉的统治者》这幅画，最直接的印象是来自他在蒙古时关于香巴拉传说的所见所闻。这位艺术家发现，对香巴拉新时代到来的信念产生于 1926～1927 年，这一信念在蒙古异常坚定。在蒙古首都的街头，艺术家遇见了骑兵部队，士兵们唱着由苏赫巴托尔的士兵谱写的关于香巴拉的歌曲。这首歌的名字叫作《北方香巴拉之战》(蒙古音译:《让·香巴雷·代恩》)。

这首歌反映了蒙古革命家的各种思想，其中有几段很有意思，讲的是他们在革命的初始阶段见证了蒙古革命的全民族性。各阶层人民的代表，即王公贵族、喇嘛、农牧民都参与了这场战争，他们为争取国家独立而战。而在这场斗争中，事实证明，尤其是那首《让·香巴雷·代恩》鼓舞了蒙古人民，他们相信蒙古新纪元——香巴拉时代即将来临，这一点，尼古拉·康斯坦丁诺维奇·列里赫在其横幅画作中展现得淋漓尽致。

在各种版本的油画下方，尼古拉·康斯坦丁诺维奇·列里赫描绘出了在蒙古人心中的圣山——博格多-乌拉山山脚下举行的大呼拉尔会议。

在竖幅《里格登-贾波——香巴拉的统治》中，尼古拉·康斯坦丁诺维奇·列里赫摒弃了对《伟大骑士》形象的拟人化，而是直接模拟现代英雄。他的作品不仅是献给未来蒙古的，也是献给整个人类的。1923 ~ 1928 年，在完成自己的史无前例的中亚探险之旅后，艺术家写道:“……里格登-贾波不知疲倦、夜以继日地造福人类，他从未合过双眼。通过他的魔镜，他可以看到地上发生的所有事件。而他的思想力量则渗透到遥远的土地。对他来说，距离是不存在的，他可以瞬间为需要帮助的人提供帮助。他璀璨的光明可以摧毁一切黑暗。他拥有无穷的财富，随时准备帮助所有献身正义的人。他甚至可以改变人们的因果报应……”(《昌明的香巴拉》，1928 年)。正因如此，我们才能在尼古拉·康斯坦丁诺维奇·列里赫的画中看到香巴拉的统治者。伊涅萨·洛马金娜(1994 年)发现，在画的处理中，不同文化交织在一起。她写道:“尽管骑着红马、扛着红色胜利旗帜的将领取代了佛-佛像净火传统装饰语言，尽管画面的平面度和配色符合佛教的圣像画术，还是能感受到不同文化的交织。列里赫让一个手握长矛的战士战胜邪恶，长矛顶端像是十字架。挥舞的长矛、正面描绘的马以及线性风格的创作手法，使整个作品具有俄罗斯圣像的韵味。”

最后，艺术家联想到藏传佛教格鲁派的班禅喇嘛——继达赖喇嘛之后的第二世喇嘛的转世，于是采用东方的传统方式对主形象进行了处理。根据西藏日喀则的扎什伦布寺的寺名，这个佛教僧侣也叫扎西喇嘛。在《中亚之行》(1994 年)一书中，尤里·尼古拉耶维奇·列里赫写道:大喇嘛未来将化身为“里格登-贾波，他是香巴拉未来的统治者，号召战胜邪恶信徒，建立弥勒佛国度。香巴拉的教义——内心深处通晓蒙古和西藏，法王扎西喇嘛是其主要的世间布道者”。

画布上缘中间位置直接展示了班禅喇嘛的形象和阿弥陀佛的小像。众所周知，自 17 世纪初开始就存在的班禅喇嘛的转世灵童(活佛)，在传统上被认为是阿弥陀佛的替身。

香巴拉统治者形象对研究东方举足轻重，艺术家在自己之后几年的作品中依次展示了该形象，比如《里格登/贾波的命令》① 等一系列其他作品。

① 有名的三幅画创作于 1926、1927 和 1933 年，现保存于莫斯科中心的列里赫博物馆、列里赫家族国际中心、纽约列里赫博物馆和私人收藏。

六

著名的俄罗斯艺术家亚历山大·雅科夫列维奇·戈洛温（1863 ~ 1930 年）在创作《尼古拉·列里赫肖像》（1907 年，国立特列季亚科夫画廊）时说："……从他（指列里赫，译者注）的眼里，可以看到某种蒙古、亚洲的东西，仿佛感觉到他深深地沉浸在广阔的东方世界中。"①

《论二十世纪国内造型艺术中尼古拉·康斯坦丁诺维奇·列里赫的形象》（2009 年）一文的作者叶甫盖尼·谢尔盖耶芙娜·库拉科娃这样写道："亚历山大·雅科夫列维奇·戈洛温（1907 年）创作的列里赫的现实主义肖像具有室内肖像的特点。"事实上，从个性来讲，尼古拉·康斯坦丁诺维奇·列里赫是一个非常独特的人，亚历山大·雅科夫列维奇·戈洛温发现尼古拉·康斯坦丁诺维奇·列里赫身上融合了非常个人的、隐秘的和全世界宇宙的概念，融合了他自己与无形世界的联系。而早在尼古拉·康斯坦丁诺维奇·列里赫在美国生活期间，未来主义画派艺术家大卫·大卫多维奇·布尔柳克（1882 ~ 1967 年）就试图在自己的肖像画中表现出这一点。

在研究"尼古拉·康斯坦丁诺维奇·列里赫教授肖像"（1929 年）时，大卫·大卫多维奇·布尔柳克对尼古拉·康斯坦丁诺维奇·列里赫的多元世界观产生了独到的见解，他取得了西方和东方最高文化的成就。现如今，这幅克里斯蒂安·布林顿的藏品保存于费城艺术博物馆（宾夕法尼亚州）。此外，他还创作了一幅与尼古拉·康斯坦丁诺维奇·列里赫本人十分相似的铅笔肖像画，这幅画因出现在大卫·大卫多维奇·布尔柳克的学术研究《列里赫——生活与创作，1917 ~ 1930 年》（1930 年）中而一炮走红。

《尼古拉·康斯坦丁诺维奇·列里赫教授肖像》（1929 年）的象征意义充满了各种能使人联想起列里赫未来主义精神遗产的东西。蓝灰色的水中盛开着在东方文化中具有多重象征意义的莲花，花的颜色介于雪青色与粉红色之间，并渲染着画像中描绘出的艺术家。

在大师儿子——艺术家斯维亚托斯拉夫·尼古拉耶维奇·列里赫（1904 ~ 1993 年）的画像中，呈现在我们面前的，既不是"西欧派"，也不是他的祖国（俄罗斯）常说的"亲斯拉夫派"，映入我们眼帘的，是东方导师。

1931 年 1 月 26 日，在参加列里赫协会下属的斯宾诺莎联合会活动时，尼古拉·康斯坦丁诺维奇·列里赫回忆起了有次在东方时一位拉比说过的话："你也一样，以色列。毕竟，每个寻找光明的人都是以色列。"在这简短的话语中，列里赫感受到了远古时代的智慧，这两句话流露出的不仅是崇高，更是容忍（《生活的智慧》，1931 年 1 月 26 日）。

① 尼古拉·康斯坦丁诺维奇·列里赫：《日记》，戈洛温，1937 年。

正因为如此，列里赫一直活在同时代人的记忆中，也出现在俄罗斯艺术家的画作中。认识他的所有人都称赞他眼界开阔，为人和蔼可亲。东方和西方就这样毫无冲突地共存于他的生活和作品之中。作为一位思想家，列里赫深信："只有认清什么是美好的，什么是高尚的，我们才能解决当前暴乱骚动的种种问题。只有美的'桥梁'足够坚固，我们才能从黑暗走向光明。"（《生活的智慧》，1931 年 1 月 26 日）尼古拉·康斯坦丁诺维奇·列里赫和他的家族给所有人留下的遗产，就是在西方与东方之间架起了美好而又坚固的桥梁。

七

"尼古拉·康斯坦丁诺维奇·列里赫是一位学者"——这是一个独立的、非常宽泛的话题，没有这一点是无法理解这位伟人在东方的所作所为的。考古学是他灵感的来源，让他能够广泛深入地徜徉在茫茫的时间海洋里，又不失与真实历史事件的接触。

最能证明艺术家创作演变连续性的，当属他历史艺术的研究方法。尤里·尼古拉耶维奇·列里赫制定了 1923 ~ 1928 年中亚探险的主要目标为"绘制一幅活色生香的内亚风土民俗全景画"（1994 年）。早在前往亚洲探险以前，尼古拉·康斯坦丁诺维奇·列里赫就在俄罗斯率先运用了这种历史艺术方法。俄罗斯帝国古城（从喀山到里加）的艺术考古之旅硕果累累——创作了 100 多幅"建筑系列"作品。1903 年底，这些作品在皇家艺术学会大厅展出，其题材之广泛、美感之粗犷，令俄罗斯观众为之倾倒。评论界特别强调了此次展览的历史考古价值。此类国家文物首次成为整个艺术展览会预展的主题。

之后在东方的多年游历中，尼古拉·康斯坦丁诺维奇·列里赫把"全景"法运用到了某些地区、民族或文化的学术艺术研究中。

亚历山大·吉东尼（1915 年）在评价列里赫的学术方法时强调，在我们看来，它最大的特点是："只相信自己，在自己的作品中只运用通过自己的劳动、自己的感知、自己的推测所发现的，因为重要的不仅是发现了什么，更重要的是如何发现的。"尼古拉·康斯坦丁诺维奇·列里赫很少偏离这个原则，也许正因为如此，他的研究才对建立东西方之间的"文化"桥梁做出巨大贡献。这种"如何发现"指明了未来的学术方法和人道主义化的方法。在尼古拉·康斯坦丁诺维奇·列里赫看来，学术作品中重要的不仅是新认识本身，更重要的是对它们的伦理和道德评价。从这点可以看出，尼古拉·康斯坦丁诺维奇·列里赫深受柏拉图主义的影响。在他看来，对任何现象的认识都有局限性，没有对现象本体的认识，换言之，没有对现象无形的、超感觉的本质基础的认识，就无法让研究人员满意。由此可见，原则上是不完备的，可以说，没有对其精神文化的同步认知，研究人类的物质文化就是无意义的。

遗憾的是，尼古拉·康斯坦丁诺维奇·列里赫对东方民族特征的研究没有受到当代思想家爱德华·赛义德（2005 年）的关注，才有了这样的潜台词。尼古拉·康斯坦丁诺维奇·列里赫对东方的研究，不像西方偶然闯入的过路人，他们鄙视这个五彩斑斓的文化世界，这个信仰、景观与人文截然不同的世界。尼古拉·康斯坦丁诺维奇·列里赫认为，人类获得了一个转写和认识东方的绝佳机会，因为他既是一位学者，也是一位艺术家，他试图善意地、深入地来理解东方智慧，并将这一智慧传播给好奇的年轻一代——所有的未来人类。

十月革命后，俄罗斯艺术界对尼古拉·康斯坦丁诺维奇·列里赫绘画作品中的东方主题颇为关注，直到今天，这种关注度依旧不减。亚历山大·达尼洛维奇·阿廖欣、巴维尔·费多罗维奇·别利科夫、尤利娅·尤里耶芙娜·布德尼科娃、玛格丽特·韦尼阿明诺夫娜·达维多娃·玛格丽特·瓦西里耶芙娜、戈姆博·纳姆日洛维奇·扎亚图耶夫、瓦连京娜·巴甫洛芙娜·克尼亚泽娃、柳德米拉·瓦西里耶芙娜·科罗特金娜、彼得·伊戈列维奇·克雷洛夫、叶甫盖尼·帕拉季耶维奇·马托奇金、叶莲娜·伊凡诺芙娜·波利亚科娃、谢尔盖·谢尔盖耶维奇·萨沃斯库尔、瓦连京·米特罗凡诺维奇·西多罗夫、博里斯·阿列克谢耶维奇·斯米尔诺夫－鲁谢茨基、谢苗·伊万诺维奇·秋里亚耶夫、柳德米拉·瓦西里耶芙娜·沙波什尼科娃、康斯坦丁·费多罗维奇·尤翁、叶莲娜·巴甫洛芙娜·雅科夫列娃等诸多艺术家的选集①、作品和发言中都提到了这一点②（附录）。

总结这些俄罗斯研究者对尼古拉·康斯坦丁诺维奇·列里赫绘画作品中的东方主题的研究成果，可以得出这样一个结论，这位艺术家的各种创作活动应看作是学术、哲学和美学方面的多元探索。尼古拉·康斯坦丁诺维奇·列里赫对俄罗斯各民族与东方各民族之间历史渊源的见解建立在他对整个世界文化的理解之上，这对他的思想和艺术主题、甚至于对他的整个生活道路都具有决定性的影响。

尼古拉·康斯坦丁诺维奇·列里赫早年就密切关注俄国国内东方学家的研究著作，并与其中一些人交往甚密，如帕维尔·费多罗维奇·别利科夫（1974 年），帕氏指出，列里赫总是倾向于西方人眼中的那些声称东方民族拥有高雅文化、并反对欧洲中心论的新派学术观点。尼古拉·康斯坦丁诺维奇·列里赫极为重视古代的民族大迁徙，认真研究与“民族迁徙”相关的问题。尼古拉·康斯坦丁诺维奇·列里赫的观点不是孤立的，而是在人类文化发展的整个过程中探寻俄罗斯民族文化形成的历史条件下形成的。他指出，古代斯拉夫人过着高度组织化的社会生活。尼古拉·康斯坦丁诺维奇·列里赫还认为，西方的影响出现得相对较晚，人们具有自己的传统和千百年以来形成的生活方式，他们并不是盲目地接受它，而是对其进行改造。与此同时，尼古拉·康斯坦丁诺维奇·列里赫不仅主张重新审视彼得一世以前的罗斯，还极力提倡当前要以爱惜的态度

① 比如，玛琳娜·季莫费耶芙娜·库兹米娜：《尼古拉·康斯坦丁诺维奇·列里赫——生活与创作》（1978 年）。德米特里·尼古拉耶维奇·波波夫：《列里赫的王国》（1994 年）。

② 见文末“文献资料”清单中的出版物。

来对待独特的民族文化瑰宝。在俄国生活时期，这些想法激发了这位艺术大师的创作灵感，进而创作出了众多艺术作品。

在以后的生活中，尼古拉·康斯坦丁诺维奇·列里赫更加深刻地认识到了东西方文化中亘古不变的“美”，并通过艺术手法言简意赅地表达出来：“东方和西方都有最美的玫瑰，它们散发着同样的芬芳。”（《芬芳》，1935年）

第八届“列里赫遗产”国际学术研讨会
圣彼得堡国立大学
2008年10月10日在主楼彼得罗夫厅举行的全体会议

参考文献

阿廖欣·亚历山大·达尼洛维奇：《古罗斯建筑的启发》，《作品》，莫斯科，1968年第7期，第16页。

阿廖欣·亚历山大·达尼洛维奇：《艺术家是怎样炼成的》，莫斯科，1994年。

阿廖欣·亚历山大·达尼洛维奇：《尼古拉·康斯坦丁诺维奇·列里赫》，莫斯科，1974年。

巴拉耶夫·弗：《坚不可摧的悬崖》，《佛教》，莫斯科，1992年第1期，第21、22页。

别利科夫·帕维尔·费多罗维奇：《属于尼古拉·康斯坦丁诺维奇·列里赫〈弥勒佛〉系列作品》，现保存于高尔基国家艺术博物馆，1970年，手稿现保存于圣彼得堡国立列里赫家族博物馆学院。

别利科夫·帕维尔·费多罗维奇：《关于尼古拉·康斯坦丁诺维奇·列里赫的文化遗产》，《上下文1973：文化和理论研究》，莫斯科，1974年。

别利科夫·帕维尔·费多罗维奇：《列里赫家族》（精神传记处女作），《列里赫》（精神传记处女作）（1978～1982年）两部手稿和一幅未完作品的手稿现保存于圣彼得堡国立列里赫家族博物馆学院。

别利科夫·帕维尔·费多罗维奇：《尼古拉·康斯坦丁诺维奇·列里赫的创作》，1960年，手稿现保存于圣彼得堡国立列里赫家族博物馆学院。

别利科夫·帕维尔·费多罗维奇、克尼亚泽娃瓦莲京娜巴甫洛芙娜：《尼古拉·康斯坦丁诺维奇·列里赫》（第三版，增订版），萨马拉，1996年。

比拉·什：《蒙古的历史、文化和编史问题》，乌兰巴托，2001年，第456～459页。

比拉·什：《导师回忆录》，《列里赫遗产：会议作品》第二卷，圣彼得堡，2005年，第111～118页。

布拉娃茨卡娅·叶莲娜·彼得罗芙娜：《来自印度的洞穴和丛林，“蓝山”上的神秘部落，拉戈拉的杜尔巴尔》，摘自韦拉·彼得罗芙娜·热利霍夫斯卡娅写的作者传，圣彼得堡，1893年。

布拉娃茨卡娅·叶莲娜·彼得罗芙娜：《来自印度半岛的洞穴和丛林——写给故乡的信》，拉达－拜，莫斯科，1883年。

布拉娃茨卡娅·叶莲娜·彼得罗芙娜：《来自印度半岛的洞穴和丛林——信1～18》，莫斯科，1879年。

布拉戈沃·尼基塔·弗拉基米罗维奇：《卡尔·伊凡诺维奇·迈中学时的列里赫家族》，圣彼得堡，2006年。

邦达连科阿列克谢阿纳托利耶维奇、邦达连科·阿列克谢、尤利娅·尤里耶芙娜·布德尼科娃、梅利尼科夫·弗拉基米尔·列奥尼多维奇、蒙纳斯特尔斯基夫拉季斯拉夫、萨利莫夫·拉维利亚、乌沙科夫·尤里：《文化倡议——厄尔布鲁士（2003）》，《列里赫遗产会议作品》第三卷，第二部分，圣彼得堡，2007 年，第 396 ~ 492 页。

邦达连科阿列克谢阿纳托利耶维奇、梅利尼科夫·弗拉基米尔·列奥尼多维奇：《列里赫与大学》，《列里赫彼得堡作品集》附录，第三辑，圣彼得堡，2002 年。

布德尼科娃·尤利娅·尤里耶芙娜：《两座城》，《沃斯霍德》，新西伯利亚，2009 年第 8（184）期。

布德尼科娃·尤利娅·尤里耶芙娜：《印度哲学与尼古拉·列里赫的诗歌作品》，《列里赫彼得堡作品集》第一辑，圣彼得堡，1998 年，第 223 ~ 257 页。

布德尼科娃·尤利娅·尤里耶芙娜：《永恒的记忆——一部出版物的历史》，《列里赫遗产会议作品》第二卷，圣彼得堡，2005 年，第 322、323 页。

夫拉索娃·拉伊萨·伊凡诺芙娜：《20 世纪初的俄罗斯剧院装饰艺术，来自彼得堡大师遗产》，列宁格勒，1984 年。

沃东诺斯·叶菲姆·伊萨科维奇：《论拉吉舍夫博物馆的尼古拉·列里赫作品》，《萨拉托夫国家艺术博物馆（以亚历山大·尼古拉耶维奇·拉吉舍夫命名）文章和报道》第一辑，萨拉托夫，1966 年，第 65 ~ 74 页。

甘加达什尼亚美：《尼古拉·康斯坦丁诺维奇·列里赫的画作〈伟大的红色骑士〉及其与蒙写生画的联系》，《列里赫遗产会议作品》第三卷，第一部分，圣彼得堡，2007 年，第 535 ~ 537 页。

吉东尼·亚历山大·伊奥西福维奇：《列里赫的创作生涯》，《阿波罗》，彼得堡，1915 年第 4、5 期，第 1 ~ 34 页。

叶卡捷琳娜·比比科娃·戈列尼谢娃－库图佐娃：《俄罗斯知识分子与东方》，《杰利菲斯》，莫斯科，2002 年第 1 期，第 95 ~ 98 页。

《国立特列季亚科夫画廊：藏品集》，《“18 ~ 20 世纪的绘画”系列·第五卷·19 世纪末至 20 世纪初的绘画》，莫斯科，2005 年。

达维多娃·玛格丽特·瓦西里耶芙娜：《18 ~ 20 世纪初俄罗斯剧院装饰艺术史简介》，莫斯科，1974 年。

德米特里·尼古拉耶维奇·波波夫：《列里赫的王国》，莫斯科，1994 年。

扎亚图耶夫·戈姆博·纳姆日洛维奇：《尼古拉·康斯坦丁诺维奇·列里赫关于东方的简讯》，贝加·尔、伊尔库茨克，1983 年第 1 期，第 122 ~ 124 页。

扎亚图耶夫·戈姆博·纳姆日洛维奇：《尼古拉·康斯坦丁诺维奇·列里赫在蒙古（1926 ~ 1927 年）》，《齐比科夫讲座：报告和发言提纲》，乌兰乌德，1989 年。

伊万诺夫·亚历山大·巴甫洛维奇：《尼古拉·康斯坦丁诺维奇·列里赫的绘画和文学作品集》（手稿），俄罗斯国家博物馆手稿部，Ф. 143. Д. 10. 32 л。

伊孔尼科娃·斯韦特兰娜·尼古拉耶芙娜：《尼古拉·康斯坦丁诺维奇·列里赫的文化眼光看世界》，《文化学史，思想与命运》，圣彼得堡，1996 年，第 161 ~ 174 页。

《〈艺术世界〉杂志画展作品目录》，莫斯科，1902 年。
《〈艺术世界〉杂志画展作品目录》，莫斯科，1911 年。
《尼古拉·康斯坦丁诺维奇·列里赫画展作品目录》（俄罗斯国家图书馆孤本），《圣彼得堡：现代艺术》，P. 戈利克和 A. 维尔博格出版社，1903 年。
《皇家美术家学院学员作品画目录》，圣彼得堡，1897 年。
克尼亚泽娃·瓦莲京娜·巴甫洛芙娜：《美是一种国际认知》，《列里赫彼得堡作品集》第一卷，圣彼得堡，1998 年，第 47 ~ 53 页。
克尼亚泽娃·瓦莲京娜·巴甫洛芙娜：《尼古拉·列里赫》（第二版，修订本），莫斯科，1968 年。
克尼亚泽娃·瓦莲京娜·巴甫洛芙娜：《尼古拉·康斯坦丁诺维奇·列里赫》，列宁格勒—莫斯科，1963 年。
克尼亚泽娃·瓦莲京娜·巴甫洛芙娜：《尼古拉·列里赫》，圣彼得堡，1994 年。
克尼亚泽娃·瓦莲京娜·巴甫洛芙娜：《探秘尼古拉·康斯坦丁诺维奇·列里赫创作后期作品的年代》，《当代艺术博物馆：发展问题与前景学术著作集》，列宁格勒，1980 年。
克尼亚泽娃·瓦莲京娜·巴甫洛芙娜、库兹涅佐娃伊琳娜尼古拉耶夫娜、叶甫盖尼·帕拉季耶维奇·马托奇金：《列里赫：预言》，萨马拉，2004 年。
柳德米拉·瓦西里耶芙娜·科罗特金娜：《尼古拉·康斯坦丁诺维奇·列里赫画作〈天使的宝藏〉（1904 ~ 1905）》，《列里赫彼得堡作品集》第一卷，圣彼得堡，1998 年，第 280 ~ 292 页。
柳德米拉·瓦西里耶芙娜·科罗特金娜：《尼古拉·康斯坦丁诺维奇·列里赫》，圣彼得堡，1996 年。
柳德米拉·瓦西里耶芙娜·科罗特金娜：《尼古拉·康斯坦丁诺维奇·列里赫作品中的〈生命之树〉形象》，《列里赫彼得堡作品集》第一卷，圣彼得堡，1998 年，第 213 ~ 222 页。
柳德米拉·瓦西里耶芙娜·科罗特金娜：《尼古拉·康斯坦丁诺维奇·列里赫与建筑师阿列克谢·维克多罗维奇·休谢夫、弗拉基米尔·亚历山大罗维奇·波克罗夫斯基的合著：纪念碑壁画草图和马塞克镶嵌画》，《第 10 博物馆：苏联艺术作品》，莫斯科，1989 年，第 156 ~ 161 页。
柳德米拉·瓦西里耶芙娜·科罗特金娜：《列里赫在彼得堡 - 彼得格勒》，列宁格勒，1985 年。
柳德米拉·瓦西里耶芙娜·科罗特金娜：《尼古拉·列里赫的创作生涯》，《新资料》，圣彼得堡，2001 年。
柳德米拉·瓦西里耶芙娜·科罗特金娜：《非凡命运的人》，《列里赫时代：展品目录·写生画和素描画》，圣彼得堡，2009 年，第 15 ~ 24 页。
科斯特列夫尼：《沙特莱剧院上演的俄罗斯歌剧和芭蕾舞剧》，《言者杂志》，圣彼得堡，1909 年 5 月 15 ~ 28 日，第 796 期，第 5 页。
彼得·伊戈列维·克雷洛夫：《曼努的智慧——尼古拉·康斯坦丁诺维奇·列里赫作品背景》，《杰利菲斯杂志》，莫斯科，2006 年第 2 期，第 11 ~ 15 页。
《列宁格勒、喀山、巴黎歌剧院上演的〈伊戈尔王〉》，《言者杂志》，圣彼得堡，1908 年 12 月 24 日，1909 年 1 月 6 日，第 660 期，第 4、5 页。
拉扎列维奇、莫洛金、拉别茨基：《考古学家尼古拉·康斯坦丁诺维奇·列里赫》，新西伯利亚，2002 年。
列伊金·尼古拉：《在学术画展上》，《彼得堡报》1902 年 3 月 31 日，第 88 期，第 9 页。

伊涅萨·伊凡诺芙娜·洛马金娜：《伟大的骑士》，尤里·尼古拉耶维奇·列里赫：纪念会资料，莫斯科，1994 年。

伊涅萨·伊凡诺芙娜·洛马金娜：《在列里赫的画旁》，《青年报》1970 年第 10 期。

阿尔捷米·马克西莫维奇·卢卡绍夫：《尼古拉·列里赫：画册》（"特列季亚科夫画廊艺术家" 系列），莫斯科，2001 年。

阿尔捷米·马克西莫维奇·卢卡绍夫：《国立特列季亚科夫画廊作品中的尼古拉·列里赫：画册》，莫斯科，1989 年。

尤利娅·尤里耶芙娜·布德尼科娃、塔吉雅娜·瓦列里耶芙娜·普金斯卡娅、玛丽亚·尼古拉耶芙娜·切斯诺科娃、维多利亚·亚历山大罗芙娜·舒尔申娜：《东方和西方都有最美的玫瑰，它们散发着同样的芬芳》，《圣彼得堡国立列里赫家族博物馆学院展览会观战指南》，圣彼得堡，2009 年。

柳比捷利：《首届 "俄罗斯艺术家联盟" 展览会》，《俄罗斯公报》，莫斯科，1903 年 12 月 24 日，第 353 期，第 4 页。

叶甫盖尼·帕拉季耶维奇·马托奇金：《尼古拉·康斯坦丁诺维奇·列里赫艺术中的考古题材》，《列里赫彼得堡作品集》第Ⅱ～Ⅲ卷，萨马拉，1999 年，第 729～744 页。

叶甫盖尼·帕拉季耶维奇·马托奇金：《尼古拉·康斯坦丁诺维奇·列里赫作品中的古代中国》，《纪念尼古拉·康斯坦丁诺维奇·列里赫诞辰 120 周年学术研讨会资料合集》，下诺夫哥罗德：下诺夫哥罗德国家艺术博物馆，1994 年，第 31～54 页。

叶甫盖尼·帕拉季耶维奇·马托奇金：《欧亚艺术和尼古拉·康斯坦丁诺维奇·列里赫作品中和平旗帜的标志》，《火热的世界》，莫斯科—里加，1997 年第 4（15）期，第 74～81 页。

叶甫盖尼·帕拉季耶维奇·马托奇金：《斯维亚托斯拉夫·列里赫的印度》，萨马拉，2005 年。

叶甫盖尼·帕拉季耶维奇·马托奇金：《纪念 "信使" 100 周年》，《列里赫彼得堡作品集》第一卷，圣彼得堡，1998 年，第 191～204 页。

叶甫盖尼·帕拉季耶维奇·马托奇金：《尼古拉·康斯坦丁诺维奇·列里赫作品中的石器时代》，列里赫讲座，1984 年。

会议资料，新西伯利亚，1985 年，第 30～39 页。

叶甫盖尼·帕拉季耶维奇·马托奇金：《尼古拉·康斯坦丁诺维奇·列里赫〈天使的宝藏〉》，《列里赫彼得堡作品集》第四卷，圣彼得堡，2001 年，第 192～209 页。

叶甫盖尼·帕拉季耶维奇·马托奇金：《尼古拉·列里赫》第一卷，萨马拉－苏黎世，2008 年。

叶甫盖尼·帕拉季耶维奇·马托奇金：《尼古拉·列里赫》第二卷，萨马拉－莫斯科－苏黎世，2010 年。

叶甫盖尼·帕拉季耶维奇·马托奇金：《尼古拉·列里赫：马塞克镶嵌画、圣像画、壁画、教堂设计图》，萨马拉，2005 年。

叶甫盖尼·帕拉季耶维奇·马托奇金：《耶稣基督像》，萨马拉，2007 年。

叶甫盖尼·帕拉季耶维奇·马托奇金：《俄罗斯土地的圣徒》，萨马拉，2007 年。

叶甫盖尼·帕拉季耶维奇·马托奇金、弗拉基米尔·列奥尼多维奇·梅利尼科夫：《尼古拉·康斯坦丁诺维奇·列里赫作品中的偶像》，列里赫讲座，1997年，会议资料，新西伯利亚，2000年，第165～184页。

叶甫盖尼·帕拉季耶维奇·马托奇金、弗拉基米尔·列奥尼多维奇·梅利尼科夫：《尼古拉·康斯坦丁诺维奇·列里赫作品中的彼尔姆兽形图案》，列里赫讲座，1997年，会议资料，新西伯利亚，2000年，第249～286页。

叶甫盖尼·帕拉季耶维奇·马托奇金、斯科莫罗夫斯卡娅·纳塔利娅·弗拉基米罗夫娜：《尼古拉·列里赫的彼尔姆圣像壁》，萨马拉，2003年。

弗拉基米尔·列奥尼多维奇·梅利尼科夫：《阿列克谢·阿纳托利耶维奇·亚历山大·安德烈耶维奇·斯皮岑与尼古拉·康斯坦丁诺维奇·列里赫》，《考古研究的历史和实践：纪念亚历山大·安德烈耶维奇·斯皮岑诞辰150周年国际学术研讨会资料》，圣彼得堡，2008年，第111～120页。

弗拉基米尔·列奥尼多维奇·梅利尼科夫：《尼古拉·康斯坦丁诺维奇·列里赫院士的蒙古亲朋好友和他中亚探险队的蒙古成员》，Bulletin：The IAMS News In-formation on Mongol Studies，2008年第2（42）期。

弗拉基米尔·列奥尼多维奇·梅利尼科夫：《尼古拉·康斯坦丁诺维奇·列里赫院士的蒙古亲朋好友和他中亚探险队的蒙古成员》，Bulletin：The IAMS News In-formation on Mongol Studies，2009年第1（43）期。

弗拉基米尔·列奥尼多维奇·梅利尼科夫：《尼古拉·康斯坦丁诺维奇·列里赫院士的蒙古亲朋好友和他中亚探险队的蒙古成员》，Bulletin：The IAMS News In-formation on Mongol Studies，乌兰巴托，2009年，第41～53页。

弗拉基米尔·列奥尼多维奇·梅利尼科夫：《尼古拉·康斯坦丁诺维奇·列里赫与圣彼得堡古人类学学校》，《列里赫彼得堡作品集》第一卷，圣彼得堡，1998年，第102～118页。

弗拉基米尔·列奥尼多维奇·梅利尼科夫：《尼古拉·列里赫与俄罗斯皇家考古学会》，《列里赫彼得堡作品集》，1997年2月10日，第3期，第19～23页。

弗拉基米尔·列奥尼多维奇·梅利尼科夫：《尼古拉·列里赫与俄罗斯皇家考古学会》，《尼古拉·康斯坦丁诺维奇列里赫的创作遗产——留给人类的无价之宝：会议资料合集》，敖德萨，1997年，第139～145页。

弗拉基米尔·列奥尼多维奇·梅利尼科夫：《关于尼古拉·康斯坦丁诺维奇·列里赫的东方收藏品》，《列里赫遗产：会议作品》第三卷第1部分，圣彼得堡，2007年，第111～117页。

弗拉基米尔·列奥尼多维奇·梅利尼科夫：《关于尼古拉·康斯坦丁诺维奇·列里赫的文化理念》，《列里赫彼得堡作品集》第Ⅱ～Ⅲ卷《考古学·第一册·皇家考古委员会资料》，1892～1918年，萨马拉，1999年，第745～770页。

弗拉基米尔·列奥尼多维奇·梅利尼科夫：《关于尼古拉·康斯坦丁诺维奇·列里赫给俄罗斯科学院物质文化史研究所的遗产》，《左撇子》，下诺夫哥罗德，1998年第1期，第3页；第2期，第2、3页。

弗拉基米尔·列奥尼多维奇·梅利尼科夫：《古老的艺术殿堂——纪念尼古拉·康斯坦丁诺维奇·列里

赫 100 周年的首场个人作品展》,《列里赫遗产：会议作品》第四卷，圣彼得堡，2009 年，第 78 ~ 182 页。

弗拉基米尔·列奥尼多维奇·梅利尼科夫:《尼古拉·康斯坦丁诺维奇·列里赫学术档案中的西北传说》,《列里赫遗产：会议作品》，T. I. 圣彼得堡，2002 年，第 426 ~ 433 页。

弗拉基米尔·列奥尼多维奇·梅利尼科夫:《俄罗斯天文考古学的先声巴维尔·阿尔先耶维奇·普佳京和列里赫家族》,《东亚国家的历史和文化：国际学术研讨会资料》第一卷，新西伯利亚，2002 年，第 196 ~ 202 页。

梅岑纳特:《“艺术世界”展》,《彼得格勒报》1915 年 3 月 5 日，第 62 期，第 2 页。

《莫斯科消息》,《俄罗斯公报》，莫斯科，1903 年 12 月 22 日，第 351 期，第 3 页。

马克斯·缪勒:《印度六派哲学》(尼古拉耶夫英译本)，莫斯科，1901 年，

尼古拉·康斯坦丁诺维奇·列里赫:《生活与创作：文集》，莫斯科，1978 年。

尼古拉·康斯坦丁诺维奇·列里赫:《作品集》，莫斯科，1992 年。

尼古拉·列里赫:《考古学：第一册·皇家考古委员会资料(1892 ~ 1918 年)》,《列里赫圣彼得堡作品集》第Ⅱ、Ⅲ卷，萨马拉：阿格尼，1999 年。

奥莉加·伊万诺芙娜·耶沙洛娃、阿法纳西·彼得洛维奇·索博列夫:《俄国期刊中的尼古拉·列里赫(1891 ~ 1918 年)》第一卷：1891 ~ 1901 年，圣彼得堡，2004 年。

奥莉加·伊万诺芙娜·耶沙洛娃、阿法纳西·彼得洛维奇·索博列夫:《俄国期刊中的尼古拉·列里赫(1891 ~ 1918 年)》第二卷：1902 ~ 1906 年，圣彼得堡，2005 年。

奥莉加·伊万诺芙娜·耶沙洛娃、阿法纳西·彼得洛维奇·索博列夫:《俄国期刊中的尼古拉·列里赫(1891 ~ 1918 年)》第三卷：1907 ~ 1909 年，圣彼得堡，2006 年。

奥莉加·伊万诺芙娜·耶沙洛娃、阿法纳西·彼得洛维奇·索博列夫:《俄国期刊中的尼古拉·列里赫(1891 ~ 1918 年)》第四卷：1910 ~ 1912 年，圣彼得堡，2007 年。

奥莉加·伊万诺芙娜·耶沙洛娃、阿法纳西·彼得洛维奇·索博列夫、维·尼·吉哈诺娃:《俄国期刊中的尼古拉·列里赫(1891 ~ 1918 年)》第五卷：1913 ~ 1918 年，圣彼得堡，2008 年。

尼科利斯基·维:《艺术展》,《俄国词话》，莫斯科，1915 年第 32 期，第 6 页。

《尼古拉·康斯坦丁诺维奇·列里赫新作》,《市场消息报》，圣彼得堡，1916 年 10 月 26 日 / 11 月 8 日晨版，第 15885 期，第 5 页。

奥尔登堡·谢尔盖·谢尔盖耶维奇:《沙皇尼古拉二世的统治》，顿河畔罗斯托夫，1998 年。

《歌剧〈伊戈尔王〉之〈波罗维茨人的阵营〉》,《言论报》，圣彼得堡，1909 年 9 月 29 日 / 10 月 12 日，第 267 期，第 4 页。

爱德华·尤利耶维奇·佩特里:《人类学》第一卷，圣彼得堡，1890 年。

爱德华·尤利耶维奇·佩特里:《人类学》第二卷，圣彼得堡，1895 ~ 1897 年。

爱德华·尤利耶维奇·佩特里:《地理学原理与方法·地理学方法导论》，圣彼得堡，1892 年。

爱德华·尤利耶维奇·佩特里:《论尼古拉·米哈伊洛维奇·普尔热瓦利斯基的重要性》,《尼古拉·米哈

伊洛维奇·普尔热瓦利斯基的东亚和中亚之旅》，圣彼得堡，1891年。

爱德华·尤利耶维奇·佩特里：《关于西伯利亚的人口和大东方铁路》，圣彼得堡，1888年。

爱德华·尤利耶维奇·佩特里：《教学地图册》，圣彼得堡，1899年。

叶莲娜·伊万诺芙娜·波利亚科娃：《尼古拉·列里赫》（第一版），莫斯科，1973年。

叶莲娜·伊万诺芙娜·波利亚科娃：《尼古拉·列里赫》（第二版，增订版），莫斯科，1985年。

叶莲娜·伊万诺芙娜·波利亚科娃：《转向人们的》，《苏联文化》，莫斯科，1974年11月22日。

尤尔吉斯卡济米罗维奇·巴尔特鲁沙伊蒂斯、亚历山大·尼古拉耶维奇·伯努瓦、亚历山大·伊奥西福维奇·吉东尼、阿列克谢·米哈伊洛维奇·列米佐夫、尼古拉·康斯坦丁诺维奇·列里赫、斯捷潘·彼得洛维奇·亚列米奇：《列里赫》，圣彼得堡，1916年。

尼古拉·康斯坦丁诺维奇·列里赫：《阿尔泰－喜马拉雅》，里加，1992年。

尼古拉·康斯坦丁诺维奇·列里赫：《东方—西方》，莫斯科，1994年。

尼古拉·康斯坦丁诺维奇·列里赫：《通往未来的大门》，里加，1936年。

尼古拉·康斯坦丁诺维奇·列里赫：《王国的边界》，《俄国词话》，莫斯科，1913年7月3～16日，第152期，第2页。

尼古拉·康斯坦丁诺维奇·列里赫：《杰瓦萨丽·阿布图》，《天秤》，莫斯科，1905年第8期，第3、4页；封面上刊登了尼古拉·康斯坦丁诺维奇·列里赫的画《沙皇》；在第3页前有尼古拉·康斯坦丁诺维奇·列里赫的彩色《杰瓦萨丽与鸟》；第4页有尼古拉·康斯坦丁诺维奇·列里赫的彩色《杰瓦萨丽变成了石头》。

尼古拉·康斯坦丁诺维奇·列里赫：《最古老的芬兰教堂》，《旧时岁月》，圣彼得堡，1908年第2期，第75～86页。

尼古拉·康斯坦丁诺维奇·列里赫：《点亮心灵》，莫斯科，1990年。

尼古拉·康斯坦丁诺维奇·列里赫：《文学遗产选编》，莫斯科，1974年。

尼古拉·康斯坦丁诺维奇·列里赫：《俄罗斯艺术生活的过往和现状》，《艺术》，圣彼得堡，1905年第4～8期，第48～54、143～151页。

尼古拉·康斯坦丁诺维奇·列里赫：《拉达——写给叶莲娜·伊万诺芙娜·列里赫的信》（1900～1913年），莫斯科，2011年。

尼古拉·康斯坦丁诺维奇·列里赫：《日记》（共三卷），莫斯科，1995～1996年。

尼古拉·康斯坦丁诺维奇·列里赫：《写给编辑部的信》（1906年12月13日），《罗斯》，圣彼得堡，1906年12月15～28日，第76期，第4页。

尼古拉·康斯坦丁诺维奇·列里赫：《写给弗拉基米尔·瓦西里耶维奇·斯塔索夫的信》，《弗拉基米尔·瓦西里耶维奇·斯塔索夫写给尼古拉·康斯坦丁诺维奇·列里赫的信》，圣彼得堡，1993年。

尼古拉·康斯坦丁诺维奇·列里赫：《亚洲之心》，绍斯伯里（康涅狄格州），1929年。尼古拉·康斯坦丁诺维奇·列里赫：《文集》第一册，莫斯科，1914年。尼古拉·康斯坦丁诺维奇·列里赫：《香巴拉》，莫斯科，1994年。

尤里·尼古拉耶维奇·列里赫：《中亚之行》（英译本），萨马拉：阿格尼，1994 年。
《列里赫时代——展品目录：写生画和素描画》，圣彼得堡，2009 年。
奥莉加·弗拉基米罗芙娜·罗日诺娃：《国立格林卡中央音乐博物馆藏品中的尼古拉·康斯坦丁诺维奇·列里赫的作品》，《列里赫遗产：会议作品》第二卷，圣彼得堡，2005 年，第 499 ~ 506 页。
弗拉基米尔·安德烈耶维奇·诺索夫：《天使的宝藏》，《阿里阿瓦尔塔公报》，莫斯科，2001 年第 1 期，第 13 ~ 22 页。
罗斯季斯科沃夫·亚历山大·亚历山大罗维奇：《"艺术世界展"》，《言论报》，圣彼得堡，1917 年 2 月 24 日 /3 月 9 日，第 52 期，第 2 页。
鲍里斯·亚历山大罗维奇·雷巴科夫：《形式的新颖性和哲学深度》，《杰利菲斯》，莫斯科，1993 年 10 月，第 20 ~ 22 页。
康斯坦丁·尼古拉耶维奇·里亚比宁：《丧失荣誉的西藏》（尼古拉·康斯坦丁诺维奇·列里赫考察日记原本，1928 年），萨马拉 - 马格尼托戈尔斯克，1996 年。
塔吉雅娜·叶甫盖尼耶芙娜·萨维茨卡娅：《关于拉吉舍夫博物馆内的尼古拉·康斯坦丁诺维奇·列里赫的作品》，《列里赫家族留给世界文化的创作遗产》，科学研讨会资料，敖德萨，2005 年，第 97 ~ 107 页。
谢尔盖·谢尔盖耶维奇·萨沃斯库尔：《列里赫与白水国的传说》，《苏联民族志》，莫斯科，1983 年第 6 期，第 88 ~ 101 页。
爱德华·赛义德：《东方民族特征》，圣彼得堡，2005 年。
沙龙（谢尔盖·康斯坦丁诺维奇·马可夫斯基）：《1909 年在第一军事大楼陈列馆和"缅希科夫"室举办的油画、素描、雕塑和建筑作品展目录》，圣彼得堡，1909 年。
瓦连京·米特罗凡诺维奇·西多罗夫：《登峰造极》（第二版，修订本），莫斯科，1983 年。
瓦连京·米特罗凡诺维奇·西多罗夫：《就让东方与西方之间的鸿沟消失吧！》，《今日亚非》，莫斯科，1974 年第 10 期，第 46、47 页。
瓦连京·米特罗凡诺维奇·西多罗夫：《列里赫——这就是你的未来》，《校园文学》，莫斯科，1989 年第 4 期，第 85 ~ 92 页。
斯科尔皮翁：*Pro domo sua*，《天秤》，莫斯科，1906 年第 8 期，第 79 页。
叶甫盖尼·阿尔先耶维奇·斯米尔诺夫 - 卡缅斯基、M. K. 巴甫洛夫：《神水之边》，斯塔夫罗波尔，1987 年。
博里斯·阿列克谢耶维奇·斯米尔诺夫 - 鲁谢茨基：《尼古拉·康斯坦丁诺维奇·列里赫笔下的俄国风景》，《尼古拉·康斯坦丁诺维奇·列里赫生活与创作：文集》，莫斯科，1978 年，第 62 ~ 71 页。
博里斯·阿列克谢耶维奇·斯米尔诺夫 - 鲁谢茨基：《尼古拉·列里赫的空中楼阁》，《共青团真理报》，莫斯科，1993 年 3 月 31 日。
瓦季姆·瓦西里耶维奇·索科洛夫斯基：《尼古拉·康斯坦丁诺维奇·列里赫的艺术遗产（1885 ~ 1947 年作品集）》，《尼古拉·康斯坦丁诺维奇·列里赫生活与创作：文集》，莫斯科，1978 年，第 259 ~

304 页。
瓦季姆·瓦西里耶维奇·索科洛夫斯基：《尼古拉·康斯坦丁诺维奇·列里赫生活与创作：文集》（莫斯科，1978 年）中《尼古拉·康斯坦丁诺维奇·列里赫的艺术遗产（1885 ~ 1947 年作品集）》一文中所用的尼古拉·康斯坦丁诺维奇·列里赫绘画作品集的附录插图：画集（20 世纪 70 年代末），原本保存在国立东方博物馆。
鲍里斯·德米特里耶维奇·瑟罗米亚特尼科夫：《关于尼古拉·康斯坦丁诺维奇·列里赫与谢尔盖·尼古拉耶维奇·瑟罗米亚特尼科夫的合作（确定研究课题）》,《列里赫遗产：会议作品》第六卷，圣彼得堡，2008 年，第 385 ~ 397 页。
维塔利·彼得洛维奇·特列季亚科夫：《选自尼古拉·康斯坦丁诺维奇·列里赫与圣叶夫根尼娅协会的合作史》,《列里赫彼得堡作品集》第四卷，圣彼得堡，2001 年，第 293 ~ 304 页。
图根霍尔德雅科夫：《在巴黎演出的俄罗斯芭蕾》,《阿波罗》，圣彼得堡，1910 年第 8 期，第 69 ~ 71 页。
谢苗·伊万诺维奇·秋里亚耶夫：《列里赫艺术与印度》,《艺术》，莫斯科，1980 年第 1 期，第 55 ~ 62 页。
劳拉·乌拉兹别科娃：《尼古拉·列里赫与游牧东方》,《自由杂志》，阿拉木图，1989 年第 1 期，第 165 ~ 169 页。
乌赫托姆斯基·埃斯佩尔·埃斯佩罗维奇：《皇储东游记：1890 ~ 1891 年》第三卷，圣彼得堡；莱比锡，1897 年。
鲍里斯·弗拉基米罗维奇·法尔马科夫斯基：《俄罗斯的古风时期》，圣彼得堡，1914 年。
姆斯季斯拉夫·弗拉基米罗维奇·法尔马科夫斯基：《米哈伊尔·涅斯捷罗夫与尼古拉·列里赫》《教育报》，圣彼得堡，1908 年第 8 期，第 39 ~ 44 页。
叶夫根尼娅·格奥尔吉耶芙娜·富尔西科娃：《尼古拉·康斯坦丁诺维奇·列里赫〈天使的宝藏〉——油画研究和鉴定问题》,《列里赫遗产——世界博物馆和藏品中的列里赫家族遗产：第九次会议提纲》，圣彼得堡，2009 年，第 3 ~ 5 页。
米哈伊尔·费利齐安诺维奇·霍达谢维奇：《写给编辑部的信》,《转折点》，圣彼得堡，1906 年 11 月，第 1 期，第 59、60 页。
列奥波利德·罗曼诺维奇·采休列维奇：《西伯利亚之火》，新西伯利亚，1974 年第 10 期，第 161 ~ 179 页。
列奥波利德·罗曼诺维奇·采休列维奇：《列里赫：宇宙，阿尔泰》,《艺术家》，莫斯科，1986 年第 8 期，第 42 ~ 53 页。
柳德米拉·瓦西里耶芙娜·沙波什尼科娃：《伟大征程·第一册·大师》，莫斯科，1998 年。
柳德米拉·瓦西里耶芙娜·沙波什尼科娃：《伟大征程·第二册·跟随大师的脚步》第 1 部分，莫斯科，1999 年。
柳德米拉·瓦西里耶芙娜·沙波什尼科娃：《伟大征程·第二册·跟随大师的脚步》第 2 部分，莫斯科，2000 年。
柳德米拉·瓦西里耶芙娜·沙波什尼科娃：《伟大征程·第三册·大师的世界》，莫斯科，2005 年。

柳德米拉·瓦西里耶芙娜·沙波什尼科娃:《俄罗斯来的马哈里希》,《今日亚非》，莫斯科，1989年第11期，第43～45页。

谢尔盖·恩斯特:《尼古拉·康斯坦丁诺维奇·列里赫》，圣彼得堡，1918年。

康斯坦丁·费多罗维奇·尤翁:《一个伟大的艺术家》,《文化与生活》，莫斯科，1958年第8期，第61～64页。

康斯坦丁·费多罗维奇·尤翁:《一个伟大的艺术家》,《苏联文化》，莫斯科，1958年4月17日。

谢尔盖·亚布洛诺夫斯基:《俄罗斯艺术家联盟》,《俄国词话》，莫斯科，1903年，1904年12月22日，1月4日，第350期，第2页。

叶莲娜·巴甫洛芙娜·雅科夫列娃:《尼古拉·康斯坦丁诺维奇·列里赫〈恩赐〉这幅画的流传历史（1909年）》,《列里赫遗产：会议作品》第六卷，圣彼得堡，2008年，第220～227页。

叶莲娜·巴甫洛芙娜·雅科芙列娃:《尼古拉·康斯坦丁诺维奇·列里赫的舞台布景和服饰设计图册（1906～1944年）》，阿拉木图，1984年。

叶莲娜·巴甫洛芙娜·雅科芙列娃:《列里赫：波罗维茨人的阵营》,《苏联装饰艺术》，莫斯科，1985年第12期，第45页。

叶莲娜·巴甫洛芙娜·雅科芙列娃:《尼古拉·康斯坦丁诺维奇·列里赫的戏剧装饰艺术》，萨马拉，1996年。

阿彻·K. 洛里奇:《东西方：来自尼古拉斯·洛里奇博物馆的绘画作品》，伯恩茅斯（英格兰），1999年。

Grünwedel A.:《西藏和蒙古的佛教神话》。原为王侯 E. Ukhomsky 的喇嘛教集合，配有王侯。

E. Uchtomskij 的序言与 188 张图片。再版，莱比锡，1900年。

沃特特·T.:《玄奘印度之旅》第Ⅱ卷，伦敦，1905年。

Videns.:《消息与观点》,《生活之声》，圣彼得堡，1915年3月18日，第12期，第19页。

《列里赫与蒙古：文集》，乌兰巴托，2008年。

列里赫家族和圣谢尔吉·拉多涅日斯基的精神遗产

阿列克谢·阿纳托利耶维奇·邦达连科
（物理数学博士、圣彼得堡国立列里赫家族博物馆学院院长）

1934 年，尼古拉·康斯坦丁诺维奇·列里赫在他《永不熄灭的灯》一文中写道，圣谢尔吉·拉多涅日斯基是“俄罗斯民族精神的伟大导师，是东正教最伟大的圣徒，是真理和建设事业的捍卫者，圣谢尔吉·拉多涅日斯基也是俄国人民困难时期最坚固的‘避难所’。圣谢尔吉的传记讲述了这位圣人的一系列著名事迹，这些事迹不仅在他的修行生涯中熠熠生辉，而且在他离开这个世界之后的几个世纪，甚至直到今天仍光辉灿烂”①。这些话中显示出强烈的预兆：新一轮世界大战正在逼近，俄罗斯人和苏联时期俄罗斯的所有民族将要面对一切艰难困苦。他的另一著名系列作品是预言画，画作以哈米吉多顿（《新约》启示录中指世界末日众王争战之地）和保卫祖国为主题。对列里赫家族来说，俄罗斯是全新的，更确切地说，是在圣谢尔吉保佑庇护下的新俄罗斯，是即将到来的新世纪里善良、正义和一切战胜黑暗的精神获得胜利的永恒象征。

虽然大萧条和法西斯主义就像孪生兄弟一样，已经开始在世界范围内发展它们的黑暗势力，但这些年仍处于所谓的和平时期。这一时期，《列里赫公约》已起草完毕，确立了各个生活领域、各种形式的人类精神财富的优先权，要求无论是在战争时期，还是和平时期，都要充分和无条件地保护和尊重人类的精神财富。这一时期还奠定了世界文化联盟的基础。这一时期，也凝聚了几十年的世界文化合作。这一时期最主要的特点是俄罗斯文化以一种令人难以置信的速度和规模在世界范围内扩张，这得益于20 世纪初俄罗斯的繁荣和衰落，以及复苏（以苏联形式），俄罗斯人的这种观念本身源自于血缘民族的狭隘性与及其起源之间的矛盾。

近几十年来，由于命运的无情嘲弄，我们都看到了相似的过程，也都有类似的感受。让我们回想一下，在第一次世界大战爆发前夕，奥匈帝国在加利西亚建了第一个

① 尼古拉·康斯坦丁诺维奇·列里赫：《日记簿》第一卷（1931 ~ 1935 年）（第二版），莫斯科：列里赫国际中心等，1999 年，第 90 页。

集中营，关押奥地利皇室的俄国奴仆和那些被认为在未来世界大战中可能投靠俄国的人。他们成了弃儿，并遭受了20世纪的第一次种族大屠杀。现在，西方政界首脑和西方世界媒体几乎都在向我们灌输这种思想：俄国是一个弃儿，俄国不适合这个文明的世界，不配拥有文明的生活，俄国“应当被割掉或砍掉”。

在这里，我们没有机会，也没有来探讨现代文明世界存在的问题及其发展的范围，唯物主义民主观精神的衰败及其意识形态上的极权主义是不是战争的主导因素，排外主义和法西斯主义是不是全世界社会达尔文主义普遍实践的必然标志和结果。

但是我们现在已经清楚地看到，这个世界正呈现出我们的思维方式和世界观无法接受的面貌：道德沦丧，世风日下，为所欲为，政治经济局势演化出的霸权主义剥夺了自由、文明和思想发展的权利。悲观和恐惧使人封闭在自己的圈子里，拒绝相互支持与协作，缺乏宽容，拒绝接纳和爱戴他人。多次公开声明一个民族和国家的特殊权利，好像是维持世界秩序和维护世界繁荣的一种特殊责任。谎言和虚伪充斥着整个世界，极端的道德相对论引发了全世界范围内的悲观主义和颓丧绝望。

尽管生活在因内战而风雨飘摇、破败不堪的罗斯，但圣谢尔吉·拉多涅日斯基没有这种存在主义的悲观、恐惧，没有对美好未来丧失信心，也没有表现出道德上的软弱无力。恰恰相反，他与俄国人民身上的这种悲观、恐惧做斗争，谱写着他自己的命运，塑造了他百折不挠的性格、开阔的心胸和对最高理想的忠诚。

1892年9月26日，瓦西里·奥西波维奇·克柳切夫斯基在谈论圣谢尔吉时说道：“在我看来，他的这种所作所为已远远超出了那个时代的范畴，他的这种优良作风深深地影响了未来几代人的生活，一切时间和地点的东西都逐渐从他的脸上、他的所作所为中、这几代人的认识中淡化，它从一种历史活动升华成一个民族理想，而他的历史活动也成了实践的金科玉律，成为一种遗训和一种我们习惯称之为理想的东西。”①

在这位伟大的教育家、俄国这片土地的建设者和耕耘者、俄国真正的神父和拯救者——圣谢尔吉·拉多涅日斯基诞生前的三百多年，圣者、基辅大公弗拉基米尔，作为他父亲基辅大公斯维亚托斯拉夫伟大军事胜利和国家建设的继承人，接受东正教为罗斯国教，为自己的子民带来了东正教的光明，奠定了罗斯统一复兴的基础。

他为年轻力壮的罗斯施行洗礼，剥去了光荣而又古老的多神教的陈旧外衣，以崭新的面貌走向世界历史舞台。他创造了罗斯精神团结和国家统一的强大思想武器，并最终成为民族团结、文化统一的思想武器。

创立基督教的俄国派系，包括古希腊学术、道德智慧和尊重历史的民间传统、世界艺术精神在内的俄国东正教，尽管存在着这样或那样的差异、冲突和斗争，但这仍是俄国人民精神和肉体良性精神嫁接的结果。经过上百年的时间，让这精神、国家和民族统

---

① 鲍里斯·安德烈耶维奇·达尼洛夫、尤里·米哈伊洛维奇·克柳奇尼科夫：《圣谢尔吉·拉多涅日斯基的思想》，新西伯利亚：西伯利亚21世纪，1991年，第10、11页。

一的新萌芽茁壮成长。并在国务活动家、虔诚的祷告者、民族英雄们同政治和种族分裂、背叛和灾难、内乱和外侵、道德堕落和精神荒芜等不断斗争的过程中得以巩固。

圣谢尔吉·拉多涅日斯基知道自己人民的精神潜力和自己的崇高使命，他教导人们克服精神上的软弱、怀疑和恐惧，改掉俄国人民人性中的那些不良本性。他倡导自尊和爱戴他人，忠于崇高的目标，相信自己的力量，他准备让罗斯走向美好的未来。

120多年前，在纪念圣谢尔吉的活动中，瓦西里·奥西波维奇·克柳切夫斯基在谈及圣谢尔吉教会对当代俄罗斯教会的影响时说道："经历过道德激励过剩和道德敏感性匮乏的我们，已经很难再体会到14世纪的人们播撒在这片荒漠每个角落的道德思想和社会团体思潮。在俄罗斯东正教的信众中，这样的人简直是沧海一粟。但面团也需要一些能够让它蓬勃发酵的物质。道德影响不是机械呆板地，而是有机地起作用。这一点，基督本人也曾说过：神的国度就像一团酵母。悄悄地进入人群中，这种影响引发了骚动，并潜移默化地改变了社会思潮的方向，重塑了俄国人民灵魂的整个道德体系。"① 在另一个地方，他说："圣谢尔吉用自己的生活作为榜样，用自己的精神高度振奋了士气低落的祖国人民，唤醒了人们对自己、对自己力量的信任，激发了人们对未来的信念。"②

圣谢尔吉·拉多涅日斯基的鲜活形象，犹如一座永恒的灯塔，矗立在俄罗斯历史的浩瀚海洋之中。在前面已经提到的随笔《永不熄灭的灯》中，尼古拉·康斯坦丁诺维奇·列里赫如是说道："圣谢尔吉三次拯救了俄国，第一次是在德米特里大公时，第二次是在米宁时，第三次就是现在。"③ 实际上，尼古拉·康斯坦丁诺维奇·列里赫在他的命题画《圣谢尔吉·拉多涅日斯基》（1932年）上提了同样的词。

1934年，叶莲娜·伊凡诺芙娜·列里赫的著作《圣谢尔吉·拉多涅日斯基思想》终于面世，书中我们发现了这样几段话：

> 作为一种全新修道方式的创始人，圣谢尔吉并没有改变11世纪以来基辅形成的俄国修道的基本形式，但他流露出了更加敏锐和崇高的特质。温和、爽朗、朴素是他精神气质的主要特点。在他不知疲倦的劳作中，我们从来没有见他说过戒律生活的苦痛，也没有任何迹象表明他受到枷锁桎梏或肉体折磨，有的只是不知疲倦的、愉快的精神劳动和体力劳动。
>
> 圣谢尔吉从一位隐士、旁观者成长为一位社会活动家，并以一种难以想象的方式扮演一个全国性的角色。同他一起成长的，还有他生活的修道院，

① 鲍里斯·安德烈耶维奇·达尼洛夫、尤里·米哈伊洛维奇·克柳奇尼科夫：《圣谢尔吉·拉多涅日斯基的思想》，新西伯利亚：西伯利亚21世纪，1991年，第17页。

② 鲍里斯·安德烈耶维奇·达尼洛夫、尤里·米哈伊洛维奇·克柳奇尼科夫：《圣谢尔吉·拉多涅日斯基的思想》，新西伯利亚：西伯利亚21世纪，1991年，第20页。

③ 尼古拉·康斯坦丁诺维奇·列里赫：《日记簿》第一卷（1931～1935年）（第二版），莫斯科：列里赫国际中心等，1999年，第90页。

那是一个注定要在精神文化的传播和俄罗斯国家的巩固方面发挥巨大历史作用的地方①。

支配圣谢尔吉生活和命运的正是“上帝和祖国”……正是因为这份爱，他才能自始至终遵守上帝关于爱戴人的诫命②。

抛开种种质疑和重重顾虑，我们可以肯定并且有把握地说，尼古拉·列里赫、叶莲娜·列里赫以及他们的儿子尤里和斯维亚托斯拉夫是圣谢尔吉·拉多涅日斯基的优秀追随者、实践者和伟大俄罗斯民族乃至整个世界民族道德复兴事业的接班人。列里赫家族的主要武器是他们个人的生活，他们对生活的安排以及作为真理和精神启蒙的创造者和捍卫者不可战胜的精神力量。

关于文化学说，全世界范围内的优秀教育、启蒙和文化建设活动，包含圣谢尔吉、救世主、圣母、俄罗斯其他圣徒和英雄艺术形象的优秀艺术作品，俄罗斯艺术和精神思想对其他精神传统的渗透，列里赫家族创立了“活着的道德”理论，其中有许多基本观念：敬畏基督和圣母，敬畏圣三位一体，发展共同福祉，发展教会，保卫祖国，保护祖国财产，保护文化和精神。所有这些观念在今天的茁壮成长和蓬勃发展的都源自圣谢尔吉播撒的种子。

我们重申并深信圣谢尔吉和列里赫家族给我们所有人留下的遗训：人类的精神统一、共同福祉、齐心协力、团结一致、和平建设、国防和文化保护，即通过文化、关心集体、友好关系、敬畏基督和圣母，通过切身感受和了解圣三位一体的内心来认识和平。

毕竟，“和平旗帜”本身是《列里赫公约》官方识别旗保护文化瑰宝的世界标志，按照尼古拉·康斯坦丁诺维奇·列里赫的说法，这是第一次以圣谢尔吉修道院圣像思想的形式出现在旗面上③。以下是他写给他的一个员工的信中的内容：“还有什么会比这拜占庭式的思想更古老和更真实的，这种思想可以追溯到几个世纪以前，追溯到最初的广义基督教，完美地表现在圣谢尔吉圣三位一体修道院内鲁布廖夫画的‘圣三位一体’圣像中。正是这种信念——圣谢尔吉奉为神圣的最古老基督教的信念使我想到了我们的标志。”④

---

① 尼古拉·康斯坦丁诺维奇·列里赫：《日记簿》第一卷（1931 ~ 1935 年）（第二版），莫斯科：列里赫国际中心等，1999 年，第 33、34 页。

② 尼古拉·康斯坦丁诺维奇·列里赫：《日记簿》第一卷（1931 ~ 1935 年）（第二版），莫斯科：列里赫国际中心等，1999 年，第 32 页。

③ 沃斯霍德：新西伯利亚：列里赫西伯利亚协会，2015 年第 5、6 期，第 39 页。

④ 康斯坦丁·尼古拉耶维奇·斯米尔诺夫：《和平旗帜·序言》，莫斯科：列里赫国际中心，比桑－奥济斯公司，1995 年。奥莉加·尼古拉耶芙娜·兹沃娜廖娃：《和平旗帜·附注》，莫斯科：列里赫国际中心，比桑－奥济斯公司，1995 年，第 207 页。

在尼古拉·康斯坦丁诺维奇·列里赫看来，牧师的标志，他的战斗旗帜就是“军政长官管辖区的旗帜，这面旗凝聚着一切，那是俄国人民的心之所向，那里是光明与真理精神的所在，在那里对祖国的炽爱不会停止”[①]。

第十四届“列里赫遗产”国际学术研讨会，圣彼得堡国立大学，
2014年10月8日在主楼彼得罗夫厅举行的全体会议

① 尼古拉·康斯坦丁诺维奇·列里赫:《日记簿》第一卷（1931～1935年）（第二版），莫斯科：列里赫国际中心等，1999年，第90页。

第二次世界大战期间（1939～1945 年）文化、科学和教育工作者的功勋

文化英雄

弗谢沃洛德·卢基扬诺维奇·梅利尼科夫
（文化学副博士、圣彼得堡国立列里赫家族博物馆学院院长）

在第二次世界大战期间，尼古拉·康斯坦丁诺维奇·列里赫隐居在喜马拉雅山上，时刻都在对文化瑰宝无法挽救的损毁做出回应。他常常沉浸在对祖国的思念和对无法挽回的损失的悲痛之中。

1941 年 11 月 15 日，尼古拉·康斯坦丁诺维奇·列里赫在广播中听到约瑟夫·维萨里奥诺维奇·斯大林在讲话中提到“知识分子都是腐败的”时，他一下子就震怒了：“现在还不是胡说八道的时候！始终要特别谨慎地对待与文化相关的一切，在这空前震荡不安的日子里，更应爱惜国家的人才。俄罗斯知识分子已经承受了不少，现在，在这艰难的时刻，又来辱骂他们，唆使人民来迫害他们。有谁考虑过那些无心之言将会带来什么样的后果吗？一个称为领袖的人，可以随便抛出这种可能激怒黑暗意识的不负责任的言论吗？”

在战争年代，正是文化、科学、教育、工业、创造、军事领域的知识分子们率先投入到保卫人类智慧结晶的运动中，即文化保护运动。在列里赫看来，只有知识分子懂得，崇高的思想品质既不在于荣华富贵，也不在于权力地位，更不在于阴谋诡计：“每一个国家，都可以而且应当培养一种善良、善果、改善生活的思维。在这种意识下，领导核心不应口出脏话，甚至羞辱与知识分子、与文化相关的一切。称文化工作者是卑贱人的言论能否扭转？那时，所有的科学院、大学和学校该怎么办？不仅要记住苏沃洛夫、库图佐夫和所有国家英雄的名字，记住他们的伟大功勋，更要认识到，他们是有知识、有文化的。”

因此，从战争一开始，尼古拉·康斯坦丁诺维奇·列里赫就感受到了文化人的悲剧，他马上把这一时期文化人的生活与崇高的功勋概念联系了起来。

1944 年 11 月 20 日，他有一位在美国空军服役的同事——斯宾塞·亨利·坎贝尔，他是卡特林·亨利·坎贝尔之子，在攻打德国前线的一场空战中英勇牺牲，为纪念他，列里赫建议在纽约美术学院一个自己的工作室内建一座纪念碑：“经常在这里缅怀阵亡亲人，而他和斯宾塞是那么的亲近。”列里赫不止一次地在自己的日记中诉说着对他的思念，讲述着他的战功：

桌子上，还摆着斯宾塞的肖像，那是一张多么帅气的脸庞啊；

像斯宾塞这样纯粹的心灵，少之又少；

为纪念可亲可敬的斯宾塞，我想写一写《和平旗帜》；

如果委员会出版的我的小册子可以纪念斯宾塞，那也挺好的 [《列里赫公约》，纽约，-B. M.]，即将推出①；

要是这本小册子能尽快出版，便是对斯宾塞最好的缅怀；

一提起斯宾塞，都说他是委员会可亲可爱的同事。

列里赫一家对列宁格勒被围困和祖国同胞正在遭遇的不幸深表同情，他密切关注着俄罗斯前线的战况。尼古拉·康斯坦丁诺维奇·列里赫在日记中写道："我们和许多游手好闲、满腹狐疑的人争辩。冒牌预言家预言了各种各样的灾难，但我们总是说：'莫斯科保得住！''列宁格勒保得住！''斯大林格勒保得住！'看吧，它们都保住了！俄罗斯军队是不可战胜的，他们创造了世界奇迹！"

列里赫一家希望，他们的至亲，艺术鼓励学会绘画学校的老职工、常年保护列里赫家族遗物和艺术遗产的斯捷潘·斯捷潘诺维奇·米图索夫可以熬过列宁格勒的围困。

然而，列里赫的很多亲人和朋友还是牺牲了，在保卫托付给他们的历史文化财产的战斗中，他们牺牲在列宁格勒前线，牺牲在包围圈。大多数人都在 1941 ~ 1942 年的那个冬天，那个最寒冷、最恐怖的冬天，离开了这个世界。尼古拉·康斯坦丁诺维奇·列里赫直到 1946 年 11 月才知道这些，他含着悲痛的心情给朋友们写道："我们的同胞们，给你们写这封信时我非常难过……字里行间全是悲伤。当前苏联国内外形势都如此严峻，可是有什么办法呢。米图索夫一家七口人，到 1942 年只有两人幸免于难。虽然这样的牺牲并不是个例，可是我们再也见不到我们亲爱的斯捷潘了……"列里赫家的亲人和朋友们为了拯救他们留在故乡的遗产，付出了多么巨大的代价。尼古拉·康斯坦丁诺维奇·列里赫知道米图索夫家逝去家人的内情后，犹如五雷轰顶。在纪念卫国战争伟大胜利 60 周年之际，让我们铭记他们的英名。

列里赫在列宁格勒包围圈中牺牲的亲人

斯捷潘·斯捷潘诺维奇·米图索夫（1878 年 9 月 24 日 ~ 1942 年 1 月 27 日）：叶莲娜·伊万诺夫娜·列里赫的堂表兄弟，尼古拉·安德烈耶维奇·里姆斯基－科萨科夫的学生，他儿子的朋友，伊戈尔·菲德洛维奇·斯特拉文斯基歌剧《夜莺》（1908 ~ 1913 年）剧本的作者，音乐家，教育家，首席乐师。1910 ~ 1930 年，是列里赫家族的通信人；20 世纪 20 年代，彼得格勒室内音乐学校的创始人（与米哈伊尔·阿列克谢耶维

① 小册子指 *The Roerich Pact and The Banner of Peace*（New York：The Ro- erich Pact and The Banner of Peace Committee，1947：56、Ⅷ.），扉页见本版《列里赫公约文献》第 XLV 章，里面有斯宾塞·亨利·坎贝尔的肖像。

奇·比赫特合作）；1932～1935年，希比诺戈尔斯克工人音乐学院的创始人之一，他有三个女儿：兹拉塔、柳德米拉（久梅）和塔吉雅娜。为后代保全了列里赫家族在彼得堡时期的遗产，葬于博利舍奥赫京墓地的烈士公墓。

叶卡捷琳娜·菲力波芙娜·米图索娃（1882～1942年）：斯捷潘·斯捷潘诺维奇·米图索夫的妻子和忠诚的战友，她有三个女儿：兹拉塔、柳德米拉（久梅）和塔吉雅娜。她是20世纪20年代叶莲娜·伊万诺夫娜·列里赫的通信人，葬于博利舍奥赫京墓地的烈士公墓。

鲍里斯·尼古拉耶维奇·雷若夫（约1878～1941年后）：叶莲娜·伊万诺夫娜·列里赫和斯捷潘·斯捷潘诺维奇·米图索夫的堂表兄弟，柳德米拉·斯捷潘诺夫娜·米图索娃的教父。他曾在皇家瓷器厂工作过，20世纪20年代，任列宁格勒州维拉镇集体公社主任，之后便杳无音信。

兹拉塔·斯捷潘诺夫娜·卡尔塔绍娃（1908年7月1日～1942年1月28日）：斯捷潘·斯捷潘诺维奇·米图索夫和叶卡捷琳娜·菲力波芙娜·米图索娃的女儿，叶莲娜·伊万诺夫娜·列里赫和斯维亚托斯拉夫·尼古拉耶维奇·列里赫的表侄女，艺术家奥列格·弗谢沃洛多维奇·卡尔塔绍夫的妻子，翻译家，钢琴家。20世纪20～30年代，是尼古拉·列里赫纽约博物馆的通信人，葬于博利舍奥赫京墓地的烈士公墓。

奥列格·弗谢沃洛多维奇·卡尔塔绍夫（1915～1941年8月27日）：兹拉塔·斯捷潘诺夫娜·卡尔塔绍娃的丈夫，艺术家，弗拉基米尔·瓦西里耶维奇·斯捷尔利戈夫的学生。据《圣彼得堡纪念册》记载，曾应征入伍，是作战部队的一名红军战士，在列宁格勒前线的一场战斗中英勇就义，葬于列宁格勒州托斯诺区柳班站。

罗斯季斯拉夫·弗拉基米罗维奇·特罗宁（1911年1月11日～1942年1月16日）：柳德米拉·斯捷潘诺夫娜·米图索娃（久梅）的丈夫，格拉费卡艺术家，伊万·雅科夫列维奇·比利宾的学生。据《圣彼得堡纪念册》记载，曾应征入伍，是作战部队的一名红军战士（工兵），在列宁格勒前线的一场战斗中英勇就义，葬于列宁格勒州帕尔戈洛沃区赖科洛沃村。

纳塔利娅·奥列戈夫娜·卡尔塔绍娃（1941～1942年4月）：兹拉塔·斯捷潘诺夫娜·卡尔塔绍娃和奥列格·弗谢沃洛多维奇·卡尔塔绍夫的女儿，斯捷潘·斯捷潘诺维奇·米图索夫和叶卡捷琳娜·菲力波芙娜·米图索娃的外孙女，葬于博利舍奥赫京墓地的烈士公墓。

柳德米拉·斯捷潘诺夫娜·米图索娃（1910～2004年）从她父亲和母亲的手中接过接力棒，成为列里赫遗产的守护人，当时，她是列宁格勒市第339防空营的一名战士，在那次围困中，她几乎失去了所有的亲人和朋友。60年过去了，柳德米拉·斯捷潘诺夫娜·米图索娃已经成为圣彼得堡列里赫家族博物馆学院的实际奠基人。在列宁格勒突围过去60年后，那段可怕而又悲惨的封锁日子的回忆录才得以完全发表。

在得知米图索娃姐妹的悲惨遭遇后，尼古拉·康斯坦丁诺维奇·列里赫满怀对她们姐妹的关心回应道："看得出，久梅过得很艰难。还能不能透露一些关于她们生活的细节？您给她写的那些信要多久才能送到，要知道邮包在路上总是遥遥无期！"

在列里赫记载 1939 ~ 1945 年文化、科学和教育工作者功勋的日记本中，有许多篇章都充满了这种关心、不安和担忧。

新一轮世界大战爆发伊始，列里赫就向文化财产守护者发出了呼吁，他呼吁公约与和平旗帜的所有委员会、列里赫学会和愿意保护全民族瑰宝的朋友们，不辞辛劳、夜以继日地促使社会公众认识到保护人类天才作品的重要性和紧迫性。"我们每一个人都有或大或小的机会来传播人类思想"。为不朽的文化公约——《关于保护艺术和科学机构及历史纪念物条约》命名的艺术家写道，"每个人都与报界有联系或是某些文化组织的成员，在他所能到之处，他总会尽他所能，说一些善意的、有分量的话，呼吁人们保护人类进化所依靠的基础"。

列里赫总是认真收听广播、阅读报纸和杂志中关于文化破坏者与守护者的消息。在读到叶莲娜·布拉甘彩娃发表在消息报中的一篇有关塔玛拉·马特韦耶夫娜·康斯坦丁诺娃（1917 年出生）在拯救建筑和艺术古迹事业中的忘我付出的文章时，他写道："诚然，拯救民族财富乃真正的壮举。后生们当广泛流传，并永远铭记这些奉献者们的英名。愿所有人都铭记那些冒着生命危险拯救和保护文化瑰宝的英雄们。如果有人没有领悟到适时拯救民族财富——他的臭名将永远被封杀。"列里赫提议用一个特殊的称号向民族财富的无私守护者、为拯救文化瑰宝献出自己宝贵生命的人致敬，他们是——文化英雄。

身为思想家的艺术家相信，文化作为不死鸟将永垂不朽。但是，为了文化能够在一次次战争和浩劫之后，又能得到一次次复兴，文化工作者必须谨记自己的神圣职责。也正是文化、科学和教育工作者们的无私奉献，人类才得以了解具有真正价值的内涵和人类进步的意义。

阅读列里赫的日记时，他对战争中文化工作者使命的概括之深、对那些他不能冷眼相待的人和事的列举之全，令人感到惊讶。

"俄罗斯新歌剧选段"使艺术家大为震惊。在收听军事广播时，他听到了他认识的和完全不认识、但名字对他具有深深吸引力的作曲家的作品："他们写出了纯粹的歌剧，规模在不断壮大，就诞生了这首有'民族灵魂'的歌。可惜没有电视。真想看看这些新作曲家、歌唱家和音乐家。从他们的声音中，可以感受到年轻，真想看看啊！他们能感受到在喜马拉雅山上、雪山之巅一群俄罗斯人对他们作品的敬意吗？"

列里赫怀着忐忑的心情写了一篇关于新晋天才德米特里·德米特里耶维奇·肖斯塔科维奇（1906 ~ 1975 年）的报道："在这个敌人已经渗透到心脏、时刻需要捍卫生命、饥寒交迫成为常态的国家，艺术高于一切！肖斯塔科维奇的第七交响曲是一种民族精神……他在他的文章中说，艺术是属于人民的，他献给人民、被人民视为全民族伟大礼物的这首曲子也是属于人民的，他是当之无愧的天才作曲家！"

列里赫因老朋友——战争年代在异国他乡歌颂祖国的作曲家谢尔盖·瓦西里耶维奇·拉赫玛尼诺夫（1873 ~ 1943 年）的离世而感到悲伤。在收到刊登玛格丽塔·沙吉尼扬关于作曲家的文章的新一期《新世界》杂志后，他写道："莫斯科能如此赞赏这位伟大的作曲家和表演家，我们感到很欣慰。拉赫玛尼诺夫的作品能鼓舞人心，俄罗斯艺术在世界范围内广负盛名，俄罗斯人民将他归为最优秀的艺术家之列。我们还不完全认识拉赫玛尼诺夫的风格，但他的所有作品都有着不变的开头，对这种开头的评价还将会更高"。事实上也是这样，2005 年 4 月 9 日，在列里赫公约诞生 70 周年和卫国战争胜利 60 周年前夕，在以优秀的同胞、杰出的作曲家、指挥家和演奏家的名字命名的诺夫哥罗德音乐文化中心，拉开了"拉赫玛尼诺夫——俄罗斯"展的帷幕。本次展览是给卫国战争胜利 60 周年献礼，讲述的是祖国忠诚的儿子——诺夫哥罗德人谢尔盖·瓦西里耶维奇·拉赫玛尼诺夫是多么渴望这场胜利。正如维克多·特罗亚诺夫斯基在自己的展览报告中所说，第一次看到这么多讲述这位伟大侨民命运、以及他投入祖国反法西斯斗争的渴望之情的档案文献和照片。事实上，在战争年代，谢尔盖·瓦西里耶维奇·拉赫玛尼诺夫曾多次援助俄罗斯。然而，并不是每个人都理解这种形式的援助。从美国国会图书馆保存的作曲家的档案资料可以看出，谢尔盖·瓦西里耶维奇·拉赫玛尼诺夫近 1/3 的收入都用在了慈善事业上。在苏联统治初期，他热心地帮助俄罗斯移民，为饥饿的文化工作者成吨成吨地购买食物。在战争期间，他又整车整车地提供药品、外科手术器械和 X 光设备。拉赫玛尼诺夫的妻子和女儿也一起出力，他们织出大量暖和的衣服邮寄到前线。拉赫玛尼诺夫一家已经做了很多很多，但仍未完成谢尔盖·瓦西里耶维奇·拉赫玛尼诺夫的遗愿。60 年前，侨民报《俄国词话》写道，作曲家希望永远安息在大诺夫哥罗德。因此，他的遗体被装入铅棺，准备漂洋过海送回俄罗斯。但 1943 年处于战争爆发期间，因此，未能完成逝者的遗愿，他被安葬在异国他乡（美国）……在列里赫心中，诚然，他是一位文化英雄！

在列里赫笔下，在战争年代表现出勇敢精神的学者同样也是伟大的。他很钦佩著名哲学家尼古拉·奥努夫里耶维奇·洛斯基（1870 ~ 1965 年），他是自己圣彼得堡国立大学的同学，后在贝尔格莱德大学继续深造，尽管年事已高，又遭受了战争苦难，但他仍孜孜不倦。后来在列里赫的日记中可以读到这样的备忘录："在胜利的消息中，回响着相当响亮的文化之声。这位地理学教授告诉我们，部队为什么号召学者上前线。迎接他们，就像迎接期盼已久的兄弟们，认真聆听战事科学报告。这位教授的当务之急是做十一份这样的报告。部队号召学者们上前线，等待科学言论，为此欣喜若狂，以前哪有过这样的事情！有些民族的部队会用卡巴莱歌舞表演来鼓舞军心。那里需要年轻歌手、舞蹈演员。但俄罗斯人民在战壕里、防空洞里等待科学命令，而歌曲都充满了英雄主义激情。不仅激励了俄罗斯人民，在他的脑海中成长，这样的成就已经不可改变。"

1942 年 2 月 18 日，列里赫通过广播收听了地质矿物学博士（下文称俄罗斯苏维埃联邦社会主义共和国教育科学院中小学主要学科教学方法部通讯员）薇拉·亚历山大罗夫娜·瓦尔索诺菲耶娃（1890 ~ 1976 年）教授的发言。薇拉·亚历山大罗夫娜那天讲道，战胜精神更加强大的人，她使人想起光明与黑暗的开端，她坚信俄罗斯人民终会赢得光明。列里赫满怀赞赏之情写道："真想见见这位懂得精神价值的地质学家。真想送给她一颗小小的喜马拉雅水晶，在她诚心召唤时就会出现。"

列里赫笔下的英雄们有相当一部分是文艺工作者。他了解了阿列克谢·尼古拉耶维·托尔斯泰（1882 ~ 1945 年）的文章和著作，关注在莫斯科举行的由托尔斯泰主持的斯拉夫代表大会。《愤怒的俄罗斯》便是这位作家的杰作，在列里赫看来，"作为俄罗斯不可战胜的保证，这篇文章将保存在俄罗斯的历史文献中"。在收到当期的《新世界》杂志后，他写道："阿列克谢·托尔斯泰关于儿童书籍和保持俄语纯粹性的想法非常好。"伊里亚·格里戈里耶维奇·爱伦堡（1891 ~ 1967 年）的诗歌《一如既往，相当可观的》鼓舞了他，米哈伊尔·亚历山大罗维奇·肖洛霍夫（1905 ~ 1984 年）的作品也深深吸引着他，巴维尔·彼得洛维奇·巴若夫（1879 ~ 1950 年）的《有趣的乌拉尔故事》和尼古拉·谢苗诺维奇·吉洪诺夫（1896 ~ 1979 年）的《优秀文章》都使他感到愉悦。还有对其他一众文人的热烈称赞。

列里赫对回忆录作者瓦连金·费奥多罗维奇·布尔加科夫（1886 ~ 1966 年）赞誉有加，他是列夫·尼古拉耶维奇·托尔斯泰的最后一位私人秘书，也是布拉格市郊兹布拉斯拉夫俄罗斯文化历史博物馆的奠基人，列里赫曾给该博物馆捐赠了几幅自己的作品，其中包括名作《圣谢尔吉·拉多涅日斯基》（1932 年），这幅画现存于特列季亚科夫画廊。在纳粹德国进攻苏联的那天，即 1941 年 6 月 22 日，瓦连金·费奥多罗维奇·布尔加科夫在布拉格被纳粹的盖世太保抓捕入狱。布尔加科夫的自我牺牲拯救了兹布拉斯拉夫俄罗斯文化历史博物馆的大部分展品。后来从纳粹监狱出来后，他把那些展品运回了苏联，以托尔斯泰庄园管家和托尔斯泰学术助手的身份继续投入文化事业，在家乡亚斯纳亚－波良纳度过了余生。在写给布尔加科夫的信中，列里赫一次又一次地重申神圣的文化使命："我们从一开始就在讲文化，我们要始终坚信这一点。没有文化，人类将变成两条腿的动物。"

在离前线很远的地方，文人们书写着自己无形的精神功勋。在印度，一位非常年轻的作家、教育家桑吉瓦·杰夫用泰卢固语开办了三场关于列里赫的讲座（"文化与列里赫""国际性与列里赫""列里赫与喜马拉雅"），写了一篇关于"和平旗帜"的文章，向集会的年轻人们宣传他的思想，并将这一点告知尼古拉·康斯坦丁诺维奇·列里赫。在把自己写给桑吉瓦·杰夫的信抄送给"和平旗帜"① 纽约档案馆时，列里赫写了特殊批注："就让保护文化的呼声回响在每一次会议现场，每一粒种子都按自己的方式来生长。"

在战争年代义务为俄罗斯红十字会写作和出书，难道不是列里赫家族建立的功勋

① 见当前版本《列里赫公约文献》第 XLI 章。

吗？在战争初期，出版了叶莲娜·伊万诺芙娜·列里赫的两卷《书信》，1942年，又出版了尼古拉·康斯坦丁诺维奇·列里赫的《取悦艺术》。决定放弃学术研究和艺术创作的尤里·尼古拉耶维奇·列里赫和斯维亚托斯拉夫·尼古拉耶维奇·列里赫，曾两次亲赴苏联驻伦敦大使馆，表示愿意参加红军，做一名志愿者，以充分履行自己对祖国的义务。在战争年代，列里赫一家在印度为红军举办了多场自己作品的艺术展览和慈善拍卖！

通过自己成立的美俄文化协会[①]，列里赫家族与全苏对外文化交流协会建立了联系，希望扩大美俄文化协会在印度的影响力："美俄文化协会运作非常好，全苏对外文化交流协会给我们提供了许多物质上的帮助。希望全苏对外文化交流协会能通过自己的影响力对印度施以援助。德黑兰已有文化交流协会，可能得到更多的互惠互利。虽然成本不高，但给它们带来的效果无法估量。尤里和斯维亚托斯拉夫对印度和整个东方有全面的了解，他们将会是印俄文化协会工作者的不二人选。学术性和艺术性的材料取之不尽，用之不竭。印度敞开怀抱，准备迎接俄罗斯人民的'旗手们'。"

在那些年里，尼古拉·康斯坦丁诺维奇·列里赫有时会用一些非常"强硬"的言辞来针对当时反对《列里赫公约》和称他的文化倡议为"弥赛亚说"的那些人。要知道，正是那些人对《列里赫公约》的百般非议，才助纣为虐，促使一些人打着"军事需要"的幌子掠夺和摧毁文化财产。他公正地指责各战线反对公约的那些国家："听到有人说，保护人类天才作品的事业障碍重重，这简直太荒谬绝伦了。我们记得，在公约最后一次国际会议期间，在一致同意通过公约的三十六个国家中，没有听到德国和英国代表们的声音。自那以后，世界上发生了许多事件，遗憾的是，这些事件完全可以证明推行本公约的迫切性和必要性。"命运嘲弄的是，正是德国与英国互相开战，毁灭性地破坏自己国家的历史古迹[②]。

列里赫提议将一些城市列为神圣不可侵犯的历史博物馆城市，在战争年代多次证明了这一提议的正确性。在大战刚刚开始时，华沙就毁于战火。列里赫写道："在这座古老的城市，有许多留存着历史记忆的建筑物，有相当多的艺术收藏品。家家户户都藏有具有珍藏意义的传家之宝。"列里赫呼吁人们不要抛弃这些珍宝："被侵略者和侵略者都应当明白，历史悠久的城市不应沦为战场。如果军中设有由专家组成的学术委员会，或许大部分历史文物都可以幸免于难。保护民族财产是必须要做的事情。"后

① 见当前版本《列里赫公约文献》第XLIII章：《尼古拉·康斯坦丁诺维奇·列里赫：美俄文化协会》写给美俄文化协会和列里赫公约常务委员会纽约工作人员的信。纳加尔，库卢，英属印度。1946年5月14日。

② 至于苏联对该公约的态度，尼古拉·康斯坦丁诺维奇本人写了下面一段话："在'和平旗帜'座谈会上，我记得，我们的法国委员会通过驻巴黎代表机构就该公约给苏联最高苏维埃写了一封信。这封信在我的陪同护送下送到了最高苏维埃主席加里宁的手中，没有遭到拒绝。所有这些细节都被遗忘，尤其是在战争时期。苏联没有参加华盛顿会议，只是因为直到华盛顿会议的最后一天美国才承认了苏联。所有这些都被忘记了，以后人们就会指责苏联没有参加公约。"(《事件》，1945年12月1日)。

来，在他的祖国——俄罗斯、乌克兰、白俄罗斯，一座座历史古城就这样接二连三地遭到了野蛮的、无意义、无法复原的破坏！在苏联，虽然诺夫哥罗德、普斯科夫、斯摩棱斯克、格罗德诺、基辅、利沃夫等城市已按照列里赫的意愿宣布为露天博物馆，但还是未能幸免……当得知签署了第一个欧洲古城双边协议时，这位伟大的人道主义者是多么高兴啊："意大利好像向希腊提出，只要不袭击罗马，就不会轰炸雅典。如果果真如此，那么达成一些城市的不侵犯协议就为时不远了。或许事件本身将推动世界珍宝自然保护措施的实行。"

阅读列里赫的日记，你可以感受到，当他得知法国人将艺术作品藏在奥弗涅山山洞，把以自己名字命名的博物馆内的画作埋藏在巴黎地下室，以及彼得戈夫、巴甫洛夫斯克、列宁格勒下属皇村的宫廷花园建筑群被毁，轰炸机空袭威尼斯，亚斯纳亚－波良纳的列夫·尼古拉耶维奇·托尔斯泰博物馆和克林的彼得·伊里奇·柴可夫斯基博物馆受到破坏，他喜爱的斯帕斯－涅列季齐和大诺夫哥罗德及其他上古神殿被摧毁时，这位艺术家的内心是多么的激愤。"摧毁一座博物馆就等同于摧毁一个国家，我们将永远记住这一切。"这位艺术家和思想家好像一边清楚地说出词句，一边写进自己的日记中。

在写下"当前权贵人士"对待文化领域的新态度——"伪善"态度时，列里赫是多么的心痛：虽然在军事行动中电影放映机会被带上前线，但许多戏剧演出还是可能被取消。有些人甚至试图声明，军事行动并不影响整个文化工作。至少，这种言论是伪善的。军事行动直接或间接影响人们的整个生活。除了禁令外，生活成本增加，文化产业缩水，出现新的失业大军。在所有这些灾难中，还有一种是"伪善"——暗藏的文化敌人发现了一个逃避参与任何教育事务的新借口。这些暗藏的文化敌人有时甚至比明面上的敌人要更可怕。他呼吁他的追随者们更多地去思考文化——不同方言、不同国家的文化，最好思考一下光明建设，思考一下认知、意识活动与和平活动。

然而，为了"保护朋友们免受各种非难"，换句话说，如果一些协会或机构处于敌占区域，就不能让它们置身于危险之中，遭受摧残迫害，他建议解散自己追随者成立的所有协会。这个想法是他在 1940 年 12 月 20 日提出的，这很有先见之明，好像他已经预感到了里加、塔林、维尔纽斯、华沙、巴黎、布鲁日、哈尔滨等城市协会的命运，在这之前，与这些协会的联络几乎全部中断。这些协会的许多成员都被抓进了斯大林或希特勒的刑讯室，并受尽了折磨。这样的不幸就发生在尼古拉·康斯坦丁诺维奇·列里赫的老朋友、著名的生物学教授、巴黎巴斯德研究所的研究员谢尔盖·伊万诺维奇·梅塔利尼科维（1870～1946 年）身上。又有人被处决了，又在某地捣毁了多个堆满新近印刷的列里赫书籍的书库。还有一些难以补救的其他不幸。所以，列里赫及时要求他的协会自行解散，以免更多人牺牲。

"我们所有人都不是政治工作者，而是文化工作者，我们应当为保护全人类的精神财富而斗争。我们必须谴责故意破坏文物的行为，无论它发生在哪里。"在整个战争年代，列里赫家族正是这样做的，因此他在全世界有众多追随者——和平公约委员会的工作者、原先的和未来的列里赫协会的成员、文化团体、科研和教育机构。当时源源不断扩散至世界各地的列里赫的“文化的呼喊”，无论是在战争时期，还是和平时期，直至今天影响仍然非常巨大。确实，列里赫家族在全世界范围内培育出了永不凋谢的“美丽的文化花园”，那里生长着东方和西方最美的玫瑰，他们散发着同样的芬芳……

在当时的文化生活中发挥巨大作用的不仅有艺术家、雕塑家和建筑师，还有各类作品的演员。尼古拉·康斯坦丁诺维奇·列里赫向他们传输自己的思想，并发出以下恳求：“在这种混乱中，艺术家可以高举英雄现实主义的旗帜。他们大声召唤不朽的美丽。化解悲痛。建功立业。唤醒喜悦。没有快乐也没有幸福。哪怕是最可怜的乞丐也向往幸福。人们没有失去对幸福的向往。各领域的艺术家们，行动起来吧！”

列里赫在日记本中记下的不仅有熟人的名字，还有新人的名字。苏联大名鼎鼎的雕塑家萨拉·德米特里耶芙娜·列别捷娃（1892 ~ 1967 年）和韦拉·伊格纳季耶芙娜·穆欣娜（1889 ~ 1953 年），艺术家亚历山大·米哈伊洛维奇·格拉西莫夫（1881 ~ 1963 年）、米哈伊尔·瓦西里耶维奇·涅斯捷罗夫（1862 ~ 1942 年）、尼古拉·谢苗诺维奇·萨莫基什（1860 ~ 1944 年）和伊戈尔·艾玛努伊洛维奇·格拉巴尔（1871 ~ 1960 年）等一众艺术家的作品深深地吸引了他。在美国作家中，他特别强调了艺术家、作家和社会活动家罗克韦尔·肯特（1882 ~ 1971 年）的贡献，后者于 1944 年末曾在纽约美俄文化协会大厅听过《苏联人民演员》的讲座。讲座刚一开始，肯特就说，他想像尼古拉·康斯坦丁诺维奇·列里赫一样作画。后来“他热情地谈论文化，站起来保护文化，强调当地缺乏对文化原理的理解，及因此对人类进步造成的影响”，讲座结束后又提出了一连串问题。他激起了在场所有胜利者对艺术由衷的兴趣！尼古拉·康斯坦丁诺维奇·列里赫高度评价他的参与。

而在苏联，不止一次响起列里赫的老朋友——建筑学家阿列克谢·维克多罗维奇·休谢夫（1873 ~ 1949 年）的声音，战争尚未结束时，他就为恢复被德国炮弹摧毁的“新耶路撒冷”和建设伊斯特拉城而奔波忙碌。还有艺术家的兄弟——建筑学家鲍里斯·康斯坦丁诺维奇·列里赫（1885 ~ 1945 年），他在莫斯科“为苏联人民谋福利，为苏联人民的利益而奋斗”，与朋友们分享尼古拉·康斯坦丁诺维奇·列里赫的笔记，为了自己的老兄弟能重回故乡而斡旋。鲍里斯·康斯坦丁诺维奇·列里赫，尤其是他同为建筑学家的夫人塔吉雅娜·格里戈里耶芙娜·列里赫（1953 年逝世），为给后人保全列里赫家族的档案文献而耗费了大量精力，之后由她的姐姐全部交给了特列季亚科夫画廊。

在关于战争文化的想法中，列里赫没有回避“精神人”——牧师。自 1943 年开始，列里赫一家在喜马拉雅山上通过塔斯社不仅收到了《消息报》《真理报》《红星报》《斯拉夫人报》等苏联出版物，还收到了莫斯科东正教圣大牧首公署的杂志。尼古拉·康斯坦丁诺维奇·列里赫非常关注第一次新任莫斯科及全俄罗斯东正教大牧首阿列克谢一世（谢尔盖·弗拉基米罗维奇·西曼斯基，1877 ~ 1970 年）的选举，这次选举有数年且全体牧首都参与了。“新任大牧首阿列克谢的选举非常隆重”，尼古拉·康斯坦丁诺维奇·列里赫写道：“古老的宗主教旋律听来很美，就好像把你带到了主教面前。”卫国战争期间，苏联当局对教会态度的改变让他感到很欣慰。

列里赫把女同胞（战友、母亲、勤劳的人、奶妈）在战争中的作用看成一个特殊符号：“……受到表彰的女同胞们的功勋何其多！需要胆识、勇气和韧性的自我牺牲之壮举。女同胞的工作屡次取得成功。最终，女同胞们会去劳动，为人民带来新成果。”在战争年代，恰恰是女同胞成了正在成长的战士们关怀备至的教导员。很多时候，女同胞们勤劳的双手不仅能够制造武器，还能保护藏匿起来的文化财产。成千上万的女同胞们将学术收藏品、藏书紧急转移到博物馆的后方基地，她们不知疲倦地守护在临时安置点，“以保护那些能使人变得高尚的东西”。怀着极大的温柔和满心的关怀，尼古拉·康斯坦丁诺维奇·列里赫在自己的日记本中提到战争年代在欧洲、亚洲、南美洲的地区及美国文化领域英勇奋斗的所有女同胞们：将叶莲娜·伊万诺芙娜·列里赫的书信翻译为英语的女芭蕾舞演员瓦莲京娜·列昂尼多芙娜·杜特科、著名女演员玛丽亚·安德烈耶芙娜·韦德林斯卡娅（1948 年逝世），战后落入苏联古拉格的女作家安娜·亚历山大罗芙娜·卡拉瓦耶娃（1893 ~ 1979 年），以及自己纽约美术学院、《和平公约》与和平旗帜常务委员会的所有女性工作者：马格达莲娜·列莱尔、卡特林·坎贝尔、叶莲娜·马尔科娃、克谢尼娅·穆罗姆采娃、加林娜·穆罗姆采娃、津奈达·福斯季克、扎涅塔·福斯季克、因格博尔格·夫里奇、索菲亚·米哈伊洛芙娜·沙夫兰等。在战争中，女同胞多半都是文化英雄。

国际学术研讨会，2005 年 4 月 15 日，圣彼得堡法学院

参 考 文 献

柳德米拉·斯捷潘诺芙娜·米图索娃：《亲人们的经历和命运·第一部分：回忆》，圣彼得堡—上沃洛乔克，2004 年，第 102 ~ 115 页。

尼古拉·康斯坦丁诺维奇·列里赫：《日记簿》共三卷，莫斯科：列里赫国际中心，1995 ~ 1996 年。

尼古拉·康斯坦丁诺维奇·列里赫：《伟大的卫国战争》，莫斯科：列里赫国际中心，1994 年。

维克多·根纳季耶维奇·基尔克维奇：《列里赫——选自书本素材》，《“列里赫遗产”国际学术研讨会》第二卷，圣彼得堡：圣彼得堡国立大学列里赫中心，2005 年，第 328 ~ 351 页。

维克多·特罗亚诺夫斯基：《为纪念卫国战争胜利 60 周年，在著名作曲家的故乡大诺夫哥罗德举办了“拉赫玛尼诺夫——俄罗斯”展》，俄通社 - 塔斯社，2004 年 4 月 9 日报道。

围困期间（1941～1944年）圣以撒大教堂内的列宁格勒联合博物馆

奥莉加·奥列戈芙娜·米舒拉
（圣彼得堡“圣以撒大教堂”国家历史文物博物馆高级研究员）

从围困的第一个月开始，没来得及转移到后方的市博物馆和市周边博物馆的陈列品就被藏匿于圣以撒大教堂的拱顶下和地下室中。博物馆的一些工作人员不畏艰难，一直守护着这些陈列品。

1941年7月，当时被称为反宗教博物馆的圣以撒大教堂关闭。根据列宁格勒市人民代表苏维埃执行委员会的指示，列宁格勒市人民代表苏维埃执行委员会文化教育事业办公室1941年7月15日下达第116号命令①，即成立“联合博物馆”。联合博物馆包括：反宗教博物馆、列宁格勒历史和发展博物馆、彼得一世夏宫、彼得一世故居、普希金宫殿博物馆、巴甫洛夫斯克宫殿博物馆、彼得宫殿博物馆、奥拉宁鲍姆宫殿博物馆和加特契纳宫殿博物馆。圣以撒大教堂的建筑物成了这些博物馆藏品的储藏室。大教堂内珍藏有油画、青铜器、家具、瓷器、玻璃制品、织物、刺绣作品、纪念章、纪念币、图纸、水彩画、版画、照片、书籍、杂志等众多展品。一部分博物馆的工作人员临危受命，负责保管这些物品。

一直以来，圣以撒大教堂都被视为最具价值的城市建筑和艺术遗迹之一，保护它是一项国家任务。1941年8月23日，反宗教博物馆的高级研究员叶夫多基娅·伊格纳季耶芙娜·列吉金娜②出任联合博物馆馆长一职，此后她一直担任此职，直到列宁格勒围困彻底解除。1942年之前，总保管员一职由巴甫洛夫斯克宫殿博物馆的尼古拉·维克多罗维奇·韦斯③来担任，之后由加特契纳宫殿博物馆的研究员谢拉菲马·尼古拉耶芙娜·巴拉耶娃接任。留在大教堂的还有其他博物馆的研究员：来自加特契纳宫殿博物

---

① 列宁格勒市人民代表苏维埃执行委员会文化教育事业办公室1941年7月15日第116号《关于合并国立反宗教博物馆（圣以撒大教堂前身）、列宁格勒历史和发展博物馆、夏宫和国际革命人士援助会的命令》，文化机关联合档案室。

② 1941年8月23日《关于联合博物馆的第90号命令》，国立苏联中央文学艺术档案局，圣彼得堡，全宗号：330；目录号：1；案卷号：44；页码：122。

③ 1942年8月1日韦斯一家顺利撤离（卓娅·安德烈耶夫娜·韦斯口述）。

馆的伊琳娜·康斯坦丁诺芙娜·扬琴科；来自巴甫洛夫斯克宫殿博物馆的安娜·伊万诺芙娜·泽连诺娃和布罗尼斯拉娃·萨莫伊洛芙娜·沃尔金德；来自普希金宫殿博物馆的叶夫根尼娅·列昂尼多芙娜·图洛娃；来自奥拉宁鲍姆宫殿博物馆的马尔金·米哈伊洛维奇·列巴内；来自市历史博物馆的叶莲娜·尼古拉耶芙娜·埃利金和安娜·康斯坦丁诺芙娜·谢缅托夫斯卡娅；来自彼得宫殿博物馆的玛丽娜·亚历山大罗芙娜·季霍米洛娃。圣以撒大教堂的总设计师为尼古拉·乌斯季诺维奇·马列因，消防队负责人为尼古拉·费多罗维奇·莫尔德科（附录）。

共同的使命是将“联合博物馆”的工作人员凝聚在一起，而这一切都是为了能共同渡过这个艰难的时刻。

谢拉菲马·尼古拉耶芙娜·巴拉耶娃[①] 拥有丰富的博物馆工作经验。战争爆发前，她在自己钟爱的加特契纳宫殿博物馆已经工作了 20 年，她渊博的知识在共同工作中发挥了重要作用。这个已过中年，外表看上去弱不禁风的女同胞身上所散发出来的能量、临危不乱的勇气以及对自己事业的忠诚非常惊人。她行事一贯稳重有分寸，全神贯注，认真到每一个细节都不放过。在严酷的封锁环境下，对任何事情，她都不允许讨价还价，反倒是在不断强调，他们背负着特殊使命。谢拉菲马·尼古拉耶芙娜·巴拉耶娃为保护博物馆陈列品而孜孜不倦地斗争，她是一名优秀的组织者，而在当时，正确的工作组织具有非常重要的意义。

伊琳娜·康斯坦丁诺芙娜·扬琴科的特点是内心强大，深沉严肃，她所做的一切都会打上她自己的烙印。她总是精力充沛、全神贯注，始终保持着旺盛的生命力。所有人都很喜欢她，但她特别亲近谢拉菲马·尼古拉耶芙娜·巴拉耶娃。遗憾的是，伊琳娜·康斯坦丁诺芙娜·扬琴科没能熬过列宁格勒的围困，也没能回到加特契纳。1943 年 8 月 8 日，即列宁格勒遭受疯狂扫射的那一天，她不幸牺牲。

安娜·伊万诺芙娜·泽连诺娃和叶夫根尼娅·列昂尼多芙娜·图洛娃分别是两座公园（巴甫洛夫斯克公园和普希金公园）的忠诚爱国者，她们不断地争论各自公园的优势。

普希金博物馆的保管员是韦拉·弗拉基米罗芙娜·列穆斯，她的幽默风趣活跃了地下室的许许多多个夜晚的气氛；塔马拉·费多西耶芙娜·波波娃，她的实用主义让她在围困期最饥饿的日子里还可以接济他人；叶夫根尼娅·列昂尼多芙娜·图洛娃是普希金城的一名历史学家。战争的最初几个星期，她把自己五岁的儿子阿廖沙留在伊萨基，自己则去参与防御工事的构筑。大教堂内还住着巴甫洛夫斯克宫殿博物馆保管员的孩子们，他们和阿廖沙·里塔、格里克·韦斯同岁。

在撤退前，尼古拉·维克多罗维奇·韦斯一直负责联合博物馆的保卫工作。他的妻子卓娅·安德烈耶芙娜·韦斯是巴甫洛夫斯克宫殿博物馆的研究员，刚开始也在这里工作，后来转到医院工作。

---

① 玛丽娜·亚历山大罗芙娜·季霍米洛娃：《文物、人、事》，列宁格勒，1970 年，第 14 页。

列宁格勒各博物馆的馆藏品藏在圣以撒大教堂，其研究员每天来这里工作。例如，有总是轻松愉快、充满活力的安娜·康斯坦丁诺芙娜·谢缅托夫斯卡娅和她在市历史博物馆的同事叶莲娜·尼古拉耶芙娜·埃利金——对这个城市的历史了如指掌的人，在准备讲座时，她总是引用最有力的事实和最准确的信息。

在大教堂内工作的，还有市历史学家、市历史博物馆研究员阿列克谢·阿列克谢耶维奇·切尔诺夫斯基。从战争开始，一直到自己生命的最后一天，他都坚持用日记本记录在这座城中的生活。但他没有等到胜利的那一天，1942 年 4 月 9 日因饥饿去世。

1943 年 3 月 1 日，彼得宫殿博物馆的保管员玛丽娜·亚历山大罗芙娜·季霍米洛娃也加入了联合博物馆的工作人员行列[①]。她用优雅的女性气质及其才华征服了众人，还多次收到来自波罗的海舰队的讲座邀请。

在围困的最初几个月，圣以撒大教堂的“人口”众多。这些人主要是携带了市周边宫殿博物馆的最后一批陈列品、但在列宁格勒没有自己住所的工作人员。他们在大教堂内掩藏了抢救下来的博物馆珍品，同时大教堂也成了他们及其家人的避难所[②]。从郊区抵达这里的第一天开始，所有的保管员们都进入了战时状态。大教堂南翼地下室的房间被改造成了住房。在围困的第一个冬天，以撒基甚至比列宁格勒市的街头要更为寒冷。从 1942 年 3 月开始，大教堂已经没法生活了，工作人员们在列宁格勒也有了住所。他们中的一些人因安排住进列宁格勒市历史博物馆的医院而得以活下来，那是一家维持科学工作者和恢复严重营养不良者健康的专科医院。过完这个冬天，即 1942 年春季和夏季，联合博物馆的很多工作人员都从列宁格勒转移到了宫殿博物馆后方基地所在的萨拉普尔和新西伯利亚。圣以撒大教堂内只剩下几个研究员兼保管员、消防员和勤杂工。

到 1942 年第一季度，联合博物馆内从事保管与科研工作的研究员仅剩下 12 人[③]。研究员在列宁格勒整理博物馆文物的转移、封存和保存档案：

（1）按对象编写各箱中存放文物的清单，包括文物描述和数量；

（2）形成某些保管员拥有保管博物馆文物权力的证明书；

（3）编写包装文物的开封和检查记录；

（4）全面检查包装货物，查看是否装有博物馆文物。

明确责任范围和摆在研究员面前，且必须由他们亲自完成的紧急工作。摆在他们面前的两大任务就是——清点和保管。如果说清点和统计转移文物是围困期间博物馆工作的首要任务，那么接下来的任务将更加艰难，那就是保管。

那时已沦为仓库的圣以撒大教堂看上去很奇怪。在昏暗中，成百上千个装着独一

① 圣彼得堡历史博物馆馆藏的加特契纳宫殿博物馆研究员伊琳娜·康斯坦丁诺夫娜·扬琴科的日记。

② 玛丽娜·亚历山大罗夫娜·季霍米洛娃：《文物、人、事》，列宁格勒，1970 年，第 11、12 页。

③ 圣彼得堡国立中央档案馆，全宗号：7384；目录号：17；案卷号：597；页码：18。

无二且需要特殊呵护的珍宝的箱子排成了一条条长龙[①]。从 1942 年夏天开始，圣以撒大教堂的工作人员便开始直接接触整个战争年代后在以撒基幸存下来的的物品。当时大教堂内的保管条件非常特殊，以至于在工作中经常会遇到意想不到的困难。

空旷的教堂不能采暖，一到冬天，处处寒气逼人。开春后，内墙和柱子上又会挂满水珠，随后又一股股地流到石头地板上，形成一摊摊水洼。在如此潮湿的环境下，纺织品、家具、地毯、绘画作品等不耐潮的东西怎能熬到战争结束。以撒基教堂厚厚的墙壁在保护艺术作品的同时，也给它们带来了毁灭的危险。博物馆工作人员的责任就是与这恶劣环境斗争到底。

在这种情况下，最方便保管的便是大理石制品、石制品、玻璃制品和瓷器。只要及时把它们从受潮的干草中取出来，放好，防止碰撞和摇晃就可以了。比较难处理的是金属制品和镀金青铜制品：因为可能会出现锈蚀，所以必须经常打开箱子检查。更糟糕的是家具，如果贴面开胶起翘，名贵的哥白林或丝绸蒙面可能会受到损伤。

在围困期间，很难保证适宜的存放条件和存放方式，更不用说修补。唯一能做的就是保证东西不受潮，及时干燥和通风，将需要干燥通风的物品按顺序摆放。

在大教堂内，为节省地方，箱子都是成摞成堆摆放，这就影响了正常通风，也对教堂内珍贵的绘画作品构成了威胁，所以必须把箱子挪开，堆成一行或两行，且行与行之间要留一定的空隙。为使保证教堂的通风，应该完全敞开重重的大门。这样一来，就形成了强烈的旋风和过堂风，大教堂变得犹如快速行驶中船的甲板一般。以撒基的潮湿和寒冷不仅毁坏了这些无价之宝，也冻坏了博物馆的工作人员，在最后一个工作日，他们从教堂走出来的时候，整个人都冻僵了，面色苍白发青，手脚僵硬[②]。

1942 年第二季度，藏有陈列品的地下室被水淹没，为救急不得不使更多保管员加入博物馆的内务工作。他们打扫、收拾、整理圣以撒大教堂的贮藏室，并抽出地下室的水。从 6 月开始，他们把受灾的陈列品放在门廊中晾晒通风。

教堂内的科学工作者昼夜值班看管。保管员的职责包括巡视和核对博物馆藏品，检查铅封是否完整，以及在值班登记簿中记录保存条件——温度变化、湿度、紧急情况等。在保管员管理的值班登记簿和日记中，记录了最低气温——−20℃和湿度——89%[③]。

工作者经常就保存问题召开专家顾问会议，在反复巡视和检查圣以撒大教堂建筑物本体后，他们认为大教堂内完全不适宜保存博物馆文物，严峻的条件可能破坏文物的完整性。由于湿度太高，包装箱都已被浸透，陈列品上也长满了霉菌。经与教堂建

① “大大的宫殿内甚至连一盏吊灯都没有留下……像大部分其他东西一样，它们都住进了以撒基，并受到以撒基的庇护。而我们应该尽可能地援助以撒基”——来自安娜·彼得罗芙娜·邱波娃写给伟大祖国的信（摘自《世纪功勋》）。卫国战争和列宁格勒围困期间的画家、雕塑家、建筑学家、艺术学家，列宁格勒，1969 年，第 19 页。

② 安娜·伊万诺芙娜·泽连诺娃，同上，第 26 页。

③ 谢拉菲马·尼古拉耶芙娜·巴拉耶娃的日记，加特契纳国家文物保护区博物馆馆藏，1943 年。

筑师商议后，决定对大教堂进行干燥和通风，然而，由于被围困的城内没有通电，无法使用电力通风装置，也就不能进行更为彻底的干燥。

由于战时列宁格勒缺乏修复工作间，就连最基本的预防性工作（黏合破裂的绘画作品、用特殊方法清洗文物上的灰尘）都无法开展，从而影响到整个保存情况，于是有些急需固定黏合的油画就被送到埃尔米塔日博物馆的修复工作间。

夏季，教堂的整个南门廊就成了主要的工作场所。那是唯一可以观察、干燥、通风的地方，即对博物馆藏品进行“空气治疗”的地方。高高的围栏后隐藏着别具一格的景象。在一排排绑在柱子上的绳子上，挂满了鲜艳的布片和绣片。然而即使在有利的条件下，博物馆保管员也有不少麻烦。文物需要系统的通风晾晒，但在这里，除了通风之外，还需要干燥。在门廊的花岗岩地板上，立着包金的安乐椅和长沙发；在柱间的绳子上，五颜六色的地毯、帘幔、花毡随风飘扬；在柱脚旁晾着取掉画框的油画。正好将油画底布翻面对着太阳晒干①。所有物品都是由研究人员，包括消防队齐心协力搬到门廊来晾晒的。

在门廊上，在日光下，仔细检查藏品的每一个褶皱、每一个受潮的斑点。根据物品的状态，一会儿要将其置于阴凉处通风，一会儿又要将其置于太阳下晾晒。炮击开始时，需要把所有这些物品重新拖回教堂内，其中安乐椅、长沙发、地毯对这些瘦骨嶙峋的人而言是非常沉重的。当炮击结束后，再把它们搬回门廊：“治疗”这些物品必需争分夺秒。到底是哪里来的力量，今天很难理解。但在一次次残酷的考验中，所有人都保持着沉着冷静、高度集中、英勇无畏的状态。

在战争环境下，全体研究人员都在搜集和修复封存在列宁格勒的建筑和艺术古迹，以及战时被摧毁的市郊宫殿公园博物馆所需的材料。在围困期间，在以撒基的地下室，加特契纳宫殿博物馆、普希金宫殿博物馆、彼得宫殿博物馆的研究员制定了详细的关于这些城郊宫殿和公园的专题研究计划。

编写了城郊宫殿和公园物品的检索卡片；编写了城郊宫殿和公园工作使用手册清单；同建筑研究院合作出版关于城郊的专题著作；收集有关围困中的列宁格勒的资料；写日记；购买宣传画和书籍。

为了更好地保护部队驻扎地的文物，部门的研究员准备了一次介绍文物艺术和历史价值的科普讲座，并在首长的帮助下，顺利开展了几次历史－爱国主义主题的讲座。关于这座城市及其建筑和古迹的讲座、座谈会受到了特别关注。

1944年1月，教堂内的工作仍在继续，但胜利的气息已经萦绕在城市上空。苏联军队发动攻势，每天都喜传捷报。1月19日，彼得戈夫解放，之后普希金、巴普洛夫斯克和加特契纳也相继解放。1月27日，涅瓦河上传来了胜利的第一声炮响——围困解除了。对列宁格勒人民来说，这一天是伟大的纪念日。而对于保管者来说，这一天

① 玛丽娜·亚历山大罗芙娜·季霍米洛娃：《文物、人、事》，列宁格勒，1970年，第21页。

则标志着博物馆修复工作的开始。

此外，他们所有人都参与举办了“英勇保卫列宁格勒”的展览，这场展览在完全解除封锁之前就已经开始筹备了。这场展览以真实事件为背景，展品包括原本文献、战利品以及在那些日子里具有重大意义的资料。1944 年 4 月 30 日，这场展览在盐城开幕。

在战争接近尾声之时，城郊博物馆的工作人员纷纷回到了自己的单位。但是，他们在圣以撒大教堂建立的友谊将长存不息，围困期间的经历把所有人紧紧地联系在了一起。

国际学术研讨会，2005 年 4 月 15 日，圣彼得堡法学院

附录　“联合博物馆”的保管员们

拟定本名单时参考了圣彼得堡国立苏联中央文学艺术档案局、国家文物使用和保护委员会和文化机关联合档案室的文献资料、圣彼得堡历史博物馆馆藏的加特契纳宫殿博物馆研究员伊琳娜·康斯坦丁诺芙娜·扬琴科的日记、列宁格勒市历史和发展博物馆研究员阿列克谢·阿列克谢耶维奇·切尔诺夫斯基的日记。

谢拉菲马·尼古拉耶芙娜·巴拉耶娃——加特契纳宫殿博物馆总保管员（1941 年 9 月 10 日 ~ 1944 年）

尼古拉·维克多罗维奇·韦斯——巴甫洛夫斯克宫殿博物馆总保管员（1941 年 9 月 17 日 ~ 1942 年 8 月 1 日）

布罗尼斯拉娃·萨莫伊洛芙娜·沃尔金德——巴甫洛夫斯克宫殿博物馆讲解员（1941 年 9 月 ~ 1944 年）

安娜·伊万诺芙娜·泽连诺娃——巴甫洛夫斯克宫殿博物馆馆长，1942 年开始担任博物馆管理部门负责人（1941 年 9 月 17 日 ~ 1944 年）

叶夫多基娅·伊格纳季耶芙娜·列吉金娜——来自国立反宗教博物馆，任联合博物馆馆长（1941 ~ 1944 年）

韦拉·弗拉基米罗芙娜·列穆斯——研究员（首席专家），普希金宫殿博物馆（1941 年 9 月 ~ 1942 年 8 月）

尼古拉·马克西莫维奇·利沃维奇－科斯特里察——总工程师，国立反宗教博物馆（1941 ~ 1944 年）

尼古拉·乌斯季诺维奇·马列因——建筑学家、保管员，国立反宗教博物馆（1941 ~ 1944 年）

塔马拉·费多西耶芙娜·波波娃——副馆长，普希金宫殿公园博物馆（1941 年 9 月 ~ 1942 年）

马尔金·米哈伊洛维奇·列巴内——馆长，奥拉宁鲍姆宫殿博物馆（1941年9月～1942年初）

安娜·康斯坦丁诺芙娜·谢缅托夫斯卡娅——市历史博物馆研究员（1941～1944年）

玛丽娜·亚历山大罗芙娜·季霍米洛娃——彼得宫殿博物馆保管员（1943年3月1日～1944年）

叶夫根尼娅·列昂尼多芙娜·图洛娃——普希金宫殿公园博物馆保管员，防线政治委员（1941年9月16日～1944年）

阿列克谢·阿列克谢耶维奇·切尔诺夫斯基——市历史博物馆研究员（1941年9月1日～1942年4月27日）

安娜·彼得罗芙娜·邱波娃——彼得宫殿公园博物馆保管员（1941年9月～1942年8月）

叶莲娜·尼古拉耶芙娜·埃利金——市历史博物馆研究员（1941～1944年）

伊琳娜·康斯坦丁诺芙娜·扬琴科——加特契纳宫殿博物馆研究员（1941年9月10日～1943年8月8日）

圣以撒基辅大教堂“纪念……展”* 展出用馆藏资料的特点

曼苏尔·沙基罗维奇·多米诺夫、谢尔盖·尼古拉耶维奇·奥库涅夫、
尤利娅·谢缅诺芙娜·乌什科娃

（圣彼得堡圣以撒大教堂国家历史文物博物馆）

尼古拉·康斯坦丁诺维奇·列里赫认为，民族文化的保存和发展是世界文明得以继续存在的刺激因素之一。在文化的多样性中，在多种文化的创造性相互影响和相互渗透中，他看到的是促进精神和思想发展的保证。保存物质文化财产（从考古珍品到民间创作，以及画家、雕塑家、建筑学家等的作品）具有重大的意义。他所理解的文化财产不仅是艺术作品，还包括一个整体：从曾为文明摇篮的自然保护区，延伸到整个民族，包括他们创造的城市和国家。

大约在 20 世纪 30 年代，列里赫以“文化财产保护公约”的形式表达了自己的这些想法。在这个公约中，他在界定文化概念和文化在人类发展中的作用的基础上，提出了一个具体明确的《和平时期和军事冲突时期历史古迹和文化设施国际保护法》草案。这份草案被称为《列里赫公约》或《和平公约》，并得到了文化工作者和许多国家政府的支持。该公约提出，具有文化价值的一切对象都应列入世界遗产名录，并让最多的人知道它的内容，无论其国籍、社会或其他地位如何。其他姑且不谈，这方面的知识应能促使对其他文化的尊重感，不将那些文化视为敌对和难以理解的东西。列里赫建议在所有需要保护的对象上都打上特殊标志或插上带有特殊标志的白旗。这就是如今每位文化人都知道的和平旗帜的标志：紫红色的大圆内套三个小圆。

和平旗帜在非常时期被公之于众。第一次世界大战的战胜国再次积聚力量，并试图在殖民地国家日渐高涨的、争取国家独立斗争的背景下重新划分势力范围。列里赫和他的追随者们预感到一场新的冲突即将来临，并试图全力阻止这场冲突。尼古拉·康斯坦丁诺维奇·列里赫还专门请求苏联政府提供支持，以建立战时、自然灾害或大动乱时期应予以保护的文化财产名录（图一）。哲学家和艺术家对圣彼得堡—列宁格勒有着特殊的感情，认为有必要给这座城市及其周边地区予以保护。

* 原文如此。

НАРОДН

L

苏联

外交人民委员部

СЕКРЕТНО

Отдел

Экз. ...

МОСКВА, Кузнецкий мост, 5/21
Телефон 13-40

В/индекс и дата

Н/индекс и дата

1938年3月10日

第39969号

苏联最高苏维埃主席团主席

米哈伊尔·伊万诺维奇·加里宁同志：

现呈上外交人民委员部经苏联驻巴黎全权代表部收到的著名艺术家列里赫写给您的信。旨在保护艺术、科学和历史古迹免遭战争破坏的国际公约以列里赫的名字来命名。列里赫希望苏联倡议在欧洲推行公约的提议相当有影响力。这一倡议可以体现在我们提交给国际联盟的提议中。政府将面临这个问题。我先向驻华盛顿和巴黎的全权代表们了解一下列里赫的情况以及他对苏联的政治立场和态度。一旦我掌握了必要的资料，我将再次向您报告自己对回复列里赫来信的看法。

附录：上述。

/利特维诺夫/

/ЛИТВИНОВ/

3份

第一份：收信人

第二份：利特维诺夫

第三份：全权代表存档

图一 苏联外交事务部人民委员马克西姆·马克西莫维奇·利特维诺夫就1938年3月10日拜访尼古拉·康斯坦丁诺维奇·列里赫一事写给苏联最高苏维埃主席团主席米哈伊尔·伊万诺维奇·加里宁同志的信（藏于圣彼得堡国立列里赫家族博物馆学院）

特殊文化意义，如圣以撒大教堂等最优秀的古迹上插上了和平旗帜。

他的洞察力在列宁格勒陷入包围圈之后立马变得清晰起来。在围困前，城郊宫殿博物馆、市博物馆、夏宫的部分艺术财产没能成功转移到后方，于是列宁格勒国防委员会决定成立一个联合博物馆。这些独一无二的文化财产便集中保存在圣以撒大教堂和其他建筑物内。当列宁格勒遭到炮轰时，大教堂五米多厚的墙壁便是可靠的屏障，而以撒基楼顶的对空防御岗哨炮和亚历山大罗夫斯基花园内的高射炮台都能保护博物馆陈列品免遭轰炸。

圣以撒大教堂作为博物馆珍品存放地的事情鲜为人知，所以在 2004 年 1 月，博物馆准备了一场以卫国战争期间圣以撒基辅大教堂博物馆活动为主题的临时展览“纪念……”（图二）。这场展览讲述了保管员们的英雄行为，尤其是 1941 ~ 1942 年那段最困难的时期；围困期间，彼得宫殿博物馆、加特契纳宫殿博物馆、普希金宫殿博物馆都将藏品搬进了以撒基的地下室。

能看见的只是冰山一角，因为卫国战争期间，整个大教堂内装满博物馆藏品的箱子，堆积如山，高达 6 米。回想起博物馆这些科学工作者的名字，会了解到他们做了大量工作，也正是在他们的不懈努力下，这些珍宝才能在这座被围困的城中得以保全。这次展览大受欢迎，因此决定在这次展览的基础上开展长期展览。但是也遇到了一些困难，因为大部分展品属于其他博物馆，只是暂时送到圣以撒大教堂来保管。

博物馆负责人建议对我们博物馆的藏品进行重新陈列，以便能长期展示。“圣以撒大教堂”国家文物博物馆文物保管员们根据展出主题和记载文物命运的统计文献，挑选出了所有符合设定主题的文物：围困期间藏于教堂地下室的彩色小石雕、19 ~ 20 世纪的生活用品、书籍、图片、雕塑品。由于有参观工作的经验，列宁格勒人的围困生活和在敌人包围下仍在进行的城市文化生活的范围很广。

此次的展品包括列宁格勒被围困期间的原本书信和儿童图画，不能兑换商品的粮票、当时的其他文件、奖章、纪念章和有关围困的书籍。与之相应的，展览参观指南的篇幅也增加了，上面更加细致地讲述了列宁格勒城的文化生活，尤其是圣以撒大教堂南门廊成为联合博物馆研究员、作家、诗人、画家、新闻工作者们的固定聚会场所，他们成排就座，就像在阿斯托利亚酒店一样。之后，出现了关于大教堂的诗句和描绘列宁格勒被围困的油画和版画。

1942 年，宣布进行城郊博物馆修复方案的评选活动，这大大增加了保管员们的动力和即将战胜敌人的信心。

参观大纲还特别强调了文化过程的连续性，尽管有诸如围困那样的考验。所有这一切都引起了参观者的积极响应。除了留言簿上的一句句感激话语外，他们甚至还向博物馆捐赠了自己家中保存的战前列宁格勒城的平面图、文献、明信片和信件。文物博物馆修复施工的工人们，在大教堂的一个房间内找到了一份 1942 年的《波罗的海舰队军人》报纸，很明显，这是某个对空防御战士拿来的。修复之后，这份报纸在陈列

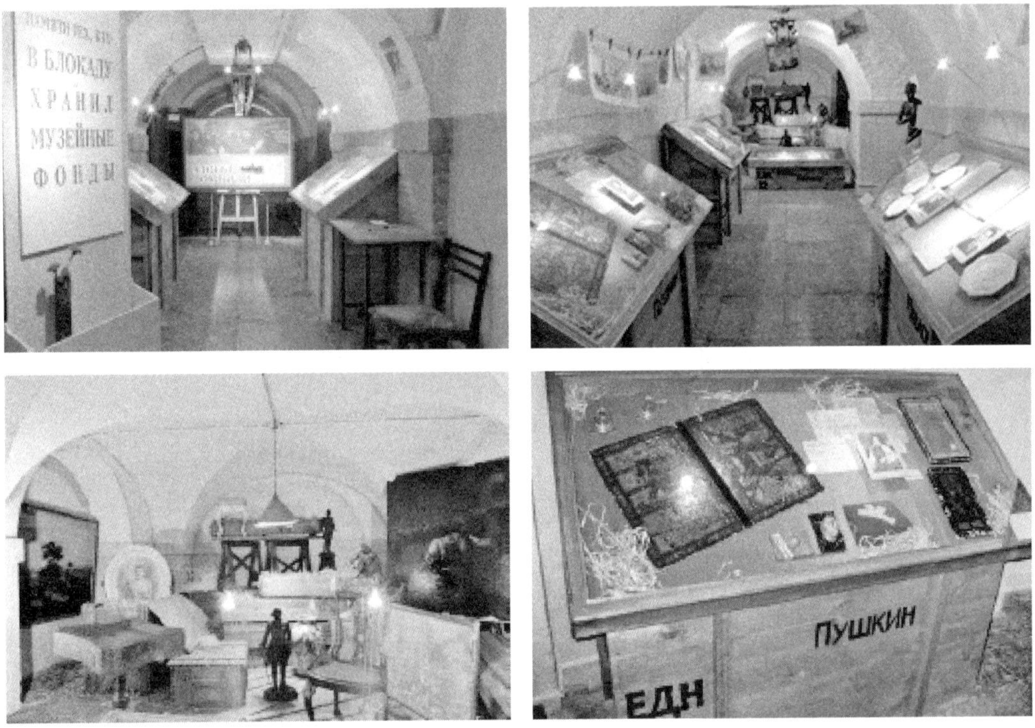

图二　在列宁格勒彻底解围 60 周年之际举办的“纪念……展”（2004 年 1 月）
（摄于“圣以撒大教堂”国家历史文物博物馆）

品中也找到了自己的位置。

如此一来，除了这些残酷的考验之外，“圣以撒大教堂”国家历史文物博物馆的工作实际是在履行杰出艺术家、思想家尼古拉·康斯坦丁诺维奇·列里赫关于文化在人类发展中的重要作用、文化财产的代代传承和保护方面的遗训。

第五届“列里赫遗产”国际学术研讨会
圣彼得堡国立音乐展览厅全体会议《斯莫尔尼教堂》，2005 年 10 月 8 日

卫国战争期间国立列宁格勒日丹诺夫大学对科学和文化的保护

尤里·阿纳托里耶维奇·延多利采夫

（教育学博士，圣彼得堡国立大学语言文学系副教授）

众所周知，列里赫非常重视文化空间的发展。我们把教育工作看作是文化的一个组成部分。在界定“文化”这一概念时，我们应当遵循叶甫盖尼·米哈伊洛维奇·韦列夏金和维塔利·格里戈里耶维奇·科斯托马罗夫在其最新著作中给出的解释。字典给“文化”的定义是，一个国家精神发展与物质发展的结合，即其同义词——文明。上述两位将文化定义为：“文化是全体人类社会实践的产物，它具有历史起源，在人类个体的形成中起着决定性作用。”①

这一年（指 2005 年，译者注）正值伟大的卫国战争胜利 60 周年，这个主题相当具有现实性！这种现实性也是可以理解的。事实上，这是《圣彼得堡公报》社论的引文：“对 10 ~ 12 岁儿童的调查显示，他们中的许多人对发生过的战争没有任何概念，甚至连苏联与谁交战都不知道。”② 要知道在卫国战争期间，我们国家损失超过了 2500 万人！但是准确的数字、镇压受害者的人数是多少，未必有人能说得出。

高校的许多作品都围绕这场战争③。在大学的历史博物馆，有 3 万多件藏品，其中约 4000 件都是关于卫国战争的。根据这些资料、出版物和科研论文④，我们尝试顺利地渡过这些年，因为关于这个主题的材料是取之不尽、用之不竭的。

战争刚一打响，列宁格勒大学就立即做出响应。1941 年 6 月 23 日清晨，在门捷列夫大街的历史系、哲学系、政治经济系、地理系和全校军事准备教研室所在的 5 号楼

① 叶甫盖尼·米哈伊洛维奇·韦列夏金、维塔利·格里戈里耶维奇·科斯托马罗夫：《语言与文化：词汇背景、言语行为方式和 самиентепы 的三个国情语言学概念》，莫斯科，2005 年，第 42 页。

② 《圣彼得堡公报》2001 年 5 月 12 日，第 2 页。

③ 比如：弗拉基米尔·费多罗维奇·巴拉班诺夫：《他们为国家而战：战争年代和战后年代的大学生》第一卷，圣彼得堡，1992 年。亚历山大·费奥多谢耶维奇·别列日诺：《他们为国家而战：战争年代和战后年代的大学生》第二卷，圣彼得堡，1995 年。马琳娜·安娜托利耶芙娜·希什金娜：《卫国战争时期的列宁格勒大学》，圣彼得堡，1996 年。

④ 尤里·阿纳托里耶维奇·延多利采夫：《彼得二世宫殿——事件与人物》，圣彼得堡，2002 年，第 37 ~ 41 页。

2楼的报告厅内，聚集了各学科的带头人。科学院院士叶甫盖尼·维克多罗维奇·塔尔列首先发言：“法西斯头目策动的罪恶行径的后果终会落到他们自己头上。”[①] 在这里表态的集会与会者纷纷表示愿为自己的祖国而战。像这样的聚会也在其他大学举行。在哲学系大礼堂举行的集会发表了决议：“党和政府召唤你们走上前线履行自己的历史责任，你们就高高兴兴地去吧，因为没有比拿起武器保卫祖国更高的荣誉了。”6月25日的校报刊登了安尼亚·奥斯特罗芙斯卡娅（语言文学系高级讲师）、波琳娜·巴甫连科、舒拉·索特尼科娃、卓雅·奥韦奇金娜等女大学生的信，信中写道：“几天后，语言文学系的17名女大学生将奔赴前线当护士。我们将积极工作，从容而自信。我们知道，我们系留在后方的朋友们，将能掌握护理技能，随着第一声召唤，加入我们伟大祖国的捍卫者的行列。”[②] 总共约有600名女大学生当了护士。在门捷列夫大街的历史系大楼也开设了军医院。1941年9月17日，这家医院接收了第一批伤员。国立列宁格勒日丹诺夫大学苏联列宁共产主义青年团委员会的会议纪要写道：“军医院在我们历史系，我们要对它负责。”

教师、职员和大学生加入作战部队、民兵组织和游击队做志愿者的申请纷至沓来。6月26日，第一批志愿者奔赴前线。6月30日，民兵组织委员会开始工作。各系的代表也来到了这里。加入民兵组织的还有苏联科学院的通讯院士德米特里·尼古拉耶维奇·纳索诺夫、尼古拉·利沃维奇·格尔比利斯基教授、米哈伊尔·伊万诺维奇·维诺格拉多夫教授、帕维尔·马特韦耶维奇·戈尔什科夫教授、帕维尔·瓦西里耶维奇帕维尔·马卡罗夫教授、鲍里斯·亚历山大罗维奇·恰金教授、基里尔·费多罗维奇·奥戈罗德尼科夫教授、谢尔盖·弗拉基米罗维奇·索尔达坚科夫教授、尤里·弗拉基米罗维奇·林尼克教授，弗拉基米尔·伊万诺维奇·列别捷夫副教授、尼古拉·巴甫洛维奇·叶鲁金副教授、库兹马·伊万诺维奇·穆拉托夫副教授以及学校的其他科学工作者、数以百计的大学生、研究生和工作人员。鲍里斯·亚历山大罗维奇·恰金教授担任民兵组织团委员，Л. Э. 罗森施泰因副教授担任民兵组织营委员。7月初，国立列宁格勒日丹诺夫大学党委开始成立游击队。游击队成员包括各系的50名代表，由语言学家谢尔盖·马克西莫夫来指挥。同时，大学和美术学院的学生们也组建了一支游击大队，哲学系学生维克多·伊万诺维奇·多罗费耶夫担任大队长。语言文学系党委会的所有成员，在党委会秘书佳林内和副秘书巴甫连科（女大学生）的带领下，在第一时间奔赴前线。总共有2500多名大学生上了前线。国立列宁格勒日丹诺夫大学校长亚历山大·阿列克谢耶维奇·沃兹涅先斯基教授8月8日指示，对城中所有17～50周岁的大学生、教职工进行必要的军事训练。1941年8月21日，公布了苏联共产党（布尔什维克）列宁

① 这里及以下引用自：柳德米拉·阿列克谢耶芙娜·韦尔比茨卡娅主编：《275年：圣彼得堡国立大学：1724～1999年编年史》，圣彼得堡，1999年，第325页。

② 《列宁格勒大学》，1941年6月25日，第2页。

格勒市党委会、市苏维埃和前线军事委员会向市民们发出的呼吁书，书中写道："同胞们，让我们万众一心，奋起保卫自己的城市、自己的家园、自己的家人、自己的荣誉和自由！我们将坚守到底！我们将不惧牺牲，誓死杀敌，战胜敌人，消灭敌人！"

尽管如此，教学活动仍在继续。1941 年 9 月，2027 名学生开始上课，但其中大部分都是女孩。

后又组建了一支劳动队，历史系教授马特韦·亚历山大罗维奇·古科夫斯基担任队长。劳动队挑选学生和老师去构筑列宁格勒的防御工事，准备建立军医院的场所。七月末，语言学家们去了旧鲁萨。这个团队由教员叶甫盖尼·伊万诺维奇·瑙莫夫（后来成为苏联文学教研室教授）带领。他回忆道："每一步都困难重重，手推车不够用，只能用筐子和水桶提土。有时候，我们不得不脱下衬衫，用袖子把领口扎住，用这种临时口袋提土。劳动的时候不看时间，只看太阳：日出而作，日落而息。"

系里的学者在人民群众和部队中做了大量鼓动宣传工作。亚历山大·阿列克谢耶维奇·沃兹涅先斯基教授、弗拉基米尔·瓦西里耶维奇·马夫罗金教授、尼古拉·巴甫洛维奇·波列季卡教授等人也加入了市讲演团。1941 年 10 月，大学生们写信给国家学者反法西斯集会，表达他们在那些日子里的心情。在科学院院士伊格纳季·尤利安诺维奇·克拉奇科夫斯基、伊万·伊万诺维奇·墨山宁诺夫、亚历山大·巴甫洛维奇·里弗亭教授署名的信中写道："消灭双手沾满鲜血的希特勒分子，是人类创造出的服务于人类的科学和真正的人道主义科学发展与繁荣的一个先决条件。"

让我们思考一下，法西斯德国能给我们的城市带来怎样的命运。1941 年 9 月 22 日，那时已开始围困列宁格勒，德国海军参谋部的秘密指示说："元首决定让彼得堡从地球上消失……下令严密封锁彼得堡，通过炮火轰击和连续空中轰炸，将其夷为平地。因城中处境而请求投降的，一律不准接受。"[①]

实际上，列宁格勒大学的学生们奋战在各条战线。举几个例子。1941 年 12 月，历史系毕业生维亚切斯拉夫·维克多罗维奇·瓦西里科夫斯基所在的连队为解放莫斯科州梁宾基村而战斗。当时，敌军隐蔽火力点的机枪在距村子约 150 米的地方开火，这迫使我们前进的部队停了下来。瓦西里科夫斯基中士爬到火力点附近，往炮口投掷了两枚手榴弹。但是，敌人的火力点仍在不停地射击，这时候，他毅然用自己的血肉之躯堵住了炮口，这个村子最终得以解放。这位英雄牺牲后被追授了国家最高勋章——"列宁"勋章。现在，历史系有以他的名字命名的纪念礼堂，礼堂内立有这位已故英雄的半身雕像。

在校历史博物馆的档案室内，保存着谢尔盖·亚历山大罗维奇·斯图坚佐夫 2003 年以前的回忆录。斯图坚佐夫在回忆录中讲述了自己在波罗的海舰队伞兵（空降兵）队当无线电报务员的故事，当时伞兵队的指挥官是国立列宁格勒日丹诺夫大学地理系

---

① 这里及以下引用自：《列宁格勒大学 1819 ~ 1969 年历史论文集》，列宁格勒，1969 年，第 363 页。

的往届学生谢尔盖·格里戈里耶维奇·斯塔赫维奇（1918～1941年），回忆录中讲述了1941年夏末他们在敌人后方完成任务的过程。在乘坐偷来的船只经芬兰湾返回基地时，突遇芬兰军舰。8月30日，彼尔沃市军事法庭判处伞兵队所有成年人死刑，其中两名成员，一名就是回忆录的作者，因为未成年，判处有期徒刑6年，关押在赫尔辛基市监狱，判决也已执行。2000年，俄罗斯驻芬兰领事馆，在彼尔沃市被枪决的英雄们的墓前立了一块花岗岩方尖纪念碑。同时，回忆录作者对1995年出版的《纪念册》做了修正。

1942年1月，维克多·伊万诺维奇·多罗费耶夫领导的游击队再次深入敌人后方。在穿越一道战线时，游击队员们受到敌人机枪的攻击。在这场战斗中，多罗费耶夫本人不幸牺牲。游击队员们为他报了仇。他们的口号就是这位牺牲的队长说过的话："大学来报告。"除此之外，还有其他伤亡。1941年9月，在像往常一样穿过一道战线时，谢尔盖·马克西莫夫不幸牺牲。从塔林往列宁格勒转移的波罗的海舰队船只上，应征入伍的奥列斯特·文尼阿米诺维奇·采赫诺维采尔教授被击中。1942年1月，指导员（语言文学系学生）鲍里索维奇·罗赫林在带领自己的队伍冲锋时英勇牺牲。他牺牲后也被追授了"列宁"勋章。在语言文学系的战斗荣誉室内，现在还保存着该系在前线阵亡教师、学生和职员的43张照片。

后来成为大学副教授的地质与土壤系毕业生尼古拉·亚历山大罗维奇·安斯别尔格（1917～1998年）先后经历了1939年的芬兰战争和卫国战争。后来成为语言文学系副教授、曾多年教授外国人俄文的俄语教研室的鲍里斯·瓦西里耶维奇·布拉图西（1918～1986年）参加了柏林战役。语言文学系三年级的学生亚历山大·伊万诺维奇·莫伊谢耶夫（1919～2000年）也上了前线，之后的5年，他辗转奋战在摩尔曼斯克至符拉迪沃斯托克之间的多个战场，荣获了14枚战功勋章和奖章，之后他回到大学，并读完了研究生，再后来，他成了一名教授，并担任教研室主任。在校历史博物馆的档案室内，还保存着韦拉·瓦西里耶芙娜·瓦西里耶娃（1923年出生）的入学登记副本，她自1941年9月1日进入地质与土壤系一年级学习，后来加入了主楼和体育馆护卫队（国立列宁格勒日丹诺夫大学1941年9月30日第530号指令）。当时学生们住在物理科学研究所三楼，夜间有人值班，以防学校大楼失火，因此还给学生们发放了饭票。她记得，有一次学生们在学校主楼的楼顶追击敌人的飞行员。那时候，学生们和教师们昼夜值守，以防轰炸和炮轰时发生火灾。亚历山德拉·米哈伊洛芙娜·米年科娃（1921年出生）在语言文学系英语教研室工作。在战争期间，她成了一名军人，在西部战线和波罗的海沿岸第二战线的军医院和野战医院效力，荣获二级卫国战争勋章和许多奖章，其中包括"战功章"和"战胜德国章"。之后很长一段时间里，她都是一名高级教师，在生物土壤系、地理系和法律系任课。这样的例子不胜枚举。

那时各系的学生队伍中，如前所述，大部分都是女学生，其中有个叫叶·米勒的女学生回忆道："1941年11～12月的历史系，冷得可怕，小铁炉冒着烟，还能听到附近炮弹爆炸的声音，而弗拉基米尔·瓦西里耶维奇·马夫罗金则讲述着俄罗斯民族国家的起源。”

9 月 10 日晚，第一波炸弹击中了学校大楼。1941 年 11 月底，瓦西里岛 5 街（66 号楼）的部分 U 形宿舍楼被炸毁，死伤 100 多人，这些人都是在校学生和从科尔皮诺疏散过来的群众。随后，学生们就从这里转移到大学沿岸街上的 11 号楼（即现在的非洲学教研室、斯拉夫学教研室和印度语言文学教研室所在地），在这里他们焚烧隔壁教室的桌椅来取暖，用集市街食堂的马肉饼和酵母汤来充饥，只吃“八分饱”，才得以幸存下来。从 11 月 20 日开始，工人们每天可以领取 250 克代用面包，剩下的所有人——每人 125 克。从某种程度来讲，主楼三楼那个可容纳 100 人的教职工医疗室拯救了不少大学生。

1942 年 2 月，大学被迫疏散到萨拉托夫和叶拉布加继续进行教学活动。叶拉布加分校的领导人是苏联科学院通讯院士（后来成为科学院院士）维克多·阿马扎斯波维奇·安巴尔楚米扬。4 月 1 日，在萨拉托夫大学基地，国立列宁格勒日丹诺夫大学恢复教学活动，共有 361 名学生，教授等教学人员共 189 人。但是，并不是所有事情都那么顺利。比如，地理系的系主任斯坦尼斯拉夫·维肯季耶维奇·卡列斯尼克教授是被用担架送到萨拉托夫的，当时地理系坚持上课的人员总共只有 122 人。

还有一小部分职工（141 人）在副校长莫尔肯的带领下留守列宁格勒（后来，在国立列宁格勒日丹诺夫大学 125 周年庆典上，他与其他人一起被授予了“荣誉勋章”）。他们的任务就是看护学校大楼，并做一些科学研究，主要是关于防御性质方面的研究。比如，亚历山大·亚历山大罗维奇·拜科夫院士指导过化学系弹药制造小组；阿列克谢·阿列克谢耶维奇·乌赫托姆斯基院士指导过创伤性休克问题研究小组；弗拉基米尔·亚历山大罗维奇·福克院士指导过鱼雷射击表编制工作；尼古拉·尼古拉耶维奇·布洛欣和格奥尔吉·叶菲莫维奇·弗拉基米罗夫教授研究过气性坏疽治疗法。科研计划中有 204 项是关于防御主题的。在围困期间，亚历山大罗夫联合会（现为行政楼）为军事设计局所在地。但并非所有人都转移了。例如，1942 年 8 月 31 日，科学院院士、生理学家阿列克谢·阿列克谢耶维奇·乌赫托姆斯基在他居住的瓦西里岛 16 街 29 号楼里与世长辞（现在这栋楼前立着纪念碑，碑上刻着这位院士的墓志铭）。在这座被围困的城中，总共有 22 名大学教授和 76 名讲师死亡。在这些人中，有科学院院士谢尔盖·亚历山大罗维奇·热别廖夫、东方学家安德烈·雅科夫列维奇·鲍里索夫和闪语学家帕维尔·康斯坦丁诺维奇·科科夫采夫。其中，斯拉夫语文学教研室主任康斯坦丁·阿列克谢耶维奇·普什卡列维奇教授因饥饿死亡；伊朗学家列夫·亚历山大罗维奇·赫塔古罗夫在去往萨拉托夫的途中去世。留在列宁格勒的东方学家亚历山大·尼古拉耶维奇·博尔德列夫在日记中记录了自己当时的状态：“1941 年 12 月 12 日，从早晨起就在大学，时间越来越少了，看什么都很困难……1942 年 2 月 18 日晚，差点就栽倒了。非常明显地感觉到身体轻飘飘的，虚弱无力……1942 年 4 月 12 日，语言文学系上了锁，到处白雪皑皑。”[1]

但哪怕是在转移途中，也没有停止教学活动。以地理系为例，尼·戈·孔申娜、别·彼·卡洛尔和彼·德·博博克进行了论文答辩。1943 年 9 月底，大学教授谢尔盖·德米特里耶维奇·巴卢哈特、伊利亚·阿法纳西耶维奇·基贝尔、托里昌·巴甫洛维奇·克拉韦茨和尼古拉·弗拉基米罗维奇·尤什马诺夫被选为苏联科学院通讯员。在萨拉托夫举行了列宁格勒大学建立 125 周年庆典。1944 年 2 月，列宁格勒大学被授予列宁勋章。这枚勋章和劳动红旗勋章（1969 年的政府奖）一样，它们的模型镶嵌在门捷列夫大街那侧主楼的正面，如今则放置在主楼大礼堂入口前厅，上面可以看到米哈伊尔·伊万诺维奇·加里宁签署的命令。这里同样还矗立着这栋楼里的两个系的牺牲代表的纪念碑，甚至在其他老旧的学校大楼里，也能见到这些纪念碑和纪念台。

1944 年 1 月，列宁格勒围困彻底解除。5 ~ 6 月，各系纷纷返回列宁格勒。1944 年夏秋时节，列宁格勒大学没有放假。不管是学生，还是老师，都忙着修复教学楼和宿舍。为此，还专门成立了以瓦列里·亚历山大罗维奇·奥夫相金副教授为首的维修与建设工程指挥部和青年建设者学校。1945 年 3 月，苏联人民委员会通过了《关于修复国立列宁格勒大学建筑物和加强物质基础的措施》。鉴于校长亚历山大·阿列克谢耶维奇·沃兹涅先斯基先前已经给学校签署了预算文件，国家预算的大部分资金便用在教学科研潜力的恢复上。到 1945 年 1 月，城中的人口总数几乎增加了一倍，从 50 万增加到了 100 万。

档案文献证明，1945 年 5 月左右，校长亚历山大·阿列克谢耶维奇·沃兹涅先斯基提议成立校国防博物馆。后来成立了校史博物馆，这一想法从而得以实现。

学校各系的学生和教师中有不少是前线战士，战争结束后，国立列宁格勒日丹诺夫大学有 200 多名职工被授予了“保卫列宁格勒”奖章。

在卫国战争胜利 40 周年纪念日，为纪念在这场战争中为国捐躯的学生们，在主楼院子里举行了花岗岩基座的奠基和落成仪式。一年后，在上面安装了青铜铸造的浅浮雕纪念碑。碑上刻着奔赴前线的教师和学生们，一名带着孩子的妇女正在为他们送别。上面题词：“保卫苏联，保卫祖国！”下面题词：“1941 ~ 1945 年逝者永垂不朽。”纪念碑是按瓦西里·巴甫洛维奇·阿斯塔波夫和他的儿子谢尔盖·瓦西里耶维奇·阿斯塔波夫设计的模型所造。

新闻系第一任系主任亚历山大·费奥多谢耶维奇·别列日诺在卫国战争参战人员名册中重述了大学生作家、卫国战争战士费多尔·亚历山大罗维奇·阿布拉莫夫的话：“我们这一代人最大的特点就是，不管是在劳动、学习，还是在保卫祖国的战斗中，都有可贵的自我牺牲精神。更准确地说，他们是伟大的浪漫主义者和理想主义者。”事实上，这是战争一代所特有的。但是，我们中间这样的人还剩下多少呢？根

① 亚历山大·尼古拉耶维奇·博尔德列夫：《包围笔记》（《围困日记》），圣彼得堡，1998 年，第 116 页。

据 2001 年 2 月的媒体信息，1941 年满 18 岁的人中，活着的仅剩 3%。毕竟，从那时起到现在已经过去 4 年了！据 2004 年 7 月 24 日的圣彼得堡广播消息，约有 29.8 万参加过卫国战争的老兵现在生活在圣彼得堡（450 万人口）。现如今，在大学任职的 5000 多名教师中，参加过卫国战争的有 275 人，经历过围困的儿童约有 680 人（数据来自抗战老兵与劳动委员会）。他们值得我们每一个人关注、尊重与感谢。让我们祝福他们幸福、健康！

国际科学实践会议，2005 年 4 月 15 日，圣彼得堡法学院

列宁格勒围困期间列宁格勒教师在保护生命财产方面做出的贡献——以我班为例

娜塔莉亚·尼古拉耶芙娜·科诺瓦洛娃
（语言文学副博士，圣彼得堡国立大学语言文学系教师）

我们第 26 青年学校不是突然出现的，而是随着军事需要迅速出现的。1943 年 7 月 15 日，苏联人民委员会公布了《关于工厂做工少年接受教育的决议》，根据该决议，学校自 1943 年 10 月 1 日起开始上课。我们的学校坐落在湖边一片非常漂亮的森林里，在原"五年计划"工厂管理处古色古香的大楼内。这原是苏联第一家生产黏胶丝的工厂，在战争期间改产手榴弹和反坦克手榴弹、地雷所用炸药和其他军用产品。这所学校的学生既有在这个厂里做工的孩子们，也有在奥哈津斯克化工联合企业做工的孩子们，以及"维堡"国有农场的孩子们。奥哈津斯克化工联合企业保障列宁格勒前线的火药，包括"喀秋莎"火箭炮的炸药供给。这种只在城里面有。

教师短缺，他们就直接从前线赶来这里，比如文学家，或者从军医院赶过来的化学家、失去右手的荣誉军人。很长一段时间里没有物理学家。而当他终于出现时，我们看到的不仅是一名老师，更是一个伟大的灵魂。他就是直接从生命线上赶到学校的米哈伊尔·伊万诺维奇·赫鲁晓夫，他冒着生命危险横渡到岸这边，开展疏散孤儿的前期工作。

许多年以后，在他舒适的公寓里与之喝茶聊天时，我听到一个惊心动魄的故事：

——当时敌人在轰炸，气温低于−40℃，寒风都能把人刮倒，呼吸困难，脸也冻僵了，河对岸就是防疫站，我们每个人的身上都生满了虱子，没有证件，寸步难行！虽然这种情况不会引起瘟疫，但是当时我们只有两种选择——要么返回被围困的列宁格勒，要么一切重头再来！

——你们简直太英勇了！

——不，尼娜，战争是一项极其残酷、消耗精力、简直难以忍受的工作。

一回到学校，我发现六年级的所有同志我都非常熟悉：我和伊达·萨尔在战前五年级时曾坐过同一张书桌；和娜塔莎·沃多索娃、瓦利娅·科尔尼洛娃曾住过同一栋楼；

和谢瓦·科兹明斯基曾在同一个班里学习，还住在同一栋楼里；彼得罗夫兄弟俩在化工联合企业的仪表车间工作，从 1942 年 6 月开始，我也在化工联合企业工作。在波罗霍沃伊我还认识了一些其他人。

在学校的所有朋友们中，绝大部分人都记得谢瓦。有些人，只要出现在我们身边，就能让我们的生活更明亮、更有趣。而谢瓦就是这样的人。他乐观开朗、饶有风趣，他不会滔滔不绝地讲笑话，也不会与人争吵，更不会打破内心的平衡与宁静。和他在一起感觉很好，即使他沉默不语。在这艰难的日子里，当生活充满了苦难，人们需要这样的人格品质。

谢瓦来学校比别人晚一点。和我们所有人一样，他是带着任务直接从国有农场赶到学校的。他曾是一个少年拖拉机手，虽然他没有许可证，但毕竟已经没有成年男子能干这活了！自带幽默感的谢瓦给普通的日常谈话增添了不少趣味。

我记得，战前三年级时，在女教师给我们宣布有一个男孩子要从另一所学校转到我们这里接受教育后，我们所有人都在等一个"混混"。不知道为什么，我们想着转来的肯定是一个人高马大、剃着光头、不守纪律、衣衫不整、成绩不好的学生。当女老师领着"戈戈奇卡"（当时对小男孩的称呼）来到班里时，我们简直瞠目结舌。"戈戈奇卡"个子不高，有着一双灰色的眼睛，留着额发，穿着一身熨烫服帖的驼色制服和白衬衫。在我们学校，圆角小翻领的驼色制服，还从来没有人穿过！孩子们都穿着黑色、褐色、深蓝色的尖角小翻领制服去上学，偶尔会见到灰色制服，还从来没见过驼色的。我们最常穿的就是深色的高领毛衣。小女孩就穿红色、绿色、天蓝色，也没有驼色的。

过了一段时间后，我们就忘记了谢瓦－戈戈奇卡。他不是成绩不好的学生，他也没整出任何幺蛾子。尽管如此，我们还是想知道他为什么会被学校开除。他制造了两起校园"犯罪"。几乎整个第一学季谢瓦都没有来学校，与其说他没有来学校，还不如说他旷课。他背着书包出门，但没有去学校，而是爬上当时已经封闭的伊林斯基教堂的钟楼，静静地观察周围的世界，从鸟儿飞翔的天空看到的东西是多么美妙啊！

在"五年计划"厂里，我们一周上四次课。我们在工厂的食堂吃饭，由穿白大褂的女服务员看管。第一道菜是汤，不需要饭票；第二道菜是黄油粥，凭粮票吃饭，外加一份芜菁或圆白菜，也不需要饭票，因为这些都是工厂的自营农场出产的。

那时学校很明亮（曾有电），但还是很冷，我们都穿着大衣上课，后来条件改善，利用蒸汽来取暖。

开学没多久，就面临着选择外语的问题——到底选什么语言呢？谁也不想学德语，因此所有人都要求能有一个英语老师。英语是盟军的语言！英语是第二前线！英语是猪肉罐头！对于我们来说，这具有非常特殊的意义："英语"这个词读起来朗朗上口，让人联想到美国豌豆，凭粮票供给豌豆，简直就是巨大的动力！大颗大颗淡黄色的豌豆在锅里煮得膨胀开，就像故事里面讲的那样，它变成了许许多多个，豌豆很容易让人吃饱，不像那清亮如水的小米粥。英语——还是巧克力，用小斧子把巧克力从轨道一样的棱线处切开，那时的巧克力是脱脂的，所以非常硬。那时候我们用巧克力换面包，我们沿着通往科尔图希的路去驻扎在松树林里的部队，寻找穿着军装的姑娘，希望用凭票买来的巧克力换一些黑面包。对于忍饥挨饿的人来说，这世上再没有什么东西比面包还要香甜的了！所以，我们有完全强有力的理由选择英语，而不选择德语。

我们每个人的家里，几乎都有人饿死，在 1941 ~ 1942 年那个可怕的冬天，我们不论是精神，还是体力，都无法战胜营养不良。

到 1943 年秋天，我们突然病态地发胖，直到现在都找不到医学解释。现在我们已经不像冬天和 1942 年春天那样肿胀，但还是奇怪地发胖，最后将这归结为生理防御机制。在此之前，我们已经渡过了那个发胖的阶段，恢复了正常体貌。那时我都不能正常地坐在课桌前，因为地方不够大，我要把课桌盖翻起来才能坐得下去。力气也越来越小，身体软绵绵的，透着一股病态，每走一步都需要停下来休息。

虽然不是所有的孩子们都有力气坐下听老师讲课，但我们所有人都会来上课，因为部分学习时间（三小时）会记入我们的工时。七年制教育再次成为义务教育。做重活或危险活的男孩子们，会穿着工作服直接从车间赶到学校：有穿着棉袄的，有穿着绗过的棉裤的，也有穿着沉重的胶靴的。这些孩子们一来到教室，就躺在后排的课桌上睡觉。在这种情况下，自然课女老师吉拉·安德烈耶芙娜·察廖娃总会说："就让他们睡吧，他们需要节省体力。"

现在，只要遇到吉拉·安德烈耶芙娜·察廖娃，脑海中总会浮现起那个清秀苗条的姑娘，在被围困的环境下，是她教会了我们最珍贵的东西——对大自然的热爱。吉拉·安德烈耶芙娜·察廖娃是列宁格勒国立赫尔岑（亚历山大·伊万诺维奇）师范学院的毕业生，她于 1941 年提前毕业，她是整个赤卫军村区唯一的生物学家，当时她同时在六所学校任教，我们是她带的第一批学生。

——您还记得那次恐怖的炮击吗？我步行去您那里上课……还没走到桥上，就在公社的街上，迎面遇上了巡逻队："姑娘，你要去哪里？那边危险！"周围响起了爆炸声。我来到学校，您就坐在教室里，是那样的无助！而那一声爆炸，离学校非常非常近。死了很多人。

是的，我记得那一天。天空中传来可怕的、再熟悉不过的轰鸣声，那是死亡的预兆。我记得那种无助和不可幸免的感觉，当时我的整个心都在颤抖，心早就揪成一团。地面突然开始摇晃，老旧的墙也开始颤抖，旁边某个地方的玻璃掉了下来——再过一秒钟，一切都将毁灭，不留下任何人、任何东西。由于射击，工厂的弹药库发生了爆炸，十三人丧生。现在，在这个地方树立起了纪念碑，碑上刻着遇难者们的名字。

经历过 1943 年 11 月 22 日这样一个不同寻常的战争日后，我觉得自己需要好好地活下去。学校里的一切都在逐步完善，我们有了自己的地图。由于课本短缺，彼得罗夫兄弟俩就照着植物学课本绘制了示意图，画出了直观教具，除此之外，我们还做了其他一些东西，其中我奉命准备关于蚂蚁的材料。我们从老师带来的课本上学到的特别的知识——蚂蚁也打仗！

我们不仅喜欢我们可爱的吉拉·安德烈耶芙娜·察廖娃老师，还喜欢她最和平、最“非军事”的课程。还有什么能比大自然和认识大自然的规律更好？我们还喜欢数学老师玛丽亚·斯捷潘诺芙娜·科尔涅耶娃，她虽然要求严格，但是对所有人都非常友好。遗憾的是，学习数学的精力不够，家庭作业也没有时间做，因为星期六是要出工的。

我们还非常喜欢文学和诗歌。那时大家朗读、抄写和背熟了很多首诗。除了解除封锁的前一夜，我不记得还有什么时候人们会那样陶醉地朗诵和抄记那么多首诗歌。我还保留着那些年写满康斯坦丁·西蒙诺夫、米哈伊尔·莱蒙托夫和阿法纳西·费特诗篇的练习本。在泛黄还散发着难闻气味的纸张上，墨水因时间太久已经褪色：

群峰一片
沉寂
树梢微风
敛迹
林中栖鸟
缄默
稍待你也
安歇

这些诗即使在现在读起来，也别有一番滋味。生活中欠缺的那份安宁与平静曾经很吸引人。西蒙诺夫的诗歌给我们讲述的是当下：当时谁不知道他的诗《等着我吧，我会回来的……》。没有他们，就不可能完全了解那些年的心理氛围。我想说，这些诗句已经成为一种独特的战壕祈祷文，深深刻进每个战士的心灵深处，更何况不只是战士们！人们总会从读到的东西中摘录出那个时刻触动自己的点。《等待》这首诗的用词最现实：“我们等待着胜利，等待着正常平静的生活，等待着亲人的归来，我们的灵魂等待着苦难的尽头，等待着安宁，等待着平静，等待着光明，我们一直在等待！”

毕竟，我们曾生活在黑暗之中，那时候厂里和家里严格的灯火管制让世界陷入一片漆黑。那个充满战争的冬天非常寒冷，而且经常飘着雪，周围的一切都覆盖着厚厚的白雪。我们只能摸黑上学和放学，走在路上，感觉随时就会被埋没在雪堆里。

我很难描述当得知我们这里开办了一所学校，而且我们还可以有上学时的心情。学校、少先队夏令营、自然小组、数学小组……当时这些都有！真想飞奔到学校，坐到课桌前。学校给了我们内心的平静，让我们相信生活中的一切都将是完美的。

在第二学季结束时，我们终于迎来了人生中的一个伟大日子——1944 年 1 月 27 日解除封锁的这一天！列宁格勒最后一次空袭发生在 1 月 22 日，也就是列宁格勒城解放前夕。扫射结束了，黑暗到头了！去你的灯火管制！伴随着庄严的《军队进行曲》和纪念解放城市的礼炮声，新生活开始了。

国际科学实践会议，2005 年 4 月 15 日，圣彼得堡法学院

华沙犹太区的文化生活——关于文化保护趋势的问题

拉莉萨·德米特里耶芙娜·邦达里
（历史学副博士、俄罗斯科学院档案馆圣彼得堡分馆学术秘书）

文化财产的保护——这是动态发展的社会中经常出现的问题。整个人类历史都伴随着无数的文化损失。然而，研究传统划分出了一系列称为“文本文化”，该文化是文化史上得以保全文本和文本创作规则的一种保守文化。犹太文化就属于这种文化。现在先不急于讨论“文本文化”和“规则文化”的优点和缺点，也不要局限于地域和年代框架。我们首先应该了解一下第二次世界大战期间华沙犹太区的上流社会生活，认识这一点可以明确在全面破坏文化财产的大环境下越发明显的保护趋势。

华沙犹太区在 1940 年 11 月 15 日彻底被封闭，实际上这是一个有着 50 万人口的独立的城市，几乎是这个种族人民最著名的城市。通过文化界的活动，我们了解到犹太区生活各方面的信息，就这样我们掌握了丰富的第一手资料。

首先要说的是，作为收藏品保存在华沙欧洲历史研究院（Żydowski Instytut Historyczny，简称 ŻIH）和林格尔布卢姆档案馆（Archiwum Ringelbluma）或华沙犹太区地下档案馆（Podziemny Archiwum Getta Warszawskiego）的叙述性证明资料。档案由两部分构成（根据发现资料的事实），是关于 1939 年 9 月 ~ 1943 年 2 月[①]波兰犹太人命运的文献资料合集。第一部分有 1505 份档案（约 20740 张和 25540 页）；第二部分有 558 份档案（约 7900 张和 9830 页）[②]。

这份档案在犹太区还存在时就已埋入土中。1946 年 9 月 18 日，根据赫斯·瓦瑟提供的线索，找到了第一部分。赫斯·瓦瑟参与编制了这份档案，并且知道这部分档案的隐藏地。1950 年 12 月 1 日，在建筑施工时意外发现了第二部分。虽然都知道第三部分

① 也就是说，实际上已经到 1943 年 4 月 19 日华沙起义后被镇压华沙犹太区存在的最后几日。

② 信息来自于在美国华盛顿大屠杀纪念博物馆（United States Holocaust Memorial Museum）（在阿尔伯特·爱因斯坦的参与下）的协助下完成于 2003 年的新版资料目录。第一份目录在犹太历史研究所档案馆工作人员亚历山大·尤利耶维奇·察列尔的指导下完成于 1955 年。

的存在，但这部分档案已经遗失，可能再也找不回来了。

这份档案的形成历史在犹太区文化生活中本身就是一件意义非凡的事情，是知识分子在战争年代研究活动的一个例证。编著这部文献集的发起人是伊曼纽尔·林格尔布卢姆，他是华沙大学的哲学博士，同时也是一位历史学家，在第二次世界大战爆发之前，做过教师，也从事过科学研究（他在1939年之前的著作有120篇）。此外，他为人所知的另一重身份则是与华沙犹太科学院和维尔诺犹太研究所合作的社会活动家。战争开始后，他并没有停止自己的社会活动，而是活跃在华沙，他参加了给波兰犹太人、移民和难民提供援助的组织。

在伊曼纽尔·林格尔布卢姆身边逐渐聚集了一批志同道合的人，1940年11月22日（也就是犹太区封闭后不久），他们在伊曼纽尔·林格尔布卢姆的寓所举行了组织集会。这个群体自称为“奥涅格·沙巴特”（星期六喜乐），因为他们通常在星期六集会。“奥涅格·沙巴特”的成员把在占领期间收集与犹太人命运的相关资料作为自己的任务。集会以伊曼纽尔·林格尔布卢姆对1939年9月初发生事件《华沙犹太区大事记》的短评为开端。战争结束后不久这些短评就出版了，之后又得到再版[①]。自20世纪70年代开始，整理林格尔布卢姆档案馆[②]出版物和其他资料的P.萨科夫斯卡[③]博士的工作颇有成效。安东·日比科夫斯基又整理出了一卷可以出版的文献[④]。“奥涅格·沙巴特”的文献也在以色列、美国等国出版[⑤]。正是因为有这些出版物，反映华沙犹太区生活各个方面、反映这份独一无二的档案的编制历程、以及“奥涅格·沙巴特”群体活动的珍贵资料才得以广泛传播。

“奥涅格·沙巴特”群体收集了各种证明文件：官方文件、回忆录、书信、印刷品、照片等其他波兰语、犹太语和德语的资料[⑥]。收集到的主要是关于1939～1943年波兰犹太人居住区以及居民点的资料。从罗兹、彼得罗克、卡利什、克拉科夫、卢布林、利沃夫、维诺、拉多姆斯科等地收集到的关于华沙犹太区的资料最多。至于其他居民区，只有很少的文献保存下来。

---

① 林格尔布卢姆·E:《华沙犹太区日报》(1939～1942年)，华沙，1961年。林格尔布卢姆·E:《华沙犹太区大事记》，华沙，1983年。两个版本均为犹太语。

② 萨科夫斯卡·R.:《林格尔布卢姆档案》卷1《关于灭绝的信件》，华沙，1997年（用波兰语、意第绪语、希伯来语写给犹太区亲人的信）。萨科夫斯卡·R.:《林格尔布卢姆档案》卷2《华沙犹太区孩子们秘密教学》，华沙，2000年。

③ 见有关这份档案的出版物：萨科夫斯卡·R.:《林格尔布卢姆档案》，华沙德国历史学院公告，1997年3月；犹太语言，2001年第24期，第258页。

④ 基比科夫斯基·A.:《林格尔布卢姆档案·边疆关系》，华沙，2001年。

⑤ 这些文件都是用原语言出版的。林格尔布卢姆档案馆的文献目前只出版了一小部分，准备继续出版。

⑥ 这些文献几乎有一半是用犹太语写的。

目击者的回忆在档案文献中起着巨大的作用①。伊曼纽尔·林格尔布卢姆本人将“奥涅格·沙巴特”的成员分成了两类：一类是全身心投入这份工作的专职人员，他们讲述自己在战争期间的经历，或自己的城市、村庄所发生的事情，以及与“奥涅格·沙巴特”群体相关的事件②。为了收集有趣的文本，“奥涅格·沙巴特”群体开展了文艺竞赛，积极吸引居民们参与到此项活动中。伊曼纽尔·林格尔布卢姆说“至于犹太人在自己的家里做什么，德国人并不感兴趣。而犹太人开始写作，所有人都写，如记者、作家、教师、社会活动家、年轻人，甚至儿童。大部分写作的人都写日记，记录自己亲身经历过的悲惨事件。他们写了太多太多，但大部分都在驱逐华沙犹太人的过程中被销毁了……建立犹太区，把犹太人看管起来，创造建立档案的最有利条件”③。

“奥涅格·沙巴特”群体的成员很早就明白，收集到的资料不仅可以服务于后人，也可以服务于同时代的人。到 1942 年，希特勒有计划地消灭全部犹太人民的举动已经变得非常明显。摧毁波兰其他地方多处犹太人居住区的消息开始传到华沙。针对消灭外省犹太区犹太人的行为，“奥涅格·沙巴特”成员开始准备公报。实际上，这是他们完成的学术著作。这些信息传到了波兰犹太人的地下报刊、波兰秘密政权，以及“上层社会”。伊曼纽尔·林格尔布卢姆记录下了英文广播（1942 年 6 月 26 日，星期五）播出的安慰犹太区居民、向世界讲述波兰犹太人命运的节目。“几个月以来，我们感受到，世界在对我们所遭遇的史无前例的不幸装聋作哑。我们有过抱怨……没有报道杀害波兰犹太人的（信息），世界还不知道这一点。”因此，在“奥涅格·沙巴特”的情报活动中，伊曼纽尔·林格尔布卢姆看到了伟大的历史使命，于是这个群体开始在全世界敲响警钟，而且很可能挽救了成千上万波兰犹太人的生命④。

“奥涅格·沙巴特”的任务不仅是收集和整理档案资料，还要采取保障性措施来保管这份档案。曾通过一份关于成立自有“保险基金”的决议：决定对一些文件进行复制，并把它们藏在不同的地方。保存下来的档案中不仅有原本，还有副本。显然，正式公文只能以副本的形式来存档，且必须由在政府部门任职的可信群体成员来准备。

直到犹太区存在的最后一刻，“奥涅格·沙巴特”成员们仍在继续自己的活动⑤。1943 年 4 月 19 日华沙起义失败后，犹太区居民遭到了德军的残酷镇压，林格尔布卢姆

① 特点是，在这些回忆录中有不少关于德国人人性的东西。总是需要保持客观公正，哪怕是对待最大的敌人：Ringelblum E. Kronika getta warszawskiego. Warszawa，1983.S.479.

② 林格尔布卢姆·E.:《华沙犹太区大事记》，华沙，1983 年，第 476 页。

③ 林格尔布卢姆·E.:《华沙犹太区大事记》，华沙，1983 年，第 471、473 页（这里及以下引用自 T. 爱波斯坦的波兰语译本）。

④ 林格尔布卢姆·E.:《华沙犹太区大事记》，华沙，1983 年，第 395 ~ 397 页。

⑤ 应当指出的是，1942 年 7 月 22 日以来，在犹太区的第一次肃清行动后，这个团体也遭受了重创，失去了许多成员。

的几个同事也在活动中被杀害[①]。然而，事态的发展迫使“奥涅格·沙巴特”成员们采取措施来抢救 1942 年的档案，决定把在这之前在犹太区收集到的资料藏起来。1942 年 8 月 3 日凌晨两点，“奥涅格·沙巴特”成员利希滕施泰因带着自己的两名学生（Д. 格拉别列姆和 H. 格日瓦切姆）潜入诺沃利普基大街 68 号的学校地下室，准备把资料藏起来，1942 年 8 月 3 日，他们很可能把资料装进铁箱埋了起来。这两个学生的笔记记录了这些事件，之后连同“奥涅格·沙巴特”的资料一起放进了铁箱里。档案馆的第二部分资料很可能是在 1943 年 2 月藏起来的。埋藏后面这些资料的具体时间和细节不得而知。只知道文献是装在两个装过牛奶的铁桶里的。

这只是反映华沙犹太人生活的一个来源，而这个来源的本身就是文化生活全面积极的一个缩影。除了这个档案馆以外，我们还掌握了大量产生于战争年代、反映犹太区生活状况的文献资料（日记、回忆录、大事记）。这些文献资料中的大部分保存在犹太历史研究院的档案室，一部分保存在耶路撒冷犹太大屠杀纪念馆。这些文献资料大部分都已出版[②]。

反映犹太区文化生活的另一个来源就是 1940 年 7 月 ~ 1942 年 8 月发行的《犹太报》（*Gazeta Żydowska*），它采用波兰语在克拉科夫发行。它是全省所有犹太区的官方报纸，它的发行得到了德方的许可，因此内容有强制宣传的资料。在很大程度上，正是因为这份报纸的存在，我们才能更好地了解了犹太区文化生活的另一面：音乐戏剧生活。在每一期报纸上，我们都能看到此类演出的预告，首演月月都有。

在犹太区，无论是获得侵略者许可的剧院和音乐厅，还是秘密剧场，都能正常上演犹太语和波兰语节目。有意思的是，文娱场所并不是免费进入的。需要正常售票，这简直太不可思议了。不过，这些行为都有深刻的心理学意义：它们营造了一种正常生活、完全共融的文化氛围。购票可以让人关注这件事情，穿着最好的衣服，想起战前的生活[③]。

最能证明犹太区文化生活机制正常运作的，大概就是夜晚的轻音乐了吧。在这方面，值得一提的就是卡巴莱，这已成为 20 ~ 21 世纪波兰文化不可分割的一部分。

当在波兰之外开始谈论波兰的卡巴莱酒吧时，就不得不对这种现象的本质和这个

① 伊曼纽尔·林格尔布卢姆本人也在华沙起义中被德军逮捕，关押在特拉夫尼基集中营，后被波兰犹太地下组织营救出来。回到华沙之后，他与家人藏身于格鲁耶茨街 84 号的防空洞中。1944 年 3 月 7 日，德军逮捕了还在家里的所有平民，随后在犹太区的废墟上射杀了所有被逮捕的人。

② 奥普钦斯基·P.:《在华沙犹太人区走私》,《华沙欧洲历史研究院报告》1958 年第 26 期。兰道·L.:《多年战争与占领记事》卷 1 ~ 3，华沙，1962 年。卢日茨基·S.:《这是犹太区》,《华沙欧洲历史研究院报告》1967 年第 62 期。齐尔尼阿库夫·A.:《华沙犹太人区日报》（1939 年 9 月 6 日 ~ 1942 年 7 月 23 日），华沙，1983 年。卡普万·Ch. A.:《滚动的痛苦》,《华沙日记》（译自希伯来语），伦敦，1999 年。还有大量其他口述、回忆录、学术机关刊物。

③ 2003 年波兰广播第二个节目播出的《犹太区墙外的音乐会》，讲的就是华沙犹太区的音乐生活。2003 年 4 月 24 日广播的档案记录可以在网上查看，网址：http://www.polskieradio.com.pl/dwojka/articles/article2.asp?aID=1195.

词在波兰语（波兰语——*kabaret*）和俄语中的不同意思进行解释说明。卡巴莱并不是现代欧洲人所理解的歌舞厅，而是知识分子和讽刺作家通过舞台演出来表达自己见解的特殊俱乐部。这种文化现象在法国和德国诞生之初就已具有此特征，在那里还见到了 1905 年诞生于波兰克拉科夫的第一家卡巴莱——“绿皮球”（“绿气球”）的创始人①。但与现代欧洲卡巴莱不同的是，波兰的卡巴莱没有舞台娱乐脱口秀的形式。它仍然是具有文艺范的，在这里，形式远没有内容重要，前景突出的不是艺术造型，而是文本。此外，卡巴莱在波兰已经成为一种特殊的文学体裁，是可以与其他语言文学体裁相提并论的。无论是过去，还是现在，波兰的卡巴莱都吸引着波兰优秀的思想家们和知识精英代表们。虽然卡巴莱是非正式的，但它是一个实际运作着的批判组织，是一位引领文艺潮流、履行说教甚至政治职能的立法者，它已然成为波兰知识分子最喜欢的地方。

直到驱逐到犹太区的前一刻，还有几家带演出的咖啡馆和小剧院在营业。我们知道，作者和表演者们的名字。已经出版的亚当·切尔尼亚科夫的日记中写道：“10.10.40——女犹太人列金娜·尤德特获得了进入卡巴莱的许可。”②

《犹太报》报道：“1942 年 5 月 6 日，列金娜·楚克尔举办庆祝演出。演出大厅座无虚席，她是一位才华横溢、鼎鼎有名的女演员。那天晚上演出的是卡利马诺维奇的喜剧 *Dus Kabaret Majdł*，由卡尔·津巴利斯特导演执导。主要情节——丈夫因妻子吃醋而酿成的家庭悲剧——他杀害自己的妻子、孩子之后自杀。”据犹太报消息，卡巴莱的首演在 1941 年 10 月 24 日。

我们知道的卡巴莱的名字叫“卡萨诺娃”。对此，X. A. 卡普兰做过详细报道：“据可靠消息，有人为卡巴莱女老板‘卡萨诺娃’·韩德尔和她的‘姐妹们’一晚上（1941 年 4 月 10 日）就花掉了 4000 兹罗提。”③

晚上，私人住所也有卡巴莱。“1941 年 7 月 12 日，在家里进行了一场别样的卡巴莱。”④这种业余演出多由家庭和个人来组织。卡巴莱演绎著名犹太作家的文学作品，借此加深与文化的普遍联系，甚至辐射到战前没有参与过首都音乐戏剧生活的那些人。

但是，最有名的可能要属莱什诺大街 2 号的“艺术”咖啡馆（Sztuka）了，那里有犹太区最有名的文艺卡巴莱，聚集着一批有名的作家和表演家。战前华沙卡巴莱光荣传统的继承人兼诗人瓦迪斯瓦夫·什连格利是这家卡巴莱的明星人物。

瓦迪斯瓦夫·什连格利是唯一讲波兰语的诗人，肃清运动前他一直在犹太区创作。战争爆发前，他在《什皮利卡》（*Szpilki*）上发表文章，还为卡巴莱写文章。1939 年

---

① 关于这种卡巴莱，例如，Faron B. *Jama Michalika. Przewodnik literacki. Kraków*，1997.

② 齐尔尼阿库夫·A.:《华沙犹太人区日报》（1939 年 9 月 6 ~ 1942 年 7 月 23 日），华沙，1983 年。

③ 卡普万·Ch. A:《滚动的痛苦》,《华沙日记》，伦敦，1999 年。

④ 齐尔尼阿库夫·A.:《华沙犹太人区日报》（1939 年 9 月 6 ~ 1942 年 7 月 23 日），华沙，1983 年。

末，他在比亚韦斯托克演小型文艺作品的剧院工作，1940 年回到华沙。讽刺作品是他的《世袭领地》，在讽刺作家心里，他在这方面的经验丰富程度简直不可估量。正如丹努塔·什瓦尔茨曼所说，“战争与犹太区使他成为诗人”[①]。

起初，瓦迪斯瓦夫·什连格利是“艺术”咖啡馆的“活日记”（*Żywy dziennik*）——讲述现实事件的口头日记。这些晚会都获得了巨大的成功。在自己的诗中，瓦迪斯瓦夫·什连格利化身为真正的时事编辑，讲述科尔恰克之死（*Kartka z dziennika“akcji”*）、犹太人的驱逐（*Rzeczy*、*Mała stacja Treblinki*）、越来越深的绝望（*Dwie śmierci*、*Obrachunek z Bogiem*、*Telefon*）、生活琐事（*Dzwonki*、*Okno na tamtą stronę*）[②]。发表了一系列讲述自己在犹太区和集中营经历的文章的作者加琳娜·比连包姆回忆道[③]，我们怀着一种无法形容的饥饿渴望读他的诗，就好像是在等待新鲜的果汁，而不是死亡。

瓦迪斯瓦夫·什连格利的诗想必是以印刷本的形式流传的。战争结束几年后，在保存在华沙附近的约瑟夫乌的双层桌子中找到了一份这样的文集。至于其他本（作者原本和抄写本），大部分都保存在林格尔布卢姆档案馆[④]。在犹太起义 35 周年纪念日，这些诗被编成诗集《死者是什么？》（*Co czytałem umarłym*）（标题为作者自拟）出版，是一部讲述已消亡世界的生活的震撼性作品。

瓦迪斯瓦夫·什连格利为“艺术”咖啡馆也写了不少较为传统、脱离现实的卡巴莱词。在这类作品中，以犹太区居民回忆录中常提到的华尔兹舞曲《她的第一场舞会》最为出名，与之相关的还有两位著名的卡巴莱演员：瓦迪斯瓦夫·什皮尔曼（《城市之死》（*Śmierć miasta*）一书的作者）作曲，华沙战前卡巴莱的巨星——女歌手薇拉·格兰演绎。雅·明克维奇和叶·扎鲁巴称《格林贝格家的玛琳·黛德丽》为卡巴莱版的《十三行》（*Trzynaście rzędów*）。这首歌的历史很有趣，瓦迪斯瓦夫·什连格利写的词曾被没收，不久之后又通过档案广播录音被还了回来，不久以前，丹努塔·什瓦尔茨曼发表在《米德拉什》杂志上[⑤]。

“艺术”卡巴莱的会员上演了戈·格林贝格的戏剧《墙外的卡巴莱》。“这有一个明亮的舞台。”瓦迪斯瓦夫·什连格利写着点什么。他站起来时，纸片散落了一地，他的手里只留了一张。据此推测，诗人是在读一首关于如何在“星际沉默”中听到声音的诗《时间到了》（*Już czas*）。鲁宾斯坦是唯一听说过这位已故犹太诗人的人。瓦迪斯瓦夫·什连格利就这样一张张捡起掉落的纸，纸上写满了给活着的人的诗，他大喊一声

---

① 什瓦尔茨曼 D:《瓦迪斯瓦夫·什连格利与一位华尔兹舞者的历史》, *Midrasz* 2003 年第 4 期，第 72 页。

② 诗人到底是哪一天去世的，我们不得而知，但在他去世之前他的诗集已经面世。据了解，这件事发生在四月，更确切地说，发生在 1943 年 4 月：据《犹太报》报道，1942 年他还在积极创作。

③ 比连包姆·H.:《死亡前最后的希望》，华沙，1986 年。

④ 此外，在林格尔布卢姆档案馆，还保存着普·奥波钦斯基、伊·卡岑涅利松、约·基尔曼、卡·利斯、列·戈尔金、伊·费利德武尔姆、格·拉佐韦鲁夫娜等人写于犹太区的文学著述以及先前作品的笔记。

⑤ 什瓦尔茨曼·D.:《瓦迪斯瓦夫·什连格利与一位华尔兹舞者的历史》。

“请你们读一读”，然后把它们撒向观众席[①]。现在，我们不仅能读到这位诗人的诗，还能在许许多多的现代录音中听到他的声音。

这些都是描述华沙犹太区独特，甚至比战前更活跃的文化生活的稿子。这种文化生活推翻了拉丁格言 “*Inter arma Musae tacent*”[②]，并展现出战争年代反对破坏的力量。

国际科学实践会议

2005 年 4 月 15 日，圣彼得堡法学院

① 科茹帕·R.:《在塔德乌什 R 和亨里克 G 诗集中诗歌的意义与诗人的角色》,《波兰语言文学》2003 年第 2 期。

② 译文：枪炮讲话时，缪斯陷入沉默。

《列里赫公约》战后历史与现代文化财富保护体系：成就与问题

PAXPER 文化

恩里科·杰拉尔多·卡尔潘尼
（国际科研机构与大学理事会主任，国际列里赫大学校长，《列里赫公约》与和平旗帜意大利委员会主席，意大利列里赫协会主席，意大利博洛尼亚市）

就像任何其他伟大而崇高的使命一样，《列里赫公约》以其伟大而崇高的宗旨而造福全世界。

几乎所有的西方人和东方人都为《列里赫公约》感到狂喜，他们呼吁无条件批准这份公约，从道义上和行动上给予支持。279 部不同语言的书刊已经面世，在优秀思想家们雄浑的弥撒中融入我们微不足道的声音，我们将这视为特殊的荣誉、尊重与信任的表示。

民族艺术、文化和科学财产的毁灭是任何战争必然带来的悲剧之一，就算不是彻底摧毁，也会是受到最严重的威胁，如今，这种威胁在多灾多难的文明前线依然存在。如果说一个国家的文化遗产蕴藏着这个国家的全部历史，是伟人们永垂不朽的保证，是当代人和后代人的行动呼吁和指南，那么摆在我们所有人面前的保护文化遗产的权利和义务也就愈加迫切，保全财产，或至少保证文化遗产不再受到任何破坏。

在大屠杀和枪炮轰隆的黑暗时期，当永久的死亡噩梦激发出自我保护的本能时，任何人都有足够的力量来保持心绪镇定，相对平静地拯救人的生命或财产。然而，在这样一个性命攸关的时刻，任何负担都会让人忘记自己对人类天才精神财富的义务。这就是为什么《列里赫公约》、和平旗帜这些关注民族伟大的证据——古迹的机构充满了某种神圣感，这也是引得那些从自然的恩赐中获得睿智和高级鉴赏力的人尊重、崇敬和钦佩它们的原因所在。不过，即使是各民族已然和平共处，也不存在任何威胁整个社会文化和进步古迹的直接威胁，列里赫机构也矢志不渝，竭心尽力地给文化和古迹提供最好的保护。

生活总是将我们的目光锁定在太多太多的怪异现象上。尽管如此，我们在苦思冥想有什么可以代替或摆脱它们时，通常需要先了解它们。理性、内心和完整的精神具有永无止境的欲望，这种欲望促使人们寻求超出惨痛生活教训，打破疼痛、偶然、卑鄙，在这之外可以深深呼吸到徜徉在最纯净健康空气中的东西。

不管你是快乐，还是悲伤，充满光明的艺术、饱含智慧的科学、撼动心灵并创造出想象空间的文学——这或许是最牢固可靠的支柱和最强有力的行动刺激，也是一个勇敢挑战时间的真正的现实。

谁知道，也许它是这样的：正是这份对美、智慧、神圣力量难以抑制的渴求，使得尼古拉·列里赫直到自己的生命尽头还在担心，下一代是否会因为我们与时间赛跑消除人类野蛮的行为而感到欣慰。也许，在他充满幻想的眼神里，在他更加富有想象力的灵魂里，一样闪过恐怖的影子，也想过这到底创造了多少，又毁灭了多少现代文明。

不谈论喜好的话，天生的东方天性，处在迅速发展的美国社会中，可能他意识到了那一天，那时在机器包围中出生的人，将忘记思想的神圣之光或者只是利用思想从而更好地成为物质和忙碌的奴隶。所以当时，被惊醒的他开始全身心投入与这种危险做斗争的事业中，并号召跟随者发挥力量以巩固自己的事业。庆幸的是，跟随他脚步的不是一个团队，而是一大批受他光辉楷模形象鼓舞的后继者、思想统一的思想家和战友。那时列里赫远离了 20 世纪的喧嚣，西藏的初雪在等待着他。尼古拉·列里赫追求这座巅峰，在对崇高真理的沉思中甚至忘却了自我，或者可以说，在沉思中找到了自我。

几年前（1947 年 12 月 13 日），他已经离我们而去，但是他仍然活在他的精神创作中。

在离开人世前的几个月里，这位伟大的思想家给我们发来了令人振奋的信函，内容涉及刚刚在意大利诞生的列里赫公约学院，这封信直到今天仍然一直激励着我们去实现美好的愿景：

我尊敬的同行：

来信已收到，很高兴您愿意加入我们“和平旗帜”委员会。事实上，所有文化工作者都应当知晓文化的神圣源泉。我们无论如何都应当传播保护人类独创才能的和平思想。

我们不幸的大地遭受了太多的苦难，所以我们所有没有见过面的朋友都需要紧密团结起来，一起保卫我们美丽珍贵的文化遗产，并教导年轻人，告诉他们，文化是我们人类的最高目标。

《Paxper 文化》[①]。

愿一切顺利。

列里赫衷心祝愿

1947 年 5 月 30 日

尼古拉·列里赫一生著有 127 部作品，他不仅是优秀的艺术家、杰出的人文学家、哲学家，而且是一位苦行者（在其生命的最后几年）。

---

① 《通过文化实现和平》，原文为拉丁文。

关于他的记载颇多：有 363 部以他的个性、理念和作品作为研究对象的作品，加之 279 部关于公约的著作，因此与列里赫相关的书目近 800 部。很少有人能博得如此殊荣。

在我们组织的其他出版物之前，这份《列里赫国际公约书目》的宗旨是使意大利社会认识世界高尚文化机构中最高尚的机构。

令人欣慰的是，已有许多国家接受了这份公约，这是对尼古拉·列里赫事业接班人努力成效的一种肯定，并使此公约跻身时代最重要的文件之列。该公约以列里赫的名字来命名，并且在透过物质起作用的精神领域中和为精神服务的物质领域中，已成为真正的团结、文明和平等的旗帜。

为了让每个人都能听到他的呼声，列里赫呼吁反对每个民族秘密制造强大的战争武器，反对建设和平绿洲中的懈怠行为。就让他的回声响彻世界四方，飞越所有边界，克服重重阻碍，最终直达人们心中。

波伦亚，1950 年 2 月

亚历山德拉·韦列索娃译自意大利文（正文）和英文（列里赫的信）

2005 年 4 月 15 日圣彼得堡律师公馆举办的国际学术研讨会

列里赫的意大利同行：恩里科·杰拉尔多·卡尔潘尼

尤·尤·布德妮科娃
（圣彼得堡国立列里赫家族博物馆学院负责展览工作的副院长）

对于列里赫众多同行的记载，并不是每个人都一样多。恩里科·杰拉尔多·卡尔潘尼（意大利语：Enrico Gerardo Carpani）是列里赫的同行之一，实际上，他的名气并非因追随列里赫而来，而是因为他是意大利的东方学者、印度学家。但遗憾的是，我们对他的生辰一无所知，他大约出生在新旧世纪交替的时期（指 19 世纪与 20 世纪之交，译者注）。我们所能接触到的关于他的信息截至 1959 年。他的活动我们可以从 20 世纪 30 年代开始追溯，当时他在波伦亚工作和生活。正是在波伦亚大学，他获得了东方学方面的教育。20 世纪 30 年代，他开始研究东方哲学，继而通过研究古代东方心理学转而研究亚洲历史－宗教问题，印度是他的重点研究对象。除了系统研究东方禅定外，他还涉猎了其他的东方著作。1939 年，他因释义再现东方书面文物 Chandogya 奥义书（*Chāndogya Upani/ṣad*）而获得了意大利科学院奖金。与阿·姆皮茨齐加尔利合作在意大利首次出版了梵文 Taittiriya 奥义书（1943 年，米兰—波伦亚）。他还是文献、科学、艺术和技术书目杂志（1946 年开始在波伦亚每月出版一辑）《书籍生涯》的总编辑。1947 年创办了文选《国际科学研究》（*Studi Internazional idi Scienzee Lettere/International Studies of Sciences and Letters*）；以下称 *ISSL*），文选副标题为“学术解读”，他开始计划研究严谨的科研专著刊物。*ISSL* 的主要方向是科学、历史、哲学和东方学。汇编于 1956 年在卡尔潘尼创办于波伦亚的列里赫学院问世。

现在我们来谈谈卡尔潘尼与列里赫组织的合作。如今关于这位学者的信息，我们能找到的少之又少，但是我们依然可以描绘出他的形象——真诚并忘我的忠诚于列里赫的文化保护理念和“活着的道德”学说世界观。卡尔潘尼实际上从大学生涯开始就从事了列里赫公约意大利委员会（1947 年）、意大利列里赫团体（1948 年）、列里赫学院（1956 年）的组织工作。

1947年，通过瑞士学者、参与过文化财产保护[①]运动的埃米尔绍布－科赫教授，恩里科·卡尔潘尼获得了和平旗帜和《列里赫公约》委员会副会长的提名，组织并领导了意大利公约分部（图一）。列里赫公约中央委员会的领导人季德列·福斯迪克建议他尽快与联合国教科文组织建立直接联系。

图一　恩里科·杰拉尔多·卡尔潘尼的照片
［锦纶硬纸板衬底，上面有写给季德列·福斯迪克的话。1947年11月10日，© 列里赫博物馆（纽约）］

第二次世界大战爆发前，在法西斯统治下的意大利未设独立委员会，但有一位公约委员会代表——作家、喜马拉雅研究所 *Urusvati* 前荣誉通讯院士卡尔梅洛·拉皮卡沃利（意大利语 Carmello Rapicavoli）。我们知道，战后美国工作者又重新开展传播公约理念的工作，团结统一思想者的力量，包括拉丁美洲、欧洲和亚洲。和平旗帜和《列里赫公约》委员会工作由位于纽约的中央委员会来协调。在离开人世之前，列里赫矢志不渝地开展这项活动，领导中央委员会并提出建议[②]。在这一事业的参与者中，还有来自科英布拉大学的工作者。

① 在1946年2月15日列里赫的信中，我们读到“我附上了埃米莉娅·绍布科赫教授的瑞士地址，并建议现在就选举他为和平旗帜委员会的荣誉顾问—手册可以之后补发”。他的作品很多，并且人脉宽广（列里赫：《日记簿》第三卷（第2次出版），莫斯科：列里赫国际中心等，2002年，第350页）。参看列里赫写给埃米莉娅·绍布科赫的信件真迹复制品（纳贾尔，库卢，英属印度，1946年4月30日）：《列里赫公约》70周年，列里赫的意大利同行：恩里科·杰拉尔多·卡尔潘尼。2005年4月15日在圣彼得堡律师公馆举办的大会资料——圣彼得堡：列里赫中心，2005年，第350页。

② 参考，比如尼古拉·康斯坦丁诺维奇·列里赫《运动》简讯：“我给你发送了我们上海界信函的内容摘要。非常好的信函，并且应当将其保存在‘和平旗帜’文件夹中。我写信给他们，如果他们能够在年轻的中国人心中成功播下和平旗帜的种子，让文化宣言在那里生根发芽，我们所有人都会感到无比高兴。劳利·杰·谢普勒韦达·丰捷斯（我们代表的名字）从诺瓦·果阿发来了杂志，他成了负责他的书籍评论的编辑。那本书的名字好像叫《尼科拉斯·罗耶里赫－安娜莉兹杜姆·根妮奥》。我还没有看到此书。好像，他与科英布拉的安通妮奥·戈梅斯·杰·萝莎·玛达希洛姆有合作。就让他们为和平旗帜奋斗吧。……绍布科赫告诉我，布宜诺斯艾利斯的文化委员会和哥德堡的阿波罗尼亚协会选举我为荣誉会员。我提供了地址，你把《和平旗帜》这本书寄给他们。绍布科赫将为你们的选择感到高兴。让沃格尔在书中讲一讲他，就在讲述秋利平克的地方。现在除了比利时、葡萄牙、荷兰、波兰、澳大利亚之外，又增加了瑞士。”（尼古拉·康斯坦丁诺维奇·列里赫，《日记簿》第三卷（第2次出版），莫斯科：列里赫国际中心等，2002年，第385、386页）

这里需要简单说明一下，科英布拉大学（葡萄牙最古老的大学之一）委员会是20世纪30年代《列里赫公约》委员会活动最积极的成员之一。更准确地说，这个委员会是在大学教授俱乐部学院旁的基础上成立的。1939年，列里赫将自己的画作《神圣守护者》正式赠予这个委员会。可惜今天这幅油画已从艺术学家①的视野中消失了。阿·格·达罗哈－马达希尔（葡萄牙语 *A. G. daRocha-Madahil*）教授曾任葡萄牙委员会主席。艺术学家、古生物学家埃米尔绍布科赫就是积极分子之一，当时他也是大学俱乐部成员。O Instituto de Coimbra 与大学教授俱乐部都出现在1852年，之后不断发展壮大，并开始吸收其他人，包括外国人。艺术家尼古拉·列里赫于1939年成为俱乐部的荣誉成员。《学院旁》俱乐部逐步晋身为宣传科学和艺术的大型科学院。俱乐部出版了《学院旁》文选，发表了绍布科赫关于尼古拉·列里赫的文章。在作者中我们可以见到卡尔潘尼的名字。这个文选也刊登过意大利东方学家对东方的研究成果（包括 *Ṛgveda-Saṃhitā*，1946）。在与季德列·福斯迪克的通信中（1940年末至1950年），意大利东方学家亲切地称绍布科赫教授为自己的朋友。因此我们猜测，绍布科赫很可能就是联系这两个我们感兴趣的名字——列里赫与卡尔潘尼的纽带，正是他让卡尔潘尼接触到了列里赫思想。

在列里赫旗帜下开展的文化保护运动在欧洲两所最古老的大学（中世纪知识发源地）代表们的努力下日益高涨，在此运动中我们看到了美的标志和深奥的规律性（波伦亚大学是欧洲最古老的大学，科英布拉大学则是最早的大学之一）。

20世纪40年代，在恩里科·杰拉尔多·卡尔潘尼的倡议下，在波伦亚成立了意大利《列里赫公约》委员会以及列里赫协会。列里赫协会负责在意大利传播列里赫的书籍和文章，向有意者解释"活着的道德"之学说。如果你知道，卡尔潘尼与福斯迪克夫妇有着密切的互信关系，福斯迪克夫妇还给卡尔潘尼讲述了自己伟大领袖的事迹，并给卡尔潘尼寄送了列里赫纽约博物馆出版的《活着的道德》一书，便会觉得这其实没什么不可思议的（这一点我们从保存于纽约博物馆档案室的卡尔潘尼与齐奈达·福斯迪克的书信中便可得知）。列里赫协会和公约代表处位于波伦亚市中心（viaRizzoli，4 и viaBarberia，30）。卡尔潘尼请求政府当局允许在列里赫公约委员会总部大楼，即城市中心广场（图二）悬挂大理石牌匾"国际《列里赫公约》委员会、文化红十字会意大利代表处"②的申请书还保存在波伦亚市档案馆。

---

① 帕维尔·伊万诺维奇·克雷洛夫：《论〈神圣守护者〉（*Sancta Protectrix*）这幅画的存在史》，《列里赫遗产：国际学术研讨会成果》第X卷《"列里赫世纪"国际展览项目的成果和前景》，圣彼得堡，2013年，第379～383页。尤·尤·布德妮科娃：《关于寻找尼古拉·列里赫油画〈神圣守护者〉（*Sancta Protectrix*）的问题》，《列里赫遗产：国际学术研讨会成果》第X卷《"列里赫世纪"国际展览项目的成果和前景》，圣彼得堡，2013年，第383～386页。

② 列里赫家族博物馆学院感谢"活着的道德"意大利协会同行瓦列里伊·加尔列特季制作了这些文件的摄影拷贝并递交给了圣彼得堡国立列里赫家族博物馆学院。

图二 意大利《列里赫公约》委员会位于波伦亚的房子现代照片

1949 年 5 月，在卡尔潘尼的脑海中萌发了一个念头，他想成立一所列里赫大学，把全世界的学者汇聚在一起。学者称这个倡议为“《列里赫公约》科学组”。国际列里赫大学行政办公室位于大学街区（viaGuerrazzi，16）。显而易见，这样可以增加这些机构的知名度和声誉，还能吸引特定阶层人士的注意力。总之，成立这样一所国际大学的构想本身就很耐人寻味。卡尔潘尼看到了一项前景广阔的事业：列里赫倡议的文化遗产保护运动把欧洲乃至全世界最优秀的知识分子，都召集到了自己的旗帜之下，并且这种团结与合作不仅仅是职业上的，更是世界观的统一。对列里赫思想的认同使得世界范围内的学者们都在展示《谁是谁》。因此，意大利学者决定号召这些思想先进的科学院的知识分子投入原则上为新教育的共同事业。虽然我们并不知道这位意大利的印度学专家想要邀请的所有人的尊姓大名，但是从列里赫 1946 年 2 月 15 日写给美国同行的信中，我们可以看到和平旗帜和《列里赫公约》委员会荣誉顾问的名单，从中我们可以揣测一二。

公约手册一经问世，就开始考虑荣誉顾问的事情了。

美国：罗库埃尔肯特、埃普通·辛克列勒、库谢维茨基

苏联：波乔姆金、格拉巴里、休谢夫、肖洛霍夫、西蒙诺夫、普罗科菲耶夫、绍斯塔科维奇

瑞士：绍布科赫

南斯拉夫：梅斯特罗维奇

英国：戈尔东·博特托姆列、孔兰

比利时：秋利平克

捷克斯洛伐克：扬·马萨里克

保加利亚：格奥尔吉耶夫

挪威：蒙克

中国：荣留策

印度：阿班宁德拉·塔戈勒、甘戈利、先、哈尔达尔

西班牙：苏洛阿加

葡萄牙：马达希尔

瑞典：曼森、阿恩

法国：拉普拉杰利、列菲尤尔

波兰、埃及、罗马尼亚：没有发现

南美洲：离你更近。

不知道为什么我发往阿利布埃尔诺的邮包被退了回来。国际法教授、公约朋友采扎里·季阿兹·齐斯涅罗斯已经去过阿根廷了，当然还可以去更多的地方，毕竟文化是

没有国界的[①]。

这位意大利学者肯定与上述某个活动家筹划过成立国际列里赫大学各国校长办公室的事宜。当然，卡尔潘尼并不想局限于“老关系”，他希望吸引高层次的新型学者共同为崇高的事业而奋斗，以促进协会的真正进步。理所当然，卡尔潘尼首先考虑吸纳自己的意大利同事加入新的倡议。在卡尔潘尼发往美国的信中也写到他有意邀请印度教授共谋大业。从与齐奈达·福斯迪克的通信中可以看出，卡尔潘尼与支持和平旗帜运动的拉丁美洲知识分子有着密切的联系。从科学院的角度来看，国际列里赫大学发行了非常有益的刊物——《列里赫国际公约书目文献》。

在卡尔潘尼的其他文化倡议中，值得一提的还有下面这些。在他的努力之下，《列里赫公约》委员会与意大利大型杂志《现代艺术》（*Arte Contem-poranea*）建立了联系，在这本杂志上发表了M. 格兰迪内蒂撰写的关于列里赫与和平公约的长文。

在卡尔潘尼的积极参与下，1948年在米兰著名的歌剧院拉·斯卡拉上演了列昂尼德·费多罗维奇·马辛的歌剧《神圣春天》，马辛亲自参演，舞台布景采用的正是1944年列里赫设计的舞台布景方案。

1948年，卡尔潘尼又发出了另一个倡议。在圣马力诺共和国翻印尼古拉·康斯坦丁诺维奇·列里赫的油画《神圣守护者》（*Sancta Protectrix*），和斯维亚托斯拉夫·尼古拉耶维奇·列里赫创作的尼古拉·康斯坦丁诺维奇·列里赫的肖像画。圣马力诺政府积极响应了意大利学者的这一提议，但因为组织或资金方面的一些问题，该提议最终没有得到落实。

1958年，波伦亚的一位艺术家（珠宝商）采纳了卡尔潘尼的建议，开始打造带有尼古拉·康斯坦丁诺维奇·列里赫肖像的铜制纪念章。但是这个纪念章最终是否完成，我们无从知晓。

1958年或1959年初，齐奈达·福斯迪克拜访了身在波伦亚的卡尔潘尼，与他及他的同行博斯基、布特塔宗尼进行了交流。他们的共同联系人是拉皮卡沃利夫妇。福斯迪克建议卡尔潘尼把Б. 康兰撰写的关于列里赫的文章翻译成意大利语后进行发表。

从1959年开始，卡尔潘尼的名字就从纽约列里赫博物馆的档案文件中消失了。卡尔潘尼写给福斯迪克的最后一封信的日期是1959年3月4日，信中他讲述了自己的瑞士和法国之旅，途中他看望了他在瓦利·杰·罗什教学中心工作的儿子。值得注意的是，在最后几年的书信中，卡尔潘尼使用了特别的信笺（*Istituzione Roerich*），翻译成中文就是《列里赫组织》或者《列里赫学院》。这是列里赫协会和意大利公约委员会的直接接班人。卡尔潘尼还与福斯迪克分享了自己开办一系列献给《列里赫公约》与和平旗帜的讲座的计划。后面这件事情（科学文献中）中所说的关于他与意大利院士们

---

① 尼古拉·康斯坦丁诺维奇·列里赫：《日记簿》第三卷（第2次出版），莫斯科：列里赫国际中心等，2002年，第348、349页。

的联系也是在20世纪50年代。因为我们无法获得这位学者的完整生平，所以只能猜测，这位为文化事业献身的真诚斗士的去世可能是没有更多关于他的文献资料的原因。正是因为他那颗炽热的心，20世纪中期西方社会的人文主义队伍才得以保存并壮大。现在我们要把恩里科·杰拉尔多·卡尔潘尼的名字写进那些为列里赫崇高事业而奋斗的欧洲知识分子的名单中。

在俄罗斯艾尔米塔什博物馆举办的第11届“列里赫遗产”国际学术研讨会，
2011年10月9日在委员会报告厅召开的全体会议

《列里赫公约》在印度的推行

阿·米·舒斯托娃

（莫斯科市哲学博士，俄罗斯科学院东方学研究所高级研究员）

1947年，叶·伊·列里赫在给斯·尼·列里赫和杰·兰·列里赫的信中写道："如果我们挚爱的印度高举和平旗帜与文化旗帜，我该会是多么幸福！"[①] 事实上，列里赫家族居住在印度，并在全世界范围内广泛推行《列里赫公约》与和平旗帜，但不能在该国推行公约。

众所周知，早在20世纪30年代，人们就推行《列里赫公约》与和平旗帜思想以形成全球意识做了大量工作。1930年，在欧洲的巴黎和布鲁日创立了列里赫公约与和平旗帜委员会，随后又于1931年在布鲁日创立了《列里赫公约》国际联盟。1931～1932年，在布鲁日举行了两次国际会议，旨在促进推行《列里赫公约》思想。

此时，在南北美洲就传播《列里赫公约》思想也进行了具有针对性的工作。这些工作主要由纽约列里赫博物馆来负责，博物馆下辖的公约委员会则是全球推行公约工作的主要核心。

1933年，在美国华盛顿就《列里赫公约》召开了第三届国际会议，此次会议作出决议——赞同《列里赫公约》与和平旗帜，并建议世界各国人民采纳。国际联盟博物馆事务委员会也对该决议表示赞同。众多非政府组织和知名活动家纷纷向《列里赫公约》委员会发函，皆在信中表示支持文化保护思想。并且在华盛顿召开的这次会议已影响到了世界的另一端——东京，东京也高举和平旗帜以示支持。

1934年，在哈尔滨创建了《列里赫公约》俄国委员会，所以，尼·康·列里赫的倡议在哈尔滨也得到了支持。

最终，三届国际会议的成功召开被视为是重要的历史事件。1935年4月15日，美国和21个拉美国家的代表在华盛顿正式签署公约。签字仪式在美国白宫举行，显得极为重要，且美国总统富兰克林·罗斯福出席仪式。大约在该事件半年前，叶·伊·列里赫受伟大导师的委托开始与罗斯福通信，指出了改造世界前应加强世界文化保护的必要性。

---

① 叶莲娜·伊万诺芙娜·列里赫：《信函》第7卷，莫斯科：国际列里赫中心，2007年，第393、394页，1947年2月28日信函。

富兰克林·罗斯福在《列里赫公约》签字仪式上发表讲话，阐述了对公约内在本质的理解。他特别指出："我们为世界人民提出并签署该公约，渴望全世界将其作为保护现代文明的最重要原则之一。该协议具有远比文字本身更深远的精神意义。"就美洲大陆而言，罗斯福补充说："公约是美洲大陆责任和团结这一基本理论的众多表现形式之一，该理论对当前和今后的美洲国家而言具有重要意义……让我们再一次表达对这一国际合作与互助崇高原则的忠诚，在我看来，这将是对美洲国家文明的巨大贡献。"①

1935 年在华盛顿签署的《列里赫公约》又称《艺术、科学机构和历史纪念物保护协议》。和平旗帜标志被确立为标识保护对象的特殊旗帜。随后，该协议得到美国参议院和总统的批准。由此，开辟了公约被其他世界大国所采纳的广阔前景。

1935 年 5 月 8 日，尼·康·列里赫撰写了文集《推行》，其中记述了国际社会对进一步推行公约的前景的热评和建议。列里赫认为：每一次活动都应当是有用的推行。虽然 20 世纪 30 年代末欧洲局势复杂，但需要更广泛地推行了公约。1937 年召开了第一届波罗的海列里赫社团代表大会，支持创建《列里赫公约》委员会。

如此一来，在第二次世界大战爆发前，南北美洲、欧洲、远东、中国和日本均通过不同方式宣传了《列里赫公约》思想，这是真正意义上的成功。

随后开始在印度展开了公约推行工作。经列里赫家族批准的喜马拉雅研究院下辖公约委员会（该委员会与纽约和巴黎的公约委员会紧密合作）成了印度的公约推行协调中心。

《列里赫公约》在印度的推行工作首先是向印度社会通告公约的基本思想，以及在他国是如何推行该公约的。此外，还需登载有关尼·康·列里赫艺术和社会活动的材料，及其文章和画作翻印品。在印度和锡兰的众多报纸、杂志上均刊登有相关的简讯，尤其是很好地报道了第三届华盛顿《列里赫公约》国际会议。

刊登《列里赫公约》相关材料的出版物有：《印度时报》、《印度东方艺术学会杂志》、《论坛报》、《先锋报》、《印度周刊》、《印度商报》、《印度杂志》、《佛教》、《和平》（师利香提静修处）、*Stri Dharma*、*Vishal Bharat*、《阿萨姆邦评论》、*Vedanta Kesari*、《教育评论》、《Sagi》、《黎明》、*Vichitra*、《锡兰自由出版社》、《年轻建筑师》、《现代评论》、*Navchetan*、*Prabasi*、《每日谈话》、《信息》、《玛哈菩提》、《俾路支斯坦公报》、*Bharat Mitra* 和《人民》。且不仅刊载于英属印度刊物上，还在孟加拉语、乌尔都语、泰卢固语、泰米尔语、僧伽罗语、旁遮普语和印地文语的刊物上进行了宣传。此外，在阿拉哈巴德和特里凡得琅还出版了解释公约含义的小册子。

与此同时，还向友好的社会组织和活动家发送了信函，请求支持这一重要的文化倡议，并得到了其中大多数人的响应。1931 年，拉宾德拉纳特·泰戈尔给尼·康·列里赫写信说："……您的和平公约及文化瑰宝保护旗帜将会是非常有效的象征。对于国际

① 《和平旗帜》，莫斯科：国际列里赫中心，2005 年，第 192 页。

联盟博物馆委员会能采纳该公约，我由衷地感到高兴，我深深地感受到这将对民族文化的和谐产生深远影响……”①

1933 年，加尔各答摩诃菩提佛教协会写下了欢迎华盛顿会议代表的信函。其中写道：“……印度佛教徒特别能体会到该公约的必要性，因为他们遭受了太多入侵的行为。没有一个佛教徒可以眼见被推翻的佛像、塔克西拉和那烂陀宏伟的大学建筑物遗址、被疯狂侵略者彻底摧毁的散落在印度的其他僧院而无深深悲痛和愤怒之情。……因此，关于列里赫教授表现出的崇高努力的消息对他们来说好似一个新时代的开始。……他提出想法并充分制定了方案，现在向世界人民寻求支持和赞同。最终所有国家将会采纳公约，我们对此深信不疑。……当然，他们要完全认识到该公约的必要性可能需要一些时间，因此相信未来的人们将为获得彻底的成功而继续奋斗。”②

1935 年美国签署公约后，在印度的工作也变得更加活跃。1938 年 11 月 6 日，贝拿勒斯历史最悠久的文学社 Nagari Pracharini Sabha 关于支持公约的决议是后续在该国推行公约的重要一步。决议中写道：“一直在努力保存和保护印度文物和历史文献的 Nagari Pracharini Sabha 社团（贝拿勒斯）作出决议，通过巴拉特卡拉总统府充分赞扬了尼古拉·列里赫教授的努力（旨在建立战时、和平时期保护世界历史古迹和文化机构）。本社团强烈支持《列里赫公约》。”③

1938 年 11 月 17 日，在卡拉奇（今巴基斯坦）悬挂和平旗帜的消息传至了纽约列里赫公约委员会。整个仪式上圣歌悠扬。随后，海军少将苏占就文化方面可能需要增加军费开支问题发言，指出了列里赫和平旗帜象征着和平思想。

如此一来，在第二次世界大战前，如同在其他国家一样，在印度也迈出了重要的第一步——推行《列里赫公约》和文化保护思想（该思想将文化视为维护世界和平和保护地球生命的必要元素）。

应当指出的是：许多印度著名活动家反对战争。1941 年 12 月，圣雄甘地甚至给希特勒写了一封公开信，在信中指责其发动战争。1942 年 1 月，印度国民大会通过了一项决议，在该决议中表达了对苏联人民参与反法西斯斗争的支持。

印度作为英国殖民地而被卷入英国反对德国和日本的战争中。除直接参与北非、近东、中东的军事行动外，印度还为印度军队和英国军队提供粮食，供应美国的租借品。

第二次世界大战后，世界秩序发生了改变，但公约与和平旗帜思想仍是坚定不移且实际存在的。战后，纽约的公约与和平旗帜委员会立即恢复了活动，准备出版与公约与和平旗帜相关的新出版物。

---

① 拉宾德拉纳特·泰戈尔：《1931 年 4 月 26 日致尼·康·列里赫的信》，《文化眼光看世界》，莫斯科，1990 年，第 30 页。

② 《和平旗帜》，莫斯科：国际列里赫中心，2005 年，第 160、161 页。

③ 《和平旗帜》，莫斯科：国际列里赫中心，2005 年，第 214 页。

战争带来了巨大的破坏，世界地缘政治地图开始发生变化，出现了对生命和世界建筑的新威胁。战争也加速了大英帝国的瓦解进程，因此，印度于 1947 年 8 月 15 日获得独立，贾瓦哈拉尔·尼赫鲁成了独立印度政府的首脑。

贾瓦哈拉尔·尼赫鲁与列里赫的家人熟识。1942 年，他与女儿英迪拉拜访了列里赫家族在库卢的庄园，在那里整整作客一周。尼古拉·康斯坦丁诺维奇·列里赫后来写了一篇文章《梵学家》，文中表达了对尼赫鲁的感激之情。“梵学家”一词表达了列里赫对这位印度活动家的深深感激和敬意。列里赫如是写道：

> 关于一个梵学家：善良，善良！所有人都可以感受到他不仅是一个伟大的人、印度的希望，还是一个正直善良的人。时下能有这两种品质是非常难能可贵的。
>
> 所有善良的人自然也有一颗善良的心。人们梦想着公正，当然也知道公正仅存于善良的内心。人们感动地欢呼着：“尼赫鲁万岁！”奔向这位梵学家寻求意见。善良的司机为每个人都找到一句鼓舞人心的话。他谈论团结、坚韧和光明的未来。
>
> 在现今这种诡诈、痛苦的日子里，人们尤其敬佩正直、善良、关心人民利益的心。我们所有人、所有附近的居民都会铭记梵学家尼赫鲁的到来。真、善、美①！

叶莲娜·伊万诺芙娜·列里赫对印度领导人贾瓦哈拉尔·尼赫鲁给予了高度评价。虽然她未直接给尼赫鲁写信，但与罗斯福总统在一起时，她也试图向尼赫鲁转达伟大导师的话，通过斯维亚托斯拉夫和杰维卡转达道：“务必向我们的梵学家朋友转达以下内容：‘尼赫鲁是印度最好的领袖，更是彰显坚韧不拔的胜利者。’当杰维卡去孟买时，让其亲自转达或通过其女儿转达这些话。亲爱的，请满足我的这个请求。”②此般的信任也只有对精神上亲密无间的人才能表现出来。她在另一封信中重复道：“您应该已经收到了我的请求——向梵学家转达大师的话。若他有所回应，将会在诸多方面提供巨大的帮助。”③

海得拉巴起义期间，对印度来说是严峻的考验，她给杰维卡写道：“……请向他转达建议：‘处理海得拉巴事件时务必格外小心。需要赢得时间，因为西方新事件将帮助

---

① 尼古拉·康斯坦丁诺维奇·列里赫：《梵学家》，《日记簿》第三卷（第 2 版），莫斯科，2002 年，第 40 页。

② 叶莲娜·伊万诺芙娜·列里赫：《信函》第 7 卷，莫斯科：国际列里赫中心，2007 年，第 382 页，1947 年 1 月信函。

③ 叶莲娜·伊万诺芙娜·列里赫：《信函》第 7 卷，莫斯科：国际列里赫中心，2007 年，第 393、394 页，1947 年 2 月 28 日信函。

避免复杂化和危险。应维持与俄罗斯的友谊，俄罗斯将在印度的困难时期给予帮助。'亲爱的，你知道的，我们是多么爱你的祖国，我的内心是多么渴望看到它平安渡过所有灾难！愿勇敢无畏、大胆发言、成功与你同在。梵学家心扉大敞。" ①

20 世纪 40 年代，尼古拉·康斯坦丁诺维奇·列里赫在印度开展了大量推行文化保护思想的工作。他组织个人画展、多次致函印度媒体、支持印度文化机构、与印度知识分子交往。

1946 年 4 月 18 日发生了一件重要的事：第六届全印度文化统一会议对《列里赫公约》表示支持。此次会议的决议中写道："决议如下：本次会议在加强相互理解的基础上，相互尊重所有印度团体的文化，完全赞同尼古拉·列里赫教授旨在战时、和平时期避免世界历史古迹、博物馆、科学、艺术、教育和文化机构遭受破坏而进行的努力。会议强烈支持并赞同《列里赫公约》。" ②

1946 年 5 月 15 日，尼·康·列里赫写了一篇名为《运动》的文章，仿佛呼应了 1935 年的文章《推行》，他在文中列出了促进《列里赫公约》在印度推行的印度组织。"又一个好消息。我现将 4 月 18 日在加尔各答召开的印度文化协会会议决议寄给您。他们充分评估了我们为保护文化财产所做的努力，并一致同意加入我们的公约中。同时，我们不会忘记建议来自阿拉哈巴德大学副校长——梵学家会议主席阿马尔纳特·贾，他现如今同贝拿勒斯的拉达克里希南一样是最杰出的学者。……因此，阿拉哈巴德大学具有悠久历史的党、贝拿勒斯的 Nagari Pracharini Sabha 社团、加尔各答的摩诃菩提、印度智者都加入了公约中。在'印度曙光'中……开始出现桑吉瓦·杰夫的文化月刊，或许'印度曙光'将成为公约发行地之一。重要的是，看文化力量是如何联合起来的！" ③

令人遗憾的是：1947 年 12 月，尼古拉·康斯坦丁诺维奇·列里赫与世长辞。他逝世后，由叶莲娜·伊万诺芙娜·列里赫和斯维亚托斯拉夫·尼古拉耶维奇·列里赫继续进行《列里赫公约》与和平旗帜在印度的推广工作。

尼古拉·康斯坦丁诺维奇·列里赫逝世后一个多月，斯维亚托斯拉夫·尼古拉耶维奇·列里赫给贾瓦哈拉尔·尼赫鲁写道："……我父亲请求将属于他个人的和平旗帜作为礼物转交给您。这些年来，这一文化瑰宝保护公约的标志一直伴随着他。他深爱着印度，并殷切希望这个国家可以凭借其深厚的文化底蕴来领导文化统一运动，而您则是其公约象征的守护者。" ③ 斯维亚托斯拉夫希望尼赫鲁可以保持对列里赫家族的温情，尤其是对尼古拉·康斯坦丁诺维奇·列里赫的温情，并在政府层面进一步支持公约。

---

① 叶莲娜·伊万诺芙娜·列里赫：《信函》第 8 卷，莫斯科：国际列里赫中心，2008 年，第 78 页，1948 年 9 月 9 日信函。

② 《和平旗帜》，莫斯科：国际列里赫中心，2005 年，第 215 页。

③ 尼古拉·康斯坦丁诺维奇·列里赫：《运动》，《日记簿》第三卷（第 2 版），莫斯科，2002 年，第 385 页。

事实上，他的确没有看错，1948 年贾瓦哈拉尔·尼赫鲁总是百忙中抽空来到德里，并举办了尼古拉·康斯坦丁诺维奇·列里赫画展。他在自己的演讲中强调了列里赫作品的重要性，特别指出了公约与和平旗帜思想。

为了在全国推行公约，需要创建公约委员会，以向印度政府介绍公约。斯维亚托斯拉夫·尼古拉耶维奇·列里赫负责着手组建委员会。他走遍印度，与众多社会活动家见面，并向他们阐述公约与和平旗帜思想，并与潜在的委员会成员进行书信来往。斯维亚托斯拉夫·尼古拉耶维奇·列里赫给印度教育部工作人员卡比尔写道："该公约不存在任何有争议性的条款，其原则甚是宽泛，对政府来说，通过该公约并不难。我知道，其他国家的公约委员会是多么希望看到印度通过该公约，并在亚洲占据主导地位。"①

最终创建了公约与和平旗帜委员会。除斯维亚托斯拉夫·尼古拉耶维奇·列里赫外，还有 17 名印度著名活动家加入了委员会。其中包括尼赫鲁的妹妹维贾雅·拉克什米·潘迪特（1900 ~ 1990 年）、贝拿勒斯大学阿马尔纳特赫·季哈博士、自然科学研究院学者布哈特纳加尔、印度卫生部长拉季库马里·阿姆里特·考尔、税务管理局局长尚穆加姆·切蒂、全印度美术协会会长及作家文卡塔切拉姆、贾亚卡尔、马塔普拉沙德博士、钱德拉·谢卡尔文卡塔·拉曼爵士、捷克昌德爵士、拉马斯瓦米·伊耶尔爵士、总督夫人阿萨姆·西格莉德·希达里、希亚马·普拉沙德·穆克吉、米尔扎·伊斯梅尔、沙尔卡尔、蒙希、古尔贾尔。

还值得注意的是，尼赫鲁的妹妹维贾雅·拉克什米·潘迪特是一位著名的政治家，她曾主持过 1953 ~ 1954 年的联合国大会，是印度驻苏联大使。

斯维亚托斯拉夫·尼古拉耶维奇·列里赫与拉达克里希南教授、贾瓦哈拉尔·尼赫鲁讨论过公约委员会的活动，准备好了所有必要的文件，并撰写好了发送给印度报刊的文章。

1948 年 8 月初，印度政府宣布认可《列里赫公约》与和平旗帜，并通知了斯维亚托斯拉夫·尼古拉耶维奇·列里赫。印度独立后仅一年政府便认可了公约，此时领土争端还未得到调解，国家建设这一复杂细致的工作在严重的内部矛盾条件下进行着，贾瓦哈拉尔·尼赫鲁为此做出了巨大贡献。

斯维亚托斯拉夫·尼古拉耶维奇·列里赫在《印度周刊》的文章中写道："我们要感谢总理贾瓦哈拉尔·尼赫鲁的开明与远见卓识，是他的努力使得公约能在极短的时间内获得官方认可。现在，我们希望印度将领导亚洲大陆上的文化统一活动，希望各地也通过人文财富保护协议。"

但遗憾的是，世界和印度国内日益严重的领土、宗教和社会文化矛盾，使得印度政府无暇顾及批准《列里赫公约》。

---

① 斯维亚托斯拉夫·尼古拉耶维奇·列里赫：《信函》第 1 卷，莫斯科：国际列里赫中心，2004 年，第 321 页，1948 年 1 月 17 日信函。

现如今，世界越来越深陷破坏力与创造力的全球博弈中，《列里赫公约》与和平旗帜思想的意义再一次被扩大。印度作为世界大多数文化财富和精神财富的继承者，应表现出创造力，而对于这些财富来说，《列里赫公约》正是保护世界与地球生命的真实工具，为实现这一目的已做好了铺垫。因此，印度后来无条件接受《列里赫公约》与和平旗帜是必要的一步。

第十五届艾尔米塔什博物馆国际“列里赫遗产”科学实践会议
2015 年 10 月 9 日委员会大厅全体会议

《列里赫公约》的现实意义

叶·戈·彼得连科
（乌克兰敖德萨市列里赫博物馆主任）

截止到 2005 年 4 月 15 日，《列里赫公约》及其象征——和平旗帜已诞生 70 年。

1935 年，《列里赫公约》作为保护艺术机构、科学机构、历史纪念物的条约而被列入国际法，由美洲 21 国代表在美国白宫共同签署。

无论战时还是和平时期，保护全人类的精神财富是该条约的特殊通用特征。条约中首次包含了关于保护文化和科学机构工作人员的条款。因此，人类生命的价值、创造文化和科学瑰宝的人才与天才的价值被确立为生命基础。条约所包含的条款符合世界上所有伟大宗教的精神道德基础、欧洲文艺复兴时期（15 ~ 16 世纪）人文主义思潮的方向。这些伟大的文化繁荣时期在每个国家、每个民族的历史上都曾出现过。《列里赫公约》的发展历史及其获准不仅可以从一个国家、一个民族的背景中看出，还可以从世界运动的背景中（人文主义思潮传遍所有国家，并在美国签署《列里赫公约》时获准）看出。

该社会运动倡议出自俄罗斯艺术家、学者、考古学家、作家、旅行家、收藏家、和平主义者——尼古拉·康斯坦丁诺维奇·列里赫。

尼古拉·康斯坦丁诺维奇·列里赫深信通过文化可充分实现民族间的相互谅解："有文化的地方便有和平，有英勇行为的地方便有解决最难社会问题的正确办法。文化是至高至上恩典、美和知识的积淀。"① 公约的象征——和平旗帜还有一个名称，即文化旗帜。这不仅是全人类的象征，还是来自远古时代的象征。尼古拉·康斯坦丁诺维奇·列里赫的妻子叶莲娜·伊万诺夫娜·列里赫在信中写道："……对于让人民和子孙后代意识到保护全世界文化瑰宝的伟大意义，大多数人并不知道接受并高举和平旗帜的迫切性。若不保护文化成果，人类将回到最糟糕的野蛮时代，因为当给予我们生命和不朽的中枢完全麻木和瘫痪时，人类将会无所不用其极。"②

---

① 尼古拉·康斯坦丁诺维奇·列里赫：《和平旗帜》（比利时会议，圣地尼克坦，1931 年），《和平旗帜》，莫斯科，1995 年，第 71、72 页。

② 叶莲娜·伊万诺芙娜·列里赫：《给季娜伊达和季德列·福斯季卡姆的信》（1948 年 9 月 2 日印度肯达拉市），《临近新世界》，莫斯科，2000 年，第 327 页。

整个20世纪，《列里赫公约》的现实意义尤为明显，并在21世纪初达到顶峰。阿富汗宗教狂热分子对佛教文物的破坏，伊拉克古代文化摇篮的不复存在，前南斯拉夫和车臣共和国境内的军事行动，这些事件体现了该条约在世界范围内的英明远见。

《列里赫公约》签署70周年纪念日应再次提请国家元首、文化和科学活动家注意该公约的现实意义，同尼古拉·康斯坦丁诺维奇·列里赫一起说到并做到："从心灵和精神上解除武装……应发自内心地同意解除武装并合作。"①

我们所有人都明白："现在身处的社会大家庭是非常困难的，互相伤害行为腐蚀着人们的灵魂，甚至自然力量本身似乎也感到愤慨。地震、火山喷发、洪流、气候变化，这一切使得人们变得更加惶恐。但历史记录了这些时期，且人类已知道应对此类灾难的'灵丹妙药'，文化恰是这一'灵丹妙药'。纵使手脑衰弱无力，只要内心不可战胜，心存光明的地方便会有文化中心。"②

我们将同尼古拉·康斯坦丁诺维奇·列里赫一样，坚信："虽然人类的错误造成了诸多损失，但只要人类充满希望便可再焕生机。"③

2005年4月15日圣彼得堡律师所国际科学实践会议

① 尼古拉·康斯坦丁诺维奇·列里赫：《1933年11月17日华盛顿"和平旗帜"会议》，华盛顿，1933年，《和平旗帜》，莫斯科，1995年，第89、90页。

② 尼古拉·康斯坦丁诺维奇·列里赫：《致女人心——致美国的三百万女性》（喜马拉雅，1932年）《永恒的……》，莫斯科，1994年，第130页。

③ 尼古拉·康斯坦丁诺维奇·列里赫：《和平旗帜》，纽约，1930年3月，《和平旗帜》，莫斯科，1995年，第103页。

国际法在保护民族文化财富方面所扮演的角色

阿·伊·丘季诺夫

（法学博士，圣彼得堡市俄罗斯国立赫尔岑师范大学法学院国际法教研组教授）

文化财产保护问题历史悠久。众所周知，文化创作影响着文明的发展，不论是在和平时期，还是在武装冲突的情况下，都需要采取适当措施以确保这些人类遗产安然无恙。但不幸的是，不论是可移动还是不可移动的文化实体，常常是被非法侵犯的对象。放眼世界，此类侵犯行为包括盗窃、走私、造假、非法进行考古发掘。

目前，一些专家认为艺术作品“交易”仅次于毒品买卖，文化财产走私活动蔓延甚广。在一些欧洲国家（俄罗斯、德国、英国、意大利等）境内均记录过此类违法行为。通常，专门从事此类犯罪的罪犯和犯罪组织装备精良，拥有较高的知识和受教育水平，对于确定被盗物品的市场价格有丰富经验。正是文物的巨大利益导致了一系列掩饰偷盗的犯罪行为。

仿造名家作品呈增长趋势。尤其是蒙娜丽莎画作，全世界达二十幅（所有持有者均表示是原作），但众所周知的是，这幅画现存于巴黎罗浮宫。

常有损坏博物馆和美术馆内陈列作品的情况，几乎在所有国家都有不文明行为。譬如，艾尔米塔什博物馆内伦勃朗的作品《达纳娅》受损。

应注意提高陈列品存放建筑物（博物馆、美术馆）、具有艺术和历史价值的宗教仪式物品聚集地（教堂、清真寺、祈祷室）技术防护和物理防护的有效性。统计显示，在各个国家，在难以确保应有防护措施的存放处（农村地区、私人收藏等）盗窃数量最大。

在确保地下、水下考古对象坐落位置的完整性方面也存在很多问题。

国际社会采取了适当措施以确保艺术品得到应有的保护。国际上许多政府组织（联合国、联合国教科文组织、国际刑警组织、欧洲刑警组织等），以及一些非政府国际组织（国际博物馆协会、国际古迹遗址理事会等）都在关注上述问题的解决办法。

在上述组织的协助下，制定了关于确保文化财产完整性的公约，采取了打击该领域内违法行为的措施（执法机关与国际刑警组织和欧洲刑警组织相互协作，联合行动）。

使批准国在统一完整性保障法规、合法进出口法规和文化财产所有权转让法规时避开特殊含义的公约有：

联合国教科文组织《关于禁止和防止非法进出口文化财产和非法转让其所有权的方法的公约》(1970年);

联合国教科文组织《保护世界文化和自然遗产公约》(1972年);

《关于武装冲突时保护文化财产公约》(1954年)。

在发生武装冲突时，文化财产在很大程度上会遭到破坏。早在古代就已出现关于保护文化财产的问题。希腊历史学家波里比阿曾写下了自己的期望：希望未来的征服者们能学会不去破坏他们所征服的城市，不要将自己国家的幸福建立在其他民族的不幸之上。后来，律师们表示：应通过一系列相关的公约和法律草案来保护文化财产。因此，圣彼得堡大学法学院国际法教研组主任Φ. Φ. 马尔坚斯一再提请注意文化财产保护和相应罪责的必要性（以1853～1856年克里米亚战争为例：英国人和法国人野蛮地破坏了刻赤博物馆和刻赤周边古墓中的古物）。

第一次海牙和平会议（1899年）制定了《陆战法规和惯例公约》，且该公约在第二次海牙和平会议（1907年）上获得通过。第27条和第56条是关于保护文化财产的特殊规则："尽可能保全用于科学、艺术和慈善事业的建筑物、历史纪念物……，但以此类建筑物不用作军事用途为条件。"

20世纪20年代，俄罗斯著名艺术家和哲学家尼古拉·列里赫曾提出过相似的战时文化财产保护建议。其最大的功劳在于：有别于与该问题有关的众多未被实施的草案，于1935年签署的区域性国际条约（史称《列里赫公约》）使列里赫的草案得以实施。后来，公约中的思想成了《关于武装冲突时保护文化财产公约》(1954年)的基础。

尼古拉·列里赫的一生及其所有创作均体现了对邪恶势力的抗争、对家园和文化的保护。他曾说：红十字标记提醒人们仁爱。文化保护标记——和平旗帜具有同样的含义：确保精神健康。

在第二次世界大战，纳粹分子暴露出对待西欧民族文化和历史的残酷行径。法西斯军队的计划中有一特别之处，即所谓的"林茨行动"——在林茨修建"最伟大"的博物馆，以陈列从被占领国的博物馆、美术馆掠夺来的展览品。有许多艺术作品毁于战火。战争结束时，柏林盟国管制委员会制定了侵略者责任章程——返还战时违背国际法和国家法律而掠夺的经鉴定确实存在的物品。而那些未查明的艺术作品则应用具有相同特点、品质和价值的物品来替代。这方面，直至今日仍然存在诸多的"空白"，存在许许多多的问题，如寻找、鉴定文化遗产并将其归还给原所在国。国家、社会组织、专家（艺术理论家、律师、档案馆工作人员等）正在采取措施，以寻找解决这一复杂问题的方法，而全体进步人士都在耐心地等待这一问题得到合理、公平、合法的解决。

但遗憾的是，无论是在和平时期，还是在武装冲突的情况下（阿富汗、南斯拉夫、车臣、伊拉克），现在我们还不能谈论解决民族文化财产的保护问题。若在上述国家不存在任何军事必要性（作为用于军事目的的对象），那么作为使用武力的结果，许多博物馆和宗教设施便会被破坏，而对这些人类文化财产的破坏很可能是不可挽回的。时至 21 世纪的今天，尼古拉·列里赫的口号“文化眼光看世界”仍然具有现实意义。

2005 年 4 月 15 日圣彼得堡律师所国际科学实践会议

国家对武装冲突时所适用文化财产保护国际法准则的履行问题

伊·埃·马丁年科

（法学博士、教授、白俄罗斯格罗德诺扬卡·库帕拉国立大学
民法与民事诉讼教研组主任）

文化财产的国际保护基于财产保护方面的两项基本规定。根据第一项规定，各民族遭受的文化财产损失是全人类文化遗产之损失，因为每个民族都对世界文化有所贡献。而根据第二项规定，应在和平时期组织文化财产保护工作，还需要采取相应的国家措施和国际措施①。

国际社会曾多次尝试在武装冲突时期保护文化财产。该问题的国际法调节始于20世纪初，海牙第四公约——《陆战法规和惯例公约》、海牙第九公约——《关于战时海军轰击公约》（1907年）的成员国承诺：围攻和轰炸时尽可能保留与宗教、艺术和科学相关的建筑物，以及历史纪念物。1935年，在华盛顿通过了《关于保护艺术和科学机构及历史纪念物条约》（《列里赫公约》）。该公约的基本规定成了联合国教科文组织在制定《关于武装冲突时保护文化财产公约》的基础。

关于限制战争手段、人道主义化和保护战争受害者的国际法令公布了发动战争者所禁止的手段（以研究问题为背景）：使用带有联合国制服和标志、攻击城市和居民点、破坏处于特殊保护下且带有特殊区别标志的文化财产、祭祀场所。

采用对自然环境有广泛、持久或严重影响的战争手段作为破坏、致损或危害方式，属于被禁止的战争手段。自然和文化景观遭到破坏可能会是此类行为的最终结果。

根据1980年《禁止或限制使用某些可被认为具有过分伤害力或滥杀滥伤作用的常规武器公约》中的《禁止或限制使用地雷、诱杀装置和其他装置的议定书》第6条，在任何情况下禁止使用与下列对象连在一起的诱杀装置：

（1）国际公认的保护性标记、标志或信号（其中包括：在武装冲突情况下用于识别文化财产的特殊标志）；

---

① 阿·利·波塔波夫：《文化财产保护的国际法问题与俄罗斯联邦法律》，法学副博士学位申请论文摘要，莫斯科，2001年，第4页。

（2）具有明显宗教性质的物品（在大多数情况下，这些物品被视为是文化财产）；

（3）构成民族文化或精神遗产的历史遗迹、艺术品或祭祀场所。

联合国教科文组织的《关于武装冲突时保护文化财产公约》及其两份补充议定书是该领域内重要的国际法文件。

1954 年 5 月 14 日，海牙政府间会议通过了《关于武装冲突时保护文化财产公约》及第一议定书。

联合国教科文组织所有成员国和若干非成员国应邀派遣代表团参加联合国教科文组织会议，在必要情况下，代表团有权签署国际协议。在 86 个受邀国中，有 56 个国家派遣了代表。

1954 年 5 月 14 ~ 12 月 31 日，公约及议定书可供所有国家签署。其间，共有 50 个国家签署了公约，40 个国家签署了议定书。公约于 1956 年 8 月 7 日生效①。

公约包含的条款规定：自公约生效之日起，任何国家可加入该公约。1990 ~ 1994 年间，苏联、南斯拉夫和捷克斯洛伐克社会主义共和国的继承国相继加入公约。自 1990 年以来，成为公约缔约国的有：阿塞拜疆、亚美尼亚、波斯尼亚和黑塞哥维那、格鲁吉亚、斯洛伐克共和国、斯洛文尼亚、塔吉克斯坦、芬兰、克罗地亚、捷克共和国。

目前（截止到 2005 年 1 月 1 日），有 108 个国家是《关于武装冲突时保护文化财产公约》的缔约国，其中有 87 个国家加入了公约第一议定书，有 20 个国家加入了 2004 年 3 月 9 日生效的公约第二议定书②，此后哥斯达黎加加入了这一新的法律文书③。巩固武装冲突期间的文化财产“强化保护”标准，替代未真正发挥作用的特殊保护机制，是 1999 年第二议定书最重要的新措施④。

根据公约第 1 条，不论原所在地和所有权，以下各项均视为文化财产：

（1）对各民族文化遗产具有重大意义的可移动财产和不可移动财产，如建筑、艺术或历史古迹，宗教或非宗教考古遗址，具有历史或艺术价值的建筑群，艺术作品，手稿，书籍和其他具有艺术、历史或考古价值的物品，以及科学收藏品或重要的藏书、档案材料或上述财产的复制品。

（2）主要用于保存或陈列（1）项中所述可移动文化财产的建筑物，如博物馆、大型图书馆、档案馆，以及在武装冲突情况下用于保存（1）项中所述可移动文化财产的保藏处；

---

① 《联合国教科文组织文化遗产保护法规》，莫斯科，2002 年，第 17 页。

② 联合国教科文组织文化遗产部国际标准分部数据。

③ 阿根廷、奥地利、阿塞拜疆、白俄罗斯、保加利亚、塞浦路斯、萨尔瓦多、赤道几内亚、加蓬、洪都拉斯、利比亚、立陶宛、马其顿、墨西哥、尼加拉瓜、巴拿马、塞尔维亚和黑山、卡塔尔和西班牙批准了第二议定书，摘自《联合国公报》2004 年 3 月 8 ~ 15 日。

④ 弗·尤·卡卢金：《在履行国际法的国际机制下，保证在武装冲突情况下保护文化财产的法规得以实施的组织手段和法律手段》，《白俄罗斯国际法和国际关系杂志》2001 年第 3 号。

（3）保存有大量（1）和（2）项中所述文化财产的中心，即“文化财产集聚中心”。

公约划分了两个级别的保护——一般保护和特殊保护[①]。一般保护由两个元素构成：保护和尊重。特别是公约缔约国，承诺在和平时期就准备好保护其境内的文化财产，以防武装冲突可能带来的后果。各缔约国承诺尊重文化财产，禁止使用文化财产及其保护设施和直接相邻地段，以防在武装冲突情况下其可能被破坏，避免针对文化财产的任何行动。尊重文化财产的义务仅在军事必要所绝对需要的情况下方可摒弃。

1954年通过的《关于武装冲突时保护文化财产公约》第二议定书第6条中给出了极端军事需要的理由，可作为违背国际义务的根据之一。

在下列情况下可援引极端军事需要：

（1）若文化财产转变成军事设施（如根据白俄罗斯共和国刑法典第8节第136条，此等行为属于刑事犯罪行为）；

（2）若无任何实际可行的方案用以达到通过敌对行动方可达成的目标。

若情况不允许采取其他行动，则应由营级或营级以上部队或最小规模部队的军事指挥官做出援引极端军事需要的决定。如果基于按上述程序做出的决定完成攻击，则应发出有效的预警。此外，各国有义务防止、预防、杜绝（如有必要）任何盗窃、抢劫、破坏或非法侵占文化财产的行为。应禁止征用可移动文化财产，不得对文化财产施以任何报复行为。

侵占国应尽可能协助被占领国国家主管当局保护并保存其文化财产。

根据适用于被敌方武装力量临时占领的领土的国际法准则，应推行军事占领政体，其仅需要被占领国的实际权力，而非主权转移。在被占领的领土范围内，以前的法律仍有效，仅当其对占领国产生威胁时，效力可被暂时终止或撤销。

各缔约国承允于和平时期在其军事条例或训示中列有可保证本公约得以遵守的规定，并在其武装部队成员中培养一种尊重各民族文化及文化财产的精神[②]。

在国家层面履行公约的技术性措施在于：在和平时期就准备好保护文化财产，以防武装冲突带来的可预见性后果[③]。

根据公约第8条，可将一定数量的准备在武装冲突情况下用以掩护可移动文化财产的保藏所、文化财产集聚中心和其他极其重要的不可移动文化财产置于特别保护之下。文化财产一经载入“受特别保护的文化财产国际名录”，即给予特别保护。

根据公约第9条，各缔约国承允保证特别保护文化财产，从其载入国际名录起，

---

① 弗·尤·卡卢金、柳·瓦·帕芙洛娃、伊·弗·菲先科：《国际人道主义法》，明斯克，1999年，第169页。

② 例如，乌克兰“战争法律”部法务部：《乌克兰武装部队指挥人员手册》，基辅，1996年，第128页。

③ 雅·赫拉季克：《1954年海牙公约及其第二议定书：国家对国际法律准则的履行》，白俄罗斯司法机关，2003年第3号，第71页。

豁免于任何针对该财产的敌对行为，豁免于为军事目的使用此项财产或其临近地段。实施条例第 13 条规定：任何缔约国可申请将文化财产列入名录。

梵蒂冈城邦、上奥地利州的阿利特 - 奥斯谢耶（音）掩体、荷兰的六处文化财产掩体（1994 年 1 月，荷兰当局向总干事请求从名录中除去荷兰的三处文化财产掩体，且该请求得到同意）、德意志联邦共和国的奥别尔里耶杰尔史多伦（音）中央掩体于不同时期被列入了上述名录[①]。

受特殊保护的文化财产不可充公、作为战利品或俘获品。具有重大意义的文化财产应远离大型工业中心或易被攻击的重要军事设施（机场、无线电台、国防企业、港口、铁路），且不应被用于军事用途。

可将用于运输文化财产的运输工具置于特殊保护下。

可使用识别标志来标记文化财产以便于识别。根据公约第 17 条，识别标志重复三次且只能用以识别：

（1）受特别保护的不可移动文化财产；

（2）带有文化财产的运输工具；

（3）应急保藏所。

识别标志使用一次仅用以识别：

（1）不受特别保护的文化财产；

（2）负有管制职责的人；

（3）从事文化财产保护的人员；

（4）人员身份证明。

武装冲突期间，应禁止在所有其他情形下使用识别标志。

最近几年在中东、伊朗 - 伊拉克 - 阿富汗地区发生的事件证明文化遗产受到了真正的威胁。在伊拉克的军事行动导致该国博物馆、图书馆、公共建筑、考古遗址的大量文化、艺术和历史财产遭到破坏、盗窃。2003 年，巴格达市世界闻名的伊拉克国家博物馆被洗劫一空：数千件古苏美尔文明和美索不达米亚其他历史时期的宝贵历史遗物和考古遗物消失无踪。犯罪分子窃取了博物馆内的陈列品，并烧毁了各类文献和记录，甚至深入藏有 5000 年前宝贵遗物的地下存储保险库[②]。这些世界级藏品所遭受的损失无疑是巨大的。

被偷盗的艺术品将通过走私渠道运离伊拉克。2003 年 5 月，为了预防被偷盗财产走私，国际刑警组织总秘书处呼吁所有成员国从国家层面采取所有必要的措施，以防止文化财产走私。为了协调与伊拉克被盗艺术品走私相斗争的行动，创建了国际刑警特殊工作小组，该小组罗列了在伊拉克冲突中直接或间接被盗艺术品的大致清单。

另外，车臣发生地区武装冲突时，格罗兹尼馆藏最丰富的博物馆被洗劫一空，这

---

① 《〈关于武装冲突时保护文化财产公约〉执行情况》，1955 年报告，巴黎，1995 年。

② 联合国教科文组织文献中心数据。

也说明了该问题的紧迫性。这是由于未提前采取必要措施来保护和疏散博物馆珍品造成的。结果，出自该博物馆的名作在国外被拍卖，但关于这些名作是俄罗斯财产的文件被有意藏匿了起来①。

人们高度评价1954年在编写《关于武装冲突时保护文化财产公约》时所采用的法律手段，但应注意到，在以前和现在的武装冲突过程中，一系列违反这一重要国际法规的行为证明：缺乏确保公约得以被遵守的适当机制。

很显然，仅靠联合国教科文组织是无法保证该公约得到遵守的。研究人员表示，不仅联合国教科文组织总干事，联合国秘书长和各区域组织的负责人也应承担相应的责任，这才是最恰当的。在违反公约条款的情况下，相同的责任条款并不会强化1954年公约中设定的一般保护和特殊保护。在这些违规情况下应承担刑事或民事责任。但在破坏文化财产设施的情况下，可能要承担赔偿损失的责任，但对文化财产设施来说这种方式是不可取的，因为这些设施是独一无二且不可重建成初始模样的②。

刑法发展的现阶段与独联体国家通过模范刑法典、新刑法典在联合体国家生效有关：1997年1月1日在俄罗斯生效；2001年1月1日在白俄罗斯生效；2001年9月1日在乌克兰生效。

在新的刑法中，反对人类和平、安全的犯罪和战争犯罪被划分成了独立的章节，其中的某些犯罪行为正是在侵犯文化财产。国际恐怖主义增多、宗教仇恨膨胀、极端和激进世界观的影响扩大，这些国际生活现实是有必要将其划分为独立章节的前提条件。所有的这一切导致了文物被破坏，同时伴随着恐怖袭击的发生或种族灭绝政策的实施。

使人类文明的存在条件、国际社会和谐安宁且各国家和民族间没有战争与仇恨的关系、基本人权、居民健康与生活、自然环境遭受破坏，经国际法准则和国家刑法规定的故意实施的危害社会行为，被视为是反对人类和平和安全的犯罪行为。

考虑到国际社会应履行同危害人类和平与安全的行为做斗争的义务，立法者定义了这些犯罪行为。《纽伦堡国际军事法庭宪章》③和1968年11月26日通过的《战争罪及危害人类罪不适用法定时效公约》④中均明确宣布了其中大部分的犯罪行为。

战争罪是指刑法典准则规定的故意实施的危害社会行为，违背了国际人道主义法规定的战争（武装冲突）规范、武装斗争手段和方法使用规范、对待战争受害者和其

---

① 2003年5月27～29日，在莫斯科特列季亚科夫美术馆召开的“在和平和战时紧急情况下组织保护文化财产”科学实践会议上，这一事件引发反响。

② 阿·利·波塔波夫：《文化财产保护的国际法问题与俄罗斯联邦法律》，法学副博士学位申请论文摘要，莫斯科，2001年，第4页。

③《国际法文献》，莫斯科，1982年，第826～832页。

④《苏联最高苏维埃公报》，1971年第2号，第18页。

他人以及战时受国际保护对象的规范[①]。

在独联体国家和波罗的海国家的法律中，对“危害人类和平与安全的犯罪行为这一刑事责任问题”“以文化财产为攻击对象的战争罪”的调节与国际法准则略有不同。尤其是国家法律规定的犯罪体系与基于国际法协议的国际犯罪体系不尽相同（假设认同这一表述）。

在拉脱维亚共和国刑法第九章“危害人类和平罪、战争罪、灭绝种族罪”中，划分出了第 79 条“破坏文化和国家遗产”[②]作为一个独立的犯罪行为。故意破坏作为国家文化遗产组成部分的财产（就其国民同一性来说）是该犯罪行为的客观事实。并且，在危害公共安全犯罪方面，存在着传统的刑法准则，明确了破坏和损坏文物的责任（拉脱维亚共和国刑法第 229 条）。而且，罪责形式不具有评定意义，但在第二部分中特别说明了完成该种犯罪行为的方式，评定特征是：若通过纵火、爆炸或其他危害公共安全的方式破坏或损坏文物，其相应的责任也较重大（监禁 10 年）。

可借鉴该准则，指出犯罪行为的完成方式（纵火、爆炸），将其作为破坏古迹的评定特征，这将具有公共预防性作用，并且提高了刑法的效用。

文化灭绝是种族灭绝的形式之一：要知道，不仅通过物理或生物方法可以毁灭一个种族，还可以通过禁止其使用民族语言和文化、举行仪式、遵守民族传统以及禁用文字来毁灭一个种族。从而，民族也就丧失了个性[③]。正是在此种背景下[④]，通过剥夺种族、民族和宗教团体的特征之一（存有语言和文化），以使其完全或部分灭绝为目的的灭绝种族行为可被视为是危害历史文化遗产的犯罪行为（在刑法中并未体现所述特征）。

事实上，在独联体国家和波罗的海国家，有关生态灭绝责任的刑法准则设置是相同的（俄罗斯联邦刑法第 358 条，白俄罗斯共和国刑法第 131 条）。

生态灭绝是指大规模蓄意破坏植物或动物世界、毒化大气或水资源，以及做出导致生态灾难的其他行动。这里所指的是蓄意破坏列入《世界遗产名录》中的生物环境保护区、自然保护区、文化景观（自然与人类的共同作品）。

生态系统的安全存在条件是此类犯罪行为的直接作用对象，破坏特定区域内的生态系统必然会导致自然遗产和文化遗产失衡。

生态灭绝就像危害人类罪，不仅会危害相应地区的生态系统，还会危害文化自然古迹。因此，有充分的理由将生态灭绝视为是危害历史文化遗产的犯罪行为。

---

① 阿·伊·卢卡绍夫：《白俄罗斯共和国刑法·特殊部分》，明斯克，2001 年，第 36 页。

② 《拉脱维亚共和国刑法》（Krimināllkums），PV SIA TIS，1999 年。

③ 柳·尼·加林斯卡娅：《缪斯与法——文化领域的国际合作法律问题》，列宁格勒，1987 年，第 21 页。

④ 在文献中有发现与其他类种族灭绝相关的见解，如旨在完全或部分灭绝宗教团体的宗教灭绝行为。弗·瓦·古利娅耶娃、安·加·列维茨卡娅、叶·阿·拉钦娜、鲍·阿·莫尔恰诺夫、尼·加·奥列伊尼克、列·阿·恰拉亚：《保护历史文化纪念物的法律和精神道德基础——以弗拉基米尔州苏兹达尔地区的材料为基础》，《完善保存文化财产的法律保障——2004 年 4 月 22 日会议材料汇编》，莫斯科，2004 年，第 38 页。

上述文化自然古迹皆是此类犯罪行为的作用对象。

从客观角度来说，生态灭绝反映的是对文化景观的大规模破坏。

导致生态系统受损的生态灾难可能成为生态灭绝的罪果，其必然会给一个区域内乃至整个地球上的人类生存环境带来不可逆转的恶果。

该犯罪行为的刑事责任直接取决于该准则处罚行为中所述后果的发生情况，也就是说需要犯罪行为与相应后果间的因果关系。

主观方面——蓄意犯罪是其中之一。这也就是说，犯罪人知道其正在破坏相应文化景观区域的生态系统，预见到发生生态灾难的必然性或可能性，却任其发生或对其发生漠不关心。

白俄罗斯在国家层面上将违反国际人道主义法定义为犯罪，这一积极尝试具有重要意义。因此，在白俄罗斯新的刑法典中出现了一个独立章节，即第 18 章“战争罪与违反战争法和惯例的其他行为”。由于将《关于武装冲突时保护文化财产公约》（1954 年 5 月 14 日）及其两份补充性议定书的条款纳入了国内法，所以出现了一系列刑法规范，这些规范规定了在武装冲突时期违反文化财产相关国际法准则的犯罪责任。

于是，白俄罗斯共和国刑法第 136 条“在武装冲突时期违反国际人道主义法的犯罪行为”规定：在无军事必要时，攻击可明确识别的处于特殊保护下的历史纪念物、艺术作品或祭祀场所，应承担相应的责任。

国际法准则规定的对待战争时期受国际保护对象的方式，以及战争手段和方法的使用规范，是该犯罪行为的客体。

必要特征——犯罪时间：武装冲突时期。若作战国为了达成武装冲突情形下的军事目的，采取相应的符合国际人道主义法的战争手段和方法以及措施（如在战争过程中，使用国际法未禁止的武器和军事装备，以完成具体的作战任务），则作为客观必要特征的军事需要是被允许的[①]。

正式犯罪构成。自完成规定的行为起视为完成犯罪行为。主观方面：蓄意犯罪，直接或间接意图。

对特殊保护对象的要求意味着：应按照《关于武装冲突时保护文化财产公约》确定的程序将历史纪念物、艺术作品和祭祀场所置于特殊保护下。

白俄罗斯共和国刑法第 138 条规定：在战争期间违背国际条约使用文化财产保护标志或国际组织标志，应承担相应的责任。

该犯罪行为的客体反映了国际条约所保护标志的规定使用程序。

如上所述，国际社会使用了一系列符号（标志）用于识别文化财产或国际组织，其法定任务就是保护文物和遗址。

---

① 弗·尤·卡卢金：《危害人类和平与安全的犯罪行为和战争罪：刑法分析》，明斯克，2002 年，第 96 页。

通过公约标志来标记文化财产的做法并不普遍，因为一些国家担心这样做会给可能的敌人提供一份“财产清单”。不久前在南斯拉夫发生的事件就证实了这一担忧。1995 年发表的关于克罗地亚履行公约的报告，包含了蓄意选取公约标志标记的文化财产作为攻击目标的数据。另外，其他缔约国，如奥地利和瑞士，已标记了国内的文化财产，从而引起了国民的注意。

有必要通过独联体模范法《关于在武装冲突时期使用并保护用于标记文化财产的识别标志》，以发展刑法典准则和证实国际协议的履行情况。

2005 年 4 月 15 日圣彼得堡律师所国际科学实践会议

文化财产保护领域的当代法律

阿·阿·科瓦廖夫

（圣彼得堡市政、城市建设和土地事务立法会议委员会副主席，圣彼得堡创作联盟统筹委员会主席团成员，“全俄历史和文化保护协会”圣彼得堡市分会会员）

我今日的发言是想提醒出席的诸位专家：我们有很多关于保护文化财产（文化遗产）的现行国际法规。在这些法规中，主要提到的是由联合国教科文组织于1972年通过的《保护世界文化和自然遗产公约》中所确定的艺术遗产。但遗憾的是，直至目前，对于履行适用于俄罗斯联邦的经批准的强制性公约准则，我们的国家——苏联、俄罗斯苏维埃联邦社会主义共和国、俄罗斯联邦未向国际社会承诺将会履行这些公约准则。

这其中有《关于禁止和防止非法进出口文化财产和非法转让其所有权的公约》。该公约签订于1970年，是联合国教科文组织专家和当事国多年努力的成果，正是他们要求归还在西方列强殖民政策下被侵占或掠夺的文化财产或预防其非法出口。值得高兴的是，许多发达国家加入了该公约中，如今，原则上可在法律层面上审查有关要回非法占有物品的问题（如英国境内非法运离玻利维亚的某些物品）。对于此类国际问题，目前在公约缔约国的国际惯例中，通过互换照会和相关国家行动要回非法占有的文化遗产，甚至是善意购买者合法购买的文化遗产。因此，这些国家有权提议将文化财产列入名录。但该公约有关文化遗产的定义和缔约国保护文化遗产的义务不仅仅只涉及名录中的文化财产。我们应好好理解并学会使用该公约的条款。

除此之外，还有联合国教科文组织于2001年通过的《保护水下文化遗产公约》。但遗憾的是，俄罗斯至今未加入该公约。

截至目前，已建立了完整的国际公约、建议和宪章体系。国际古迹遗址理事会也通过了这些宪章。当然，在俄罗斯法律中并未强制使用这些国际文件，但其可以是系统性和方法性的文件，可以说指明了我国（指俄罗斯，译者注）法律的发展方向。这些文件包括：1993年宪章，里面介绍了古迹、建筑群和遗址形成和保存的基本方向；国际古迹遗址理事会于1990年在洛桑通过的《关于考古遗址的保护与管理宪章》；1987年的《保护历史城镇与城区宪章》。在这些文件中，保存是一个非常宽泛的概念，这里所指的是保存那些对国际社会具有重要意义的历史城镇及其外形特点。重要的是要保持对联合国、联合国教科文组织、国际古迹遗址理事会、国际劳工组织（ILO）、文化财产的国际保护与修复研究中心（ICCROM罗马中心）、国际自然保护联合会、其他组织和学术讨论会的建议、宪章和文件的关注，现在可以在相关网站上比较方便地了解到英文和法文版的这些文件。顺便提一下，国际古迹遗址理事会目前是通过诸多委员会来实现运作的。这其中有法律委员会，有单独处理考古遗址、历史城镇和景观相关问题的委员会。当然，有兴趣的各方均可与其合作。合作也会带给我们所有人全球性的利益。

下面，我们将研究我们所加入的欧洲理事会公约体系。欧洲理事会通过的国际文化遗产法规是非常具体的，我国（指俄罗斯，译者注）加入这些法规意味着将担负大量责任。现在我们（苏联时期）已加入 1954 年 12 月 19 日发布的《欧洲文化公约》，该公约涉及文化遗产交流、所在国境内的民族语言和文化保护，当然，在更具体的文件中对其条款进行了扩展。1985 年 10 月 3 日发布的《欧洲建筑遗产保护条约》、1969 年 5 月 6 日发布的《保护考古学遗产的欧洲公约》、以及俄罗斯的强制性公约就是根据该公约而来的。1990 年我们加入了后一个公约。对考古遗产的定义是该公约最重要的一方面。在国际法律文书中首次出现了对考古遗产的定义。由于其发掘为主要信息来源之一而作为时代和文明见证的所有遗迹、实物和人类存在的任何其他遗迹，应视为考古物。就该公约的定义而言，未由国家权力机关进行任何登记的任何考古物（或考古综合体），包括文化层、相应的人类活动遗迹，对整个欧洲来说是最重要的受保护考古物。始于 1666 年的《瑞典考古遗产法》，在欧洲该问题意识已延续长达几个世纪。现今，相当进步的现行法律《俄罗斯联邦各民族文化遗产（历史文化古迹）法》（2002 年，简称《俄罗斯文化遗产法》）也未规定把遗产的任何登记作为其必要识别条件。公民在自己所在区域发现物品或偶然遇到古墓地、带有古老铭文的石块，或破坏古老居民点的文化层，自此便担有责任。如此说来，不知道这些遗产的考古价值也不会免除公民的责任。即使国家本身也不知道在该地区存在考古对象。

欧洲法律在这一方面存在着不同见解。如今，1969 年 5 月 6 日通过的《关于保护考古遗产的欧洲公约》统一了众多欧洲国家的法律。特别是，在英国、法国以及德国各州开始从考古遗产特权方面改变立法。2002 年，我们才在《俄罗斯联邦各民族文化遗产法》中完成了这一改变。该项法律规定：考古对象属于文化遗产，是永久受保护的对象，无论是否对其进行过登记。而自考古对象探测理事会发现考古对象起，其则被视为是已发现对象。这就是俄罗斯法律中的条文。这是最重要的条款，因为我们直至目前仍在同俄罗斯联邦民法典的条款做斗争。此前曾规定：珍宝即埋藏在某一区域内的贵重物品，若有人发现，按照民法规定，应将其转交给国家，而国家给予发现者此物价值的 25%。俄罗斯联邦新民法典让我们回归到金融法。该法规定：珍宝发现者与珍宝被发现地的所有者可均分珍宝。但该珍宝不应是需交给国家的历史文化纪念物。

在上一版本中，《俄罗斯文化遗产法》指出：仅列入国家名录并登记的对象是历史文化纪念物。但有趣的是，一旦有人发现历史珍宝，若国家、鉴定人员和官员等未曾见过该珍宝，也未曾想到其日后会被发掘出来，国家应及时宣布其已列入国家名录？！从保护文化遗产的角度来说，这是不可取的行为。1995 ~ 2002 年，几乎任何考古珍宝可归发现者所有，而当土地私有化时则归新的土地所有者。但，正如上文所述，2002 年的法律宣布：不仅列入国家名录的对象，而且客观代表文化财产的对象，均是历史文化纪念物。如此一来，我们才解决了这一问题。

现今，还有关于保护考古遗产的《新马耳他公约》(《保护考古学遗产的欧洲公约》)，该公约由俄罗斯于 1992 年 1 月 16 日在瓦莱塔签署，但至今尚未获批。该公约相较其先驱者——1969 年公约更多地反映了今天的现实。特别是解决了金属探测器、水下考古、跨缔约国边界非法转移考古对象和在城市规划中使用考古遗产的问题。如果我们已经批准了该公约，则必须给相关国内立法拨款，最主要是在识别和金属探测器认证领域，譬如火器及其持有者必须在相应的机关进行登记。《马耳他公约》禁止在无官方许可的情况下使用金属探测器。但我们所有人都知道，目前在南方——克拉斯诺达尔边疆区、克里米亚和北方——列宁格勒州都发生了什么。人们带着金属探测器去寻找贵重金属、值钱的物品，从黑市的角度来说，则叫金属物品。不科学、有选择、掠夺地发掘埋有金属物品的祭祀古墓、文化层，且这些发掘活动非常频繁，应禁止或严格控制所有这些所谓的“收集活动”。在我看来，正是“金属探测器”这一元凶使得关于保护考古遗产的《马耳他公约》直至目前尚未获批。要知道，黑市带来的是巨额利润！

关于建筑遗产还应再说几句。关于《保护欧洲建筑遗产的公约》(1985 年 10 月 3 日，格拉纳达）也是一份非常详尽的公约，且对我们具有约束力。各国应在遗产保护方面承担实施综合性政策的义务是该公约中我最感兴趣的条款，该政策包括了作为城市和国家主要规划任务的农业建筑遗产登记，并确保了所有阶段（开发计划编制、施工许可证发放流程）均符合这一要求，确定了文化、环境保护和规划政策的基本要素——建筑遗产保护和推广。恰巧我们整体上并未这样做！例如，在用于编制圣彼得堡新总体发展规划的技术任务书中，整体上并未划分文化遗产保护问题，特别是建筑遗产保护问题，以将其作为编制城市总体规划的首要任务。就这一问题，我向州长提出议员咨询，然而得到的答复是，这没什么大不了的，我们整体上不会毁坏建筑遗产。这就是全部回答，技术任务书并未被更改。

非常需要指出的事实是，我们直至目前还未加入一系列与文化财产相关的欧洲公约。考古公约当然是需要加入的，我希望国家杜马能尽快批准该公约。

还有就是《欧洲景观公约》(佛罗伦萨，2000 年 10 月 20 日)。在该公约中，景观是指自然、自然文化和文化景观。也就是说，列入联合国教科文组织世界遗产名录的圣彼得堡市可视为是景观。世界遗产名录体系提出在欧洲范围内确立单独的受保护景观名录，其中的受保护景观处于欧洲以及后续相应加入国的庇护之下。遗憾的是，尽管阿尔巴尼亚和土耳其都加入了该公约，但我们俄罗斯联邦直至目前仍未签字。

最后，还有一个有意义的公约——《关于攻击文化财产犯罪的欧洲公约》(1985 年)，非常清楚地规定了反非法流通文化财产措施体系。目前仅有三个国家批准了该文化财产公约。我认为，俄罗斯再一次由于腐败原因直至目前尚未批准该公约，但我们需要克服这种滞后性！

近来，我国（指俄罗斯，译者注）终于有一个方面是处在世界前列的，即首次在国家立法层面通过了文化遗产法。

俄罗斯联邦国家杜马通过的《俄罗斯联邦各民族文化遗产（历史文化纪念物）法》自 2002 年 6 月 29 日生效。有关该法律的工作始于 1992 ~ 1993 年，当时我还是列宁格勒市议会议员，作为工作组成员编写了《关于保护圣彼得堡市历史文化纪念物的条例》。在这些年里，我们编纂了《俄罗斯联邦各民族文化遗产（历史文化古迹）法》的法律草案。这些主张被纳入《基础法》，我作为俄罗斯文化部俄罗斯文化和自然遗产科学研究院代表参与到此项工作中。

1995 ~ 1996 年，我编写了法律草案，该草案于 1996 年与另外两份类似法律草案以圣彼得堡市立法会议的名义向国家杜马提出，以供讨论。随后，他们仅讨论了三份草案中的一份，1997 年秋，《关于保护文化遗产的法律草案》再次被提出，以供讨论。

1998 年，该文件通过了国家杜马一审，但随后被退回，因为政府不同意。2000 年 5 月，法律草案再次通过一审。随后又是修正、补充、修改、通过二审和三审、联邦委员会批准、政府协调和批准。所有程序历时 6 年，才有了现在的法律。

若根据此前的《历史文化纪念物保护和使用法》，仅列入了国家特殊名录的历史文化纪念物应受到保护，而现在基于新法，所有文化遗产都应受到保护。现在就有一个显而易见的问题：为什么有的官员不想编写关于把某些对象列入历史文化纪念物名录的文件。当俄罗斯联邦的公民可以证明国家无作为，不将某些对象列入历史文化纪念物名录时，理论上可能会产生诉讼争议。若某一有价值的东西被破坏，但其并非纪念物，则根据法律可以证明破坏该物的人应承担责任，在以前这是不可能的事情。

“历史文化纪念物”“文化遗产”这两个概念现在具有相同的意义，是可以互换的。由于该法律被称为《俄罗斯联邦各民族文化遗产（历史文化纪念物）法》，因此，同具有联邦意义的单独纪念物一样，列入联合国教科文组织世界遗产名录的圣彼得堡市文化遗产享有相同的保护地位。现在，非法破坏圣彼得堡历史中心的任何建筑物都将会承担刑事责任。

若缺少有权使用法律条款且有权迫使俄罗斯、历史文化纪念物所有者保护文化财产的主体，则所有这些条款也是一纸空谈。

若国家感觉到对社会负有责任，则其也将会正常运转，从这种意义上来说，法律向俄罗斯公民保证保护文化遗产是原则性条款。在实行该项法律的框架下，每个公民可起诉国家或文化纪念物的任何一个使用者或承租人。建议限制俄罗斯联邦主体古迹保护领域的授权。若俄罗斯主体不希望把某个纪念物列入历史文化纪念物名录，则在该情况下，俄罗斯联邦不能独立地将该对象视为文化遗产。我们的立场是，俄罗斯有权将其领土范围内的任何对象列入本国的历史文化纪念物名录。但这并不意味着该纪念物将转化为俄罗斯财产，俄罗斯仅保证保存该纪念物，俄罗斯联邦政府拥有联邦干预权。

根据新法创建了文化遗产保护领域的国家历史文化鉴定中央集权体系，所有对文化界有影响的项目都应通过独立于地方权力机构的该鉴定。在进行征地建设、土方工程或土壤改良工程时，往往缺乏足够的钱来考察每一个地段，建筑单位应对鉴定框架下的研究进行付款。同时，考古遗产将被视为国家财产，这些考古遗产可属于俄罗斯联邦或其主体，而非个人。

现在，必须将俄罗斯法律《俄罗斯联邦各民族文化遗产（历史文化纪念物）法》体系提升到国际水准，以使世界人权观念（包括生活在应有的自然文化环境中的权利）反映的是正常文化历史。俄罗斯法律规定：为了每个公民的利益，每个公民和国家务必都要保护文化遗产。对全世界而言，可通过其他方式来表述该观念，但本质却是一样的。

要知道，1966 年 12 月 16 日第二十一届联合国大会第 2200（XXI）号决议通过的《经济、社会及文化权利国际公约》（1976 年生效）指出：本公约缔约国认同每个人文化生活中的权利，承诺采取措施以充分实现该项权利，包括为保护、发展和传播科学和文化所必需的措施。需利用这些表述作为出发点进一步说明世界文化遗产条例。在某些阶段，权利范围可用于保护这一权利，但令人遗憾的是，据我所知，在社会权领域缺少起作用的欧洲法院。起初，我认为可以借鉴我国（指俄罗斯，译者注）《俄罗斯联邦各民族文化遗产（历史文化纪念物）法》的运用经验，在欧洲理事会框架下增加人类文化权利法院。到那时，则可开始建立旨在保护任何国家公民文化权利的国际机制。在我看来，只要时机成熟，文化权利法院将如同文化领域的国际法一样有效地运作，而俄罗斯可以提出这一倡议。

这样一来，《俄罗斯联邦各民族文化遗产（历史文化纪念物）法》正是我国（指俄罗斯，译者注）在文化权利领域的国际社会面前引以为傲的地方，并且事实上，世界文化财产保护领域的现代立法正沿着我们伟大的彼得堡同胞——尼古拉·康斯坦丁诺维奇·列里赫预见并开辟的道路发展。

2005 年 4 月 15 日圣彼得堡律师所国际科学实践会议

文化财产保护如同对外政策问题——以英国和德国的经验为例

谢·谢·希林
（圣彼得堡市政治学副博士，圣彼得堡国立大学国际关系学院
国际人文关系教研组副教授）

在广义的文化财产概念中，所有物质和非物质的文化现象和表现形式均属于文化财产。在狭义的文化财产概念中，文化财产包括物质财富，由文化纪念物这一与文化财产同义的术语进行统一。其指的是具有文化意义的建筑物和对象（建筑古迹——教堂、修道院、城堡），以及图书馆、档案馆和博物馆的馆藏物。在公共和科学论述中，文化纪念物保存和保护问题中的该术语常为狭义概念。

在谈到文化财产保护的对外政策方面，研究人员常常会提及文化财产返还或对其他形式的文化财产跨国转移的法律保护。

文化纪念物的跨国转移确实是大多数现代国家在文化财产领域的重大对外政策问题之一。世界主要强国，包括英国、德国、美国、法国，以及其他一系列国际人道主义法律文件（其中，列里赫公约的直接继承者——1954 年《关于武装冲突时保护文化财产公约》[①]，占据首要位置之一）担负起了尊重文化财产、保护文化财产、不对文化财产采取不利行动的义务。然而在全球化时代，各个领域趋于统一，包括文化领域，所以保护并传播广义民族文化和文化遗产的价值是世界各国对外文化政策最重要的课题。

在同等程度上，这一课题既适用于文化西方化（早就被视为是迫切的国际政治问题）的非西方国家，也适用于西方文明的代表国家，由于这些国家的政治体系发达，作为其外交活动独立方向的国际文化交流明确制度化，对于研究文化财产保护地来说，这是最典型的例子。

广义上，就对外政策而言，文化财产保护的重要性不仅取决于民族心态特点、民族对待自身民族文化成就的态度，还取决于政治文化、政治传统和国家对外政策方针的特点。这就证明了英国和德国对外文化政策间的差异性，这种差异性与这些国家民

---

① 联合国:《条约系列丛书》第 249 卷，第 3511 号。

族自我意识中对待本国文化财产的态度差异性完全不同。

在英国，其国民倾向于认为本国的民族文化是独一无二、古老且伟大的，在文化-人文合作领域中，教育、信息和交流，尤其是科学和技术占据着中心地位。这是由国家整体定位——积极参与科技进步相关过程所决定的，不代表在这一领域不进行紧密的国际交流是可行的。

在英国，前首相布莱尔就其三个主要活动方向的回答——“教育，教育，教育”① 成了名言。在文化外交中，教育领域的合作是为了在全世界范围内“传播英国文明的成就”②。在这一课题背景下，布莱尔的回答促使得出这样一个结论：迄今为止，从政治角度来说，教育领域的成就是英国文化财产最重要的一部分。

对英国整体外交活动更加具体的分析证明了这一结论，同时对其进行了补充。

英国所有对外政策问题均在权威主管机构（英国外交部）外事办公室的特殊管辖范围内，该机构不允许首相偏离制定好的对外政策方针（近十年来，众所周知，有多起与首相声明相关的丑闻，声明未与外事办公室协商且背离其立场）。不过有研究人员指出：“在确定国家政府机构、知识和艺术界的基本方向、方针目标的过程中，协调是英国对外文化政策的基本特点。”③ 也就是说，在文化领域，我们发现对外政策主管机构不再是制定外交活动目标和任务的独揽管理机构。

该领域的对外政策方针实施情形具有相似性。如今，英国在文化相关领域的国际活动具有功利性，且无政治负担。外交部的这一活动由同文化无关的贸易与工业部协调。问题是，英国科学领域的政策以及推动科学成就进入工业和日常生活领域才在其职责范围内。而与教育领域的交流发展、文化外交的优先方向一样，科学和技术领域的国际合作由外事办公室来认定。

可以肯定的是，外事办公室已与国际文化交流划清界限，并将其归属到社会组织（首先，我们此处谈论的是英国文化委员会）的职权范围内，该组织正式独立于外事办公室。这表明对于英国的现代对外政策来说，文化问题的重要性较低。科技合作是与世界主要强国进行国际文化交流的主要方式，外事办公室则直接参与调节这些合作。

一些英国杰出外交代表们正强调国际协同动作的重要性。2004 年 5 月 13 日，英国外交大臣杰克·斯特劳在华盛顿州霍华德大学发表演讲《我们共同未来的全球科学》，美国前国务卿科林·鲍威尔出席演讲。此次演讲的目的是“告诉美国听众，英国试图站

① 克利夫：《变革即将来临，但是如何变？》，《社会主义评论》1997 年，第 9 ~ 12 页。

② 英国遗产，参照 http://www.culture.gov.uk/historic_environment，2005 年 4 月 13 日数据。

③ 弗·伊·福金：《确定国际人文关系组织概念构造的对比分析方法》，《历史比较语言学·三》，《社会人文学比较研究年鉴》，圣彼得堡，2003 年，第 195 页。

在科学进步的中心”[①]。2002 年 5 月，托尼·布莱尔在《科学问题》报告中提出：“科学既创造了国际竞争，又创造了国际合作。如果我们打算成为向前看的创新型国家，那么我们需要从我们的知识库中尽可能获取更多，无论是凭借自身之力，还是通过与他国合作的方式。”[②] 时隔一年半后，他在贸易与投资部的创新报告前言中制定了以下行动目标：“我们希望英国成为全球经济的主要中心，不仅拥有具有世界意义的科学和技术成就，还能将其运用到有利可图的新型商品和服务中。”[③] 但最强有力的声明由杰克·斯特劳于 2004 年 7 月做出：“如果我们着眼于未来的挑战，则迫切需要使科学成为外交的核心。”[④]

科学和技术问题与英国对外政策的战略重点有关，最主要是与维持英国在开放式全球经济中的经济利益有关。

《科学和技术战略》是英国外交主管部门的核心纲要性文件，明确了英国在感兴趣的领域中的基本活动方向。文件中提出了以下论题：“科学与技术塑造着我们的世界，并引导世界走向经济繁荣、确保社会发展、提供解决未来全球问题的工具和方法。”[⑤]

《战略》阐述了英联邦国家外交部所憧憬的科学技术的作用，该作用体现在两个方面：

（1）使用国际水准的科技将英国打造成更加有利于科学工作和技术开发的国家；

（2）利用科技保障外事办公室的战略重点[⑥]。

英国文化媒体和体育部是负责其他国际文化交流方向的国家机构，其国际事业部的任务是同其他国家的类似机构及国际组织进行交流，然而该部门的对外活动相较政治性而言更具行政性[⑦]。

德国，虽然其大部分居民对民族主义和民族崛起表现出鲜明的消极态度，但是在同所有国家进行文化合作这一问题上，正尝试保护并发扬文化价值观，同时依托文化生活的各个方面，使得德国文化成就在各国均具有竞争力。

德国的对外文化政策和教育政策是联邦政府对外政策不可分割的组成部分，其意义毋庸置疑。特别是促进了民族间的相互了解、维持和平、防止冲突和维护人权。在德国外交部发表的《2003/2004 德国对外政策》一书中，对其意义进行了阐述：“历年国际冲突已证明不同文化间相互理解的必要性。对外文化政策和教育政策鼓励通过组织青年会议、大学生科学交流、设立奖学金、组建国外的德国学校、成立戏剧、音乐

---

① 杰克·斯特劳：《我们共同未来的全球科学》，http://www.britainusa.com/science/articles_show.asp?SarticleType=1&Article_ID=5159，2019 年 5 月 6 日。

② 《首相的演讲：科学问题》，.http://www.pm.gov.uk/output/Page1715.asp，2002 年 4 月 10 日。

③ 《全球经济中的竞争：创新挑战》，《2003 年 12 月贸易与工业部创新报告》，伦敦，2003 年，第 5 页。

④ 《2004 ~ 2005 科学与技术战略》，伦敦，2004 年，第 1 页。

⑤ 《2004 ~ 2005 科学与技术战略》，伦敦，2004 年，第 2 页。

⑥ 《2004 ~ 2005 科学与技术战略》，伦敦，2004 年，第 2 页。

⑦ http://www.culture.gov.uk/about_dcms/local_regional_and_international_policy/International.htm.

和电影项目，以及语言训练班达成相互理解[①]。

德国对外政策主管部门编写的《概念 2000》是基本纲要性文件，其确立了德国对外文化政策的方向。

《概念 2000》中提出了一系列具有一般人道主义特性且与国家整体对外政策重点相关的对外文化政策任务[②]。在实施《概念 2000》的最初几年里，在这一系列任务中，仅完成了与“缩减对外文化政策费用”“国家机构脱离在国外展示德国文化的直接工作”有关的任务。

由于国家减少参与对外文化政策，当前完全负责对外文化政策的社会组织开始履行其原来不具备的职能，特别是独立制定自己的活动目标和任务。例如，2001 年 9 月，英国文化协会和歌德学院宣布了未来更密切合作的意向。这是由于欧洲一体化致使民族文化传播机构面临一个新问题。有人认为：在欧洲，“民族文化”这一概念已丧失其在世界其他地区所具有的意义[③]。

2001 年 5 月，德国外长约施卡·菲舍尔曾强调：德国应顺应国际政治现实，并据其来塑造国家的外交形象。为了实现这一目标，在 20 世纪末 21 世纪初应重构德国的对外文化政策[④]。虽然官方人员称其为重构，但社会则往往倾向于称其为“痛苦的投降”[⑤]。

然而，国家仍继续正式声明对外文化政策对于在国际舞台上实现民族利益的特殊重要性[⑥]。通过《概念 2000》后，联邦议院执政党在呼吁政府时，重申了对外文化政策对于实现整体对外政策目标的作用，并提出：政府应继续积极加强各领域的文化政治措施。该呼吁中指出：向参与文化领域对外活动的机构提供资金支持是政府的主要任务。同时，执政党建议创立专门的国际文化政治对话机构，以巩固民间团体代表参与长期国际文化交流的情况。执政党发现文化政策中的特殊国际意义在于：文化领域的外交活动是避免冲突的方法。社会民主党人认为这正是外交主管部门的主要工作目的。

具体来说，建议在政府官方代表团中增加艺术活动家代表，应使得往来德国的文化迁移现象有所增加，还应指出支持世界著名的德国艺术活动家、在他国展示德国文化等相关显著事件的必要性，既需要体育交流，又需要文化机构工作人员交流来加强支持作用。最后，建议利用在德国受训的外国人的潜能，以实现其他国家与德国之间的对话。特别强调了对话、国际文化交流、合作、加强人权和民主方面的现代对外文化政策的针对性[⑦]。

---

① 《2003/2004 德国对外政策》，柏林，2004 年，第 215 页。

② 《概念 2000·论坛：对外文化政策》（柏林，2000 年 7 月 4 日），柏林，2000 年，第 16 ~ 35 页。

③ 《欧洲议会和欧洲理事会关于制定 2007 年文化规划决议的提案（2007-2013）》，布鲁塞尔，2004 年。

④ 《重构》，《法兰克福汇报》2001 年 5 月 12 日。

⑤ 《再次订立》，《法兰克福汇报》2001 年 8 月 7 日。

⑥ 《目前的对外文化政策和教育政策》，柏林，2004 年。

⑦ 联邦议院印刷品号：14/5799，http://dip.bundestag.de/btd/14/057/1405799.pdf.

因此，缩减政府的对外文化政策开支，很明显，可视为是德国社会民主党由对外政策转向对内政策重新分配资源这一整体政策趋势的一部分，而文化问题在外交战略中始终具有重要意义。

总的来说，德国承认文化外交在塑造国家外交形象过程中具有重要作用，对保护和传播自身民族文化、双边文化对话赋予了重大意义。就这一方面而言，德国对外文化政策有别于英国对外文化政策，英国对外文化政策将保护和传播民族文化的任务交给了非国家机构——英国文化委员会，其使得该领域的活动主要针对不属于世界发展主流的国家。

对外文化政策的目标和任务足以说明这一点。对于英国来说，文化领域的国际合作目前仅局限于科学与技术合作，且是国家在快速发展世界中实现经济繁荣的工具。而德国并未发现国家文化交流带来的直接经济效益，却高度评价政治利益。

2005 年 4 月 15 日圣彼得堡律师所国际科学实践会议

文化财产概念演化

阿·阿·格拉西莫夫
（莫斯科国立文化艺术大学图书馆/信息学院图书馆学研究生）

在现代条件下，国家间交流最重要的作用在于文化领域的合作，文化财产交流和传播是此类合作的形式之一。由于国家间进行交流，得以相互交流文化财产，在此基础上，不同国家的民族可以了解到作为世界不同文化机构藏品的各类文化财产。然而，国家间相互交流文化财产又带来了一系列问题，文化财产的保护问题就是其中之一。

在这一过程中，法律文件具有重要作用，因为保护过去的文化财产并珍惜现在的最具价值和意义的文化现象是文化政策的重点之一。每份法律文件中都包含该法律对“文化财产”的定义，而该定义可在各类规范性文件（根据其具体目标和任务）框架下使用，因此有必要分析保障文化财产保护的规范法律文件。

在当今复杂的社会经济条件下，该研究具有特别的现实意义，当文化领域的国家间交流缺少全面的法律保障时，非法进出口文化财产事件就会更加频繁。下面，我们将分析主要的规范法律文件。

在《关于保护艺术和科学机构及历史纪念物条约》中，为人所熟知的是 1935 年 4 月 15 日在华盛顿通过的《列里赫公约》，而该公约中却缺少“文化财产”这一定义。公约第 1 条确定的保护对象有：“历史纪念物，博物馆，科学、艺术、教育和文化机构，以及这些机构的人员、财产和藏品……”。由此可见，在这一国际文件中首次尝试了定义“文化财产”，尽管在正文中并未出现“文化财产”这一词汇。“文化财产”这一概念首次出现在《关于武装冲突时保护文化财产公约》中，该公约于 1954 年 5 月 14 日在海牙签署。

该公约的第 1 条第 1 节定义：“不论发源地和所有权，对各民族文化遗产具有重大意义的可移动财产和不可移动财产”均视为文化财产。从该定义中可以得出这样一个结论：文化财产即是对各民族文化遗产具有重大意义的可移动财产和不可移动财产。公约定义了“文化财产”概念并确定了这样一个界限：无人可限制国家和民族将某些物品（财产）列为文化财产的权利。一切都取决于民族的历史和文化发展情况。此外，公约还提到：不考虑文化财产的发源地及其所有权。文化财产所有权可归属国家文化机构——博物馆、美术馆、图书馆等，甚至可归属个人。

公约第 1 条中对文化财产进行了分类，文化财产总共可被划分为三大类：

（1）直接文化财产，即建筑、艺术或历史纪念物，宗教或非宗教考古遗址，具有历史或艺术价值的建筑群，艺术作品，手稿，书籍和其他具有艺术、历史或考古价值的物品，以及科学收藏品或重要的藏书、档案材料或上述财产的复制品。

（2）主要用于存储和陈列第一类可移动文化财产的建筑物。其中包括博物馆、大型图书馆、档案库。

（3）文化财产集聚中心。公约将集聚了大量文化财产的中心划分至这一类别。例如，莫斯科克里姆林宫便是这样的一个中心。整个城市也可被视为是文化财产集聚中心，如佛罗伦萨、威尼斯、苏兹达尔。

《关于武装冲突时保护文化财产公约》（1954 年）给出的文化财产定义非常宽泛且是最充分的。这是因为公约号召调节关系，并渴望尽可能涵盖更多享受公约法律保护的“文化财产”对象。

以下两份文件是受联合国教科文组织保护的包含文化财产概念的国际法规。1964 年 11 月 19 日通过了《关于禁止和防止非法进出口文化财产和非法转让其所有权的方法的建议》，1970 年 11 月 14 日通过了《关于禁止和防止非法进出口文化财产和非法转让其所有权的方法的公约》（以下分别简称“1964 年建议”“1970 年公约”）。

1970 年公约在第 1 条中定义：文化财产指“被各国视为具有重要考古、史前史、历史、文化、艺术和科学价值的宗教性财产”。如果将 1964 年建议和 1970 年公约中给出的定义与 1954 年海牙公约中的文化财产定义进行对比，我们可以注意到：在 1964 年建议和 1970 年公约给出的定义中，直接规定了国家有权决定什么是文化财产。完全取决于这些文化财产对民族（国家）的价值。

在比较 1970 年公约和 1964 年建议给出的定义时，值得指出的是，公约并未将文化财产划分为可移动财产和不可移动财产。当然，根据 1970 年公约的性质，文化财产主要是指可移动财产，但就其本质而言也可以指不可移动财产。

1970 年公约将文化财产划分为了 8 类：

（1）动物群落、植物群落、矿物和解剖学的稀有收集品和标本，以及具有古生物学意义的物品。

（2）有关历史的财产，包括科学和技术史、军事和社会史、有关国家活动家、思想家、学者、艺术家的生平及国家重大事件的财产。

（3）考古发掘（包括正常发掘和秘密发掘的）或考古发现的成果。

（4）已肢解的艺术和历史古迹、历史遗址的构成部分。

（5）百年以前的古物，如铭文、钱币和印章。

（6）人类学材料。

（7）具有艺术价值的财产，包括：全部由手工完成的画布、画作和绘图（不论其装帧框座如何，也不论所用的是何种材料），任何材质的雕塑艺术作品原件，任何材质的版画、印片和平板画原件，任何材质的艺术组集和拼集原件。

（8）稀有手稿和古版书籍，单套或整套具有特殊意义的（历史、艺术、科学、文学等）古书、文件和出版物。

在联合国教科文组织的《保护世界文化和自然遗产公约》（1972年）中，一并引入了“文化遗产”的概念和“文化财产”的概念，属于文化遗产的有古迹、建筑群和遗址（人类创造的作品或人类与自然共同创造的作品）。近年来，除“文化财富”概念外，在规范性文件中还出现了“世界遗产”概念，指的是构成人类财产的卓越自然文化财产。由此可见，“文化财富”和“世界遗产”具有比“文化财产”更为宽泛的概念，因为文化财产主要是指那些具有历史、艺术、科学或其他文化价值的宗教性或非宗教性财产，如艺术作品、书籍、手稿、古版书、档案材料、建筑、历史和艺术古迹及纪念碑的构成部分和残片、其他物品。

文化财产将各代人联系在了一起，具有具体的历史性。1978年12月15日通过的俄罗斯苏维埃联邦社会主义共和国法律《历史文化纪念物保护和使用法》第一章第1条规定：“历史文化纪念物是指与民族生活中的历史事件、社会和国家发展相关的建筑物、古迹和物品，具有历史、科学、艺术或其他文化价值的物质和精神创作作品。”这些纪念物可划分为若干类：历史纪念物、建筑古迹、城市建设与建筑古迹、艺术纪念物和文献文物。

第三章第20条中罗列出了需进行国家登记且归属公民私有财产的历史文化纪念物。实际上，历史文化纪念物清单包含在1970年公约的第二大类中，主要指“古董、造型艺术和装饰应用艺术作品、建筑、手稿、收藏品、稀有印刷出版物及其他具有重要历史、科学、艺术或文化价值的属于公民私有财产的物品和文献”。在这种情况下，我们指的是列入历史文化纪念物清单中具有全民族意义且归属国家的文化财产。

在1992年10月9日通过的第3612-I号《俄罗斯联邦文化基本法》第3条中也包含历史文化纪念物清单，但该清单的范围要更加宽泛，且首次包含了具有历史文化意义的文化活动的科学研究成果和方法、建筑物、构筑物、物品、技术、地区历史文化方面独一无二的对象。

近十年，通过了各类关于保护文化财产的法律。其中包括：关于文化、俄罗斯联邦档案馆藏和档案、图书馆、俄罗斯联邦博物馆藏、保护和利用历史文化纪念物、考古活动、贵金属和宝石等的法律规范。2004年11月2日通过的第127-FZ号俄罗斯联邦法律《文化财产进出口法》占有特殊地位，该法律旨在促进国际文化合作的发展。在第5条中，除“文化财产”概念外，还包括“文化财产藏品”这一概念：“无论文化价值大小，按照一定特征精选出的，具有历史、艺术、科学或其他艺术价值的，被收集到一起的同类物品或不同类物品的总称。”在第7条中给出了适用该法律的物品类别。

因此，对“文化财产”概念演化的分析证明了这一概念的多样性，其往往包含了不同的内容，但通常将其视为具有文化意义的对象的“一览表”。一旦进入法律调节领域，则其会处于伴随着全部法律调节后果的财产地位。国内持续的社会经济变化要求更加准确的来定义这一概念，因为在处理文化财产的实践中，如通过海关时，可能会导致严重的后果。文化财产正处在国家的特别控制之下，一旦失去文化财产可能会给国家造成不可挽回的损失。

2005 年 4 月 15 日圣彼得堡律师所国际科学实践会议

文化财产是一个法律范畴

玛·阿·亚历山德罗娃
（圣彼得堡市法学副博士，圣彼得堡国立大学法学院民法教研组副教授）

在现代俄罗斯立法中，使用了大量多样化的词法结构来表示我们所研究的对象。我们仅引用法律使用的若干术语来论证该论点。其中包括："文化财产"、"文化遗产"、"历史文化遗产"、"文化财富"、"历史文化纪念物"、"俄罗斯联邦各民族文化遗产"、"贵重物品"、"古董"、"文化客体"、"属于历史或文化纪念物的物品"、"价值"、"具有重要历史、艺术或其他文化价值的财产"、"具有特殊价值的物品"和"俄罗斯联邦和外国各民族的艺术、历史和考古财产"等。

我们认为，从所引用的目录可以直观反映出：目前在俄罗斯立法中，没有周密统一的方法来选择我们所研究公共关系领域中的术语。在我们看来，很明显，需要选择特定统一的术语来表示对象，然后构建经逻辑校正的概念分级体系。

为完成这一任务，可参考国外的传统术语。众所周知，诸如法国和意大利，这些欧洲国家都是具有丰富文化的国家。但在法国几乎不使用"valeurs culturels"这一术语。"biens culturels"和"patrimoine"是法国法律中最典型的概念。最后一个术语的使用特点在于可将其译成两个俄语词汇："文化遗产"或"文化财富"。除此之外，术语"历史纪念物"是法国法律（1913 年 12 月 31 日通过的《历史建筑保护法》及其修正案）所公认的。

在意大利也会使用不同的术语来表示我们所研究的对象。特别是术语"具有艺术和创作意义的物品"。（直至目前，1939 年 6 月 1 日通过的第 1089 号法律《具有艺术和创作意义的物品保护法》仍有效）。除此之外，使用的其他术语有"代表公共利益的财产""国家历史艺术遗产""国家考古、艺术和历史财富"。

其他国家的立法是非常有趣且成熟的。特别是，在挪威有一部非常进步的现行法律——1978 年 6 月 9 日通过的《文化遗产保护法》；在瑞士（国际古董贸易中心之一），于 2003 年通过了欧洲最新的联邦法案《文化财产国际转让法》。

正如我们现在所看到的，在欧洲国家的立法中也存在对研究对象的不同命名方式。但应该指出的是，国外对指定问题的法律调节是按照多年以来固定下来的传统方式。（因此，在整个 20 世纪，许多关于该课题的规范性法律未发生改变并沿用至下一个世纪）。

在俄罗斯立法活动发展的现阶段，迫切需要将俄罗斯立法体系融入国际标准体系。目前，在现代国际法中，具有通用性和地区性的现行国际专门法律文书超过了60份，这些法律文书适用于调节文化财产法律问题，以及文化财产发掘、保存、保护和推广等问题①。但在国际法律文件中也使用的是不同术语。在某些文书中使用了概念“cultural property”（直译为“文化资产”）和“das Kul- turgut” - “biens culturels”，根据上下文可译为“文化财富”或“文化财产”②。而术语“cultural heritage” - “das Kulturerbe” - “patrimoine culturels” - “文化遗产”则较为普及③。除此之外，在国际实践中也使用相对较新的术语“文化客体”④。

需要指出的是，本文中寻求国外和国际的经验是由客观环境所决定的。近来，人们开始建议在文献中不再使用“文化财产”这一术语，而是使用更加通用的术语来代替。上述建议以“财产”概念具有鲜明的主观色彩为根据。就法律客体而言，恩涅克采鲁斯（音）并非偶然地说道：“应区分客观价值和主观价值。前者是指结合时间和地点，对每个人来说物品具有的价值。后者则是指对确切的某个人来说，物品所具有的价值。对个人有价值的物品可能对其他人并无价值。”⑤因此，物品的价值既具客观性，又具主观性。

在我们看来，各种各样的物品之所以具有一定的价值，不仅是因为其客观特性，还因为我们对待该物品的态度，这其中既有对其特性的认知，又有个人品位。“价值——从人类利益出发主观上理解的东西。”⑥某个物品对某人来说具有巨大价值，但对其他人来说很可能是平常之物。

正是由于该情形，反对使用“文化财产”这一术语的人认为：在现代立法中缺少符合所研究术语的定义。除此之外，在实践中，将某些物品列入文化财产范畴视鉴定专家的主观意见而定，这并不是什么秘密。因此，有人提出了使用其他概念来代替“文化财产”的建议。当然，也有人提出了关于使用术语“文化资产”的可能性的建议⑦。国际法

① 谢·尼·莫尔恰诺夫：《国际法中“文化财产”和“文化遗产（财富）”概念的使用情况》，《莫斯科国际法杂志》2000年第2号，第20~27页。

② 见示例：《关于武装冲突时保护文化财产公约》（1954年5月14日），《联合国教科文组织国际法规》，莫斯科，1993年，第259页。

③ 因此，关于该课题最根本的国际法之一——联合国教科文组织《保护世界文化和自然遗产公约》（1972年）使用的是术语“文化遗产”，而非“文化财产”。摘自《联合国教科文组织国际法规》，第290页。

④ 《国际统一私法协会关于被盗或者非法出口文物的公约》（1995年），《文化遗产法规》，莱斯特，1999年，第34页。

⑤ 恩涅克采鲁斯（音）：《德国民法教程》第1卷，第2部分，莫斯科，1950年，第62、63页。

⑥ 尼·年诺夫斯基：《法律与价值》（保加利亚语译作），莫斯科，1987年，第176页。

⑦ 柳·尼·加林斯卡娅：《文化遗产保护领域国际合作的公约调节》，会议报告论题：“文化资产：法律调节问题”，圣彼得堡，国立艾尔米塔什博物馆，2004年11月3日。

领域的专家提出类似建议完全是由于上述解释的原因。问题在于，正如前文所提到的那样，国际法中较为普及的英语术语“cultural property”按照俄语来解释，应直译为“文化资产”，但由于俄罗斯立法中缺少类似的词汇，所以称为“文化财产”或“文化财富”。事实上，在英语法律文献中，术语“property”常意指“对象”“物品”[①]。在现代俄罗斯的民事说法中，许多法律概念，包括“资产”概念，均是多义词。术语“资产”常常具有多个意思。在某些情况下，人们的确将其作为“财产”或“物品”的同义词来使用，如“资产转让”或“资产获得”。但在特殊文献中，类似的方式常常会受到批评[②]。无论怎样，在俄罗斯法律和英美法律中，资产和所有权这两个概念是有区别的。在英美法律体系中，“property”概念涵盖了所有权，以及其他财产权利：抵押权、地役权等。除此之外，租赁权被视为是物权，属于研究范畴。版权和专利权也属于该范畴。因此，在英美法律体系中，物品、责任要求、有价证券、债务、版权和专利权客体均被视为是所有权客体[③]。在俄罗斯大陆法系传统中，存在关于所有权客体的其他表述。此外，术语“资产”不用于表示法律客体。但需要指出的是，在俄罗斯，“智力资产”这个矛盾的术语一直存在，甚至俄罗斯联邦民法典第128条将其视为民法客体。赞成引用术语“文化资产”的人，其依据是：术语“资产”能在更大程度上表示文化价值的物质组成，因为指定的客体可能是有充分价值的所有权客体。然而在我们看来，由于上述情形，仍然不适宜在俄罗斯法律体系下使用术语“文化资产”。在俄罗斯法律中，完全是按照其他方式来理解术语“资产”，因此应寻找其他方案来定义使我们感兴趣的对象。

此外，“文化客体”这一术语近来使用的更为普及。一方面，引入规定的术语可以避免“文化财产”这一概念导致的某种主观主义。从这种意义上来说，“文化客体”的概念较之“文化财产”的概念要更为中性。但“文化客体”这一术语所指代的事物过于模糊不清。在俄罗斯立法中，“文化客体”这一术语主要作为“文化机构”的同义词来使用[④]。赋予“文化客体”这一术语指定含义几乎是不符合逻辑的。实际上，问题在于在文化领域中进行活动的主体。因此，我们有必要统一该领域的术语，并禁止将“文化客体”用于表达当前所表达的含义。

---

① 参见J. C. 史密斯：《民法和刑法对归还遗失或被盗财产的奖励》，《恢复被盗艺术品——一本由N. 帕尔默编辑的文集》，伦敦，1998，第171页。R. 赫威森：《商业与文化》，《企业与遗产》，伦敦，2004年，第162页。

② 例如，尼·尼·阿韦尔琴科指出，多义现象这一事实本身不会受到负面评论，因为，一般来说，根据语境可以推断出符合法律术语的理解。但在某些情况下，当主体弄混具体法律含义的不同范畴时，法律多义现象将会导致概念混杂。见尼·尼·阿韦尔琴科：《民法中术语“物品”与相近概念的关系》，《律师》2003年第11号，第2页。阿·叶·切尔诺莫列茨：《俄罗斯联邦民法典中的若干所有权理论问题》，《国与法》1996年第1号，第96~99页。

③ 《外国民法与商法》第1卷，莫斯科，2004年，第312页。

④ 《关于俄罗斯联邦内务机关下辖跨部门保护部组织保护文化财产客体的细则》（由1998年5月25日第315/225/38号外交部、文化部和联邦档案局联合命令批准），《档案事务法律法规汇编》，莫斯科，2002年。

国际法中也未明确该术语的使用方法。公约调节正朝着承认术语“cultural property”和“cultural objects”同一性的方向来发展，即“文化客体”所指代的事物与其他文件中使用“文化财产”所指代的事物通常是相同的。

还需要指出的是，苏联时期有关该课题的科学文献中广泛使用了该术语。例如，柳·尼·加连斯卡尼娅写道：“所有文化客体——绘画、雕塑、文化古迹、手工织品等都需要小心对待、不断修复和维修，以便世代长存。”[①]

因此，无论是在国际法，还是在俄罗斯国内法中，我们都无法找到不使用“文化客体”这一术语的理由。然而，在俄罗斯全面引入该术语终究是不适宜的。首先，该术语范围过于宽泛，无法避免归咎于“文化财产”这一术语的缺点，当前对于“文化客体”概念的诸多矛盾定义也间接证明了这一点。其次，“文化客体”概念与我们所研究的基本哲学概念和法律概念体系不相称。例如，在我们看来，在苏联科学文献中，“文化财产”的法律概念较之“文化福利”、“文物”或“文化成就”的概念要更窄[②]。后者是指“体现人类本质特征的精神和物质产物”。其本质在于，在这些概念中，不仅包含了具有文化意义的客体，还包含了平常且普通的现象。不过其与其他人类活动结果的区别在于自身的文化特性，而非某些其他特性（经济特性、军事特性、政治特性等）。在所有文物、物质财富的总称中，文化财产以其极为显著的特征而独树一帜。无论是从意义还是从词汇学的角度来说，从“文物”中划分出特殊“文化客体”是不切实际的。

不得不承认，在大多数条件下，目前要将确定对象列入文化财产范畴需视鉴定专家的主观意见而定。然而，甚至连更换术语都不能消除该种关系所固有的主观主义因素。仅更换使用术语并不能改善文化财产重叠关系的法律调节机制，需要制定明确的标准，借此可将某些对象划入文化财产范畴。为了对文化财产法律制度的相关问题进行充分法律调节，目前需要采取以下措施。首先，需要调整有关该课题的法律法规中存在的现代“词汇乱象”和术语不一致性；其次，应使用该领域现有成功的学说，以尽可能尝试更准确、全面地定义所有概念；最后，需要建立与“文化财产”有关的严谨概念体系。

看来“文化财产”这一术语并没有充分反映我们所研究现象的本质。但这并不意味着需要使用其他术语来替换该术语，而仅需要统一现在使用的术语。众所周知，从一般哲学的角度来说，文化财产可划分为“物质文化财产”和“精神文化财产”。可以认为法律科学是文化财产哲学定义的界线[③]。在法律上，文化财产指的是物质文化财产，那些法

---

① 柳·尼·加林斯卡娅：《缪斯与法——文化领域的国际合作法律问题》，列宁格勒，1987 年，第 123 页。

② 阿·彼·谢尔盖耶夫：《苏联文化财产的民法保护》，列宁格勒，1990 年，第 26 页。玛·瓦·瓦西里耶娃、伊·瓦·萨韦利耶娃：《民法保护对象——历史和文化古迹》，《苏联国家与法律》1985 年第 10 号，第 106 页。

③ 阿·彼·谢尔盖耶夫：《苏联文化财产的民法保护》，列宁格勒，1990 年，第 18 页。

律调节范围内的精神文化财产可适用于其他法律制度。精神文化财产指的是科学、文学或艺术产物、发现等。版权和专利权分别确保了精神文化财产的保护和使用。所有权和其他物权不同于智力活动成果特权。在有关该问题的文献中曾指出：存在享有双重保护的客体范畴：一方面，符合“文化财产”概念；另一方面，是知识产权客体①。

但这无论如何也不会与物质文化财产和精神文化财产的法律制度中存在巨大差异这一事实相矛盾。从这种意义来说，并不能完全理解：为什么在法律上“文化财产”概念指的是物质文化财产，且“文化财产”在某种程度上可视为是物质文化哲学定义的界线。令人不解的是，对于科学或应用目标，需要使用适用于民法客体狭义范畴的广义术语“文化财产”。如果指的是物质文化财产，则其可被标记。

在这种情况下，我们无法忽视在白俄罗斯共和国通过的一个非常有趣的法规。根据白俄罗斯共和国法律《历史文化遗产法》②第3条，所有财产可划分为以下类别。

（1）物质体现即为本质的物质财产。

（2）精神财产（可能的物质体现对其本质无实质性影响）。

物质财产划分为以下子类：

（1）不动产，在空间内对其进行移动需实施一系列工程措施，且将导致其特殊价值部分或完全丧失。

（2）动产，在空间内对其进行移动不会改变其本质和技术状态。

精神财产划分为以下子类。

（1）固定精神财产，其本质是完全固定的且不取决于其创造者的后续命运；

（2）具体化精神财产，其创造者、载体消逝或其存在的社会条件发生变化也将伴随着其本质或特殊价值完全或部分丧失。

所研究的法律已多次受到批评，总的来说，其被视为是矛盾过时的法规③。毫无疑问，法律的许多措辞是不恰当的，但在我们看来，建立文化财产体系是完全合乎逻辑的。

因此，我们得出的结论是：在俄罗斯大环境下，无论是为了实现民法调节目标，还是解决跨部门任务，术语“物质文化财产”都是非常恰当的。

为了完善我们所研究关系的法律调节机制，有必要制定该概念的详尽定义。在现代俄罗斯立法中有文化财产的合法定义。其中在《俄罗斯联邦文化基本法》④中的定义是：“文化财产是指：道德和审美理想、行为规范和模范、语言、方言、民族传统和习俗、历史地名、民俗、工艺品和手艺、文化和艺术作品、文化活动科研成果、具有历

① 叶·尤·叶戈罗娃：《文化财产的国家法律保护》（法学副博士学位申请论文摘要），莫斯科，1996年，第9页。

② 《第1940-XII号白俄罗斯共和国法律》（1992年11月13日），《白俄罗斯共和国最高委员会公报》，明斯克，1992年第30号，第504页。

③ 瓦·普·塔利蒙奇克：《调节文化财产关系的国外立法概述》，《“文化财产：法律调节问题”会议上提交的报告》，圣彼得堡，国立艾尔米塔什博物馆，2004年11月3日。

④ 《第3612-I号俄罗斯联邦法律》（1992年10月9日），《俄罗斯联邦公报》，莫斯科，1992年第46号，第2615页。

史意义的建（构）筑物、物品和技术、历史文化领域独一无二的物体。”正如我们现在看到的那样，立法者极力扩大了研究概念的范围。可以看出，曾尝试过从法律的角度来调节所有物质文化财产和精神文化财产的关系，以及精神财产（其关系在原则上不适用法律调节）的关系。由此可见，上述定义是模糊不清且没有“生命力”的。尝试在实践中使用该定义必定是行不通的。例如，《俄罗斯联邦刑法》第 188 条规定了文化财产走私责任，但未阐述该概念。让人不解的是，如何才能完成“道德和审美理想、行为规范和模范”或“语言、方言”的走私活动。出于同样的理由，在《俄罗斯联邦民法典》第 240 条“赎回管理不善的文化财产”中，全面使用上述定义也是不可能的。

我们认为，为了恰当定义“物质文化财产”概念，有必要回答以下问题：整个文化财产及其变类（使得文化财产从文化财富这一总称中分离出来的物质文化财产）的特殊意义是什么？针对该问题，文献中给出了各种各样的回答。尤其是玛·瓦·瓦西里耶娃和伊·瓦·萨韦莉耶娃建议划分客体的一般社会价值（客体在构成公民文化需求中的作用）和特殊社会价值（在科学成就基础上确定的价值）①。但在最近的研究中已表明了类似标准的不完备性和模糊性②。为此，有人建议划分以下文化财产特征（特殊的客体类别）。第一，研究的客体是一般劳动成果，通过生产具体的劳动产品建立起了人与人之间的联系。第二，客体具有普遍性，其外在表现形式通常体现了该客体的唯一性，可被视为是文化财产。第三，通常，对所研究客体真正意义的认识仅随时间推移而发生。第四，文化财产履行着非常重要的社会职能：其是不同世代和不同民族之间的联系纽带，并在社会所需个性的形成过程中发挥着关键作用③。在我们看来，所建议的特征是非常恰当的，但需要一定的调整。首先，不仅文化财富，还有文化财产均是一般劳动成果。具有非文化特点和其他特点（经济、政治、军事等特点）的其他人类活动成果也可被视为是一般劳动成果。除此之外，在我们看来，上述特征源于较普遍的论题：正如上文所述，文化财产是人类活动的成果，即由人类创造或加工的客体。因此，文化财富和文化财产的“人性”是客体研究范畴的基本属性之一。我们将文化财产定义为人类活动成果，从而把上述研究特征纳入定义中。其次，正如作者提到的那样，经过一定的时间以认识某一客体的意义是可能的，但这并不是应包含在该概念定义中的文化财产固定特征。

总之，有必要将以下内容视为物质文化财产的本质特征。第一，有关这些客体的态度具有成为调节法律的特性（公认的是，法律调节仅涵盖在哲学观点上与文化财产相关的社会态度的某一部分。例如，保存并使用道德价值、民俗和审美价值等发生在法律之外）。第二，总是有别于精神文化财产，其具有物质形态且能被人类感官感受

① 玛·瓦·瓦西里耶娃，伊·瓦·萨韦莉耶娃：《民法保护对象——历史和文化古迹》，《苏联国家与法律》1985 年第 10 号，第 109 页。

② 阿·彼·谢尔盖耶夫：《苏联文化财产的民法保护》，列宁格勒，1990 年，第 28 页。

③ 阿·彼·谢尔盖耶夫：《苏联文化财产的民法保护》，列宁格勒，1990 年，第 29 ~ 32 页。

到。第三，被视为文化财产的客体应具有客观唯一性。这意味着，在某些特性方面，其应胜过所有现有类似客体。第四，对社会而言，这些客体应具有某种文化（历史、科学、考古、艺术等）意义。第五，应具有“规定”普遍性，即社会本质部分应突出该客体为文化领域有意义的客体。问题是，在我们看来，客观普遍性这一特征任何时候都是不存在的，因为总存在不同意大多数人意见的人。第六，研究客体确实担负着非常重要的社会职能，譬如作为不同代人和民族间的纽带，并对社会所需个性的形成有影响。正如提到的那样，所有其他特征要么不是文化财产所固有的，要么不是只有文化财产才固有的。

因此，可以提出以下研究概念定义。文化财产是指受法律保护的人类活动的物质和精神成果，具有唯一性和普遍性，对社会而言，具有历史、艺术、科学或其他文化价值，且因此对社会个性的形成、各人类世代和各民族间的联系有影响。

同样，物质文化财产可定义如下：受法律保护的人类活动的物质成果，具有唯一性和普遍性，对社会而言，具有历史、艺术、科学或其他文化价值，且因此对社会个性的形成、各人类世代和各民族间的联系有影响。

因此，我们为当前的法律现实提出了在我们看来是最合适的术语，并给出了其详细定义。不过，对于创建完善文化财产关系法律调节机制的措施体系来说，这是不够的，有必要编制关于变更俄罗斯联邦文化财产立法体系的提案。

在俄罗斯联邦，要实施本文中关于完善文化财产立法体系的所有必要措施似乎是不可能的。因此，我们建议仅限于关于变更俄罗斯文化领域基础法规（《俄罗斯联邦文化基本法》）的提案。

需要指出的是，该基础法于 1993 年通过，被视为是独特的“文化法典”。通过该法律是为了打造社会关系指定领域的概念机制，从而使得涉及该领域的所有法规可使用现成的术语。然而“文化财产”概念的上述定义证明法律的目的并未达成。我们已经说过，在所述法规中，立法者调节研究关系的方法本身是不可靠的。毫无根据地扩大了“文化财产”概念的范围。除此之外，大量术语似乎使法律显得过分累赘。问题是，是否有必要使用如此多的术语？术语的含义不存在相互包含的情况？例如，基础法第 3 条中包含的俄罗斯联邦各民族文化遗产的定义。该定义包含的内容有：“曾经创造的物质和精神财产，古迹，历史文化区域，对保存并发展俄罗斯联邦及其所有民族独特性、对世界文明的贡献有重大意义的对象。”上述定义是不恰当的。第一，尚不清楚的是，上述定义与同一法律中“文化财产”这一概念的定义有何关系。第二，无法弄清在立法者看来哪个概念更宽泛，是文化遗产，还是文化财产？第三，上述定义与 2002 年通过的《俄罗斯联邦各民族文化遗产（历史文化纪念物）法》[①] 中“俄罗斯联

① 《俄罗斯联邦第 73-FZ 号法律》（2002 年 6 月 25 日），《俄罗斯联邦法律汇编》，莫斯科，2002 年第 26 号，第 2519 页。

邦各民族文化遗产”概念的定义在本质上相矛盾。基础法第 3 条中“俄罗斯联邦各民族文化财富”是指“俄罗斯联邦及其主体独有且无权转交给他国和俄罗斯联邦所加入的国家联盟、具有全民族（全俄罗斯）意义的文化财产、文化组织、机构和企业的总称”。我们认为，在上述定义中，立法者不合理地将文化财产和组织、机构、企业混为一谈。就我们所研究的法律而言，立法者认为“文化财富”是最为宽泛的概念。术语“文化财产”与“俄罗斯联邦各民族文化遗产”存在着明显的矛盾之处。

尤其是在今天，当俄罗斯国内正紧锣密鼓地准备进行文化领域的大规模改革时，所研究法律中的许多缺点和矛盾之处特别引人注意。因此，有必要指出的是，需要立即重申上述法规的基本条款，在当前状态下，该法规不可用，其已不能履行所赋予的职能。1999 年，国家杜马收到了《关于对俄罗斯联邦法律〈俄罗斯联邦文化基础法〉做出修正和补充的联邦法律草案》[①]。事实上，已经提出了所研究法律的新版本。2001 年，议员们在一审中批准了该法律草案，但该法律草案仍未通过。我们遗憾地注意到，即使是使用当前形式的上述法律草案，也不能解决文化财产法律调节这一迫切的问题。当前适用版本的主要缺点在于所研究法律的概念机制不完善。如上所述，当前适用版本的概念机制是某种任意地使用术语组合。在该机制中，无法反映出概念间的意义联系，没有准确的经逻辑校正过的术语体系。法律条款在许多方面都是宣言性的，许多规范与其他法律法规相矛盾。由国家杜马审查的新版法律并不能完全消除现行法律概念机制的不足。

与之前的版本一样，所研究法律草案的第 3 条包含了法律中所用基本概念和术语的定义。术语数量有所增加。将“俄罗斯联邦各民族文化遗产的国家保护”“文化活动客体”“文化组织”“文化机构”这些新术语引入法律草案得到了赞同和支持。同时，新版本要求从法律正文中删除“文化财富”这一概念。在文献中会发现一些针对立法者这一决议的负面评价[②]。但我们认为删除所研究的术语是完全有依据的。第一，在现行法框架下很难明确区分术语“文化遗产”和“文化财富”。而存在两个意思相近的术语可能会导致执法人员产生误解。当词汇和术语不一致时，无法实现法律文件中信息的单义性和最大准确性。第二，现行基础法中包含的概念定义是站不住脚的。如前所述，概念中将文化财产与组织、机构、企业混为一谈，这是不正确的。

法律草案中建议修改某些概念的定义。明显需要完善对“创作活动”、“创作工作者”、“联邦目标和区域纲领的文化观念”和“国家文化政策（文化发展领域的国家政

① 法律草案正文见参考性法律系统“卡兰特”。

② 谢·尼·莫尔恰诺夫：《关于对〈俄罗斯联邦文化基础法〉作出修正和补充的法律草案的结论》。材料见：http://smolchanov.narod.ru/resumeFZOsnovy.htm. 作者认为：必须保留术语“文化财富”。该术语与文化遗产的区别在于“时间因素”：文化遗产是曾经创造的，文化财富是现存的。上述标准并不十分恰当。在我们看来，财富既可包含过去创造的事物，又可包含现在创造的事物。

策）”这些概念的定义。然而，对我们来说，完善“文化财产”这一概念的定义才是最重要的变化。法律草案将“文化遗产、具有历史、艺术、科学或其他文化意义的其他财产”理解为文化财产。较之当前适用的定义而言，上述定义要更为恰当。我们认为“文化财产”概念是所研究法规中最具意义的基本概念，所以有必要给出更加全面地反映现象本质的定义。

无论是在当前适用的法律版本中，还是在提议的法律草案中，均未对文化财产进行分类，这是错误的做法。缺少上述分类会对建立完整的文化财产立法体系造成负面影响。有必要将文化财产分类列入《俄罗斯联邦文化基础法》的正文中。

在所提法律草案中还缺少术语“文化遗产客体”或“历史文化纪念物”，这也是错误之处。与这些问题相关的独立法规的存在，不但不影响，反而要求将上述术语引入《俄罗斯联邦文化基础法》中。我们建议将术语“文化遗产客体”引入法律并给出其定义。

在法律草案中，俄罗斯联邦各民族文化遗产的定义为：从审美、社会文化、历史、考古或建筑角度出发具有价值的、对保存并发展俄罗斯联邦及其所有民族独特性有重大意义的、曾经创造的物质对象。正如我们所看到的那样，所提法律草案的制定者脱离了此概念的旧定义。尤其是，不再使用“曾经创造的物质和精神财产，古迹，历史文化区域，对保存并发展俄罗斯联邦及其所有民族独特性、对世界文明的贡献有重大意义的对象”这一措辞，这是完全正确的做法。然而，不能认为所提定义就是恰当的。有必要根据文化遗产客体的定义和文化财产的定义得出该定义。

此外，在草案中重新定义了术语“文化福利”，该术语指的是：由法人和自然人提供的为满足公民文化需求的服务。由此看来，“文化福利”概念的这一定义与文化福利的哲学和一般法律概念（相较“文化财产”的范畴，其范畴最大）相矛盾。在我们看来，将“文化福利”概念的这一定义列入《俄罗斯联邦文化基础法》，其实用价值值得怀疑。我们认为，应从新版法律中删除所研究的术语。在我们看来，就上述关系而言，需要使用其他更为合适的术语，譬如“文化领域的服务”。

综上所述，我们建议改变俄罗斯联邦文化基础法第 3 条的内容，变更如下：

第 3 条　基本概念

文化财产：受法律保护的人类活动的物质和精神成果，具有唯一性和普遍性，对社会而言具有历史、艺术、科学或其他文化价值，且因此对社会个性的形成、各个时代的人类和各民族间的联系有影响。

文化财产分为物质文化财产和精神文化财产。

物质文化财产：受法律保护的人类活动的物质成果，具有唯一性和普遍性，对社会而言具有历史、艺术、科学或其他文化价值，且因此对社会个性的形成、各个时代的人类和各民族间的联系有影响。

精神文化财产：对社会而言，具有艺术、历史、科学或其他文化价值的人类创造性活动的独一无二的成果，其可能的物质体现对其本质无实质性影响。

俄罗斯联邦各民族文化遗产：受法律保护的人类活动的物质成果总称，具有唯一性和普遍性，对社会而言具有特殊历史、艺术、科学或其他文化价值，且按照规定的法律程序受到国家保护。

俄罗斯联邦各民族文化遗产客体（历史文化纪念物）：受法律保护的人类活动的物质成果，具有唯一性和普遍性，对社会而言具有特殊历史、艺术、科学或其他文化价值，且按照规定的法律程序受到国家保护[①]。

民族文化尊严与民族尊严：认同并尊重文化价值。

国家文化政策（文化发展领域的国家政策）：在保存、发展和传播文化的活动中对国家进行引导的原则和规范的总称，以及国家在文化领域的活动本身。

联邦目标和区域纲领的文化观念：从实施文化保存和发展纲领的结果及文化本身对这些结果的影响来看，经济、生态、社会和国家发展的前景。

俄罗斯联邦各民族文化遗产客体的国家保护：旨在对俄罗斯联邦各民族文化遗产的物质客体进行国家登记、保存、研究、开发、科学和文化利用的措施体系。

文化活动：文化财产登记、保存、研究、创造、开发和传播活动。

创作活动：文化财产创造及其释义活动。

创作工作者：创造或解释文化财产的自然人，认为自身创作活动是其生命不可或缺的一部分，承认或要求承认是创作工作者，不论其是否具有劳动协议、是否是创作工作者联盟成员。

文化领域的服务：由组织、其他法人和自然人提供的为满足公民文化需求的服务。

文化活动主体：参与文化财产登记、保存、研究、创造、开发和传播活动的法人、自然人。

文化组织：所从事的主要活动旨在保存、创造、传播和开发文化财产，并依据俄罗斯联邦民法规定的组织法律形式运行的法人。

文化机构：由所有者创建并全部或部分拨款的，用于进行文化财产保存、创造、传播和开发活动的非商业性文化组织。

2005 年 4 月 15 日圣彼得堡律师所国际科学实践会议

① 此处为本文作者提出的“俄罗斯联邦各民族文化遗产客体”概念，有别于《俄罗斯联邦各民族文化遗产（历史文化纪念物）法》中该概念的合法定义。

完善文化财产流通的法律调节

德·维·马泽因
（莫斯科市律师协会律师，莫斯科市俄罗斯科学院国家与法律研究所研究员）

在俄罗斯联邦，文化财产流通领域的当前状况体现在以下几个方面：

（1）民间流通（包括非法流通）的文化财产数量和价值有所增加。

（2）文化财产流通得不到妥善调节。在该领域的规范性调节中存在着空白和冲突。

（3）缺少统一的民间流通文化财产登记体系。

（4）有一定数量的文化财产被非法跨越俄罗斯边境转移。

（5）考古遗迹受破坏规模巨大，非法流通考古财产。

（6）尚未解决第二次世界大战期间流失文化财产的返还问题。

在这种情形下，很明显的是，由于市场隐藏较深，仅通过惩罚的方式来同非法流通文化财产进行斗争是注定要失败的。因此，关于通过民法机制来调节这一流通行为的问题显得尤为尖锐。

可移动文化财产的民间流通特点体现在以下方面：

（1）俄罗斯联邦法律《文化财产进出口法》确立了文化财产跨俄罗斯联邦海关边境转移的特点、可移动文化财产交易方式的特殊规范（法律第 45 条）、用于按占有实效取得文化财产所有权的延长期限（法律第 43 条第 3 部分）。

（2）《俄罗斯联邦民法典》第 233 条第 2 项确立了国家对新发现的历史或文化纪念物拥有所有权的特殊依据。

（3）《俄罗斯联邦民法典》第 240 条规定：可以从文化财产所有人处强制赎回未被妥善管理的文化财产。

（4）《俄罗斯联邦民法典》第 349 条第 3 项规定：若对社会而言，抵押品是具有历史、艺术或其他文化价值的财产，则只有根据法院判决书才可丧失抵押品赎回权。

（5）联邦法律《俄罗斯联邦博物馆藏和博物馆法》第 25 条第 1、2 部分规定：国家可能会使用可移动文化财产（由所有者出让的可移动文化财产）购买优先权。

我们仔细研究了这些特点。

一、可移动文化财产交易形式

《俄罗斯联邦民法典》未包含有关可移动文化财产交易形式的特殊规则，但在俄罗斯联邦法律《文化财产进出口法》第 45 条第 1 部分中确立了此类规则。根据该法规，可移动文化财产交易应为书面形式。由此可见，《俄罗斯联邦民法典》未规定可移动文化财产交易形式的特殊规则，而俄罗斯联邦法律《文化财产进出口法》则对此做出了规定。《文化财产进出口法》还规定了不遵守书面交易形式的后果："违反规定程序的交易将被视为无效交易。"（第 45 条第 3 部分）

联邦法律《俄罗斯联邦博物馆藏和博物馆法》规定：对于属于俄罗斯联邦博物馆藏的可移动文化财产，需在俄罗斯联邦国家博物馆藏一览表中对交易活动进行国家登记。根据该法第 10 条第 4 部分，"对于属于博物馆藏的可珍藏物和博物馆藏品，在一览表中对交易活动进行注册后，方可进行其所有权转让，以及法人和自然人旨在确立、变更或终止民事权利和义务的其他活动"。在一览表中登记交易目录（法人和自然人针对属于博物馆藏的可珍藏物和博物馆藏品，旨在确立、变更或终止民事权利和义务的活动目录）。根据博物馆藏条例，交易记录中需登记以下涉及可珍藏物和博物馆藏品的交易：买卖、赠予、交换、临时转交、永久占有或使用、继承。

因此，对于确定范畴内的可移动文化财产（属于俄罗斯联邦博物馆藏的财产），法律不仅要求书面形式的交易，还要求在特殊一览表中对交易进行国家登记，对于不属于上述范畴内的可移动文化财产则不作此类要求。主要是由于对可移动文化财产进行登记有一定难度，且缺少专门的登记一览表以登记可移动文化财产产权及其交易。我们认为，文化财产及其交易登记系统应具有通用性，且适用于所有文化财产，不取决于这些财产的物质状态、所有权形式或是否为藏品的一部分。可移动文化财产通用登记系统将明显改善解决文化财产非法流通问题的方式。使用该系统时，将更容易解决被盗文化财产、非法流入俄罗斯联邦的文化财产、以及擅自发掘考古遗迹所获取的文化财产的非法流通问题。非法获取的文化财产不能被引入民间流通。在登记目录中也将不会登记其所有权。因此，对于交易参与者来说，任何涉及该文化财产的交易显然都是违法的。购买者将无法获得所有权。此类购买者也将被视为是非善意购买者。文化财产购买者总是能够从目录中获取文化财产登记所有者的信息，将促进解决"善意购买违背意愿脱离所有者掌控的文化财产"这一问题。文化财产登记系统还可解决与确立文化财产合法拥有者、向所有者归还可移动文化财产相关的问题。

二、国家对新发现的文化财产拥有所有权

民法典第 233 条第 2 项确立了国家对埋藏在土中或通过其他方式埋藏的、无法确

立所有者或依据法律，（宝藏）所有者失去（宝藏）所有权的历史或文化纪念物拥有所有权的特殊依据："当发现历史或文化纪念物宝藏时，应将其转交给国家，并归国家所有。同时，宝藏埋藏地段的土地所有者和宝藏发现者有权获得金额为宝藏价值百分之五十的奖金。"

尚未解决的问题是，谁才对发现的历史和文化纪念物拥有所有权，即该法规中"国家"这一术语所指的民法主体是谁——俄罗斯联邦还是俄罗斯联邦主体？要通过解释上述法规或对比民法典的其他法规来解决该问题是非常困难的。

同时，有理由怀疑给予历史文化纪念物发现者和（或）纪念物被发现地段土地所有者法定奖金额的合理性。在我们看来，当发现宝藏时，仅给予金额为被发现文化财产价值一半的奖金不是调节关系的最好方式，因为这个补偿额度是不公平的。不公平的补偿无法鼓励历史或文化纪念物宝藏发现者申报其发现，并将这些财产转交国家。相反，这些财产的发现者十分期望获得其全部价值，但这超越了民法典规定的法则。为了更公平地调节由于向国家转交历史财产所有权而给予补偿所产生的问题，可援引革命前的俄罗斯法律。因此，根据俄罗斯帝国法律汇编第 10 卷第 1 部分第 539 条，"向上级提交所发现古钱币或其他古物的人"可获得"制成这些物品的金、银或其他物质的全部真实价值"。

对《俄罗斯联邦民法典》第 233 条第 2 项的最终评价是：条款中未注明被发现历史文化纪念物的价值评估机制，以及关于该评估可能引发的争议的解决程序。可通过法律的相似条文来解决上述问题，即援引《俄罗斯联邦民法典》第 240 条第 2 项，该条文规定了未被妥善管理的赎回文化财产的价值确定程序。

三、按占有时效取得文化财产所有权

《俄罗斯联邦民法典》第 234 条第 1 项规定："善意、公开且连续占有不动产十五年或其他财产五年，并视其为私人财产的非财产所有者，可取得该财产的所有权。"因此，根据民法典，动产的取得时效为五年。但对于属于可移动文化财产的物品，俄罗斯联邦法律《文化财产进出口法》规定了不同于此时效的其他时效。法律第 43 条第 3 部分规定了按占有实效取得可移动文化财产所有权的规则："善意且公开占有文化财产不少于二十年，并视其为私人财产的非文化财产所有者（自然人或法人），可取得该文化财产的所有权。"从上述规范可以看出，俄罗斯联邦法律《文化财产进出口法》规定的用于取得可移动文化财产所有权的取得时效期限，比《俄罗斯联邦民法典》第 234 条规定的用于取得一般动产所有权的取得时效期限要长十五年。这显然存在着法律冲突。但可依据《俄罗斯联邦民法典》第 3 条第 2 项中包含的条款来解决上述冲突，根据该条款，其他法律中包含的民事权利法规应顺应民法典。根据后期法规比早期法规更具优先权的规则，相比俄罗斯联邦法律《文化财产进出口法》的法规，民法典的法规具有优先权。但根据特殊法规比一般法规更具优先权的规则，则上述情形相反。在这种情况下，民法典规定的法规属于一般法规，而俄罗斯联邦法律《文化财产进出口法》规定的法规则是特殊法规，因此，民法典第 234 条中所指的对象是一般动产，而俄罗斯联邦法律《文化财产进出口法》中所指的对象是属于文化财产的特殊动产。后期法规比早期法规更具优先权的规则不适用于以下情况：当俄罗斯联邦法律《文化财产进出口法》生效时，苏联国家基础法的法规（第 50 条第 3 部分）已生效，同《俄罗斯联邦民法典》第 234 条一致，该条法规规定了动产所有权的取得期限（五年）。因此，相对基础法的法规而言，俄罗斯联邦法律《文化财产进出口法》的法规具有特殊性且是更后期的条款。在我们看来，从保护可移动文化财产所有权的角度出发，相较其他动产而言，可移动文化财产的取得时效期限增加了三倍是完全有理由的。但是，《俄罗斯联邦民法典》和俄罗斯联邦法律《文化财产进出口法》中包含的取得时效法规存在冲突是不正常的，立法者应设法解决这一冲突。

缺少物品占有连续性这一条件，是俄罗斯联邦法律《文化财产进出口法》中取得时效法规与《俄罗斯联邦民法典》第 234 条中相似法规间的另一区别。尚且不完全清楚该例外情况有何含义。我们认为，该区别是在编写或通过法律阶段中所犯无关紧要错误的结果。若假设并非如此，即立法者有意删除取得时效条件，则根据取得时效，为了获得文化财产所有权必须占有其 20 年，此时文化财产可易主并重归原始主人。中断占有将不具有法律意义，而占有期限却应累积。此类情形将不符合《俄罗斯联邦民法典》第 234 条中规定的按占有时效取得所有权的法规（善意、公开且连续占有物品并视其为私人财产），以及按占有时效取得所有权的理论观点。

四、恰当维护文化财产的义务

确保文化财产得到恰当维护是文化财产所有者的特殊义务。在《俄罗斯联邦宪法》、联邦法律《俄罗斯联邦各民族文化遗产（历史文化纪念物）法》、联邦法律《俄罗斯联邦博物馆藏和博物馆法》、俄罗斯联邦法律《文化财产进出口法》和《俄罗斯联邦文化基础法》、俄罗斯苏维埃联邦社会主义共和国法律《历史文化纪念物保护和使用法》和《历史文化纪念物保护和使用条例》中均明确提出了该义务。

虽然在上述法律法规中并未阐述“恰当维护文化财产”这一概念，但该概念可通过分析和解释而得出。

恰当维护文化财产是指：

（1）确保物理安全，防止腐坏（质量损失）。

（2）在必要情况下，采取修复（恢复）措施。

（3）采取防盗窃措施。

（4）禁止将文化财产转交无法确保其得到恰当维护的人。

虽然上述明确了违反恰当维护文化财产义务的责任，但不同法律领域的法规规定了恰当维护文化财产的责任措施，因此其法律性质会有所不同。譬如，由于不适当（未妥善）维护文化财产可能带来的后果，《俄罗斯联邦民法典》规定了终止文化财产所有权（强制赎回未被妥善管理的文化财产）的特殊依据。《俄罗斯联邦刑法》确立了不向俄罗斯联邦归还俄罗斯联邦和外国民族艺术、历史和考古财产的责任（第190条），以及毁坏或破坏受国家保护的历史文化纪念物、具有历史或文化价值的物品或文献的责任（第243条）。俄罗斯联邦法典《行政犯罪法》确立了违反文化遗产客体（具有联邦意义的历史文化纪念物）及其保护区保存、使用和保护要求的责任（第7.13条）。

五、赎回未被妥善管理的文化财产

赎回未被妥善管理的文化财产是文化财产收归国有的形式之一。《俄罗斯联邦民法典》第240条则是终止所有权的特殊依据："当文化财产（根据法律被视为具有重大价值且受国家保护的文化财产）所有者未妥善管理这些财产，导致其丧失意义时，可根据法院判决书，由国家赎回或通过公开竞标出售的方式来剥夺所有者的此类文化财产"。

我们认为，终止对未被妥善管理文化财产的所有权可具有以下特点：

（1）由于法律有直接说明，所以仅根据法律被视为具有重大价值且受国家保护的文化财产可以是收归国有对象。

（2）文化财产所有者未履行恰当维护文化财产的义务而致使文化财产丧失其意义是终止所有权的基础。

（3）终止对未被妥善管理文化财产的所有权在本质上是一种强制性的制裁，不以这些财产所有者的意志为转移。

（4）仅可依据法院判决书剥夺所有者未妥善管理的文化财产。

（5）剥夺所有者未妥善管理的文化财产具有补偿性质（赎回价格取决于收归国有的方式：所有者同国家协商确定价格，若未达成一致，则通过法院仲裁，或在公开竞标过程中确定价格）。

（6）国家强制赎回和公开竞标出售这两种终止未被妥善管理文化财产所有权的方式是不同的。

有关强制赎回未被妥善管理文化财产的法规本身不包含任何与作用对象有关的限制。根据法规的字面解释，该法规既适用于动产，又适用于不动产。但从上述法规可以看出，不是任何未被妥善管理的文化财产都可以是强制赎回对象，仅根据法律被视为具有重大价值且受国家保护的文化财产可以是强制赎回对象。因此，《俄罗斯联邦民法典》第240条不同于可调节"将文化财产归为具有重大价值的文化财产"这一情况的其他法规。况且将文化财产归为具有重大价值的文化财产需根据法律来进行。对于不可移动文化财产，联邦法律《俄罗斯联邦各民族文化遗产（历史文化纪念物）法》第 24 条规定了重大价值对象的确定程序。根据该法规，俄罗斯联邦政府可做出相关决议：承认被列入俄罗斯联邦各民族文化遗产客体（历史文化纪念物）统一国家目录中的、具有联邦意义的文化遗产客体，是具有重大价值的俄罗斯联邦各民族文化遗产客体。正是这些客体在其未被所有者妥善管理时可以是强制赎回对象。至于未被列入目录、不是具有联邦意义的文化遗产客体、不被俄罗斯联邦政府承认为具有重大价值的未被妥善管理的其他文化财产，则不可根据《俄罗斯联邦民法典》第 240 条进行强制赎回。目前，法律并未确定将可移动文化财产归为重大价值文化财产的程序。因此，即使在未被妥善管理导致丧失意义的情况下，可移动文化财产目前不可以是国家强制赎回对象。我们认为，在保护文化财产的法律调节方面还存在着巨大空白。可通过两种方式来填补该空白。①普及联邦法律《俄罗斯联邦各民族文化遗产（历史文化纪念物）法》，推广纳入程序，将该法律规定的所有文化财产纳入文化遗产客体统一国家目录，不论其是不可移动文化财产还是可移动文化财产。②解决问题的方案在于删除《俄罗斯联邦民法典》第 240 条中的条件，即“仅根据法律被视为具有重大价值的文化财产可以是强制赎回对象”。如此一来，在文化财产未被妥善管理致使丧失其意义的情况下，强制赎回规则将适用于任何文化财产。

我们认为，对于赎回未被妥善管理的文化财产来说，《俄罗斯苏维埃联邦社会主义共和国民法典》（1964 年）第 142 条是一个比较恰当的关系调节示例。该条款规定了以下程序：若公民不妥善对待属于自己且对社会具有重大历史、艺术或其他价值的财产，则负责财产保护的国家机构可警告财产所有者停止不妥善对待财产的行为。若财产所有者不履行这一要求，则根据相关组织的诉讼请求，法院可剥夺所有者的财产。财产所有权转让给国家，公民则可获得协议规定额度的补偿，若存在争议，则由法院仲裁。在迫切需要的情况下，可提出剥夺财产的诉讼，无须事先警告。由此可见，《俄罗斯苏维埃联邦社会主义共和国民法典》（1964 年）允许强制赎回对社会具有历史、艺术或其他价值的任何财产。

六、文化财产优先购买权

国家可以使用文化财产（占有者可让与的财产）优先购买权是与文化财产流通有关的最尖锐、最矛盾问题之一。《俄罗斯苏维埃联邦社会主义共和国民法典》第 137 条专门规范了历史文化纪念物的让予程序。根据该条款，出售、赠予或让予历史文化纪念物必须事先通知国家纪念物保护机构。在出售纪念物时，国家具有优先购买权。违反规定程序完成的历史文化纪念物交易是无效交易。在现行俄罗斯联邦民法典中，没有关于国家具有文化财产购买优先权的法规，有充分的理由相信：

法典中不包含该条法规是有意为之。但在联邦法律《俄罗斯联邦博物馆藏和博物馆法》(第25条)、《历史文化纪念物保护和使用条例》(第4项)中含有关于国家具有文化财产购买优先权的法规。在俄罗斯联邦法律《文化财产进出口法》中也提及国家可以使用文化财产优先购买权，但法律中对该术语的使用并不十分恰当。因此，在让予文化财产时，国家是否可以使用优先购买权目前尚不明了，这种情况是不正常的。

为了创建相符的文化财产民间流通法律调节模型，必须明确：从经济和法律地位来说，巩固国家的文化财产优先购买权将是合理且有根据的。要回答这一相对严肃的问题，必须解决引发的冲突：要么将相应法规列入民法典，要么从上述各法律法规中删除关于国家具有文化财产优先购买权的条款。

2005年4月15日圣彼得堡律师所国际科学实践会议

关于博物馆珍品（历史文化遗产的一部分）民事法律保护方式的若干看法

纳·阿·切尔尼亚季耶娃

（彼尔姆市法学博士，彼尔姆国立大学劳动法和国际法教研组副教授，彼尔姆州律师协会律师）

作为一种社会和文化生活现象，博物馆现已成为文化必不可少的组成部分。社会精神生活中包含了作为社会积极成分的历史事物，并赋予其“当代行为特殊分析师”的职能。进入博物馆并成为博物馆藏品的物品，实际上是符合一定价值体系的“标记物”，其将根据基于博物馆陈列品编组的逻辑关联观念而改变用途。

目前，在经济方面具有重大积极意义的博物馆珍品越来越多。因此，定义博物馆珍品这一民法客体的特定范围具有重要的现实意义，有利于确立博物馆藏品合法参与社会过程的限度。

从法律的角度来说，博物馆珍品是物品（俄罗斯联邦民法典第 128 条）。

物品的物质性、对人类的价值、存在允许人类从所拥有物品中获得实利的有益属性是法律上承认的物品结构（必然）特性[①]。满足主体的需求是物品的主要用途。博物馆珍品中的基本意义并非功利性的表面价值，而是其在文化、历史和精神领域对主体的丰富思想价值。因此，所有博物馆珍品均被纳入了同一识别系统中。

根据联邦法律《俄罗斯联邦博物馆藏和博物馆法》第 5 条，博物馆珍品是俄罗斯联邦文化遗产的一部分。但立法者将可移动文化财产的法律调节置于联邦法律《俄罗斯文化遗产法》之外，从而区分可移动文化财产和不可移动文化财产的法律制度。该法律在第 3 条中给出了详尽的历史文化遗产客体清单，但在这一清单中却不包括俄罗斯联邦博物馆藏[②]。在许多研究人员看来，博物馆珍品就其自身意义来说是“历史文化

---

① 拉·弗·先尼科娃：《物权》，彼尔姆，2001 年，第 50 ~ 56 页。伊·古马罗夫：《俄罗斯现代法律中物的概念》，《经济与法》2000 年第 3 号，第 78 页。

② 《俄罗斯联邦各民族文化遗产（历史文化纪念物）法》（2002 年 6 月 25 日第 73-FZ 号联邦法律）《俄罗斯报》2002 年 6 月 29 日。

纪念物"[①]。有研究人员指出：历史文化遗产和博物馆珍品所固有的价值和认知意义几乎完全一致。除此之外，联邦法律《俄罗斯联邦各民族文化遗产（历史文化纪念物）法》确立了有关不可移动历史文化遗产客体的法规，并将博物馆珍品从调节对象中删除，却未考虑到博物馆珍品也可以是不可移动客体。例如，自然保护区博物馆、民族博物馆综合体就包含不可移动博物馆展品。被放入博物馆陈列的不可移动宗教仪式物品应是《俄罗斯联邦博物馆藏和博物馆法》和《俄罗斯联邦各民族文化遗产（历史文化纪念物）法》调节对象的另一范畴。除此之外，在各特定范围内，可珍藏物和博物馆藏品的地位与历史文化遗产客体的地位并不矛盾。我们认为，博物馆珍品应被视为是历史文化遗产客体。当联邦法律《俄罗斯联邦各民族文化遗产（历史文化纪念物）法》适用于博物馆珍品时，便产生了额外的法律保护机制。

根据联邦法律《俄罗斯联邦博物馆藏和博物馆法》第3条，博物馆珍品（可珍藏物和博物馆藏品）是文化财产的一个"变类"。

（1）可珍藏物——自身性质或特殊特征使得社会有必要对其进行保护、研究和公开介绍的文化财产；

（2）博物馆藏品——具有可珍藏物性质、由于起源性质或种类或其他特征而被汇集在一起的文化财产的总称。

《俄罗斯联邦文化基本法》第3条对"文化财产"的定义是：文化财产是指道德和审美理想、行为规范和模范、语言、方言、民族传统和习俗、历史地名、民俗、工艺品和手艺、文化和艺术作品、文化活动科研成果、具有历史意义的建（构）筑物、物品和技术、历史文化领域独一无二的物体[②]。

因此，调节文化财产关系的民事法律系统适用于博物馆珍品。下面，我们将指出其中主要的条款。

《俄罗斯联邦宪法》第44条保证了公民可自由访问文化财产。

《俄罗斯联邦文化基本法》第12条具体说明了公民访问文化财产的权利："每个人都有权认识文化财产，有权访问国家图书馆、博物馆和档案馆馆藏，有权参与所有文化活动领域的会议。俄罗斯联邦法律根据保密要求或特殊使用制度来限制文化财产的可用性。"

《俄罗斯联邦文化基本法》第35条规定：国家对私人占有的文化财产拥有优先购买权，可依据法律调节占有者的权利和义务。

---

① 弗·尤·杜克利斯基：《可珍藏物理论的术语问题》，《博物馆学术语问题》，莫斯科，1986年，第28页。德·维·马泽因：《关于可移动博物馆珍品民间流通的若干法律调节问题》，《俄罗斯法律杂志》2004年第9号，第15页。

② 《第3612-1号俄罗斯联邦文化基础法》（俄罗斯联邦最高委员会于1992年10月9日批准），《俄罗斯联邦人民代表大会和俄罗斯联邦武装力量公报》1992年11月19日第46号，第2615页。

《俄罗斯联邦文化基本法》第 44 条规定：禁止将国家和市政博物馆、档案馆、图书馆、美术馆、艺术产业和传统民族工艺企业工作室中收藏的文化财产私有化，包括存放这些财产的房间和建筑物。

《俄罗斯联邦民法典》第 233 条第 2 款确立了国家对新发现的历史或文化纪念物拥有所有权的特殊依据。

《俄罗斯联邦民法典》第 240 条规定：可以从文化财产所有人处强制赎回未被妥善管理的文化财产。

俄罗斯联邦法律《文化财产进出口法》确立了跨俄罗斯联邦海关边境转移文化财产的特殊规则[③]。

民间流通有一定限制性是将博物馆珍品划归特殊民法客体范畴的主要判据。按照可流通性划分，博物馆珍品独立于文化财产，立法者并未设立限制其流通的一般规则。根据联邦法律《俄罗斯联邦博物馆藏和博物馆法》第 3 条，只有遵守该法律规定限制条件的博物馆珍品民间流通才是被允许的。也有类似表述表明：博物馆珍品是流通受限物品（《俄罗斯联邦民法典》第 129 条第 2 款）。仅允许特定参与者参与民法客体的民间流通，或仅允许在特殊许可条件下购买和（或）让予民法客体，是限制民法客体流通性的主要标准。

根据《俄罗斯联邦博物馆藏和博物馆法》第 6 条，包含在俄罗斯联邦博物馆藏品组成部分中的博物馆珍品可属于国家、市政府、个人或其他所有制形式。因此，对于博物馆珍品与所有者间的关系，立法者未确立任何特殊规则。

对博物馆珍品流通性的限制包含在完成珍品交易的特殊规则中。接下来，我们将研究设定了哪些针对博物馆珍品的流通规则。

《俄罗斯联邦民法典》第 349 条第 3 款限制了抵押品赎回权（仅可根据法院判决书进行限制），若对社会而言，该抵押品是具有历史、艺术或其他文化价值的财产。《俄罗斯联邦文化基本法》第 51 条第 5 部分规定了其他规则：不得将国家和市政博物馆、美术馆、图书馆、档案馆和其他国家文化机构中收藏的文化财产用作贷款担保或用于抵押。在这种情况下，我们会发现存在着法律冲突。应以《俄罗斯联邦民法典》第 3 条第 2 项中的条款为基础来解决该冲突，条款要求其他法律中包含的民事权利法规应顺应民法典。米 · 伊 · 布拉金斯基认为，在民事法律框架下，“特殊法规取代一般法规”这一法律效力的一般原则是不适用的。除非在该法规中不涉及法典的规范或法典中未直接作规定，否则俄罗斯联邦民法典具有绝对的首要意义[④]。但我们认为，应承认《俄罗斯联邦文化基本法》对待文化财产流通性的态度是正确的，绝对禁止抵押文化财产。我们认为，《俄罗斯联邦民法典》第 349 条第 3 款应具有任意性，允许通过法律全面禁

③ 《文化财产进出口法》（1993 年 4 月 15 日第 4804-1 号俄罗斯联邦法律），《俄罗斯报》1993 年 5 月 15 日。

④ 维 · 德 · 卡尔波维奇：《俄罗斯联邦民法典评述》第 1 部分，莫斯科，1995 年。

止抵押文化财产。

《俄罗斯联邦博物馆藏和博物馆法》第 11 条规定：不应将博物馆珍品运出俄罗斯联邦。临时出口此类物品将通过俄罗斯联邦法律《文化财产进出口法》进行调节。

《俄罗斯联邦博物馆藏和博物馆法》第 12 条规定：只有获得联邦行政机关（文化领域的关系调节机关）的特殊许可，方可流通博物馆藏品和可珍藏物。目前，联邦文化与电影署是文化领域的关系调节行政机关[①]。《俄罗斯联邦博物馆藏条例》第 6 条重申了该规定[②]。该规则需要同联邦法律《俄罗斯联邦博物馆藏和博物馆法》第 15 条中规定的法律规范一并进行研究，该条规定："不可转让属于俄罗斯联邦博物馆藏国有的可珍藏物和博物馆藏品，遗失、损坏或更换为其他可珍藏物和博物馆藏品的情形除外"。博物馆珍品遗失和损坏不可被视为是"转让方式"。《俄罗斯联邦民法典》第 235 条第 1 款规定了终止所有权的独立方式：所有者将自身财产转让给他人、所有者拒绝拥有所有权、财产损失或被破坏、丧失财产所有权。由此可见，只有以交换形式转让国有博物馆珍品才是被允许的。不属于博物馆藏国有部分的博物馆珍品可作为契约关系的客体，是通过继承转移的财产部分。

在立法基础上存在与交易许可程序相关的规则，是国家机关保护博物馆珍品并在空间和人员范围内监控其转移的重要保证。《俄罗斯联邦博物馆藏和博物馆法》不包含特殊规则：未征得国家机关同意，完成的博物馆珍品交易无效。为了弄清怎样的交易将被视为是毫无意义或有争议的交易，就必须明确：交易许可证的发放时间是否具有现实意义？交易完成后发放的许可证是否被视为是合法的？是否应在进行个人行为之前发放许可证？民事法律规定可以在交易完成后获得交易许可。例如，《俄罗斯联邦民法典》第 26 条第 1 款允许后续批准由未成年人、未成年人法定代表人完成的交易。《俄罗斯联邦民法典》第 183 条承认由未经授权人完成的交易（前提是该交易获得代表机构后续批准）。所有这些交易都属于有争议的交易。我们认为，无论是交易完成前还是交易完成后，发放的博物馆珍品转让许可证都应被视为是有效且符合法律调节目标的。博物馆珍品交易许可程序的主要使命是：确保国家在博物馆珍品流通领域的监控职能。因此，必须有区别地来评估这些交易的合法性，其取决于是否违背了获取博物馆珍品流通许可证的条件。若博物馆珍品转让交易符合法律要求，但各方未到相关机关办理交易许可证，则法院可判定该交易合法。由此可见，未得到联邦文化与电影署的许可，完成的博物馆珍品交易应被视为是有争议的交易。

根据《俄罗斯联邦民法典》第 168 条，若法律不能证明不合法交易具有争议，则

---

① 《关于联邦文化与电影署的法令》（2004 年 6 月 17 日第 291 号俄罗斯联邦政府法令），《俄罗斯联邦法律汇编》2004 年 6 月 21 日第 25 号，第 2573 页。

② 《俄罗斯联邦博物馆藏条例》（俄罗斯联邦政府法令批准的，《俄罗斯联邦法律汇编》1998 年 2 月 23 日第 8 号，第 949 页。

此类交易是毫无意义的。根据《俄罗斯联邦民法典》第 167 条之规定，在完成此类交易的情况下，各方通过交易获得的所有物品应归还原占有者。有必要将有关“未取得相关许可证完成的博物馆珍品交易无效”“完成无许可交易的后果”的规范列入博物馆和博物馆活动法。

我们认为，有必要在法律中设立详尽统一的博物馆珍品转让许可程序章程。许可证发放规则的具体化使得国家机关执法行为的合法框架得以确立。特别是，有必要引入以下相关规则：博物馆珍品交易许可证办理程序、许可依据和日期、针对拒绝发放许可证的申诉程序。

《俄罗斯联邦博物馆藏和博物馆法》规定了经认证的博物馆珍品交易形式。该法律第 10 条要求在俄罗斯联邦博物馆藏国家目录中对交易进行国家注册：“对于属于博物馆藏的可珍藏物和博物馆藏品，在俄罗斯联邦博物馆藏国家目录中对交易活动进行注册后，方可进行其所有权转让，以及法人和自然人旨在确立、变更或终止民事权利和义务的其他活动。”[①] 对于属于博物馆藏的可珍藏物和博物馆藏品，法人和自然人旨在确立、变更或终止其民事权利和义务的活动（交易）将记录在国家目录中[②]。根据博物馆藏国家目录条例，在交易目录中应记录以下博物馆珍品交易：基于买卖合同的出售和购买行为；赠予；交换；转交以供临时或无限期占有或使用。在交易目录中还应记录依法或依遗嘱继承可珍藏物和博物馆藏品的行为[③]。

博物馆珍品登记系统致力于解决与非法流通博物馆珍品相关的问题，前提是交易登记和许可应阻止非法将博物馆珍品引入民间流通、非法进出口博物馆珍品。根据《俄罗斯联邦民法典》第 165 条，违反博物馆珍品交易形式将导致交易无效（无意义）。这也就是说，博物馆珍品购买者通过未进行国家注册的交易购得珍品，但其不能被视为是珍品所有者。法律并未规定完成此类交易会有何种具体后果。根据《俄罗斯联邦民法典》第 167 条第 2 款中包含的规则，作为未进行国家注册就完成交易的结果，要求双边返还（双方恢复为原始状态）。

我们认为，统一的规则适用于所有博物馆珍品，非法交易是不符合博物馆珍品保管宗旨的，交易未注册可证明交易具有犯罪性质。若完成此类交易的目的是非法转移博物馆珍品所有权，则针对此类交易应采取公共问责措施（行政或刑事处罚）、民事法律责任措施（对于与非善意参与方进行的交易，要求单边返还或禁止返还）。这些后果也针对违反道德基础和法律秩序的交易（《俄罗斯联邦民法典》第 169 条）。考虑到博

① 俄罗斯联邦政府法令批准的《俄罗斯联邦博物馆藏国家目录条例》第 11 条中复述了该规范，摘自《俄罗斯联邦法律汇编》1998 年 2 月 23 日第 8 号，第 949 页。

② 《俄罗斯联邦博物馆藏国家目录条例》第 3 条（俄罗斯联邦政府法令批准的），《俄罗斯联邦法律汇编》1998 年 2 月 23 日第 8 号，第 949 页。

③ 同上，第 8 项。

物馆珍品的社会意义和文化意义，博物馆珍品非法交易应被视为是违反道德基础和法律秩序的交易（反社会交易），《俄罗斯联邦民法典》第169条对其具有效力。我们认为，不仅应通过民事法律规范，还应通过公共法律领域的规范（刑法和行政法）来防止非法交易博物馆珍品，确立非法流通博物馆珍品的公共责任，可更加有根据地将博物馆珍品非法交易认定其为反社会的交易。

2005年4月15日圣彼得堡律师所国际科学实践会议

关于在变化的立法条件下使用历史文化纪念物的若干问题

柳·弗·米先科
（圣彼得堡市圣彼得堡和列林格勒州俄罗斯联邦文化交流与保护管理局）

在这个改革和急剧变化的复杂动荡时代，人们已经意识到悉心保护民族文化纪念物这一问题，但在革命后的头几年里，这些问题显得尤为尖锐。那时，对许多人来说，破除陈旧的东西是为了创造光明、美好的新世界。我们应感激那些对历史和所有美好事物充满激情和爱的少数人，是他们的不懈努力，也是他们表现出了足够的勇气，更是他们将爱国义务看得高于个人利益，才使得那些美好的事物得以传于后世。

在一份工人士兵代表苏维埃执行委员会下辖艺术事务委员会（尼·康·列里赫加入的高尔基委员会）《告俄罗斯全体公民书》中写道：

> 公民们！旧主已逝，他们留下了巨大的遗产。现在，这些遗产属于全民族。
>
> 公民们，珍惜这些遗产；珍惜宫殿，它们将成为全民族艺术的宫殿；珍惜绘画、雕塑、建筑，它们是你们和你们先祖精神力量的体现。
>
> 艺术是天才们在专制制度压迫下创造的美好事物，是对美和人类灵魂力量的见证。
>
> 公民们，哪怕一块石头也不要触碰，请保护各种纪念物、建筑物、古物和文献，所有这些都是你们的历史、你们的骄傲。请记住，所有这些都是新民族艺术诞生的基础①。

革命前，只有朝廷高官、富人才能从事收集活动。出于对国家历史和精美作品的热爱，独一无二的绘画、雕塑、历史文献、手工艺术品被这些人收集起来，他们居住的房屋则是世界建筑的最好典范。虽然不存在专门的纪念物保护管理机构，但有多个机构在从事文化遗产保护事业，这些机构分别是：皇家考古委员会、内务部工程建设

① 《1917年3月8日第9号通报》，《圣彼得堡列里赫文集》第2、3号，萨马拉，1999年，第709页。

委员会、至圣东正教最高会议和艺术院。

20 世纪初，俄罗斯艺术和文化获得了国际认可，文化财产保护问题变得更为迫切。缺乏对纪念物保护的统一管理，难以控制艺术珍品的完整性。为了解决这一问题，知识界进行了一系列尝试，并于 1909 年成立了俄罗斯艺术纪念物和古物保护协会。协会主席为著名历史学家和考古学家——尼古拉·米哈伊洛维奇大公；副主席为叶·尼·沃尔科娃和阿·尼·伯努瓦，秘书为尼·尼·弗兰格尔男爵。加入协会理事会的著名收藏家、艺术杂志编辑、建筑师、艺术家、艺术历史学家有：彼·彼·韦纳、瓦·安·韦列夏金、谢·康·马科夫斯基、尼·康·列里赫、伊·阿·福明、阿·维·休谢夫。协会一直存续至 1917 年，曾尝试组织修复纪念物和艺术珍品，研究俄罗斯北部的遗产等，但由于付出的努力不当、资金不足、缺乏法律基础等原因使得提出的许多任务无法完成[①]。

1918 年 5 月 26 日，成立了教育人民委员部博物馆事务、艺术纪念物和古物保护委员会。这是在俄罗斯历史上首次出现了纪念物保护管理机构。于是，在内战弥漫的俄罗斯国内开展了广泛且系统的收集工作和科学工作，其规模是沙俄政府（该政府统治时期未通过纪念物保护法）力所不及的。1918 年 2 月，教育人民委员部省级博物馆事务、艺术纪念物和古物保护部开展了编写受保护物清单的工作。清单中包括博物馆、宫殿、庄园、私人藏品、图书馆、古墓、考古古迹、具有历史和艺术意义的其他纪念物。

在俄罗斯历史上，首次通过了一系列法令，根据这些法令，所有艺术遗产都是国家财产[②]。为了实现上述计划，还于 1918 年 6 月成立了以伊·埃·格拉巴里为首的全俄修复事务委员会，该委员会联合了莫斯科和彼得格勒的主要学者、博物馆工作人员、修复家。

伴随着这一系列良好的开端，同时开展的是宗教斗争工作（这对那个时期的国家来说具有同等重要的意义），其结果是不计其数的古俄罗斯绘画作品、独一无二的古俄罗斯建筑和手工艺术品遭到破坏。许多受保护免遭破坏的寺庙被用作废料库房、仓库、文化馆、工厂、机械作坊、化学实验室，独一无二的壁画被破坏，而将这些壁画刷成白色算是其中“最好的情形”。

这些戏剧性的事件与园林艺术保护法的制定有关。1918 年初，大量公园转由地方委员会来管理，宫殿和庄园则划归博物馆事务和纪念物保护部。对这些美丽花园的

---

① 有关尼·康·列里赫参与协会工作的信息和协会相关信息：利·斯·科诺娃：《尼·康·列里赫和圣彼得堡艺术协会》，《圣彼得堡列里赫文集》第 4 号，圣彼得堡，2000 年，第 287、288、292、293 页。

② 古·阿·博古斯拉夫斯基：《苏联纪念物保护法历史：1918 年 10 月 5 日法令》，《法学》1987 年第 5 号，第 87～93 页。奥·米·科尔米利采夫：《如何开始保护活动》，《圣彼得堡：文化、历史、艺术、遗产保护》1998 年第 1 号，第 3～5 页。尤·瓦·诺维科夫：《历史文化纪念物保护》，《圣彼得堡：文化、历史、艺术、遗产保护》1998 年第 1 号，第 5～8 页。达·费·尤金娜：《1917～1922 年间俄罗斯历史遗产保护的规范性法律调节问题》，《法律分析杂志》2002 年第 2（3）号，第 12～14 页。

野蛮利用引发了抗议：要求归还这些花园并交由教育人民委员会来管理。许多文献资料均提到这是一场激烈的“战役”。作为所有这些努力的结果，于 1921 年 9 月通过了《天然纪念物、花园和公园保护法令》。

学者花费了大量的时间和精力，目的是扭转某些哲学家、文学家、历史学家的观念，在这些哲学家、文学家、历史学家看来，俄罗斯文化水平低，实际上，他们并未意识到俄罗斯古物在艺术、历史和文化方面所具有的伟大意义。

在新建建筑物极大地改变着城市外貌、郊外庄园和别墅开始消失的改革后阶段出现了转折点，显然，此刻迫切需要保护老建筑物。

对保护国家文化遗产的工作人员来说，20 世纪 30 ~ 40 年代是一个非常艰难的时期，因为镇压时期和卫国战争已使人民肩负着沉重的负担。

卫国战争结束后，人们随即开始了对历史文化纪念物的修复工作。

对被战争破坏的历史文化纪念物的修复工作一直持续到 20 世纪 90 年代，在此期间，人们从废墟中修复了大量的宫殿和寺庙，使独一无二的纪念物得以“起死回生”。

20 世纪 90 年代末，有人认为 1978 年 12 月 15 日第 51 号俄罗斯苏维埃联邦社会主义共和国法律《历史文化纪念物保护和使用法》已经过时，几乎没有与之类似的法律，因此可以不再重视该法律，但国家保护机构的代表总是给出这样的答复：彼得一世时期的某些法律尚且有效，那这一任何人不可废除的法律就更不用说了。

事实上，我们经历了足够长的一个时间段（1978 ~ 2002 年），在此期间，文化遗产保护领域的立法几乎未发生改变；运行着足够严整的纪念物研究体系、纪念物登记保护措施编制体系、纪念物保存和修护等保护措施编制体系；政府通过了各类旨在改善纪念物状态的决议，并提出了纪念物的认证、监测和修复方法；保护区项目得到执行和批准。可以说，这几十年是纪念物保护和修复活动逐步发展的时期，活动规模得以扩大，任务变得复杂化，用于修复的资金也逐年增加，从遗址中发现了越来越多的新对象，对受保护建筑物名单也进行了补充。

正是在执行 1982 年 9 月 16 日第 865 号苏联部长会议决议《关于批准历史文化纪念物保护和使用条例》的这一时期（苏联时期），在各地区发现了大量的历史文化纪念物，这些纪念物被登记为新发现的对象，其数量几乎是战前的两倍。每个纪念物必须悬挂一个标牌，以示其确实是历史文化纪念物，且受到国家保护。但遗憾的是，对这些纪念物的保护通常就止于此。

总的来说，那些有使用者的建筑物是幸运的。虽然使用者有保护纪念物的义务，但大多数纪念物还是被其使用者弄得面目全非。即便如此，此类纪念物还是得以延续，最重要的是被保留了下来。在这一系列纪念物中，博物馆藏品有所不同，其通常是受到了良好的保护。

但有些有使用者的纪念物则是不幸的，尽管权力机构尽最大努力正式任命了农业行政机构、工厂、学校等的负责人，这些纪念物还是逐渐消亡了。

在这一套严谨的体系中，还存在一个不太大的本质性问题：地方上有不合法的从事纪念物保护工作的机构。通常这一不合法存在现象是指：存在各种文化机构，这些机构履行着国家纪念物保护机构的职能，而其实际上并不是履行该职能的机构。因此它们的行动不具有法律效力，也并不重要。这些机构有：历史文化纪念物国家监控、保护和使用部，历史文化纪念物国家监控、保护和使用管理局等。

根据 1978 年 12 月 15 日通过的法律，地方行政管理文化委员会才是国家纪念物保护机构，但其职能实际上已经转移到专门成立的文化机构。纪念物也因此遭受到损害，因为无法迅速解决与违反保护和使用法相关的问题。

此类文化机构的工作人员无权独立编写违规记录，无权对违规者进行处罚。在时间上，程序拖拉冗长，几乎丧失了现实意义：呼叫地段警察（今天在处理谋杀，明天在忙，后天无法确认违法者在场）、各方做记录、将记录发送给行政管理委员会等，这些事情都是非常困难的，以致违法行为发生一个月或两个月后，行政管理委员会可能才会对罪犯进行处罚。仲裁法院曾是与这些处理违反文化遗产保护法问题的文化机构成功合作的唯一机构。

但文化遗产保护领域一直以来最大的问题是，人们不遵守法律，这是在一个多世纪以来形成的习气，更确切地说，人们不断违反法律，而且理直气壮地认为并未做什么不道德的事情。不然要如何才能解释以下事实：2002 年 6 月 25 日第 73 号新的联邦法律《俄罗斯联邦各民族文化遗产（历史文化纪念物）法》通过后三年以来，根据第 35 条第 2 款（“文化遗产保护区和所在地域内土地规划、土方工程、建筑工程、土壤改良工程、农业工程和其他工程的设计和施工特点”）之规定——禁止在纪念物或建筑群所在地域内进行任何作业，然而市级和地方行政管理机构的官员却全然不顾该规定，悄悄地继续发放新的施工许可证（允许在纪念物所在地域内施工）。如果掌权之人不懂法律或有意忽视法律，那么和那些不知道法律的普通人又有何区别?

作为该“管理行为”的结果，我们得到的是被现代建筑所破坏的历史古城中心。在“全面大修和恢复活动”的口号下，丧失了许许多多历史建筑的内部装饰：雕饰、门窗组件、珍贵的镶木地板、火炉、壁炉、楼梯扶手，还拆除了位于纪念性建筑物庭院中具有重要意义的附属建筑物。

或许，这就是俄罗斯联邦政府在 2004 年 6 月批准第 301 号法令《关于联邦文化遗产保护和大众传媒法规监督局》的原因。

目前，我们已具有能在一定程度上协调一致的新立法文件公约，并得以创建严整的文化遗产保护体系：2002 年 6 月 25 日通过的第 73 号法律《俄罗斯联邦各民族文化遗产（历史文化纪念物）法》；《城市建设法》；《土地法》；《住宅法》；《民法典》；《行政法》；《刑法》；2001 年 12 月 21 日通过的第 178 号法律《国家和市政财产私有化法》；1996 年 5 月 26 日通过的第 54 号法律《俄罗斯联邦博物馆藏和博物馆法》。但尽管如此，我们还将度过相当长的合法法令编写期（其间要编写超过 20 部法令），如编写《文化遗产保护区项目开发程序、土地利用模式和保护区内城市规划章程要求》《关于俄罗斯联邦各民族文化遗产（历史文化纪念物）国家统一目录的条例》等。然而，并不见得这一时期将有利于与历史文化纪念物相关的工作，因为缺乏必要文件而会产生一定的困难。

最难能可贵的是，在新的文化财产保护法中引入了“保护对象”这一概念。如果纪念物使用者或所有者没有“保护对象清单”，那么意味着整个纪念物都将受到保护，连钉地板用的钉子也包括在内。然而，例如，苏联时期修建的后期隔墙或梯子可以不是纪念物中的保护对象，因此该清单在许多方面减轻了使用者的负担。该清单将保留门上的陈旧附件、独一无二的镶木地板、精致的壁炉、正面装饰，但无须保留 20 世纪 60 年代的木地板，或更晚的窗户等。

确定纪念物所在地域并相当明确地记录其维护模式也是非常重要的，这将有助于保护纪念物。在这种情况下，例如，在任何宗教寺庙的旁边就不会出现酒馆这种建筑物了。

1993 年，开始了具有地区意义的公寓、历史文化纪念物中的非住房、整个纪念建筑物的私有化进程。为了起草私有化相关文件，需要对被私有化的房间和建筑物进行调查、固定装修内饰的建筑艺术元素、准备并发放建筑物状况证明文件、接收文件、对作为“新发现对象”的房屋中非居住用房进行保护义务登记。所有这些流程都增加了国家纪念物保护机构的工作量，但有望整理好大部分文化遗产。

现在，从事禁止提前转让或出售纪念物以供私有或无偿使用工作的许多官员发现：这些禁令都是徒劳的。只要建筑物内有人居住，那么建筑就可存续，这并不是什么秘密。但人们这样做是不希望自己的财产付之东流，人们愿意将自己的资金投入到属于他们的事物上，对于如今走向消亡的许多历史文化纪念物来说，这将是一种拯救。

很早以前就应迈出这一步。无主建筑纪念物既是国家纪念物保护机构的“头痛症”，也是纪念物使用方面的一个重大问题，越快做出有关此类纪念物的出售决议越好。1991 年，充足的资金突然中断、经济现状、吸引投资者等问题使文化遗产保护机构面临着寻求新解决方案的任务。理解纪念物的文化和经济价值可活化投资进程，并实现最终目标——拯救建筑杰作。为了子孙后代，人们应更好地保存俄罗斯的历史产物。

非常令人担忧的是，圣彼得堡、莫斯科、大诺夫哥罗德、普斯科夫市的大型修复机构、作坊和少有的修复学校解体为小型的股份公司、有限公司等，在某些情况下，其将不能胜任大型复杂机构的职能。而大量建筑机构涌现，对自己执行修复作业（获取许可证）、规划文化财产能力的过分自信，会给纪念物带来巨大且不可挽回的损失。

同样令人担心的是，修复过程拖拉，被修复对象一连几年都被脚手架包围。

国家文化财产保护机构的主要任务便是盘点纪念物目录。众所周知，过去 80 年来编写的目录通常会受到政治局势的影响，因此，这些目录与各种建筑物的真正价值并不完全相符。考虑到保护状态给予了占有者或租赁者十分明确（非常烦琐）的限制，关于各类不动产状态划分的客观性和真正价值的问题就显得比较突出。因此，修正现有纪念物名录并使其系统化，同时制定修复工作的具体模式，是文化遗产保护机构当前的首要任务。

2005 年 4 月 15 日圣彼得堡律师所国际科学实践会议

处于庸俗艺术中和野蛮行径下的列里赫遗产

鲍 · 米 · 基里科夫

（圣彼得堡市艺术学理论博士，俄罗斯建筑工程
科学院建筑理论与城市建设科学研究所圣彼得堡分所所长）

在此次会议上，我们将主要讨论20世纪主要的文化遗产保护活动家之一——尼 · 康 · 列里赫。列里赫是杰出的艺术家、雕塑家，也是在保护纪念物这条布满荆棘的道路上牺牲的主要人员之一。

20世纪初，他使用“永久性”材质——马赛克和乌釉陶瓷创作了大型装饰艺术作品。由于某些已知的原因，他的教堂绘画作品并未被完全保留下来。大莫尔斯卡亚街35号楼的正面装饰物——精美的大型传奇历史题材檐壁，便是野蛮行为的牺牲品。它于1906年在陶瓷艺术家彼 · 库 · 沃林的作坊中被完成，这是基克里诺作坊的首批作品之一，也是彼得堡最早的正面乌釉陶瓷之一。在大莫尔斯卡亚街上，修建了现代风格的俄罗斯保险公司大楼。

20世纪60年代末期，檐壁惨遭撞毁。正面仅存三块小装饰板，该装饰板由沃林根据列里赫的草图完成。但主要的构成物彻底消失了，其曾经几乎算是站在了20世纪初彼得格勒纪念艺术的制高点。虽然现在该建筑物由国家保护，但是纪念物名录中，记录其已是空乏衰败之态。

几十年来，人们既不重视也不保护列里赫创作之路开始时代的现代风格的建筑。20世纪60年代，沿石岛和克列斯托夫斯基岛游玩是我对年少时期的最深刻印象之一：这些地方到处都是现代风格的独栋住宅和别墅，对它们的感觉（那时还不专业）停留在非常令人激动的与某种不寻常、浪漫和神秘美妙事物接触的感觉。

结果，20世纪60年代末70年代初，由于在这些岛上修建政府别墅和雅 · 米 · 斯维尔德洛夫医院，数十处原创设施被摧毁。我认为，彼得堡现代派自然保护区内的这些破坏行为是我市（指圣彼得堡，译者注）历史上最严重的野蛮行为之一，大概，可堪比拆除那些卓越的寺庙。

我们应保护列里赫的卓越遗产，防止庸俗艺术。但庸俗艺术出现并以强大的推助力来抑制大众意识，它已径直“逼向”彼得堡列里赫纪念地。

几年前，一家有名望的商行决定给大学沿岸街第6街道角落的房屋附建一座玻璃建筑，这里是列里赫出生并生活了26年的地方，商行打算在底层修建一座名为“俄罗

斯大众艺术”的餐厅！国家文物使用和保护委员会文化遗产保护委员会试图阻止这一计划。但无论是以列里赫的名义，还是以保留涅瓦全景建筑完整性的理由，都无法阻止那些低俗的艺术传播者的意图。

这一令人发指的行为证明了会议上不止一次被谈及的问题：侵犯大众文化、拉低重建时期就存在于公众意识中的崇高民间文化基调。

2005 年 4 月 15 日圣彼得堡律师所国际科学实践会议

建筑与美学

康·尼·斯米尔诺夫
（沃洛格达市“民间友好联盟”文化和精神遗产、自然保护区和名胜古迹保护委员会主席）

我还记得纪念物保护州文化管理局监察员米·伊·卡拉切夫来找我仲裁时的情景[①]。他在会晤中指出，占用历史纪念建筑物的组织和企业肆意使用这些建筑物，并未对其进行任何修复，反而是在破坏这些建筑物，且拒绝签订建筑物使用协议。

就共同努力事宜我们约定：通过法律措施强制企业签订建筑物使用协议、维修和修复纪念物，若不服从，则进行处罚。1985 年后，起初工作进行得不顺利，存在较大的争论，因为我们并未获得州领导的支持，但我们执行的不容妥协的纪念物保护方针还是取得了成果。

在执行 1982 年苏联部长会议决议《关于批准历史文化纪念物保护和使用条例》方面，我州是先进单位，有人提议我分享经验并向科学院法律杂志《苏联国家与法》撰写文章。

所以，在撰写《纪念物保护的社会问题和法律问题》（1987 年发表于《苏联国家与法》杂志 9 号刊）一文（也是一个严肃的任务）时，迫使我走进州立图书馆和克里姆林宫图书馆，以便能更加详细地学习我们所保护的纪念物的创建历史，以及这些纪念物对地区发展的意义。

研究过 20 世纪著名研究人员维克托·尼科利斯基、伊万·叶夫多基莫夫、尼古拉·列里赫的作品和一些现代学术著作后，我深信我们的纪念物具有世界意义。它们的特殊性在于：并非像莫斯科一样借鉴拜占庭建筑，或像圣彼得堡一样借鉴意大利古典主义建筑和巴洛克建筑，而是创建了仅沃洛格达特有的独一无二的俄罗斯建筑。

我区拥有丰富的且易于加工的木材、建材，这使得俄罗斯人的精神需求得以在独特建筑物的创造中体现出来。这里不存在农奴制，因此在进行建设时，又提供了自由实现绝妙构思的额外机会。因此，沃洛格达自古以来就以木工大师而驰名，其次是砌砖匠。

所以，彼得一世下令在修建海军部大厦时，从沃洛格达邀请了 500 名最优秀的木

---

① 20 世纪 80 年代，作者时任沃洛格达州总仲裁员。

匠前去工作，这并非偶然。自那时起就形成了一个风俗：沃洛格达州的男人们在完成农活后，就去彼得格勒做木匠和砌砖匠挣钱。在建造宏伟的北方帕尔米拉（圣彼得堡）建筑群时，我们的砌砖匠们也曾积极参与到建设中。

在沃洛格达名人之一——萨·科·苏汉诺夫的参与下，他和他的团队修建了喀山大教堂、带有古战船船头形装饰圆柱的瓦西里耶夫斯基岛狭长滩、带有雕塑群的矿业学院、圣以撒大教堂、冬宫广场上的亚历山大纪念柱。木匠和砌砖匠在建筑师的指导下工作，积累了经验，在回家时他们又带回了在建设过程中接触到的新鲜观念。

农村里的每个主人都自己建造房屋。因此，虽然在建设方面都是修建典型的用主墙隔成两间的双层房屋，并在同一屋顶下设有坡道和农用院子，但每栋房屋的不同在于其独创性：门廊、门头线、屋顶上的屋脊和其他装饰都不同。

在同一屋顶下，房屋既涵盖了住房又涵盖了农用院子，后者可容纳马、牛、羊、猪……这就确保了在恶劣天气下足不出户便可照料牲口，以及干其他农活。

如果说彼得堡主要是建设宫殿和树立大城市公众意识，那么沃洛格达的特点则是保留了俄罗斯人生活特点的石头建筑和木头建筑。地主庄园，尤其是修道院和小教堂的魅力，得益于房屋绿化森林和彼此各具特点，这也使前来沃洛格达地区参观的游客不禁赞叹道，这里毫不逊色于彼得堡的庄严美。

正如伊万·叶夫多基莫夫于1921年所写的那样，沃洛格达地区，这是“自给自足、凭借自然屏障（森林和上千俄里①的距离）而免受相邻地区影响的朦胧罗斯，其在建筑方面倾注了自己全部的艺术个性，创造了美丽、独特、不可复制的俄罗斯建筑，著名艺术家、历史专家尼·列里赫称其为‘俄罗斯的北罗马’‘俄罗斯的意大利’。这并不是夸大其词，而是最敏锐的洞察和理解②。”

受到所研究内容的巨大影响，我还草拟了一首诗歌，但至今尚未发表。

沃洛格达

数世纪庄严地存在着，
正如列里赫所言：
尽管未成为祖国的中心，
但你——“俄罗斯的罗马”就是一幅美妙的画卷。
你与祖国母亲俄罗斯一起
经历了种种不幸，
受雇山民被屠杀，

① 1俄里≈1.0668千米。

② 伊万·叶夫多基莫夫：《俄罗斯建筑和艺术史中的北方——沃洛格达》，北方合作社联盟出版社，1921年，第19页。

但始终未屈服于匪帮。
你的子孙遍布整个俄罗斯，
是他们建造了彼得格勒。
他们的劳动好比一粒粒有价值的沙，
构筑了众多城市的基础。

在所有的艺术形式中，建筑对人类发展的影响是最大的，建筑物的造型帮助人们发掘并展现出新的能力，旧时的学者和献身者深谙此理①。灰色单调的建筑产生的是同样灰色单调的生活，进而导致精神萎靡，趋于原始性。所以，在“露天建筑博物馆”中迅速涌现出了坚毅、勤劳、乐于奉献、精明强干的开发远东、雅库特、堪察加、千岛群岛和阿留申群岛的探险家，这并非偶然。

可想而知，要是亚历山大·谢尔盖耶维奇·普希金不是在皇村花园建筑奇迹中度过了少年时期，那么在其绝妙的心灵审美体系中也会缺少某种东西。

苏联时期，在“把和平给茅屋！把战争给宫殿！”口号和宗教斗争下，沃洛格达的许多有价值的纪念物遭到破坏。不过在 1969 年，基里尔·别洛泽尔斯基修道院和费拉蓬托夫修道院就被置于保护之下。俄罗斯北方的财富被视为是中心地区和其余边疆区工业建设的原料、创作和精神基础。如果说城市中尚有纪念性建筑存留下来，那么在农村，几乎所有修道院、小教堂都被毁坏了，而木结构建筑受损最为严重。“俄罗斯的意大利”已经完全消失了；“俄罗斯的罗马”则受损严重。村庄迁移至城市，同时带来了木屋并修建了木屋门廊，这就是工人区的整个建筑物。在 0.03 ~ 0.04 平方千米的土地上修建别墅时的限制使得无任何创作机会，似乎祖先们的创造性建设想法最终破灭了。然而并非如此，为了修建轴承厂，州政府决定，作为试验，将别墅下方的土地分给工厂的工人，面积为 0.06 平方千米，且无修建方面的限制。结果很快就发现：数千年来世代相传的创作想法被保留了下来，并留存于人民群众之中。

有人修建了贵族府邸形式的带有圆柱的宅院，有人甚至使用木质花边来缠绕栅栏，有人则在建设中结合了带有外来哥特风格的圆锥形古建筑。但遗憾的是，建设中融入了中亚、高加索原始村庄和城市的舶来品：修建屋顶为单斜面、窗户朝向院子的房屋。不过在这些房屋中依然能看到体现俄罗斯智慧的室内设计。

现在很多人都在谈论俄罗斯社会的精神沦落和俄罗斯的灭亡。的确，在过去的十年里，国家领土不完整，国际关系中的屈辱感，受到寡头掠夺，这引起了人们对国家复兴可能性的怀疑。但伴随着这些负面影响的同时，我们也看到了各类团体的数量在增长，这些团体因“丰富文化和社会精神生活”这一共同意愿而团结在了一起。这些

---

① 弗·阿·舍姆舒克：《智力圈或斯瓦罗格之触》，彼尔姆：乌拉尔列里赫基金会“吠陀经”出版社，1995 年。列·谢尔盖耶娃：《恩尼奥科技——通向舒适的道路》，《莫斯科远景》2001 年 3 月 6 日第 9 号。

团体包括音乐、体育、舞蹈、历史、民族工艺品、退伍军人、作家组织。

瓦西里·奥西波维奇·克柳切夫斯基写道：“一个民族倒下后仍然能够再站起来是伟大民族的特有标志之一。无论受到多么沉重的屈辱，但有一个时刻终究会到来，那时，这个民族会在精神上重新凝聚曾经失去的力量，并集中体现在某个人或某些伟人身上，这些人将走上时代赋予他们的历史之路。”①

在拯救俄罗斯的过程中，具有创造性截面和高度对称性的俄罗斯建筑扮演着重要的角色，这些建筑不仅满足了社会的高审美要求，还将社会审美提升到更高层次，并创造出创作需求和美好的事物。

2005年4月15日圣彼得堡律师所国际科学实践会议

① 瓦西里·奥西波维奇·克柳切夫斯基：《演讲论文集》（第二文章合集），彼得格勒，1919年，第97页。

针对俄罗斯各民族文化遗产保值情况的环境保护（以斯维尔德洛夫斯克州为例）

斯捷潘·尼基福罗维奇·莫尔恰诺夫
（法律文化研究所所长，叶卡捷琳堡市国际法律文化新闻署总经理）

一、科学概念基础和哲学基础

（一）生态学的起源

回想一下，“生态学”一词的词源来自希腊语的“oikos”，意思是“房子”“故乡”。

多么简单而伟大的限定词啊！如果世界各民族语言中的“爸爸”“妈妈”发音几乎一样，意思也一样，那么最初的意义是地球上新生婴儿在不知不觉中学会的第一句话，而单词“房子”“故乡”，也许是一个人有意说出的第一句话。在希腊语中他们几乎是同义词，这真是太好了！

我们可以再用希腊起源的同根词“oikumene”延伸出一系列的意义，这意味着自人类历史上最伟大文化——古希腊文化的鼎盛时期起，对于古希腊人而言，他们所知道的就是整个世界。

现在，我们重新回忆“起源”一词，除去单词“生态学”中所有外来的和次要的初始目的和意义，我们将在科学认知旅程中继续前行。

（二）几个关于生态文化的句子

如今的环保意识是现代文明人与文明社会意识的一个必要组成部分。

然而，科学家和研究人员早就发现各民族和个体的文化发展远非那么简单。往往传统上使用的方法、研究方法和评价体系都具有空间特性，本质上并不适用于处于完全不同时域测量的意识（理智）领域。

在当地宗教等文化传统基础上形成的土著民族和少数民族的环保意识，往往比外来人员、甚至地方“文明”代表的环保意识要更敏锐、更高尚。

以极端砍伐森林、恶意盗猎、游猎区恣意放纵的有钱旅行者越境画面和整个城市集体中毒情景为背景，发展中国家的跨国公司不由自主地回想起当地原住民猎人的生活画面。

那么，尤卡吉尔人——原始森林猎人[①]——他们在原始森林获取的永远不会比当时他们需要的多。在当地人看来，这是违犯戒律的。对于尤卡吉尔人来说，原始森林就像母亲和父亲一样的生命体，即使尤卡吉尔人不知道关于“绿色和平组织”的任何行动，也从来没有听到过“生态学”这个词，但他也将永远尊重原始森林。

（三）自然和历史文化古迹的保护

对于我们而言，此项研究范围内的基本术语“环境”原本是两位一体的。它包括自然环境和人工（人为）环境。在本体论上它们是不同的，不仅要区分它们，还要分析它们在整体上的相互关系。

因此，自古以来在“自然界－人类”体系中我们可以理性地走两条道路：从自然界到人类或从人类到自然界。让我们通过传统的“文化方法”从第二条道路出发吧。

于是，自然环境中分为智人（homo sapiens）或智慧载体，“智人”变得不那么明智地行事了。他成为一个征服者——违背自然而行，违反自然规律，不仅破坏自然环境，还毁灭了自己的生物种。

20 世纪末，地球上这些人类非法逗留的现象是显而易见的。所有人都看到过、知道或至少读到过有关这些现象的消息。据社会学家统计，在人类存在的 500 万年内，地球人类历史上没有发生过战争的时间连 100 年都不到。连续发生的重大事故和紧急情况全部与这些人有关。在这种情况下，任何文化都谈不上，何况这种行为显然还不能称为文明。

地图上几乎没有空白点了。占有一切，征服一切，使一切人性化，直至开始胡作非为，然后“陷入绝境”。地球上几乎没有洁净的自然环境及其成分，但留下来的部分都完全变成了“自然遗迹”（或只保留了有关生存的、洁净的、未被人类破坏的自然环境记忆的物体）[②]。

恰恰是它——“自然遗迹”——也是保护自然的专门课题，但这是最令人难以置信的，保护的主体——人类——号召保护自然不受任何外部天敌侵犯，同时也不受其他人类或自身、没文化的人、聪明人（如年幼的孩子）的侵犯，对自己和亲人造成危害并不完全是有意识（合理）的举动。

---

① 一个居住在俄罗斯东西伯利亚的濒危少数民族，人数只有不到 1000 人。

② 实际上，自然界中没有且不可能有“古迹”。只有人类才可能拥有古迹且只可能为人类遗迹。首先人类需要记忆力，没有记忆力人类无法顺利发展。

因此，问题本身不在于自然的力量，灾难也不起源于大自然，而在于人类本身，及其无知、胡作非为和无宗教信仰，这些均不允许把它称为文化的主体。而这已经是人类和社会科学、人文科学和文化科学的研究课题。

如果要评价形成体系的术语“自然遗迹”，甚至对于联邦立法者而言，这个态度似乎很明显。因此，在 1991 年 12 月 19 日通过的第 2060-1 号《俄罗斯苏维埃联邦社会主义共和国自然环境保护法》（于 1993 年 6 月 2 日修订）第 64 条中规定，有遗迹、科学、历史、生态－教育价值和需要国家特别保护的一些独特的自然物体和自然综合体被称为“自然遗迹”。

所提供的全套主要标志本身具有“人类的”、人文评估的、文化价值论的特征。

从另一方面来说，历史和文化古迹绝不会脱离环境而存在。它们自古以来就是一个整体。由此可见，文化和自然遗产应始终被看作是一个整体，并想象成一个体系。

因此，可以完全有科学实践根据的确定，虽然自然遗迹和历史文化古迹保护课题是不同的，甚至在本体论上是相互对立的，但实质上它们是相互联系的，且只能共同存在。

从抽象思维的观点来看，只有选出了一个对立课题，才能合理确定它们之中的另一个课题。如果一个术语消失了，那么另一个术语的意义、内容也就不复存在了。

这就是为什么它们要用中文词源“古迹”来表示——自然古迹（自然遗产）和文化古迹（文化遗产）。

对于我们来说，这是在此项研究中至关重要的内容，但是我们还会继续延伸下去。

（四）文化生态学

自然环境不堪人类重负而丧失生机，人类以征服者和占领者的姿态傲慢地将自己置于自然之上。如今作为征服者——人类已污染了整个地球环境，并闯入了太空。及至 21 世纪初，在近地轨道上有 8000 多个航天器和几百吨的太空垃圾。

鉴于对待环境的片面“科学”态度，活动在很大程度上这已经成了可能。通常，人类在太空中进行的道德、宗教和艺术方面的活动在实践中都不予考虑且不计算在内。在最初的计划中再三强调科技、政治、军事和经济的首要任务和利益。

然而，为了解决所面临的问题《人需要人……》，正如安德烈 · 塔可夫斯基哲学科幻电影《飞向太空》（改编自斯坦尼斯拉夫 · 莱姆长篇科幻小说）中的一个主人公高喊那样。

今天，作为一门科学的生态学不能解决所发现的生态本身问题，所有有实践经验的专家都很清楚这一点。

概念方法论生态话题自古以来就具有宏观综合特性和宏观系统特性，至少应在“科学—宗教—艺术”体系中以科学实践宏观方法和范式理论为基础顺利发展。只有在人类文化领域中才能找到 sui generis[①] 的发展目标。

完全合理的手段及其实现方法也只可能在文化中才能得以体现。正因为艺术和宗教信仰所产生的传统文化财产，以及新的文化潮流、信仰和修行目前已有较大的平衡作用及抵制技术统治文明的客观伪价值的东西，在没有精神历史、文化平台时，技术统治文明本身也有毁灭的危险。

我们保护过去的文化遗产，实际上是在增加未来的人类资产，并创造最自然、最和谐的和未来最合理的环保计划。

这不仅是一个计划，也是自然文化，因为文化不仅来源于地球上人类数百万年的历史，还是地球现有物质中最和谐、最有价值的。因为根据尼古拉·康斯坦丁诺维奇·列里赫的定义来看，文化实质上是"人类最好的成就"[②]。

文明即将消失，而文化却经久不衰。所以，比起把时间浪费在调查上，找出起因是否更明智、更合理呢?

在我们看来，科学体系内，在宏观综合人文和自然态度时，统一自然财产与社会财产以及在自然和人文社会周期规律的交叉点处，应考虑和分析环保话题。

从科学实践的角度来看，几乎所有以前的话题不知何时都变成了自然话题。由于数百万年内人类地球环境实际上为人工环境，并具有人为特性，在我们看来，对部分空间环境——人类圈（现在延伸到了最近的空间环境）进行分析是更合理的。

为了使我们不陷入形而上学，并保持在一个纯粹的科学态度框架下，在科学中我们划分出两种已经建立起的主要人类圈、智力圈（或思想、智慧领域）以及技术圈。

后者是人类最初建立的，用以服务和帮助人类，但已经对人类的健康生活构成了真正的威胁。

越来越多的技术设备、机器人和其他无线电、电子、技术化精神设施取代了地球上的居民，这些设施就像蜘蛛网一样束缚着整个地球，并影响着离我们最近的宇宙环境。它们不仅没有提供相应的帮助，还时常会给其根源——人类的智慧带来真正的危险，还会威胁到地球上的所有生命，甚至可能危及附近的宇宙空间。

20 世纪初，弗拉基米尔·伊万诺维奇·韦尔纳茨基和德日进创造了自己思想领域或智慧（智力圈）领域的概念，不对文化环境影响论进行研究。事实上，他们预先确定了科学和特殊活动等生态学的起源和发展，并有充分依据认为他们是现代环保意识之父。但是，我们不能停留在已取得的成绩上。

今天，没有人会否认显而易见的事实，即并非我们使用的每一个词都是有文化根源的，甚至每一个念头、每一个思想都是来源于文化。思想、意识形态和理想的相互

① 作为一种独特的方式（拉丁语）。

② 尼古拉·康斯坦丁诺维奇·列里赫：《火焰》（图洛拉，1918 年 9 月），《关于永恒……》，莫斯科，1991 年，第 401 页。

关系并不总是具有文化特性的。

因此，必然会过渡到分析“文化环境”（cultural environment）的话题上来，而这已经是文化生态研究的课题。

在俄罗斯，公认的俄罗斯文化大师德米特里·谢尔盖耶维奇·利哈乔夫院士首次简明扼要地提出了文化生态的话题。

他写道：“……不能仅用保护自然生态环境的任务来制约生态环境的恶化。保护人类生命与其祖先文化及自身创造的环境是同等重要的。保护文化环境的重要性并不比保护自然环境的重要性低。如果人类生存需要大自然，那么不仅人类‘精神定居’需要文化环境，且对故土的依恋、道德自律和社会性也需要文化环境。同时，不仅没有研究道德生态的问题，甚至我们的科学都未将其作为某个整体和人类非常重要的事而提出来……如果一个人对自己国家的历史古迹漠不关心——通常，他对自己的国家也是漠不关心的……从生物学角度来看，不遵守生物生态规律是可以杀人的，而从道德伦理角度来看，不遵守文化生态学也是可以杀人的。”①

对于自然环境而言，与当前公认的三维空间方法（3D 方法）不同，文化环境具有多维性。

艺术、宗教和科学作为文化的组成部分，与其他类型的活动有所不同，这将人类带入时间、空间维度中。

真正有修养的人从来都不会把时间浪费在三维世界少有的、可直接观察到的东西上。难怪佛教称这个世界为玛雅人世界或虚幻世界。

通过文化，为有限的尘世意识打开其他多维空间透视图，更重要的是打开时间透视图。因此，它从空间价值转为了解、开发和发展时间类别价值。

文化生态学狭义上是指整体统一和“身体、灵魂和精神生态学”与智慧生态的完整性。

由于客观文化世界包括人类、文化少数民族、群落、土著人民、种族、超级种族和全人类的内部（主观）世界及外部文化环境世界，那么未来法律文化的概念最初也应包括这两个世界。

从主体法律关系来看，它们已被理解，但实际上，广义上它们是指文化生态学法律主体或文化环境法律主体。

（五）生态和文化安全

如果我们将生态和文化安全作为某个独立社会制度来分析，那么没有文化的人就是其主要风险来源之一，对文化来说，人为影响（社会和人对环境——大自然的影响

① 斯捷潘·彼得罗维奇·马蒙托夫：《文化学基础》，莫斯科，1999 年。

及其相互之间的影响）也是一种主要危险。

人、人民和全人类的无知、胡作非为及主动和被迫否定最高生存原则意识是引起危险和抵制文化的主要因素。

和谐、均衡协调个人、社会和国家（作为文化和文化活动主体）的文化利益可视为文化安全的主要目的。

它们对人、社会和国家的影响措施和方法归根结底是相同的——都是文化。

如果直接问：生态安全或文化安全哪个是最先出现的，那么每一位聪明人的回答是自然且明显的。

回顾历史，作为学科和知识领域的生态学，最初作为一般文化的组成部分，并得以继续保存。按内在本性来说，有修养的人从来不会对环境（大自然、其他人或社会）造成危害，并始终会按照其要求来行事。

人、社会和国家在没有文化原则支持时，即使任何最先进和文明的生态理念、发展计划和方案、包括法律都只是治标不治本。

二、立法基础和规范性法律基础

（一）国际法律基础

21 世纪初，现行当代国际法是一个公认的新兴领域——《国际环境法》，在著名研究员——国际问题专家看来，该领域有 1000 多个多边条约法律渊源和 3000 多个双边条约法律渊源。

其中大多数都包括“文化条款”，并谈到了文化遗产的保护问题，因为从概念方法论计划和相关行政组织机构的实践活动来看，自然保护和古迹保护在许多方面是相近相通或异曲同工的。

在国际环境法框架内，首先联合国教科文组织公约和其他法律文件是国际法律保护体系和文化财产保护体系的基石。如上所述[①]，在国际环境法框架内，联合国教科文组织国际的规范性和非规范性法律文件，从概念方法论的角度赋予制定和开发国际环境立法范围内文化财产保存和保护体系的权利并为其提供了依据。

1972 年 11 月 16 日通过的《保护世界文化和自然遗产公约》应称之为系统科学概念的轴向基础及其实际因素。

---

① 谢尔盖·尼古拉耶维奇·莫尔恰诺夫：《有关国际法中文化财产保护的两个概念性方法》，http: //smolchanov.narod.ru/2approaches.htm。谢尔盖·尼古拉耶维奇·莫尔恰诺夫：《有关国际法中“文化财产”和“文化遗产（资产）”的使用（信息分析审查）》，《莫斯科国际法杂志》2000 年第 2 期，第 20 ~ 27 页。

（二）关于保护文化财产的《俄罗斯环境保护法》（环境法）的基础

2002 年俄罗斯通过了新的联邦部门法律：1 月 10 日通过的第 7-FZ 号《环境保护法》和 6 月 25 日通过的第 73-FZ 号《俄罗斯联邦民族文化遗产（历史文化古迹）法》。

这两项法律规定了自然保护体系和近期不可移动的主要历史和文化古迹保护体系的基本概念。

第一项法律取代了 1991 年 12 月 19 日通过的第 2060-1 号《俄罗斯苏维埃联邦社会主义共和国自然环境保护法》（1993 年 6 月 2 日版本），第二项法律取代了 1978 年 12 月 15 日通过的《俄罗斯苏维埃联邦社会主义共和国历史文化古迹保护与利用法》（1985 年 1 月 18 日俄罗斯苏维埃联邦社会主义共和国最高苏维埃令版本）。

两项法律标志着相应的俄罗斯立法体系、国家自然物体和资源保护体系以及人造财产和文化资源——构成俄罗斯民族文化遗产（资产）的不可移动文物保护体系进入了新的发展阶段。

如果第 73-FZ 号法律已具有十分重要的战略概念意义，那么从保护和保存俄罗斯文化财产重要性的角度来看，环境立法的演变不仅具有重要的科学概念性意义，还具有广泛的实际应用价值。

我们开始分析“环境”一词，与 1991 年以前的法律相比，该词体现出新的环境规范性法律概念。

因此，按照 2002 年通过的《环境保护法》第 1 条，环境是“自然环境要素、自然物体和自然 / 人造物体以及人造物体的总称”。

当然，从起源或只从定义上来看，所有的文化财产至少是人造的物体。

为了简洁方便，我们将其中经典的部分称之为物体（档案馆财产、博物馆藏品、展览品、艺术作品、宗教和民俗用品等）。在纯物质方面，该部分在传统上由天然材料制成或基于天然材料制成。因此，这部分文化财产应属于自然 / 人造物体。

自然人造物体准确的定义规定，它是指“因经济和其他活动而改变的自然物体及具有自然物体特性及娱乐、保护价值的人造物体”。

显然，这一定义不仅是指上述物质文化财产，还指那些有具体表现的时空物体，如典型的、不可移动的历史文化遗产——古迹、建筑群和名胜古迹，以及特别重要的空间历史文化构成物，如文化景观、历史悠久的城镇、村庄、作为一个文化整体的历史区域、历史文化保护区等。

根据审查的法律要求，联邦立法者不仅将自然环境因素和自然物体的复合体归入自然环境之列，还将上述“混合”物体、自然人造物体的复合体也归入自然环境中。

由此可见，上述在物体种类定义中列出的四种物体中，只有两种物体，即自然人造物体和人造物体可以包含文化财产，其中包括构成俄罗斯民族文化遗产（资产）的财产。

但这还不是全部。正如我们早期确定的那样，按照公认的国际法原则和规范以及俄罗斯国际义务的要求，现代国际和联邦立法者将一些自然物体范畴也直接归入文化财产之列。

特别是，根据1993年4月15日通过的第4804-1号《俄罗斯联邦进出口文物法》第7条，文物——受该法效力影响的各物体范畴中按其起源命名的纯天然物体分类如下。

（1）珍贵藏品和动植物标本。

（2）对矿物学、解剖学和古生物学等这类学科领域有意义的物体。

因此，上述四种物体中有三种物体直接包括构成俄罗斯民族文化遗产（资产）的文化财产（文化古迹）。

不直接对其命名，且在字面上不属于“自然环境因素”（2002年通过的《环境保护法》第1条第3款）或“保护环境免遭污染、枯竭、恶化、破坏及其他经济等活动不利影响的物体”（2002年通过的《环境保护法》第4条第1款），同时联邦立法者还规定，“下列列入世界文化遗产名录中的物体需特别保护：树木园、植物园、医疗保健区和疗养地、原始生活环境、俄罗斯联邦土著少数民族传统住所和经济活动场所，具有特殊〈...〉科学、历史文化、美学、娱乐、医疗保健和其他价值的物体”（2002年通过的《环境保护法》第4条第3项）。

综上所述，首先，在第4条第1款中提到的物体列表并不详尽，其次，联邦立法者将本法第4条第3款中所列的上述文物直接归入特殊的环保物体之列。

实践中，专业人士——文化活动的主体——经常使用术语“文化资源”，这是根据“经济”（资源）方法建立起的文化遗产价值保护和保存体系中的基本术语。从国际法的角度来看，我们早就讨论过该术语①。

在现行《联邦环境保护法》中 *de facto* 和 *de jure*② 当然规定有这种资源（“经济”）方法。

这项立法具有一系列的优点和特性，特别是以下特点。

（1）综合概念科学体系性质。

（2）深入的自然科学和实践研究。

（3）最初的跨部门和跨学科方法。

（4）很大程度上的国际法律性质（包含在国际环境法体系中）。

在俄罗斯法律成熟的现阶段，原则上《俄罗斯联邦文化法》《俄罗斯民族文化遗产

---

① 谢尔盖·尼古拉耶维奇·莫尔恰诺夫：《有关国际法中文化财产保护的两个概念性方法》，http: //smolchanov.narod.ru/2approaches.htm。谢尔盖·尼古拉耶维奇·莫尔恰诺夫：《有关国际法中“文化财产”和“文化遗产（资产）”的使用（信息分析审查）》，《莫斯科国际法杂志》2000年第2期，第20～27页。

② 实际上和法律上（拉丁语）。

（历史文化古迹）的文化价值保护和保存法》都没有这些优点和特性。

还需要指出新的环境保护法的学说特征和关键特征，既有物质法律性，又有程序性。甚至不能只通过生态立法来限制它。我们在俄罗斯法律中第一次接触到这种强制规范性的学说创新和新的法律现象，我将其称为“立法干扰”或“法律行业干扰”。

2002 年通过的《环境保护法》第 59 条第 1 款的条文是其有关自然物体法律保护制度的关键用语。所以从字面上看，其内容如下：“《环境保护法》《自然和文化遗产法》以及其他法律规定了自然物体法律保护制度。”

若早期法律条例发生冲突，在规范性法律资料中规定参考性规范（参考文章）参阅其他法律规范或其他法律行业的规范，总的来说，这些规范都要遵守特别法优于一般法的规则，那么在这种法律现象中谈论的不只是形式上的参考和法律调整的具体情况，实际上，谈论的是将一个法律规范或一个法律行业规范纳入另一个法律规范或一个法律行业规范中。

这是什么？是法律上毫无意义的东西、错误或标志性事件吗？是具有深远构思和后果的自编条文或概念性创新吗？

不管怎样，以及立法者是否出于什么动机，我们都会接触到既定的法律事实和已确定的名称（标题）。

目前，从实践应用性的观点出发，我们要特别注意公共组织跨部门的环境保护特征和主体方针实质上的总体环境保护特征。

与国家保护文化遗产①不同的是，这被理解为国家权力机关以外的措施制度（详见：《专横跋扈的垄断国家》）。根据定义可知，保护环境不仅是俄罗斯联邦国家权力机关及其主体的工作，也是当地政府机构、公众与其他非营利组织、法人和自然人的工作，旨在保护和恢复自然环境等，而除了国家监督以外，保护环境领域还划分出了“生产监督、市政监督和公共生态监督”②。

综上所述，从我们所做的比较分析中应得出以下结论，由于客观原因（与文化立法应有的战略方针相比），环境保护法在本体论的实质上尽管带有十分重要的、独特的和旨在实践的特点，因此应用最广，但还带有附属的特点。

（三）一些统计数据

目前，俄罗斯已有 10 万多处历史文化古迹，包括历史古迹、考古古迹、城市规划和建筑古迹及建纪念碑的艺术古迹。其中约有 2.6 万处历史文化古迹属联邦遗

---

① 详见 2002 年 6 月 25 日通过的第 73-FZ 号《俄罗斯联邦民族文化遗产（历史文化古迹）法》第 6 条规定。

② 详见 2002 年 1 月 10 日通过的第 7-FZ 号《俄罗斯联邦环境保护法》第 1 条第 1 项以及第 65、67、68 条规定。

产所有[①]。

截至2005年，在列入《世界文化与自然遗产名录》的大约730项世界遗产中，俄罗斯共有23项世界遗产，其中8项为自然遗产，15项为文化遗产。[②]

截至2003年初，在斯维尔德洛夫斯克州内，国家登记簿（古迹名录）中共有1218处不可移动的文化遗产和文化财产古迹（历史文化古迹），其中有364处联邦古迹，具体如下：

（1）考古古迹——279处。

（2）历史古迹——20处。

（3）建筑古迹——62处。

（4）艺术古迹——3处。

还有854处区域性和地方性古迹，其中分别是：

（1）历史古迹——191处。

（2）建筑古迹——650处。

（3）艺术古迹——13处。

在斯维尔德洛夫斯克州内还发现了：

（1）考古古迹——1495处。

（2）建筑古迹——45处。

（3）历史古迹——1处。

根据州文化部数据可知，在斯维尔德洛夫斯克州国家和市级博物馆内，除不可移动的文化财产以外，还有150多万件可移动的文化财产。

博物馆馆藏品是俄罗斯民族文化遗产不可分割的一部分。从博物馆馆藏品的规模来看，斯维尔德洛夫斯克州在俄罗斯排名第三（仅次于莫斯科和圣彼得堡）[③]。

俄罗斯100多个历史城市中有14个历史城市位于斯维尔德洛夫斯克州。这些城市是叶卡捷琳堡市、阿拉帕耶夫斯克市、上图里耶市、伊尔比特市、乌拉尔地区卡缅斯克市、卡梅什洛夫市、克拉斯诺乌菲姆斯克市、涅维扬斯克市、下塔吉尔市、上萨尔达市、下萨尔达市、下谢尔吉市、波列夫斯科伊市和图林斯克市。

除了这些主要文化人和艺术家（带来了荣誉，并且是斯维尔德洛夫斯克州文化潜力的精神内核）生活的城市本身是大空间能量和时间的特殊、自成一格的文化产物外，这些城市还是文化财产的汇集中心，而这些文化财产是该州境内的俄罗斯民族文化遗产。

具有特殊价值并位于斯维尔德洛夫斯克州境内的全联邦文化遗产如下：

（1）早期俄罗斯上图里耶市外乌拉尔一个城市的17～21世纪的建（构）筑物群。

---

① 亚历山大·维克托罗维奇·拉博特克维奇、诺维科娃·奥莉加·根纳季耶夫娜：《电子文化遗产信息资源》，第六届国际会议《EVA · 2003 · 莫斯科》，http://www.evarussia.ru/upload/doklad/doklad_971.doc。

② 根据联合国教育、科学及文化组织网站数据：http://whc.unesco.org/en/statesparties/ru。

③ 2001年3月2日斯维尔德洛夫斯克州文化部开幕会1号决议。

（2）涅维扬斯克市杰米多夫斜塔。

（3）下锡尼亚奇哈村成套建筑遗产和历史民族遗产。

（4）工业遗产——叶卡捷琳堡、下塔吉尔、涅维扬斯克、乌拉尔地区卡缅斯克城市中 18 ~ 19 世纪的个别建筑物和乌拉尔工厂群。

（5）波列夫斯科伊市区内古老采矿、冶金和金属加工生产场所（杜马山、巴热诺夫山）。

（6）古老的岩画——乌拉尔岩画，位于塔吉尔河、列日河、内瓦河、图拉河、萨尔河、伊谢季河沿岸。

（7）神秘山丘（“富饶的沙丘”），乌斯季瓦吉利斯基、马赫特利斯基、科克沙罗夫斯基——新石器时代罕见的祭祀古迹。

（8）闻名世界的希吉尔斯克和戈尔本诺夫斯克泥炭沼泽祭祀古迹的停车场和居民点综合体，由于泥炭腐泥沉积物的防腐性能，这些地方都保留了罕见的骨制品、木制品等有机材料制品。

（9）本吉村 18 世纪的圣尼古拉斯教堂，北乌拉尔斯克彼得保罗教堂。

（10）凸出的山洞洞穴（洛布瓦洞穴、沙伊坦斯克洞穴、拉克谢斯克洞穴）中和悬崖顶部（切廖穆霍沃 2、维扎伊 1、乌什明斯科涅 2）的祭祀（神圣）综合体。

截至 2003 年初，在斯维尔德洛夫斯克州境内共组织经营了 4 个具有特殊法律制度的重大空间历史文化产物——下锡尼亚奇哈村内下锡尼亚奇哈木结构建筑博物馆（博物馆综合体）、下塔吉尔国家中乌拉尔采矿业文物保护区博物馆、上图里耶国家历史文化文物保护区博物馆和涅维扬斯克历史建筑博物馆。

（四）关于现有的环境风险和因素

据我们所知，在俄罗斯全国范围内总体上还未实施全面的科学规划和学术研究，以研究环境因素对俄罗斯民族文化遗产保护和保存的影响。

俄罗斯有对某些物体和文化活动领域进行个别对比评价分析和研究的情况[①]，包括外国专家参与的情况，但因为它们实在是太过单一且大多不是由政府来进行的，故应将其视为只具有基础和原始特征。

根据《国家有关自然环境状态和影响斯维尔德洛夫斯克州居民健康的居住环境因素的报告》数据可知，在最近三年内，该报告中有一章专门描述生态因素对文化遗产保护的影响。对斯维尔德洛夫斯克州历史文化遗产的保护造成的不利影响和具有自然和人为特点的主要生态危险因素如下：

---

① 科学情报汇编《国际古迹遗址理事会资料》中《文化遗产保护中存在的问题》（第 1 卷，莫斯科：俄罗斯国家图书馆，1998 年，第 55 ~ 83 页）和情报汇编《国外文化和自然遗产保护立法》中《挪威和俄罗斯的文化景观管理实践的比较分析》（莫斯科：遗产研究院，1999 年，第 49 ~ 71 页）。

（1）空气污染。

（2）汽车和地铁对建筑古迹的直接影响（振动、废气、污水溅到建筑古迹墙上）。

（3）古迹附近地面沉降。

（4）人工和天然水体及河道沿岸的磨蚀冲刷。

（5）洪水（春季和秋季地下水水位增加、发生洪水、河道阻塞）。

（6）淹没（工程管网、输水管道和污水管网破裂，排水沟和排水系统等堵塞）。

（7）供暖系统冻坏。

（8）古迹周围区域全部铺设沥青。

（9）狂风、飓风。

（10）火灾。

对该地区考古遗产状态造成不利影响的主要人为因素和自然因素如下：

（1）未经批准擅自翻耕土地。

（2）未经批准擅自进行工业建设和道路建设。

（3）未经批准擅自开采矿物。

（4）未经批准擅自修建园子。

（5）森林经营管理措施。

（6）临时河道的磨蚀作用和浪蚀作用。

（7）消解文化层。

（8）风倒木作用。

（五）生态因素对历史文化古迹（文化遗产）的不利影响

实际上，在20世纪出现的《多数濒危动植物红皮书》是地球上人类生命罪行的汇编。如果现在和不久的将来在地球上不一定会发生“人类对地球提起刑事诉讼”的情况，那么从永恒的角度来看，在全世界范围内这种提出问题的方法完全是合情合理的。

现在，让我们从全球问题转移到斯维尔德洛夫斯克州的区域性具体活动和环境状况上来，详见表一。

表一 斯维尔德洛夫斯克州文化遗产现状统计表

不可移动古迹——文化遗产类型	（已发现的）古迹——文化遗产数量/处	在人为生态因素作用下遭到破坏/处	在自然生态不利因素作用下遭到破坏/处
考古古迹	279（1495）	72（557）	31（166）
建筑古迹	712（45）	426（22）	无数据
历史古迹	211（1）	135	无数据
建纪念碑的艺术古迹	16	12	无数据
总计	1218（1541）	645（579）	31（166）

表一中的信息非常粗略地评估了 2002 年的情况，并考虑了受不利生态因素破坏的不可移动文化遗产（考古古迹、历史古迹、建筑古迹和纪念物艺术类古迹），这些不可移动的文化遗产被列入国家登记簿（古迹名录）中，并位于以下空气污染程度高于平均最高容许浓度的城市中：叶卡捷琳堡市、下塔吉尔市、乌拉尔地区卡缅斯克市、第一乌拉尔斯克市、克拉斯诺图林斯克市。

据统计，斯维尔德洛夫斯克州占总数一半以上的不可移动的历史文化古迹（文化遗产）都受到了人为生态因素的破坏。

在该区域最大历史名城（叶卡捷琳堡、下塔吉尔和乌拉尔地区卡缅斯克）的中部地区形成了对保存和保护历史文化遗产最不利的生态环境。

利用《国家有关自然环境状态和影响斯维尔德洛夫斯克州居民健康的居住环境因素的报告》数据，可以发现，空气污染是影响斯维尔德洛夫斯克州不可移动文化遗产状况的主要不利因素之一。

不容乐观的统计数据在最近两年内几乎没有变化。由于这些人为因素造成古迹遭到破坏状况如下。

（1）上萨尔达城内有 2 处历史古迹遭到破坏；甲醛含量超过最高容许浓度的 3 倍。

（2）叶卡捷琳堡城内有 462 处历史古迹、建筑古迹和艺术古迹遭到破坏；二氧化氮含量超过年平均最高容许浓度的 1.3 倍；甲醛含量超过最高容许浓度的 3.7 倍；丙烯醛含量超过最高容许浓度的 3 倍。

（3）乌拉尔地区卡缅斯克城内有 45 处历史古迹和建筑古迹遭到破坏；悬浮物含量超过最高容许浓度的 1.3 倍；氟化氢含量超过最高容许浓度的 1.3 倍。

（4）克拉斯诺图林斯克城内有 3 处历史古迹遭到破坏；甲醛含量超过最高容许浓度的 3.3 倍；有苯基嘌呤含量超过最高容许浓度的 1.8 倍。

（5）下塔吉尔城内有 65 处古迹遭到破坏；二氧化氮含量超过最高容许浓度的 1.3 倍；二硫化碳含量超过最高容许浓度的 1.8 倍；甲醛含量超过最高容许浓度的 2.3 倍；苯酚含量超过最高容许浓度的 1.3 倍；氨气含量超过最高容许浓度的 1.8 倍。

（6）第一乌拉尔斯克城内有 3 处建筑古迹遭到破坏；二氧化氮含量超过最高容许浓度的 2 倍；氟化氢含量超过最高容许浓度的 1.1 倍；有苯基嘌呤含量超过最高容许浓度的 1.2 倍。

看来，阿拉帕耶夫斯克、别廖佐夫斯基、伊尔比特、卡尔平斯克、波列夫斯科伊、列夫达、谢罗夫、涅维扬斯克、克拉斯诺乌拉尔斯克等工业城市空气质量并不是最好的，这些城市内也没有定期进行监测，并且有不可移动的文化遗产（历史古迹、建筑古迹和艺术古迹）。

目前尚未对斯维尔德洛夫斯克州文化遗产遭到破坏的情况和过程进行综合生态监测的一个原因是缺少专用资金，另一个原因是在通过科学实践研究本话题和漏洞之前，国家级和州级法律基础薄弱。

三、结论和建议

大家都已经很清楚，不能无限制地开发自然资源，也不能把国家、地区、城市或家庭的安宁只建立在对自然资源的利用上。而且不能在家里，特别是当着孩子的面乱扔垃圾、吸烟、骂人，这都是很自然的事，但不知道为什么，在国家级、州级或市级地区对这些行为却完全不予管制，并且也不进行处罚。

根据定义可知，自然资源是有限的、可耗竭的，大自然为我们提供遗产，希望我们能够对其合理使用。显然人们已经透支了大自然赋予人类的资源。大自然赋予人类的资源都浪费在什么上了呢？而人类又是怎样浪费的呢？

地球上的任何自然系统都可以进行自我调节。而对于人和人类而言却是相反的。在我们看来，与大自然不同的是，“人类”体系是在战略文化价值观的基础上，可以并且应该是由人类本身完全有意识地、理性地、合理地并有计划地引导的体系。

从这种意义上来说，文化是人类个体或共同发展的自我意识调节体系。

回想一下俄罗斯大批先进的思想家们——陀思妥耶夫斯基、索洛维约夫、齐奥尔科夫斯基、费奥多罗夫、列里希、奇热夫斯基、科济列夫。其实只有俄罗斯宇宙论者和所有俄罗斯哲学家在谈论这个问题。正因如此，不仅我们，乃至整个世界都认为他们是俄罗斯对世界文化宝库的贡献。

这将持续到当权者和没有权力的俄罗斯人成为“六亲不认的伊凡”的时候吗？要知道，最终不是可口可乐和汉堡将我们变成俄罗斯人的。根据沉迷于伏特加酒、日常生活充足简单、不负责任或像套娃一样穿上肥大的无袖长衫等特征，就认为自己是俄罗斯公民，这是公然的嘲弄，是对自己和自己人民的不尊重，简直不符合实际。

真正的文化永远不仅仅在于其充满了无穷的魅力，最重要的是它更适合这个民族的发展。

如果我们转向全球和欧洲经济的最新发展趋势，那么从长远来看，对现代青年来说，最有利可图的职业和朝阳产业就是文化资源的保护和开发。

这并非偶然，今天许多西方的公司（不仅在西部）向最有前途的领域和“文化产业”领域中投入了非常雄厚的资金，尤其是向文化商品的生产、先进的信息技术、基础科学、电子文化遗产中投入了非常雄厚的资金。

2002 年，新的联邦法律《环境和文化遗产保护法》通过后确定的现状，对《文化法》明显不利。看来，在概念规划中，1992 年 10 月 9 日通过的第 3612- Ⅰ号《俄罗斯联邦文化法基础》仍然是唯一的高度专业化、经校正且具有前瞻性的法律。

我们认为，凭借全文化学法律范式，在理想情况下，俄罗斯在不久的将来必须从概念上和在实践中制定《俄罗斯联邦文化环境保护法》，以确定基本术语、概念和方法，这些术语、概念和方法不仅具有空间特性，还具有时间特性。

特别是，似乎应适当从概念上制定文化环境的法律理论，并就概念“文化活动主体”“文物”“环境元素”“文化资源”“文化风险”“文化安全”“文化景观”给出详细的法律规范性定义，还要使用最先进的全文化生态学概念。

该法律中还需要说明法律主体——俄罗斯族、少数民族以及所有人民的基本权利和义务，如文化环境的文化活动主体。这个过程将是极为复杂的。

该法律必须考虑到所有国际和欧洲文化法发展的最新趋势，特别是要考虑到欧洲委员会相应的工作时间、其他国家的先进经验、俄罗斯国家和各地区的特征，还要消除和预防联邦文化立法在一些非常重要和有自身价值的关键领域中发展逐渐滞后的情况。

由于俄罗斯现行文化法中列出了“历史 / 文化区域”概念[①]，但该概念至今还没有规范性的定义，也没有用文字来具体表达，或许在法律题材中尚不存在，故首先应尽可能的审查作为文化环境空间、时间元素的最新概念并在各方面对其阐明。

由于同其他国家一样，目前俄罗斯还没有制定各个科学领域学说、法律学说及实际的文化环境保护和发展法（这完全是一个新的科学领域，还处于起步阶段），如本研究结果所示，我们在足够先进和具有前瞻性的环境保护立法框架内，完全有权保护和发展俄罗斯各民族的文化财产。

从经营管理的角度上来看，该权利从整体上扩大了社会文化体系的文化潜力，在考虑到各区域和地方不同文化活动主体行政管理教育特殊性的情况下，给了更多机会自由创造和负责任地使用所有相关国有和非国有环保机构、部门、服务机构、机关和单位、以及法人的部门和公共资源。

要实现本研究中制定的目标、建议和拟议的思维行动纲领，这些在我们看来似乎只是第一步，并不能称之为终极真理。俄罗斯具有建立先进文化立法的所有先决条件，该文化立法的基础是无限的可能性和俄罗斯文化资源、俄罗斯民族文化遗产（财产）价值，如空间和时间上的文化环境元素，这是主要的永恒财富。

根据经验，考虑到必然会暂时延迟实施制定拟议联邦法的建议，我们认为，在斯维尔德洛夫斯克州单独或同时制定和实施相应的《斯维尔德洛夫斯克州文化环境保护和发展法》是合理的，并将其列入斯维尔德洛夫斯克州文化部和杜马立法工作计划中，以及相关文化生态规划和预算中。

在俄罗斯联邦任何其他先进实体（无论是共和国、州区，还是边区或地区）中，我们还考虑到制定本法律的立法提案权实体的任何建议。

原则上，可以对国家文化遗产（历史和文化古迹）保护机关体系和环境保护体系

---

① 例如，详见分析审查：谢尔盖·尼古拉耶维奇·莫尔恰诺夫《有关俄罗斯联邦国家历史文化区域（历史文化土地）（如斯维尔德洛夫斯克州）的保护》，区间研讨会“历史文化遗产的保护和保存”，伊尔库茨克，2001 年 2 月 21 日。本文见：http://www.patrimony.ru/rus/science/onAreas.htm。

中文化遗产遭到破坏的情况和过程进行生态监测，包括防治恶化的措施（维修、恢复、保存）。

但同时需要注意的是，从科学战略发展的概念方法论角度来看，第一种方案是更优选的方案，而从生态监测实践特殊性的角度来看，第二种方案则是一个很好的方案，当然，生态监测一定要由热爱自己事业的专家来进行。

像往常一样，主要的问题是：谁？如何以及向谁有针对性地划拨专用资金？

在各种融资情况进一步发展时，斯维尔德洛夫斯克州文化历史古迹保护和利用的科学生产中心，如州文化机关具有足够的科学实践基础潜力，还拥有实际组织和实施可能解决斯维尔德洛夫斯克州不可移动文化遗产生态保护问题方案的人力和技术资源。

2005 年 4 月 15 日在圣彼得堡律师事务所召开的国际科学实践会议

《永恒的记忆》（列里赫家族博物馆学院开展的文化瑰宝展览与出版计划）

尤莉娅 · 尤里耶芙娜 · 布德尼科娃，
弗拉基米尔 · 列昂尼多维奇 · 梅利尼科夫
（圣彼得堡国立列里赫家族博物馆学院）

《永恒的记忆》——这是 1914 年，尼古拉 · 康斯坦丁诺维奇 · 列里赫敏锐而郑重地决定对德国人在第一次世界大战期间摧毁的建筑杰作进行记录的文章和照片集的命名，如同发誓永远不会忘记野心所带来的危险，必须提高警惕，捍卫光明。具有独特的表现形式、风格、内涵的艺术家因稀有生物的灭亡及美景标志和历史使命迹象受到破坏而悲痛。还是在很年轻的时候，对人类创造出的那些精美却不受人保护的作品，列里赫就为它们的命运感到担忧，也正是从那时起，他对人类创造的各种作品赞叹不已，比如石器、漆器、木器和金属器，因为正是这些作品让我们明白了什么是永恒。为了仔细观察这些物品精美的外表，为了膜拜建筑杰作和绘画杰作、雕刻品和实用艺术，这位艺术家及其家人游历了俄罗斯西北地区、古俄罗斯市中心、立陶宛、芬兰、法国、意大利、比利时，然后是美利坚合众国，最后是印度、蒙古国、中国、日本。而艺术家"敏锐的眼睛"看到的很多东西，也留在了他的油画和照片中，这些油画和照片都是由他忠实的旅伴、撰稿者、鼓舞者和夫人——叶莲娜 · 伊万诺芙娜 · 列里赫来完成的。也难怪与赞赏之情相比，列里赫总是为光明与和平使者的命运而担心，这些使者的形象受损，甚至由于人的冷漠、无好奇心、精神不振、贪婪和残酷而使这些使者消失。自 1899 年以来，尼古拉 · 康斯坦丁诺维奇 · 列里赫就提出了保护考古遗产、建筑古迹的倡议。起初，这是在与缺乏时代感和美感的人因循守旧和无知做斗争。在这一点上，列里赫的教育活动与他的一些西方同僚、艺术家所做的努力一样，试图对一种在古代作品风格、精神感受方面无动于衷的态度产生积极的影响。因此，在法国重建了哥特式教堂，并谈到了其作为礼拜场所"消失"的必然性，且仅仅因为建筑失修，意大利帕多瓦的小教堂和乔托不朽的壁画就险遭拆除。随着第一次世界大战的爆发，应对一些民族不理智的行为进行抵制，抵制他们开始新的野蛮行为。列里赫预感到整个欧洲的人文主义文化将受到威胁，精神支柱的运动是前所未有的。培养一种新的意识已经成为一种紧急措施：文化遗址不是熟悉的环境，而是神圣不可侵犯的瑰宝，保证人类作为 homo sapiens 存在。随着时光的流逝，我们更清晰地感受到艺术遗产是在不完善的、非常实际的和破坏性的现实生活中获救的最后希望。今天，现实生活不能带给我们任何安慰、任何内心的喜悦，也不能让我们明白我们为什么而活着和所追求的目标。

尼古拉·康斯坦丁诺维奇·列里赫、叶莲娜·伊万诺芙娜·列里赫、他们的孩子、与他们同时代的人们以及与我们同时代的人们精心刻画出了一系列经典形象，既有对精神支柱、心灵财富、思想起飞、尘世美好生活以及人们勇于追求理想生活的歌唱，也有对所有大师和伟大创造者的赞扬。历史上曾多次看到：人心的冰冷总是伴随着巨大的灾难。因为我们想使我们的一系列展览会和出版物《永恒的记忆》成为另一个提醒："人类，要小心！"

这个计划的目的是将关于永恒文化瑰宝的消息传达给我们同时代的人，使年轻人了解不同时代和地球文化的创造者在他们最好作品中的精神成就。该计划的思想基础来源于列里赫家族的各种创造性遗产，列里赫家族在整整一个世纪内收集了有关各种艺术、哲学、宗教和科学方面的崇高、优美而含蓄的人文精神信息。2005 年 4 月 15 日开始实施该计划——这一天是《列里赫公约》(第一个关于保护文化财产的国际性条约)签署 70 周年的日子。组织者想强调每一个有文化的人的不变任务是：永远与文化瑰宝同在，力求与它们进行内部对话，特别是某些古迹遭受变形或遭到毁坏时。

2005 年 4 月 15 日在律师事务所召开了纪念"列里赫公约通过 70 周年"会议，会议期间在圣彼得堡还举行了首次展览会，展出了来自列里赫家族影集的自然遗迹照片、建筑古迹照片和艺术古迹照片，这些照片存放在圣彼得堡列里赫家族博物馆学院的馆藏品中，还展示了尼古拉·康斯坦丁诺维奇·列里赫 1899 ~ 1932 年的绘画作品，其中包括他作于 1903 ~ 1904 年著名的《建筑图集》，来自莫斯科国家东方艺术博物馆和列里赫博物馆的馆藏品。19 世纪末的这些展品讲述的是关于尼古拉·康斯坦丁诺维奇·列里赫"最初的旧时代之旅"。这些旅行都是他与妻子叶莲娜·伊万诺芙娜·列里赫共同完成的。在俄罗斯旅行时，叶莲娜·伊万诺芙娜·列里赫拍摄了 500 多张照片。所以在 20 世纪初，精神和物质文化古迹首次同时具有如此多样化的表现形式——绘画、摄影、旅行者的文学随笔、考古学家的科学报告。

2005 年 6 月 22 ~ 25 日在全俄博物馆联欢节上再次展示了该计划，联欢节在和平大街全俄展览中心举行。列里赫家族博物馆学院首次参加了这次俄罗斯和独联体国家博物馆的会演，该会演是在"博物馆——不相似事物的统一"的口号下举行的。

2005 年 9 月 22 日 ~ 11 月 16 日，在圣彼得斯堡斯莫尔尼教堂"列里赫：圣彼得堡意见"展览会上，第三次举办了专题展览——"永恒的记忆"，与陈列品"俄罗斯联邦博物馆馆藏品中的列里赫遗产"一起来展示。观众首次看到了列里赫家族在圣彼得堡的那部分遗产，这部分遗产在 2003 年被转移到俄罗斯联邦博物馆的馆藏品中。此事件成为列里赫家族博物馆学院（作为科学中心、文化机构）发展史中的标志性事件，并有未来在现代条件下使用列里赫家族所有成员的创造性遗产和纪念性遗产的任务。这次的展品不仅有复制品和照片文件，还有列里赫公寓清洗台上的真实家具、83 件绘画作品和素描作品、实用艺术品、餐具、个人物品、尼古拉·康斯坦丁诺维奇·列里赫进行考古活动时收藏的石器时代物品、手稿和书籍。所展示的原始物品（总数约 300 件）大部分从未展示或出版过。

组织者还在“永恒的记忆”专题展览的框架内计划准备新的展会，其可以命名为：

（1）“最古老的和平寺庙”；

（2）“往昔俄罗斯辉煌的万神殿”（古俄罗斯建筑遗迹）；

（3）“摧毁人类的谬论和恢复人类的希望”（战争期间文化损失）；

（4）“精神之塔可以建在人造塔耸立之处”（世界文化中塔的形象）；

（5）“光辉骑士”（在世界文化中骑士的形象）。

出版的部分计划首先是打算实施尼古拉·康斯坦丁诺维奇·列里赫及其皇家艺术协会、彼得一世以前的艺术博物馆和 1910 年日用百货公司的同事未实现的计划。该博物馆委员会还在 1909 年 11 月 13 日制定了“为了观众广泛了解古代艺术古迹——俄罗斯土地上往昔的遗产而决定发行的古代城市专题著作版本类型”。第一套丛书预计包括十二个古俄罗斯城市（基辅、大诺夫哥罗德、普斯科夫、科斯特罗马、雅罗斯拉夫尔、大罗斯托夫、斯摩棱斯克、弗拉基米尔、切尔尼戈夫、喀山、大乌斯秋格和沃洛格达）。该计划的组织者打算实现并延续列里赫计划及其他有关在第一次世界大战期间被毁坏的艺术古迹的出版作品——《永恒的记忆》（包括卢万、兰斯等其他欧洲城市毁坏的古迹出版物）。这一作品及其他未实施的作品对目前已更新的展览出版计划《永恒的记忆》赋予了新的名称。

《永恒的记忆》——这是俄罗斯教堂里响起的曲调，为了让人们永远记住日常生活所需的精神摇篮，和记住让人成为人的东西：内心激情和思想激情的延续性。

遗憾的是，随着 19 世纪铁器时代和 20 世纪的结束，根据亚历山大·亚历山德罗维奇·布洛克的预言，20 世纪果然是血雨腥风的时代，破坏文明的行为和粗暴地破坏古迹的行为也从未消失。在 21 世纪，呼吁保护文化瑰宝比以往任何时候都更为迫切。这是生死攸关的问题，而已经不单单是物质文化遗产的问题，更是地球上全人类的问题。

2005 年 4 月 15 日在圣彼得堡律师事务所召开的国际科学实践会议

“告诉我，我会记得；给我看一眼，我不会忘记……”

《文化古迹——人类仇恨的牺牲品》展览会资料

米拉－瓦莲京娜·利马太嫩
（尼古拉·康斯坦丁诺维奇·列里赫芬兰协会秘书，芬兰赫尔辛基市）

过去和现在不文明的事例可以教会我们很多东西——当然，前提是我们想要学习。

列里赫遗产富有创造性的生活，这是对新时代、对未来的呼唤！我们迫切的需要响应这一呼唤！

人们常常说，文化古迹——这是对过去活生生的见证。通过两种情况来支持这种信念。一方面，是由其创造者意志中体现出的信念来决定的，该信念中融合了创造者的感情、情绪压力、精神追求、智慧和专业技能。几代人都离开了，但我们不仅可以与其进行沟通和交流，而且由于历史遗产的存在还能非常频繁地与之进行沟通和交流。毫无疑问，后者是现代文化保存状况较好的一部分，而且是真实存在的。

而另一方面，遗产就像所有富有生命力的事物一样，正在恶化，并遭到故意损坏，甚至破坏。在有些情况下，过去的遗迹极其憎恨真正的破坏者。过去的古迹都被埋没——与人们不同的是，它们的讲话只有那些热爱它们和憎恨它们的人才能听得见，大部分对其漠不关心的人是完全听不到它们的讲话，但这些人却能保护它们。事实证明，人类至今都还没有意识到他们对子孙后代所承担的世界文化遗产命运的责任。

人与人之间出现的冲突对文化古迹的命运造成了极其有害的影响。许多认为自己是“文明国家”的国家，也破坏了并继续在破坏着世界文化遗产。令人吃惊的是，人性如何在几千年来一直保持不变——埃及法老不遗余力且不惜重金打造了巨大的神庙，但仍旧不珍惜祖先们的创作：无情地砍掉雕像的面孔、摧毁了雄伟壮观的石砌建筑，而这些建筑本该保留几个世纪的。公元前 4 世纪，赫洛斯特拉特受自卑感的驱使，并为了扬名于世而破坏了世界七大奇迹之一的以弗所的阿尔忒弥斯神庙，难道今天可以摆脱自卑感和扬名于世的欲望吗？就因为迦太基象征着想要成为比世界上最强大统治者更强的人，迦太基就“必须被摧毁”吗？他是否使我们想起现代的巴格达？而对几个世纪以来与其和睦相处的最近邻国的仇恨，是由于某个人点燃火柴而爆发的；于是古罗马人建造的神庙、清真寺、天主教教堂、桥梁和宫殿都倒塌了。

这是否可以证明我们就是波斯尼亚、塞尔维亚、克罗地亚、科索沃的目击者?

对其他民族的生活方式、世界观、哲学、信仰、习俗的不尊重、不愿接受和无法容忍造成的人员伤亡和巨大的文化损失，往往就像人的生命一样无法补偿。

珍惜、了解和热爱自己遗产的人，能够尊重和理解其他人的这种情感。我们的未来是指个人与万物之间的和谐。重要的是，应为每个人找到这种和谐，使国家能在世界史中留下记忆，同时也成为具有伟大共性的人类的一部分。

“建筑也是一部世界编年史，”尼古拉·瓦西里耶维奇·果戈理在《论当代建筑》中写道，“当歌曲不再传唱、传说无人讲述时，当没有任何东西讲述一个已经消亡的民族的故事时，只有建筑还在诉说着这一切。即使建筑已经变成了被挖掘出来的废墟，在我们的城市中，它也依然如同那个民族衰败时的模样，当看到这些建筑时，就使我们忽然想起这个民族昔日生活的景象，便会使我们沉醉于其日常生活和习俗中，我们要感谢它的存在，让我们对过去各个时期的自我提高有了认识。”

修建作为政权、庄严、实力、信念、胜利象征的建筑；它们建立于21世纪，以便向子孙后代传达其创造者的思想和价值观。它们存在的时间必须比生命非常短暂的凡人存在的时间更久远。它们主要是用耐用材料建造的，以便使其自然老化的过程绵延数百年甚至上千年。但也正是由于这些原因它们才遭到破坏。而事实证明，“摧残”古迹就是“摧残”记忆、“摧残”灵魂、“摧残”历史、断绝世代的联系、破坏环境，而不单单是人力消除建筑。

有时候，在反对文化的可怕罪行背后往往是简单而平凡的经济利益。古迹需要投资，而出租土地及该地方任何其他的建筑物都将带来巨大的利润。

应该明白，随着被毁坏的古迹和扭曲意识的出现，任何经济情况下都不会有正常的社会，同时经济也不会发展。

如果在这之后我们仍不感到羞愧，那么我们的选择“钱，只有钱”，不仅会毁灭文化古迹，还会摧毁我们的灵魂。

这就是我们的选择。

在圣彼得堡国立大学召开的第十三届“列里赫遗产”国际科学实践会议

2006年10月9日主楼彼得罗夫斯基大厅全体会议

参考文献

《俄罗斯文化遗产的命运（20世纪）》（第1卷·黑皮书），《损失》，莫斯科：《艺术——21世纪》，2003年，第463页：插图“俄罗斯建筑与景观”。

《俄罗斯文化遗产的命运（20世纪）》（第2卷·白皮书），《查找》，莫斯科：《艺术——21世纪》，2003年，第399页：插图"俄罗斯建筑与景观"。

《俄罗斯文化遗产的命运（20世纪）》（第3卷·红皮书），《注意事项》，莫斯科：《艺术——21世纪》，2003年，第383页：插图"俄罗斯建筑与景观"。

塔玛拉·伊万诺芙娜·格多尔：《遗失但未遗忘》，《历史悠久的莫斯科：它变成什么样了？》，2006年第8（116）号，第8页。

辛尼钦娜·奥莉加·维克托罗夫娜：《文化古迹——人类仇恨的牺牲品》，莫斯科：以玛格丽塔·伊万诺芙娜·鲁多米诺命名的国立全苏外文图书馆研究所，2003年（《宽容制度》计划的《文化对话》方向）。

“列里赫时代”（2010年）某些展览部分的概况及私人收藏家参与展览会的建立

玛莉娅·尼古拉耶芙娜·切斯诺科娃
（文化学副博士、圣彼得堡国立列里赫家族博物馆学院高级研究员，圣彼得堡市）

“列里赫时代”（圣彼得堡“马涅日”中央展览厅，2010年）展览会的陈列品包含了具有深厚科学和美学内容的多个部分，揭示了列里赫家族创作之路的方方面面。展览会上展出了来自于俄罗斯国内和国外博物馆、档案馆、图书馆、非政府组织以及私人收藏家的作品。我们对下列综合主题和分主题进行了更详细的分析：“尼古拉·康斯坦丁诺维奇·列里赫和叶莲娜·伊万诺芙娜·列里赫在古俄罗斯城市进行的历史艺术考察（1903～1904年）”，“尼古拉·康斯坦丁诺维奇·列里赫和俄罗斯艺术团体”（“艺坛”，俄罗斯艺术家联盟等）（分主题“尼古拉·康斯坦丁诺维奇·列里赫在圣彼得堡举行的艺术教育活动（1899～1918年）”），“圣彼得堡列里赫文化作品的背景，列里赫活动中产生的白银时代创新型研究”和分主题“与推行《列里赫公约》有关的活动”。展览会每个部分都自成一体，同时又与相邻部分的陈列品紧密相连。每个部分中都指定了展品，这些展品是展览文本中着重强调的内容。

“列里赫家族生活和创作的‘俄罗斯时期’（1874～1918年）”单元包含了主题“列里赫家族生活和创作中的圣彼得堡”，该主题又可分为几个综合主题和分主题，其中包括“尼古拉·康斯坦丁诺维奇·列里赫在圣彼得堡举行的艺术教育活动（1899～1918年）”。这个分主题是由一些小单元组成，这些小单元向参观者介绍了尼古拉·康斯坦丁诺维奇·列里赫皇家艺术协会活动展。

尼古拉·康斯坦丁诺维奇·列里赫受邀到皇家艺术协会任职，并被聘任为德米特里·瓦西里耶维奇·格里戈罗维奇皇家艺术协会工业艺术博物馆的副馆长，随后又被聘任为皇家艺术协会助理秘书和尼古拉·彼得罗维奇·索布科主办的《艺术与艺术产业》杂志主编。自1901年以来，尼古拉·康斯坦丁诺维奇·列里赫就是皇家艺术协会的秘书。1906年，他还被任命为皇家艺术协会美术学校的校长。他就职后实行了一系列改革，这些改革涉及了组织学校生活和培训计划。“列里赫时代”展览会的相关部分中介绍了皇家艺术协会美术学校的学生——亚历山大·格罗莫夫、叶莲娜·泽姆利娅尼齐娜、伊琳娜·列别杰娃、列涅·奥孔涅利、安东宁娜·普列瓦科、玛尔卡·沙加拉、亚科娃·舒拉、亚历山德拉·谢卡季希娜—波托茨卡娅及该校的教师——伊万·亚科夫列维奇·比利宾、阿格涅萨·埃杜阿尔多芙娜·林德曼、瓦西里·瓦西里耶维奇·马泰、阿尔卡季·亚历山德罗维奇·雷洛夫等人的作品，其中很多老师也毕业于这所美术学校。还展示了由米哈伊尔·亚历山德罗维奇·弗鲁别利命名的、鄂木斯克州美术馆馆藏品中的草图《耶稣头像》，该图由米哈伊尔·彼得罗维奇·包特金、皇家艺术协会副主席和皇家艺术协会工业艺术博物馆馆长德米特里·瓦西里耶维奇·格里戈罗维奇绘制而成。

也许，学生们的作品最能说明美术学校校长和老师的职业能力。以尼古拉·康斯坦丁诺维奇·列里赫命名的圣彼得堡艺术学校、圣彼得堡国立列里赫家族博物馆学院和俄罗斯国立文学艺术档案馆馆藏品及瓦西里·伊万诺维奇·帕列耶夫收藏的物品，以暗红色帷幔为背景进行摆放（墙上及立式玻璃柜中），形成视觉上引人注目而有意义的展览部分。

展览综合主题“尼古拉·康斯坦丁诺维奇·列里赫和俄罗斯艺术团体”（“艺坛”，俄罗斯艺术家联盟等）与皇家艺术协会美术学校校长负责的尼古拉·康斯坦丁诺维奇·列里赫活动综合主题密不可分，尼古拉·康斯坦丁诺维奇·列里赫是圣彼得堡多个艺术团体的成员。1910～1913年，他担任了于1898年成立的艺术协会“艺坛”主席，协会成员有：伊万·亚科夫列维奇·比利宾、格奥尔吉·伊万诺维奇·纳尔布特、姆斯季斯拉夫·瓦列里扬诺维奇·多布津斯基、鲍里斯·米哈伊洛维奇·库斯托季耶夫、叶夫根尼·耶夫根耶维奇·兰谢列、安娜·彼得罗芙娜·奥斯特罗乌莫娃－列别杰娃、康斯坦丁·安德烈耶维奇·索莫夫、斯捷潘·彼得罗维奇·亚列米奇、库兹马·谢尔盖耶维奇·彼得罗夫－沃德金、康斯坦丁·费多罗维奇·尤翁，他们的作品在这部分中展出。各类艺术协会的许多参加者都是美术学校的毕业生或该校的任教老师，这也解释了为什么展览的综合主题是相互贯穿的。

在“列里赫家族生活和创作的‘俄罗斯时期’（1874～1918年）”单元中，揭示了主题“尼古拉·康斯坦丁诺维奇·列里赫创作中的俄罗斯”。在这里，在分主题“尼古拉·康斯坦丁诺维奇·列里赫和叶莲娜·伊万诺芙娜·列里赫在古俄罗斯城市进行的历史艺术考察（1903～1904年）”中展出了尼古拉·康斯坦丁诺维奇·列里赫的相应作品及其在考察期间拍摄的翻印照片，其目的是研究和力求保护历史古迹和艺术古迹，这些古迹不仅包括建筑作品、圣像画和出土文物，还包括旧的习俗、传说和故事。1899年，尼古拉·康斯坦丁诺维奇·列里赫完成了他的第一次远途旅行——涅瓦河和沃尔霍夫河之旅。《罗斯民族的起源：斯拉夫人》（1895～1902年）就属于这一时期的作品。尼古拉·康斯坦丁诺维奇·列里赫还创作了这样的作品，刻画了旧拉多加和大诺夫哥罗德的形象。1903年，尼古拉·康斯坦丁诺维奇·列里赫和叶莲娜·伊万诺芙娜·列里赫一起游历了50座古老的城市，进行了“伟大的朝圣之旅”——从喀山到立陶宛边境。他们途经大罗斯托夫、雅罗斯拉夫尔、科斯特罗马、下诺夫哥罗德、弗拉基米尔、博戈柳博沃、苏兹达尔、整个莫斯科郊外等地方。1904 年夏，他们又开始了新的旅程：上伏尔加河、乌格利奇、卡利亚津、特维尔、瓦尔代高地、原大诺夫哥罗德杰列夫斯行政区领地。而叶莲娜·伊万诺芙娜·列里赫在等待她第二个儿子斯维亚托斯拉夫出生时，尼古拉·康斯坦丁诺维奇·列里赫又独自游历了很多地区。

尼古拉·康斯坦丁诺维奇·列里赫的系列绘画《古俄罗斯古迹》是他古老俄罗斯城市之旅的主要成果，也被称为建筑学绘画。他的个人展中展出了该系列的作品，名为《俄罗斯古代写生画》（圣彼得堡，皇家艺术协会 1903 年 12 ~ 1904 年 1 月）①。在“列里赫时代”展览会上也展出了俄罗斯博物馆提供的这一系列作品。1903 ~ 1904 年旅行期间，列里赫拍摄的照片被刊登在杂志《建筑师》和《俄罗斯艺术史》上，伊戈尔·埃姆曼努伊洛维奇·格拉巴里还邀请尼古拉·康斯坦丁诺维奇·列里赫到编辑委员会就职。可以在展览会的广告位上看到这些翻印的照片。

对于尼古拉·康斯坦丁诺维奇·列里赫而言，高加索是历史艺术之旅的地方。西徐亚古迹和萨尔马特人古迹引起了他的关注。这些旅行的感悟都体现在这位艺术家的油画和论文集上。展览会上展出了列里赫研究收藏的杂志《海湾》（1914 年第 6 期），在这期杂志上发表了尼古拉·康斯坦丁诺维奇·列里赫的翻印画作《方舟 / 山》。在同一玻璃柜中还放置了杂志《艺术和艺术产业》（圣彼得堡，1899 年第 9 ~ 10 期），在这期杂志上发表了尼古拉·康斯坦丁诺维奇·列里赫同一批收藏品中的文章《从瓦兰吉亚人到希腊人的道路上》。圣彼得堡国立列里赫家族博物馆学院收藏品中的照片《大诺夫哥罗德：克里姆林宫圣索菲亚大教堂的钟楼》与杂志一起放在玻璃柜内，在此基础上还绘制了文章的插图。1899 年，尼古拉·康斯坦丁诺维奇·列里赫将拍摄的这张照片用白色颜料来进行修补，并用铅笔标注了未来杂志的插图边界。

“与推行列里赫公约有关的活动”单元是为了发展有关需要制定保护文化财产的法律文件的想法，这是尼古拉·康斯坦丁诺维奇·列里赫在圣彼得堡大学法律系学习（1893 ~ 1898 年）时萌生的想法，此想法在《列里赫公约》（该条约后来闻名于世）中得到体现。此外，我们还想强调一下尼古拉·康斯坦丁诺维奇·列里赫所提出的问题的紧迫性，即现在必须保护文化古迹免遭破坏。

1897 年春，尼古拉·康斯坦丁诺维奇·列里赫参加了著名的法学家、教材《文明国家的现代国际法》的作者——费奥多尔·费奥多罗维奇·马尔坚斯（1845 ~ 1909 年）教授的讲座。费奥多尔·费奥多罗维奇·马尔坚斯是 1899 年应俄罗斯倡议召开的第一次海牙和平会议提纲真正的起草人，他还参加了 1907 年第二次海牙和平会议的

---

① 弗拉基米尔·列奥尼多维奇·梅利尼科夫：《古老的艺术殿堂——尼古拉·康斯坦丁诺维奇·列里赫首次个人展览会 100 周年前》，《列里赫遗产：国际科学实践会议论文集》第五卷《保护文化财产：圣彼得堡的传统习俗》，圣彼得堡：圣彼得堡国立大学列里赫中心，2009 年，第 88、137 页。

工作[①]。第一次世界大战中的恐怖事件——兰斯大教堂、图书馆、市政厅和卢万教堂遭到破坏——遭到了强烈的谴责，这在致法兰西共和国总统和美国大使的电报中有所体现，其文本作者是尼古拉·康斯坦丁诺维奇·列里赫。电报由皇家艺术协会学校教务委员会全体人员所签署，尼古拉·康斯坦丁诺维奇·列里赫当时是该校的校长[②]。1915年，这位艺术家向尼古拉二世介绍了通过两国之间的协议来确保战争时期文化财产能得到保护的提案，但那时尼古拉·康斯坦丁诺维奇·列里赫的思想并没有得到发展。在1928年完成第一次中亚考察后，尼古拉·康斯坦丁诺维奇·列里赫再次呼吁全世界的国务活动家和社会活动家来研究古迹的保护问题。法国和比利时的活动家最先做出回应。法国法学家格奥尔吉·加夫里洛维奇·什克利亚韦尔博士和阿尔贝特·霞飞·德·拉·普拉杰利教授，按照国际法准则制定了保护国际艺术和科学机构、公使馆和收藏品的国际条约法律形式，该国际条约由尼古拉·康斯坦丁诺维奇·列里赫提出[③]。按照此条约，在战争期间，教育、艺术、科学机构和公使馆均应被视为中立机构，还应受到交战双方的保护。

1929~1930年，成立了五个委员会来宣传《列里赫公约》的思想：其中两个在美国，其他三个分别在法国、比利时和印度。1930年，该计划由国际联盟的国际博物馆委员会所批准。该计划被发表在欧洲和美国的报刊上。阿尔伯特·爱因斯坦、托马斯·曼、拉宾德拉纳特·泰戈尔、赫伯特·威尔斯以及许多国家的元首和军事家都对该计划表示支持。在印度，印度总理尼赫鲁、印度的政府领导人和政治家、科学家、哲学家萨韦帕利·拉达克里希南、教授钱德拉塞卡拉·文卡塔·拉曼都表示赞成《保护文化古迹公约》。为了宣传公约的思想，在比利时和美国还召开了大型国际会议。并于1935年4月15日在华盛顿签署了《关于保护艺术和科学机构及历史纪念物条约》(《列里赫公约》)。当时共有21个国家的代表在文件上签字。该条约后附一个识别旗帜的样本（图一）[④]。

该部分玻璃柜内陈列了圣彼得堡国立列里赫家族博物馆学院收藏的展品，如国际

① 弗拉基米尔·列奥尼多维奇·梅利尼科夫：《列里赫公约和世界文化联盟的重要阶段——与M.A.蕾斯托娃共同翻译英文版的五个附件》，《列里赫公约70年：2005年4月15日圣彼得堡律师事务所召开的会议材料》，圣彼得堡，2005年，第38页。

② 尤莉娅·尤里耶芙娜·布德尼科娃：《永恒的记忆——一个版本的历史》，《列里赫遗产：国际科学实践会议论文集》第Ⅱ卷《迈向人类团结道路的新俄罗斯》，圣彼得堡，2005年，第319~321页。

③ 详见列里赫公约的初始草案，该草案是由尼古拉·康斯坦丁诺维奇·列里赫提出的，并在纽约由格奥尔吉·加夫里洛维奇·什克利亚韦尔博士和阿尔贝特·霞飞·德·拉·普拉杰利教授于1928年8月按照列里赫博物馆的请求进行编制：《列里赫公约70年：2005年4月15日圣彼得堡律师事务所召开的会议资料》，（责任编辑：米哈伊尔·鲍里索维奇·皮奥特罗夫斯基），圣彼得堡，2005年，第52~54页。

④ 《关于保护艺术和科学机构及历史纪念物条约》(《列里赫公约》)，《列里赫公约70年：2005年4月15日圣彼得堡律师事务所召开的会议资料》，圣彼得堡，2005年，第55~58页。

图一　哈尔滨（中国）列里赫公约俄罗斯委员会和平旗帜
（1934 年，绸缎、丝线、刺绣品、织物贴花。尺寸 33 厘米 ×48 厘米。© 圣彼得堡国立列里赫家族博物馆学院）

联盟通过《列里赫公约》与和平旗帜的第一次会议公告（比利时布鲁日，1931 年 9 月 13 ~ 16 日）、1933 年 11 月 17 ~ 18 日在华盛顿召开的“第三届国际列里赫公约与和平旗帜会议”提纲、1931 ~ 1932 年在布鲁日召开的“国际列里赫公约会议”贺卡、专供和平旗帜用的《奥赛梯》特刊（巴黎，1933 年 7 ~ 9 月）。

这部分展览着重强调的是圣彼得堡国立列里赫家族博物馆学院收藏的两件展品——海报《人类公敌》（1914 年）（其作者是尼古拉 · 康斯坦丁诺维奇 · 列里赫），以及和平旗帜（1934 年由仁慈堂女性神圣谢尔吉耶沃协会成员在哈尔滨制造，尼古拉 · 康斯坦丁诺维奇 · 列里赫亲自进行指导）。该海报是地道的俄罗斯版画，反映了法国和比利时的文化古迹遭到了不文明的破坏，这无疑使其更具表现力。画中德国皇帝威廉二世是邪恶和野蛮的化身，在其背后人们看到了被其摧毁的城市——卢万和兰斯。此海报当时的印刷数量巨大，并分送到俄罗斯军队中。

根据《关于保护艺术和科学机构及历史纪念物条约》（《列里赫公约》），旗帜是一个红色圆环图像，其中包含三个白底红色圆形。很明显，该旗帜所要表达的是：各交战国应保护并尊重文化机构的权利。尼古拉 · 康斯坦丁诺维奇 · 列里赫对和平旗帜的描述如下：旗帜上红色圆环中三个相连的白底紫红色圆圈象征着永恒和统一[①]。尼古拉 · 康斯坦丁诺维奇 · 列里赫还将和平旗帜与红十字会旗帜进行了比较。

在这一展览部分中揭示了主题“尼古拉 · 康斯坦丁诺维奇 · 列里赫——博物馆的创始人和发起人”。要反映这一主题，困难在于缺乏能够描述列里赫为创建博物馆所做工作的实质性内容。墙上的广告位上写着尼古拉 · 康斯坦丁诺维奇 · 列里赫对博物馆事务的贡献。

尼古拉 · 康斯坦丁诺维奇 · 列里赫是圣彼得堡和国外等多家博物馆的创始人。他是

① 《和平旗帜：汇编》。莫斯科：国际列里赫中心，1995 年，第 105 页。

圣彼得堡第一个历史、文化和生活博物馆的创始人之一，该博物馆是在1907年创建的老彼得堡博物馆的基础上创办的，并是圣彼得堡国家历史博物馆的前身。该博物馆由建筑艺术家协会的成员所创建。此外，建筑艺术家协会还成立了一个彼得一世以前的艺术和生活博物馆创建委员会，该博物馆于1909年对外开放，尼古拉·康斯坦丁诺维奇·列里赫担任委员会主席。

尼古拉·康斯坦丁诺维奇·列里赫还对博物馆和卡尔·伊万诺维奇·马伊中学（卡尔·伊万诺维奇·马伊是该中学的毕业生）历史研究室的收藏品进行了补充。

尼古拉·康斯坦丁诺维奇·列里赫加入了俄罗斯文艺复兴协会创始人理事会，他负责监督俄罗斯军事基地中军事荣耀博物馆的建立和皇村中俄罗斯费奥多罗夫斯基沙皇村落的建设。他还参与了以德米特里·瓦西里耶维奇·格里戈罗维奇命名的工业艺术博物馆的工作，该博物馆于1870年由帝国艺术奖励协会建立。在这个博物馆内展出了实用装饰性艺术样品。而1915年建立的帝国艺术奖励协会学校下辖俄罗斯艺术博物馆则充分体现了尼古拉·康斯坦丁诺维奇·列里赫的丰富思想。尼古拉·康斯坦丁诺维奇·列里赫是该博物馆理事会的领导。在他看来，俄罗斯艺术博物馆的主要收藏品应由以下艺术作品构成：绘画、雕塑、艺术家和收藏家的捐赠品。

1923年11月，尼古拉·康斯坦丁诺维奇·列里赫在进行了第一次中亚考察后，列里赫博物馆就已经对外开放，该博物馆位于纽约联合艺术大师研究所的建筑物内。尼古拉·康斯坦丁诺维奇·列里赫参与了博物馆的建立、工作的安排和第二次世界大战后博物馆的后续重建工作。

20世纪20～30年代，尼古拉·康斯坦丁诺维奇·列里赫加入了布拉格俄罗斯艺术博物馆监事会。1924年，他倡议在印度马德拉斯附近的阿迪亚尔市建立以叶莲娜·彼得罗芙娜·布拉瓦茨卡娅命名的博物馆。

列里赫于1928年在印度库卢山谷创建的喜马拉雅山研究所内也有博物馆，创建该博物馆是为了保存考察所得的文物。

尼古拉·康斯坦丁诺维奇·列里赫还对列里赫协会在巴黎、里加、布鲁日创建的博物馆馆藏品进行了补充。

需要指出的是，在举办“列里赫时代”展览会时，私人收藏家、列里赫遗产收藏家以及那些优秀的科学与艺术人才、社会活动家的倡议所发挥的作用，以及他们的创作之路都与列里赫家族的生命线交汇。

在“尼古拉·康斯坦丁诺维奇·列里赫在圣彼得堡举行的艺术教育活动（1899～1918年）”和“尼古拉·康斯坦丁诺维奇·列里赫和俄罗斯艺术团体”部分中，展出了著名大师（“艺坛”成员，也是俄罗斯艺术家联盟的成员）的作品，该作品为弗拉基米尔·伊里奇·帕列耶夫的收藏品之一。

展览会参观者并不总是只关注参展物品的来源，还关注该展品属于哪家博物馆的馆藏品或属于哪位私人收藏家的收藏品。在“列里赫时代”展览会意见簿上可以看到参加这次展览会的收藏家的感谢之词。展览会参观者向瓦列里 · 亚历山德罗维奇 · 布伦采夫致谢："这次展览会是独一无二的，简直就是一个奇迹，非常感谢！谢谢瓦列里 · 亚历山德罗维奇 · 布伦采夫展示了罕见且非常有趣的照片及有关列里赫的资料。敬礼！斯维里多娃 · 塔玛拉 · 米哈伊洛芙娜（谢斯特罗列茨克）。"除了展出收藏家收藏的物品外，还展出了由瓦列里 · 亚历山德罗维奇 · 布伦采夫所拍摄，并赠予列里赫家族博物馆学院的照片。

参观者向亚历山大 · 谢尔盖耶维奇 · 费多托夫表示感谢，感谢他提供了有关罗斯文艺复兴协会活动的资料，和作为鼓舞者之一的德米特里 · 尼古拉耶维奇 · 罗曼上校（建设俄罗斯费奥多罗夫斯基沙皇村的发起人和积极参与者）的资料。为了创建俄罗斯费奥多罗夫斯基沙皇村，尼古拉 · 康斯坦丁诺维奇 · 列里赫做了大量工作："非常感谢你们举办这次展览会，我们感到非常震惊。非常感谢对德米特里 · 尼古拉耶维奇 · 罗曼及其家人的追念（签名难以辨认）。2010 年 5 月 8 日"①。

私人收藏家、学者、作家、社会活动家和列里赫亲人的后代都参加了这次展览。尼古拉 · 康斯坦丁诺维奇 · 列里赫将油画《在彼岸》（1897 年）从以亚历山大 · 尼古拉耶维奇 · 拉吉舍夫命名的萨拉托夫州国立艺术博物馆带到该展览会上展出，并将其献给了展览计划的其中几位参与者：弗拉基米尔 · 亚历山德罗维奇 · 弗罗洛夫——马赛克镶嵌艺术家和收藏家弗拉基米尔 · 亚历山德罗维奇 · 弗罗洛夫的后代，尤里 · 亚科夫列维奇 · 布克列耶夫——作家弗谢沃洛德 · 尼坎诺罗维奇 · 伊万诺夫的继承人，鲍里斯 · 德米特里耶维奇 · 瑟罗米亚特尼科夫——俄罗斯杰出政论家、东方学家、旅行家和勘探家谢尔盖 · 尼古拉耶维奇 · 瑟罗米亚特尼科夫的后代。

在展览会上，最有趣的一个圣彼得堡私人收藏品资料中介绍了尼古拉 · 康斯坦丁诺维奇 · 列里赫一个最有天赋的学生——安东宁娜（尼娜）· 安东诺芙娜 · 普列瓦科（少女时期——茹克，第二次婚姻——马科夫斯基）的情况。除了原始文件和发表在期刊的图片外，在安东宁娜 · 安东诺芙娜 · 普列瓦科的玻璃柜中还展出了帝国艺术奖励协会绘画学校校长赠送给学生的礼物——尼古拉 · 康斯坦丁诺维奇 · 列里赫亲自制作的陶瓷小象。

总的来说，"列里赫时代"展出的作品不仅可以展示出列里赫家族活动的规模，查明一些未知的事实和人物姓名，还开辟了进一步研究的前景。

圣彼得堡国立大学第十届"列里赫遗产"国际科学实践会议

2010 年 10 月 8 日主楼彼得罗夫斯基大厅全体会议

① 《"列里赫时代"展览会意见簿》第 10 页第 15 句话。

信息社会文化财产保护的主要方向

谢尔盖·谢尔盖耶维奇·希林
（政治学副博士、圣彼得堡国立大学国家
关系系国际人文交流教研组副教授，圣彼得堡市）

自科技语篇中出现信息社会这一理论概念时起，许多研究此主题的作者在自己的作品中着重分析了这一社会现象产生的文化影响。“现在将有可能控制整个文化的氛围，就像我们开始转向维护世界市场经济的平衡”——马歇尔·麦克卢汉在1967年写了一篇关于信息通信技术发展的文章①。后来，这个著名的思想家引起了公众的注意，新的信息环境把文化与业务紧密地联结起来，因此，文化生活按照市场经济的规律开始发挥作用，而“文化”和“业务”概念本身在很大程度上是同义词②。

1960年年底，美国社会学家、未来预测学委员会主席丹尼尔·贝尔对2000年进行了预测：“文化成为更具享乐主义的、兼收并蓄并富有表现力的文化，既不相信任何权威，也不相信资产阶级依赖于科技时代的成果而姗姗来迟的回报。”③他还声称，预计将降低社会结构文化发展的制约性和未来文化习俗的个性化，这些对我们来说是已经存在的，部分甚至是已经过去的。

提出了“电子技术至上社会”概念的政治理论家兹比格涅夫·布热津斯基，作为电子技术至上社会的来临产生的自然影响，他提出了美国大众文化必然会在世界各国出口的想法，因为在他看来，这种文化是非意识形态化的体现，非意识形态化意味着脱离信仰的组织表现形式，包括摆脱政治纲领的约束，并根据每个人的情感和需要选择生活方式来取代它们④。

与丹尼尔·贝尔一起工作的赫尔曼·卡恩，把“global metropolis”的概念运用于科学，还把其作为一个城市来进行描述，其中有很多相互独立且意义相同的文化，这些文化捍卫着其自主发展的权利。这种想法在“马赛克文化”概念的框架内得以发展。在赫尔曼·卡

① 马歇尔·麦克卢汉：《理解媒介：人的延伸》，纽约，1967年，第41页。

② 马歇尔·麦克卢汉：《文化是我们的业务领域》，纽约、多伦多，1970年，第54页。

③ 丹尼尔·贝尔：《2000年——思维的轨迹》，《迈向2000年——进展中的工作（Work in Progress）》，波士顿，1968年，第7页。

④ 兹比格涅夫·布热津斯基：《两个时代之间——美国在科学技术的时代中扮演的角色》，纽约，1970年。

恩看来，它出现在后工业社会，并与“统一同质文化”相对立，有向全球蔓延的趋势[①]。

20 世纪 70 年代中期，一些法国研究人员开展了社会计算机化的综合研究，西蒙·诺拉和阿兰·明克撰写的《社会计算机化——一份致法国总统的报告》一书是此类研究的成果。在本书的一章中专门讨论了文化冲突。此外书中还特别指出，不同群体对语言简化趋势的态度将成为影响信息社会社会多态性的一种因素，这种趋势与数据库和其他电子媒介的通讯效率有关。因此，计算机化还提供了一种通用语言，以便于消除文化的不平等现象。同时他们认为，虽然这种简化语言会得到改善且适合所有较为成熟的对话，但它仍然会受到抵制。编程语言的可接受性将取决于主体的文化水平，这也是不平等看待远程信息处理效果的原因。“与以往相比，语言成了一种文化。”西蒙·诺拉和阿兰·明克如是指出[②]。

日本研究人员增田米二曾预测了信息社会文化休闲活动价值的增长量，那里的人们很少创造物质财富，也将很少关注他们的消费情况[③]。

曼纽尔·卡斯特尔认为，世界全球化和个体社会认同性之间的辩证矛盾是新兴社会发展的主要推动力，他将这个社会称为“网络社会”。上述正题和反题的综合结果中应出现新的认同性，曼纽尔·卡斯特尔称之为“project identity”[④]，它可以翻译成中文（不是字面上，而是根据其意义进行翻译）“建设自觉性”。俄罗斯科技语篇中还被翻译为“未来的认同”[⑤]。

总的来说，现阶段的国际社会发展印证了上述专家的预测。新兴的全球信息社会表现出与理论模型完全一致的特点，此特点于 20 世纪 60 ~ 90 年代形成，并成了其本质特征。因此，在信息社会里，为《列里赫公约》里形成的传统文化财产保护方向增添了一个新的方向。

《列里赫公约》的实质在于，它确立了和平时期和战争时期都不能破坏文化财产的原则。该公约的第一条指出，“尊重和保护历史古迹、博物馆、科学机构、艺术机构、教育机构和文化机构”[⑥]。这类文化遗产的形成条件是，工业社会的发展模式及侵略战争、民族解放战争和意识形态的战争威胁了它们。

信息社会采用了一个完全不同的社会发展模式。改变突发事件的性质，最后这种特殊冲突以一种新的方式形成，如信息化战争。危险性和受到威胁的遗产的特征在不

① 赫尔曼·卡恩，韦德·布鲁斯 - 布里格斯：《即将到来的事——20 世纪 70 年代和 80 年代的思考》。纽约，1972 年，第 11、63 页。

② 西蒙·诺拉、阿兰·明克：《社会计算机化——一份致法国总统的报告》，伦敦剑桥，1980 年，第 131 页。

③ 增田米二：《作为后工业社会的信息社会》，华盛顿哥伦比亚特区，1983 年，第 29 页。

④ 曼纽尔·卡斯特尔：《信息时代：经济、社会与文化：认同的力量》，牛津：布莱克威尔出版社，1997 年。

⑤ 曼纽尔·卡斯特尔《认同的力量》，《西方新兴的后工业时代浪潮：选集》，莫斯科，1990 年，第 300 页。

⑥《关于保护艺术和科学机构及历史纪念物条约》（《列里赫公约》），《列里赫公约·70 年》，圣彼得堡，2005 年，第 55 页。

断变化。今天，非物质文化遗产的保护也变得同样重要。如果基于理论研究，摘录其中的引文如上，那么必须谈到文化氛围及其社会完整性、国家和民族的认同感、同质性、保护自然语言、文化休闲活动价值等这类“遗产”。

信息社会的思想在政治层面的实际发展已被一些重大理论研究成果所证实，但在文化领域，它还是对信息社会的到来产生了新的影响。

2000 年 7 月 22 日召开的“八国集团”首脑会议的领导人通过了《全球信息社会冲绳宪章》，在该宪章中，将“全面实现其（信息社会）文化优势”作为“主要目标”[①]。我想了解什么呢？是丹尼尔·贝尔预测的享乐主义的、兼收并蓄并富有表现力的文化的发展情况，还是美国大众文化在世界各地的扩张情况呢？或是兹比格涅夫·布热津斯基从理论上论证的扩张必然性，或者是曼纽尔·卡斯特尔提到的“抵制认同性”的必要性呢？

《冲绳宪章》的中心思想在下列国际政策文件中得到了进一步发展：原则宣言《建设信息社会——新千年的全球性挑战》《信息社会问题全球高级会晤行动计划》《突尼斯承诺和信息社会突尼斯议程》。在信息社会问题全球高级会晤上，编制和通过了所有文件，该会晤分两个阶段举行：第一阶段于 2003 年 12 月 10 ~ 12 日在日内瓦举行，第二阶段于 2005 年 11 月 16 ~ 18 日在突尼斯举行。

宣言特别指出：“建设信息社会时，应优先考虑土著人民的特殊情况，并要保护他们的遗产和文化资产。”[②] 签署宣言的双方制定了“共享信息社会”的基本原则，并指出：“我们同意，……所有利益相关者必须……促进文化多样性并尊重它。”[③] 措辞并不是很理想，因为在没有宣言的情况下，热衷于文化多样性的当事方也是尊重它的，并促进文化多样性的发展。更为重要的是，该论题没有词语“相关的”或对它的具体说明。谈到信息和知识的获取，双方提到了以下几个方面：“应使公共机构更强大，如图书馆和档案馆、博物馆、文化财产藏品馆及其他集体获取站，以助于保存文件记录以及自由、公平获取信息。”[④] 在关于信息通信技术的应用优点部分中，我们发现：“信息通信技术的应用对文化的发展很重要……信息通信技术的应用应便于用户使用……并通过改写当地语言和文化来满足当地需求。”[⑤] 在有些章节中还可看到以下内容：“文化

① 《全球信息社会冲绳宪章》，《外交公报》2000 年第 8 号，第 52 页。

② 《日内瓦原则宣言〈建设信息社会：新千年的全球性挑战〉》，于 2003 年在日内瓦和 2005 年在突尼斯举行的信息社会世界峰会成果文件，日内瓦，2005 年，第 11 页。

③ 《日内瓦原则宣言〈建设信息社会：新千年的全球性挑战〉》，于 2003 年在日内瓦和 2005 年在突尼斯举行的信息社会世界峰会成果文件，日内瓦，2005 年，第 14 页。

④ 《日内瓦原则宣言〈建设信息社会：新千年的全球性挑战〉》，于 2003 年在日内瓦和 2005 年在突尼斯举行的信息社会世界峰会成果文件，日内瓦，2005 年，第 15 页。

⑤ 《日内瓦原则宣言〈建设信息社会：新千年的全球性挑战〉》，于 2003 年在日内瓦和 2005 年在突尼斯举行的信息社会世界峰会成果文件，日内瓦，2005 年，第 19 页。

多样性是人类的共同遗产。信息社会应以文化认同、文化和语言的多样性、传统和宗教的尊重为基础，并应鼓励这种尊重和促进文化和文明之间的沟通。促进、加强和保护不同文化和语言将进一步丰富信息社会，这在联合国通过的相关文件中有所反映，其中包括《联合国教科文组织世界文化多样性宣言》。在建立一个开放性信息社会时，应优先创造、宣传和保存不同语言和不同表现形式的存储信息，同时，还应特别注意创意作品所提供的多样性以及承认创作人和艺术家的权利。必须促进生产和确保所有不同语言和不同表现形式的教育、科学、文化和娱乐存储信息的实用性。开发满足国家或区域所需的当地存储信息，将促进社会经济的发展，并推动所有利益相关者的参与，其中包括农村地区、偏远地区和边缘地区的居民。保护文化遗产是人们认同和自我意识最重要的因素之一，并将社会与过去联系起来。信息社会应采取一切适当的方法（包括数字化）来为子孙后代收集和保存文化遗产[①]。

因此，尽管存在个别措辞的缺点，但世界上绝大多数民族代表签署的宣言，能在更大程度上比八国集团宣言满足文化财产保护的需求。

在行动计划中我们看到了一些更实际的内容。其内涵不仅包含很多文件规定的、并非直接针对文化财产保护的行动，但应考虑到文化的特殊性，如规定："如果志愿者行动按照国家政策和当地文化传统来实施，就可以成为提高人力有效利用的信息通信技术工具能力的重要手段，也可成为建设一个更具开放性信息社会的重要手段"[②]），还包含了专门解决文化多样性和文化认同、语言多样性和本地存储信息等问题的行动[③]。后一种行动在计划中同时共列出了十五项。

《突尼斯承诺》不仅涵盖了《日内瓦宣言》的中心思想，还包含了以下文化领域的规定："我们承认，获取信息以及共享和创造知识将从本质上促进经济、社会和文化的发展……我们强调排除'数字鸿沟'方面障碍的重要性，特别是那些妨碍全面实现各国经济、社会和文化发展和人民富足安康（尤其是发展中国家）的障碍。"[④] 因此，在关于信息社会问题的全球高级会晤的第二阶段，已经发表了关于需要保护和开发文化财产的声明。这说明世界上大多数民族对这个问题越来越关注。

突尼斯会晤的参与者还签署了《信息社会议程》，认为其中"公平和普遍获取金融机制以及对其更好地利用"的必要条件如下所示："鼓励工商部门联合，以便通过向当

---

① 《日内瓦原则宣言〈建设信息社会：新千年的全球性挑战〉》，于 2003 年在日内瓦和 2005 年在突尼斯举行的信息社会世界峰会成果文件，日内瓦，2005 年，第 20 页。

② 《日内瓦行动计划》，于 2003 年在日内瓦和 2005 年在突尼斯举行的信息社会世界峰会成果文件，日内瓦，2005 年，第 37 页。

③ 《日内瓦行动计划》，于 2003 年在日内瓦和 2005 年在突尼斯举行的信息社会世界峰会成果文件，日内瓦，2005 年，第 44～47 页。

④ 《突尼斯承诺》，于 2003 年在日内瓦和 2005 年在突尼斯举行的信息社会世界峰会成果文件，日内瓦，2005 年，第 58 页。

地的文化存储信息和应用程序的设计人员提供支持……来刺激对信息通信技术服务的需求。”[①] 参与者确定了《日内瓦行动计划》的规定，并对其内容进行了如下补充，“帮助教育、科学和文化机构（包括图书馆、档案馆和博物馆）完成自己制定存储信息、确保公平、自由和可接受的存储信息以及保护其多样性（包括数字化的表现形式）等方面的任务，以促进非正规和正规教育、科学研究和创新活动；尤其是通过帮助图书馆完成它作为一个国家服务机关在确保自由和公平获取信息、提高信息通信技术识字率、建立社区级联合企业（包括相应服务不够的社区）等方面的任务”，并“提高所有地区社区的能力，以便编制不同语言或土著民族语言的存储信息”[②]。议程中还谈到了重新保存信息社会所提供的文化遗产的可能性：“我们力求以数字化的表现形式为子孙后代提供有关我们历史和文化遗产的信息。”[③]

因此我们明白，目前有必要重新审视在保护文化财产方面的列里赫遗产。信息社会带来了新的挑战和新的机遇。世界大多数国家的代表签署了各种政治宣言，并注重保护文化财产，也有对问题的理论研究。该问题仍是新的国际法律、司法文件的建立和签署问题，其中将列出需要保护的新文物、需要注意的新威胁，以及保护符合信息社会现实情况的文化财产的新基本原理。

在圣彼得堡国立大学召开的第十三届“列里赫遗产”国际科学实践会议
2006 年 10 月 9 日主楼彼得罗夫斯基大厅全体会议

① 《信息社会突尼斯议程》，于 2003 年在日内瓦和 2005 年在突尼斯举行的信息社会世界峰会成果文件，日内瓦，2005 年，第 71、72 页。

② 《信息社会突尼斯议程》，于 2003 年在日内瓦和 2005 年在突尼斯举行的信息社会世界峰会成果文件，日内瓦，2005 年，第 88 页。

③ 《信息社会突尼斯议程》，于 2003 年在日内瓦和 2005 年在突尼斯举行的信息社会世界峰会成果文件，日内瓦，2005 年，第 91 页。

精神文化的迫切问题

玛琳娜·瓦列里耶芙娜·奇斯托娃
（阿尔泰边疆区非政府组织“列里赫协会‘白水国’”成员，比斯克市）

如今显而易见的是，人类，特别是俄罗斯，正处在一个崭新的历史起点上。我们无法描述这一时期人类发展的所有特征，但关键的是思想取向已经明确。

首先，需要用精神文化的文明来替代对所有生命体有害的消费文明。失去潜力的消费协会已专注于政治和经济，往往这些与文化基础知识不怎么能联系得上。新型人类社会生活正朝着精神文化、超越狭义神学范围并获得哲学、科学、宗教综合知识和高尚道德基础统一的艺术形象精神方面发展。

在过渡时期的复杂条件下，思想的现实意义以几何级数增长，尼古拉·康斯坦丁诺维奇·列里赫将此思想融入世界中，并开始使文化宣传使者的精神具体化。

> 他用尽火焰一般炙热的力量，
> 建立精神世界，
> 他也是文化的传播者，
> 向前迈进几千年。

必须确定过渡时期的最重要目标：首先，必须保存现有的文化财产；其次，要为大大增加文化财产创造条件。

一

众所周知，任何真正伟大的思想都有其象征意义，它会牢牢地铭刻在人们的心中。在《列里赫公约》中，人类精神文化的象征意义化身为和平旗帜，在和平旗帜上描绘出了古老的三位一体标志。所有世界性的宗教和许多民族在不同时期都曾使用过这个言简意赅的语义标志。所以具有象征意义的文化旗帜满足了各种各样的世界观，不会对任何人造成损伤。和平旗帜在世界各地的日益普及就证明这一点，而最近就有几个这样的事例。

2013 年 9 月 21 日，阿根廷全国都飘扬着和平旗帜，这一年也是第一次正式庆祝国

图一 2012 年 4 月 26 日议程——“我们共同建设世界”
（转载于《德尔地峡日报》2012 年 4 月 30 日，第 5 页）

际和平日。在莫斯科的“总统大酒店”，举办了和平旗帜下世界文化日批准的国际运动会议。此外，立陶宛文化日也已成了该国一个新的国家节日。

和平旗帜在这个星球上的胜利，离不开艾莉西亚·罗德里格斯·费尔南德斯（西班牙人，生于 1935 年 5 月 2 日）的忘我工作，她是一位才华横溢的墨西哥女演员，也是联合国和平旗帜国际委员会主席，她已履行这一使命长达 27 年的时间。多年来，艾莉西亚·罗德里格斯·费尔南德斯亲自向世界各文化机构授予了 3000 多面旗帜。

对我们来说，这个忘我牺牲者的名字要倍加珍贵，因为正是在游历俄罗斯阿尔泰山时，和平旗帜的服务理念使她豁然开朗，尽管年事已高，但她仍相信这一理念。2013 年夏，艾莉西亚·罗德里格斯·费尔南德斯到圣彼得堡和阿尔泰地区开始一个新的旅行。在“文化年”前夕，这一事件具有特别重要的意义：和平旗帜的崇高理念可以引爆社会舆论并激励各级管理部门的代表，激起我们所有人内心对文化狂热的崇拜，将和平旗帜的地位提升至国家高度，将自身文化旗帜提高至俄罗斯之上。

二

不可侵犯的国际条约必须保证人类文化资产完好无损。让我们比较一下著名的两个文件——《列里赫公约》和《海牙公约》。

对比分析显示，1954 年通过的《海牙公约》明显不能充分而有效地解决人类文化资产的保护问题。《列里赫公约》同样在国际法律领域中被认为是过时的公约。这种情况会引起消极的后果。正因如此，我们今天一直在丢失过去时代极其珍贵的文化证据，将自己带入到野蛮状态（表一）。

表一　《列里赫公约》（1935 年）与《海牙公约》（1954 年）比较

比较检验	《列里赫公约》（1935 年）	《海牙公约》（1954 年）
推广程度	已有 21 个泛美联盟国家签字。无论是苏联还是俄罗斯联邦均已签字	共有 123 个国家签字，其中包括苏联（1957 年）。俄罗斯是苏联的合法继承人
有效期	保护和平时期和战争时期的文化财产	只保护军事冲突时期的文化财产
主要学说正题	保护文化财产优先于军事需要	军事需要优先
保护标志	 文化旗帜是指和平旗帜。言简意赅的三位一体标志，从远古时代到今天，在世界上许多国家中广泛存在	 蓝色盾牌。起源和作者身份均不明
覆盖范围的完整性	保护所有文物	不适用于保护科学和教育文物
文件语言	清晰、简洁、明了	适用于专业的国际律师
效率	《海牙公约》通过人为方式与其统一化，但《列里赫公约》仍然对外开放，任何国家均可签署	发生所有局部战争和当今军事冲突时，实际上是无效的

“我关于艺术和科学文化财产保护的想法，”尼古拉·康斯坦丁诺维奇·列里赫写道，“最重要的是建立比人类生命还珍贵的国际保护体系。”① 这一国际体系，必须全面而不是部分列入新的现代文件，如《海牙公约》中，俄罗斯应是该文件的发起者。世界舆论期望我们这样做，保加利亚律师马尔加·库察罗娃明确表示：“如果俄罗斯——列里赫的故乡能在事件发生前向国际社会提供解决方案，并且该方案为事件的解决确定方向，它将保护自己对和平旗帜和文化公约的想法，并将成为真正的世界领先国家。”②

三

为了能大量地增加人类精神文化财富，必须要创造相应的条件。这些条件是指人们安宁的生活和思想向文化方向转变，包括政府官员在内。众所周知，瓦莲京娜·伊万诺芙娜·马特维延科是“文化年”的发起人，我们要对其表示深深的敬意！是她让我们

① 《尼古拉·康斯坦丁诺维奇·列里赫文化防御（来自信函）》，新西伯利亚沃斯霍德，2009 年第 6（182）号，第 4 页。

② 马尔加·库察罗娃：《列里赫公约——文化财产保护的国际法律制度基础及其未来》，《列里赫公约 70 周年：2005 年国际科学社会会议的资料》，莫斯科：国际列里赫中心，银行家，2006 年，第 260 页。

有机会奠定俄罗斯未来发展的基石。错过这个机会将是最大的损失，尤其是能把我们社会中形形色色的阶层团结起来的机会，要知道，这些阶层之间有着很深的裂痕。如今，已着手制定一个联邦专项计划，口号是“通过文化走向和平”，这开创了文化发展新的局面，并通过该计划来改造整个人类社会秩序。不仅我们国家（指俄罗斯，译者注）未解决此类规模和级别的问题，整个人类也尚未解决这个问题。这应该是一个治愈国家和社会生活领域中所有人的计划。而且只能是通过科学家、文化工作者、不同专业的专业人士集体劳动才能创建该计划，可以且必须解决这个问题。这一宏伟计划的组成部分应该包括以下内容：①文化领域中的“增长点”区域图，据瓦莲京娜·伊万诺芙娜·马特维延科报道，该图由联邦委员会来绘制。②制定新的《文化法》，俄罗斯国家杜马主席谢尔盖·叶甫根尼耶维奇·纳雷什金强调了其必要性。③精神、文化和民族自决权的整体多样性，俄罗斯总统弗拉基米尔·弗拉基米罗维奇·普京在最新一次瓦尔代演讲中将其直接与社会质量联系起来。

在精神、文化和民族这三个概念之间的相互关系中要指出，必须清楚地意识到共同利益的思想，无论是现在，还是将来均是我国（指俄罗斯，译者注）人民的民族思想，而精神文明则是实现共同利益的工具。

所以俄罗斯及其人民文化的“文明战争”的根本性转折时刻正在到来，并且已经做出了决定性举动。现在对于我们所有人最重要的是，深刻意识到自己对俄罗斯、人类和统一整体在库利科夫精神战役中取得胜利所要承担的责任！

文化旗帜是指和平旗帜，这是我们未来取得胜利的一面旗帜。而只有我们自己，即文化工作者、知识分子、社会活动家才能为祖国文化的转型创造条件，提高和平旗帜的地位，并将自身文化旗帜提升至俄罗斯之上。我们作为思想的承载者，应是伟大根本性转折战役中的军事委员，通过伟大的精神奉献者将这些思想传至全世界，在这些奉献者中，离我们最近的是列里赫主义者。而我们仅存的机会是即将到来的2014年中最值得纪念的日子。这个日子就是圣谢尔吉·拉多涅日斯基诞辰700周年。通过圣谢尔吉·拉多涅日斯基的努力，从肢解且遭受侮辱的罗斯废墟中诞生了神圣的罗斯。这说明，他所从事的行动不仅在政治上团结一致，而且，最重要的是精神上也团结一致。而尼古拉·康斯坦丁诺维奇·列里赫文化传播周年纪念日则使人们意识到，他为圣谢尔吉开创的事业开辟了一个新的阶段。他指出了能够使沉溺于杀戮和腐败的人类精神团结和精神面貌改变的唯一道路。文化之路，这就是唯一的道路。而如果不是圣谢尔吉·拉多涅日斯基和尼古拉·康斯坦丁诺维奇·列里赫，谁又是这条道路的开拓者呢？要知道，如果不是我们，那还能是谁？！

圣彼得堡列里赫家族博物馆学院第十三届“列里赫遗产”国际科学实践会议

2013年10月11日的全体会议

国际“和平旗帜”运动——被遗忘的尼古拉 · 康斯坦丁诺维奇 · 列里赫支持者的团结一致阶段

纳塔莉娅 · 亚历山德罗芙娜 · 托茨
（文化 / 教育杂志 *Delphis* 的主编，莫斯科市）

“法西斯分子甚至都不敢在帕尔米拉生出什么事端。”亚历山大 · 索库罗夫在著名的威尼斯电影节演讲中这样来评价今天发生在叙利亚的野蛮行为。他和他的电影《法语国家集团》一起参加了这次电影节，该片讲述了法国在被纳粹德国占领时，抢救罗浮宫珍品的事件。导演愤慨地问道：“没有罗浮宫的法国是什么，而没有艾尔米塔什博物馆的俄罗斯又是什么？”但我们能对帕尔米拉说些什么呢？不仅是叙利亚，全世界都遭到了无法挽回的损失。要知道帕尔米拉古城至少有四千年的历史！

“棕榈城”被亚述人所摧毁，而所罗门大帝又重新建造了“棕榈城”（公元前 965 ~ 前 928 年）。传说这一次建造“棕榈城”的是金内人，而犹太人国王则可以指挥金内人。人们无法再建造这样一个美丽的城市。10 世纪时它毁于地震，随后在 15 世纪遭到了塔梅尔兰军队的最后一击。

1678 年，两个英国商人意外发现了失落的帕尔米拉古城遗址。但直到 1920 年才开始对其进行系统地考古发掘，并一直持续到不久前。这座古城在沙土保存了这么多年，考古学家小心翼翼地发掘并精心保存，使我们找到了人类历史上丢失的非常重要的内容，政治和宗教的凶猛攻击使之变成了一堆瓦砾。但我们知道，哪里没有文化，哪里就没有未来。安东 · 巴甫洛维奇 · 契诃夫于 1902 年 12 月 30 日在雅尔塔写信给谢尔盖 · 巴甫洛维奇 · 佳吉列夫：“现代文化是一个伟大未来的工作起点，文化将继续传承下去，甚至将继续传承几万年，最好是在不远的未来，人类就懂得了这一上帝真理……”①

2004 年，我们和艺术家弗拉基米尔 · 瓦西里耶维奇 · 纳杰任被邀请前往叙利亚，在

① 《天平》，莫斯科，1905 年第 11 号，第 4、5 页。

那里弗拉基米尔·瓦西里耶维奇·纳杰任绘制了草图，后来又在大马士革俄罗斯文化和科学中心举办了其画展。我们还参观了帕尔米拉古城的其他名胜古迹。沃洛佳的草图、我的论文集和我们的照片在那次旅行中被保留下来（图一、图二）。现在，这是最有价值的古代历史证据，也是被无知的人们用双手从地面抹去的珍贵文化记忆。2008 年在圣彼得堡召开的第八届“列里赫遗产”国际科学实践会议上，我做了“从南帕尔米拉到北帕尔米拉”的报告，报告中讲述了这一沙漠珍珠[①]。今天我们带来了一些沃洛佳绘制的帕尔米拉古城草图，以向你们展示。其中一张草图我们捐赠给了列里赫家族博物馆学院。

图一　地下神庙

（叙利亚大马士革，2003 年，布面油画，40 厘米 × 50 厘米。赠予列里赫家族博物馆学院的礼物）

图二　帕尔米拉

（叙利亚，2003 年，布面油画，50 厘米 ×70 厘米。所有权：加林娜·安纳托利耶夫娜·日加列娃）

现在让我们来谈一谈，我们应该做些什么，能使破坏文明的行为变得越来越少。首先，作为向世界提供“发生武装冲突时必须保存文化财产的公约”及其标志“和平旗帜”的伟大人道主义者，我们应该做些什么？今天，有一些国家采用了这个标志，在各国的城市街道上、博物馆和非政府组织的办公室内都飘扬着这面旗帜——“红十字文化”。但无论是它，还是尼古拉·康斯坦丁诺维奇·列里赫的文化理念，均未成为世界各民族的共同财产。广大人民的意识也尚未觉醒，而且列里赫追随者呼吁建设未来文明的最重要文化的声音暂时还很微弱。要知道列里赫主义者应该站在为我们人生的精神境界而奋斗的战士前列。

正是从列里赫的角度来看，看似站在一个人文主义和宽容的思想立场的各类非政府组织，他们的分裂影响着文化财产价值更有效而广泛的传播。遗憾的是，事实上列

---

① 纳塔利娅·亚历山德罗夫娜·托茨：《从南帕尔米拉到北帕尔米拉》，《列里赫遗产：国际科学实践会议论文集》第Ⅷ卷《尼古拉·康斯坦丁诺维奇·列里赫及其同时代的人》《建筑师和建筑学》《西方眼中的东方》，圣彼得堡，2011 年，第 264～268 页。

里赫运动并没有统一，而是各自独立的，并且他们往往以文明人不能接受的集市争吵的形式存在着。侵略行为、自以为是的信念、无法忍受不同的意见——这一切都是那些所谓的“列里赫主义者”盛行现象的体现。而且还有其他的问题，但往往因为我们分布在各个地方，所以不能相互了解。

已经不止一次地尝试使所有人能团结与和解。多年来，领导国际协会“文化和平”的作家瓦连京·米哈伊洛维奇·西多罗夫为此作出努力。在他去世后，他的同事继续从事此项工作。而今天，最有说服力的成功例子或许是2010年在阿斯塔纳（哈萨克斯坦）举办的世界精神文化论坛，该论坛成了此工作达到全盛的标志，共有72个国家的代表谈到在精神文化的基础上团结统一的必要性。

当然还有其他的尝试，只是没有那么成功，但仍在列里赫运动史上留下了非常重要的足迹。而在我看来，这将有助于重新审视经验，并了解它们为什么不能那么持久和有效，是什么阻碍了它们进一步的发展?

我将讲述1993年5月6～8日在莫斯科和平与和谐联邦礼堂举行的国际“和平旗帜”运动成立大会的相关情况。组织委员会主席是著名的印度学专家，以前是俄罗斯科学院东方学研究所副所长，斯维亚托斯拉夫·尼古拉耶维奇·列里赫杰出的朋友和学生、苏维埃列里赫基金会组织者之一、历史科学博士罗斯季斯拉夫·鲍里索维奇·雷巴科夫。他的助手是彼得·耶夫根耶维奇·费奥多罗夫，一个年轻的演员、导演、编剧和许多儿童节目的主角，如《快速行动》《大清早》《克鲁戈利亚》《丛林的呼唤》《闹钟》等。

他大量的幕后工作包括摄影、配音、剪辑等，天知道还有其他什么。没有这些工作，我们就不可能看到电视屏幕上的一切。他还是我国（指俄罗斯，译者注）第一个开始制作有关叶莲娜·彼得罗芙娜·布拉瓦茨卡娅、列里赫家族、尼古拉·亚历山德罗维奇·别尔嘉耶夫、马克西米利安·亚历山德罗维奇·沃洛申等许多其他视听节目的人。而且这方面他很专业，他的创作与许多列里赫主义者后续业余节目明显不同。在此之前，他的名字已为人所熟知，因为他是莫斯科列里赫协会成立大会的主要组织者之一，成立大会于1989年在国家东方艺术博物馆举办。

而且在“和平旗帜”运动成立大会之前不久，别佳还倡议在和平与和谐联邦礼堂大厅内升起“和平旗帜”（图三）。

这些活动的组织者是这次运动的组织委员会秘书，那时他刚刚成为*Delphis*杂志的主编和创始人。

这一运动是在罗斯季斯拉夫·鲍里索维奇·雷巴科夫的办公室内进行的，我们三个人每月在那里聚会一次，思考如何将列里赫主义者与未来国家和文化的利益结合起来。当时，我们将这些令人难忘的会晤称为“我们的晚间集会”。会晤充满了希望，相信自己的使命，并且罗斯季斯拉夫·鲍里索维奇·雷巴科夫还很爱和别佳开玩笑。

罗斯季斯拉夫·鲍里索维奇·雷巴科夫对新运动的原则和基础描述如下：

图三 和平与和谐联邦礼堂大厅内的“和平旗帜”（莫斯科，1989年）

……许多人找到了志同道合的人，并正在以小群体的形式向着精神顶端和意识深处的方向前进。

他们已经战胜狭隘的宗教主义，超越了对存在某种唯一正确道路“左一步、右一步被视为逃跑”的执着信念。俄罗斯文艺复兴时代的太阳似乎已经出现在地平线上——现在我国（指俄罗斯，译者注）辽阔的土地上有成千上万个这样的群体。那么，为什么我们还需要发起某些运动，为什么要将所有人都统一到某个新的组织中？

如果没有发起，就不会出现“和平旗帜”运动。它在我国（指俄罗斯，译者注）早已存在。希望释放自己创造潜力的个人和统一于社会、基金会、工会、协会并加快俄罗斯精神痊愈的一群志同道合的人，他们集合在一起来从事此项运动。

这就是我们今天的现实生活。但它必须要认识到自己本身正是一个运动。它没有名字，而是成立大会给它取的这个名字。“和平旗帜”是指列里赫的旧思想，“和平旗帜”是指文化红十字会。它并不是完美的，参与者彼此并不了解，他们都是自己单独在努力着。成立大会给他们的不是一个完全毫无意义且有危害的组织，而是以信息咨询中心形式存在的生命共同体。创建一个统一信息中心，可了解其他人并进行自我介绍。运动参与者将并肩工作。同时，所有人都是平等的，拥有充分的独立创作自主性和任何独裁者、董事会、执行委员会的言论自由。任何正式的分级协会（我们周围太多悲伤的例子）的入口和出口均向所有人敞开。

这是对于所有人来说的吗？对所有人来说，他们的信念让他们签署一份唯一的运动文件——共同原则的条约（并且最终，他们的活动要符合他们的声明）。

……我们要做些什么呢？都是一样的：拯救文化、传播精神。传播合理的、善良的、永恒的内容。只要没有噪音、没有教条主义、没有恐惧和谎言，就没有彼此的仇恨。新的俄罗斯将有一个新的意识。

而正因如此才确定了“运动信念”：

今天俄罗斯的痊愈比以往任何时候都更取决于文化的状态。为了进入新一轮进化发展阶段，我们必须要明白什么是文化的内涵和作用。没有文化就没有人民，人民通过其创造的文化在历史上留下自己的姓名。文化是我们存在的依据，是人类活动的最高意义。

我们呼吁所有那些珍惜人文主义和精神理想、相信未来、准备用事实而不是用语言来证明的人加入“和平旗帜”运动中……

请记住，应统一起来：

——不是为了光辉，而是为了共同的事业；

——不是围绕个人，而是基于生活条件。

统一的目的是不创建新的上级向下级发送指令的组织机构。它的宗旨是并肩工作，找到志同道合的人并共同努力执行具体方案，保持组织上的独立性和创作自由。“和平旗帜”运动，是创建一个统一的信息中心。你们将成为国际信息库的存户和接收人，将了解在何处以及如何进行创造性的文化工作。

我们为什么要汇聚在列里赫“和平旗帜”下？我们将把什么作为统一的基础？

（1）控制宇宙意识；

（2）创作的结构性；

（3）每个人今天和明天的责任。

事实上，这将体现古代的智慧：多样化中的统一！我们将把对故乡和地球的热爱融为一体！我们将在运动改革中集结力量——新的教育、生态环境、地方志。不要忘了对我们支持的所有人的仁慈。

通过齐心协力，我们将更接近21世纪的精神文化！

我们要记住：“如此黑暗之时，让我们想到光明”。

在我看来，所有这些句子和原则都没有过时，重新回到这些句子和原则上来是完全合理的。

我保留了成立大会应邀者的名单，并将只列出一些参加了此次会议的组织名称。这份名单清楚地表明了如何广泛地敞开新运动之门。这些组织的名称如下：莫斯科列里赫协会、俄罗斯通神学会、列里赫国际中心、“和平文化”协会、“罗斯－东部－西部”协会、佛学院、维韦卡南达协会、“白水国”文化精神中心、“瓦阿拉姆”文化中心、俄印列里赫艺术俱乐部、俄罗斯科学院东方学研究所、（俄罗斯）国家东方艺术博物馆、文化基金会、戏剧文化联谊会，SETI 文化科学中心、尤里·尼古拉耶维奇·列里赫纪念公寓、宇宙航行博物馆、*Delphis* 杂志等。

还邀请了来自赫尔松、雅尔塔、诺里尔斯克、涅温诺梅斯克、普斯科夫、卡卢加、兹拉托乌斯特、托木斯克、诺夫哥罗德、敖德萨等其他城市的列里赫协会代表。此外，列里赫报纸、杂志和出版社的代表也收到了邀请。当时已出版的列里赫报纸的数量使我大为震惊：《和平旗帜》《和谐》《美人鱼》《照明》《和平玫瑰》《和平大街》《开放式教育》《信任》等。

因为创建信息中心是新运动的任务之一，因此决定立刻发行《公报》。文化基金会代表叶卡捷琳娜·根纳季耶芙娜·阿韦季索娃承诺会帮助未来中心提供技术设备。

那时戏剧文化联谊会只有房间和工作人员，彼得·耶夫根耶维奇·费奥多罗夫来领导该联谊会。而这个地方正是斯维布洛沃谢多夫路 3 号楼 86 号图书馆，并成为运动总部。而最初它的主要组织如下：基于苏联国民经济成就展览会宇宙航行博物馆的戏剧文化联谊会和剧院《朝圣者》（领导人为彼得·耶夫根耶维奇·费奥多罗夫），以及准备出版第一期——*Delphis* 杂志的工作单位。就在这里——斯维布洛沃 86 号图书馆中创建了一个精神复兴中心，并开始出版信息通报。

运动开始后，所有这些组织以及“和平旗帜”联盟以后出现的组织，每年会举办两次大型联欢节，联欢节聚集了所有列里赫主义者。进行活动的礼堂总是座无虚席，许多家庭前来参加，充满了团结友谊的气氛。

总共举行了五次这样的联欢节活动：其中 1993 年举行了一次，1994、1995 年则每年举行了两次。我还有一些联欢节的节目单和海报，其中包括 1995 年举行的一场纪念《列里赫公约》签署 60 周年的联欢节。联欢节的节目单如下：4 月 15 日，在国家东方艺术博物馆举行隆重的开幕式和室内音乐演奏会；4 月 16 日上午，联欢节参与者在 86 号图书馆（斯维布洛沃）精神复兴中心进行发言和召开圆桌会议；当晚，在宇宙航行博物馆举行庆典音乐会。4 月 22 日上午，举行“和平旗帜”少儿联盟（第 615 号学校）作客联欢节；晚上，“和平旗帜”少儿联盟与“莫斯科女郎”俱乐部在国家东方艺术博物馆举办创意会晤。4 月 23 日上午，在彼得罗夫斯基路 2 号表演儿童戏剧《信仰》（艺术指导为 K. 科罗廖夫）；晚上，在宇宙航行博物馆表演戏剧《朝圣者》。在联欢节举行期间，还现场举行了音乐会、戏剧和幻灯片节目等。

这张海报清楚地表明了统一文化和创作界的不同群体的尝试非常成功。并且这条道路是建设性和创造性的。那时所有现有的列里赫协会、中心和联谊会，其中包括列里赫时期的一些知名人物，均参加了这些联欢节。

如果没有肩负重担的领导者，所有这一切都不可能发生。而这个领导者就是别佳·费奥多罗夫。他除了电视方面的众多工作以外，还负责联欢节的大量组织工作，其中幻灯片节目和戏剧《朝圣者》每周要表演四次。当时我们还不明白，忘我的工作可以赚到钱，而我们所有活动的入场都是免费的。别佳是个执着努力的人，他甚至还成功地进行了学术论文答辩。也许，他繁重的工作影响了他的健康，他在 1999 年初逝世了，享年只有 39 岁。

在这之前，其与东正教之间的冲突严重阻碍了列里赫运动的发展。接班人罗斯季斯拉夫·鲍里索维奇·雷巴科夫调到俄罗斯科学院东方学研究所担任管理职务，他需要参加科学工作并进行博士学位论文答辩，因此参加社会工作就变得不那么自由了。

因所面对的烦恼导致的孤立和封闭分化了列里赫主义者。生存问题是主要的问题，而在那时没有达到统一。况且没有找到一个无私的、不妄想得到无限权力和尊重的合适领导人。在场的每一个人都知道，这一切是如何结束的。而现在，我们已经学到了很多东西，文艺复兴时代再次到来，但它已经是一个新的发展阶段，具备所有活动统一和协调的条件，没有这一点，仅凭自己的力量，任何人都不会得到任何东西！生活给我们带来非常严峻的挑战，只有调动列里赫运动聚集的所有积极潜力，我们才可以在未来建设者的行列中占据应有的位置。

2015 年 10 月 9 日在国立艾尔米塔什博物馆议会厅召开的第十五届
“列里赫遗产”国际科学实践会议的全体会议

拉丁美洲推广《列里赫公约》的经验

娜杰日达·亚历山德罗芙娜·比卡洛娃
（经济学副博士、俄罗斯联邦政府财政金融大学副教授，莫斯科市）

《列里赫公约》（*The Roerich Pact*）是指《关于保护艺术和科学机构及历史纪念物条约》，由21个美洲共和国的代表于1935年4月15日12时在华盛顿白宫（美国）签署，印度于1948年9月3日加入该公约，为人类精神文化的发展史翻开了新的一页。《列里赫公约》是历史上第一个文化遗产保护的国际性条约，规定了保护文化财产相较于军事需要的优先权。

弗兰西斯·格兰特（1896～1993年）的功勋非常伟大，她是被批准作为国际性条约的《列里赫公约》与和平旗帜的列里赫家族熟悉的老战友。她是一名记者。1921～1937年，她与尼古拉·康斯坦丁诺维奇·列里赫进行了密切合作。弗兰西斯·格兰特会见了批准《列里赫公约》的美洲国家总统和参议员。其活动的主题是：美洲精神发展、泛美文化、民主制度和妇女的权利。她的作品有助于在南北美洲建立的许多组织。

目前推广《列里赫公约》和和平旗帜的活动组织是泛美网络“Pax Cultura”，其诞生于阿根廷。该网络于2011年4月15～18日即《列里赫公约》和和平旗帜问世76周年庆典期间，在布宜诺斯艾利斯外交部宣布成立。巴西列里赫学院（萨尔瓦多市）和乌鲁斯瓦季之家（圣保罗市）积极参与了本次活动。泛美网络“Pax Cultura”包括来自拉丁美洲国家的许多组织，其将研究生活伦理道德学说（火神阿耆尼）及推广《列里赫公约》和和平旗帜作为自己的目标。他们中的大多数组织都有互联网网站和友好资源的链接（包括俄文版的）。他们遵从弗兰西斯·格兰特的指示，在各中小学校和大学举行大规模“和平旗帜”活动，还出版书籍、影集、报纸和杂志，组织研讨会、会晤等。有关在巴西、玻利维亚、智利、波多黎各和阿根廷首都主要广场上举行的不同年份“和平旗帜”运动已出版的资料给人留下了深刻的印象。

位于萨尔瓦多的巴西列里赫学院大约有五十名社会中产和富裕阶层的成员，每周聚会一次，每个月召开一次专题会议。学院有不同层次的培训小组，他们由院长雷蒙多·克里斯皮姆和副院长安娜·桑托斯进行授课。通常这是一个共享的社交圈。人们阅读有关“生活伦理道德学说”主题的某一段落，并分享他们的想法。

巴西列里赫学院为了纪念其成立十五周年，于2014年11月27～30日在萨尔瓦多达巴伊亚市组织了首次《列里赫公约》与和平旗帜泛美会议。共有8个国家的79名支持者前来参加了本次会议：阿根廷、意大利、拉脱维亚、俄罗斯、美国、智利、瑞士和巴西，他们提出了恢复《列里赫公约》的组织和运动。首次《列里赫公约》与和平旗帜泛美会议是签署《列里赫公约》的国家代表在弗兰西斯·格兰特逝世后举行的第一次会议。

首次《列里赫公约》与和平旗帜泛美会议同时也是第三次“生活伦理道德学说”国际研讨会。第一次“生活伦理道德学说”研讨会也在巴西举行，而第二次研讨会则于 2013 年在阿根廷圣菲举行。

首次《列里赫公约》与和平旗帜泛美会议的嘉宾包括阿尔维尔斯·哈尔特曼尼斯、拉脱维亚列里赫协会主席、瑞士报 *Corona Mundi* 的安妮 - 玛丽·托奇、嫩西·杜伊库因、布宜诺斯艾利斯自 1986 年以来存在的“和平、生态、艺术”协会主席、希梅娜·索莱达德、居于美国的智利“和平旗帜”运动领导者、安得列亚·鲁夫、巴西列里赫学院国际关系顾问等人。我很荣幸地代表俄罗斯参加了此次论坛。

巴西列里赫学院院长雷蒙多·克里斯皮姆、巴西列里赫学院副院长和航天教育大学“Unikosmica”校长安娜·桑托斯，主持举行了尼泰罗伊市“阿凡达”文化基金会创始人杰姆·特列格尔（1928～2006 年）博士的纪念仪式。现在由伊丽莎·特列格尔及其丈夫马塞洛·隆巴多来领导该机构。

杰姆·特列格尔与我们的同胞艺术家弗拉基米尔·博尔加尔斯基（1913～1996 年）一起，将“生活伦理道德学说”和叶莲娜·列里赫信件的巴西版本翻译成葡萄牙语。20 世纪 40 年代，列里赫亲自领导的“生活伦理道德学说”上海小组参与人、独具一格的艺术家弗拉基米尔·博列加尔斯基和他的俄罗斯妻子塔玛拉在尼泰罗伊与世长辞。弗拉基米尔·博列加尔斯基把其优秀的油画作品都遗赠给了“阿凡达”文化基金会。只有 2016 年在圣彼得堡国立列里赫家族博物馆学院举办的“新世界的建设者——弗拉基米尔·博列加尔斯基的作品”展览会上，才有机会在俄罗斯了解到他的作品。

萨尔瓦多会议的最后一项议程是宣布将于 2015 年 10 月 28～11 月 1 日在智利的圣地亚哥举行第二次《列里赫公约》与和平旗帜泛美会议，以及第四次“生活伦理道德学说”研讨会的决定。会议选择“和平旗帜”运动领导者希梅娜·索莱达德作为协调员，巴西列里赫学院院长雷蒙多·克里斯皮姆向其授予了和平旗帜。

2015 年 10 月 9 日在国立艾尔米塔什博物馆会议厅召开的第十五届
“列里赫遗产”国际科学实践会议全体会议

在紧急状态下文化遗产保护的问题

在紧急情况下保护文化财产的法律条例

玛琳娜·安德烈耶芙娜·亚历山德罗娃
（法学副博士、圣彼得堡国立大学法律系民法教研组副教授，圣彼得堡市）

文化财产历来是社会关注的对象。现代俄罗斯立法中包含了大量有关这种类型财产的法规。然而，这一领域的法律条例的特点是，相互冲突并缺乏制定法律规范的综合系统方法。就俄罗斯而言，共有200多部联邦级法规，其规定适用于文化财产和其他类似的对象。《俄罗斯联邦文化基本法》（1992年10月9日通过的第3612-I号联邦法）、1993年4月15日通过的第4804-1号《俄罗斯联邦进出口文物法》、1996年5月26日通过的第54-FZ号《俄罗斯联邦博物馆收藏品和俄罗斯联邦博物馆法》、2002年6月25日通过的第73-FZ号《俄罗斯联邦民族文化遗产（历史文化古迹）法》及其他一些法律是这一领域最重要的规范性法规。上述法规中的规定之间的相互冲突导致执法非常困难。立法者使用各种术语来定义这一领域的概念：文化资产、文化遗产、文物、文化财产、历史和文化古迹。多数术语对执法过程均产生了不利影响。此外，没有对立法中提出的上述概念的定义进行明确。为了说明这个问题，最好是列举其中一个。《俄罗斯联邦文化基础法》包含了以下我们研究的概念定义："文化财产是指道德和美学理想、行为规范和模式、语言、方言和口音、民族传统和习俗、历史地名、民间传说、工艺品及手工艺品、文化和艺术作品、具有历史文化建（构）筑物意义的文化活动的科学结果和方法、课题和技术、独特的历史文化领土和物体。"正如我们所看到的，立法者毫无根据地扩展了这个概念的范围，使其成为无形且不确定的概念。

在调解文化财产形成的社会关系的联邦法律中，实际上没有关于可能发生的紧急情况下保护文化财产的特殊规定。1998年5月25日，俄罗斯联邦内务部、俄罗斯联邦文化部和俄罗斯联邦国家档案局第315/255/38号令批准了俄罗斯联邦内政部机关的私人保安部门的文物保护组织规程，该规程包含第五节"发生紧急情况时加强文物保护措施组织"以及第六节"有爆炸危险时文物安全组织"。然而，虽然非常谨慎地制定了以上规范性法规，但是它并不具有普遍性，只适用于私人保安部门的工作安排。在经1985年7月17日俄罗斯联邦文化部批准的《苏联国家博物馆财产统计和保管规程》中，包含了博物馆物品存储的一般规则、保证消防安全、组织保护博物馆物品、博物馆珍品的包装和运输等一系列内容。然而，必须要记住一点，二十多年以前就已经编制了该规程，其中很多规定已不符合现代实际情况。因此，在文化财产立法文件中实际上没有专门用于紧急情况发生时保护文化资产的规定。

俄罗斯联邦紧急情况法的特点是明确性较强。那么，1994 年 12 月 21 日通过的第 68-FZ 号俄罗斯联邦《关于保护居民和领土免遭自然及人为紧急情况侵害的法律》中"紧急情况"概念是指在一定区域内由于意外事故、危险的自然现象、灾难、自然灾害或其他灾害而造成的情况，这些情况可能造成或已造成了人员伤亡、人类健康或环境的损害、巨大的物质损失和对人们生存活动条件的破坏。在上述规范性法规中，不包含直接涉及文化财产保护的任何特殊规定。

俄罗斯立法中也存在"紧急状态"的概念。2001 年 5 月 30 日通过的第 3-ФК3 号《俄罗斯联邦紧急状态法》中的紧急状态指的是，在整个俄罗斯联邦境内或局部地区中推出的国家权力机关和地方自治机关活动的特殊法律制度，与法律组织形式、所有制形式、它们的负责人和社会协会无关，该制度可对俄罗斯联邦公民、外国公民、无国籍人士的权利和自由、组织和社会协会的权利进行本联邦宪法规定的个别限制，还允许其承担额外的责任。本法律第 11 条第"к"项规定紧急状态总统令，发生紧急状态期间可以采取以下措施，例如，如果由于特殊情况存在毁灭、盗窃或破坏物质财产和文化财产的危险，应将物质财产和文化财产疏散到安全区域。

因此应该认识到，俄罗斯立法有两个广泛的立法序列，其中一个用于调解文化财产形成的社会关系，另一个用于调解发生各种紧急情况时社会上形成的关系。目前没有一部在发生紧急情况时直接保护文化财产的联邦规范性法规。而制定新的博物馆财产统计和保管规程可作为一个摆脱以上情况的办法，该规程中的一个单独章节可专门来规定发生紧急状况时保护文化财产的措施。

在圣彼得堡国立大学召开的第十三届"列里赫遗产"国际科学实践会议

2006 年 10 月 9 日主楼彼得罗夫斯基大厅全体会议

文化古迹的民防问题

瓦季姆·弗拉基米罗维奇·帕拉莫什科
（俄罗斯联邦紧急情况部的西北区域中心医疗部主任，圣彼得堡市）

毫无疑问，民防的新面貌或者更确切地说是公民保护的新面貌，不可能不包含在文化古迹保护等人类生命活动保护部门的任务中。

因人类多方面活动而产生的许多物体，主要是艺术领域的物体，以及一些自然产生的物体已经变为或即将变为古迹，这些古迹以后将转化为国家和世界文化遗产。这样的古迹不仅是相应文明程度和文明时期的标志，也是轻巧的“存档”载体。

《世界遗产名录》中共有十种这样的俄罗斯古迹。其中，圣彼得堡的建筑瑰宝、新阿斯卡尼亚仅存的古老动物保护区和地球淡水来源——贝加尔湖均有较高被损害的风险。而克里姆林宫及其周围的大教堂，包括波克罗夫斯基大教堂（圣瓦西里），均矗立在受地表及地下水流危害的地面上。虽然大剧院尚未列入《世界遗产名录》，但其基础和支柱还是有可能向“四面”倒塌。

抢救和保护文化古迹免遭自然灾害的影响应该是俄罗斯全国安全及其公民保护体系不可分割的一部分。然而，这一问题在“俄罗斯联邦国家安全概念”中，甚至在推演方案中均没有说明。

目前存在两种罕见的现代化管理模式特性：当面对缺席或反馈无效及错误行为后果的不可逆性时，应建立尽量减少文化古迹和世界自然保护区损害风险的信息管理系统模型。任何瑰宝、古董、古代文明遗迹和其他文化遗产组成元素的消失或损坏，是不可能通过复制来挽回的。甚至是一个简单的修复都会大大降低此类物体的信息价值，同时其经济价值也会不成比例地增加。重新建造的基督救世主教堂、经过修复的古代和中世纪建筑古迹、著名的琥珀屋、通过胶版印刷出版的已还原手稿《伊戈尔王远征记》均可以作为例证，按照推测《伊戈尔王远征记》原著在一场莫斯科灾难性火灾中烧毁，这是最早的人为的紧急情况。因此，要实现保护文化古迹免遭自然和人为灾害影响的体系（如果不是文化本身），应使用所有最现代化的信息技术，并且在非营利性的方案中，如联合国教科文组织的文件中进行声明。

这项工作的初始阶段应该是将俄罗斯的主要世界性的和国内文化古迹列入地理信息系统的重要物体范围内，该系统是监测和预测紧急情况的工具，其中包括该国（指俄罗斯，译者注）的工作职责。

现有的全套系统工具必须包括监测和预测各种紧急情况的卫星，它们由俄罗斯民防、紧急情况和消除自然灾害后果国家部体系来掌控。今天已经可以借助我们的太空基地的高清接收转换装置来统计城市建设、建筑古迹和评估它们的损害程度，以查找引起问题的原因。为了此目的，必须要创建一个具有独特特征（天顶角的高度、物体阴影的大小等）的照片图像存储和搜索管理系统（数据库管理系统）库。对地震中损坏的亚美尼亚建筑古迹进行试验鉴别。根据卫星监测数据显示，对大规模火灾和砍伐给俄罗斯北部和西北部森林保护区造成损害的评估已经是俄罗斯民防、紧急情况和消除自然灾害后果国家部的一项日常任务。

科学技术研究和用超声波诊断法来评估城市建设古迹、建筑古迹、古代建（构）筑物状态的实践经验，可能是所推荐系统的一个重要且有效的组成部分。例如，Струна-М 等这类全套软硬件适用于这个目的，使用该全套软硬件成功诊断和编制德国德累斯顿、希腊和其他国家的城市建设文化古迹和建筑文化古迹的证书。

俄罗斯民防、紧急情况和消除自然灾害后果国家部体系中设计和部署的统一调度室，可以作为预警和警报，告知文化古迹和自然保护区受自然或人为紧急情况威胁的一种工具。

整个历史文化遗产威胁警报系统必须作为一个子系统包含在预防和消除紧急情况的统一国家体系的自动化信息控制系统中。为这样的部门间任务建立一个联合调度运营控制系统。

提出对风险问题的切合实际的建议、制定最佳撤离计划、将文化古迹保护专家和在历史遗迹所在地进行紧急救援和其他紧急工作的专家列入相应紧急情况委员会内等，是努力和科学技术结合的成果。

在圣彼得堡国立大学召开的第十三届“列里赫遗产”国际科学实践会议
2006 年 10 月 9 日主楼彼得罗夫斯基大厅全体会议

参考文献

《俄罗斯联邦的国家安全观》，莫斯科：国家杜马，2000 年。

克尼亚热夫·弗拉基米尔·亚历山德罗维奇、米尔莫维奇·爱德华·格里戈里耶维奇、雷奇科娃·玛莉娅·阿列克谢耶芙娜等：《太阳地球物理学综合因素对疗养院梗塞后患者康复效率的影响》，《第二届疗养学家代表大会作品集》，莫斯科，1983 年，第 135 ~ 137 页。

米尔莫维奇·爱德华·格里戈里耶维奇等：《新的信息教育技术等生命活动安全教育的卫星监测》，《在紧急情况下的安全问题》，2002 年第 6 期，莫斯科：全苏科学技术情报研究所，第 135 ~ 140 页。

米尔莫维奇·爱德华·格里戈里耶维奇等：《基于俄罗斯民防、紧急情况和消除自然灾害后果国家部信息内部网络总线的远程教育系统模式》，《俄罗斯综合安全——研究、管理，经验：2004 年 5 月

26～27 日国际讨论会资料汇编》，莫斯科：全苏民防和紧急情况科学研究所信息研究中心，2002 年，第 221、222 页。

米尔莫维奇·爱德华·格里戈里耶维奇、根纳季·马克西莫维奇·尼格梅托夫：《紧急情况》，《生命活动安全基础的文化古迹保护系统》，《俄罗斯杂志》2004 年第 3 号，第 57～59 页。

米尔莫维奇·爱德华·格里戈里耶维奇等：《新的民事安全信息技术和保护文化遗产免遭自然灾害的问题》，《俄罗斯综合安全——研究、管理，经验：2004 年 5 月 26～27 日国际讨论会资料汇编》，莫斯科：全苏民防和紧急情况科学研究所信息研究中心，2004 年，第 37～140 页。

米尔莫维奇·爱德华·格里戈里耶维奇等：《旅游安全问题和新的信息技术》，《俄罗斯综合安全——研究、管理，经验：2004 年 5 月 26～27 日国际讨论会资料汇编》，莫斯科：全苏民防和紧急情况科学研究所信息研究中心，2004 年，第 140～143 页。

有关紧急情况下文化财产保护的必要组织/法律措施

柳博芙·弗拉基米罗芙娜·米先科
（圣彼得堡和列宁格勒州俄罗斯联邦大众传播、资讯、文化遗产保护和传媒法规监督局，圣彼得堡市）

什么是紧急情况？紧急情况就是当周围一切都被毁坏、失去控制、根基不稳，随之而来发生的混乱。在这种情况下，很难聚集到一起来集中思想，并理智地思索。发生这些情况时有很多需要注意的问题，其中很重要的一个是：文化财产、可移动文化遗产和不可移动文化遗产的保护问题。

有很多问题需要解答。发生这些情况时如何创办有数千件收藏品的小型和大型博物馆？如何保存最有价值的建筑古迹？对现有最有价值的古代艺术样品——寺庙应当持有怎样的态度？

尼古拉·康斯坦丁诺维奇·列里赫还在俄罗斯时就谈起了这些问题中的第一个。1935 年 4 月 15 日，在华盛顿签署了《关于保护艺术和科学机构及历史纪念物条约》，即《列里赫公约》。

公约指出："各缔约方力求使派代表参加蒙得维的亚第七届美洲国家国际会议的所有国家将 1933 年 12 月 16 日批准的决议条款正规化。"为了确保在任何可能发生危险的情况下保护所有构成民族文化的遗产，无论国有或私有的文化古迹，建议尚未签署《列里赫公约》的美国政府加入该公约，改革公约由列里赫博物馆在美国发起，其目的在于，让已设计且众所周知的旗帜得到全世界的认可。各缔约方最终决定签订以下条约，旨在确保尊重文化瑰宝并使之在战争和和平时期得以妥善保存[①]，同时，他们同意《列里赫公约》中所列的八条有关历史古迹、博物馆、科学机构、艺术机构、教育机构和文化机构的条款，这些机构应被视为中立机构，必须受到交战双方的尊重和保护。

在《列里赫公约》的第二条中指出，古迹和机构的中立性及其受保护和尊重权利

---

① 参见《列里赫公约·70 年》，圣彼得堡，2005 年，第 55～58 页。M. A. 蕾斯托娃与弗拉基米尔·列昂尼多维奇·梅利尼科夫翻译美国政府出版的英语原文。

应在每个《列里赫公约》签署方或加入国统治的整个区域内得到认可，不受任何歧视，与上述古迹和机构的所属国家无关。相关政府同意将确保受到保护和尊重所需的措施列入其国内立法中。

经过第二次世界大战及其后的八年，在联合国教科文组织 1954 年 5 月 14 日审议《关于武装冲突时保护文化财产公约》(《海牙公约》) 草案时，《列里赫公约》是其基础。《海牙公约》于 1956 年 8 月 7 日生效[①]。

《海牙公约》规定，各缔约方签署海牙公约，公约指出：

> 在近期发生的武装冲突中，对文化财产已造成严重的损害，且由于军事技术的发展，文化财产受到的破坏危险越来越大；
>
> 请坚信，给每一个人的文化财产造成损害，就是对全人类文化遗产的损害，因为每一个人对世界文化都做出了贡献；
>
> 注意，保存文化遗产对世界所有人民均具有重要意义，而且重要的是为这一遗产提供国际保护；
>
> 遵循 1899 年与 1907 年通过的《海牙公约》和 1935 年 4 月 15 日通过的《列里赫公约》中规定的在武装冲突情况下保护文化财产的各项原则；
>
> 注意，为了有效保护这些财产，早在和平时期就应该通过采取国内和国际措施来对其进行规划。

认真履行该公约（指《海牙公约》，译者注）。该公约包括有关文化财产保护和保存的各种规定，共有 7 章 40 条，从文化财产保护、运输的一般规定开始，并以公约实施细则（其中包含 21 条）、议定书和各决议结束。公约中用一整章来介绍识别标志。“①公约识别标志为盾状，下端尖，蓝白色呈 X 形相间（盾由蓝色正方形组成，其一角作为盾尖，正方形之上为一蓝色三角形，正方形和三角形分隔在两边，而两边的空间各为一白色三角形）。②该标志应单独使用或在第 17 条规定的条件下呈三角形重复三次（下面有一盾）。”[②]

第 36 条第 2 款强调了它与以前公约的关系：“在各个国家之间的关系上，这些国家与 1935 年 4 月 15 日签署的《关于保护艺术和科学机构及历史纪念物公约》(《列里赫公约》) 有关，并且是《海牙公约》的缔约方，后者对《列里赫公约》进行了补充，并用《海牙公约》第 16 条所述的标志来代替《列里赫公约》第 3 条所述的识别旗，在这些情况下，《海牙公约》及其实施细则规定使用这一识别标志。”

苏联于 1957 年 1 月 4 日批准了《海牙公约》。世界上少数几个国家为了预防和消

---

① 《联合国教育、科学及文化组织保护文化遗产的法规》，莫斯科，2002 年，第 17 页。

② 第 5 章（“关于识别标志”），第 16 条（“公约标志”）。

除灾难和自然灾害的后果，其各级政府设立了专业化服务部门和组织，苏联的继承者——俄罗斯联邦是这几个少数国家之一。

1990年，俄罗斯首次成立了俄罗斯救援队，以便预测、预防和迅速消除各种紧急情况。不久之后，俄罗斯救援队于1991年被改编为俄罗斯联邦民防、紧急情况和消除自然灾害后果国家委员会。俄罗斯联邦民防总部和整个地区总部网络、以及民防部队均属于俄罗斯民防、紧急情况和消除自然灾害后果国家委员会体系。

1994年，在俄罗斯民防、紧急情况和消除自然灾害后果国家委员会的基础上，俄罗斯联邦总统下令成立了俄罗斯联邦民防、紧急情况和消除自然灾害后果国家部。俄罗斯切尔诺贝利核电站灾难后果问题国家委员会、水下特种作业委员会以及航空航天搜寻与救援局，均转由俄罗斯联邦民防、紧急情况和消除自然灾害后果国家部来管辖，因而扩大了民防总部的职能范围，而总部本身也变成了民防与紧急情况总部。名称的更改反映了重新确定他们活动的方向，主要是解决和平时期的问题。

1993年5月8日第643号俄罗斯联邦《民防总统令》确定了俄罗斯民防部队完善的问题及途径。

俄罗斯联邦政府总理兼民防部部长。他会委托相关领导人管理俄罗斯联邦各主体、行政区、各部委和主管部门、机构、组织和企业的民防事务，与所有制形式无关。他们的职务是俄罗斯联邦相关实体、部委、企业等民防部部长。该法令还确认，俄罗斯是苏联这一领域的继承者，即遵守现有的法规。

民防，这是俄罗斯全国活动范围不可分割的一部分，这些活动是在和平与战争时期举行的，以保护居民、物质文化财产和领土免遭各种武器、事故、灾难、自然灾害和组织紧急恢复工作。

民防在20世纪30年代初就出现了，并且有另一个用途——地方防空，该组织在1961年才获得我们熟悉的名称。那时民防首要任务之一是，在敌人发起进攻和使用有毒物质的情况下减少红军人员损失。当时已开始修建防空洞，并研发了居民警报系统，居民还学会了在这种情况下需要采取的必要行动。另外，还有一项任务是摧毁敌人运送有毒物质的飞机。形成阶段最重要的成果是，在1941～1945年，民防体系发挥了重要作用，疏散了大批人群，排除了空投炸弹的危害，防止了事故和其他危害的发生。随着高精度核武器的出现，民防任务的范围也扩大了，其中包括保护居民免遭这些武器的伤害和组织经济实体在战争时期精确运作。如今，在21世纪，这个世界的危险越来越多，没有必要再讨论国家民防体系的必要性和重要性。因此，通过了新的法律和后续法规，明确了俄罗斯联邦民防任务和结构，该民防用于保护居民、物质与文化财产免遭军事行动、紧急情况和火灾的危险。

于1994年11月11日通过了第68号俄罗斯联邦《关于保护居民和领土免遭自然及人为紧急情况侵害的法律》。

本联邦法的目标是：预防紧急情况的发生和发展；减少紧急情况带来的损害和损

失；消除紧急情况；恢复受紧急情况破坏的领土。本法律是规定了俄罗斯联邦保护国家居民、工业和社会项目以及自然环境免遭自然和人为紧急情况侵害的一般组织法规。

本法律规定：预防和消除紧急情况的统一的国家体系问题；俄罗斯联邦国家权力机关、俄罗斯联邦主体国家权力机关和地方自治机关的权力；俄罗斯联邦公民在保护居民和领土免遭紧急情况侵害方面的权利和义务，受害者的社会保护，以及紧急情况下预防措施的财政和物质保证程序，居民培训程序，组织国家监督和控制，对违反俄罗斯联邦保护居民和领土免遭紧急情况侵害的法律的违法者追究应负的责任。

在民防领域中，于 1997 年 6 月 13 日通过了第 28 号俄罗斯联邦《民防法》，本法于 1998 年 2 月 19 日生效。

本法确定了国家民防的主要任务，具体有：对居民进行训练，使其掌握免遭军事行动中或因军事行动出现的危险的方法；向居民通报军事行动中出现的险情；将居民、物资与文化财产疏散到安全区域；向居民提供掩蔽场所、个人防护器材；实施灯火管制和其他管制措施；军事行动中或因军事行动出现危及居民安全的情况时，开展抢险救援工作；对在军事行动中受害的居民提供紧急保护，其中包括医疗救助，迅速提供住所，以及采取其他必要措施；扑灭军事行动中引发的火灾；查明并标识遭受核、生、化和其他污染的区域；对居民、技术装备、建筑物和地区进行消毒，以及采取其他必要措施；恢复和维持在军事行动中遭受损害区域的秩序；迅速恢复主要公共设施的功能；战时迅速掩埋尸体；制定和实施旨在保护经济稳定运行和居民生存必不可少设施的方案和措施；保障民防兵力与兵器处于经常性的准备状态等。

本法确立了俄罗斯联邦政府和权力执行机关的职权，以及俄罗斯联邦各主体权力执行机关、地方自治机关、各组织的职能和俄罗斯联邦公民民防的权利和义务；确定筹建民防部队。

为保证执行 2000 年通过的第 28 号《民防法》和 2003 年通过的第 68 号《关于保护居民和领土免遭自然及人为紧急情况侵害的法律》，还发布了两项政府决议。

2000 年 11 月 2 日通过的第 841 号政府决议《关于组织对居民进行民防训练》与 2003 年 9 月 4 日通过的第 547 号政府决议《关于对居民进行防范自然及人为紧急情况侵害的培训》。

根据上述联邦法律和政府决议的规定，公民在民防及保护居民和领土免遭紧急情况侵害方面的权利和义务，以及对受害者实施的社会保护只限于以下情况。

根据俄罗斯联邦法律和其他俄罗斯联邦规范性法规的规定，俄罗斯联邦公民有进行训练，以掌握免遭军事行动中或因军事行动出现的危险的方法，并开展其他民防活动的义务。俄罗斯联邦公民需协助国家权力机关和民防组织。

俄罗斯联邦公民具有以下权利：发生紧急情况时保护生命、健康和个人财产的权利；根据应急预案使用集体和个人防护器材，及其他旨在保护居民免遭紧急情况侵害的俄罗斯联邦各主体权力执行机关、地方自治机关和各组织财产的权利；被通报他们在国内居住的某些地方可能面临的风险和采取必要安全措施的权利；亲自诉诸国家机关和地方自治机关，以及就保护居民和领土免遭紧急情况侵害问题向这些机关发出个人和集体的呼吁的权利；按照规定的程序参与预防和消除紧急情况活动的权利；因紧急情况损害其健康或财产而要求赔偿的权利；因生活和工作在紧急情况区域内而要求提供医疗服务、赔偿和补助的权利；免费享有国家社会保险的权利；因履行紧急情况，健康受损而要求获得赔偿和补助的权利；按照为员工制定的程序，有在因履行保护居民和领土免遭紧急情况侵害的职责时，致使其重伤或患病等工伤而导致失去劳动能力的情况下要求获得抚恤金的权利；按照为因履行公民拯救生命、保护财产和公共秩序义务致使重伤而死亡的公民家庭制定的程序，因履行保护居民和领土免遭紧急情况侵害的职责致使重伤或患病进而死亡的供养者，有要求获得失去该供养者养恤金的权利。

俄罗斯联邦公民必须：遵守俄罗斯联邦法律和其他法规、俄罗斯联邦保护居民和领土免遭紧急情况侵害方面的各主体法律和其他规范性法规；遵守日常生活和日常工作的安全措施，禁止违反生产纪律、工艺纪律和可能导致发生紧急情况的环保安全要求；掌握保护居民和领土免遭紧急情况侵害的主要方法、受害者急救措施、集体和个人防护器材使用规则，不断提高自己的知识水平和此领域的实践技能；遵守有发生紧急情况危险可能和发生紧急情况时的既定行为规则；如果有必要，协助开展紧急救援和其他紧急工作。

按照俄罗斯联邦的这些法规，规定组织（项目）预防、消除紧急情况及消防安全委员会的主要任务和人事构成。

在一般情况下，组织（项目）预防、消除紧急情况及消防安全委员会的主要任务按照其权力由俄罗斯联邦于 2003 年 12 月 30 日通过的第 794 号政府决议来确定。

企业领导人决定（命令）建立、改组、清算组织（项目）预防、消除紧急情况及消防安全委员会、聘任领导人、审批人员构成及确定其职权范围。组织（项目）预防、消除紧急情况及消防安全委员会的职权范围和权力在其有关章程或建立决定中来确定。

组织（项目）预防、消除紧急情况及消防安全委员会的主要任务如下：制定预防、消除紧急情况和保证消防安全的统一国家政策实施意见；统一协调系统控制机构和人员的活动；确保联邦权力执行机关、俄罗斯联邦各主体权力执行机关、地方自治机关和各组织在解决预防、消除紧急情况和保证消防安全方面问题时采取行动的一致性，以及修复和建设因紧急情况而遭到摧毁和破坏的住宅楼、住宅公共设施、社会设施以及工业和工程基础设施。

按照俄罗斯联邦立法、俄罗斯联邦各主体立法和地方自治机关法规的要求，其他任务可以通过俄罗斯联邦政府、联邦权力执行机关、俄罗斯联邦各主体权力执行机关、地方自治机关和各组织的决议委托给相应的组织（项目）预防、消除紧急情况及消防安全委员会。

组织（项目）预防、消除紧急情况及消防安全委员会的主要任务如下：指导制定和实施紧急情况预防和消防安全保证的措施，提高项目运行可靠性的措施，确保发生紧急情况时其运行稳定性的措施；组织潜在危险场区内建立局部预警系统，使其处于常备不懈的状态；确保控制机构、人员和设备在发生紧急情况时做好采取行动的准备；领导对其进行清算并疏散项目人员；领导筹建和使用消除紧急情况的财力储备和物资储备；组织领导、人员和设备，以及其他所有项目工作人员在发生紧急情况时做好采取行动的准备。

项目领导人决定在场区内建立组织（项目）预防、消除紧急情况及消防安全委员会，依据委员会章程向全体人员宣布指令。项目领导人确定委员会人数及其人员构成。在此情况下，考虑到该委员会全体成员应确保全面实施消防安全保证措施、紧急情况预防和消除措施，及开展紧急救援和其他紧急工作时人员的可持续管理。

同时，政府并不建议建立一个大型委员会。必须要记住，任何成功都是靠效率，而不是靠数量来取胜的，因此要提前培训委员会成员，并合理分配职责。

组织（项目）预防、消除紧急情况及消防安全委员会补充项目管理机关及其组织部门的负责人。委员会可以由以下成员来组成（大型项目的方案）。

委员会领导：主席——项目领导人（有时候是其副职）；副主席——总工程师；副主席——项目民防部主任。

委员会成员：项目总资深专家（总技师或生产主任、总动力工程师、总机械师等）；疏散委员会主席（通常是一般事务署副署长、人力资源经理、住宅公用事业科科长）；专业部门领导人，通常是相应的民防部部长，如预警和通讯部、辐射和化学保护部、消防部、卫生部、社会治安部、材料设备供应处、运输部及避难所等；特殊服务部领导人，如安全技术部门、金融部门、法律部门、生态部门等。

最佳方案介绍了企业经理担任组织（项目）预防、消除紧急情况及消防安全委员会的领导，以及领导相应民防部的专业部门负责人属于该委员会成员等内容，同时确保提高战时保护项目及其工作人员的准备程度。

问题在于，许多民防活动，特别是在紧急情况下连续作业问题、保护居住在项目附近的人员和居民问题、建立和准备通过常规方法清除破坏后果的人员和设备问题，在很大程度上是与旨在预防和消除紧急情况的活动相关的（一致的）。此外，民防领土部门机构以及编外民防应急救援队是以同一项目管理结构和部门为基础的。

还需要指出的是，根据 2004 年 8 月 22 日通过的第 122-FZ 号《俄罗斯联邦法》，编外民防应急救援队不仅在战争时期染菌区开展紧急救援和其他紧急工作，而且在和平时期也要进行紧急情况的消除工作。

目前，俄罗斯已成为国际组织“在紧急情况下居民保护”的正式成员。

从上述文件可以看出，民防机构的主要工作是保护居民，并没有任何一部旨在保护物质文化财产的详细规范性文件。

当然，所有领域的员工将首先参阅员工手册。博物馆内有描述展品和收藏品存储方式和方法的内部使用说明。还是在苏联时期，就已确定了所有博物馆财产转移的地方，原则上，所有博物馆都知道应将财产运往哪里，但不幸的是，由于形势的急剧变化，“接收方”也许未必愿意立马接收这些财产并正确地摆放。

博物馆没有足够的包装材料，也没有转移文化财产所需运输量的概念，至于现存寺庙建筑就更不用说了，可是这些仍然是我国（指俄罗斯，译者注）文化遗产的重要组成部分。而且，像 1954 年《海牙公约》描述的那样，所有这些问题都必须要在和平时期解决。

在圣彼得堡国立大学召开的第十三届“列里赫遗产”国际科学实践会议
2006 年 10 月 9 日主楼彼得罗夫斯基大厅全体会议

保护古迹是一种文化形式

安托尼娜·安纳托莉耶芙娜·尼科诺娃
（哲学副博士、圣彼得堡国立大学哲学院博物馆学和
古迹保护教研室副主任、副教授，圣彼得堡市）

现在的问题是：今天是否能将整个保护文化遗产的理论与实践问题划分至独立、明确限定的文化领域内？或者我们只采用保持不同古迹或文物外观完整性的专业技术吗？

对个别领域和文化现象的文化分析必然具有跨学科性质，文化分析的目的在于找出融入特定结构和类型中的共同文化的确定性。同时，在系统性研究人类活动方式现象的范围内，其中包括所有物质、精神和艺术实践活动，今天的研究人员划分出了文化空间内仅有的特别分析范畴。

“文化形式”概念及其同义词“文化制度”是这类范畴中的一类。以塔季扬娜·帕芙洛芙娜·卡卢吉娜艺术博物馆的发展历史为例，可对该问题进行更详细的研究[①]。

文化形式是个综合体，它包括：

（1）人与世界的关系模式；

（2）文化活动的方式和机制；

（3）文化活动的产物；

（4）文化“机构”——机关、组织等其他。

研究人员把文化形式作为单独文化功能部分中描绘出的文化完整性模型来研究。由于存在着可满足主要文化作用的深层意义，所有文化形式是完全相同的。这说明：人类整体包含在文化中；通过非遗传方法传递的人类文化经验的产生、积累、存储和传播。

往往在同名文化机构（如文化遗产博物馆或研究院）有一个可见的化身和完整的形式时，人们开始谈论文化形式。那时文化研究院掩藏在其他文化体中，不让我们看见，也不允许我们更广泛地研究具有普遍意义的问题。理论上，鉴定职能及制定文化遗产操作标准和规范的工作是转交给它（研究院）的，但实际往往是大相径庭[②]。

---

① 塔季扬娜·帕芙洛芙娜·卡卢吉娜：《作为一种文化现象的艺术博物馆》，圣彼得堡，2001 年。

② 定义作为具有美学、历史、科学和精神意义的主题或概念的文化遗产，《博物馆职业道德准则》（2006 年）中这一定义未确定社会文化意义的事实，从而允许操纵国家政策层面上的原始价值。

奇怪的是，在整个俄罗斯文化遗产保护监管和实践的历史经验中，我们没有一个文化机构在自己的活动中积累了所有上述提及的问题[①]。今天，大多数文化机构（博物馆、档案馆、图书馆、国家监察机关、海关、科学研究院）在不同程度上只履行了文化遗产的发掘、描述、修复和保护等职能，却不总结所有积累的经验。

分配文化中的保护职能，一方面，这是一个积极的因素，因为每个机构均形成了自身与过去关系的模式、自己的特定保护策略，另一方面，这一特点同时也标志着根本性的缺陷，因为不允许制定统一社会对立（保护性和破坏性的）趋势观点的理论模式，形成一个永恒的未解决问题和原则上不解决问题的恶性循环。

文化遗产保存的理论和实践作为人与世界的特定关系模式，首先与传统中有关过去根深蒂固的记忆有关。由于文化中同时存在传统策略和创新策略，或者像亚历山大·亚历山德罗维奇·福尔莫佐夫在其学术著作《俄罗斯社会和古迹保护》中指出的：几个世纪以来，我们既面临着对过去古迹的破坏，也面临着对过去古迹的保护[②]，那么，研究这两个趋势的相互作用和优先考虑遗忘还是破坏的现象，今天应预先制定拯救历史和文化古迹的具体措施。问题不单是社会或通过法律的文明程度，而是社会对文化遗产的态度。但我们如何来理解社会的态度：是了解国家政策、设立的文化研究院、非政府组织网或是对传统财产内在深刻的理解吗？在我们看来，二者皆是。此时社会舆论的形成可分为几个阶段。

第一阶段是指国家政策，这无疑是一种有效的工具，因为其拥有影响公众舆论的各种社会文化技术和制度。需要指出的是，自拿破仑战争以来，文化遗产开发策略已成为国家政策的一部分[③]。任何国家的意识形态都是有选择性的，旨在支持主导政策。政策的主导思想可能不符合社会的内在需求，甚至与其对立，但这种对立的结果是微乎其微的。有关需要保存文化潜力的论题有事实作依据，往往不允许将标语与结果分开，因此会在很大程度上误导民众。

第二阶段是指专业活动人员或科学家、修复家、博物馆工作人员阶层，他们的职权范围包括对文物进行各个层面的研究和保存，以及建立制定文化遗产保护理论、实践方式和原则的专业组织。他们的任务是要成为治国野心与群众意识之间的调解人，并且最终促进对文化遗产保护的科学理论依据和态度的形成，因为建立可持续的专业和道德原则是极端社会意识和国家政策情况下的约束和控制因素。

所以在 20 世纪 80 年代末，对古迹态度和保存问题展开了讨论，经常听到相互矛盾的说法和意见。还出现了“重建古建筑”的支持者，他们认为，保护文化遗产的主体应该是其精神内涵，而不是物质的组成部分。这似乎是一个合理的想法，但它会产

① 各国家控制机构（文化部等）不能觊觎这一角色，他们有不同的任务和目标。

② 亚历山大·亚历山德罗维奇·福尔莫佐夫：《俄罗斯社会和文化古迹的保护》，莫斯科，1990 年。

③ 对俄罗斯而言，在这方面可以列举彼得大帝的活动，彼得大帝第一次试图对文化领域进行国家控制。

生悖论，即肯定地说物质形态没有多大的意义，可以不予理会。由此，可以进行原物“修复”文化遗产和创建“翻修的建筑物”。从这些支持者的角度来看，公开“翻修的建筑物”（列佛尔托沃、基督救世主教堂、克里姆林宫、基辅金门等等）对于时代和社会（社会秩序）的精神需求比残缺不全的翻修建筑物要更重要，引人入胜的原物往往很少。重建古建筑支持者认为，普通观众没有理解的能力，用专业语言来说，就是没有能力来理解残缺不全的古迹。所以他们建议将“难看”的原物留给少数专家，将重新涂漆的原尺寸模型和模仿的复制品留给广大群众。他们的观点并不是全新的观点，但是很重要。该观点对理论基础加以总结，从而形成全新的公众舆论。这将导致从根本上改变国家文化古迹总藏量，并破坏历史文化古迹的真实性，而可悲的是，这正是专业修复家通过自己的智慧和双手造成的。

从其精神占主要地位的观点中可以得出（这里必须要提出这样一个问题——“翻修的建筑物”是过去的精神写照吗），真实形式与其内涵没有任何关系。这一切证明了解过去古迹的现代方法论是很浅薄的。只有真实的各种种类的古迹可以标记过去的意义，而不是伪造品、复制品或“翻修的建筑物”。古迹的真实性含有过去的“真实”记忆，该记忆是目前创造性思维的基础并建立了文化。但是，从专业机构（修理间、博物馆、研究所）形成的历史经验和研究中可见，立场不坚定的专业人士（因循守旧和无原则性）不能遏止这些趋势。在确定和规定专业活动（主要是各种道德准则）的文件中，从我们的角度来看，专家的职责范围极其不确定[①]。

所以，《博物馆职业道德准则》第1条说明了博物馆作为机构的作用，“这将保留、解释和宣传人类自然遗产和文化遗产”。应当指出的是，“括号外”定义原来有编制文件和研究古迹等重要作用。在《威尼斯宪章》中，有根据地特别强调古迹保存的问题，确定此活动作为一个过程（最主要的是，保存古迹要以持久维护这些古迹为前提），同时不透露本活动的目的及其最终结果。《国际博物馆协会保存委员会的道德准则》（1982年）的各条款则更有“弹性”。例如，在其引言和第1部分中指出，“在大多数国家里，保守分子－修复家的行业没有明确的定义：任何进行保护或修复工作的人都被称为保守分子或修复家，与教育程度和实践经验无关”。本文件试图确定专业准则：“保守分子－修复家在博物馆、官方文化遗产保护部门、私人保护机构内独立工作。他们的任务是了解历史和艺术物体的材质，为了防止其遭到破坏，使我们能更好地了解和更清楚地区分原件与赝品。”[②] 对于专业协会，使用诸如“了解”“更好地了解”“更清楚地区分”等概念，在不到一个世纪的时间内制定出专业标准和道德准则，这是多么神奇啊！

---

① 详见《威尼斯宪章》（1964年）、《博物馆职业道德准则》（2006年）、《欧洲保守分子－修复家组织联合会道德准则》（1994年）、《国际博物馆协会保存委员会的道德准则》（1982年）、《美国历史和艺术财产保护研究所的道德准则》和《圣彼得堡修复家准则》。

② 道德准则的文本内容可以在以下网站链接中了解详情：http://www.cathedral.ru。

该文件进一步确定了保护文化遗产的任务和目标。“保护是指采取的行动，通过控制环境或处理其结构减缓或防止破坏或损害文化财产，以便用最好的办法使这些财产保持原封不动的状态。”不需要解释这些任务的不能实现性和短暂性，因为物体的材料和信息组成部分是不可能保持不变的。当前对文化遗产的保护修复活动、甚至博物馆专业活动了解的局限性，是一个难以逾越的障碍，不允许创造条件并设法制定文化遗产修复的共同战略，该共同战略应该是上述文化领域的最终目标。今天，过去的唯美主义和诗意化暂时替代了文物研究中的真实性和文件中的可靠性概念，并加快“删除”文化财产的意义。因此，可以确定发掘和保护真实古迹，作为现代文化保护活动的主要目标。在过去古迹领会报告中解释真实性和史实性现象的本体论相对性，其中很多领会都取决于在这种文化环境中普遍存在着哪种认识论知识模式和何种审美标准。

因此最终可以确定，在缺乏一个具有明确立场、专业活动标准及规范的强大专业协会的情况下，应该承认，目前俄罗斯专业阶层实际上并没有履行其作为调解人的角色，更不用说履行建立遗产和实践经验之间战略关系领导者的角色了。

第三阶段是指非政府组织，显然在塑造公众意识时其具有显著作用，但没有专家的支持，因而其所具有的效果不佳。尤其是，可以圣彼得堡为例，来介绍三个阶段相互关系的显著特点，其中解决“奥赫塔中心”建设问题清晰反映出了非政府组织和国家机关代表的方法和策略。其结果是，在考虑这个问题（俄罗斯天然气工业公司办公室建设）时，非政府组织采取行动的热情和精力允许市政当局和专业人员延缓或迫切排除保护历史悠久的市中心等如此重要的问题（例如，“新荷兰”综合体改建工作未得到应有的社会反响），试图完成专业人员职能的“充满活力的城市”的非政府组织的一个有趣例子。因此，在网站上公布的写给国家官员（鲍里斯·维亚切斯拉沃维奇·格雷兹洛夫、谢尔盖·米哈伊洛维奇·米罗诺夫等）的信中有第 7 项和第 8 项，任何专业人员均必须执行这两项。如果它们被废除，则这再次证明“建筑界组织”概念已经取代了“建筑专家”概念①。

今天，通过对灾难性情况的了解来修复文化遗产。在紧急情况下，所有三个阶段的协调都是至关重要的。任何一个环节的弱点都可造成系统性故障。事实上，今天我们缺乏一个明确的国家政策，而且职业性技能薄弱且部分丢失，群众性组织也遭到破坏，其结果是社会舆论不稳定（波动），甚至偶尔会造成社会冲突，还引起持久的讨论②。

因此要领会整个坐标系中的现代文化价值标准，坐标系使整个保护实践经验简化为一种“文化产物”，不仅在日常生活中方便对其进行操作，而且在紧急情况下也是如此。“紧急”情况本身并没有留出时间让我们来思考和准备拯救什么且如何拯救，在这种情况下，必须只能使用和平时期成熟的技术和修订的计划，这些计划是由文化机构

---

① “市长强调，这些错误的责任不应只由政府和投资者来承担，讨论这些项目的建筑界组织也应承担相关责任。需要进行多级专业检查。”（根据网站资料：http://www.save-spb.ru）

② 电视节目数量增加，但这样的“公众关注”结果是如此之小，或更确切地说，以此结束。

与民防、紧急情况和消除自然灾害后果国家部共同制定的。所以必须要依靠民防、紧急情况和消除自然灾害后果国家部工作人员的职业性技能。然而，保护文化遗产并不是最重要的事情。难以改变人格结构或把人为因素降到最低。正因如此，需要时间来确定、领会和了解大部分的价值标准，其系统应在制定专有技术或部分文化遗产保护组织措施前就已存在（要知道一切都无法保存！）。

我们将谈及道德守则并分析其有关不同情况下文化遗产安全的各个章节。有大量特殊情况下国际文物保护问题解决方案文件的全集[①]。具体如下：

（1）《关于武装冲突时保护文化财产公约》（《海牙公约》，1954年第一项议定书，1999年第二项议定书）；

（2）《关于禁止和防止非法进出口文化财产和非法转让其所有权的方法的公约》（联合国教科文组织，1970年）；

（3）《濒危野生动植物种国际贸易公约》（华盛顿，1973年）；

（4）《生物多样性公约》（联合国，1992年）；

（5）《关于被盗或非法出口文化财产的公约》（国际统一私法协会，1995年）；

（6）《保护水下文化遗产公约》（联合国教科文组织，2001年）；

（7）《保护水下文化遗产公约》（联合国教科文组织，2003年）。

《博物馆职业道德准则》中专文讨论了这个问题："2.21. 防止灾害。应高度重视发生武装冲突、人为灾害和自然灾难情况时对收藏品保护政策的发展。"博物馆"管理机构"负责实施第1.6条中的保护措施。所有列出的文件只是建议性文件，因此不需要强制执行，但文件的存在和影响力可能针对专业协会，该团体应参加国家标准文件的创建。然而，俄罗斯专业协会自身不觉得有必要创建和讨论此类文件，因为其活动很大程度上是在"协会权利"的基础上进行的。

因此，在群众意识里错误地理解了所有安全措施只有在部分古迹或历史信息明显损坏或丢失的情况下（在不同程度上的"紧急"情况）是必要的，并给予实施。也就是说，保护文化遗产的概念本身与特殊紧急情况有紧密联系[②]。因此不需要专门的法规，一切都是由内部规程来决定的。

需要指出的是，大部分是国家专业机构消除文化古迹遭到意外破坏的后果，而不是非政府组织消除了该后果。因此，在其他（灾难）情况下，他们（非政府组织）行动规则的概念没有得到任何经验和知识的支持。此外，"紧急情况"的概念有几个等级。所以全球性（自然或社会）灾难需要一系列解决方案，并且或许应该列入国家安全体系内。但是，火灾、泄漏、盗窃、疏忽、破坏文明的行为和其他非标准情况是否可以被认为是紧急情况呢？社会存在的紧急情况等级是否与文化遗产范围内的紧急情况

① 对于俄罗斯联邦，是指《俄罗斯联邦民族文化遗产（历史文化古迹）法》。

② 在时常发生的丑事或火灾之后，我们才想起需要制定紧急措施。

等级相同呢？换句话说，与其说必须设立特殊机构、创建标准文件和设立制定保护战略的专门机构，不如说必须形成特定的方法和每个社团成员自觉了解文化活动的机制。

此时，显然要强调此类安全活动具体成果的重要性，即通过领会、研究和理解安全实践经验的结果形成对社团成员拥有的遗产的必要关系。我们认为，现代媒体都在帮倒忙，因为他们在其实际工作中使用“科技新闻”，简短而醒目地报道今天发生的主要事情，更改千变万化的事件，形成符合观众和读者看法的策略。我们没有关于保护文化遗产的方法和实践经验的必要信息，也没有关于做出决定所面对的复杂性、特殊性和主观性的必要信息。奇怪的是，专业刊物通常涉及项目的描述、不同古迹保护方法和技巧，而未对消极结果和失败项目进行全面分析。同时，关于所谓的“修复”无限可能性理念（《朱门》、马涅日广场、伦勃朗的《达娜厄》、康斯坦丁诺夫斯基宫等）的形成，使人们坚信过去的古迹有再生的可能。

既然任何人对古迹保护方面的特定产物都不承担任何责任（根深蒂固的“破坏证明”经验或其他正式文件解除任何实体的责任），那么在这种社会状态下，不能对过去古迹形成坚定而正确的态度，因此不能把整个文化遗产保护领域作为已建立的文化形式。必须改变文化遗产的认识论模式，以重建现有的定型理论。没有必要保护古迹，而应认识和了解它。通过古迹中体现的不同时代和文化，来理解古迹修复的重要性，并进行自我修复。当然，相对于“处理后果”的习惯做法，应制定长期的（更确切地说是永久的）文化遗产研究和修复战略。因此，语义强调需要从“保存”或“保护”一词转变为内容更实际的词语“一体化”。

今天，人类的文化潜力似乎比其接触的人格结构要更为复杂、更丰富，正因如此，对人们来说，现代文化比大自然还要难以掌握和预测。这种现象的结果不仅是人民、国家对历史过程连续性感觉的缺失，也是对一个共同过去感觉的缺失，这表明主要是缺乏理解和保护俄罗斯文化的象征性资源。由此可见，可以谈论停滞的过程，此时在回归传统的旗帜下，庆贺忘记不久前所遭受的创伤（20 世纪发生的悲惨事件），这加剧了自相矛盾的形势。然而，在现代化建设的新阶段，旨在一体化、合理投射效应的守旧思想还是希望在当代文化创造过程中可以找到文化财产的可持续传播形式，保护古迹作为一种特殊的文化形式将是其中之一。

言简意赅的谚语中体现的人类智慧是不需要再来证明的。“往事历历”是指我们很清楚刚刚过去的事情，但其过渡和开始时期我们并不确定。过去的边界同样是在我们的记忆中，而不在古迹中。过去的离奇情况在于，我们生活在过去并将其视着全部的精神寄托，它与我们（长辈和祖先）共同存在，但不可能领悟（“难以置信”）、了解和留住它。《没有和平，但它消失……》。

在圣彼得堡国立大学召开的第十三届“列里赫遗产”国际科学实践会议

2006 年 10 月 9 日主楼彼得罗夫斯基大厅全体会议

社会灾难和艺术作品

康斯坦丁·谢苗诺维奇·皮格罗夫
（哲学博士、圣彼得堡国立大学哲学院的社会哲学和历史哲学教授）

一、灾难的剖析

在公文中我们遇到的术语“紧急情况”，实质上是灾难的一种委婉说法。灾难最抽象的意义是指另一事物[①]入侵人们的生活，实质上就是一种超验情况。主观上灾难是极其恐怖的，是难以想象的[②]。然而，一个人在客观发展中生活，在经历极其恐怖、难以想象和不在任何范围内的灾难时，他看到的只是复制品和转化形式，如果无休止的抱怨或因掌控邪恶世界作为道德说教的理由，那么此人不能经受住灾难的考验。

可以根据创造性行为——创新行为类型来对一场灾难进行了解、领会和分析。正在谈论将对创造性行为的视线水平转移至灾难上，反之将对灾难的视线水平转移至创造性行为上。在某种意义上，灾难是上帝的一个创新。

当然，也有根本的区别。据我们观察，如果“正常”的创造性行为是受过“驯化”的——基本上是主体按主体规模来进行的，它通常不会威胁到创造者和社会的生活，那么，原则上主体规模中不会发生灾难。因此，在这种情况下，我们感受、体验、思考（或推想出）超验主体、上帝，为此我们的社会灾难是一个创造性的行为，包括天意。

严格地说，正面知识框架内的灾难原则上是无法理解的。只有在灾难不能被理解的时候，以及灾难在原则上理解不了、超出理解范围、很反常时，它才是灾难。例如，作为一种超越创新，当灾难被理解时，它就已经不再是名副其实的灾难了。可以通过理解作为一种超越创新的灾难来消除灾难。财物重新估价的价值论程序是消除灾难的核心。从这个角度来看，理解灾难就是通过解释程序来消除灾难。而且，原则上这是“与灾难共存”的唯一办法。

怎么——，这些告诉我们，——为什么最后不能通过采取积极行动、工作、忍耐、

---

① 希恰妮娜·尤莉娅·弗拉季米罗芙娜：《现代文化跨维度现象》，顿河畔罗斯托夫，2004 年。

② 塔季扬娜·米哈伊洛芙娜·戈里切娃、亚历山大·库普里亚诺维奇·谢卡茨基、达尼埃尔·温托维奇·奥尔洛夫、尼古拉·鲍里索维奇·伊万诺夫：《现实的惨状》，圣彼得堡，2002 年。

冒险行为来战胜灾难?！问题就在于，灾难正是这种情况，根据定义可知，这种情况与我们实施的积极行动毫无关系。否则，如果这种情况与我们实施的积极行动有关，那么发生危机——不稳定平衡状态前灾难轻微减少，通过我们的努力可以实现某种结构。灾难还是不可避免的情况，我们不能提出任何结论。已经毫无办法，只能用新的方式来理解，最多得到概念中的一种情况，换句话来说就是最终享受“致命的喜悦”。

只有重新评估财产或从更大范围的角度上（只是作为另一场危机）重新解释灾难，才可以“战胜”这场灾难。任务就在于此——摆脱该情况的紧迫性，该情况似乎是一场灾难，但“从永恒角度来看”和“从无限性角度来看”，当然这不是灾难。具有最大存在依据观点，从此观点来看，没有任何事件可以被称为一场灾难，或根本不可能是一场灾难。

现实社会是复杂的。每个人不是总能够区分灾难和危机，特别是因为这里还掺杂着自由意识：不想把这种情况看作是灾难性情况的坚强意志，不惜任何代价战斗到最后就能成为赢家的意志，在发生危机前减少灾难的发生。

但毫无办法，这种情况是不可避免的，如果我们都已经容忍我们所面临的灾难，那么留给我们的将是绝对的精神领域——艺术、宗教，尤其是哲学。后者建议培养这一愿景，其中包括限制财产和限制存在基础的情况。任何社会工程、任何实证科学在灾难面前都是无力的。可以只谈论走到另一个存在规模的出口，其中第一个计划中是整体存在，而不是部分，是现实物种，而不是个体。哲学在其历史发展中积累了大量宝藏或世界价值和绘画体系资源，所以，当形成的价值体系完全崩溃时，“连续性已断开”，世界绘画被毁坏，我们提出相应的更为普遍的价值体系、总时间和更常见绘画的问题。

特别是，因为我们正在谈论社会哲学，那么它的实际意义在于，教会个体愿意自我牺牲的精神，按照“主人公即将牺牲，但死得其所”的原则，向其说明牺牲的无上荣耀。事实上，做好牺牲的准备就已经成为一个真正的英雄了[①]。由此可见，只有在献身、牺牲和发生灾害的环境中，人才能成为一个真正的人。要知道人的“本性”具有服务理念、崇高理念。如果我们把人本身作为最终目标，那么我们就彻底地使其存在失去意义。这种失去意义的情况极为荒谬：不仅是因为中断了个体与整体、宇宙、上帝的联系，也因为每个人仍然面临着死亡。

我们假设发生某种可怕的事情，假设我们国家发生灾难，假设俄罗斯作为一个国家将从世界政治地图上消失，在地图上，立陶宛—中国边境或波兰—越南边境或瑞典—阿富汗边境将代替俄罗斯。失去自己家乡的俄罗斯人应该怎么办呢?

在这种假设情况下，我们应该进入另一个更为普遍的价值体系。俄罗斯——不仅是一个国家，也是一种伟大的文化，它是一种伟大的语言，是人民、历史形成的各民

① 雷内·吉拉尔:《神圣的暴力》，莫斯科：新的文艺评论，2000 年。

族音乐会。这里我们依靠那些相对于俄罗斯国家价值更深层次的不可剥夺的价值，依靠作为俄罗斯国家体制基础的价值，我们在这种灾难性情况下迟早会重新创建俄罗斯国家，就像当初重建波兰或以色列一样。如果我们付出所有的努力仍然无法取得成功的话，那么请铭记俄罗斯灵魂的全球性①，我们必须站在全人类，甚至宇宙的立场上，考虑将全人类的努力作为自己的努力、作为俄罗斯的努力。

总之，我们所有人，无论是俄罗斯人，还是其他国家的人均需要了解绝对精神、艺术、宗教和哲学等人类文明的毁灭文化：

应很少有流泪的，应声调均匀、和谐的痛哭，必须冷静地采取行动，以便树立一个值得赞许的形象（康斯坦丁·德米特里耶维奇·巴利蒙特）。

二、人工制品和灾难

一般说来，在人类文明的毁灭文化中的物品具有特殊地位，特别是人工制品，即人为制造的物品，而人工制品中则包含艺术品。我们将从广义上来理解这些艺术品，它们不仅是指“框架艺术”，一般说来，还指被赋予非功利主义意义的所有“制品”，这给我们留下了印象。譬如说，在安德烈·普拉托诺夫小说中的蒸汽机车显然是“艺术作品”。实际上，艺术作品是指纪念物品、结合性物品、我们整个生命。

这些人工制品仅存在于往昔。它们根本“不是现代的人工制品”，显然，它们都是过去的人工制品。在物品中及通过物品来“抓住”时间，“保留”历史。从这种意义上来说，物品能使世界安定下来，阻止无法遏制的世界危机的发生。它们规定了某些稳定中心，以确保继承性和可持续性。

对物品的态度规定了社会时间的形式，即社会感受过去和预先感受的形式②。物品规定如何直接“停滞”或“加快”时间的推移，更确保历史上感受过去和预先感受的顺序③。社会紧张关系在数量上可以通过几代人的寿命及其陪伴者、消耗物品、生产物品、人工制品、器具等的寿命关系来评估。

如果物品存在时间（即生产、维护和利用时间）明显比单独一代人的寿命要短，那这代人创造了一个新的物品，就可以改变其生存的世界，但这仍然不足以战胜灾难。

---

① 费奥多尔·米哈伊洛维奇·陀思妥耶夫斯基：《普希金》（论文集）（于1880年6月8日俄罗斯文学爱好者协会会议上发表），《费奥多尔·米哈伊洛维奇·陀思妥耶夫斯基全集》第26卷，列宁格勒，1984年，第136～149页。

② 过去感受和预先感受的意思分别是，回忆刚刚发生过的事情和直接体验预期发生的事情，我们可以根据古斯谢尔列夫对时间的主观体验分析进行划分。详见：古斯谢尔利·埃德蒙德：《内时间意识现象学》，《古斯谢尔利·埃德蒙德全集》第1卷，莫斯科，1994年，第36、39页及以下。

③ 譬如说一件事情，果戈理小官一生中可能只有一件或两件大衣（在他去世后，最后一件大衣由他的孩子来继承）。另一件事情，现代时尚女性买一件布连衣裙，早上穿着它，晚上就将其扔到垃圾桶里。

例如，在现代欧洲文明的当今阶段，此时主要是对现代性的过分赞扬，而且将现代性本身作为永久性危机、灾难边缘上永恒平衡来体验。

如果物品存在时间比人的寿命要更长久，则不能很好地来体验现代性。经受危机的能力也会变弱。对于传统社会的人类而言，不存在作为危机的现代性。当被“永恒不变的物品”包围时，他认为自己是超越时间的——是停留在永恒之中而不是在现代性危机中的人。不论他做什么，根据最严格的要求，获得永恒不变物品的世界无论如何都不会改变。对于最现代的人、摧残现代欧洲文明的人，以现在主义宗旨为主。难以体验的现代性缩小到一年，甚至更短[①]。

如果要使用珍品，甚至只是贵重金属等人工制品，来清楚地看到物品是如何影响社会的。亚当·斯密写道：18 世纪英国国库的黄金，大多数是由印加人来开采的，甚至是几个世纪以前亚历山大·马克东斯基掠夺的等[②]。

艺术作品也发挥类似的作用。它们确保继承性，阻止世界发生不可遏止的变化。所以艺术作品和文明古迹的市场价格会如此昂贵。它们的价格是维护社会稳定的价格。

在历史进程中突然出现物品被破坏的情况，会加剧或引起一场危机。从这种意义上来说，恐怖主义不单是反对作为“可再生资源”的人们，还反对文物（赫洛斯特拉特）。这种破坏时代关系的“人工制品”，恐怖主义以破坏文明行为[③]的形式出现，比剥夺人们生命的恐怖主义更有原则。因此，截至 2001 年 9 月 11 日纽约两座摩天大楼因遭受恐怖袭击倒塌，人们的基本反应不单是消灭恐怖分子的“报复行为”，而是恢复、重建两座被毁的摩天大楼。恢复稳定性和牢固性是最重要和最基本的。

在其创作、使用，甚至破坏性功能中的人工制品不仅创建不同的“危机区”，它们还对将世界各个部分结合成一定程度上的统一整体起了重要的作用。当美国的原子弹投到广岛后，就注定了美国和日本的现实社会关系比以往发生海上战争时更为密切了。今天，日本汽车在俄罗斯非黑土地带、亚马孙热带丛林或非洲沙漠中得到广泛使用，“致力于”创造一个全球统一的现代化和世界性危机，该危机不再是区域性的灾难，而是全球性的。

在“纪念物品”中占居首位的仍然是未列举的珍品，不是满载历史意义的遗物和古迹、技术设备、生产工具及生产资料，而是书面、印刷和电子版文本作品。它们正是稳定的起源，主要抵御不稳定性等危机。实际上，从这个角度来看，古迹、遗物和珍品作为文本的另一种形式来出现。

作为社会稳定的起源并抵御危机的文本，以“古典作品”形式表现出来。当我们想要突破历史、与过去决裂时，我们会从“现代化的轮船”上扔下一些古典作家。

---

① 因此，详见阿尔文·托夫勒：《未来的冲击》，莫斯科，1998 年。

② 亚当·斯密：《国民财富的性质和原因的研究》，莫斯科：社会经济文献出版社，1962 年，第 165、166 页。

③ 戈德斯坦 A. P.：《破坏文明行为的心理学》，纽约：高级出版社，1996 年。

但“古典作品”没有二元对立是无法想象的。毕竟，文本（如物品，特别是工具）有破坏稳定的作用。有颠覆性的文本。就广义而言，媒体、“定期文献”和“定期刊物”占有特殊地位①，包括平面媒体——报纸、杂志、广告宣传册和电子媒体——广播电视新闻报道等“社会日志”。它们既可直接表达社会的过去感受、社会瞬时记忆，也可表达社会的预先感受，因为其中也包括近期感受对其瞬时的关心。

随着时间的推移我们进行竞争，“双重”甚至“三重”存在（①历史中；②未来中；③在现代社会中）用划分“阅读”和“保管”程序来表示。我们阅读的内容我们不保管，而我们保管的内容我们却不阅读。书架上的古典作品静静地落满尘土，这些古典作品只有保管员和档案管理员感兴趣②；我们实际每天是阅读报纸和看电视。但阅读报纸、看电视新闻都是瞬时记住③后立即就忘了，为了自己眼前利益往往使用多种政策。我们不能留住瞬时记忆，没有额外的帮助不能实现连续性④。

例如，我们刚刚经历了俄罗斯历史动荡的二十年。这段时间我们都非常积极地阅读报纸和看电视。但令人难以置信的是，直接目睹所发生事情的人们，不能连贯地来描述这十年内发生的事情。关于现代化的知识需要历史学家额外的努力、社会记忆文化，将其具体作为历史编纂学出现⑤。

在时代背景下，会赋予书架上落满尘土的古典作品以关键地位。在学校人们研究古典作品，并再版古典作品。特别是在苏联解体后，在试图还原历史关系——“我们失去”的那个俄罗斯时，我们发现了特殊的再版现象。用明确的过时文本或真正“古典”文本出版量指标规定再版的发行量。这场危机的特点是，曾经被认为是古典作品，一旦进入阴影中，“就变得无关紧要了”。新的古典作品代替旧的古典作品⑥。社会文化背景总是可以让你按照当前危机的需要来选择古典作品。恰达耶夫、陀思妥耶夫斯

---

① 然而，周期性节律体系中有稳定的开始。文明的稳定性确定“真理”报（俄罗斯苏联时期）或“时报”恒定周期。

② 然而，我们很少敢于“从现代化轮船上扔下一些古典作家”。甚至书架上未阅读的古典作品创建一种稳定感，可能是一种虚幻。

③ 出现计算“社会过去感受”具体值的可能性。社会瞬时回忆是由报纸和杂志文章“记忆”及其存储方式来确定。乔治·奥威尔在《1984》中以虚构形式来理解这个问题。在社会过去感受暴露奥威尔附近，可以说，是技术上的调整。

④ 所以，顺便说一下，阅读“旧”报纸的心情与阅读“新”报纸的心情有着根本的不同。

⑤ 例如，瓦西里·瓦西里耶维奇·茹拉夫廖夫（领导）、列昂尼德·尼古拉耶维奇·多布罗霍托夫、维克托·尼古拉耶维奇·科洛杰日内:《现代俄罗斯历史（1985～1994年）：实验教科书》，莫斯科，1995年。还要注意，近现代史教材受到政府非常强烈的批评。不过，譬如说，领导严格要求一年内编写“优秀”的近现代史教材，在历史学家和教育家自愿的情况下该要求也几乎不可能实现。毕竟，在某种意义上，不是历史学家撰写了历史，而是历史成就他们的史学巨著。

⑥ 在定义中要注意到一个矛盾：严格来说，如果古典作品是一个经典之作，它不能失去现实性。原则上一个新的古典作品是不可能正是这样的。根据定义，古典作品是“古老的”。

基《群魔》、弗拉基米尔·谢尔盖耶维奇·索洛维约夫和瓦西里·瓦西里耶维奇·罗扎诺夫——这些文本对我们危机来说，都是“真正的现代化文本”。同时，车尔尼雪夫斯基的《怎么办》或列宁的《怎么办》、皮萨列夫的《现实主义者》、杜勃罗留波夫、别林斯基并不是消失了，但我认为，他们已陷入“停顿状态”，并走进了百年历史的阴影中[①]。

所以，古典作品都是那些能抵御灾难的人工制品。古典作品的不朽性是指社会的不朽性。我们拯救古典作品就是拯救社会。古典作品能从根本上抵御社会灾难。

但我们必须明白，由于灾难的发生，古典作品具有了与以前完全不同的意义。灾难表现的形式和内容——能指和所指的彻底决裂。形式开始证明某些其他内容或其他原则上我们事前不能知道的内容。形式涵盖旧的内容，并把它变成自己的相关变量。能指在所指之上，并把自己的规律强加于所指。作为方法变通，像了解转化形式一样了解其他入侵的意义[②]。总之，作为人工制品化身的古典作品能抵御灾难，在这之后，开始完全不像灾难发生之前那样被理解。古典作品是一面跨过几个世纪的镜子，每次都能反射出越来越新的事物。

三、紧急情况下对古典作品自相矛盾的态度

即使我们考虑灾难发生后彻底重新理解古典作品的意义，但并非一切都那么简单。让我们设想一个极端的“紧急情况”：发生了核战争[③]。您负责圣彼得堡的疏散工作。40分钟后圣彼得堡将会遭遇核袭击。您只有一架运输艾尔米塔什博物馆瑰宝的运输机。并且突然发现未疏散的先天痴呆者幼儿园。幼儿园泪痕满面的女老师祈求您解救被监护的孩子们。您必须做出决定。——请选择，您是拯救艾尔米塔什博物馆瑰宝，还是解救残疾儿童？！

在圣彼得堡国立大学召开的第十三届“列里赫遗产”国际科学实践会议
2006 年 10 月 9 日主楼彼得罗夫斯基大厅全体会议

---

① 而且，没有人可以保证，这些古典作品永远都不会引起未来读者的注意。

② 皮格罗夫·康斯坦丁·谢苗诺维奇：《历史创作过程中的方法变通和转化形式》，《卡尔·马克思唯物主义学说与现代化》，列宁格勒，1984 年。

③ 皮格罗夫·康斯坦丁·谢苗诺维奇：《对经典文本保持沉默》，《语言和文本：本体论和反思：第一届国际哲学文化报告会的资料汇编》，圣彼得堡，1992 年。

提高《列里赫公约》中心思想在当代恶劣环境下的教育作用

玛莉娅·德米特里耶芙娜·斯卡奇科娃，
叶莲娜·安纳托利耶芙娜·塔拉先科
（国际组织"戈尔星辰"、以尤里·列里赫命名的思想研究所、
阿尔泰共和国琴杰克的列里赫和平旗帜博物馆）

在紧急情况下保护文化遗产一直是一个迫切的问题。越来越多的国务活动家和社会活动家对威胁世界的人道主义灾难表示担忧。星球从来没有如此接近极点，要知道21世纪并没有给地球带来繁荣，也未带来盼望已久的和平。看来人类本身就是急于自我毁灭。在外交政策中的不利趋势正在不断发展："存在扩大世界冲突范围和全球议程中缺乏裁军问题等不利趋势。"[①] 军费开支几乎达到了冷战时期的水平，各民族间和宗教间的冲突会分裂世界，而且核技术往往落到发生冲突的人手中。

新世纪通过社会的动荡和自然灾害来标志其前进发展，这是多么可悲！暴乱的自然现象扫荡着各个城市和整个国家。但比心理困境更危险的是流行病，无论是新的疾病还是以前认为已被战胜的疾病。人类精神确实靠文化来维持，羞辱文化就是推崇不学无术和崇拜残暴行为。哪怕我们只是回想起科索沃、阿富汗、伊拉克的情况，杀人手段变得越来越丰富，亵渎圣物，破坏基督教教堂和伊斯兰清真寺、文化古迹、图书馆、博物馆的情况不断发生。在最近以色列袭击黎巴嫩期间，我们大家从学校教材上了解到的最古老的文化城市——提尔和巴勒贝克遭遇了火箭弹的袭击。黎巴嫩当局向联合国教科文组织寻求保护也是徒然，从另一方面看，如果国际法中没有直接制裁机制，任何人都不能阻止侵略者，尼古拉·康斯坦丁诺维奇·列里赫当时就指出了其必要性。

正如我们现在看到的那样，有很多破坏现代文明和破坏文物行为的证据。黑暗力量反对文化并非偶然，要知道文化的有利影响自古以来就为人所熟知。历史文化遗产古迹、高雅艺术作品是人类生命的赐予者，没有它们，意识就变得腐朽和麻木。文化包含着强大的能量，是进化的动力。毫无疑问，未来超出了美的界限，并且令人欣慰

① 俄罗斯联邦外交部长谢尔盖·拉夫罗夫：《俄罗斯联邦对外政策概论》（由俄罗斯联邦外交部编制）。由俄罗斯总统弗拉基米尔·弗拉基米罗维奇·普京于2007年3月27日批准。

的是，尽管困难重重，但现在已出现越来越多的“文化岛”。博物馆作为明亮的灯塔高耸在世界上，数以百万计的人从这些博物馆收藏的瑰宝中受到教育，这些人将加入文化遗产捍卫者的行列中。

“文化是存在的统一基础”——伟大的艺术家和思想家尼古拉·康斯坦丁诺维奇·列里赫声称①，他深刻领悟了文化对人类心灵成长的深远意义以及保护文化遗产的必要性。多年来，他一直研究文化保护问题。作为一个作家，其一生的作品都贡献于这一崇高使命。尼古拉·康斯坦丁诺维奇·列里赫向往一个光明的国家，和平的旗帜——团结人心的、保护和平与文化的旗帜在国家高空中缓缓飘扬。他提出的国际条约——《列里赫公约》，为保护文化财产国际法的一个新的分支奠定了基础，而文化保护运动本身也找到了真正的运行范围。

下面，回想这一条约的简史。

1929 年在美国和欧洲的报刊上相继发布了《列里赫公约》的草案。为了宣传公约的思想，在欧洲、印度和美国先后成立了五个委员会。随后在 1931 年、1932 年（布鲁日）和 1933 年（华盛顿）举行了《列里赫公约》与和平旗帜会议。然后，于 1933 年 12 月 16 日举行的蒙得维的亚第七届美洲国家国际会议建议各国政府签署《列里赫公约》。1935 年 4 月 15 日，美国与中南美洲的二十个国家在华盛顿签署了《列里赫公约》。印度获得独立之后，于 1948 年签署了该公约。斯维亚托斯拉夫·尼古拉耶维奇·列里赫在最近公布的信函中提到，中国、日本、伊朗和土耳其均已通过了《列里赫公约》，但尚未批准②。

除上述寥寥几笔以外，还有很多人的巨作、大量的书信，以及克服各种障碍的行动；众所周知，没有阻碍进一步推动公约的变革行为就没有进步。

第二次世界大战结束九年后，即 1954 年 5 月 14 日，在联合国教科文组织召开的会议上通过了《海牙公约》以及《关于武装冲突时保护文化财产第一议定书》，在吸收了《列里赫公约》的部分内容后，又于 1999 年 3 月 26 日通过了海牙公约《第二议定书》。

但遗憾的是，上述《海牙公约》并不包括《列里赫公约》的基本原则，可以肯定地说，人类因此在文化遗产保护上开了倒车。

但终究还将回到《列里赫公约》的主要思想上来。

该公约的全称是《关于保护艺术和科学机构及历史纪念物条约》。

条约第一条的内容如下：

> 历史古迹、博物馆、科学机构、艺术机构、教育机构和文化机构均被认

---

① 尼古拉·康斯坦丁诺维奇·列里赫：《祝您幸福！》（喜马拉雅山，1932 年 7 月 12 日），《火焰城堡》，巴黎：世界文化联盟，1932 年。

② 斯维亚托斯拉夫·尼古拉耶维奇·列里赫：《信》第一卷，莫斯科：国际列里赫中心，2004 年，第 326 页。

为是中立机构，这类机构受交战双方的尊重和保护。

上述机构的所有工作人员也受到同样的尊重和保护。

无论在和平时期，还是在战争时期，历史古迹、博物馆、科学机构、艺术机构、教育机构和文化机构均受到这样的尊重和保护。

因此，《列里赫公约》声明不仅要无条件保护（即完全排除所谓的军事需要情况下破坏受保护物体的可能性）著名的历史文化古迹，还要无条件保护学校、博物馆、图书馆、剧院、档案馆、科学实验室，无一例外，该公约还保证其工作人员在和平与战争时期的安全。

为了标记受保护的古迹及机构，该公约规定了一个由尼古拉·康斯坦丁诺维奇·列里赫建议的识别旗帜——和平旗帜。需要指出的是，和平旗帜的标志仍然属于所有文化和宗教——佛教、基督教、伊斯兰教和其他宗教所有。该标志闻名于世，每个民族都会以某种方式将其在圣像、图画、教堂、民间艺术作品中刻划出来。

《列里赫公约》各条款言简意赅，而《海牙公约》及其所有补充内容则多达百页。后者要更注重细节，但忽略了主要内容——无条件保护的原则及和平旗帜。记得印度有这么一句古老名言：婆罗门是争议达摩佛法，而刹帝利是争议伟大的事情——失败或胜利……甚至在营长认为需要作战时，《海牙公约》允许下令销毁文化古迹，这种令人发指的事实不能不引起人们的愤慨。何况，多年来该公约已经证明了其完全无约束力。使用该公约的一些尝试，如联合国教科文组织在阿以冲突期间保卫耶路撒冷的努力，均告失败。

总的来说，目前已经有许多《海牙公约》无约束力的事例。正如我们现在所看到的，生活本身就需要更有效、更果断的措施，以保护世界上的瑰宝。因此，必须采取所有签署国迅速通过《列里赫公约》的紧急措施。事实上，公约的思想不仅没有过时，而且还很超前，完全符合21世纪的要求。有人说：和平的旗帜是一块磁铁，列里赫的名称是一面盾牌。开始一个新时代——弥勒佛与和平之母的时代，建设新生活的时代。并且在进行伟大重建工作前夕，人类必须抓紧实现尼古拉·列里赫的整个宏伟计划，以保护整个地球空间内的文化。

众所周知，1935年在华盛顿签署的协议，是由泛美联盟董事会委员会基于1928～1929年尼古拉·康斯坦丁诺维奇·列里赫提出的草案来制定的。必须指出，文化的敌人多次试图破坏公约的签署，阉割掉公约的内容，特别是要从中删除列里赫的名字。通过仔细分析两个文件——1929年在华盛顿签署的条约和草案的文本，和平旗帜下的各民族团结国际委员会确定，在该条约中并不包含尼古拉·康斯坦丁诺维奇·列里赫的所有思想。所以，删除了规定成立国际司法调查委员会的第三条，也就是不存在违约制裁机制，这是有意让违反者逍遥法外：

如果发生任何违反对艺术和科学机构、收藏品和公使馆的保护和尊重的行为，如在本条约中规定的行为，受害机构或公使馆有权通过其国家调解机构向其注册地的国际机构提出上诉。该国际机构必须向所有缔约方传达自己的抗议，各缔约方可决定就这一情况召开国际司法调查委员会。该委员会的判决应当予以公布。上述司法调查委员会的组成及职能的详细情况将由特别协议来规定①。

考虑到现实情况，和平旗帜下的各民族团结国际委员会联合了主要的法学家、科学家和政治家制订了新版《列里赫公约》草案，它包括尼古拉·康斯坦丁诺维奇·列里赫最初提出的所有条款。2003 年 8 月 20 日在喀尔巴阡山举行了国际会议“和平旗帜——保护 21 世纪世界文化瑰宝的《列里赫公约》的现实性”，会议批准了该文件。

对新版《列里赫公约》草案进行了如下补充和修改：

（1）条约名称修改为《列里赫公约——保护文化的国际条约》。

（2）彻底修改了前言部分。

（3）为了在国际关系中体现公约的思想，规定成立《列里赫公约》与和平旗帜的国际委员会。

（4）加入、批准或声明废除公约的文件保管国，建议成立《列里赫公约》与和平旗帜的国际委员会。

（5）在已加入该公约的所有国家内，拟成立《列里赫公约》与和平旗帜的国家委员会（部委）。国际和国家委员会的组成及职能将由特别协议来管辖。

（6）将 1935 年通过的条约第三条中的“识别旗”一词替换为“和平旗帜”。

（7）在文件文本中加入了补充条款：第五条，即 1929 年《列里赫公约》草案的第三条，包含了修改内容，规定监督各参与国遵守公约规定的情况，以及第九条。

对草案进行修改时，考虑了叶莲娜·伊万诺芙娜·列里赫信函中提到的意见。

为了讨论广泛的舆论，“戈尔星辰”集刊（2004 年第 5 期）和委员会的互联网网站：www.paxpercultura.org 中提出了新的公约草案。我们已经收到大量的网站访问者反馈，几乎是来自地球的每一个角落。2004 年 4 月 15 日，《列里赫公约》的草案及支持请求已发送给俄罗斯联邦文化部部长亚历山大·谢尔盖耶维奇·索科洛夫。我们收到了博物馆部门主任安娜·谢尔盖耶芙娜·科卢帕耶娃于 2004 年 5 月 7 日的答复：

我们代表俄罗斯联邦文化与大众传媒部部长感谢贵方倡议的建立一个由贵方委员会制定的保护文化的新国际条约。

在部委开展的国际活动范围内，我们将努力使《列里赫公约》的规定在国际社会范围内得以实现。

① 引用《和平旗帜》，哈尔滨俄罗斯列里赫公约委员会报告，满洲里，1934 年，第 17 ~ 20 页。

2004年9月1日，即伟大的卫国战争胜利60周年前夕，委员会请求俄罗斯总统帮助推行公约，并于2005年1月1日请求俄罗斯国家杜马主席帮助推行公约。随后于2005年4月15日，在布列斯特要塞举行了委员会组织的“跨文化和平”圆桌会议，我们请求应邀参加胜利庆典的国家元首签署一项关于文化保护的条约。

为了推行和平旗帜思想和推动各方批准《列里赫公约》，2001年4月15日，同名会议代表和“戈尔星辰”组织在利沃夫市成立了和平旗帜下的各民族团结国际委员会，该委员会至今仍在积极开展活动：举行圆桌会议、代表会议，出版书籍（新系列——生活学说），公约意义广泛覆盖在互联网中，在学校和大学教育工作中，与国务活动家就支持和推行公约思想的问题进行广泛的书信往来。并于2006年4月15日，即《列里赫公约》签署当天，与哈萨克斯坦共和国驻白俄罗斯大使馆一起在明斯克举行了圆桌会议“和平旗帜——新时代各民族文化和统一的标志”。幸运的是，我们与许多人产生了共鸣，并得到许多国家的理解和支持，特别是俄罗斯。

叶莲娜·伊万诺芙娜·列里赫曾预测，俄罗斯注定要在整个地球上举起和平的旗帜。她在1949年11月17日写道：“……最好的国家将成为平衡世界的空间基础。最好的国家将是最具有建设性、最美的国家。”① 现在已经有很多人理解，对未来只有在俄罗斯之后或者与俄罗斯一起。我们看到这个国家是如何强大起来的，如何团结周围的友好国家。新世界的方向舵委托给了俄罗斯，实现欧亚联盟梦想的时刻即将到来——统一以后的未来。最后，对过时的、不起作用的国际组织开始了文化领域的一体化进程。如今，伟大的俄罗斯是各个不同领域中大量国际草案的起草者，特别是在人文领域中，还不仅是其领土上的文化改革发起人，而且也是整个世界的文化改革发起人。它不是按命令强制进行帮助和保护的，而是受内心的驱使来进行的。

2006年4月14～15日，即《列里赫公约》签署周年纪念日当天，在莫斯科举行的独联体国家创新科学知识界首届论坛是所有这些进程的有力证据。需要指出的是，论坛有如下决定：为了独联体国家和社会经济进步的利益，国家元首必须要保护我们各民族的物质和精神遗产；在类似于联合国教科文组织形成原则的基础上，请求独联体国家政府成立独联体国家间的文化交流基金会。

我们想强调的是，论坛形成了“文化遗产”（档案馆、图书馆、博物馆）议院（主席——米哈伊尔·皮奥特罗夫斯基），该议院提出制定旨在发展文化交流的国际协议和条约的建议。这类文化交流的原则规定联合保护和利用共同的文明遗产、精神和物质文化古迹、联合体各民族的国家资产。

我们认为，制定国家“文化保护”草案是这些进程的精髓，其主要目的是保护不久以前俄罗斯联邦文化与大众传媒部部长亚历山大·索科洛夫所宣布的俄罗斯文化遗产。

正如我们现在所看到的那样，社会人士和国务活动家认识到文化在人类生活中的

① 叶莲娜·伊万诺芙娜·列里赫：《信》（1932～1955年），新西伯利亚，1993年，第509页。

巨大作用，并了解到文化保护措施的紧迫性和保护文化遗产的个人责任。就是说，具备所有先决条件，以便俄罗斯倡议各联合体国家签署《列里赫公约》，并且在未来其他国家也签署《列里赫公约》。我们还认为，必须为文化捍卫者、保管人和创造者设立国际最高奖项——和平旗帜勋章。

毫无疑问，《列里赫公约》应该是每个国家文化政策的基石。叶莲娜·伊万诺芙娜·列里赫声称，有史以来，文化首次作为新世界的基础，因为只有那些文化利益高于任何其他经济或政治利益的国家才能得到发展。“政府及他们尊敬的国家领导人是否能为其后代提供服务，比向他们指明尊重文化瑰宝和这些人类天才成就的坚实可行的方法更好吗？他们应该被视为生活的最高标准并能始终坚持吗？当人们明白什么是人生真正的瑰宝时，团结一致的理想将不再是一个空想。”[①]

和平旗帜奠定了文化的根基，也就是人类的未来。我们呼吁所有珍惜和平与保护文化理念的人，支持和平旗帜下的各民族团结国际委员会关于签署新版《列里赫公约》的倡议，并请求俄罗斯总统和文化部部长在保护人类文化遗产的伟大事业中提供帮助，当然，作为未来的国家——俄罗斯会起到主导作用。我们相信《列里赫公约》肯定会成为未来欧亚联盟和世界所有国家文化政策的基石。

《列里赫公约》超越纯粹的法律文件，因为它的思想具有重要的教育意义。理解这一点非常重要，因为现代国际法的主要问题正是缺乏直接制裁违反条约或由国家承担的义务的机制。不能强迫一个国家或个人关注文化遗产，但可以教育人们，使他们自己想这样做。人从幼年起就应看到博物馆、中小学校、大学、图书馆上空飘扬的和平旗帜，中小学应该向其讲述，文化是人类存在的主要理由和主要价值（正如德米特里·谢尔盖耶维奇·利哈乔夫所说的那样）。在这种情况下，国际协议不会成为一纸空文，而将是有效的，因为其将留存在每一个人的心中。

要求所有社会主要机构（从小学到研究生的教育机构、科研中心）、文化机构（图书馆、博物馆、剧院、艺术工会）和影响现代人意识的主要根源——大众传播媒介实现《列里赫公约》思想意识和情感教育的形成任务。

教育是现代文化最重要的组成部分，其质量在很大程度上决定每个人、每个国家乃至整个人类的命运。但遗憾的是，这一领域的许多英联邦国家正处于危险之中。由大学教育体系到《博洛尼亚公约》中所规定原则的转变合理性引起了怀疑。实践证明，这种转变取代了大学课程中的人道主义部分，这在人格塑造中具有重要意义。何况西方教育标准是尽量减少教师和学生的私下联系。但正是教师和学生联系时进行心灵的沟通，这会有助于更好地掌握知识。此时可以回想起伟大的印度诗人拉宾德拉纳特·泰戈尔的一句话，他阻止同胞们不要盲目地模仿西方：“要学会走路，就应该训练自己的腿部肌肉，而不是踩着国外生产的高跷，虽然它们敲打出的声音更大且能比真正的双腿带来

① 斯维亚托斯拉夫·尼古拉耶维奇·列里赫：《信》第二卷，莫斯科：国际列里赫中心，2005 年，第 388 页。

更多的惊喜”。泰戈尔认为，只有在教育整个人的情感、认知、才智时，教育才成为真正的教育，而艺术则是情感教育中的重要内容[①]。著名的乌克兰教育家瓦西里·苏霍姆林斯基也持有类似的想法，他认为最好的教育是个人经验和对美、舍己忘我行为的追求。高尚道德是区别未来人的不同之处，为了培养人才，必须要遵循《生活伦理道德学说》中所规定的主要教育原则。有人说：文化是精神的家园，因此培养和教育应该以美、艺术和豁达宽广的认知、掌握世界智慧宝库为基础。

“……文化是知识的最好积累结果，是精神占首要地位的肯定，是对美的追求……”尼古拉·康斯坦丁诺维奇·列里赫如是说道[②]。今天，重点关注作为进化基础的实际价值，并回想起物质需求和精神需求，以及人类意识的转变。卓越成就一直都是人类生存的主要目的，世界上所有的宗教都在谈论这一问题。所以，如果任何国家的人民失去成为更完美的人的机会，那这个国家注定要衰败和瓦解。因此，现代世界的国家最重要的任务是：用为祖国服务的英雄范例、最好的艺术作品、美景来培养和教育年轻一代。文化，作为知识、精神和对美的热爱的综合，应该成为每个人的资产。

根据上述任务，不仅需要用文化遗产保护问题来补充学生人道主义方面的培训内容——实施新的方案、相关的主题，提供课件确保对其的研究，还要让学生进行参观考察和实施安全措施。同时，还需要重点强调的是，教师本身也应满怀《列里赫公约》思想的巨大创新意识，并在工作中能有效地利用他们的教育潜力。

叶莲娜·伊万诺芙娜·列里赫在困难时期曾鼓励所有员工：“同志们，请坚持公约的思想，机会终将来临！”[③] 所以，我们将尽最大努力让《列里赫公约》的思想走进所有国家和民族的生活中，并高举和平的旗帜！

在圣彼得堡国立大学召开的第十三届“列里赫遗产”国际科学实践会议

2006 年 10 月 9 日主楼彼得罗夫斯基大厅全体会议

---

① 克里希纳·克里帕拉尼：《拉宾德拉纳特·泰戈尔》，莫斯科，1989 年。

② 尼古拉·康斯坦丁诺维奇·列里赫：《未来之门》，里加：维耶达，1991 年，第 223 页

③ 叶莲娜·伊万诺芙娜·列里赫：1948 年 9 月 13 日的信，《寄往美国的信》第三卷，莫斯科：领域，1996 年，第 84 页。

21 世纪的《列里赫公约》：信息战条件下的人类保护

И. Г. 沃兹米捷利
（白俄罗斯工会联合会教育部信息技术与软件教研室副教授
国际劳动与社会关系研究所，白俄罗斯明斯克市）

自《列里赫公约》签订至今，已有 80 年。该公约中观点的现实意义在现代信息社会每天发生的新闻和分析总结中得到了印证。信息战日益加剧，战线也迁至其他区域——虚拟区。为掌握信息的优势，社会伦理道德的基础也发生了变化。

目前已出现了新的术语——信息武器：能够在敌对国的社会信息领域、民众意识和心理层面造成巨大影响的特殊手段、技术和信息[①]。

有些作者将信息武器归入摧毁民众的手段行列。西方的专家（美国、法国、德国）在关于“信息武器”的定义中，着重强调利用信息隐蔽操控的手段。

信息战有以下几个主要特点。

（1）对象既可以是大众意识，也可以是单个人的意识。信息影响既可以在嘈杂的信息背景下实现，也可以在信息真空条件下实现。

（2）具有与众不同的目的——即信息战之所以称为战争，且其不同于一般广告。

（3）信息战的载体可以是任意信息传播手段——从大众传媒到信函和市井流言。

（4）信息的影响包括对于事实的歪曲或者由此引起对实施一方有利的情感共鸣[②]。

信息武器着重攻击的目标是民众思潮。因此进行了以下立法：局势及标准的制定者，负责其行为养成。实际上这也指的是无限权力。

可按照以下纲要按顺序使用信息武器：

（1）通过摧毁蕴含在传统世界观中的纵向代际联系层，摧毁传统意识；

（2）形成新的价值等级；

（3）在已经清除的“空地”上植入一致的合理需求式意识形态；

---

① Ю. Л. 沃罗比约夫：《概念术语词典》，《福莱斯特》，莫斯科：信息出版中心，《地缘政治》，2001 年。

② 舍霍夫佐夫 Н.П.、库列绍夫 Ю. Е：《信息武器：信息对抗中的理论及实际应用》，《军事科学院学报》2012 年第 1 期，第 35 ~ 40 页。

（4）结果：具有统一行为标准的人们在同样的形势下会做出同样的决定；社会变成“一群牲畜”，他们会朝着同一个目标，从而扩大了需求。

现代信息社会中《列里赫公约》的总体思想：人需要被保护，如果摧毁的是纪念碑，这只是摧毁了物质世界，倘若保存了人的记忆和智慧是可以重建的，但是如果在信息战中，人被摧毁了，那么便会导致灾难性的后果。

这个“推动宇宙的道德法”如何从内在来保护人？如何来保护文化人——*homo cultus*，可爱的人类——*homo amoris*？

其中一个保护 homo amoris 可行的办法是：辨别与区分真伪信息的学习与教育。必须得握住“最后的天使”之剑（H.K. 列里赫著名画作的标志）——区分“谷物与杂草”之剑。

培养、教育和自我完善——文化人的三大要素——是文化传统的主要继承，是《列里赫公约》特征下对 homo cultus 的主要保护。

第十五届“列里赫遗产”科学实践大会，国家埃尔米塔什博物馆全体会议，
委员会大礼堂，2015 年 10 月 9 日

文件中的《列里赫公约》

一、关于保护艺术和科学机构、团体和收藏品的国际条约（《列里赫公约》的初步草案）。1928 年 8 月，英文版。

草案由尼古拉·列里赫纽约博物馆提交，应该博物馆之邀由巴黎大学权利学博士、该博物馆名誉顾问格奥尔吉·什克利亚韦尔来编写，并由 Albert Geouffre de la Pradelle 教授、海牙国际法庭成员、国际法学院副院长、索邦神学院成员提供咨询。圣彼得堡列里赫家族博物馆学院存档文件复印件（纽约列里赫博物馆的礼物）。

DRAFT

Presented by the ROERICH MUSEUM of NEW YORK

Prepared at the request of the Roerich Museum of New York, by Dr. Georges Chklaver, Doctor of Law of the Paris University, Honorary Advisor of the Roerich Museum, New York.

INTERNATIONAL PACT FOR THE PROTECTION OF ARTISTIC AND SCIENTIFIC INSTIT UTIONS, HISTORIC MONUMENTS, MISSIONS AND COLLECTIONS ORIGINATED BY NICHOLAS ROERICH

BETWEEN THE HIGH CONTRACTING PARTIES

The President of the United States of America.
The President of the German Republic.
His Majesty, the King of Great Britain, Ireland and of the British Dominions beyond the seas, Emperor of India.
The President of the French Republic.
His Majesty, the King of Italy.
His Majesty, the Emporer of Japan.
Etc., Etc., Etc.

Whereas their high offices impart on them the sacred obligation to promote the moral welfare of their respective Nations and the advancement of Arts and Sciences in the common interest of Humanity,

Whereas the Institutions dedicated to the education of youth, to Arts and Sciences, constitute a common treasure of all the Nations of the World,

Recalling the ideas sponsored by a wise and generous foresight which have guided the High Contracting Parties in framing the Geneva Convention of August 22nd, 1864, for the amelioration of the condition of the wounded,

The General Act of the Conference of Berlin of February 26th, 1885, which provides for a special protection to be accorded to scientific Expeditions,

The Final Acts of the Hague Conference of July 29, 1899, and of October 18th, 1907, and especially Article 27 of the Annex of the IVth Convention of the Second Conference relative to the safety of buildings consecrated to Religion, to Arts, to Sciences and to Charity as well as to historic Monuments, in case of siege and bombardment,

Article II of the Convention of St. Germain-en-Laye of September 10th, 1919, confirming the above mentioned provisions of the General Act of Berlin of 1885, concerning the special solicitude to be granted by the High Contracting Parties to scientific Missions, to their equipment and to their Collections,

The Pact for the renunciation of War as an instrument of national policy signed at Paris on the 28th of August, 1928.

Have resolved to conclude a solemn Pact with the aim of perfecting the protection enjoyed by all civilized countries by Institutions and Missions dedicated to Arts and Sciences, as well as by artistic and scientific Collections, and historic Monuments.

And have nominated for this purpose their respective Plenipotentiaries,

to wit: ____________________

____

____

____

who, after having respectively presented their full powers in due and proper form, have agreed as follows:

ARTICLE I

The historic Monuments, educational, artistic and scientific Institutions, artistic and scientific Missions, the personnel, the property and collections of such Institutions and Missions above mentioned shall be deemed neutral and, as such, shall be protected and respected by belligerents.

Protection and respect shall be due to the aforesaid Institutions and Missions in the entire expanse of territories subject to the sovereignty of the High Contracting Parties, without any discrimination as to the State allegiance of any particular Institution or Mission.

ARTICLE II

Each of the High Contracting Parties may furnish to the Registrar of the Permanent Court of International Justice at the Hague, to the International Institute of Intellectual Cooperation at Paris or to the Educational Department of the Pan-American Union of the City of Washington, as it may choose, a list of Monuments, Institutions, Collections and Missions, either public or private, which it desires to place under the special protection provided for by the present Pact.

The Monuments, Institutions, Collections and Missions thus registered may display a distinctive flag (red circle with a triple red sphere in the circle on a white background) which will entitle them to the special protection and respect on the part of the belligerents, of Governments and Peoples of all the High Contracting Parties.

The aforesaid Monuments, Institutions, Collections and Missions shall cease to enjoy the privileges of neutrality in case they are made use of for military purposes.

ARTICLE III

In case of any act alleged to be in contradiction to the protection and respect due to artistic and scientific Institutions, Monuments, Collections and Missions, as stipulated in the present Pact, the complaining Institutions or Missions shall have the right to appeal, through the intermediary of its Government, to the International Institution with which it has been registered. The International Institution concerned shall then bring the complaint to the cognizance of all the High Contracting Parties who may decide to constitute an International Committee of Inquiry on the case. The findings of such an International Committee of Inquiry may be rendered public. The details regarding the constitution and functioning of the above mentioned Committee of Inquiry shall be regulated by a special agreement.

ARTICLE IV

The High Contracting Parties declare that it is their intention to provide by appropriated measures of internal legislation the enforcement of the protection enjoyed in their respective territories by artistic and scientific Institutions, Monuments, Collections and Missions, either National or Foreign.

The present Pact shall be ratified by the High Contracting Parties in accordance with their respective constitutional methods.

The instruments of ratification shall be deposited with the State Department of the United States of America.

The present Pact shall go into force as soon as it has been ratified by the majority of the original signatories thereof.

The Powers who are not signatories to the present Pact shall have the right to join it, by means of a notification addressed to the Government of the United States of America.

In witness whereof the respective Plenipotentiaries have signed the present Pact and affixed their seals.

Done in duplicate (one copy in the English language and the other in the French language) both of which to be regarded as being equally authentic in the city of Washington, on the ______ day of ______ of the year ______.

Signatures.

二、列里赫被授予和平奖。《纽约时报》（*THE NEW YORK TIMES*）复印件。1929 年 3 月 3 日，英文版。

原件保存于圣彼得堡列里赫家族博物馆学院档案室。

Reprint from

THE NEW YORK TIMES, SUNDAY, MARCH 3, 1929.

ROERICH NOMINATED FOR PEACE AWARD

Artist and Scientist Named With Four Prominent Statesmen for the Nobel Prize

KELLOGG ALSO PRESENTED

Senator Jouvenel, Edouard Herriot and Ramsay MacDonald Are the Other Nominees

According to a cablegram received from Paris by the Roerich Museum, 310 Riverside Drive, the names submitted to the Nobel Commission for the Peace Prize, which comprises members of the Norwegian Parliament at Oslo, include those of Secretary Kellogg of the United States, Senator Jouvenel of France, Professor Nicholas Roerich, former Premier Ramsay MacDonald of Great Britain and former Premier Herriot of France.

Professor Roerich's name was presented officially through the Department of International Law of the University of Paris, and the committee of presentation comprised officials and members of the universities of various countries. As far as is known, this is the first time that an artist and scientist has been nominated as a candidate for the peace award, on the basis that efforts for international peace through art and culture have brought about better understanding of international relations.

In presenting the name of Professor Roerich, the committee of presentation states, among other things:

"Since 1890, Nicholas Roerich, through his writings, through his lectures, researches, paintings and through the many fields into which his broad personality has led him, has forcefully expounded the teaching of international brotherhood. His propaganda for peace has penetrated into more than twenty-one countries and the recognition of its influence has been testified by the widely different activities which have invited his assistance.

"As an artist, one of the greatest that history has produced, his paintings have illustrated the great volume of beauty and spiritual light symbolized by his teaching. The significance of their universal appeal is seen in the foundation in New York of the Roerich Museum that the people might have permanent recourse to his teachings.

"We firmly believe that eventual and lasting international peace will come only through the education of the people and through that steady and impressive propaganda for brotherhood created by culture, by poetry and by beauty in every field. The works of Roerich have, for the last thirty years, been one of the great summons to the world for love among men."

三、尼古拉·列里赫为保护艺术珍品而提出的特殊理念。纽约，1930 年 3 月 11 日《纽约时报》(*THE NEW YORK TIMES*) 复印件。1930 年 3 月 16 日，英文版。

原件保存于圣彼得堡列里赫家族博物馆学院档案室（纽约列里赫博物馆的礼物）。

THE NEW YORK TIMES, SUNDAY, MARCH 16, 1930.

SPECIAL FLAG IS SUGGESTED TO PROTECT ART TREASURES

Its Recognition by Belligerents Would Prevent Destruction of Irreplaceable Objects and Scientific Works in Wartime

Humanity is striving in divers ways for peace, and every one, in his own heart, realizes that this constructive work is a true prophecy of a new era. In view of this it might seem incongruous to hear discussions on the comparative desirability of various bullets or on whether one type of ship is closer to the conception of world unity than the cannons of two battleships. Let us, however, consider these discussions as preliminary steps toward the same great peace that will tame the belligerent instincts of humanity by the resplendent and joyous creations of the spirit.

The fact remains, however, that the shells of even one of these cannons can destroy the greatest treasures of art and sciences as successfully as a whole fleet. We deplore the loss of the library of Louvain and the unreplaceable loveliness of the Cathedral of Rheims; we remember the beautiful treasures of private collections which perished during the world's misunderstandings. We do not, however, wish to inscribe above them words of enmity; let us simply say, "Destroyed by human errors, and re-created by human hope." Nevertheless, errors in this or any other form may be repeated, and other precious milestones of human achievement can be destroyed.

Against such errors of ignorance we should take immediate measures; even though these may be only preliminary measures of safeguarding, some very successful steps can be made. No one can deny that the flag of the Red Cross proved to be of immeasurable value and reminded the world of humanitarianism and compassion.

To Protect Treasures.

For this reason, a plan for an international peace pact which would protect all treasures of art and science through an international flag has been outlined by the Roerich Museum for presentation through America to all foreign governments. The purpose of the project, which has been submitted to the State Department and the Committee on Foreign Relations, is to prevent the repetition of the atrocities of the last war on cathedrals, museums, libraries and other lasting memorials of creation of the past.

It is the plan of the project to create a flag which will be respected as international and neutral territory, this to be raised above museums, cathedrals, libraries, universities and any other cultural centres. The plan, projected by the Roerich Museum, was drawn up according to the codes of international law by Dr. George Chklaver, doctor of international laws and of political and economical sciences, Paris University; lecturer in the Institute of International High Studies, in consultation with Professor Albert Geouffre de la Pradelle; member of the Hague Peace Court, vice president of the Institute of International Law of Paris, and member of the faculty of law, the Sorbonne. Both are honorary advisers of the Roerich Museum.

As set forth in Article I of the pact, "educational, artistic and scientific institutions, artistic and scientific missions, the personnel, the property and collections of such institutions and missions shall be deemed neutral and, as such, shall be protected and respected by belligerents.

"Protection and respect shall be due to the aforesaid institutions and missions in all places subject to the sovereignty of the high contracting parties, without any discrimination as to the State allegiance of any particular institution or mission."

Move Well Received.

When the idea of an international cultural flag was first propounded, we were not surprised to find that it met with unanimous interest and enthusiasm. Experienced statesmen wondered why it had not been thought of before. When we asked our honorary advisers, Dr. George Chklaver and Professor Albert Geouffre de la Pradelle, to frame this idea into an international formula, we received not only a splendidly formulated project of international agreement, but also many answers full of pan-human sympathy.

This international flag for the protection of beauty and science would not in any way demean any interests or lead to misunderstandings. On the contrary, it elevates the universal understanding of evolutionary discoveries, as though new human values had been created and we were moving on to a path of progress and peace. And this understanding of a creative striving toward peace becomes more real. Above all else, this guardian of peace reminds one of the necessity for impressing cultural treasures in the world annals. This is not difficult and in many countries it is already accomplished, although there are gaps and each enrichment in the universal consciousness must be greeted. As the Red Cross flag needs no explanation to even the most uncultured mind, so does this new flag, guardian of cultural treasures, speak for itself. It is simple enough to explain, even to a barbarian, the importance of safeguarding art and science.

Need for Prompt Action.

We often repeat that the cornerstone of the future civilization rests upon beauty and knowledge. Now we must act upon this thought, and act quickly. The League of Nations, which has progressed toward international harmony, will not be opposed to this flag, for it expresses their aims of a world unity.

That the idea was originally conceived in the United States is not an accident. By its geographical position the United States is least personally affected by such measures of protection. Hence, this proposition comes from a country whose own art treasures are in no particular danger, illustrating the better that this flag is a symbol of peace, not of one country, but of civilization as a whole.

The flag designed for this project has three spheres within a circle on a white ground, symbol of eternity and unity. Although I do not know when this banner may wave above all the world's cultural institutions, the seed is already sown. Already it has attracted many great minds and travels from heart to heart, spreading once again peace and good-will among men.

Really it is imperative to take immediate measures to preserve the noble heritage of our past for a glorious posterity. This can only come if all countries pledge themselves to protect the creations of culture, which, after all, belong to no one nation but to the world. In this way we may create the next vital step for a universal culture and peace.

NICHOLAS K. ROERICH.

New York, March 11, 1930.

四、战争时期的艺术珍品保护《基督教科学箴言报》(*THE CHRISTIAN SCIENCE MONITOR*)复印件。波士顿，1930 年 7 月 10 日，英文版。

原件保存于圣彼得堡列里赫家族博物馆学院档案室（纽约列里赫博物馆的礼物）。

Protecting Art Treasures in War

EVEN in the midst of earnest international endeavors to do away with war altogether, it is well to keep up the effort to lessen its destructiveness should it come. Such an effort is being made by Nicholas Roerich, the distinguished artist and founder of the Roerich Museum in New York, who, with other international figures, is pressing a pact for the protection of treasures of art and natural science. He urges the adoption of a special flag, to be raised over museums, libraries, cathedrals and other recognized treasures of art, which would protect them in case of bombardment.

As a basis for this protective device there would be negotiated an international pact, of which Article 1 would read as follows:

> Educational, artistic and scientific institutions, artistic and scientific missions, the personnel, the property and collections of such institutions and missions shall be deemed neutral and, as such, shall be protected and respected by belligerents.
>
> Protection and respect shall be due to the aforesaid institutions and missions in all places subject to the sovereignty of the high contracting parties, without any discrimination as to the state allegiance of any particular institution or mission.

Every effort to avert war or even to mitigate its horrors is met with criticism, and we shall be told of the difficulty of avoiding objects of this nature in a bombardment perhaps from a distance of more than twenty miles. The charge will be made that one side or the other may use protected edifices as observation stations—as the Germans alleged in the famous case of Rheims Cathedral. Above all, it will be urged that, as the last war was unprecedented for its ferocity and destructiveness, any other might be expected to outdo it, and no belligerent would for a moment be bound by any pre-war agreement which might in the slightest degree handicap his efforts to inflict upon his enemy the greatest possible injury.

These are, of course, chiefly the arguments of militarists. Whatever their weight, they must yield to the clear need for some such protective device as Professor Roerich urges. Even though it may not prove invariably effective, it may still be expected to operate at times and under certain conditions for the protection of artistic monuments from the ravages of war. But the real remedy for the menace against which it seeks to guard is the outlawry of war altogether, and on this task every civilized nation is now definitely embarked.

五、以中立的思想来保护艺术。《纽约时报》(*THE NEW YORK TIMES*)复印件。1930 年 8 月 8 日，英文版。

原件保存于圣彼得堡列里赫家族博物馆学院档案室。

THE NEW YORK TIMES, FRIDAY, AUGUST 8, 1930.

TO PROTECT ART BY NEUTRAL FLAG

Roerich Museum Project Wins an Endorsement at Geneva.

ITS HEAD SENDS THE NEWS

Under Provisions of the "Roerich Pact" Cultural Institutions Would Be Safe in Time of War.

The International Commission of Intellectual Cooperation of the League of Nations, in plenary session, has expressed its complete advocacy of the "Roerich pact" to protect artistic and scientific treasures in time of war, according to a cable received by the Roerich Museum here from Professor Nicholas Roerich, now in Paris. The pact was presented to the commission by Jules Destree, Belgian Minister of State. The government of Belgium, through the members of its Cabinet, has heartily supported the plan.

The Roerich plan is to create a flag, which will be respected as international and neutral territory, to be raised above museums, cathedrals, libraries, universities and other cultural centres. The plan originated by the Roerich Museum was drawn up by Dr. George Chklaver of the University of Paris, in consultation with Professor Albert Geouffre de la Pradelle, member of the Hague Peace Court, vice president of the Institute of International Law of Paris and member of the law faculty of the Sorbonne.

Article I of the pact provides that "educational, artistic and scientific institutions, artistic and scientific missions, the personnel, property and collections of such institutions and missions shall be deemed neutral and as such shall be protected and respected by belligerents. Protection and respect shall be due to the aforesaid institutions and missions, in all places, subject to the sovereignty of the high contracting parties, without any discrimination as to the State allegiance of any particular institution or mission."

This project has been presented to foreign governments and to important institutions and personages all over the world, in a systematic effort to secure an international demand for its adoption. Thousands of letters, the museum authorities say, have been received in response, bringing the enthusiastic approbation of Cabinet Ministers, Ambassadors, national academies, State Governors, university heads, Senators, Congressmen, judges, lawyers, librarians, art gallery and museum directors, clergymen, architects, authors, artists, scientists and lovers of culture.

Among the Americans and American institutions giving approval to the project are Theodore Dreiser, Ida M. Tarbell, Dr. David Starr Jordan, Vachel Lindsay, Claude Bragdon, Harvey Wiley Corbett, Padraic Colum, Upton Sinclair, the National Academy Association, the Oriental Institute of the University of Chicago, the Cleveland Society of Artists, the Boston Museum of Fine Arts, the Municipal Art Society of Baltimore, the Phillips Memorial Gallery of Washington, D. C., the Michigan Society of Architects, the Art Institute of Seattle, the Municipal Art Commission of Los Angeles, the Detroit Institute of Arts, the Berkeley (Cal.) League of Fine Arts and the Educational Alliance.

Judge Antonio S. De Bustamente of the Permanent Court of International Justice at The Hague, wrote: "I consider his [Professor Roerich's] idea excellent and worthy of all praise. It is a step further in the path already adopted by the Peace Conferences at The Hague in 1899 and 1907." Judge Loder of the same court wrote: "The intention of establishing a special international flag to protect art treasures will be, I hope, soon realized. It has my full sympathy."

Paul Hymans, Belgian Foreign Minister, praised the idea, and Dr. Chian Meng-ling, Chinese Minister of Education, wrote: "An international pact which you have in mind is of immeasurable humanitarian value, since art treasures in a strict sense are universal property and belong to no one nation or nations. I regret only that it has not been thought of before."

Sponsors of the project now hope for its speedy realization. The museum is establishing branches in many countries in Europe, South America and the Orient.

六、国际列里赫公约及和平思想批准联盟第一次会议公告。比利时，布鲁日。1931 年 9 月 13 ~ 16 日。

尼古拉·列里赫纽约博物馆编写，英文版（共 3 页）。
原件保存于纽约列里赫博物馆档案室。

From ROERICH MUSEUM
310 Riverside Drive, N.Y.
Clarkson 2-1700

RELEASE ON RECEIPT

BRUGES CONFERENCE ORGANIZES
PERMANENT BOARD TO PROMOTE
ROERICH PEACE PACT AND BANNER

400 Delegates Attend Parley To Adopt
Nicholas Roerich Plan - Pope, King Albert
And Numerous World Leaders Endorse Project
Grand Cross Legion of Honor Awarded Roerich
To Hold Second Conference Next Year

The foundation of a permanent organization to spread the adoption of the Roerich Peace Pact and the Roerich Banner of Peace, and plans for a second Conference next year were among the results of the International Conference held at Bruges by the Union Internationale Pour le Pacte Roerich from September 13 to 16.

The entire Conference also paid tribute to the life-long efforts of Nicholas Roerich for International Peace through Culture, and during the Sessions, the Grand Cross of the Legion of Honor, as well as a special medal struck by the City of Bruges, in his honor, were presented to Professor Roerich as the originator of the Roerich Peace Pact and Roerich Banner of Peace.

In a pomp and color which recalled to Bruges the days of Hanseatic glory, and with the city as vivid with American flags as on the memorable arrival of the American Doughboys in Belgium, the Conference was begun.

In the presence of 400 Delegates gathered from all parts of the world and representing governments and cultural institutions of many nations, the International Conference was opened on Sunday with a solemn Mass at the Basilica of the Holy Blood, at which the Banner of Peace was blessed by the Archpriest. The inaugural program was held at the Governor's Palace in the presence of all the authorities of Bruges, and an audience of celebrities which crowded the ancient Gothic Hall.

M. Camille Tulpinck, President of the Conference, opened the meeting by the reading of messages from His Holiness Pope Pius XI, sent through His Eminence Cardinal Pacelli, also from His Majesty King Albert of Belgium, and other world figures. Dr. Georges Chklaver then addressed the meeting on the great ideal

第 1 页

of Nicholas Roerich, its originator in aiming to preserve art and science not only in times of war, but as a great constructive measure in time of peace.

The address of Professor Roerich to the Conference, sent by him from Urusvati, Himalayas, Research Institute of the Roerich Museum, was then read to the Conference by Mme de Vaux-Phalipau, and was received with renewed cheers. Addresses on the possibility of the Peace Pact as a great International force for unification, were made by Baron de Taube, who in a highly impressive address indicated how the adoption of the initiative of Professor Roerich would contribute to a renovation of International Law. In a speech in Flemish, Abbott Van Eckhout, then promised the support of the Royal Flemish Academy; Councillor Dr. Lobligeois, voiced the entire endorsement and support of the city of Paris in the Pact, while M. August Vierset brought the allegiance of the City of Brussels, and Professor Moschetti spoke in the names of the cities of Italy. Messages were then read from Culture leaders from throughout the world including many from America, among them those from Senators Copeland and Sheppard, Governor Seligman of New Mexico, from the Roerich Museum and all its affiliated institutions, from President Mary Woolley, Daniel Chester French, Professor J. Leo Fairbanks, Presiddnt John S. Nollon, Director Hardinge Scholle, President W.B. Bizzell, George Gordon Battle, etc.

The Belgian Ministry of Arts and Sciences offered his patronage to the Conference following which a telegram of appreciation was sent to His Majesty King Albert, thanking him for his message, and a message of congratulation to Professor Roerich, at Naggar,

Following the opening Session, the entire audience convened in the square before the Palace, where all Cultural Societies of Bruges marched in Procession, carrying their ancient banners. As the Roerich Banner of Peace was brought up the steps of the Palace, Burgomaster Van Hoestenverghe, Senator of the Kingdom, decorated it with the cravat bearing the Coat of Arms of the city of Bruges. The delegates then marched between rows of Banners, and thousands of cheering people to the Town Hall where the Bu rgomaster presented the medal struck by the city of Bruges in honor of Nicholas Roerich.

In the evening a reception was held by the Governor Baron Jaenssens de Bystowo, Governor of West Flanders.

The second day's meeting, held also in the Governor's Palace, was devoted to the Juridicial Section; the general discussion was participated in by such authorities as Dr. Chklaver, Baron de Taube and Professor Moschetti, who read

- 3 -

a remarkable report on the preservation of works of art in Italy, M. Marc Chesneau also addressed the meeting on the great need of spreading the cause of the Banner of Peace throughout the world. M. de Graeve, representing the city of Furnes, addressed the meeting on the necessity if having in each Army, officers specially entrusted to the preservation of Art on the theater of war.

During the afternoon Session, French and Belgian delegates forwarded suggestions for creating general refuges for works of art, where such objects could be transported in time of dang or. Other speakers were M. Roy de Villette of Paris, who deplored the destruction of churches in Russia, mentioning that 25,000 religious buildings have been destroyed in recent years. Baron Nywoldt de Zuylen, Professor Overbeck and M. Erkulis, and the Director of the Brussels's Museums read reports on various points in regard to technicalities of the Roerich Pact from the standpoint of International Law, military application, rules and regulations, protection against poison gas, etc.

It was recommended at the Conference that the Roerich Pact be made a study in the Military Schools.

The feature of the last day of the Conference was the presentation to Nicholas Roerich of the Grand Cross of the Legion of Honor. This was conferred to Professor Roerich in a cable sent by the President of the French Republic. The reading of the cable brought forth a thunder of applause and cries of "Vive Roerich".

The morning Session was taken up with various communications and new proposals, after which resolutions were passed creating a Permanent Committee at Bruges to continue the campaign for the ratification of the Roerich Pact. A second Conference is foreseen next year.

During the Conference, Insignia of the First Class of the Roerich Museum were given to Paul Hymans, Belgian Foreign Minister; Count Carton de Wiart, Former Minister of State; Dr. M. Adachi, President of the International Court of Justice; M. Jules Destree, Former Minister of Education. The Insignia of the Second Class was given to the Governor of Flanders; the Lord Mayor of the City of Bruges; M. Camille Tulpinck.

The Conference was closed with the Tea given for the delegates by the French Roerich Society at the Saint Georges Hotel in Bruges.

Among those present at the Conference were Count Fleury of the Foreign Office of France; M. Chaterly, President of the Sorbonne; M. Deles, Professor of International Law at the Independent University of Lille; M. Jean Robiquet, Curator of the Musee Carnavalet; M. Maurice Maeterlinck, Poet and Playwright; the Greek Minister Plenipotentiary; the representative of Cardinal Reye, Primate of the Belgian Church; M. Peyronnet; Melle Barbet de Vaux, etc.

七、格奥尔吉·什克利亚韦尔。《列里赫公约》。1931 年 *GAND ARTISTIQUE* 杂志复印件（巴黎，1931 年，第 10-11 期，第 180～185 页）。法文版（共 6 页）。

原件保存于圣彼得堡列里赫家族博物馆学院档案室（纽约列里赫博物馆的礼物）。

GAND ARTISTIQUE

10e ANNÉE 1931 Nos 10 et 11

Nicolas de Roerich.

Le pacte Roerich.

En un monde où, pendant quatre années terribles, la destruction s'est donnée libre cours, et où un matérialisme effréné a succédé aux grands bouleversements, il appartenait à un esprit élevé, à un homme dévoué à la Culture véritable, et possédant un indéniable tempérament de Chef, il appartenait, dis-je, à Nicolas de Roerich, de lancer un appel ardent en faveur des biens suprêmes qui constituent le patrimoine commun de l'Humanité.

Cet éveilleur de la conscience universelle, ce Chef qui a su entraîner derrière lui une légion « d'idéalistes enthousiastes », comme il les a appelés lui-même, idéalistes que, pourtant, il a réussi à guider avec un sens profond de la réalité, est Nicolas de Roerich, le grand Artiste, le Penseur de l'Himalaya, celui dont le nom est aussi connu et aimé des foules de New York, que des Lamas des lointains Monastères du Tibet.

En levant son étendard pour la défense des trésors de l'Esprit humain, Nicolas de Roerich a été fidèle à sa devise, qui est l'union de tous les hommes dans le culte de la Beauté et du Savoir ; il a proclamé une Croisade pour la sauvegarde des Monuments et des Œuvres que nous a légués le Passé, et dont le rayonnement éclaire les routes de l'Avenir, car l'évolution est une et ininterrompue, l'Art et la pensée de demain s'appuieront sur ceux d'aujourd'hui et d'hier ; dans ce domaine, toutes les nations sont solidaires les unes des autres.

Dès 1904, en Russie, Nicolas de Roerich émettait l'idée d'une protection organisée des Monuments et des Œuvres d'Art. Or, quels que soient les obstacles qui peuvent surgir à l'encontre de la réalisation de ses idées, jamais encore on ne l'a vu se résigner à l'abandon. Aussi, le grain semé en 1904, ne devait-il pas se perdre.

En 1914, au moment où se déchaînait la tourmente universelle, Monsieur de Roerich présentait au Grand Duc Nicolas Nicolaievitch, Commandant en chef des Armées Russes, un rapport relatif à la protection des Monuments Historiques, sur le théâtre des opérations militaires. En 1929, quinze ans après, il formule son idée dans de nouvelles déclarations, adressées aux masses du peuple américain, toujours prêt à vibrer pour une idée généreuse et claire. Mais certes, Nicolas de Roerich ne pouvait laisser son projet à l'état de bonne intention. Son esprit, qui présente une synthèse si extraordinaire de génie artistique et de connaissances scientifiques, a immédiatement entrevu les règles du Droit, grâce auxquelles la protection de la Beauté pourrait s'implanter dans la vie internationale.

Dans le courant de l'été 1929, le Maître nous fit le grand honneur de nous confier la rédaction de l'avant projet du Pacte, de ce Pacte Roerich qui, en même temps que le nom de son illustre Initiateur, devait être acclamé par la suite en Amérique, en Europe, en Asie, dans le monde entier....

Le Pacte Roerich est, en effet, un des rares projets ou « Plans » internationaux, qui ait rencontré des sympathies agissantes dans toutes les nations du Globe, et dans tous les partis. Des milliers de messages émanant de personnes de toutes conditions et de tous pays, sont venus appuyer l'idée de Nicolas de Roerich.

Le Pacte Roerich a pour but la protection des églises, des monuments historiques, des Institutions consacrées aux Arts et aux Sciences contre toute destruction par des belligérants. Ces Monuments et Institutions enregistrés dès le temps de paix, soit à la Société des Nations, soit au Greffe de la Cour Permanente de Justice Internationale, pourront déployer un drapeau spécial (cercle amarante et trois besants de même, sur fond blanc) qui devra être respecté au même titre et dans les mêmes conditions que celui de la Croix Rouge. En cas de violation éventuelle, des Commissions d'enquête constituées selon les règles du Droit des Gens, seront chargées d'établir un rapport qui pourra être rendu public ; ainsi, l'intervention de l'opinion publique est prévue en tant que sanction suprême. Il importe de noter que l'article IV du Projet de Pacte, contient une stipulation en vertu de laquelle les signataires déclareraient leur intention d'assurer par des mesures législatives appropriées, le perfectionnement de la protection dont jouissent, sur leurs territoires respectifs, les différentes institutions et missions Artistiques et Scientifiques nationales ou étrangères. Il y a dans ce dernier article du projet une indication sur la vraie portée du Pacte Roerich, qui tend non seulement à protéger les Monuments d'Art en temps de guerre, mais encore à renforcer le respect pour tout ce qu'a créé le génie humain.

Le Pacte Roerich, en tant que manifestation d'une vénération légitime pour l'Art et la Science, doit produire ses effets en temps de paix aussi, en incitant les Gouvernements et les Peuples à prendre des mesures efficaces pour la sauvegarde de leur patrimoine culturel.

Du point de vue juridique, le Pacte Roerich a pu se référer à plusieurs instruments diplomatiques antérieurs, notamment à la Convention de Genève de 1864, à l'Acte Général de la Conférence de Berlin de 1885, et aux Actes des Conférences de la Paix de La Haye de 1899, et de 1907, ainsi qu'à la Convention de Saint-Germain-en-Laye de 1919 (confirmant l'Acte de Berlin de 1885), et enfin, au Pacte Briand-Kellogg du 27 Août 1928 (voir notre article dans la **« Revue de Droit International »**, N° 4-1930).

Le projet du Pacte Roerich fut communiqué au Sénateur Borah en sa qualité de Président du Comité des Relations Extérieures du Sénat des Etats-Unis et à l'Institut de Coopération Intellectuelle de la Société des Nations. Grâce à l'appui de M Foundoukidis, Secrétaire de l'Office international des Musées, et sur le rapport de M. Jules Destrée, ancien Ministre des Sciences et Arts de Belgique, le Bureau de l'Office, qui est un organisme de l'Institut de Coopération Intellectuelle, a voté en Mai 1930 la résolution suivante :

« Le Bureau a pris connaissance d'un projet de convention internationale pour la protection en temps de guerre des Musées, collection et Monuments d'art. Il a émis le vœu qu'une convention de cette nature puisse être réalisée. Afin de donner plus d'autorité à ce vœu, il charge le Secrétaire de l'Office International des Musées, de demander aux Membres Consultatifs d'Experts, l'autorisation de joindre leurs signatures à celles des Membres du Bureau ».

Le projet a ensuite été discuté à la sous-commission des Lettres et des Arts de la Commission Internationale de Coopération Intellectuelle au cours de sa Session de Juillet 1930 à Genève. Le rapport de la Sous-Commission figure aux procès-verbaux de la Commission Internationale de Coopération Intellectuelle de la Société des Nations, communiqués au Conseil et à tous les membres de la Société (Off. N° C 428 - 930/ - XII, Comm. Int. de Coop. Int. - 12° Session, Genève 13 Août 1930).

En même temps que se poursuivait l'examen du projet par les organes compétents de la Société des Nations, se développait de plus en plus un vaste mouvement d'opinion publique en faveur du Pacte. Lorsqu'en Février 1931, nous reçumes, par l'intermédiaire de l'Institut de Coopération Intellectuelle une première lettre de M. Camille Tulpinck, Membre de l'Académie Royale d'Archéologie de Belgique, nous pouvions à peine prévoir la nouvelle et magnifique évolution qu'allait prendre la campagne entreprise en vue de faire aboutir le Pacte. Grâce au labeur infatigable et à l'ardeur de Monsieur C. Tulpinck et de ses collaborateurs, une Conférence Internationale pour le Pacte Roerich fut convoquée en Septembre 1931, dans l'antique et glorieuse cité de Bruges. M. C. Tulpinck y fonda l'Union Internationale pour le Pacte Roerich, dont Bruges est ainsi devenu le foyer permanent.

La Conférence de Septembre 1931, à laquelle le Centre Européen des Institutions Roerich a été heureux d'apporter son concours, a eu lieu sous la Présidence d'honneur du Maître Nicolas de Roerich, qui lui a adressé un message des sommets de l'Himalaya. Son Excellence, Monsieur Adatci, l'éminent juriste et diplomate japonais qui préside la Cour Permanente de Justice internationale, voulut bien accepter le Protectorat d'honneur de la Conférence. M. le Comte Carton de Wiart, ancien Premier Ministre de Belgique, et d'autre hautes Personnalités, en ont été Membres d'Honneur. L'Institut de France a manifesté son approbation de principe du Pacte Roerich d'une façon éclatante : l'Académie des Baux-Arts a envoyé à la Conférence un message particulièrement chaleureux, et celle des Sciences Morales et Politiques a été in-corpore, **Membre d'honneur** de la conférence. Celle-ci a eu également l'insigne honneur de recevoir les vœux de succès de Sa Sainteté le Pape (transmis par Son Eminence le Cardinal Pacelli, Secrétaire d'Etat du Vatican) et de Sa Majesté, le Roi Albert, le noble et héroïque Souverain, qui avait déjà exprimé précédemment l'intérêt qu'il porte à l'Œuvre du Professeur Nicolas de Roerich.

Le Gouvernement Français était officiellement représenté à la Conférence, ainsi que la Ville de Paris, qui avait envoyé le Vice-Président de son Conseil Municipal, Monsieur le Docteur Lobligeois ; la ville de Bruxelles était représentée par le Chef du Cabinet du Bourgmestre, Monsieur Auguste Vierset. L'Italie avait délégué Monsieur le Professeur Moschetti, qui transmit à la conférence le salut du Podestat de Padoue.

Le Conservateur du Musée de La Haye, les Représentants du Comité International de l'Histoire de l'Art, de nombreux amis venus de tous pays, apportèrent à Bruges l'assurance que partout le Pacte Roerich avait été accueilli comme une solennel hommage rendu par l'Humanité à ce qu'elle a de plus précieux : aux trésors de l'esprit.

Au cours des trois jours que durèrent les délibération de la Conférence, de nombreuses idées furent émises, différents points de vue furent confrontés, et il en découla des résultats immédiats.

Tout d'abord, l'action en faveur du Pacte Roerich pourra devenir plus efficace encore, grâce à la création de l'Union Internationale pour le Pacte Roerich, ayant son Siège Permanent à Bruges, sous la direction de Monsieur Camille Tulpinck, et travaillant en collaboration étroite avec le Centre Européen des Institutions Roerich à Paris.

Une série de résolutions ont été adoptées, invitant les Gouvernements à ratifier au plus tôt le Pacte Roerich, à promouvoir le respect et l'amour de l'art dans les écoles, etc.

Plusieurs propositions d'ordre technique ont également obtenu le suffrage des délégués, ainsi, par exemple, la création de sections spéciales dans les Etats-Majors pour la protection des Œuvres d'Art sur les théâtres d'opérations militaires (à l'exemple de ce qui existe déjà dans l'armée italienne).

La Conférence de Bruges a marqué une étape importante de l'action guidée par Nicolas de Roerich. Le chemin à parcourir est encore long et ardu, mais déjà, la **Bannière de Paix** est entouré d'amis, dont le nombre toujours accru, et le dévouement indéfectible à l'idée du Maître, sont les plus sûrs garants de succès.

Cette Bannière de Paix, dessinée et déployée par Nicolas de Roerich, est un grand et sublime symbole que tous ceux qui regardent vers l'avenir sauront comprendre.

Georges CHKLAVER,
Docteur en Droit,
Secrétaire Général du Centre Européen du Roerich Museum

八、国际列里赫中立思想节。梵蒂冈咨文公告。纽约，1931 年 12 月 27 日。尼古拉·列里赫纽约博物馆编写，英文版。

原件保存于纽约列里赫博物馆档案室。

INTERNATIONAL CELEBRATION TO DEDICATE ROERICH BANNER OF PEACE, DECEMBER 27

o

THE HOLY VATICAN SENDS MESSAGE

Worldwide Peace through the influence of Art and Culture will be emphasized on Sunday, December 27, when the Roerich Banner of Peace, originated by Nicholas Roerich to protect the World's Art and Science Treasures at all times, will be saluted in the churches of the United States and foreign countries.

Many of the churches are planning commemorative celebrations and will pay tribute to the Banner of Peace on that day.

On the occasion of the International Conference at Bruges for the worldwide adoption of the Peace Pact and Banner of Peace, His Holiness Pope Pius XI sent the following message:

"The Holy Vatican deigns in His Universal solicitude to send His best wishes for the success of efforts of all those who will unite in this noble country, for the protection of the Treasures of History and Art."

The Roerich Pact and Banner of Peace have been endorsed by the leading cultural bodies of the world. Recently, the first international conference to promote the worldwide adoption of the Roerich Banner of Peace was held in Bruges, creating a permanent body to further its advancement.

九、列里赫和平思想成为和平事业的神坛。1931 年 12 月 27 日，纽约，国际列里赫中立思想节公告。《罗德里克博物馆公告》(*ROERICH MUSEUM BULLETIN*)复印件(纽约，1932 年，第二卷第 1 号第 5～8 页)，英文版(共 4 页)。

原件保存于纽约列里赫博物馆档案室。

ROERICH MUSEUM BULLETIN 5

DEDICATION OF THE ROERICH BANNER OF PEACE
Left to Right, Front Row: Esther J. Lichtmann, Dr. James H. Cousins, Rev. Dr. Robert Norwood, Dr. Charles Fleischer, Frances R. Grant, George Gordon Battle, Louis L. Horch

ROERICH BANNER OF PEACE SENT FORTH ON PILGRIMAGE THROUGH WORLD

"WE shall have peace, Beautiful Flag, and it will come to us one day. We send you thus forth on your mission at this moment. We send you forth, and we pledge ourselves that we who touch your folds, that we who look upon your whiteness, shall consecrate ourselves, our souls and our bodies, to the adoration of God in the Highest, the height of human hearts. And so it shall come to pass that Peace shall come at last to Humanity through the victorious folds of your whiteness, the challenge of your color, and the completeness of your symmetry. Go forth, and conquer in the name of Love, and we who are Lovers here this afternoon lay our hearts upon your folds, and wish you good luck in the name of the Lord."

Thus, in a ceremony of great beauty, was the Roerich Banner of Peace consecrated by the Rev. Dr. Robert Norwood on "Roerich Banner of Peace Day," the 27th of December, to the cause of peace among men.

Following this program of dedication, this Banner of world peace and culture, created by Nicholas Roerich, is now to be sent to Bruges, as the first step in a world pilgrimage on which it will bear to all countries its message of culture as a power for promoting universal peace and brotherhood.

"Roerich Banner of Peace Day" was simultaneously observed in churches in New York City, as well as in the United States, in South American countries, Asia and in Europe, where it was the subject of sermons stressing the ideal of world peace through culture, as outlined in the Roerich Peace Pact.

Preceding the dedication of the Banner, addresses were given by Miss Frances R. Grant, George Gordon Battle, and Louis L. Horch, who read Professor Roerich's message "Peace and Culture." Following Dr. Norwood, Dr. James H. Cousins read this poem, "Banner of Peace," written in honor of the occasion. Dr. Charles Fleischer presided.

As the Roerich Banner of Peace follows its world route, each country is to add its own flag to the Banner as a mark of the potential union of all peoples around the Standard of Culture. The first flag to be appended to the Banner was that of the United States of America.

It was in Bruges that the first international congress for the world-wide adoption of the Roerich Peace Pact and the Roerich Banner of Peace was recently held, resulting in the formation of a permanent body to be located there, to carry on Professor Roerich's plan for peace through culture. It may, therefore, be regarded as most appropriate that on its world crusade, the Banner should make Bruges its first stop. The Banner will then go to France, England, Sweden, Holland, Finland, Italy, Latvia, Germany, Czechoslovakia, Yugoslavia, various centers in South Africa, Asia, and Australia; thence to the South American countries, and to Canada, returning to the United States in time for the World Roerich Banner of Peace Day, in the Fall of 1933, when, after a formal ceremony, it is planned to present the Banner to Professor Roerich, originator of the plan for the Roerich Peace Pact and the Roerich Banner of Peace.

In opening the program, Dr. Charles Fleischer, the chairman, said: "In this particular period which seems to have so laid hold upon the spirits of men, so that not merely depression is felt, but a sense of defeat, it is good to come together on this Sunday, immediately following Christmas, and to be gathered for so constructive, so cultural, so essentially spiritual a purpose as to dedicate a Banner of Peace; and to do it under these particular auspices that bear the name of Roerich is especially gratifying, because all that we know of Nicholas Roerich stands for the idea of a constructive, a spiritual, a permanent contribution to the values of life, and to the enrichment of human society.

"We have met to dedicate the Roerich Banner of Peace, to celebrate the Pact of Peace, to start this Banner of Peace on a pilgrimage throughout the world. I am glad to read to you a message that has just been received, cabled from Professor Roerich:

"'On the twenty-seventh, you are solemnly unfurling the Banner of Peace. Accept my blessings and my wish for a significant New Year.'

"The Banner of Peace bears the slogan, not on its folds but as its innermost purpose, 'Peace through Culture,' and that represents the solemn conviction that among the many means towards peace, culture is the most dependable, because culture depends not upon systems, not upon governments, not upon circumstances outside ourselves, but upon the individual achievement of each of us, and we are confident that the permanent peace of the world can be built only upon the achievement of general culture—that is to say, a constructive, a spiritual, an idealistic and an artistic attitude toward life."

Immediately following the Dedication, the chairman asked all present to rise in homage to the creator of the Roerich Banner of Peace—Professor Nicholas Roerich, and to thus indicate their desire to send him a message of appreciation. The audience unanimously arose.

Miss Frances R. Grant, the first speaker on the program mentioned the origin of the Banner of Peace as beginning forty-three years ago, when Professor Roerich made his first archaeological excavations, and, seeing the splendid yield of the past of the human race, pronounced his first plea that these creations of the human spirit should never be violated. Since then, said Miss Grant, he has pronounced again and again this same cause, without regard for country, creed or sect—a plea which has been expressed in his paintings, in his writings, in his explorations, and finally in 1929, in its present form of the Roerich Peace Pact and Roerich Banner of Peace.

Miss Grant spoke of the ever-widening interest in the Roerich Peace Pact throughout the world, of its endorsement by numerous governments, statesmen, and cultural bodies throughout the world.

"There is another aspect, also of the Banner of Peace which to me holds a prevailing message," continued Miss Grant, "and it is one that I might sum up in the words of Professor Roerich himself:

"'The Banner of Peace must become indispensable not only in the hour of war, but it must become a necessity each day when, unaccompanied by the roar of cannons, irretrievable errors are committed against Culture.'

"And therein I find the message of its significance. The Banner of Peace must become a symbol of world unity, that symbol must mark those ultimate citadels of Culture: the hearts and the spirits of man. This Banner of Peace must itself create above these citadels of spirit that vigilance which shall withstand the corrosion of human hate and the destruction of human intolerance. Therein lies the true, prevailing and eternal message of the Roerich Banner of Peace, and through which has come about the World League of Culture which Professor Roerich has envisioned, and which is now a reality.

"And, finally, I wish to end my brief message of the Banner of Peace created by Nicholas Roerich, with the beautiful words of the East that come to me. You know that very sacred word of Asia: *Shambhala*. That word *Shambhala* imparts to Asia what to us means the New Era, with all its promises of a new humanity; a new consciousness, a new understanding of values. Says the Message of the East: 'The Banner of Shambhala shall encircle all the lands of the Blessed Ones. To those who are obscure, the Banner shall flow as blood over the new worlds. But to those who understand, the Banner shall be as a red sun.'

"We, we who understand; we for whom the New Era looms so beautifully ahead, let us behold in this Banner truly a fiery sun, a sun which shall encircle the world and shall quench its tears; which shall quicken this barren earth with a new force; which shall consummate that ancient and eternal hope of man for a World Brotherhood!"

In wishing the Roerich Peace Banner godspeed on its world tour, George Gordon Battle emphasized the actual power which such a pilgrimage would exert in bringing men of all nations together.

". . . this doctrine of the Banner of Peace, through Culture, is, in the nature of things, a very beautiful and very practicable thought," said Mr. Battle. "It does not mean, as I take it, that there should be a common culture of all the peoples: I don't think it at all desirable that there should be a dead-level or uniformity of Culture. But it does mean that there shall be a comprehension and knowledge by one nation of another, and with that knowledge will come sympathy.

"And so we are here today to dedicate this Banner of Peace through Culture that is going forward on its voyage, around the world, to promote better knowledge among the peoples of the world, one of another, to the end that there may be better comprehension and deeper sympathy—and thus there may come about the ideal of Peace.

"There is always something very romantic about a voyage. It is through the great travelers and explorers that the peoples of the world have been brought together. Columbus discovered a new world and by his voyage added a New World to the old. Magellan did very much the same thing. Cabot did very much the same thing. Lindbergh, in our own time, has done much the same thing—the very idea, the thought of his spanning that long space of water between America and Europe, has done much to bring this world closer to the old.

"So the fact that this Banner is going forward to bring together the people of the earth, in this cause of Peace through Culture, is to my mind a very beautiful and very inspiring thing. A banner may be a symbol of a people, or of a nation, it may be the symbol of a national cause, or of an earth-wide cause—and this Banner, which is going forth on this voyage, is the symbol of all causes. And so we wish it Godspeed! And so we have met here this afternoon through our Good Will, to promote and carry forward this Banner in its voyage around the earth, in the cause of Peace and Good Will toward Men."

Louis L. Horch, President of the Roerich Museum thus introduced the message from Professor Roerich: "For Peace and Culture," which he read to the audience, and which is reproduced in the Bulletin on page 3:

"My Friends:

"On this day made memorable by the great occasion dedicated to the Roerich Banner of Peace, envisioned by Professor Roerich, our leader, we greet you.

"Today as the old year fades behind us, we look forward to facing a New Year. How could we better stride forward than by carrying on high the Banner of Universal Brotherhood?

"With special joy we note that this Banner goes out from America bringing everywhere the enlightened message of a new liberty—the liberty of the spirit.

"Let us, therefore, greet the New Year with the all-embracing formula, 'Peace through Culture,' and in its name we hail this new dawn when we may approach together that glorious consummation to which the voice of Professor Roerich today calls us;

and it is in his words that I am now privileged to transmit to you the great message of the Eternal Banner of Peace."

In his address preceding the dedication, Rev. Dr. Norwood emphasized the need of approaching peace through the heart rather than through the brain. "We cannot have peace while we rely upon our silly minds," observed Dr. Norwood. "While we think out this plan and that plan, this league and that league, peace will always fly away. It is only when, like the shepherds in their simplicity, sitting around the hearth fire of kindliness and of love, that a song will come and the announcement of the Great Day will be made, and the Day itself will be at hand. No, you cannot have 'Glory in the Highest' unless man first of all understands that miracles will not happen while people are totally thoughtful and are afraid of their emotions.

". . . the highest part of man is his heart. Where we love is the highest. Those shepherds had song in their hearts . . . If you want to find God, don't look for Him in churches, nor in books, but look for Him in yourself and in other selves, and you will find Him. The Kingdom of God is that which comes through the realization of the glory of God in the Highest, which is the human heart, not the human head. I believe that one day the war drums will throb no longer, the battle flag will be furled—not when there is one parliament of men, but when there is one religion of man—a federation of culture, a federation of loving experience, when we shall cease to be critical, . . . when we shall recognize that the soul of a black man and the soul of a brown man and the soul of a red man is as wonderful as the soul of a white man. We have got to set aside any sense of superiority. We are not superior one over the other. And we are superior only when in the attitude of the Man of Sorrows and well acquainted with grief, we look with joy upon ministering to the courageous feet of any soul that dares the path of incarnation."

"Banner of Peace," the following poem written by Dr. James H. Cousins especially in honor of "Roerich Banner of Peace Day," was then read by Dr. Cousins, who is Chairman of the Roerich Banner of Peace Committee:

Banner of Peace! we raise
Your triune circled spheres,
Out of the world's bewildered ways
To lead the coming years.

Floating on tower and fane
Where Truth and Art abide,
Destruction's threat you shall restrain,
And turn its rage aside.

But not alone your seal
Shall stay the hand of strife:
To searching hearts you shall reveal
The way to worthier life.—

Truth, Beauty, Righteousness,
Wrought out in Unity,
Shall change our deserts of distress
To wonderlands to be.

Flag of our faith! go forth!
Affirm to every wind
Beauty's regenerating worth:
The joy of kindled mind:

High deeds that liberate
Wisdom and loveliness,
Transforming ignorance and hate
Into the will to bless.

Banner of Peace! march on!
Halt not your pilgrimage
Till to the world's glad warless dawn
You lead the coming age!

Dr. Fleischer, in his closing remarks said: ". . . We are grateful to Nicholas Roerich that, though he is present in spirit only, his presence is so real to us, now and always—a man who illustrates in all his life what culture really is, what Glory to God in the Highest through love really is."

The program was followed by choral music by Archangelsky, Bach, Willan and Rubenstein, beautifully presented by the Douglass Singers, with a solo by Kathryn Crysler and violin obbligato by Marie Caslova.

十、X. 詹姆斯 · *X.* · 卡兹恩斯。国际列里赫公约联盟第二次会议（比利时布鲁日）公告。纽约，1932 年 4 月 29 日，英文版。

原件保存于圣彼得堡列里赫家族博物馆学院档案室（纽约列里赫博物馆的礼物）。

ROERICH MUSEUM

310 RIVERSIDE DRIVE
NEW YORK, N. Y.

OFFICE OF THE PRESIDENT

April 29, 1932.

Dear Sir:-

The first Conference of the Union Internationale pour le pacte Roerich, held in Bruges, Belgium, in September 1931, promulgated the details of the Roerich Peace Pact, whereby Institutions devoted to the arts, science and education, as well as all Art treasures, are held as immune from violence in times of disturbance. To designate these treasures, the Roerich Banner of Peace was adopted as the emblem of the pact.

The second Conference will take place in Bruges this Fall. In connection with it an exhibition will be held from July to September, and the promoters have issued a world-wide invitation to centors of Art to contribute photographs of places and objects eligible for immunity under the Roerich Peace Pact.

Apart from the ostensible purpose of the Exhibition, and its special application to Europe, it is felt that a contribution of material from the United States of America would form an impressive demonstration of the cultural treasures of America which she has both acquired and created.

We would therefore request you to despatch large Photographs (mounted on cardboard, unframed) of your Institution and its chief objects of Art, before May 10th, to -

M. Camille Tulpinck
1 Rue de Wallone,
Bruges, Belgium.

sending a list of the Photographs to Bruges, and a duplicate to us.

Yours very truly,

James H. Cousins

Dr. James H. Cousins
Chairman of Banner of Peace Committee
of Roerich Museum,
310 Riverside Drive,
New York City.

十一、*SWAMI JAGADISH KARAGANDA*。和平旗帜。锡兰，克里希纳委员会。1932 年，英文版（共 2 页）。

祝贺国际列里赫公约联盟第二次（布鲁日）会议。

原件保存于纽约列里赫博物馆档案室。

The Banner of Peace.

[*This message was sent by Swami Jagadiswarananda of Sri Ramakrishna Mission in Ceylon*].

My dear unseen brothers and sisters of Europe.—With heartful love and respect I greet you all as my nearest and dearest kith and kin in the sacred name of Culture and Peace. As love can nullify all barriers of space and all distances of time, I am with you in spirit during the session of this Conference, taking my seat in a corner, clad in humility and modesty. As the Parliament of Religions at the Chicago World's Fair in 1893 has proclaimed and established the Harmony of all Religions and the Synthesis of all Philosophies, so may this Bruges Parliament of Art and Culture in this World Exhibition of Art cities declare World-Unity and Pan-Human Peace through Art and Culture by broadcasting the ideals of the Roerich Pact in every nook and corner of the globe. Professor Roerich, the founder and leader of this unique humanitarian movement, is himself the personification of Universal Art and Universal Culture. He has been truly called by Dr. James H. Cousins as "Himalayan in Soul," for he is really the Prophet of a New Humanity and the messenger of a New Cultural World.

Let every one of us in this Conference bring his ideal into everyday life. Let every one of us incarnate in our personality the highest cultural ideals of all nations and be a living and moving Roerich Institution. Art is the language of the Spirit, and as Professor Roerich has said "Culture is the Cult of Light and the Ascension of Spirit". Let every one of us from to-day embrace this Religion of Art and Culture and breathe out peace every moment into the careworn, hate-tossed and hitch-torn atmosphere of the world.

As the Vedic Rishis of Ancient India chanted, "Om Shanti, Om Shanti, Om Shanti," or Peace be to all beings on the earth and other spheres, thrice before and after their daily meditations, so let every "cultist," as we are rightly called, begin and end the day by radiating peace and bliss to all around us, and spend our lives for World-Unity through promotion of Art and Culture. Mankind is on the eve of a new civilization, much greater than the past, when universal temples of Art and Culture will exist in every society. In Ancient India, Art, Religion and Science were all synonymous with Vidya, or Culture, the most all-inclusive name for all human achievement. And you will be glad to know that the word 'exclusion' was quite unknown in the Hindu Lexicon. Most humbly I appeal to you, brothers and sisters, to look once to India, for she has perhaps the most glorious contributions to make to the treasures of World Art and World Culture.

第 1 页

2

From time immemorial India has practised Art and Culture as Religion and her temples have always been centres of Art and Culture, and Professor Roerich is probably the first Western savant who has truly appreciated the ideals of Indian Art and Culture and has dedicated his master paintings to her. We, about 600 monks of the Ramakrishna—Vivekananda movement, are trying our poor best in our humble way, of course, for the last five decades following the foot-steps of our masters, who were living symbols of Harmony and Unity; for the synthetic revival of every branch of human thought; i. e., Religion, Philosophy, Art, Science, History and Literature.

To our Master the Blessed Bhagawan Shri Ramakrishna, Professor Roerich has recently dedicated one of his master-paintings with a beautiful conception. Shri Ramakrishna has never uttered a single word of condemnation or criticism in his lifetime, always realizing the divinity in Man and Nature. Peace and Harmony was the air he breathed. Like him Professor Roerich has from his Himalayan Home on the glacial heights brought the gospel of World Peace through World Culture from the trans-Himalayan Realm of the Spirit.

Let us all pray on this auspicious day for the long life and sound health of Professor Roerich, our Leader, who has opened a significant Chapter in human history by inaugurating this movement and the Pact for safe-guarding and cultivating the cultural treasures of Humanity. Let the present Parliament of Art and Culture prove to the warring nations of the world by waving the Roerich Banner of Peace that Art and culture is not the exclusive property of any nation or Government but the Divine Property,—the Universal Treasure of all mankind and write on the portal of every institution of the world—"Help and not fight, assimilate and not destroy, Harmony and Peace, and promote not dissension."

Hari Om! *SWAMI JAGADISWARANANDA.*

十二、奥塞梯。列里赫和平旗帜特刊。巴黎。1933 年 7 ~ 9 月。

列里赫·尼古拉·康斯坦丁诺维奇院士博物馆欧洲中心奥赛梯区域地理学委员会杂志编辑：*Dzambulat Dzanti*。封面页，俄文版、法文版、英文版。原件保存于圣彼得堡列里赫家族博物馆学院档案室（纽约列里赫博物馆的礼物）。

Prix: 3 frs en France **5 frs à l'Etranger**

ОСЕТІЯ

(OSSÉTIE)

Журналъ Комитета Осетиновѣдѣнія при Европейскомъ Центрѣ Музея Академика **Н. К. Рериха** — Редакторъ **Дзамбулатъ-Дзанти**

Bulletin Mensuel du Comité des Études Ossètes près le Centre Européen du Rœrich Museum

Rédacteur en Chef DZAMBULAT-DZANTI

Іюль-Августъ-Сентябрь 1933 г.

Спеціальный номеръ Знамени Мира Рериха

SANCTA PROTECTRIX par NICOLAS RŒRICH

(La Reine du Ciel protégeant les Sanctuaires).

№ 7-8-9

12, Rue de Poitiers — PARIS VIIe

十三、印度杂志。庆祝华盛顿和平旗帜公约特刊。英属印度，芒格洛尔市，1933 年 9 月。第三卷第 12 号

编辑及出版：Φ.P.罗勒德。封面，英文版。
原件保存于纽约列里赫博物馆档案室。

十四、尼古拉 · 列里赫的文章——《和平旗帜（列里赫和平旗帜华盛顿公约）》复印件封面（喜马拉雅：1933 年）摘自 *NEW HAVEN TEACHERS' JOURNAL*。美国，纽黑文市，1933 年 10 月，英文版。

原件保存于圣彼得堡列里赫家族博物馆学院档案室（纽约列里赫博物馆的礼物）。

BANNER of PEACE

By Nicholas Roerich

Third International Convention

for

Roerich Pact and Banner of Peace

WASHINGTON, D. C.

November 17th and 18th, 1933

Reprinted from

"New Haven Teachers' Journal"

October 1933

New Haven, Conn.

十五、归入《华盛顿和平公约》的《和平思想》文集，封面页（*THE SCHOLAR* 年刊复印件）。英属印度，巴尔卡德市。1933 年，英文版。

原件保存于纽约列里赫博物馆档案室。

Dedicated to the Banner of Peace Convention at Washington, November 17, 1933.

THE BANNER OF PEACE

CONTENTS

Reprinted from the Special Peace Section of ***The Scholar Annual*** *1933.*

十六、《和平维护者列里赫》文集封面页（复印摘自 *MAHA BODHI JOURNAL*）。英属印度，加尔各答市。1933 年 10 月，英文版。

原件保存于纽约列里赫博物馆档案室。

ROERICH, THE PEACE-MAKER

THE ROERICH BANNER OF PEACE.

Reprinted from

"MAHA BODHI,"

CALCUTTA.

十七、杰瓦普里亚·瓦利辛哈，加尔各答摩诃菩提协会秘书长。《告华盛顿和平旗帜公约书》。《和平维护者列里赫》文集封面页复印件（英属印度，加尔各答市。1933 年 10 月。第 6～7 页）。英文版（共 2 页）。

原件保存于纽约列里赫博物馆档案室。

PEACE BANNER CONVENTION IN WASHINGTON

A MESSAGE.

On behalf of the Buddhists and on behalf of the Maha Bodhi Society in particular, we wish to convey our fraternal greetings to the delegates assembled in Washington for the purpose of taking a further step in the noble work of preserving the treasures of art, religion, and science, in the event of another world conflagration. Buddhists of India in particular feel the necessity of such a Pact as they have suffered most terribly by the numerous invasions of India. No Buddhist can witness without feelings of profound sorrow and indignation, the images of the Blessed One, the Lord Buddha, the magnificent University buildings of Taxila, Nalanda, etc., in utter ruin and the innumerable Viharas scattered all over India, completely destroyed by the insensate folly of India's invaders. Wave after wave of destructive forces had passed over the magnificent art treasures of Buddhism and the Buddhists had to look on with tears in their eyes as their priceless treasures were being reduced to ashes.

The news of the noble efforts of Professor Roerich, therefore, came to them as the beginning of a new era. It is the wonderful genius of Professor Roerich which has conceived the most practical method of preserving the Art Treasures in this splendid way. He has conceived the idea and has formulated the scheme in its fullness and it is now up to the peoples of the world to heartily support it and get their respective Governments to place their seals of approval on it. That every nation will finally accept the Pact, we have not the least doubt, for the most advanced nations of Europe had the painful experience of witnessing the destruction of some of their invaluable treasures during the last war. They cannot be so

第 1 页

[7]

callous and devoid of every sense of aesthetic feeling as to remain unmoved while the beautiful creations of the master minds of their nations are being destroyed by human folly. But it may take some time yet before they fully realise the necessity for this Pact and therefore, the duty of those who believe in the future of mankind is to carry on the great struggle till they achieve success. As it has been rightly pointed out by Prof. Roerich, the idea of the Red Cross took a long time for the nations to adopt but to-day it is the one redeeming feature in the fields of human slaughter. Preservation and protection of Art treasures are no less important than the work of the Red Cross Society as man minus the achievements of the best of his family can boast of nothing great. Therefore all honour to Professor Roerich for his wonderful conception and every success to the efforts of the Convention! We have no doubt that Buddhist countries are entirely in sympathy with the movement, and if proper representations are made to their Governments they will be among the first to sign the Pact.

In conclusion we wish to add one more word. By placing the idea of the Pact before the world, Professor Roerich has made the greatest contribution to the peace of the world in recent times and the fact should be fully recognised by all the nations of the world. If there is any person who deserves the Nobel Prize for peace it is Professor Roerich who is undoubtedly one of the greatest promoters of peace and good-will among the warring nations of the world.

May every success attend the deliberations of the Convention.

On behalf of the Maha Bodhi Society
DEVAPRIYA VALISINHA,
General Secretary.

十八、第三个关于促进列里赫公约及和平旗帜在世界范围推广的国际协定，由尼古拉·列里赫纽约博物馆组织。

美国华盛顿哥伦比亚特区五月花。1933 年 11 月 17～18 日。

英文版（共 3 页）。封面页。《列里赫宣言》（第 1～3 页），主席团及各国代表（第 4 页），日程安排（第 5 页），名誉成员名单及组委会（第 6～7 页）。

原件保存于纽约列里赫博物馆档案室。

THIRD INTERNATIONAL CONVENTION

For the Promotion of
the World Wide Adoption of the

ROERICH PACT AND BANNER OF PEACE

Sponsored by the ROERICH MUSEUM, New York

November 17, 1933: { Afternoon Session, 3 P.M.
Evening Session, 8:30 P.M. }

November 18, 1933: Morning Session, 10:30 A.M.

THE MAYFLOWER, WASHINGTON, D. C.

MESSAGE FROM NICHOLAS ROERICH

To The Peace Banner Convention,
Washington, D. C., U.S.A.

Dear Mr. Chairman and Friends:

To you, who have gathered in the name of the sacred task of Peace, I send greetings. Not without cause does the world concern itself about peace, because enmity and mutual hatred have truly reached their boundaries. The violations against creative life seduced generations into the abyss of savagery. Nor can the external signs of civilization conceal the savagery of the spirit. In such hostility in the midst of earthly unrest, the true values, the creations of the human spirit, are being destroyed. Let us not look back to those dread precedents, when men were compelled to inscribe upon their tablets the memorable words: "Destroyed by human ignorance—rebuilt by human hope." But, precisely in the name of humanity's hope for a better future, for true progress of the spirit, it is necessary to preserve these true values.

I will not recount the history of our Pact, the furtherance of which has been actively moved by several Committees, by the Union Internationale and by two International Conferences. The validity of our ideal for peace is confirmed by the existence of the Red Cross. If the Red Cross cares for the sick and physically wounded, our Pact protects the values of human genius, thus preserving spiritual health.

The world is thinking of peace in many ways. In each proposal for peace is contained the identical aspiration towards world progress and welfare. Each one, in his own tongue, repeats the benevolent formula of goodwill. Thus, we also are convinced that in safeguarding all the creative values of humanity, with a special Banner similar to the Red Cross, we are thus destroying also the very concept of war. If the entire world will be canopied with the Banner for the protection of treasures of true culture, there will be no place for war and hostility. There have been those who have asked why we think of protection, when it would apparently be simpler to stop war completely. But at the very moment when these voices have arisen, new treasures of Humanity were being destroyed and the earth was covered with new marks of shame. Hence first of all let us sacredly protect the creative treasures of Humanity. First of all, let us agree on that which is the most simple, so that, as with the Red Cross, the Banner may significantly summon the conscience of men to the protection of that, which in essence, belongs not to one nation alone, but to the entire world and constitutes the real pride of the human race.

We may be asked why we think of war. But no one has ever stipulated that the Banner was needed only during a formally proclaimed war. As a matter of fact the principal of the protection of human treasures is necessary also in numerous other cases of upheaval. Truly not only war, but many other human calamities and convulsions for some reason are wrathfully thrust against the monuments of culture. One may cite an infinite number of sad examples.

Somebody has mentioned that the Banner could hardly be a protection against the long range guns. But the Red Cross is not visible at long distances, yet no one would deny the great humanitarian expedience of the institution of the Red Cross. Of course, we must not forget that at the inception of the Red Cross, there were many soulless critics, who argued against this highly humanitarian idea, but such ignorant condemnation is characteristic of each innovation. Let us not forget, that Edison's great invention of the phonograph was regarded as charlatanry by some Academicians.

Thus let us not give importance to such fettering reasoning; for the Red Cross, with its noble benefits, has sufficiently indicated, that even with long range guns, air attacks and the inhumanity of gases, the conception of the Red Cross still must be regarded as highly imperative and irrefutable. When a Red Cross ambulance rushes through the streets on its mission of salvation, traffic is arrested because everyone realizes that something extraordinary has occured which demands urgent measures. And now in the midst of human calamities the S.O.S. signal already resounds. The best minds have arrived at the determination of the necessity of broad measures for pacification and disarmament. But physical disarmament alone will not help. There must be a disarming of heart and spirit. Thus the World Banner of Peace, protector of the true treasures of Humanity will be a broad reminder of those forces, which must be sacredly guarded as the milestones and guaranty of a radiant future. School-children must be firmly reminded from earliest childhood that wherever there flies the Banner, the protector of human treasures, special measures of preservation and special care must be exercised for the dignity and friendly cooperation, in the name of Bliss!

As with the case of the International Court of Justice at The Hague, the International Postal Union, the Red Cross—our Pact and Banner does not represent in its essence any international difficulties. On the contrary, the Pact is a summons to one more step of cooperation: a summons to the appreciation and cataloguing of religious, artistic and scientific treasures and to the establishment of a mutual cultural respect.

We need not fear, that military authorities will raise any irresistible difficulties. Strangely enough, it is just from the military milieu that we have had no refutation; quite the contrary, we have constantly heard voices of sympathy and consideration regarding the entire practicability of the Pact. Even such undeniable authority as the Marshall of France, Hubert Lyautey, has expressed himself very definitely in favour of the Pact. It is only necessary to familiarize ourselves with the written opinions of such scholarly military authorities as Baron de Thuen, who has already introduced lectures concerning the Pact into the military schools, to see once again how apparently simple it is to carry out the humanitarian task of the Pact.

It is true that one scientist expressed the opinion that the Pact might impede military actions. But, if the Pact would not only impede but arrest military actions, then its undubitable merit would lie therein. For the entire world is now concerned only with the renunciation of mortal and fratricidal clashes.

People understand profoundly that no official decrees alone can transform the material crisis into prosperity. For the heart of man must consent to disarmament and cooperation. And this panhuman postulate comprises everything to remind us that the true culture of the spirit, creativeness and constructiveness must be protected and affirmed.

We have received many thousands of sympathetic opinions regarding the Pact, from high representatives of the cultural world, from governmental and educational institutions. Organizations numbering many millions of members have done honor to the project of the Pact through enthusiastic resolutions. The Museum's Commission of the League of Nations has likewise unanimously endorsed the Pact, the President of the Interational Court of Justice at the Hague, is the Protector of the International Union of the Pact, founded in Belgium.

Of unusual significance for me now is the Convention in America. Many formulae of a peaceful social constructiveness have emanated from America. America in her unprecedented composite of all nations has more than once been the champion of peaceful and humanitarian ideas. Hence, I consider that the public masses of America, as well as the Government, which exemplifies the high spirit of the Nation, will actively support the Pact and Banner of Peace, for this agreement will be one added link towards peaceful world prosperity.

I deeply regret that today I cannot be with you. But with the entire power of my heart, with my entire friendship, I invoke you firmly and imperatively to erect one more mighty pillar for the flourishing of creative treasures of the spirit. I am certain, that the Government of the United States to which you will transmit your resolution will respond to it undeferrably with its customary cordiality.

If humanity recognized the Red Cross as a protection to the physically wounded and ill, then it will also recognize the Banner of Peace as the Symbol of peaceful prosperity and health of spirit. I greet you reverently from the Himalayas and beg you to help this symbol of the health of the human spirit.

I thank you, my Friends.

(Signed) N. DE ROERICH.

Urusvati, Himalayas, 1933.

THIRD INTERNATIONAL CONVENTION
for the
ROERICH PACT AND BANNER OF PEACE

Protector
THE HON. HENRY A. WALLACE
Secretary of Agriculture

Honorary Chairman
THE HON. ROBERT F. WAGNER
United States Senator

Honorary Presidents
PROFESSOR NICHOLAS ROERICH
MME. HELENA ROERICH

Chairman
LOUIS L. HORCH
President, Roerich Museum

Secretary
HENRY JAMES FORMAN

NATIONS REPRESENTED BY DELEGATES

ARGENTINA	**The Honorable Senor Don Eduardo L. Vivot,** Second Secretary of the Embassy
CHILE	**His Excellency, Senor Don Manuel Trucco,** Ambassador of Chile
CHINA	**The Honorable Tswen-ling Tsui,** Second Secretary of the Legation
COLOMBIA	
CZECHOSLOVAKIA	**His Excellency, Dr. Ferdinand Veverka,** Minister of Czechoslovakia
DOMINICAN REPUBLIC	**The Honorable Senor Don Agustin Acevedo Feliu,** First Secretary of the Legation
ECUADOR	**His Excellency, Senor Capitan Colon Eloy Alfaro,** Minister of Ecuador
GREECE	**His Excellency, Charalambos Simopoulos,** Minister of Greece
GUATEMALA	**His Excellency, Senor Dr. Don Adrian Recinos,** Minister of Guatemala
HONDURAS	**His Excellency, Senor Dr. Don Miguel Paz Baraona,** Minister of Honduras
IRISH FREE STATE	**His Excellency, Michael MacWhite,** Minister of the Irish Free State
JAPAN	**The Honorable Toshihiko Taketomi,** Counselor of the Embassy
NICARAGUA	**The Honorable Senor Dr. Don Henri De Bayle,** Charge d'Affaires
PANAMA	**His Excellency, Senor Dr. Ricardo J. Alfaro,** Minister of Panama
PERSIA	**His Excellency, Ghaffar Khan Djalal,** Minister of Persia
PERU	**The Honorable Dr. Juan Mendoza Almenara,** First Secretary of the Embassy
POLAND	**The Honorable Edward Weintal,** Attache of the Embassy
PORTUGAL	**His Excellency, Dr. Joao Antonio de Bianchi,** Minister of Portugal
SPAIN	**The Honorable Senor Don Ramon Padilla y de Satrustegui,** Second Secretary of the Embassy
SWITZERLAND	**His Excellency, Marc Peter,** Minister of Switzerland
UNITED STATES OF AMERICA	**The Honorable Henry A. Wallace,** Secretary of Agriculture
VENEZUELA	**His Excellency, Senor Dr. Don Pedro Manuel Arcaya,** Minister of Venezuela
YUGOSLAVIA	**The Honorable Dr. Ivan Franges,** Secretary of the Legation

OBSERVERS

BELGIUM	
ITALY	
NETHERLANDS	**The Honorable Baron B. van Loen,** First Chancellor of the Legation
TURKEY	**The Honorable Ussaki zade Bulent,** Second Secretary of the Embassy

PROGRAM

**The Honorable Henry A. Wallace, Secretary of Agriculture
Will Represent and Read the Message of
The Honorable Cordell Hull, Secretary of State**

CHAIRMAN

Louis L. Horch, President, Roerich Museum

SPEAKERS

Afternoon Session, November 17, 3 P.M.

Delegates From Nations

Rt. Rev. Bishop J. E. Freeman, D.D., LL.D.
Bishop of Washington

Hon. Henry A. Wallace
Secretary of Agriculture

Leon Dabo

Hon. Sol Bloom
Member of Congress

Dr. Ales Hrdlicka
Smithsonian Institution

Dr. Charles Fleischer

Hon. J. P. Pope
United States Senator

Professor Ralph V. D. Magoffin
Honorary President of the Archaeological Institute of America

Mrs. Sina Lichtmann
Vice-President, Roerich Museum

Henry James Forman

Evening Session, November 17, 8:30 P.M.

Delegates From Nations

Most Reverend James H. Ryan, S.T.D.
Bishop of Modra
Rector, Catholic University of America

Dr. E. Gil Borges
Acting Director, Pan American Union

Mrs. Nettie S. Horch
President, Roerich Society

Hon. William H. King
United States Senator

Rear Admiral J. K. Taussig
United States Navy

Dr. James Brown Scott
Director, Carnegie Endowment for International Peace

Miss E. J. Lichtmann
Vice-President, Roerich Museum

Dr. Frederick B. Robinson
President, College of the City of New York

Miss Frances R. Grant
Vice-President, Roerich Museum

Hon. Henry A. Wallace
Secretary of Agriculture

Morning Session, November 18, 10 A.M.

Delegates From Nations

Doctor Jaroslav Novak
Consul General of Czechoslovakia

M. M. Lichtmann
Vice-President, Roerich Museum

Doctor Frederick L. Kettner
Director, Spinoza Center of Roerich Society

Hon. Charles Moore
Chairman, U. S. Commission of Fine Arts

George Grebenstchikoff
President, Siberian Roerich Association

J. G. Phelps Stokes

Mrs. Grace Morrison Poole
President, General Federation of Women's Clubs

Ven. Anagarika Lhasshekankrakrya
President, Universal Union for the Diffusion of Budhic Philosophy

Mrs. Edith Bramhall Cullis
Director, Polish Institute of Arts and Letters, Roerich Museum

Sra. Carlos Lee
Pan American Woman's Association of Roerich Museum

Mrs. Margaret Eyre Rothwell
President, Shakespeare Association of Roerich Museum

Dr. Dagobert Runes
Director, Institute for Advanced Education, Roerich Museum

J. Earl Schrack
Director, Academy of Creative Arts of Roerich Society

M. Dzambulat Dza[illegible]
Director of Osse[illegible] France

General Alfredo [illegible] Leon
President, Colombian Roerich Society

Mrs. Rabia Martin
Representative General of Sufi Movement in the Western World

Dr. Emanuel de Marney Baruch—Goethe Society

Mrs. Sundar Giffen—New England Sufi Society

HONORARY MEMBERS

Hon. George Sutherland
Associate Justice, Supreme Court of United States
Hon. Henry T. Rainey
The Speaker, House of Representatives, United States
Hon. Nathan L. Bachman
United States Senator
Hon. Arthur Capper
United States Senator
Hon. Bennett Champ Clark
United States Senator
Hon. Bronston Cutting
U. S. Senator
Hon. John E. Erickson
United States Senator
Hon. Duncan U. Fletcher
United States Senator
Hon. Wm. D. King
United States Senator
Hon. M. M. Logan
United States Senator
Hon. P. McCarran
United States Senator
Hon. Gerald P. Nye
United States Senator
Hon. J. P. Pope
United States Senator
Hon. Elbert D. Thomas
United States Senator
Hon. Sol Bloom
United States Congress
Hon. F. B. Balzar
Governor, State of Nevada
Hon. Tom Berry
Governor, State of South Dakota
Hon. I. C. Blackwood
Governor, South Carolina
Hon. William C. Comstock
Governor, Michigan
Hon. Miriam A. Ferguson
Governor, State of Texas
Hon. Clyde L. Herring
Governor, State of Iowa
Hon. Lawrence M. Judd
Governor, Hawaii
Hon. William Langer
Governor, State of North Dakota
Hon. Paul V. McNutt
Governor, State of Indiana
Hon. Benjamin B. Moeur
Governor, State of Arizona
Hon. Floyd B. Olson
Governor, State of Minnesota
Hon. Guy B. Park
Governor, State of Missouri
Hon. Jno. Garland Pollard
Governor, Virginia
Hon. James Rolph, Jr.
Governor, California
Hon. Eugene Talmadge
Governor, State of Georgia
Hon. George White
Governor, Ohio
Hon. J. F. T. O'Connor
United States Comptroller of Currency
Major General William D. Connor
Supt., United States Military Academy, West Point, N. Y.
Rear Admiral J. K. Taussig
United States Navy
Hon. George F. Zook
United States Commissioner of Education
J. C. Wright
Assistant Commissioner of Education

Hon. Arno B. Cemmerer
Director, Office of National Parks, Buildings and Reservations
Hon. Charles Moore
Chairman, United States Commission of Fine Arts
Carl W. Ackerman
Dean, School of Journalism, Columbia University
Dr. Alejandro Alvarez
Secretary General, American International Law Institute
His Grace, Archbishop Athenagoras
Greek Orthodox Archdiocese of North and South America
Alfred H. Barr, Jr.
Director, Museum of Modern Art, N. Y.
Dr. E. de Marnay Baruch
Hon. George Gordon Battle
Ernest P. Bicknell
Vice-Chairman, American Red Cross
Dr. H. S. Boardman
President, University of Maine
Mabel T. Boardman
Secretary, American Red Cross
Arthur E. Bostwick
Librarian, St. Louis Mo. Public Library
Dr. W. Alanson Bryan
Director, Los Angeles Museum of History, Science and Art
C. L. Burr
Beloit College Art Hall, Wisconsin
Dr. Julian A. Burruss
President, Virginia Polytechnic Institute
Hon. Arno B. Cammerer
Director, Office of National Parks, Buildings, and Reservations, U. S. Dept. of Interior
Dr. J. A. C. Chandler
President, College of William and Mary
C. Clanton
Librarian, Dalls Public Library
Dr. Robert C. Clothier
President, Rutgers University
Dr. Karl T. Compton
President, Massachusetts Institute of Technology
John O'Hara Cosgrave
Gratia A. Countryman
President, American Library Association
Ida Jolley Crawley
Director, Crawley Museum of Art and Archaeology
Mrs. Chester Dale
Dr. Henry Grattan Doyle
Dean, George Washington University
R. Loring Dunn
Curator, Albany Institute of History and Art
Professor Henry Pratt Fairchild
New York University
Dr. William Preston Few
President, Duke University
Dr. John D. Finlayson
Chancellor, University of Tulsa
M. Louis Le Fur
Professor of International Law, University of Paris
Samuel H. Goldenson
President, Central Conference of American Rabbis
Howard Giles, M.A.
Forest Grant
Director of Art, Board of Education, New York
Jessie Gray
President, National Education Association

Chalmers Hadley
Librarian, Public Library of Cincinnati
Dr. Chauncey J. Hamlin
President, Buffalo Museum of Science
Dr. R. D. Hetzel
President, Pennsylvania State College
Dr. Ernest O. Holland
President, Washington State College
Dr. Ales S. Hrdlicka
Smithsonian Institution
Oscar B. Jacobson
Director, Art School of the University of Oklahoma
Mrs. Percy H. Johnson
Dr. H. L. Kent
President, New Mexico State College
Dr. J. H. Kirkland
Chancellor, Vanderbilt University
Mrs. Maud Briggs Knowlton
Director, Currier Art Gallery
Arthur L. Kramer
President, Dallas Art Association, Texas
Mrs. Adolph Ladenburg
H. Spencer Lewis
Emil Lorch
Director, College of Architecture, University of Michigan
Col. A. E. Mahon
Distinguished Service Officer
William M. Milliken
Director, Cleveland Museum of Art
His Excellency, M. Zelemir Mazuranic
Delegate of the Kingdom of Yugoslavia to the League of Nations, Senator
Bishop Francis J. McConnell
Bishop Charles L. Mead
Resident, Kansas City Area, Mo.
His Serene Highness, Prince Bianchi de Medicis
Dr. E. D. Merrill
Director, N. Y. Botanical Garden
William M. Milliken
Director, Cleveland Museum of Art
C. Powell Minnigerode
Director, Corcoran Art Gallery, Washington, D. C.
Hon. Howe B. Mitchell
President, U. S. Civil Service Commission
Dr. Louis J. Moss
President, The United Synagogue of America
Dr. William A. Neilson
President, Smith College
Edward A. Parsons
Librarian, New Orleans Public Library
Mrs. Eleanor Patterson
Alfred G. Pelikan
Director, Milwaukee Art Institute
George A. Plimpton
Amherst College
Duncan Phillips
Director, Phillips Memorial Art Gallery, Washington, D. C.
Reginald Poland
Director, Fine Arts Gallery, San Diego
Cordelia Sargent Pond
Director, Art Museum, Springfield, Mass.
M. de Geouffre de La Pradelle
Professor of International Law, University of Paris
Dr. C. R. Richards
President, Lehigh University
Dr. Frederick B. Robinson
President, College of the City of New York
Mrs. Charles Cary Rumsey
A. Bertram Samuels
Hardinge Scholle
Director, Museum of the City of New York
Dr. Charles C. Selecman
President, Southern Methodist University
Mrs. E. J. Sheperd
Jouett Shouse
William A. Slade
Director, The Folger Shakespeare Library
Forrest B. Spaulding
Librarian, Public Library of Des Moines
Dr. E. L. Stevens
President, Southwestern Louisiana Institute
J. G. Phelps Stokes
Mrs. Mary Cooke Swartout
Director, Montclair Art Museum
Dr. John J. Tigert
President, University of Florida
R. N. Trezise
Dr. R. E. Tulloss
President, Wittenberg College
Dr. Robert Ernest Vinson
President, Western Reserve University
Bishop Raymond J. Wade
Mrs. Henry A. Wallace
Harry W. Watrous
President, National Academy of Design
G. B. Woods
Dean, American University, Washington
Dr. Mary E. Woolley
President, Mt. Holyoke College
Hon. J. C. Wright
Asst. Commissioner for Vocational Education
Malcolm G. Wyer
Librarian, Denver Public Library

(List Incomplete)

ORGANIZING COMMITTEE

Protector, The Hon. Henry A. Wallace
Secretary of Agriculture
Chairman, Louis L. Horch
Mrs. Bertha Kunz Baker
Professor Joseph Campbell
French — Roerich Society — **Mrs. Katherine Campbell**
M. Paul Chabas, France
Dr. Georges G. Chklaver, France
Dr. James H. Cousins, India
Dr. Charles Fleischer
Henry James Forman
Ingeborg Fritchie
Frances R. Grant
Mrs. Nettie S. Horch
Dr. Frederick L. Kettner
Mrs. Emma Kraft
Esther J. Lichtmann
M. M. Lichtmann
Mrs. Sina Lichtmann
Chinese — Mrs. Seidel R.S.
Dr. Felix Lukin, Latvia
Prof. Ralph V. D. Magoffin
Sidney M. Newberger
Miss Ada T. Rainey
Dr. Frederick B. Robinson
Dr. George Roerich
Svetoslav Roerich
Mrs. S. Schafran
Theophile Schneider
J. Earl Schrack
V. A. Shibayev, India
Mary Siegrist
Mrs. Florentine Sutro — International League for Peace & Freedom
Baron Michel A. de Taube, France
M. Camille Tulpinck, Belgium
Mme. M. de Vaux-Phalipau, France

Kathryn Linden, Recording Secretary
Jess Snyder, Recording Secretary

十九、《列里赫公约》，关于华盛顿和平旗帜公约的公告，1933 年 11 月 17 日。

尼古拉·列里赫纽约博物馆编写，英文版。

原件保存于纽约列里赫博物馆档案室。

THE ROERICH PACT

(Washington Convention of Banner of Peace, Nov. 17, 1933)

Prof. Nicholas Roerich, world renowned artist, philosopher and archaeologist, to whose art the Roerich Skyscraper Museum has been dedicated in New York and who is the founder of many cultural institutions, conceived the great humanitarian project for the protection of artistic and scientific achievements of humanity, as early as 1904, when he advanced the first proposals in this respect to the Russian Imperian Government. At the beginning of the Great War Prof. Roerich again emphasized the necessity of the same idea and finally, in 1929, he proposed to the nations to establish a Pact for the preservation of treasures of Art and Science of the world. This proposal was made public in the United States, through the "New York Times" and at the same time, Prof. Roerich commissioned Dr. Georges Chklaver, Doctor of Laws and Lecturer of the Paris University, to draft the Pact in its legal form.

In 1930 the Pact was submitted to, and unanimously approved by the Museum's Committee of the League of Nations. In the same year were founded the "Committee of the Roerich Banner of Peace" in New York and the "Comite pour le Pact Roerich" at Paris. The next year saw the foundation of the "Union Internationale pour le Pact Roerich" under the presidency of M. Camille Tulpinck, with its seat at Bruges, Belgium. Prof. Nicholas Roerich was elected Honorary President of all these three bodies and the President of the Hague Court of International Justice, M. Adatci, accepted the Protectorship of the Union in Bruges.

Two International Conferences dedicated to the promulgation of the Roerich Pact were organized, both in Bruges, the first in 1931 and the second in 1932, at which delegates of over twenty countries participated.

At the time of the second Bruges International Conference an Exhibition of Art Cities was held, at which 23 countries were represented.

At the same time, on the initiative of M. Tulpinck, the "Foundation Roerich pro Pace, Arte, Scientiae et Labore" was inaugurated in Bruges.

These three Banner of Peace Committees all organized lectures, published reports and arranged many manifestations.

Enthusiastic response came from all parts of the world and thousands of letters of appreciation and endorsements were received from Governments, scientific and artistic institutions, women's organizations and leading statesmen. These opinions were published in the First Volume of the "Roerich Pact". The leading men in the world of culture have expressed their appreciation and enthusiasm for the Pact, and we find in this list of endorsers such prominent names as H. M., King Albert of Belgium, President Masaryk, Mrs. Franklin D. Roosevelt, Maurice Maeterlinck, Dr. Rabindranath Tagore, Sir C. V. Raman, Sir Jagadis C. Bose, Secretary H. A. Wallace, Senator Copeland, Senator Ricci, Baron de Taube, Prof. A. Bustamente, Prof. R. Altamira, Prof. Louis le Fur, H. G., the Duchess of Somerset, Prof. Aneski, and a long list of other names of similar international standing, followed by a list of Academies, headed by the Academie Francaise, and by the world's universities, Museums, etc.

The present year sees the organization of a Convention at Washington, U. S. A., on November 17th, an important milestone for the Roerich Banner of Peace, which is already unfurled over several institutions.

The design of the Banner represents three sphers within a circle, in majenta, on a white background.

Naturally, such a Banner is necessary, not only in time of war, - but at all times, because innumerable vandalisms and destructions of irreparable treasures occur almost daily. Thus the Banner is an epoch-making symbol of Culture.

The Banner of Peace, similarly to the flag of the Red Cross, is intended to protect all centers of Art and Science, Religious Monuments and all the world's cultural values. As its founder, Prof. Nicholas Roerich states in his address: - "What the Red Cross flag is to the preservation of physical health, our Banner of Peace is as a Protector of the spiritual health of humanity."

二十、第三个关于列里赫公约及和平旗帜的国际协定决议。华盛顿。1933 年 11 月 18 日英文版。

共有来自 27 个国家的官方代表、来自 7 个国家的观察员出席，一致通过。
原件保存于圣彼得堡列里赫家族博物馆学院档案室（纽约列里赫博物馆的礼物）。

RESOLUTIONS

Unanimously Adopted by the

THIRD INTERNATIONAL CONVENTION FOR THE ROERICH PACT AND BANNER OF PEACE

NOVEMBER 18, 1933　　WASHINGTON, D. C.

With the Participation of Official Delegates from Twenty-seven Nations, and Observers from Six Nations.

WHEREAS the World's cultural achievements constitute the greatest treasures of the human race, and are the common heritage of all humanity,

AND WHEREAS injury to these treasures is a violence against the common benefits of mankind and of the future,

AND WHEREAS the Roerich Pact and Banner of Peace have been created by Nicholas Roerich, internationally renowned artist and cultural leader, for the protection of churches and all religious monuments, temples, shrines, museums, libraries, universities, and other monuments and treasures of culture and all natural sites and their designation by the Banner of Peace as inviolable and neutral at all times,

AND WHEREAS the Roerich Pact has been unanimously endorsed by the International Museums' Committee of the League of Nations as well as by numerous governmental and learned bodies and numerous leaders in the world of culture,

AND WHEREAS the efficacy of this cause depends upon its adoption and application by the nations,

THEREFORE BE IT RESOLVED that the Third International Convention for the Roerich Pact and Banner of Peace recommend the adoption of this humanitarian measure by the governments of all nations as a demonstration of the noble attitude of their people towards the cause of cultural protection and

BE IT FURTHER RESOLVED that a copy of this resolution be sent to the appropriate representative of each nation.

WHEREAS the principles embodied in the Roerich Pact and Banner of Peace lend themselves to adoption or adhesion by unilateral action through proclamations of the executive, by bilateral action through international agreements, and by multilateral action through declarations of international conferences, Therefore

BE IT RESOLVED, that the Chairman of this Convention be directed to transmit copies of the Resolution recommending the adoption of this measure by all nations, through the proper channels to the Governments, to international conferences, and to international organizations working for peace and culture, for such action as they may consider appropriate.

二十一、第三个关于列里赫公约及和平旗帜的国际协定。美国华盛顿哥伦比亚特区五月花。1933 年 11 月 17 至 18 日。摘印自 *THE BIOSOPHICAL REVIEW*（美国，1934 年，第三卷第 2 号第 23、26～28 页）。

摘自美国国务卿科迪尔 · 赫尔贺词

摘自美国农业部部长亨利 · 阿加德 · 华莱士致辞（共 3 页）。

英文版。原件保存于纽约列里赫博物馆档案室。

The Third International Convention *for the* *Roerich Pact and Banner of Peace*

From the message of Cordell Hull, Secretary of State

I have learned with interest and personal satisfaction of the efforts now being made for the protection and preservation of the educational, artistic, and scientific works in every country during any period of hostilities in which they might be subject to destruction or injury. While there are in existence certain agencies for the protection of such works, I am in entire sympathy with the objects for which the meeting you are now attending was called, and I would be gratified if these aims could be accomplished.

From the Address of Henry A. Wallace, Secretary of Agriculture

In these days of great discord it is well for those who have faith in our common humanity, regardless of nation or class, to meet together. Those terrible forces unleashed by the World War have too long caused the nations to fight each other with the deadly economic weapons of tariffs, quotas, and speculative currencies. This economic warfare has, by throwing men out of work on a world-wide scale, caused more impoverishment than the actual physical warfare from 1914 to 1918. . . .

In such a time the opportunities are great for those in a position to hold up before the eyes of the world the idea of the Unity of the human heart regardless of nation, in the worship of beauty, of culture, of science, and of education.

· 26 ·

第 1 页

ROERICH PEACE CONVENTION

It is to the manifold genius of Nicholas Roerich that we owe this plan. For thirty years, since he first pronounced his concern for the preservation of the world's cultural treasures, he has dedicated himself tirelessly to this ideal. And tonight, when the end seems close of fulfillment, we may send to Nicholas Roerich our tribute as a creator and as an indefatigable leader in the cause of world cultural unity.

The World War wounded and killed millions of physical bodies—the Post-war has maimed hundreds of millions of spiritual bodies. We have all seen friends and relatives whose inmost being has been twisted by the hatreds and prejudices of these terrible times. Whole nations, writhing in their pain, have practically gone insane. The terror created by the worldwide depression of the past three years has been almost equal to that of the World War itself. And the end is not yet. The nations are still shrinking fearfully away from each other, erecting barriers against each other, using tariffs and depreciated currencies to harm each other at the expense of the general good. . . .

Behind all economic forces and all International Conferences are the simple things which have to do with the attitude of the human heart. The universal appeal of the Red Cross is based on this simple fact. The Banner of Peace comes to the attention of Americans today at a time when it seems all mankind has lost faith in international conferences and disarmament conferences, when it seems that the nations were never more suspicious of each other. I am not the one to urge an idealistic symbol such as the Banner of Peace as a substitute for effective action in the world of hard economic facts. But I do say that it is high time for the idealists who make the reality of tomorrow to rally around an International Flag of Cultural Unity. This is no narrow proletarian Bolshevism that I am preaching but an appeal to that appreciation of beauty, of science, of education which runs across all national boundaries to strengthen all that we hold dear in our own particular governments and customs. If this cultural flag, this Banner of Peace, this symbol of international unity, is lifted up in these dark days by the stronger nations, we may speedily realize the vision of Isaiah when all the nations will come to the mountain of the Lord and universal peace will descend. . . .

The extraordinary faith in the sacredness of the individual which has served the world so well for so many centuries is now apparently about to be merged into a larger concept, a striking symbol of which is the Banner of Peace with its crimson circle enclosing three smaller spheres. As this concept more and more pervades the world, we can have the individual person and the individual nation each striving to attain his own unique destiny and his own type of perfection with a simultaneous respect for the strivings of others and a recognition that all such efforts are comprised in the larger whole. This dream, which is essentially the same as that of Micah and Isaiah of more than 2,000 years ago, can be fulfilled in considerable measure during the next century.

I am here tonight because I believe that it is this dream which gives reality to all our efforts to create material wealth and work out an improved social machinery for distributing that wealth. We must have a unifying principle to which all our hearts can give supreme allegiance while we work out in the sweat of daily effort the millions of difficult details. In this way we can work with faith and joy anticipating the spiritual reality of which the Banner of Peace is the symbol.

二十二、第三个关于列里赫公约及和平旗帜的国际协定。

美国华盛顿哥伦比亚特区。1933 年 11 月 17～18 日。
（纽约：列里赫博物馆，1934 年。第二卷 192 C ）。英文版。
原件保存于圣彼得堡列里赫家族博物馆学院档案室（纽约列里赫博物馆的礼物）。

THE ROERICH PACT

AND

The Banner of Peace

PROCEEDINGS
THIRD INTERNATIONAL CONVENTION
FOR
THE ROERICH PACT AND THE BANNER OF PEACE

NOVEMBER 17th AND 18th, 1933
WASHINGTON, D. C.

Volume II.

二十三、和平旗帜。哈尔滨《列里赫公约》俄罗斯委员会。报告。

在满洲里发行，总页数 24 页，1934 年 9 月 5 日在哈尔滨召开的组织会议资料（俄文版）。封面。原件保存于圣彼得堡列里赫家族博物馆学院档案室

（纽约列里赫博物馆的礼物）。

ЗНАМЯ МИРА

РУССКИЙ КОМИТЕТ ПАКТА РЕРИХА В ХАРБИНЕ

ОТЧЕТ

АКАДЕМИК НИКОЛАЙ РЕРИХ.

ЗНАМЯ МИРА

Человечество различными путями борется за мир, и каждый сознает в душе, что эта созидательная работа есть верное пророчество новой эры. С этим, конечно, не гармонирует—слышать споры о сравнительном качестве различных снарядов или о возможности заменить пушки двух броненосцев одним судном новейшего типа. Однако будем считать и эти споры предварительными шагами к тому самому великому миру, который наступит благодаря укрощению воинственных инстинктов человечества, блистательными и радостными творениями духа.

Но факт, однако, остается, что бомбы одной из этих пушек могут уничтожить величайшие сокровища искусства и науки так же успешно, как уничтожит и целый флот. Мы оплакивали потерю Библиотеки Лувена и незаменимую красоту Реймского Собора; мы помним прекрасные сокровища частных коллекций, которые погибли во время мировых раздоров. Мы не хотим, однако, надписать над этим слова ненависти; скажем просто: „Уничтожены человеческими ошибками и созданы вновь человеческой надеждой". Тем не менее заблуждения в той или иной форме, могут повториться и другие ценные достижения человечества еще подвержены опасности быть истребленными.

4

Против таких невежественных ошибок мы должны немедля принять меры. Если такие шаги в общем даже еще преждевременны для полного самоохранения, то все же некоторые полезные меры могут уже быть предприняты. Никто не смеет отрицать, что флаг Красного Креста оказался неизмеримой ценностью в подобном смысле и вместе с тем он напоминает миру о гуманности и сострадании.

По этой то последней причине, план Пакта Международного Мира, который защищал бы все сокровища искусства и науки посредством Международного Флага, и составлен Музеем имени Рериха, для его предоставления иностранным государствам чрез посредничество Америки. Цель этого проэкта, который был предоставлен в Государственный Департамент и Министерство Иностранных Дел С. Ш-в А., является предотвратить повторение жестокостей последней войны над соборами, музеями, библиотеками и другими вечными памятниками творчества прошедших поколений.

Главное намерение этого проэкта создать Флаг, который,—поднятый над музеями, соборами, библиотеками, университетами и какими-нибудь другими культурными центрами, будет уважаться как международная территория. План проэктированный Музеем имени Рериха составлен, согласно кодам международного права Др. Г. Шклавером, Доктором международных прав и политических наук Парижского Университета, лектором Института Международных Высших Наук, Почетным Советником Музея имени Рериха.

Согласно составленной им Статьи I Пакта, — „Образовательные, художественные и научные учреждения, художественные и научные миссии, персонал, имущество и коллекции таких учреждений и миссий, будут считаться нейтральными и как таковые, будут под покровительством и уважаемы воюющими.

Покровительство и уважение в отношении вышеназванных учреждений и миссий во всех местах будут

5

подведомственны Верховной Власти Высоких Договар. Сторон без всякого различия по отношению государственной принадлежности какого-нибудь отдельного учреждения или миссии".

Когда идея международного культурного Флага была первоначально предложена, нас не удивило, что она была принята единодушно и с энтузиазмом. Опытные государственные люди удивлялись, почему до этого не додумались раньше. Когда мы обратились к нашему Почетному Советнику Др. Шклаверу, прося его обработать эту идею в международную формулу, мы получили не только превосходно составленный проэкт для международного соглашения, но также множество писем, выражающих общую симпатию. Это международное Знамя для охраны красоты и науки, ни в коем случае не может умалить чьих либо интересов и не может дать повода к каким либо недоразумениям. Напротив, оно возвышает всемирное значение эволюционных открытий так, как будто человеческие сокровища были вновь созданы, и в целом мы этим сильно подвигаемся по пути прогресса и мира. И этим понимание творческого стремления к миру становится более реальным. Больше всего другого этот хранитель мира напоминает всем о необходимости оставить след культурных сокровищ в мировой летописи. Это не трудно, и во многих странах оно уже выполнено, хотя и есть пробелы, и каждое обогащение в этом отношении, должно приветствоваться. Как Флаг Красного Креста не нуждается в объяснении самым некультурным умам, так и новое Знамя, этот хранитель культурных сокровищ говорит само за себя. Так просто объяснить даже дикарю—важность и право самозащиты искусства и науки.

Мы часто повторяем что краеугольный камень будущей цивилизации основан на красоте и знании. И сейчас на основании этой мысли мы обязаны действовать и действовать быстро. Лига Наций, которая стре-

6

мится к международному соглашению, не будет возражать против этого Флага уже потому, что он выражает и ея цели—мирового единства.

То, что идея зародилась в СШ не случайность. Благодаря своему географическому положению, СШ само лично менее всех нуждаются в покровительстве; итак это предложение исходит от государств, чьи собственные художественные сокровища находятся в особенной опасности, без своекорыстия выказывая этим еще больше, что этот Флаг—эмблема мира, ни только одной страны, но цивилизации в целом!

Флаг этого проэкта имеет три шара в середине круга на белом фоне, как символ вечности и единогласия.

Хотя я и не знаю, когда это Знамя сможет развиваться над всеми мировыми культурными учреждениями, семя уже посеяно и ростки его быстро возрастают, и оно уже привлекло многие великие умы, распространяя чувство покоя и добрую волю среди людей.

Действительно, ныне стало особенно необходимо принять немедленные меры, чтобы сохранить великолепное наследие нашего прошлого для славного потомства. И это может состояться только, если все государства поручатся сохранять творения культуры, которые все же по существу принадлежат не одной какой либо нации, а всему миру. Этим путем мы сможем сделать следующий шаг, полный жизненности для всемирной культуры и покоя.

Д-р ГЕОРГ ШКЛАВЕР.

ПАКТ РЕРИХА.

Редко все Нации интересуются одной и той же идеей и редкий случай, кигда они объединяются в одном и том же стремлении. Николаю Рериху было дано создать движение, которое завоевало поддержку государств и народов, полную энтузиазма: таким образом еще раз доказанно, что Красота, Знание и Культура лучшие средства объединения всех рассеяных членов человечества.

Множество флагов развеваются над нашими городами, портами, кораблями и крепостями: военные флаги и коммерческие, королевские штандарты и знамена республик. Но между великим множеством звезд и полос, крестов, геральдических львов и орлов, у нас не хватало эмблемы культуры, эмблемы вечных стремлений и достижений людей в области Искусства и Науки. Теперь же, благодаря инициативе и гения великого художника это новое Знамя начинает развеваться над всем миром и защитит в будущем священные алтари Красоты и Знания. Это так характерно для Николая Рериха, что идея им рожденная не осталась мечтою или радостным видением, но была, так сказать, выражена в терминах юридических и в результате точный план для международной кооперации под покровительством США и Лиги Наций.

8

План международного покровительства художественным и научным учреждениям был составлен летом 1929 года и был предоставлен сначала в Государственный Департамент в Вашингтоне и затем в Международный Институт Интеллектуальной Кооперации Лиги Наций. Представители всех стран были запрошены Музеем имени Рериха в Нью Иорке выразить их мнение о принципах заключенных в плане „Пакта Рериха". Тысячи ответов были получены со всех частей света и все выражали восхищение инициативе Николая Рериха и сочувствие предложенному им плану. В то же самое время, авторитетные лица Лиги Наций рассмотрели пакт и выразили желание видеть его утвержденным различными государствами. В мае 1930 года Главное Управление Канцелярии Международных Музеев Лиги Наций, под председательством М. Жюля Дестре, министра Бельгии, передало, для утверждения Пакта Рериха, проэкт для ознакомления всем Членам Лиги.

В июле 1931 года Academie des Beaux-Arts и Academie des Sciences Morales et Politiques (Академия Искусств и Академия Моральных и Политических Наук), во Франции, вынесли резолюцию, одобряя проэкт Пакта Рериха; и французское правительство заявило, что оно намерено представительствовать на „Брюг'ской Конференции Пакта Рериха".

Пакт Рериха, является, действительно не только знаком преклонения пред культурой со стороны народов и государств, но также замечательной прогрессивной чертой современнаго международного права.

Предисловие к Пакту напоминает прежние усилия сохранить уважение к памятникам, посвященными религии, образованию, искусству и наукам.

Далее оно выставляет принципы охраны монументов, которым должны придерживаться все цивилизованные страны. „Знамя Мира",—новый флаг предложенный и проектированный Николаем Рерихом, изобра-

9

жающее окружность с тремя вписанными кругами на белом поле, предназначено для защиты центров культуры против бессмысленного разрушения и осквернения, согласно с правилами подобных тем, которые применяются к знаку Красного Креста. В случае несоблюдения этих правил, может быть назначена Международная Следственная Коммиссия, которая уполномачивается опубликовать доклад и т. об. поставить факты на суд общественного мнения. Памятники, которые имеют пользоваться специальным покровительством, данным Пактом, будут зарегистрированы в Секретариате Лиги Наций, по просьбе соответственных правительств различных государств в которых они находятся.

Скептики смогут указать, конечно, что правила „Пакта Рериха" могут быть нарушены, как всякое правило закона, недобросовестными воителями или революционерами. Но каждый знает, что даже божественные заповеди преступаются; тем хуже для нарушителей. Наконец, может быть это так недоступно, что человеческий разум не в состоянии понять, — но благоразумие будет всегда преобладать т. к. оно есть ни что иное как условие общего равновесия мира и гармонии Вселенной. Должны ли быть уничтожены Божественные Заповеди из-за существования грешников, или все человеческие законы из-за существования преступников, или международные договоры из за злых сил, которые от времени до времени побеждают мир?

Действительно, международное право еще не имеет достаточных средств, чтобы привести преступные нации к суду и наложить на них кары. Но моральные санкции, такие как напр. воззвание к общественному мнению, как предвидено в Пакте Рериха, будут, конечно, иметь значение и заставят всякого нарушителя закона и осквернителя культуры, обратить некоторое внимание на возможные последствия его действий. Даже самые материалистически мыслящие люди скоро поймут, что такие нарушения положительных зако-

10

нов и надежной веры „не оплачиваются". Репутация лжи и вандализма не увеличивает престижа и благосостояния нации. Это может звучать как простой труизм, но также является соответственным противоядием против недозволенного скептицизма и отрицания.

Знамя Мира уже поднято и развевается. Вожди культуры совместно с Николаем Рерихом утвердили жизненную его необходимость.

Знамя Мира будет поднято высоко над алтарями Красоты и Знания, охраняя сокровища человечества прошлых времен и возвещая новую эру более высокой культуры

Русский Комитет Пакта Рериха в Харбине.

5 го сентября 1934 года в Харбине, в гимназии Достоевского состоялось организационное совещание об открытии Харбинского Русского Комитета Пакта Рериха.

На совещании присутствовали:

Архиепископ Нестор, игумен Нафанаил, акад. Н. К. Рерих, Н. Л. Гондатти, проф. Г. К. Гинс, проф. Н. И. Никифоров, проф. Э. Э. Анерт, А. П. Хионин, д-р Н. Ф. Орлов, Е. С. Кауфман, В. Н. Иванов, В. М. Анастасьев, В. К. Рерих, Ю. Н. Рерих, Н. А. Вьюнов, В. С. Фролов и Г. А. Софоклов.

Совещание началось молитвой „Царю небесный", прочитанной архиепископом Нестором, после чего Н. Л. Гондатти попросил благословения у архиепископа Нестора открыть совещание.

Слово взял акад. Н. К. Рерих, который доложил совещанию „Записку о Пакте Рериха".

二十四、安德烈·帕维拉维奇·邦恰-托马舍夫斯基。上海和平旗帜。*ROERICH PACT PEACE BANNER.THE RED CROSS OF CULTURE* 单行本（上海，193［4］。第 16 页），英文版。

原件保存于纽约列里赫博物馆档案室。

THE BANNER OF PEACE IN SHANGHAI

Perhaps it is too optimistic to expect that the Peace Banner be given recognition in the Far East at this moment, yet we did see how at the very climax of local hostilities, while the buildings in the city were vibrating from the blasts of shells and bombs, while anti-aircraft and machine-guns rattled incessantly and war-planes droned in a threatening manner, a great deed of mercy was achieved. We refer to the creation of a neutral zone in Nantao by Pere Jaquinot, a Jesuit, which subsequently became known throughout the world as the "Jaquinot Zone". This Zone gave shelter to thousands of desperate homeless refugees, thanks to the timely initiative of Father Jaquinot and the willing cooperation on the part of the military authorities.

The effects of the Roerich Pact Peace Banner, the Red Cross of Culture, can be judged by the official governmental adoption of the Banner as much as by the individual adherence to its inspiring motto "Peace through Culture".

A lasting peace can become a reality if people will aspire to the ideal of Culture, as then Culture will remove the psychological causes of strife.

Our Banner of three rubies in a rosy garland is a vivid symbol of the supreme union of Art, Religion, and Science by means of which Beauty, Bliss and Truth are perceived by man, and culture realized on earth.

"Culture is reverence of Light. Culture is love of humanity. Culture is fragrance, the unity of life and beauty. Culture is the synthesis of uplifting and sensitive attainments. Culture is salvation. Culture is the motivating power. Culture is the Heart."

Such is the definition of Culture by Roerich, the Teacher of Culture. Culture is certainly the ennoblement of thought. And will not the ennoblement of thought be followed by the ennoblement of purpose, for is not thought the root of all action?

Pax per Cultura! Peace through Culture!

A. P. B. Tomashevski,
Representative —
Roerich Pact Peace. Banner, Shanghai.

16

二十五、A.E.马洪上校。军事方面的和平旗帜。1934年，英文版。

单印本保存于纽约列里赫博物馆档案室。

A Banner of Peace

From a Military Point of View. By Colonel A. E. Mahon, D. S. O. Sole Copyright by F. H. Rauleder

Professor Roerich's idea of creating a flag to be flown over cathedrals, museums, libraries, universities and other centres of culture in every country, and that such places should be regarded as neutral territory with the object of preserving them, not merely for the country in which they are located, but for humanity as a whole, is a practical proposition and not an Utopian ideal. It is an idea that is worthy of the most earnest consideration, and we can ill afford to delay the universal adoption of such a flag.

Although the idea has been welcomed in the highest quarters, and its practicability endorsed by no less an authority than Marshal Lyautey of France, there are still sceptics who express their doubts as to the possibility of respecting such a flag in modern warfare. Similar doubts have been expressed in the past with regard to the Red Cross and yet we must admit that, in spite of regrettable accidents, the Red Cross has been respected and that it has proved an inestimable blessing to all nations.

If it is possible to respect the Red Cross which, generally speaking, is for the protection of the sick and wounded and their attendants, would it not be equally possible to protect those places which, on the cessation of hostilities, are for the benefit of both belligerents?

If it is thought that any nation would sink so low as to abuse the proposed flag and use for military purposes certain buildings over which the flag was flown, it should be possible to make it one of the conditions under which this flag is to be flown in war, that officers belonging to neutral nations should be deputed to see that no building over which this flag was flown was used for any kind of military purpose, and to report to the League of Nations any case which the neutrality of the zone was not respected.

It has to be admitted that in cases of long distance bombardments, aerial bombardments by night, defective shells etc., accidents will happen. But we believe that, as has been the case in the past with the Red Cross, such cases are genuine accidents and that no nations would sanction the bombardment of any place which they had previously agreed to regard as neutral territory.

For the effective protection of any building it would, of course, be necessary to delimit a certain specified zone in the immediate locality of such building and the whole of this zone would have to be regarded as neutral and not made use of for any military purpose. But it will undoubtedly be necessary in future to apply this rule to hospitals, and what would be possible in one case would be equally possible in another.

If nations can agree not to use soft nosed bullets and to conform to other agreed rules for the conduct of warfare there is no reason why they should not agree to preserve from destruction those edifices which can be regarded as international treasures or which are for the lasting benefit of humanity.

It is, moreover, not only in wars between nations that this flag is a necessity. Recent happenings in Spain have shown us that it is equally desirable in revolutions and internal disorders that are liable to occur in any country. When once it is realised that certain buildings really are international treasures it should not be difficult for the nations to agree to protect them. It is very true that the most effective protection would be a universal peace, but as this happy state is not likely to be obtained in this generation, the hope of a lasting peace should not blind us to the necessity for taking measures for the protection of irreplaceable treasures until the ideal peace on earth and goodwill among men becomes an accomplished fact.

Even in the heat of war, ships flying neutral flags have been respected. It is equally possible to respect a neutral flag that indicates a neutral zone on land.

There are always to be found individuals who will decry any new idea. Possibly because they were not the originators of it, or possibly because their visions are limited. Fortunately there are men with broader minds and wider visions. In his plea for a Banner of Peace Professor Roerich has given a lead to these men who are capable of thinking internationally and whose patriotism has not blinded them to the greater issues. One of the greatest dangers to peace is when patriotism runs riot, and the greatest enemies to their own countries are the misguided and over-zealous patriots.

A wider outlook, an outlook that goes beyond our present needs, that considers the future of mankind and the future of our own posterity will surely see that by limiting the destruction of war to purely military needs we are making a long step forward towards that higher state of civilisation that we hope may some day attain that everlasting peace we all so ardently desire.

If the Banner of Peace is not practical from a military point of view then the Red Cross is also not practical, but the Red Cross has been proved to be practical, therefore, as Euclid would say, Q. E. D.

二十六、美国签署《列里赫和平公约》。《俄罗斯新词》报纸单行本。纽约，1934 年 9 月 6 日，俄文版。

原件保存于纽约列里赫博物馆档案室。

Новое Русск Слово
Н.Й.
6ое Сент. 1934

С. ШТАТЫ ПОДПИСЫВАЮТ ПАКТ МИРА РЕРИХА

Президент Рузвельт назначил министра земледелия Генри Волласа действовать, как Уполном. от С. Штатов для подписи договора в защиту культурных ценностей. Панама и Гондурас также назначили своих официальных представителей для подписи Пакта.

Впервые в истории, страны ручаются друг перед другом охранять свои культурные сокровища согласно с Пактом Рериха.

Соединенные Штаты объявили о своем намерении подписать Обще-Американский Договор, согласно с Пактом Рериха в защиту художественных и научных учреждений, а также своих культурных ценностей. Это известие получено Музеем Рериха в Нью Иорке от Пан-Американского Юниона в Вашингтоне.

Министерство Иностранных Дел уведомило Пан-Американский Юнион о том, что президент Рузвельт назначил министра Земледелия Генри Волласа действовать, всеми полномочиями от С. Штатах для подписи Договора. Подписывая этот договор, впервые в истории, страны и государства объявили о своем соглашении для защиты и нейтральности Культурных Памятников Учреждений и Ценностей Культуры, взаимно обязываясь друг друга считать неприкосновенными Музеи, Университеты, Школы, Библиотеки, Церкви и тому подобные художественные, научные, исторические и культурные учреждения.

Согласно с выработанной программой формальная церемония подписи Пакта Рериха «всеми Американцами» — Северной и Южной — состоится 14 апреля, в Пан Американском Юнионе в Вашингтоне, во время празднования Пан - Американского Дня.

Обще - Американский Договор о Пакте Рериха был выработан Пан - Американским Юнионом по вынесении единогласной резолюции 7 Пан - Американского Конгресса в Монтевидео в декабре 1933-го года, по которой правительства Южной и Северной Америки обязывались подписать Пакт Рериха.

Пакт Рериха, созданный этим известным художником и мыслителем, рекомендует соглашение между нациями для защиты и неприкосновенности сокровищ культуры, а также памятников и учреждений посвященных науке, искусству и образованию.

Точно также, как при основании Красного Креста создан был специальный флаг, так и теперь рисунок специального Знамени, входящего в Пакт и Договор, был создан Н. К. Рерихом.

Это Знамя развевающееся над Музеями, Школами, Библиотеками и другими культурными учреждениями, указывает на их нейтралитет и неприкосновенность по договору между нациями.

Пакт был впервые предложен Рерихом еще в 1904 году Русскому Правительству но официально вошел в жизнь и был обнародован в 1929 году.

Три международных съезда, посвященные Пакту Рериха, состоялись в Брюгге, Бельгии, в 1931 и 1932 году, и в Вашингтоне в ноябре 1933 года. Пан - Американский Конгресс в Монтевидео в декабре 1933 года представил участвовавшим в нем республикам Южной Америке и С. Штатов Пакт Рериха для ратификации. Последняя была проведена единогласно.

二十七、罗斯福总统任命部长华莱士为美国签署《列里赫公约》的全权代表。美国农业部新闻中心的通知，华盛顿，1934 年 10 月 21 日，英文版。

原件保存于圣彼得堡列里赫家族博物馆学院档案室（纽约列里赫博物馆的礼物）。

(Rec. Oct. 22) COPY

INFORMATION FOR THE PRESS
U.S. DEPARTMENT OF AGRICULTURE
OFFICE OF INFORMATION
PRESS SERVICE

SEAL

RELEASE FOR PUBLICATION
OCTOBER 21, 1934 (SUNDAY) WASHINGTON, D.C.

PRESIDENT APPOINTS SECRETARY WALLACE
PLENIPOTENTIARY TO SIGN ROERICH PACT

President Roosevelt has appointed Secretary of Agriculture Henry A.Wallace, as United States plenipotentiary to sign the Inter-American Treaty on the Roerich Pact, for the protection of artistic, scientific, historical and cultural monuments. This Treaty has been drawn up by the Pan American Union in accordance with the unanimous resolution of the Pan American Conference at Montevideo recommending that all the American governments adopt the Rerich Pact for the protection of culture.

In regard tothis appointment, Secretary Wallace issued the following statement: "I am deeply gratified to have been named by President Roosevelt to sign for the United States this important document in which I have been interested for many years and which I regard as an inevitable step in international relations.

"The Roerich Pact, which forms this Treaty provides that all museums, cathedrals, universities, schools, libraries and other cultural sites be registered by the nations and marked by a Banner -- known as the Banner of Peace -- which designates them as neutral territory respected by all signatory nations. This pact owes its conception to the versatile genius of Nicholas Roerich, one of the greatest figures and true leaders of contemporary culture.

"In many ways the history of the Roerich Pact is analagous to that of the Red Cross, which was accepted only after sixteen years of efforts. But, as Roerich has written, 'where the Red Cross cared for the sick and physically wounded, the Roerich Pact protects the values of human genius, thus preserving the spiritual health of the nations.'

"The Roerich Pact represents thirty years of tireless effort on the part of Nicholas Roerich. In 1904 after several archaeological expeditions he first presented his project for the preservation from destruction of the irreplaceable historical and cultural sites of the nations. In 1929 after his return to America from his Central Asiatic Expeditions, he formulated his project into the Roerich Pact. Three international conventions have been held for its promulgation -- two in Belgium and the third last November in Washington, when 35 nations officially participated. Following this, the Pan American Conference in Montevideo unanimously recommended the Roerich Pact for adoption by the American Governments and on this basis the present Treaty has been drawn up for signature by the Pan American Union.

"At no time has such an ideal been more needed. While the individual nations are working out their separate economic and national problems, it is also necessary that they recognize their responsibility as part of the community of nations. I am not one to urge visionary substitutes in the place of effective action in a world of hard economic facts. Yet I do say that it is high time for the idealists whomake the reality of tomorrow to rally around such a symbol of international cultural unity. It is time that we appeal to that appreciation of beauty, science and education, which runs across all national boundaries to strengthen all that we hold dear in our particular governments and customs.

"It is for this reason that I regard the ratification of the Roerich Pact as so significant a step. Its acceptance signifies the approach of a time when those who truly love their own nation will appreciate in addition the unique contribution of other nations and also do reverence to that common spiritual enterprise which draws together in one fellowship all artists, scientists, educators and the truly religious of whatever faith.

"I feel that this age owes a great debt to Nicholas Roerich in the creation of this ideal -- for such ideals alone afford reality to our efforts for creating material wealth and working out improved social machinery for its distribution. While we work out these myriad individual problems, we must have a unifying principle to which all our hearts can givesupreme allegiance. In this way we can work with faith and anticipation towards those spiritual and cultural realities of which the Roerich Pact is the symbol."

二十八、《列里赫公约与和平旗帜。21个美洲共和国的全权代表在白宫进行的列里赫公约签字仪式》出版物扉页。(纽约：列里赫公约与和平旗帜推行组织委员会；列里赫博物馆，1935年，第24页)。

出版物中，于1935年4月15日准备进行庄严行动——仪式程序，《列里赫公约》文本和对富兰克林·德拉诺·罗斯福、尼古拉·康斯坦丁诺维奇·列里赫、亨利·阿加德·华莱士、Р.Дж.阿尔法罗和 Л.Л.霍尔什致敬，英文版。

原件保存于纽约列里赫博物馆档案室。

THE ROERICH PACT

AND

THE BANNER OF PEACE

CEREMONY OF THE SIGNING OF
THE ROERICH PACT

by

PLENIPOTENTIARIES OF THE TWENTY-ONE
AMERICAN REPUBLICS

at the

WHITE HOUSE, WASHINGTON, D. C.

二十九、两个美洲在一个文化公约中联合起来。《纽约时报》单行本，**1935 年 4 月 16 日**。罗斯福总统签署《列里赫公约》的相片，英文版。

原件保存于纽约列里赫博物馆档案室。

2 AMERICAS JOIN IN CULTURAL PACT

Treaty to Protect in War Institutions of Arts and Science Is Signed at Washington.

ROOSEVELT SEES A UNITY

Calls for 'International Helpfulness'—Hull Pictures Hemisphere Peace Guide.

Special to THE NEW YORK TIMES.

WASHINGTON, April 15.—A treaty to protect scientific and artistic institutions and historic monuments was signed by representatives of all the twenty-one countries in the Pan American Union today at exercises in President Roosevent's offices which constituted the most important observance of Pan-American Day.

The treaty, known informally as the Roerich Pact, was prepared by the Pan American Union in pursuance of a resolution adopted by the seventh international conference of American States at Montevideo in December, 1933.

President Roosevelt praised the treaty in a brief speech to the delegates of the Latin-American countries as "but one of these many expressions of that basic doctrine of continental responsibility and continental solidarity which means so much to the present and to the future of the American Republics."

Secretary Hull reiterated the same thought tonight in a brief speech at exercises at the Pan American Union which brought to a close the observance of Pan-American Day.

The treaty provides for the protection of all cultural institutions in time of war and stipulates that each country shall furnish the Pan American Union with a list of such institutions within its boundaries.

The document was signed by Secretary Wallace on behalf of the United States and by diplomatic representatives of twenty other countries, including Argentina, Bolivia, Brazil, Chile, Costa Rica, Cuba, the Dominican Republic, Ecuador, El Salvador, Gautemala, Haiti, Honduras, Mexico, Nicaragua, Panama, Paraguay, Uruguay, Peru, Colombia and Venezuela.

PRESIDENT'S ADDRESS.

At the close of the signing, the President said:

"It is most appropriate that on this day, designated as Pan American Day by the Chief Executives of all the republics of the American Continent, the governments, members of the Pan American Union, should sign a treaty which marks a step forward in the preservation of the cultured achievements of the nations of this hemisphere. In opening this pact to the adherence of the nations of the world we are endeavoring to make of universal application one of the principles vital to the preservation of modern civilization.

"This treaty possesses a spiritual significance far deeper than the text of the instrument itself. It is but one of the many expressions of that basic doctrine of continental responsibility and continental solidarity which means so much to the present and to the future of the American Republics.

"On the occasion of this celebration of Pan American Day let us again dedicate ourselves to the task of translating into deeds the essential unity of interest of the nations of this Continent. Let us also bring renewed allegiance to those high principles of international cooperation and helpfulness which, I feel assured, will be a great contribution to civilization by the Americans."

Hull Hails Cooperation.

Other speeches were made by Secretary Wallace, Cicardo J. Alfaro, Minister of Panama, and Dr. Louis L. Horch, president of the Roerich Museum of New York. Those present at the ceremony included Secretary Hull, Sumner Welles, Assistant Secretary of State; Edwin C. Wilson, chief of the division of Latin-American affairs of the State Department; Richard Southgate, acting chief of the division of protocal and conferences; Dr. Leo S. Bowe, director general, and E. Bil Borges, assistant director of the Pan-American Union; the members of the governing board of the union and the officers and trustees of the Roerich Museumh.

Secretary Hull's speech tonight was delivered before an audience that included Mrs. Roosevelt and most of the members of the diplomatic corps. He declared that current events give "evidence of unusual strength" in the spirit of Pan-American cooperation, despite strongly nationalistic tendencies exhibited in other parts of the world.

"Many a nation is today continuing to plunge headlong in the direction of extreme nationalism, mindless of its disastrous effects upon economic rehabilitation and the promotion of conditions of peace," he said. "Under this spell of wild and mad extremism, nations in many parts of the globe are arming to the teeth and are thus more securely blocking business recovery in the world at large.

"Facing these suicidal movements and conditions, the nations of this hemisphere have a solemn duty and a marvelous opportunity for service to themselves and the world by preaching and practicing the simple principles necessary to insure the restoration of mutual comprehension, friendship, practical economic cooperation and above all, the spirit that must underlie these desirable and international relationships. Let us proclaim anew thees Montevideo proposals for international cooperation, political, commercial and cultural. Let us appeal to all nations to join and to march forward together under the banner of peace, commerce and honest friendship.

"Let those who repudiate these righteous principles and seek to retard human progress and to foment strife and to provoke war be characterized by all enlightened nations are enemies of civilization and as world outlaws."

Times Wide World Photo.

THE PRESIDENT WATCHES SIGNING OF THE ROERICH PACT.

The scene in the White House yesterday as representatives of South and Central American Republics and Henry A. Wallace, Secretary of Agriculture, acting for the United States, signed the treaty to protect artistic and scientific institutions and historic monuments in wartime. In the foreground, left to right, are Ambassador Don Felipe A. Espil of Argentina, President Roosevelt and Secretary Wallace. Cordell Hull, Secretary of State, and foreign diplomats are in the background.

三十、美洲国家签署《列里赫公约》。《俄罗斯区域》刊物单行本、印刷部门《俄罗斯东正教教区青年小组》单行本，美国华盛顿州西雅图，1935年4月21日~5月4日，第11号，俄文版（共3页）。

原件保存于纽约列里赫博物馆档案室。

Русская Жизнь

Изданіе Группы Молодежи Свято-Спиридоновскаго Русскаго Православнаго Прихода, въ городѣ Сіаттлѣ, штата Вашингтонъ

Годъ 3[illegible] II-й. Суббота, Апр. 21-4 Мая 1935 г. Цѣна 5 центовъ.

ПОДПИСАНІЕ ПАКТА РЕРИХА АМЕРИКАНСКИМИ НАЦІЯМИ.

Въ торжественной обстановкѣ международнаго культурнаго объединенія, 15 Апрѣля состоялось, въ присутствіи Президента Рузвельта, въ Бѣломъ Домѣ, подписаніе Пакта Рериха, объ охранѣ во время войны и мира, историческихъ и современныхъ памятниковъ и учрежденій науки и искусства.

Въ подписаніи Пакта приняли участіе Соединенные Штаты, въ лицѣ уполномоченнаго Президентомъ, министра земледѣлія Генри А.Уоллеса, и, въ лицѣ ихъ пословъ и представителей, двадцать государствъ Южной и Центральной Америкъ: Аргентина, Боливія, Бразилія, Чили, Коста Рика, Куба, Санъ Доминго, Экуадоръ, Санъ Сальвадоръ, Гватемала, Гаити, Гондурасъ, Мексика, Никарагуа, Панама, Парагвай, Уругвай, Перу, Колумбія и Венецуэла.

Подписаніе международнаго Пакта было пріурочено къ празднованію Дня Панъ-Американскаго Союза.

Отмѣчая значеніе такого совпаденія, Президентъ Рузвельтъ, послѣ привѣтствія объединившихся странъ, указалъ на высокое значеніе подписаннаго ими договора, составляющаго шагъ впередъ въ дѣлѣ защиты цѣнностей міровой культуры. Осуществляя этотъ договоръ первыми, и приглашая прочія страны міра присоединиться къ нему, государства Америки показали еще болѣе свою преданность принципамъ, существенно важнымъ для сохраненія современной цивилизаціи. Президентъ горячо приглашалъ подписавшіяся страны вести дальше развитіе ими принциповъ взаимопомощи и отвѣтственности за цѣлость и прогрессъ культуры.

Министръ Земледѣлія Уоллесъ далъ историческій очеркъ появленія и развитія идеи Пакта. Какъ онъ сказалъ, иниціаторомъ идеи Пакта съ начала этого столѣтія явился выдающійся дѣятель мира, Русскій мыслитель и художникъ, профессоръ Н.К.Рерихъ, настойчиво и безпрерывно проводившій во всемъ мірѣ мысль всей своей жизни, о необходимости международной охраны историческихъ и современныхъ памятниковъ и учрежденій науки и искусства, во время войны и мира, отъ вреда и разрушенія. Подобно идеѣ Краснаго Креста, защитившаго неприкосновенность врачебнаго персонала и учрежденій помощи пострадавшимъ на войнѣ, Пактъ Рериха получилъ признаніе и горячую поддержку во многихъ странахъ міра и былъ принятъ международными конференціями, послѣдняя изъ которыхъ, въ Ноябрѣ 1933 года въ Монтевидео, какъ и Вашингтонская конференція въ концѣ 1933 года, предложили странамъ Америки осуществить Пактъ Рериха въ международный договоръ, что и исполнено теперь въ Бѣломъ Домѣ. Министръ Уоллесъ отмѣтилъ огромное значеніе этого историческаго событія какъ для обезпеченія цѣлости завоеваній міровой культуры многихъ вѣковъ, такъ и для поднятія самосознанія человѣчества къ лучшимъ идеаламъ, отъ печальныхъ современныхъ попытокъ нарушить мирный прогрессъ новыми ужасами войны. Привѣтствуя день подписанія Пакта, какъ новую эру исторіи, министръ Уоллесъ видитъ въ будущемъ, что Знамя Мира, принятое народами отъ творца его Пакта, Н.К.Рериха, будетъ развѣваться надъ мѣстами, напоминающими человѣчеству, что его безумію есть предѣлъ, и что эти мѣста напомнятъ въ пылу истребительныхъ столкновеній о цѣнности не только человѣческой жизни, но и силъ, создающихъ лучшее въ человѣкѣ.

Своей рѣчи министръ Уоллесъ предпосылалъ прочитанное имъ привѣтствіе собранію отъ профессора Н.К.Рериха, находящагося сейчасъ въ научной экспедиціи въ Азіи, въ письмѣ его слѣдующаго содержанія:

"Прошу васъ, какъ протектора нашего охранительнаго для культурныхъ цѣнностей, Пакта, передать всѣмъ делегатамъ, собравшимся въ памятный день Панъ-Американскаго праздника, мой сердечный привѣтъ. Мнѣ очень жаль, что работы по экспедиціи не позволяютъ мнѣ лично присутствовать

第1页

въ этотъ торжественный день. Лишь въ духѣ, могу я привѣтствовать всѣхъ собравшихся и въ лицѣ ихъ пожелать процвѣтанія и сохраненія всемірныхъ памятниковъ культуры, которые являются истинными свѣточами человѣческаго прогресса. Пусть мощно сольется мысль о сохраненіи всего священнаго прекраснаго и научнаго. Въ этихъ объединительныхъ памятникахъ человѣчество укрѣпится во взаимоуваженіи на изученіи человѣческаго генія всѣхъ вѣковъ и народовъ."

Посланникъ республики Панамы, д-ръ Рикардо Дж. Альфаро, отъ имени всѣхъ присоединившихся къ Соединеннымъ Штатамъ двадцати странъ Америки, знатокъ международнаго права, далъ интересный очеркъ тѣхъ постепенныхъ завоеваній гуманности и культурности среди цивилизованныхъ націй міра, которыя защищаются лучшими людьми народовъ. Всего лишь 71 годъ тому назадъ, среди идущихъ постоянно, и все болѣе губительныхъ, войнъ, народы міра признали необходимымъ защищать выбывшихъ изъ строя раненыхъ и изувѣченныхъ, врачебную имъ помощь и ихъ лечебныя учрежденія, отъ вражескаго нападенія и истребленія, подъ теперь всеобщимъ Флагомъ и учрежденіями Краснаго Креста. "Но, въ прогрессивномъ движеніи человѣческаго духа чувствовалось, что существуетъ еще что-то другое, что нуждается въ защитѣ и неприкосновенности,- нѣчто, что не должно подвергаться разрушенію неразборчиваго опустошенія,- то, что должно встрѣчаться дружбой, потому, что оно- другъ всѣхъ,- то, что является не исключительной собственностью одного народа или одной расы, потому что оно представляетъ изъ себя такое же благословеніе и необходимость для цивилизованной жизни, какимъ является свѣтъ и солнце для каждаго живого существа,- то, что приноситъ всѣмъ счастье и никому не приноситъ вреда,- то, что должно быть ненарушимымъ, потому, что оно есть отраженіе божественной искры, зажженной въ душѣ человѣка,- нѣчто такое, что мы можемъ выразить однимъ названіемъ культуры, показывающей научныя, художественныя, воспитательныя, моральныя и соціальныя достиженія всѣхъ временъ и всѣхъ народовъ." Искусство и наука требуютъ неприкосновенности сокровищъ, которыя они собрали вмѣстѣ вѣками. Цивилизація не можетъ понять, и не должна терпѣть далѣе, совершенія такихъ актовъ вандализма и фанатизма, которыя были въ прошломъ причиной сожженія библіотекъ, разрушенія храмовъ, сокрушенія монументовъ, уничтоженія знанія въ накопленномъ опытѣ вѣковъ, и мысли въ книгахъ, статуяхъ, рукописяхъ и зданіяхъ. Напомнивъ эти безумства въ исторіи народовъ и отдѣльныя попытки предотвратить ихъ дальше, д-ръ Альфаро указалъ, что замыселъ Н.К.Рериха связать всѣ народы обязательствомъ щадить и защищать сокровища культуры нашелъ впервые законченное признаніе и осуществленіе въ принятомъ американскими народами и подписанномъ въ ихъ договорѣ "Пактѣ Рериха".

По приглашенію комитета Пакта Рериха, въ торжествѣ подписанія его, приняла участіе делегація Нью-Іоркскаго Музея Рериха, въ составѣ его президента Луиса Л.Хоршъ, трости и директоровъ Музея,- миссесъ Нетти Хоршъ, М.М. и З.Г.Лихтманъ, Фрэнсисъ Грантъ и Э.Г.Лихтманъ.

Л.Л.Хоршъ отмѣтилъ особое значеніе того, что историческій договоръ двадцати одной американской страны подписанъ въ присутствіи Президента Соединенныхъ Штатовъ и въ Бѣломъ Домѣ, что это подписаніе Пакта еще болѣе подчеркнуло тѣсное объединеніе американскихъ странъ въ защитѣ цѣнностей культуры и прогресса. Въ созданномъ Н.К.Рерихомъ Пактѣ защищаются высшія достиженія человѣческаго генія и ихъ неприкосновенность. Идея такой защиты должна стать такой же всемірной, какой стала защита Краснаго Креста. Пришла надежда, что болѣе не будутъ повторяться варварства уничтоженія цѣнностей духа. Но развѣянное надъ мѣстами знанія и красоты Знамя Мира должно не только останавливать вооруженныя арміи отъ разрушенія войной, оно и во время мира должно посто -

янно напоминать народамъ объ уваженіи къ сокровищамъ міра и объ ихъ защитѣ всегда, включая и возстанія и внутреннія волненія.

Присутствовавшій на торжествѣ подписанія Министръ Иностранныхъ Дѣлъ Кордэллъ Холлъ привѣтствовалъ делегатовъ въ ихъ объединеніи народовъ для высшихъ цѣлей мирнаго прогресса и гуманности.

Рѣчи Президента и прочихъ ораторовъ были переданы по радіо по всей Америкѣ и также въ европейскія страны. Американская печать, въ обширныхъ отчетахъ, съ рисунками, отмѣтила всѣ подробности историческаго собранія и важность подписаннаго Пакта.

Въ день подписанія Пакта и въ послѣдующіе дни международный комитетъ Пакта Рериха въ Вашингтонѣ и Музей Рериха въ Нью-Іоркѣ получили множество письменныхъ и телеграфныхъ привѣтствій и поздравленій отъ государственныхъ и общественныхъ дѣятелей многихъ странъ міра и отдѣльныхъ учрежденій. Получены свѣдѣнія, что вскорѣ въ Пактъ вступят многія европейскія государства, присоединяясь къ Америкѣ.

РѢЧЬ ПРЕЗИДЕНТА СОЕДИНЕННЫХЪ ШТАТОВЪ РУЗВЕЛЬТА

въ Собраніи представителей 2I американскаго государства въ Бѣломъ Домѣ, для подписанія Пакта Рериха.

Весьма знаменательно, что въ этотъ самый день, объявленный главами правительствъ всѣхъ республикъ американскаго континента Панъ-Американскимъ Днемъ, эти правительства, члены Панъ-Американскаго Союза, сочли необходимымъ подписать договоръ, который отмѣчаетъ шагъ впередъ въ охраненіи культурныхъ достиженій націй этой части земнаго шара. Открывая этотъ Пактъ для присоединенія къ нему націй всего міра, мы стремимся сдѣлать всеобщимъ примѣнаніе принциповъ, существенно жизненныхъ для сохраненія современной цивилизаціи.

Этотъ договоръ имѣетъ духовное значеніе значительно глубже, чѣмъ самый текстъ его документа. Онъ является однимъ изъ многихъ выраженій той основной доктрины отвѣтственности и солидарности нашего континента, которая имѣетъ такое большое значеніе для настоящаго и для будущаго американскихъ республикъ.

По случаю празднованія Панъ-Американскаго Дня посвятимъ себя снова задачѣ превращенія въ дѣло существеннаго объединенія интересовъ націй этого американскаго континента. Принесемъ снова нашъ обѣтъ преданности принципамъ международнаго сотрудничества, которые, по моему убѣжденію, будутъ великимъ вкладомъ въ американскую цивилизацію.

Епископъ Леонтій.

П А С Х А Л Ь Н О Е.

ОДИНЪ побѣдно всталъ изъ гроба
И- какъ отъ яркаго луча
Уходитъ тьма - такъ гаснетъ злоба
И Крестъ блеститъ взамѣнъ меча.

ОДИНЪ пресѣкъ алканье смерти
И измѣнилъ пути земныхъ
И вслѣдъ Его, о братъ, повѣрь ты.
Безчисленны полки святыхъ.

ОДИНЪ зажегъ Свѣтъ Воскресенья
И люди- братьями стаютъ
И въ славѣ общей обновленья
Съ земными Ангелы поютъ.

第 3 页

三十一、《关于保护艺术和科学机构及历史纪念物条约》(列里赫公约)。美国总统富兰克林·德拉诺·罗斯福给参议院的咨文，华盛顿，1935 年 5 月 20 日。在美国参议院听证会举办前发表正式使用，英文版(共 4 页)。

单印本保存于纽约列里赫博物馆档案室。

CONFIDENTIAL

74TH CONGRESS, *1st Session* | SENATE | EXECUTIVE N

TREATY ON THE PROTECTION OF ARTISTIC AND SCIENTIFIC INSTITUTIONS AND HISTORIC MONUMENTS

MESSAGE

FROM

THE PRESIDENT OF THE UNITED STATES

TRANSMITTING

A TREATY ON THE PROTECTION OF ARTISTIC AND SCIENTIFIC INSTITUTIONS AND HISTORIC MONUMENTS WHICH WAS SIGNED AT WASHINGTON ON APRIL 15, 1935, BY THE RESPECTIVE PLENIPOTENTIARIES OF THE 21 AMERICAN REPUBLICS

MAY 20, 1935.—Agreement read the first time and referred to the Committee on Foreign Relations, and, together with message, ordered to be printed in confidence for the use of the Senate

To the Senate of the United States:

With a view to receiving the advice and consent of the Senate to ratification, I transmit herewith a treaty on the protection of artistic and scientific institutions and historic monuments which was signed in my presence at the White House on April 15, 1935, by the respective plenipotentiaries of the 21 American republics. It was signed for the United States by the Secretary of Agriculture by virtue of a full power issued to him by me.

As is stated in the accompanying report of the Secretary of State, the treaty, embodying the "Roerich Pact" which was initiated by the Roerich Museum in the United States, was prepared in its present form by the Governing Board of the Pan American Union for the purpose of carrying out a recommendation made to the governments in a resolution approved on December 16, 1933, by the Seventh International Conference of American States at Montevideo.

FRANKLIN D. ROOSEVELT.

THE WHITE HOUSE, *May 20, 1935.*
(Enclosures: Treaty. Report.)

第 1 页

The PRESIDENT:

The undersigned, the Secretary of State, has the honor to lay before the President, with a view to its transmission to the Senate to receive the advice and consent of that body to ratification, should his judgment approve thereof, a treaty on the protection of artistic and scientific institutions and historic monuments. This treaty, embodying the "Roerich Pact" which was initiated by the Roerich Museum in the United States, was prepared in its present form by the governing board of the Pan American Union in pursuance of a resolution approved on December 16, 1933, by the Seventh International Conference of American States at Montevideo, and was signed at Washington on April 15, 1935, by the respective plenipotentiaries of the 21 American Republics.

The treaty has for its object the protection of historic monuments, museums, scientific, artistic, educational, and cultural institutions both in time of peace and in time of war, and provides for the use of a distinctive flag to identify the monuments and institutions coming within the protection of the treaty.

Respectfully submitted.

CORDELL HULL.

DEPARTMENT OF STATE,
Washington, May 16, 1935.
(Enclosure: Treaty.)

TREATY ON THE PROTECTION OF ARTISTIC AND SCIENTIFIC INSTITUTIONS AND HISTORIC MONUMENTS

The high contracting parties, animated by the purpose of giving conventional form to the postulates of the resolution approved on December 16, 1933, by all the States represented at the Seventh International Conference of American States, held at Montevideo, which recommended to "the Governments of America which have not yet done so that they sign the 'Roerich Pact', initiated by the Roerich Museum in the United States, and which has as its object the universal adoption of a flag, already designed and generally known, in order thereby to preserve in any time of danger all nationally and privately owned immovable monuments which form the cultural treasure of peoples", have resolved to conclude a treaty with that end in view, and to the effect that the treasures of culture be respected and protected in time of war and in peace have agreed upon the following articles:

ARTICLE I

The historic monuments, museums, scientific, artistic, educational, and cultural institutions shall be considered as neutral and as such respected and protected by belligerents.

The same respect and protection shall be due to the personnel of the institutions mentioned above.

The same respect and protection shall be accorded to the historic monuments, museums, scientific, artistic, educational and cultural institutions in time of peace as well as in war.

ARTICLE II

The neutrality of, and protection and respect due to, the monuments and institutions mentioned in the preceding article, shall be recognized in the entire expanse of territories subject to the sovereignty of each of the signatory and acceding States, without any discrimination as to the State allegiance of said monuments and institutions. The respective Governments agree to adopt the measures of internal legislation necessary to insure said protection and respect.

ARTICLE III

In order to identify the monuments and institutions mentioned in article I, use may be made of a distinctive flag (red circle with a triple red sphere in the circle on a white background) in accordance with the model attached to this treaty.

ARTICLE IV

The signatory Governments and those which accede to this treaty shall send to the Pan American Union, at the time of signature or accession, or at any time thereafter, a list of the monuments and institutions for which they desire the protection agreed to in this treaty.

The Pan American Union, when notifying the Governments of signatures or accessions, shall also send the list of monuments and institutions mentioned in this article, and shall inform the other Governments of any changes in said list.

ARTICLE V

The monuments and institutions mentioned in article I shall cease to enjoy the privileges recognized in the present treaty in case they are made use of for military purposes.

ARTICLE VI

The states which do not sign the present treaty on the date it is opened for signature, may sign or adhere to it at any time.

ARTICLE VII

The instruments of accession, as well as those of ratification and denunciation of the present treaty, shall be deposited with the Pan American Union, which shall communicate notice of the act of deposit to the other signatory or acceding states.

ARTICLE VIII

The present treaty may be denounced at any time by any of the signatory or acceding states, and the denunciation shall go into effect 3 months after notice of it has been given to the other signatory or acceding states.

In witness whereof, the undersigned plenipotentiaries, after having deposited their full powers found to be in due and proper form, sign this treaty on behalf of their respective governments, and affix thereto their seals, on the dates appearing opposite their signatures.

For the Argentine Republic, April 15, 1935:
FELIPE A. ESPIL. [SEAL]
For Bolivia, April 15, 1935:
ENRIQUE FINOT. [SEAL]
For Brazil, April 15, 1935:
OSWALDO ARANHA. [SEAL]
For Chile, April 15, 1935:
M. TRUCCO. [SEAL]
For Colombia, April 15, 1935:
M. LOPEZ PUMAREJO. [SEAL]
For Costa Rica, April 15, 1935:
MAN. GONZALEZ Z. [SEAL]
For Cuba, April 15, 1935:
GUILLERMO PATTERSON. [SEAL]
For the Dominican Republic, April 15, 1935:
RAF. BRACHE. [SEAL]
For Ecuador, April 15, 1935:
C. E. ALFARO. [SEAL]
For El Salvador, April 15, 1935:
HECTOR DAVID CASTRO. [SEAL]
For Guatemala, April 15, 1935:
ADRIAN RECINOS. [SEAL]
For Haiti, April 15, 1935:
A. BLANCHET. [SEAL]
For Honduras, April 15, 1935:
M. PAZ BARAONA. [SEAL]
For Mexico, April 15, 1935:
F. CASTILLO NAJERA. [SEAL]
For Nicaragua, April 15, 1935:
HENRI DE BAYLE. [SEAL]
For Panama, April 15, 1935:
R. J. ALFARO. [SEAL]
For Paraguay, April 15, 1935:
ENRIQUE BORDENAVE. [SEAL]
For Peru, April 15, 1935:
M. DE FREYRE Y S. [SEAL]
For United States of America, April 15, 1935:
HENRY A. WALLACE. [SEAL]
For Uruguay, April 15, 1935:
J. RICHLING. [SEAL]
For Venezuela, April 15, 1935:
PEDRO M. ARCAYA. [SEAL]

I hereby certify that the foregoing document is a true and faithful copy of the original, with the signatures affixed thereto up to the present date, of the Treaty on the Protection of Artistic and Scientific Institutions and Historic Monuments (Roerich Pact) which is deposited in the Pan American Union and open to the signature or adherence of all States.

Washington, the 16th day of April 1935.

E. GIL-BORGES,
Secretary of the Governing Board of the Pan American Union.

[SEAL]

三十二、凯·皮特曼。《关于保护艺术和科学机构及历史纪念物条约》。参议院听证会上发表的美国参议院外事委员会成员报告，华盛顿，1935 年 6 月 19 日，英文版（共 3 页）。

单印本保存于纽约列里赫博物馆档案室。

74TH CONGRESS 1st Session } SENATE { EXECUTIVE REPORT No. 11

ARTISTIC AND SCIENTIFIC INSTITUTIONS AND HISTORIC MONUMENTS

WEDNESDAY, JUNE 19 (legislative day, MONDAY, MAY 13), 1935.—Ordered to be printed

Mr. PITTMAN, from the Committee on Foreign Relations, submitted the following

REPORT

[To accompany Executive N, 74th Cong., 1st sess., a treaty on the protection of artistic and scientific institutions and historic monuments, signed at Washington on Apr. 15, 1935]

The Senate Committee on Foreign Relations, having had under consideration Executive N, Seventy-fourth Congress, first session, a treaty on the protection of artistic and scientific institutions and historic monuments, which was signed at Washington on April 15, 1935, make this report and recommend that the Senate do advise and consent to the ratification of the treaty, and that the following resolution be adopted as in such cases made and provided:

Resolved (two-thirds of the Senators present concurring therein), That the Senate advise and consent to the ratification of Executive N, Seventy-fourth Congress, first session, a treaty on the protection of artistic and scientific institutions and historic monuments, which was signed at the White House in Washington on April 15, 1935.

For the information of the Senate with regard to this treaty, the committee respectfully directs its attention to the communication of date May 20, 1935, from the President to the Senate of the United States, and to the report of May 16, 1935, mentioned therein from the Secretary of State, respectively, as follows:

To the Senate of the United States:

With a view to receiving the advice and consent of the Senate to ratification, I transmit herewith a treaty on the protection of artistic and scientific institutions and historic monuments which was signed in my presence at the White House on April 15, 1935, by the respective plenipotentiaries of the 21 American republics. It was signed for the United States by the Secretary of Agriculture by virtue of a full power issued to him by me.

As is stated in the accompanying report of the Secretary of State, the treaty, embodying the "Roerich Pact" which was initiated by the Roerich Museum in the United States, was prepared in its present form by the Governing Board of the

2 ARTISTIC AND SCIENTIFIC INSTITUTIONS AND HISTORIC MONUMENTS

Pan American Union for the purpose of carrying out a recommendation made to the governments in a resolution approved on December 16, 1933, by the Seventh International Conference of American States at Montevideo.

FRANKLIN D. ROOSEVELT.

THE WHITE HOUSE, *May 20, 1935.*

The PRESIDENT:

The undersigned, the Secretary of State, has the honor to lay before the President, with a view to its transmission to the Senate to receive the advice and consent of that body to ratification, should his judgment approve thereof, a treaty on the protection of artistic and scientific institutions and historic monuments. This treaty, embodying the "Roerich Pact" which was initiated by the Roerich Museum in the United States, was prepared in its present form by the governing board of the Pan American Union in pursuance of a resolution approved on December 16, 1933, by the Seventh International Conference of American States at Montevideo, and was signed at Washington on April 15, 1935, by the respective plenipotentiaries of the 21 American Republics.

The treaty has for its object the protection of historic monuments, museums, scientific, artistic, educational, and cultural institutions both in time of peace and in time of war, and provides for the use of a distinctive flag to identify the monuments and institutions coming within the protection of the treaty.

Respectfully submitted.

CORDELL HULL.

DEPARTMENT OF STATE,
Washington, May 16, 1935.

For the further information of the Senate in relation to this treaty, the committee respectfully calls its attention to the following letter under date of June 15, 1935, from Hon. H. A. Wallace, Secretary of Agriculture, to the chairman of the committee:

DEPARTMENT OF AGRICULTURE,
Washington, June 15, 1935.

Senator KEY PITTMAN,
Senate Office Building, Washington, D. C.

DEAR SENATOR PITTMAN: In response to your suggestion, I am submitting for the consideration of the Senate Committee on Foreign Relations at the time of the meeting June 19, 1935, the following brief statement concerning the treaty for the protection of artistic and scientific institutions and historic monuments (Roerich Pact).

The treaty was signed by the 21 Pan American Republics at the White House on April 15, 1935. This action was taken pursuant to the following resolution which was unanimously adopted by the Seventh International Conference of the American States at Montevideo in December 1933:

"To recommend to the Governments of America which have not yet done so that they sign the 'Roerich Pact' initiated by the Roerich Museum in the United States and which has as its object the universal adoption of a flag already designed and generally known, in order thereby to preserve in any time of danger all nationally and privately owned immovable monuments which form the cultural treasure of the peoples."

On April 15, 1935, the significance of the pact was set forth by President Franklin D. Roosevelt as follows:

"In opening this pact to the adherence of the nations of the world we are endeavoring to make of universal application one of the principles vital to the preservation of modern civilization.

"This treaty possesses a spiritual significance far deeper than the text of the instrument itself. It is but one of the many expressions of that basic doctrine of continental responsibility and continental solidarity which mean so much to the present and to the future of the American republics."

Concerning the origin of the pact, His Excellency, Mr. Ricardo J. Alfaro, Minister of Panama, made the following statement as a part of his address:

"Thinking men pondered the horrible prospect; lovers of culture and humanity meditated. A great idealist and a fervent apostle of peace, Prof. Nicholas Roerich, conceived the plan of an international convention for the neutralization and protection of the cultural treasures of the world.

"Then the Republics of the Western Hemisphere sought and attained the honor of carrying the lofty project to a successful conclusion. The Montevideo Conference sponsored the Roerich Pact and this day the Republics of America have subscribed a covenant, open also to the signature of all other nations, whereby for the first time in history the neutrality and protection of culture are incorporated into one single and complete body of conventional international law."

In the field of culture, science, and spiritual suffering the Roerich Pact and Banner of Peace endeavor to do that which is accomplished by the Red Cross with regard to physical suffering. Provision is made for the registration and protection of buildings dedicated to art, science, and religion, as well as historic monuments. The destruction of libraries, art galleries, cathedrals, and other treasures of the human spirits, should be prevented. The means are provided by this treaty, which has already been signed by 21 nations and which is now open for signature to all the nations of the world.

The treaty was transmitted by the President to the Senate on May 20, 1935.

Respectfully yours,

H. A. WALLACE, *Secretary.*

O

三十三、弗拉基米尔·阿纳托里耶维奇·希巴耶夫。《列里赫公约》与和平旗帜（目标和历史）。印度，1935 年 5 月 7 日（拉合尔：里昂媒体，1935 年 12 月，第 2 页插图）。《新的黎明》单行本（克里什塔 - 昆季、海得拉巴 - 信德、印度），英文版（共 12 页）。

原件保存于纽约列里赫博物馆档案室。

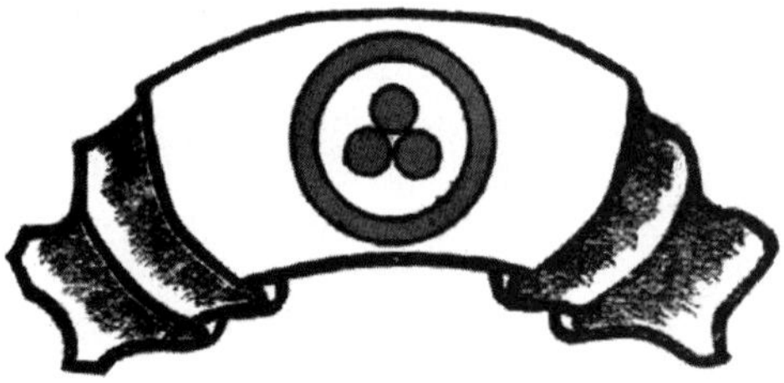

THE ROERICH PACT
AND
BANNER OF PEACE

[AIMS AND HISTORY]

By V. A. Shibayev

(Member of the Organizing Committee of the Third International Convention of the Roerich Pact and Banner of Peace—Washington)

1935

封面

The Roerich Museum, New York.

Third International Convention of the Roerich
Pact and Banner of Peace, Washington, Nov. 17, 1933.
(The Chairman and Speakers)

封面的背面

THE ROERICH PACT AND BANNER OF PEACE

Its Aims and History to date

The 17th of November—the anniversary of the Roerich Peace Banner Day—was celebrated with great solemnity and enthusiasm in New-York, Paris and other centers of the world, where this epoch-making cultural treaty has lately made such progress towards recognition and adoption by various nations. The Banner of Peace, as is well known now, is the symbol of the Roerich Pact under which the agreeing countries pledge themselves to guard, esteem and sponsor all those immeasurable and irreplaceable treasures of the achievement of the human spirit, which otherwise, as has unfortunately been proved only too often, are neglected and destroyed, either by vandalism, or lack of care and understanding, both in times of war and so-called peace. This great humanitarian idea thus provides in the field of mankind's cultural achievements the same guardianship as the Red Cross provides in pity for the physical suffering of man. As Articles I and II of the Pact state: "Educational, artistic and scientific institutions, artistic and scientific missions, the personnel, the property and collections of such institutions and missions shall be deemed neutral and as such shall be protected and respected by belligerents. Protection and respect shall be due to the aforesaid institutions and missions in all places, subject to the sovereignty of the High Contracting Parties, without any discrimination as to the State allegiance of any particular institution or mission. The Institutions, Collections and Missions thus registered may display a distinctive flag, which will entitle them to special protection and respect on the part of the belligerents,

2

of governments and peoples of all the High Contracting Parties."

Prof. Nicholas de Roerich—whom the Honorable George Gordon Battle named "undoubtedly one of the greatest cultural leaders of all times"—in a recent address at the opening of a new "Banner of Peace Committee" beautifully expressed the ideals of the Pact in the following words:—

"The world is striving towards Peace in many ways and every one realizes in his heart that this constructive work is a true prophecy of the New Era. Of course arguments about the comparative qualities of various kind of shells or about the advisability of replacing the guns of two battleships by one ship of a newer type,—do not contribute harmonically to constructive ideas for peace. But let us hope that even these discussions are preliminary steps towards the same great concept of Peace, which will take place, thanks to a taming of belligerent instincts of nations, by great brilliant creations of the Spirit. But the fact remains in the meantime, that shells of these guns can destroy the greatest treasures of art and science as thoroughly as those of an entire fleet...We deplore the loss of the libraries of Louvain and Oviedo and the irreplaecable beauty of the Cathedral of Rheims, we remember the beautiful treasures of private collections, which were lost during world calamities. But we do not want to inscribe on these deeds any words of hatred; let us simply say: "Destroyed by human ignorance—rebuilt by human hope!" Nevertheless errors of one form or another may occur again and thus other valuable achievements of humanity remain in constant danger of being destroyed. Against such ignorant errors we must immediately take precautions and definite measures. Hence first of all let us sacredly protect the creative treasures of humanity. First of all let us agree on that, which is the most simple—so that, as with the Red Cross, the Banner may significantly summon the conscience of men to the protection of that, which in essence, belongs not to one nation alone, but to the entire world, and constitutes the real pride of the human race.

The design of the Banner of Peace shows three spheres surrounded by a circle in magenta colour on a white background. Of the many national and individual interpretations of this symbol, which is so beautiful in its simplicity, the most usual are perhaps those of: Religion, Art and Science as aspects of Culture—the surrounding circle; or that of: Past, Present and Future achievements of humanity guarded within the circle of Eternity. "Both these interpretations—says Prof. de Roerich, the creator of the Pact and Banner—are just as good, for they represent a synthesis of life, and that is my ruling precept."

A brief outline of the history of the Roerich Pact and Banner of Peace gives the following important milestones:

Conceived and proposed by Prof. Nicholas de Roerich as early as in 1904 to the Society of Architects and in 1914 during the war to H. M. the Tzar Nicholas II and the Grand Duke Nicholas (when in both cases it was received with highest interest but delayed owing to wars), the project was formally promulgated in New York in 1929, according to the codes of International Law; the text of the Pact having been drafted by Dr. Georges Chklaver, Doctor of International Law and Political Sciences of Paris University. In the same year a Committee of the Banner of Peace was founded in New York and the principles were published through the press. The following year similar Committees were founded in Paris and Bruges, in the latter under the title "Union Internationale pour le Pacte Roerich." In the autumn of 1931 the Union convened the First International Conference, which proved the great interest of many Governments and in the next year another enthusiastic World Conference took place in the same city. Thousands of approving opinions came from religious, educational, artistic, scientific

4

and other cultural bodies and personages from all over the world and it is only right and fair to state that none of the greatest men of our times omitted to take part in voicing their approval. To quote the Italian Ambassador at Washington, Signor A. Rosso: "I feel no one can be against such a great idea. Whoever would go against the Roerich Pact, will have the sanctuary of public opinion to deal with." It is also of interest that the great military authorities (like the late Marshal Lyautey, Admiral Taussig, General Gouraud, etc.) were in complete favour of the Pact. The first volume of collected statements and letters was published in New York and Paris under the title "The Roerich Pact and Banner of Peace". In the same year in Bruges the "Fondatio Roerich pro Pace, Arte, Scientiae et Labore" was inaugurated after the Session of the Second International Conference in that City. The following year—1933—saw the Third International Convention of the Roerich Pact, held on November 17th and 18th in Washington at the Mayflower, where 36 nations sent their representatives and this Convention unanimously passed the resolution to "recommend the adoption of this humanitarian measure to the Governments of all Nations" for "adoption or adhesion by unilateral action, through proclamation of the executive; by bilateral action through international agreements and by multilateral action through declaration of international conferences." Hardly a month later, the Seventh Conference of the Pan-American Union at Montevideo passed the unanimous resolution to accept the above and to urge their participants—the 21 governments of the North, Central and South Americas—to sign the Pact and thus to apply the great principles in life. The Washington Convention of the Roerich Pact aud Banner of Peace also elected a "Permanent Committee for the Advancement of the Adoption of the Roerich Pact and Banner of Peace" located at 310 Riverside Drive, New York, with Prof. and Mme. de Roerich as Honorary Presidents; the Honorable Henry A. Wallace, U. S. Secretary of Agriculture, as Honorary Chairman; Mr. Louis L. Horch, President of Roerich Museum, as its Chairman; Miss F. R. Grant, Vice-Chairman and Prof. Ralph V. D. Magoffin of the New-York University as its Secretary-General. This body negotiates with all governments, organizations and individuals interested in the promotion and adoption of the Pact and receives their expressions of formal adherence. The Proceedings of the Washington Convention have just been published in New York in book-form.

The Paris Committee of the Pact is under the presidentship of Baron M. A. de Taube, Member of the International Court at the Hague, and Dr. Georges Chklaver—Doctor of International Law—is Secretary-General. The "Union Internationale pour le Pacte Roerich" in Bruges has M. Camille Tulpinck, Vice-Consul of Greece, as its President and Prof. M. Adatci, former President of the International Court at the Hague, as its Protector.

The current year—1934—saw the establishment of a "Roerich Pact and Banner of Peace Committee" in the Far East in Harbin, Manchukuo, with Archbishop Nestor as Honorary President, N. L. Gondatti—President and Prof. G. K. Hinz as Vice-President. A similar Committee was also inaugurated in Bruxelles with Mr. E. de Munck as President at Mr. Hendrickx, barrister, as Secretary-General and under participation of Count C. de Wiart, Minister; the Governors of Luxembourg and Western Flanders and a member of the Chamber of Deputies and a member of the Court of Cassation, on the Committee.

At the same time the following countries, which are members of the Pan-American Union have either deposited their signatures of adherence or have appointed plenipotentiary delegates to do so, at the next Pan-American Conference to be held on Pan-America Day, April 14th 1935. Panama (which thus was the first country officially to notify of its readiness to ratify the Roerich Pact), Honduras, the United States, Ecuador, Uruguay, Guatemala and Brazil. Further Chile and China have informed of their readiness to ratify the

6

Pact shortly and many countries of Europe have informed the Board of the Permanent Committee that their respective Governments have the Pact under consideration. In Japan the Banner of Peace was actually already hoisted over the Ministry of Education on Nov. 17th 1933—the day of the Washington Convention and many educational and other cultural organizations have already unfurled the Banner.

As regards the United States, President F. D. Roosevelt has on August 11th officially empowered Secretary Henry A. Wallace as plenipotentiary to sign the Inter-American Treaty on the Roerich Pact. The Honorable Henry A. Wallace has recently given out to the Press the following statement, which after a review of the history of the Pact, concludes:—

"I regard the Roerich Pact as an inevitable step in international relations. At no time has such an ideal been more needed. While the individual nations are working out their separate economic and national problems, it is also necessary that they recognize their responsibility as part of the community of nations. I am not one to urge visionary substitutes in the place of effective action in a world of hard economic facts, yet I do say that it is high time for the idealists who make the reality of tomorrow, to rally around such a symbol of international cultural unity. It is time that we appeal to that appreciation of beauty, science, education which runs across all national boundaries to strengthen all that we hold dear in our particular governments and customs. It is for this reason that I regard the ratification of the Roerich Pact as so significant a step. Its acceptance signifies the approach of a time when those who truly love their own nation will appreciate in addition the unique contribution of other nations and also do reverence to that common spiritual enterprize which draws together in one fellowship all artists, scientists, educators and truly religious of whatever faith. I feel that this age owes a great debt to Nicholas Roerich in the creation of this ideal—for such ideals alone afford reality to our efforts for creating material wealth and working out improved social machinery for its distribution. While we work out these myriad individual problems we must have a unifying principle to which all our hearts can give supreme allegiance. In this we can work with faith and anticipation towards those spiritual and cultural realities of which the Roerich Pact is the symbol."

It is indeed a great asset to know that in our present material and critical times there are not only thousands of individuals but also leading statesmen, who see and urge the fact of paramount importance—that the future of humanity is shaped more by actual spiritual strivings and cultural achievements and that the present age owes everything positive, that it has, to true Culture and that thus the safeguarding of these pan-human achievements is so imperative.

Here in India one finds also a wide appreciation of the ideal for which the Roerich Pact stands. It would be impossible to quote all these signs of cultural understanding in so short a review as the present one. But besides the adherences to the Pact as expressed by Sir Rabindranath Tagore, Sir Jagadis C. Bose, Sir S. Radhakrishnan, Sir C. V. Raman, Dr. James H. Cousins, Dr. Kalidas Nag, Prof. Suniti Kumar Chatterji, the late Prof. S. R. Kashyap, S. V. Ramasvamy Mudeliar, O. C. Gangoly, Asit Kumar Halder, N. C. Mehta, the late Ven. Sri Devamitta Dharmapalla, etc. and institutions like the Andhra Historical Research Institute, the Allahabad Municipal Museum, the Bharat Kala Bhawan in Benares, the Maha Bodhi Society, the Women's Indian Association, the Y. M. B. A. of Ceylon, the Madanapalle College, the Travancore Cultural Association, etc. etc. and almost all the organs of the press,—the following two short quotations are expressive of the general enthusiastic attitude towards the Pact.

Mr. Gurdial Mallik, of the League of Nations' Union, writes in the Sind Observer on Banner of Peace Day, after a short description of the aims: "In the realization

8

of this great and glorious ideal it is necessary to have the cooperation of the intelligentzia of the world to organize a strong public opinion in favour of the preservation of the artistic and cultural treasures of every country, so that mankind may have a continuous record of its achievements...To this end it is desirable that the governments of world would all ratify the Roerich Pact guaranteeing this preservation and treating these treasures as the heritage not only of any particular nation, but of the whole humanity and as such to be immune from the ravages of war and destruction."

Another distinguished writer, Swami Jagadiswarananda, states in a message to the Banner of Peace Convention: "Professor Roerich, the founder and leader of this Unique humanitarian movement, is himself the presonification of Universal Art and Universal Culture. He has truly been called by Dr. James H. Cousins as 'Himalayan in Soul,' for he is really the Prophet of the New Humanity and the Messenger of a New Cultural World...Let us pray for the long life and sound health of Professor Roerich, our Leader, who has opened a significant Chapter in human history by inaugurating this movement and the Pact. Let the present Convention of Art and Culture prove to warring nations of the world by waving the Roerich Banner of Peace, that Art and Culture are the Divine property—the Universal Treasure of all mankind and write on the portal of every institution of the world: "Help and not fight, assimilate and not destroy Harmony and Peace, and promote not dissension!".

(Supplement to the preceding Article)

Since writing the foregoing brief outline on the Roerich Pact early this year, new significant events have taken place, which make it necessary to add the following Chapter.

ROERICH PACT SIGNED BY UNITED STATES AND ALL LATIN AMERICAN GOVERNMENTS

On April 15, 1935, at noon, in the office of President F. D. Roosevelt, at the White House in Washington, the United States of America and all the other twenty Latin American countries—members of the Pan-American Union: Argentine, Bolivia, Brazil, Chile, Cost-Rica, Cuba, the Dominican Republic, Ecuador, El-Salvador, Guatemala, Haiti, Honduras, Mexico, Nicaragua, Panama, Paraguay, Uruguay, Peru, Columbia and Venezuela—have signed the Treaty of the Roerich Pact.

The American Press attached great importance to this sign of cultural unity and understanding, which not only united the whole of North and South America, but which it is expected will also shortly be joined by all the other nations of the world. All leading American papers printed columns of the event, the Presidential address and speeches of the Government officials and foreign diplomatic representatives; and newspapers all over the world, including India, published particulars of this historical occurrence.

The signing of this Treaty was a very solemn occasion. The President had invited to his office besides the diplomatic representatives of the twenty American republics, also the Secretary of State, Mr. Cordell Hull; the Secretary of Agriculture, Henry A. Wallace; the Directors of the Pan-American Union, Dr. L. S. Rowe and Dr. E. Gil Borges, and the Trustees of the Roerich Museum, members of the Permanent Committee of the Roerich Pact. After the signing of the Pact, Secretary H. A. Wallace presented the pen,

2

with which the Pact had been signed, to Mr. Louis L. Horch, Chairman of the Permanent Committee of the Roerich Pact, as a historical souvenir.

At the close of the signing, President Roosevelt made the following address over the radio, which was broadcast over the whole world: "It is most appropriate that on this day, designated as Pan-American Day, by the chief executives of all the republics of the American continent, the Governments—members of the Pan-American Union—should sign a treaty which marks a step forward in the preservation of the cultural achievements of the nations of this hemisphere. In opening this Pact to the adherence of the nations of the world, we are endeavouring to make of universal application one of the principles vital to the preservation of modern civilization. This Treaty possesses a spiritual significance far deeper than the text of the instrument itself. It is but one of the many expressions of that basic doctrine of continental solidarity, which means so much to the present and to the future of the American republics. On the occasion of this celebration of Pan-American Day let us again dedicate ourselves to the task of translating into deeds the essential unity of interest of the nations of this continent. Let us also bring renewed allegiance to those high principles of international co-operation and helpfulness, which, I feel assured, will be a great contribution to civilization by the Americas."

Other speeches were delivered by Secretary H. A. Wallace; Dr. Ricardo Alfaro, Minister of Panama; Mr. Louis L. Horch, President of Roerich Museum.

Secretary Wallace compared the Treaty to the Red Cross and underlined the necessity of "the protection of those cultural treasures" which the enlightened spirits of all lands recognize as worthy of preservation no matter how tense and bitter the strife in the physical and economic world... To-day it is appropriate that we should give recognition to the genius of Nicholas Roerich, in whose mind this Pact and Banner first originated...It would seem desirable to hold up before the world, in times like these, the ideal of the Unity of the Human Heart, regardless of nation, in the worship of Beauty, of Culture, of Religion, of Science and of Education. There are thousands of people in each of

3

the nations of the world, animated by these finer, broader human aspirations and they welcome the mechanism of the Roerich Pact as a means of making more manifest on earth those intangible forces, which they have long recognized as the true guides of international good feeling...I believe the Roerich Pact is in conformity with the deepest, most sacred laws of the universe and that it has become an international reality at an especially propitious time ! .."

Mr. Louis L. Horch in his speech gave an outline of the Roerich Pact and concluded: "The pledge between nations which has been consummated to-day at the White House by twenty one nations of the American continent in signing the Roerich Pact has put into effect an agreement respecting the inviolability of the products of the human genius, thus safeguarding the true heritage of man for posterity. This enlightening event marks a significant milestone in the cause of international understanding and friendship as well as a step forward in the spiritual and cultural progress of mankind. On this Pan-American Day we send salutations to our sister Nations ! "

The Minister of Panama, His Excellency Dr. Ricardo J. Alfaro, declared: "The historic act which has just taken place is one that marks a signal victory in the perennial struggle of the better sentiments of man against the ravages of war." He then drew an outline of the history of all the previous international conventions and conferences, commencing with the Red Cross Pact seventy one years ago and said: "And then a great idealist and a fervent apostle of peace, Professor Nicholas Roerich, conceived the plan of an international convention for the neutralization and protection of the cultural treasures of the world. And to-day the Republics of the Western hemisphere sought and attained the honour of carrying the lofty project to a successful conclusion. The Montevideo Conference sponsored the Roerich Pact and this day the Republics of America have subscribed a Covenant, open also to the signature of all other nations, whereby for the first time in history the neutrality and protection of Culture are incorporated into one single and complete body of conventional international law. The deep significance of this occasion has been enhanced by the gracious hospitality which the President of the United States has shown the Plenipotentiaries of the Signa-

4

tory Nations by inviting them to perform the historic act in the White House."

The U. S. Secretary of State, Mr. Cordell Hull, who delivered a speech the same evening at the Pan-American Union, concluded it as follows: "Let us appeal to all nations to join and to march forward together under the Banner of peace, commerce and honest friendship. Let those who repudiate these righteous principles and seek to retard human progress and to foment strife and to provoke war, be characterized by all enlightened nations as enemies of civilization and as world-outlaws."

Thus on April 15, 1935, has come to consummation that great humanitarian ideal for which the most distinguished expounders of True Culture and Spiritual Aspirations—Professor Nicholas Roerich and his wife Mme. Helena Roerich—have given so self-sacrificingly all their life and energy and guiding advice, of what the author of this historical outline has had the great privilege to be a constant close witness. Thus humanity has forever recorded in history its grateful appreciation of these illustrious Initiators and Patrons of the Movement, for the work they have done for the Benefit of Mankind!

India: V. A. SHIBAYEV.

May 7, 1935.

LION PRESS, LAHORE

三十四、尼古拉·康斯坦丁诺维奇·列里赫的《圣母像·王旗》，1932 年，目前为纽约列里赫博物馆的馆藏品。复制《尼古拉·康斯坦丁诺维奇·列里赫》汇编中油画（里加，1935 年，第 55 页）。

圣彼得堡列里赫家族博物馆学院档案室亦保存一份。

Владычица Мира　　Картина акад. Н. К. Рериха

(Музей Рериха въ Брюгге)

三十五、弗拉基米尔·阿纳托里耶维奇·希巴耶夫。保护人类文化财产的《列里赫公约》。简短的历史概要。印度，**1935** 年 **6** 月 **7** 日。《尼古拉·康斯坦丁诺维奇·列里赫》汇编单行本（里加，**1935** 年，第 **78** 页），俄文版（共 **17** 页）。

原件保存于圣彼得堡列里赫家族博物馆学院档案室。

ПАКТЪ РЕРИХА

по сохраненію культурныхъ цѣнностей человѣчества.

Краткій историческій очеркъ.*)

Въ исторіи міра бываютъ періоды, когда вводится великая новая идея, облагораживающая все человѣчество, и такія идеи всегда приносятъ съ собою большія улучшенія и новыя условія жизни.

Рядовой обыватель не всегда отдаетъ себѣ отчетъ въ великой важности этихъ поворотныхъ пунктовъ исторіи; но по мѣрѣ того, какъ человѣческое сознаніе расширяется и обыватель все болѣе и болѣе выявляетъ себя сознательнымъ сотрудникомъ великихъ культурныхъ, т.-е. религіозныхъ, художественныхъ, просвѣтительныхъ, соціальныхъ, научныхъ, экономическихъ и безконечнаго числа другихъ областей мірового строительства, — становится безотлагательнымъ, чтобы онъ обратилъ вниманіе, поддерживалъ бы и активно участвовалъ бы въ развитіи всѣхъ этихъ великихъ движеній, которыя улучшаютъ жизнь въ цѣломъ и, въ концѣ концовъ, способствуютъ также и достиженіямъ личности, поскольку они приносятся, какъ вкладъ на благо болѣе широкихъ круговъ человѣчества.

*) Прим.: Авторъ статьи — членъ Организаціоннаго Комитета Третьей Международной Конвенціи Пакта Рериха, въ Вашингтонѣ.

57

Врядъ ли нужно повторять эти великіе поворотные пункты въ исторіи. Прекращеніе рабства (1833—1864), защита дѣтскаго труда на фабрикахъ, равноправіе женщинъ (1918—1920), международные договоры въ области судопроизводства (1922), труда (1919), почтово-телеграфныхъ (1865—74) и воздушныхъ (1919) сообщеній, торговли (1920) и великая идея Jean Henri Dunant объ учрежденіи международнаго Краснаго Креста (1864) — эти и многіе другіе международные договоры теперь принято считать самоочевидностями, и страшно было бы даже подумать, какой хаосъ водворился бы въ мірѣ, если бы всѣ эти договоры были бы вдругъ аннулированы или поруганы.

Самымъ важнымъ новымъ вкладомъ въ исторію утвержденія улучшенія международныхъ взаимоотношеній является Пактъ Рериха и Знамя Мира по охраненію культурныхъ цѣнностей человѣчества отъ разрушеній, какъ во время войны, такъ и во время, такъ называемаго, мира, когда такія цѣнности уничтожаются, благодаря небрежности, вандализму, непониманію ихъ цѣнности, отъ внутреннихъ неурядицъ и т. д., и т. д.

По условіямъ этого Пакта, договаривающіяся страны обязуются почитать, поддерживать и защищать всѣ культурныя завоеванія человѣческаго генія, въ той же мѣрѣ, какъ Красный Крестъ охраняетъ человѣчество отъ физическихъ страданій.

Осуществленіе этого общечеловѣческаго идеала выпало на долю великаго русскаго художника и мірового культурнаго дѣятеля—академика Николая Константиновича Рериха. Недаромъ лучшіе умы всѣхъ странъ признаютъ его культурное водительство и характеризуютъ это такими словами, какъ: „Рерихъ

58

несомнѣнно является однимъ изъ величайшихъ культурныхъ вождей всѣхъ временъ“ (изъ рѣчи извѣстнаго американскаго юриста George Gordon Battle) и „Имя Рериха останется въ исторіи, какъ имя человѣка, сдѣлавшаго больше въ защиту и для развитія искусства и культуры и достиженія постояннаго мира, чѣмъ кто-либо другой, будь это теперь или въ прошломъ“ (Изъ статьи англійскаго полк. A. E. Mahon, въ лондонскомъ журналѣ „Around the World“).

Самъ академикъ Рерихъ, въ привѣтствіи Третьей Международной Конвенціи по Пакту Рериха въ Вашингтонѣ, такъ выражаетъ идеалы и цѣли этого договора: „Привѣтствую васъ, сошедшихся во имя священнаго дѣла мира. Не случайно міръ мыслитъ о мирѣ, ибо дѣйствительно вражда и взаимная ненависть дошли до предѣла. Нарушеніе творческой жизни увлекаетъ поколѣнія въ бездну одичанія. Никакіе поверхностные признаки цивилизаціи не скрываютъ одичанія духа Въ этой враждѣ, среди земныхъ смятеній, разрушаются истинныя цѣнности творенія духа человѣческаго. Не будемъ оглядываться назадъ, гдѣ столько плачевныхъ примѣровъ, когда людямъ приходилось писать памятныя слова: „Разрушено человѣческимъ невѣдѣніемъ — возстановлено человѣческою надеждою“. Именно ради этой надежды человѣчества на лучшее будущее, на истинный прогрессъ духа, необходимо охранить истинныя цѣнности. Несомнѣнность нашей мирной идеи подтверждается существованіемъ Краснаго Креста. Если Красный Крестъ печется о тѣлесно раненыхъ и больныхъ, то нашъ Пактъ ограждаетъ цѣнности генія человѣческаго, тѣмъ охраняя духовное здоровье. Міръ всячески мыслитъ о мирѣ. Въ каждомъ мирномъ предложенiи заключается стремленiе къ тому же мiровому прогрессу и благосостоянiю. Каждый на своемъ языкѣ повторяетъ благую формулу доброжелательства. Вотъ и мы знаемъ, что, охранивъ, подобно Красному Кресту, всѣ творческiя цѣнности человѣчества особымъ знаменемъ, мы вытѣсняемъ этимъ порядкомъ и само понятiе войны. Если весь мiръ покроется знаменемъ охраненiя сокровищъ истинной культуры, то и воевать и враждовать будетъ негдѣ. Были голоса, замѣчавшiе, что зачѣмъ мыслить объ охраненiи, когда проще, казалось бы, вообще прекратить войну. Но въ то же самое время, когда такiе голоса были слышимы, уже новыя сокровища человѣчества разрушались и земля покрывалась новыми стыдными знаками. Итакъ, будемъ же, прежде всего, священно охранять творческiя сокровища человѣчества. Прежде всего, согласимся на самомъ простомъ, что, подобно Красному Кресту, Знамя въ значительной мѣрѣ можетъ призывать человѣческое сознанiе къ охраненiю того, что уже по свойству своему принадлежитъ не только нацiи, но всему мiру и является дѣйствительной гордостью человѣчества!" (Изъ книги „Твердыня Пламенная", Н. К. Рериха).

Академикъ Рерихъ уже въ 1904 году высказалъ мысль о защитѣ культурныхъ цѣнностей человѣчества, сдѣлавъ докладъ по этому поводу въ Обществѣ Архитекторовъ. Затѣмъ, опять, въ 1915 году былъ сдѣланъ докладъ Императору Николаю II и Великому Князю Николаю Николаевичу, и хотя оба доклада были приняты съ большимъ интересомъ, военныя дѣйствiя того времени помѣшали осуществленiю Пакта. Но въ 1929 году, послѣ возвращенiя въ Америку изъ пятилѣтней грандiозной экспедицiи по Центральной Азiи, академ.

Рерихъ опубликовалъ принципы Пакта въ Нью-Іоркской прессѣ, послѣ того какъ д-ръ международныхъ правъ Г. Г. Шкляверъ, по порученію его, разработалъ статуты Пакта въ соотвѣтствіи съ законами международнаго права. Параграфы I и II гласятъ: „Образовательныя, художественныя и научныя учрежденія и научныя миссіи, персоналъ, имущество и коллекціи такихъ учрежденій и миссій будутъ считаться нейтральными и какъ таковыя будутъ подлежать покровительству и уважаемы воюющими. Покровительство и уваженіе въ отношеніи вышеназванныхъ учрежденій и миссій во всѣхъ мѣстахъ будетъ подчинено верховной власти договаривающихся странъ безъ различія отъ государственной принадлежности какого-либо отдѣльнаго учрежденія или миссіи. Учрежденія, коллекціи и миссіи, зарегистрированныя на основаніи Пакта Рериха, выставляютъ отличительный флагъ, который дастъ имъ право на особенное покровительство и уваженіе со стороны воюющихъ государствъ и народовъ всѣхъ договорныхъ странъ“

Это знамя, тоже предложенное академ. Рерихомъ, представляетъ собою красную окружность съ тремя красными кружками посерединѣ, на бѣломъ фонѣ. Уже существуетъ много индивидуальныхъ толкованій этого простого красиваго символа, изъ которыхъ самыми распространенными являются: Религія, Искусство и Наука, какъ проявленія Культуры — или Прошлыя, Настоящія и Будущія Достиженія человѣчества, окруженныя кольцомъ Вѣчности. „Обѣ эти интерпретаціи—сказалъ акад. Рерихъ—одинаково хороши, ибо они представляютъ собою синтезъ жизни, а это мой руководящій принципъ“.

Комитеты Пакта и Знамени Мира были учреждены въ 1929 году въ Нью-Іоркѣ и въ 1930 году въ Парижѣ и Брюгге. Изъ всѣхъ странъ начали поступать привѣтствія Пакту и письма, выражавшія восхищеніе, одобреніе и принятіе Пакта, какъ всякими культурными организаціями, такъ и со стороны отдѣльныхъ культурныхъ и политическихъ дѣятелей, включая также и военные круги, которые, между прочимъ, были отнюдь не въ меньшинствѣ (какъ, наприм., покойный маршалъ Lyautey, америк. адмиралъ Taussig, генералъ Gouraud и т. д.). Многихъ энтузіастовъ создало это движеніе, и такіе поэты, какъ Marc Chesneau, и писатели, какъ Lesmaries, совершали цѣлыя турнэ по городамъ Франціи, призывая всѣхъ присоединиться къ этой благородной идеѣ. Также интересно отмѣтить, что кандидаты на званіе доктора международнаго права, какъ, напр., капитанъ франц. кавалеріи Comte d'Arnoux de Fleury de Lhermitte, избрали своимъ тезисомъ именно Пактъ Рериха. И двѣ французскія академіи, Academie des Baux-Arts и Academie des Sciences Morales et Politiques, были одними изъ первыхъ приверженцевъ Пакта.

Первая Международная Конференція Пакта состоялась въ городѣ Брюгге въ Бельгіи, 13—15 сентября 1931 года, и вызвала большой энтузіазмъ въ самыхъ разнообразныхъ культурныхъ кругахъ. Въ этомъ же году вышелъ первый томъ сборника привѣтствій и документовъ въ пользу принятія Пакта.

8 и 9 августа 1932 года была созвана Вторая Международная Конференція Пакта въ томъ же городѣ Брюгге, и въ результатѣ ея было основано Fondation Roerich *pro Pace, Arte, Scientiae et Labore.*

Громадный шагъ впередъ былъ сдѣланъ въ 1933

62

Вашингтонская Конвенція

году, когда 17—18 ноября въ Вашингтонѣ состоялась Третья Международная Конвенція Пакта Рериха, въ которой участвовали также дипломатическіе представители 36 государствъ. Отчетъ этой Конвенціи — которую одинъ изъ директоровъ Панъ-Американскаго Союза назвалъ: „одной изъ самыхъ удачныхъ конвенцій когда-либо состоявшихся въ Вашингтонѣ"— недавно напечатанъ въ формѣ книги—второй томъ матеріаловъ по Пакту. Подводя итогъ 200 страницамъ этого интереснѣйшаго документа современности, видно, что всѣ ораторы на этой Конвенціи высказались за немедленное принятіе Пакта—рекомендуя „принятіе этого гуманитарнаго договора правительствамъ всѣхъ странъ міра для введенія въ жизнь либо единолично черезъ провозглашеніе правительства, либо въ формѣ договора между отдѣльными странами, или же въ формѣ пакта международными конференціями".

Конвенція утвердила Постоянный Комитетъ Пакта и Знамени Мира, избравъ почетными президентами акад. Н. К. Рериха и его супругу Е. И. Рерихъ; почетнымъ предсѣдателемъ покровителя Пакта, министра Henry A. Wallace; предсѣдателемъ — Mr. L. L. Horch (президента Музея имени Рериха въ Нью-Іоркѣ); вице-предсѣдателемъ—Miss F. R. Grant и генер. секретаремъ—проф. Нью-Іоркскаго университета Dr. Ralph V. D. Magoffin. Адресъ Постояннаго Комитета Пакта—Нью-Іоркъ (Permanent Committee for the Advancement of the Roerich Pact and Banner of Peace, Roerich Museum, 310 Riverside Drive, New-York).

Въ декабрѣ того же 1933 года Седьмая Конференція Панъ-Американскаго Союза въ Монтевидео въ Уругваѣ вынесла единогласную резолюцію принять

65

Пактъ Рериха и рекомендовать всѣмъ своимъ членамъ подписать этотъ договоръ. Членами Панъ-Американскаго Союза являются правительства всѣхъ 21 самостоятельныхъ государствъ Сѣверной, Центральной и Южной Америки (съ общимъ народонаселеніемъ болѣе четверти милліарда), и въ теченіи 1934 года эти правительства назначили своихъ представителей подписать Пактъ Рериха, при чемъ Президентъ Сѣв.-Ам. Соед. Штатовъ назначилъ своимъ представителемъ министра Генри Уолласа. Въ прессѣ министръ Уолласъ такъ высказался о Пактѣ Рериха: „Я считаю, что Пактъ Рериха является неизбѣжной ступенью въ развитіи международныхъ сношеній. Никогда еще раньше не было такой необходимости въ этомъ идеалѣ. Въ то время, когда отдѣльныя націи работаютъ надъ своими индивидуальными экономическими и національными проблемами, также важно, чтобы они признали свою отвѣтственность, какъ члены міровой общины націй. Я не одинъ изъ тѣхъ, который предложилъ бы туманныя мечты вмѣсто творческаго дѣйствія, и именно поэтому я утверждаю, что настало время всѣмъ идеалистамъ создать дѣйствительность завтрашняго дня и собраться вокругъ символа международнаго культурнаго единенія. Настало время произнести зовъ къ признанію красоты, науки и образованія, которыя идутъ поверхъ національныхъ ограниченій, чтобы укрѣпить то, что мы цѣнимъ каждый въ своей формѣ управленія и обычаяхъ. Именно ввиду этого я считаю ратификацію Пакта Рериха такимъ значительнымъ шагомъ впередъ. Принятіе Пакта знаменуетъ наступленіе новой эпохи, когда всѣ, кто дѣйствительно любятъ свою собственную страну, въ добавленіе къ этому признаютъ также и необычайные вклады въ Культуру, приносимые другими странами, и будутъ почитать то общее духовное начало, которое объединяетъ въ одно братство всѣхъ художниковъ, всѣхъ ученыхъ, всѣхъ воспитателей и всѣхъ истинно - религіозныхъ людей, какова бы ни была ихъ вѣра. Я чувствую, что нашъ теперешній вѣкъ является крупнымъ должникомъ по отношенію къ акад. Рериху, благодаря созданію имъ этого идеала—ибо только такіе идеалы даютъ реальность нашимъ попыткамъ создать и матеріальное благо, и выработать усовершенствованную общественную организацію для его распредѣленія. И въ то время, когда мы работаемъ надъ этими миріадами индивидуальныхъ проблемъ, мы должны имѣть объединяющій принципъ, которому всѣ наши сердца могутъ дать свою высшую клятвенную вѣрность. Только такъ можемъ мы работать съ вѣрою и въ ожиданіи той духовной и культурной дѣятельности, символомъ которой является Пактъ Рериха".

Кромѣ Комитета Пакта въ Нью-Іоркѣ, были еще учреждены комитеты въ Парижѣ, предсѣдателемъ котораго является баронъ М. А. Таубе (членъ Гаагскаго Верховнаго Международнаго Трибунала) и генеральн. секретаремъ — д-ръ междунар. правъ Г. Г. Шкляверъ. Комитетъ въ Брюгге находится подъ предсѣдательствомъ г-на C. Tulpinck, вице-консула Греціи. Покойный М. Адачи, бывшій предсѣдатель Гаагскаго Верховнаго Международнаго Трибунала, былъ покровителемъ Пакта въ Бельгіи. Городъ Брюгге предоставилъ въ распоряженіе Комитета Пакта цѣлый домъ для собиранія музея, посвящаемаго дѣятельности „Fondation Roerich".

Въ 1934 году были основаны еще Комитеты Пакта въ Харбинѣ, въ Манчукуо, въ составъ котораго вошелъ Архіепископъ Несторъ, предсѣдатель — Н. Л. Гондатти и вице-предсѣдатель проф. Г. К. Гинсъ; и также въ Брюсселѣ, подъ предсѣдательствомъ г-на Мунка, съ генер. секр. Гендриксомъ, членомъ суда; почетн. членами этого Комитета являются—министръ графъ де Віартъ, губернаторы Люксембурга и Зап. Фландріи, члены Палаты Депутатовъ и т. д. Мѣстные комитеты образовались также въ Балтійскихъ странахъ (подъ предсѣдательствомъ К. И. Стуре въ Ригѣ), въ Болгаріи, Румыніи и т. д.

15-го апрѣля 1935 года, въ полдень, въ кабинетѣ президента Ф. Д. Рузвельта въ Бѣломъ Домѣ въ Вашингтонѣ, Пактъ Рериха былъ подписанъ Соединенными Штатами Сѣверной Америки и всѣми республиками Центральной и Южной Америки, являющимися членами Панъ-Американскаго Союза: Аргентина, Боливія, Бразилія, Чили, Костарика, Куба, Доминиканская Республика, Эквадоръ, Эль-Сальвадоръ, Гватемала, Гаити, Гондурасъ, Мексика, Никарагуа, Панама, Парагвай, Перу, Колумбія, Уругвай и Венецуэла. Американская пресса подчеркнула великое значеніе этого знака культурнаго единенія и взаимопониманія, который объединяетъ всю Сѣверную и Южную Америку. Ожидается, что въ скоромъ будущемъ къ этому культурному договору присоединятся и другія націи. Всѣ передовыя газеты Америки напечатали статьи, посвященныя этому событію, приводя текстъ обращенія Президента и рѣчей представителей правительства и иностранныхъ министровъ. По всему міру газеты опубликовали данныя, касающіяся этого историческаго дня.

Само подписаніе Пакта Рериха произошло при самой торжественной обстановкѣ. По приглашенію Президента Рузвельта, въ его кабинетѣ собрался весь дипломатическій корпусъ участвовавшихъ въ подписаніи Пакта странъ, въ присутствіи министра иностранныхъ дѣлъ Кордель Холла, министра земледѣлія Генри Уолласа, директоровъ Панъ-Американскаго Союза д-ра Роу и д-ра Гиль Боргеса и членовъ Правленія Музея имени Рериха, представителей Постояннаго Комитета Пакта Рериха. Послѣ подписанія Пакта, министръ Уолласъ, покровитель Пакта, передалъ перо, которымъ былъ подписанъ этотъ великій актъ, м-ру Л. Хоршу, предсѣдателю постояннаго Комитета Пакта Рериха, какъ историческій сувениръ.

По подписаніи Пакта, Президентъ Рузвельтъ обратился со слѣдующей рѣчью по радіо, переданной по всему міру: „Можно привѣтствовать, что именно въ этотъ день, обозначенный какъ День Панъ-Америки всѣми правительствами республикъ Американскаго континента, членами Панъ-Американскаго Союза былъ подписанъ договоръ, отмѣчающій еще одну степень къ охраненію культурныхъ достиженій націй этого полушарія. Открывая этотъ договоръ для присоединенія къ нему всѣхъ націй міра, мы предоставляемъ этотъ насущный принципъ сохраненія современной цивилизаціи къ всемірному признанію. Въ основѣ этого договора лежитъ гораздо болѣе духовное значеніе, нежели это явствуетъ изъ самаго текста договора. Это лишь одно изъ многихъ выраженій основной доктрины континентальной отвѣтственности и солидарности, столь важной для настоящаго и будущаго... По случаю празднованія Дня Панъ-Америки, снова посвятимъ себя задачѣ проведенія въ дѣйствіе основныхъ общихъ интересовъ всѣхъ націй этого материка. Принесемъ также снова нашу приверженность къ этимъ высокимъ принципамъ международнаго сотрудничества и взаимопониманія, которые, какъ я увѣренъ, явятся великимъ приношеніемъ Америки для цивилизаціи".

Кромѣ того, были произнесены рѣчи министромъ Уолласомъ, министромъ Панамы — д-ромъ Рикардо Альфаро, м-ромъ Люисъ Л. Хоршемъ, президентомъ Музея Рериха. Министръ Уолласъ въ своей рѣчи провелъ параллель между Пактомъ Рериха и Красным Крестомъ и подчеркнулъ необходимость „охраненія тѣхъ культурныхъ сокровищъ, которыя признаются просвѣщенными умами всѣхъ странъ достойными для охраненія, несмотря на всю напряженность и озлобленность борьбы въ физическомъ и экономическомъ мірѣ... Сегодня намъ приличествуетъ выразить признаніе генію академика Николая Рериха, въ умѣ котораго впервые возникло это Знамя и Договоръ. Желательно, въ переживаемое нами время, поднять надъ міромъ этотъ идеалъ единства человѣческаго сердца внѣ національностей, въ преклоненіи передъ красотою, культурою, религіей, наукой и просвѣщеніемъ. Въ каждой странѣ имѣются тысячи людей, воодушевленныхъ этими высшими, широкими человѣческими устремленіями, и они привѣтствуютъ Пактъ Рериха, какъ средство проявленія на землѣ этихъ неосязаемыхъ силъ, которыя издавна были признаны ими, какъ истинные путеводные свѣточи международнаго дружелюбія... Я вѣрю, что Пактъ Рериха находится въ полной гармоніи съ глубочайшими и самыми сокровенными законами Вселенной и что онъ сталъ реальностью въ особо значительное время!"

М-ръ Хоршъ въ своей рѣчи далъ краткій очеркъ Пакта Рериха и заключилъ ее слѣдующими словами: „Договоръ, который былъ заключенъ сегодня въ Бѣломъ Домѣ между двадцатью одной націей Америки подписаніемъ Пакта Рериха, ввелъ въ жизнь соглашеніе о ненарушимости произведеній человѣческаго генія —такимъ образомъ сохраняя истинное достояніе человѣчества для потомства. Это свѣтлое событіе ставитъ значительную вѣху въ дѣлѣ международнаго пониманія и дружелюбія, а также полагаетъ новую ступень для духовнаго и культурнаго прогресса человѣчества".

Министръ Панамы, д-ръ Рикардо Альфаро заявилъ: „Совершившійся сейчасъ историческій актъ является знаменательной побѣдой въ вѣчной борьбѣ лучшихъ чувствъ человѣка противъ разрушеній войны..." Затѣмъ онъ далъ очеркъ всѣхъ предшествовавшихъ международныхъ Конвенцій и Конференцій, начиная съ договора Краснаго Креста семьдесятъ одинъ годъ тому назадъ, и продолжалъ: „И тогда великій идеалистъ и ревностный апостолъ мира академикъ Николай Рерихъ далъ міру планъ международнаго договора о признаніи нейтральности и объ охраненіи культурныхъ цѣнностей человѣчества. И сегодня республики Западнаго полушарія достигли великой чести провести высокій проектъ къ успѣшному заключенію. Конференція въ Монтевидео поддержала Пактъ Рериха, и сегодня республики Америки подписали этотъ договоръ, открытый для подписи всѣхъ націй міра. Такимъ образомъ, впервые въ исторіи міра нейтральность и охраненіе Культуры включены въ единый и цѣльный законъ международнаго права. Глубокое значеніе этого событія было подчеркнуто любезнымъ гостепріимствомъ, оказаннымъ Президентомъ С. А. С. Ш. Рузвельтомъ всѣмъ уполномоченнымъ націй подписавшихъ Пактъ, приглашеніемъ ихъ утвердить этотъ историческій актъ въ Бѣломъ Домѣ".

Министръ иностранныхъ дѣлъ С.А.С.Ш. м-ръ Кордель Холлъ, свою рѣчь въ тотъ же вечеръ въ помѣщеніи Панъ-Американскаго Союза заключилъ словами: „Обратимся ко всѣмъ націямъ объединиться въ шествіи рука объ руку подъ Знаменемъ Мира и честнаго дружелюбія. Пусть тѣ, кто отвергаютъ эти справедливые принципы и стараются задержать прогрессъ человѣчества и сѣютъ озлобленіе съ цѣлью вызвать войны, будутъ разсматриваться всѣми просвѣщенными націями, какъ враги цивилизаціи и какъ отверженные".

Большое значеніе Пакта Рериха, кромѣ защиты міровыхъ достиженій человѣческаго генія какъ таковыхъ, заключается также и въ громадной воспитательной цѣнности и, слѣдовательно, въ поднятіи общаго культурнаго уровня человѣчества. Заставить людей подумать и понять истинныя цѣнности своего государства и также сосѣдне - національныхъ вкладовъ въ сокровищницу Культуры, значитъ поднять міровоззрѣніе на слѣдующую ступень, т. е. пробудить въ людяхъ желаніе самимъ создать лучшія культурныя цѣнности и обратить ихъ устремленія къ наивысшимъ идеаламъ. И какъ только будетъ достигнута болѣе правильная оцѣнка міровыхъ культурныхъ достиженій, духъ человѣческій, естественно, отвернется отъ всѣхъ тѣхъ безцѣльныхъ времяпрепровожденій, которыми наполнено все свободное время нашихъ дней, и вся эта зря утраченная основная энергія человѣчества, о которой, къ сожалѣнію, люди даже не даютъ себѣ отчета, будетъ обращена на творческія занятія: позитивныя, созидающія и благотворныя для всего окружающаго.

Въ Индіи тоже явлено широкое пониманіе практическихъ глубинъ идеаловъ, символизируемыхъ Пактомъ Рериха. Было бы невозможно перечислить, въ такомъ краткомъ очеркѣ, всѣ эти знаки культурнаго пониманія, но упомяну среди почитателей Пакта хотя-бы: Рабиндранатъ Тагоръ, сэръ Джагадисъ Боше, сэръ Радхакришнанъ, сэръ Ч. В. Раманъ, д-ръ Джэмсъ Ковенсъ, д-ръ Калидасъ Нагъ, проф. Сунити Кумаръ Чаттерджи, проф. Кашіяпъ, С. Ф. Рамасвами Мудельяръ, О. С. Ганголи; художники: Аситъ Кумаръ Халдаръ, Биресваръ Сэнъ, Н. С. Мехта, Шри Девамитта Дхармапалла и т. д., и т. д. и учрежденія: Андра Институтъ Историческихъ Изслѣдованій, Аллахабадскій Музей, Бхаратъ-Кала-Бхаванъ въ Бенаресѣ, Общество Маха-Бодхи, Союзъ Женщинъ Индіи, Союзъ Буддистской молодежи на Цейлонѣ, Маданапалле Колледжъ, Траванкорское Культурное Общество и т. д. и т. д., а равно и почти всѣ безъ исключенія органы индусской прессы. Общее почитаніе академика Рериха и энтузіазмъ къ Пакту индусовъ красиво выражены въ послѣдующемъ привѣтствіи Конвенціи извѣстнаго писателя Индіи, Свами Джагадисварананды: „Академикъ Рерихъ, основатель и водитель единственнаго въ своемъ родѣ гуманитарнаго движенія, самъ является олицетвореніемъ мірового Искусства и міровой Культуры. Правильно д-ръ Козенсъ призналъ его „отъ

73

Гималаевъ въ духѣ", ибо онъ дѣйствительно пророкъ новаго человѣчества и вѣстникъ новаго міра культуры. Рерихъ—нашъ вождь—открылъ новую знаменательную главу въ исторіи человѣчества тѣмъ, что основалъ движеніе Пакта. Да докажетъ предстоящая Конвенція Культуры всѣмъ воинствующимъ народамъ міра, поднимая Знамя Мира Рериха, что Искусство и Культура являются Божественными проявленіями — міровымъ сокровищемъ всего человѣчества, и да будетъ написано на вратахъ всѣхъ учрежденій міра: «Не вражда — но Помощь! Не разрушеніе — но Утвержденіе Гармоніи и Мира! Не ненависть — но Единеніе!»"

Такимъ образомъ, 15 апрѣля 1935 г. была завершена эта великая гуманитарная идея, для которой великій провозвѣстникъ истинной культуры и духовныхъ цѣнностей, академикъ Николай Рерихъ со своей женой Еленой Ивановной, самоотверженно посвятили свою жизнь и труды и дали свое просвѣщенное водительство, чему авторъ этого краткаго историческаго обзора имѣлъ неоцѣнимое преимущество быть постояннымъ и близкимъ свидѣтелемъ.

Такъ человѣчество навсегда запечатлѣло въ исторіи свое благодарное признаніе этихъ иниціаторовъ и покровителей мірового движенія въ пользу общечеловѣческаго Блага.

В. А. Шибаевъ

Индія, 7 іюня 1935 г.

三十六、《关于保护艺术和科学机构及历史纪念物条约》(列里赫公约)。美利坚合众国和其他美洲共和国之间签署的条约，华盛顿：美国政府出版社，1936 年 9 月，第+1 页插图。一系列条约，第 899 号。

于 1935 年 4 月 15 日在华盛顿签署。

于 1935 年 7 月 2 日由美国参议院批准。于 1935 年 7 月 10 日由美国总统批准。

于 1935 年 7 月 13 日在华盛顿由泛美联盟成员中的美国批准。

于 1935 年 10 月 25 日由美国总统宣布。

英文、西班牙文、葡萄牙文和法文版（共 9 页）。

单行本保存于纽约列里赫博物馆档案室。

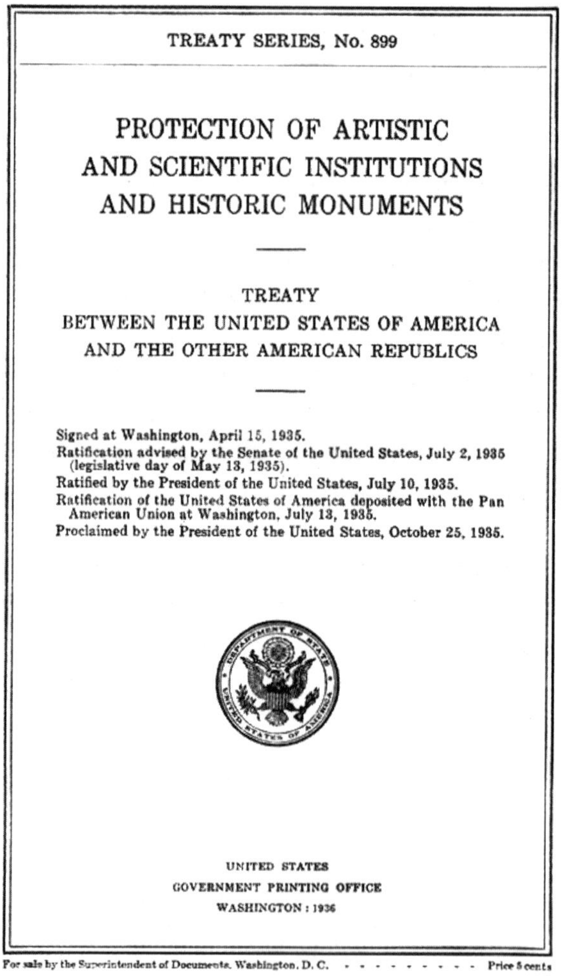

TREATY SERIES, No. 899

PROTECTION OF ARTISTIC
AND SCIENTIFIC INSTITUTIONS
AND HISTORIC MONUMENTS

TREATY
BETWEEN THE UNITED STATES OF AMERICA
AND THE OTHER AMERICAN REPUBLICS

Signed at Washington, April 15, 1935.
Ratification advised by the Senate of the United States, July 2, 1935 (legislative day of May 13, 1935).
Ratified by the President of the United States, July 10, 1935.
Ratification of the United States of America deposited with the Pan American Union at Washington, July 13, 1935.
Proclaimed by the President of the United States, October 25, 1935.

UNITED STATES
GOVERNMENT PRINTING OFFICE
WASHINGTON : 1936

For sale by the Superintendent of Documents, Washington, D. C. - - - - - - - - - - Price 5 cents

扉页

BY THE PRESIDENT OF THE UNITED STATES OF AMERICA

A PROCLAMATION

WHEREAS a Treaty on the Protection of Artistic and Scientific Institutions and Historic Monuments was signed by the respective plenipotentiaries of the United States of America and the other twenty American Republics on April 15, 1935, the original of which Treaty, being in the English, Spanish, Portuguese and French languages, is word for word as follows:

77346—36 (1)

2

The High Contracting Parties, animated by the purpose of giving conventional form to the postulates of the Resolution approved on December 16, 1933, by all the States represented at the Seventh International Conference of American States, held at Montevideo, which recommended to "the Governments of America which have not yet done so that they sign the 'Roerich Pact', initiated by the Roerich Museum in the United States, and which has as its object, the universal adoption of a flag, already designed and generally known, in order thereby to preserve in any time of danger all nationally and privately owned immovable monuments which form the cultural treasure of peoples", have resolved to conclude a treaty with that end in view, and to the effect that the treasures of culture be respected and protected in time of war and in peace, have agreed upon the following articles:

Article I

The historic monuments, museums, scientific, artistic, educational and cultural institutions shall be considered as neutral and as such respected and protected by belligerents.

The same respect and protection shall be due to the personnel of the institutions mentioned above.

The same respect and protection shall be accorded to the historic monuments, museums, scientific, artistic, educational and cultural institutions in time of peace as well as in war.

Las Altas Partes Contratantes, animadas por el propósito de dar expresión convencional a los postulados de la Resolución aprobada el 16 de diciembre de 1933 por la totalidad de los Estados representados en la Séptima Conferencia Internacional Americana celebrada en Montevideo, que recomendó "a los Gobiernos de América que no lo hubieren hecho, la suscripción del 'Pacto Roerich', iniciado por el 'Museo Roerich' de los Estados Unidos y que tiene por objeto la adopción universal de una bandera, ya creada y difundida, para preservar con ella, en cualquiera época de peligro, todos los monumentos inmuebles de propiedad nacional y particular que forman el tesoro cultural de los pueblos", y con el fin de que los tesoros de la cultura sean respetados y protegidos en tiempo de guerra y de paz, han resuelto celebrar un tratado, y a este efecto han convenido en los siguientes artículos:

Articulo I

Serán considerados como neutrales, y como tales, respetados y protegidos por los beligerantes, los monumentos históricos, los museos y las instituciones dedicadas a la ciencia, al arte, a la educación y a la conservación de los elementos de cultura.

Igual respeto y protección se acordará al personal de las instituciones arriba mencionadas.

Se acordará el mismo respeto y protección a los monumentos históricos, museos, e instituciones científicas, artísticas, educativas y culturales, así en tiempo de paz como de guerra.

3

As altas partes contractantes, animadas pelo proposito de dar expressão convencional aos postulados da Resolução approvada a 16 de dezembro de 1933 pela totalidade dos Estados representados na Setima Conferencia Internacional Americana, celebrada em Montevideo, que recommendou "aos Governos da America que não o tivessem feito, a assignatura do 'Pacto Roerich', iniciado pelo 'Museu Roerich' dos Estados Unidos e que tem por objecto a adopção universal de uma bandeira, já creada e diffundida, para preservar com ella, em qualquer epoca de perigo, todos os monumentos e moveis de propriedade nacional e particular que formam o thesouro cultural dos povos", e afim de que os thesouros da cultura sejam respeitados e protegidos em tempo de guerra e de paz, resolveram celebrar um tratado e com esse fim convieram nos seguintes artigos:

Artigo I

Serão considerados como neutros, e, como taes, respeitados e protegidos pelos belligerantes, os monumentos historicos, os museus e as instituições dedicadas á sciencia, á arte, á educação e á conservação dos elementos culturaes.

Igual respeito e protecção se concederá ao pessoal das instituições acima mencionadas.

Conceder-se-á o mesmo respeito e protecção aos monumentos historicos, museus e instituições scientificas, artisticas, educativas e culturaes, tanto em tempo de paz como de guerra.

Les Hautes Parties Contractantes, animées du désir de donner une forme conventionnelle aux termes de la Résolution approuvée le 16 décembre, 1933, par tous les Etats représentés à la Septième Conférence Internationale des Etats Américains, qui a eu lieu à Montevideo, "qui recommande aux Gouvernements d'Amérique ne l'ayant pas encore fait, de signer le 'Pacte Roerich', initié par le 'Musée Roerich' des Etats-Unis, qui a pour objet l'adoption universelle d'un drapeau, dont le modèle existe déjà et qui est connu de manière générale, afin de préserver ainsi en temps de danger tous les monuments immeubles, qu'ils soient propriété nationale ou privée, qui constituent le patrimoine de la culture des peuples", ont décidé de conclure un traité ayant ce but en vue et afin que le patrimoine de la culture soit respecté et protégé en temps de guerre et de paix, ont convenu des articles suivants:

Article I

Les monuments historiques, les musées, les institutions dédiées aux sciences, aux arts, à l'éducation, et à la culture seront considérés comme neutres, et comme tels seront respectés et protégés par les belligérants.

Le même respect et la même protection seront dus au personnel des institutions mentionnées ci-dessus.

Les mêmes respect et protection seront accordés aux monuments historiques, musées, institutions scientifiques, artistiques, d'éducation et de culture en temps de paix aussi bien qu'en temps de guerre.

4

Article II

The neutrality of, and protection and respect due to, the monuments and institutions mentioned in the preceding article, shall be recognized in the entire expanse of territories subject to the sovereignty of each of the signatory and acceding States, without any discrimination as to the State allegiance of said monuments and institutions. The respective Governments agree to adopt the measures of internal legislation necessary to insure said protection and respect.

Articulo II

La neutralidad, protección y respeto a los monumentos e instituciones mencionados en el artículo anterior, se acordará en todo el territorio de cada uno de los Estados signatarios y accedentes, sin hacer distinción en razón de la nacionalidad a que pertenezcan. Los Gobiernos respectivos se comprometen a dictar las medidas de legislación interna necesarias para asegurar dicha protección y respeto.

Article III

In order to identify the monuments and institutions mentioned in article I, use may be made of a distinctive flag (red circle with a triple red sphere in the circle on a white background) in accordance with the model attached to this treaty.

Articulo III

Con el fin de identificar los monumentos e instituciones a que se refiere el artículo I, se podrá usar una bandera distintiva (círculo rojo, con una triple esfera roja dentro del círculo, sobre un fondo blanco) conforme al modelo anexo a este tratado.

Article IV

The signatory Governments and those which accede to this treaty, shall send to the Pan American Union, at the time of signature or accession, or at any time thereafter, a list of the monuments and institutions for which they desire the protection agreed to in this treaty.

The Pan American Union, when notifying the Governments of signatures or accessions, shall also send the list of monuments and institutions mentioned in this article, and shall inform the other Governments of any changes in said list.

Articulo IV

Los Gobiernos signatarios y los que accedan al presente convenio, comunicarán a la Unión Panamericana, en el acto de la firma o de la accesión, o en cualquier tiempo después de dicho acto, una lista de los monumentos o instituciones que deseen someter a la protección acordada por este tratado.

La Unión Panamericana, al notificar a los Gobiernos los actos de la firma o de la accesión, comunicará también la lista de los monumentos e instituciones mencionada en este artículo, e informará a los demás Gobiernos de cualquier cambio que ulteriormente se haga en dicha lista.

5

Artigo II

A neutralidade, protecção e respeito aos monumentos e instituições mencionados no artigo anterior, serão outorgados em todo o territorio de cada um dos Estados signatarios e accedentes, sem fazer distincção por motivo da nacionalidade a que pertençam. Os Governos respectivos comprometem-se a adoptar as medidas de legislação interna necessárias para assegurar a referida protecção e respeito.

Article II

La neutralité, la protection et le respect dus aux monuments et institutions mentionnés à l'article précédent, seront accordés dans tout le territoire soumis à la souveraineté de chaque Etat signataire ou adhérant, sans aucune distinction concernant l'allégeance nationale desdits monuments et institutions. Les Gouvernements s'engagent à adopter les mesures législatives intérieures nécessaires pour assurer le respect et la protection en question.

Artigo III

Com o fim de identificar os monumentos e instituições a que se refere o artigo I, poder-se-á usar uma bandeira distinctiva (circulo vermelho, com uma tripla esfera vermelha dentro do circulo, sobre um fundo branco) conforme o modelo annexo a este tratado.

Article III

Pour désigner les monuments et institutions mentionnés à l'article I, on pourra se servir d'un drapeau distinctif conforme au modèle annexé au présent traité (un cercle rouge renfermant une triple sphère, le tout sur fond blanc).

Artigo IV

Os Governos signatarios e os que accedam ao presente convenio, communicarão á União Pan-Americana, no acto da assignatura ou da accessão, ou em qualquer tempo depois do referido acto, uma lista dos monumentos e instituições que desejam submetter á protecção outorgada por este tratado.

A União Pan-Americana, ao notificar aos Governos os actos da assignatura ou da accessão, communicará tambem a lista dos monumentos e instituições mencionada neste artigo, e informará os demais Governos de qualquer mudança que ulteriormente se faça na referida lista.

Article IV

Les Gouvernements signataires et ceux qui adhéreront au présent traité, communiqueront à l'Union Panaméricaine, à l'époque de la signature ou de l'adhésion, ou à toute époque postérieure audit acte, une liste des monuments et institutions pour lesquels ils désirent la protection stipulée par ce traité.

L'Union Panamericaine, en notifiant les Gouvernements des signatures ou adhésions, leur communiquera aussi la liste des monuments et des institutions mentionnés dans cet article, et communiquera aux autres Gouvernements tout changement dans ladite liste.

6

ARTICLE V

The monuments and institutions mentioned in article I shall cease to enjoy the privileges recognized in the present treaty in case they are made use of for military purposes.

ARTICULO V

Los monumentos e instituciones a que se refiere el artículo I cesarán en el goce de los privilegios que les reconoce el presente convenio, cuando sean usados para fines militares.

ARTICLE VI

The States which do not sign the present treaty on the date it is opened for signature, may sign or adhere to it at any time.

ARTICULO VI

Los Estados que no suscriban este tratado en su fecha podrán firmarlo o acceder a él en cualquier tiempo.

ARTICLE VII

The instruments of accession, as well as those of ratification and denunciation of the present treaty, shall be deposited with the Pan American Union, which shall communicate notice of the act of deposit to the other signatory or acceding States.

ARTICULO VII

Los instrumentos de accesión, así como los de ratificación y denuncia del presente Convenio, se depositarán en la Unión Panamericana, la cual comunicará el hecho del depósito a los Estados signatarios o accedentes.

ARTICLE VIII

The present treaty may be denounced at any time by any of the signatory or acceding States, and the denunciation shall go into effect three months after notice of it has been given to the other signatory or acceding States.

IN WITNESS WHEREOF, the undersigned Plenipotentiaries, after having deposited their full powers found to be in due and proper form, sign this treaty on behalf of their respective governments, and affix thereto their seals, on the dates appearing opposite their signatures.

ARTICULO VIII

Cualquiera de los Estados que suscriban el presente convenio o que accedan a él podrá denunciarlo en cualquier tiempo, y la denuncia tendrá efecto tres meses después de su notificación a los otros signatarios o accedentes.

EN FE DE LO CUAL, los infrascritos Plenipotenciarios, después de haber depositado sus plenos Poderes, que se han encontrado en buena y debida forma, firman y sellan este Convenio en nombre de sus respectivos Gobiernos en las fechas indicadas junto a sus firmas.

7

Artigo V

Os monumentos e instituições a que se refere o artigo I cessarão de gozar os privilegios que lhes reconhece o presente convenio, quando sejam usados para fins militares.

Artigo VI

Os Estados que não assignarem este tratado em sua data poderão assignal-o ou acceder a elle em qualquer tempo.

Artigo VII

Os instrumentos de accessão, assim como os de ratificação e denuncia do presente convenio, serão depositados na União Pan-Americana, a qual communicará o facto do deposito aos Estados signatarios ou accedentes.

Artigo VIII

Qualquer dos Estados que subscreverem o presente convenio ou que a elle accederem, poderá denuncial-o em qualquer tempo, e a denuncia terá effeito tres meses depois da sua notificação aos outros signatarios ou accedentes.

Em fé do que, os Plenipotenciarios abaixo assignados, depois de ter depositado os seus plenos poderes, que foram encontrados em boa e devida forma, firmam o presente convenio em nome dos seus respectivos Governos e appõem ao mesmo os seus sellos, nas datas que apparecem em logar opposto ás suas assignaturas.

Article V

Les monuments et institutions mentionnés à l'article premier cesseront de jouir des avantages stipulés au présent traité quand ils seront utilisés pour des fins militaires.

Article VI

Les Etats qui ne signeront pas le présent traité à la date de sa signature pourront le signer ou y adhérer en tout temps.

Article VII

Les instruments d'adhésion aussi bien que ceux de ratification et de dénonciation du présent traité seront déposés à l'Union Panaméricaine, qui communiquera l'acte de dépôt aux autres Etats signataires ou adhérants.

Article VIII

Le présent traité pourra être dénoncé à tout époque par tout Etat signataire ou adhérant, et la dénonciation produira son effet trois mois après avoir été notifiée aux autres Etats signataires ou adhérants.

En foi de quoi, les soussignés Plénipotentiaires, après avoir déposé leurs pleins pouvoirs, qui ont été trouvés en bonne et due forme, signent le présent accord au nom de leurs Gouvernements respectifs et y apposent leurs sceaux, à la date figurant en regard de leurs signatures.

8

For the Argentine Republic: Felipe A. Espil	April 15, 1935.	[SEAL]
For Bolivia: Enrique Finot	April 15, 1935.	[SEAL]
For Brazil: Oswaldo Aranha	April 15, 1935.	[SEAL]
For Chile: M. Trucco	April 15, 1935.	[SEAL]
For Colombia: M. Lopez Pumarejo	April 15, 1935.	[SEAL]
For Costa Rica: Man. Gonzalez Z.	April 15, 1935.	[SEAL]
For Cuba: Guillermo Patterson	April 15, 1935.	[SEAL]
For the Dominican Republic: Raf. Brache	April 15, 1935.	[SEAL]
For Ecuador: C. E. Alfaro	April 15, 1935.	[SEAL]
For El Salvador: Hector David Castro	April 15, 1935.	[SEAL]
For Guatemala: Adrian Recinos	April 15, 1935.	[SEAL]
For Haiti: A. Blanchet	April 15, 1935.	[SEAL]
For Honduras: M. Paz Baraona	April 15, 1935.	[SEAL]
For Mexico F. Castillo Najera	April 15, 1935.	[SEAL]
For Nicaragua Henri de Bayle	April 15, 1935.	[SEAL]
For Panama: R. J. Alfaro	April 15, 1935.	[SEAL]
For Paraguay: Enrique Bordenave	April 15, 1935.	[SEAL]
For Peru: M. de Freyre y S.	April 15, 1935.	[SEAL]
For United States of America: Henry A. Wallace	April 15, 1935.	[SEAL]
For Uruguay: J. Richling	April 15, 1935.	[SEAL]
For Venezuela: Pedro M. Arcaya	April 15, 1935.	[SEAL]

9

AND WHEREAS the said Treaty has been duly ratified by the United States of America, whose instrument of ratification was deposited with the Pan American Union on July 13, 1935;

AND WHEREAS the said Treaty has been duly ratified also by the Republic of Cuba, whose instrument of ratification was deposited with the Pan American Union on August 26, 1935;

NOW, THEREFORE, be it known that I, Franklin D. Roosevelt, President of the United States of America, have caused the said Treaty to be made public to the end that the same and every article and clause thereof may be observed and fulfilled with good faith by the United States of America and the citizens thereof.

IN TESTIMONY WHEREOF, I have caused the Seal of the United States of America to be hereunto affixed.

DONE at the city of Washington this twenty-fifth day of October in the year of our Lord one thousand nine hundred and [SEAL] thirty-five, and of the Independence of the United States of America the one hundred and sixtieth.

FRANKLIN D ROOSEVELT

By the President:

CORDELL HULL

Secretary of State.

插页：本条约所附的识别旗样品，尼古拉·康斯坦丁诺维奇·列里赫油画《圣像牌（和平旗帜）》（1931 年）彩色复制

三十七、*MAHA BODHI JOURNAL* 中希拉拉尔·阿姆里塔拉尔·沙赫《列里赫公约》文章扉页（加尔各答，1936年11月，第44卷，第11号），英文版。

原件保存于纽约列里赫博物馆档案室。

ROERICH PACT

By

HIRALAL AMRITALAL SHAH. B.A.
Princess street
Champsi Bldg., 2nd floor
Bombay, 2

Reprinted from

THE "MAHA BODHI," Vol. 44, No. 11
Calcutta Nov. 1936

2480
1936

三十八、《布宜诺斯艾利斯的美国人》会议上的采扎尔·狄亚兹·齐斯涅罗斯《列里赫公约、哲学及其创造者的艺术》报告出版封面（阿根廷文化研究所，1936 年 8 月 25 日），阿根廷，1937 年，西班牙文版。

原件保存于纽约列里赫博物馆档案室。

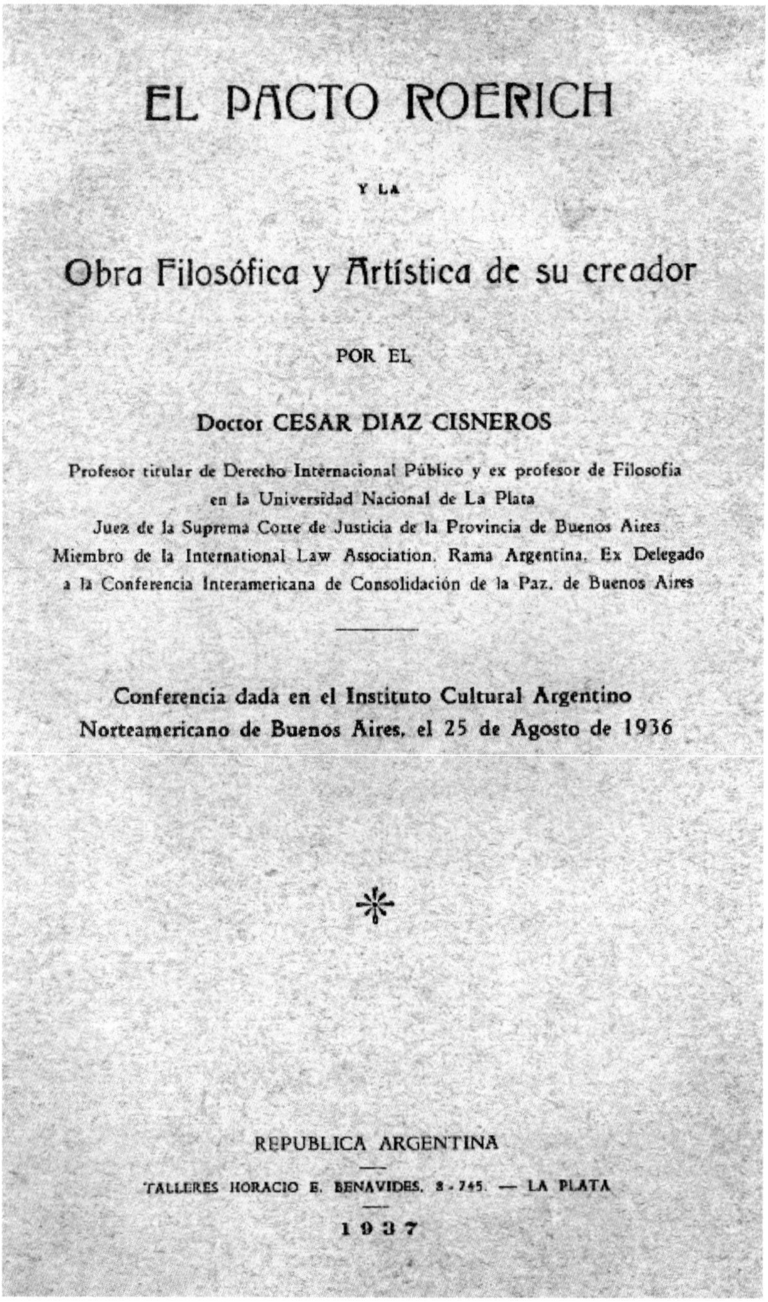

EL PACTO ROERICH

Y LA

Obra Filosófica y Artística de su creador

POR EL

Doctor CESAR DIAZ CISNEROS

Profesor titular de Derecho Internacional Público y ex profesor de Filosofía
en la Universidad Nacional de La Plata
Juez de la Suprema Corte de Justicia de la Provincia de Buenos Aires
Miembro de la International Law Association, Rama Argentina, Ex Delegado
a la Conferencia Interamericana de Consolidación de la Paz, de Buenos Aires

Conferencia dada en el Instituto Cultural Argentino
Norteamericano de Buenos Aires, el 25 de Agosto de 1936

REPUBLICA ARGENTINA

TALLERES HORACIO E. BENAVIDES, 8 - 745. — LA PLATA

1937

三十九、K. 卡梅什瓦拉·普拉萨德，*THE ANDHRA* 科研公司总裁。致尼古拉·康斯坦丁诺维奇·列里赫的信。英属印度马苏利帕塔姆，1945 年 12 月 26 日，尼古拉·康斯坦丁诺维奇·列里赫档案室中的副本，含其记录：《用于和平旗帜存档》，英文版。

原件保存于纽约列里赫博物馆档案室。

Banner of Peace - folder

K.Kameswara Prasad,
The Andhra Scientific Co., Ltd

Masulipatam(Madras Presy.)
26th December I945.

My dear and esteemed Sir,

On the threshold of the year I946 allow me to send you my most cordial and respectful greetings and wish you a Happy prosperous New Year.May the coming year be a year of peace for the world which has been ravaged and ruined by a demonical war and may it be given to the peoples of the various countries and nations to revive their faith in the supremacy of those triple virtues -Truth,Beauty,Culture - which represent the Roerich Ideal of the World.I feel that there never was a time when the world was in so much need of the prophets of Peace and it is to such great ones as Nicholas Roerich that people turn in their quest for peace.May God Almighty therefore preserve you for many and many a year to come for the good of the world and for the glory of world's culture.

I trust you are in the enjoyment of perfect health. With renewed greetings and with profound regards from myself and my wife,Kamla.

Yours ever devotedly,
K.Kameswara Prasad.

H.E.Prof.Nicholas de Roerich,
Naggar,Kulu,Punjab.

Для архива Знам. Мира

四十、尼古拉·康斯坦丁诺维奇·列里赫于 1946 年 2 月 15 日在信中向美国员工提出《列里赫公约》的建议，英文版。

纽约列里赫博物馆档案室中的副本。

Roerich Pact Suggestions Sent By Prof. Roerich in his letter of February 15, 1946

As soon as the Pact Book comes out one could come in touch with the following Honorary Advisers:

America - Rockwell Kent, Upton Sinclair, Koussevitsky
USSR - Potemkim, Grabar, Schussev, Sholokhov, Simonov, Prokofieff, Schostakovich
Switzerland - Schaub-Koch
Yugoslavia - Mestrovich
England - Gordon Bottomley, Konlan
Belgium - Tulpinck
Czecho-Slovakia - Jan Massarick
Bulgaria - Georgiev
Norway - Munk
China - Lui-Tze, (Jun)
India - Abanidra Tagor, Gangoli, Bosche Sen, Haldar
Spain - Zuloaga
Portugal - Nadachil
Sweden - Manson, Arne
France - Lapradelle, Lefur
Poland, Eygpt, Romania are not yet clear. South America is nearer to you.
In Argentina there was Cezar Diaz Cisneros.

I suggest that you elect Prof. Emile Schaub-Koch now as an Honorary Adviser of the Committee of the Pact - you can later send him the book. You can write him in English. The most important thing is not to get big names. Those who work for culture and the youth - this is our pasture.

The International Court in The Hague has now appointed 15 judges. From France Prof. Badevan - he was interested in our Pact - From Russia, Prof. of International Law-Krilov. When the Pact Book will be ready send 16 copies to your Dutch co-worker, to be presented to these judges and one copy to the library. You will mention in your accompanying letter that the judges of The Hague Court were completely for the Pact, and you will express assurance that the Court in The Hague will also have close at heart the preservation of cultural values.

previous present Court

unanimously

四十一、尼古拉·康斯坦丁诺维奇·列里赫写给C.桑吉娃·杰夫的信。英属印度库鲁纳格加尔，1946年4月15日。

尼古拉·康斯坦丁诺维奇·列里赫档案室中的副本，含其记录：《用于和平旗帜存档》。英文版。原件保存于纽约列里赫博物馆档案室。

Письмо к Sanjiva Dev.

I5-4-46.

My dear Friend,

Thanks for your good note of 4-4-46. Shall be delighted to read your flaming Flickers in the Dawn of India. When during these days I have written on the danger of Vanadalism, I could not imagine that some vandalism ig India already began. In the recent Muslim riots in Hyderabad (Deccan) when "Shah-Manzil" and the residencies of Prime Minister and Sir Grigson were burned by the mob among other art objects several my and Svetoslav paintings have been destroyed.Yes, vandalism is a dangerous epidemic and peoplè should be warned against such barbarity.Write against vandalism ! People should know how to preserve the national cultural treasures.

Best wishes and blessings.

Для архива „Знамени Мира".

四十二、尼古拉·康斯坦丁诺维奇·列里赫写给日内瓦美术学院教授埃米尔·绍布-科日的信。英属印度库鲁纳格加尔，1946 年 4 月 30 日。尼古拉·康斯坦丁诺维奇·列里赫档案室中的副本，含其记录：《我给绍布-科日的信。请委员会阅读公约》。

英文版。原件保存于纽约列里赫博物馆档案室。

Мое письмо к Шауб-Кожу. Прочтите в Комитете Пакта

30-4-46.

My dear Friend,

Many thanks for your good news of 16-3-46 to-day received. I'm delighted to be useful on the sacred Ploughfield of Culture and will write to Argentina and Sweden. Also I'm happy to hear about your work and probability of new publications.

Perhaps you have already received good news from our Committee in New York about your Honorary Elections. I have heard from our friends - they are delighted to a have you as Honorary Adviser. Who knows, perhaps you shall start a Committee of Banner of Peace in Geneva - in this craddle of the best peaceful endeavours! From a small acorn grows a mighty oak. Always I adviso to start small committees and they can be harmoniously enlarged. Not only - grands bonnets, but also young generation - in them the Future !

I will instruct my secretary to send you several good names as you requested. Of course, as you know, now India is going through a very hectic time. After all the whole world is in Flame. The best prayers are forgotten. Once more let us repeate "Pax per Cultura". Evidently we are passing through time when it again becomes not fashionable to speak about Culture. Recently we were shocked by some sentences emanating from the mouth of a seemingly educated person. When we told him about the recent vandalism in Hyderabad Deccan where art objects and paintings xxxxxxxx perished he calmly retorted!" but why are you worried? These paintings belong not to you, but to the State." Poor man, he had not the slightest idea of the sinister significance of vandalism. Such an ignoramus is a born enemy of Culture. On one side some cultural conferences are held and on the other homunculi are ready to destroy the irreparable heritage of mankind. Indeed all cultural forces should stand on watchtowers ready to defend panhuman treasures. S.O.S !

Yes, the present is very complicated ! Let us be good ploughmen on the stony desert ! But the desert shall flourish ! God speed !

With hearty wishes

Very cordially.

四十三、尼古拉·康斯坦丁诺维奇·列里赫写给纽约俄美文化协会和列里赫公约委员会员工的信，英属印度库鲁纳格加尔，1946 年 5 月 14 日。

尼古拉·康斯坦丁诺维奇·列里赫档案馆中得到授权的打字稿，含其记录：《如果你想，就可以列入〈和平旗帜〉一书中》，俄文版。原件保存于纽约列里赫博物馆档案室。

Если хотите – можно включить в книгу „Знамени Мира"

АРКА.

Друзья!

Во время летних месяцев каждый член АРКА встретится с новыми людьми и может посеять всхожие культурные семена. Летом все всходы поспевают, так и дружеские беседы летом теплее и отзывчивее. Истинный отдых в том, чтобы приобщиться к чему то доброму созидательному. Мир среди народов крепнет не бомбами, но дружеским взаимо пониманием.

Много говорят о недостатке взаимопонимания! Так наконец прислушайтесь к ближнему и поймите его добрые устремления. И не запинайтесь за все что вам по неведению показалось неясным отрицательным. Разберитесь в причинах и может быть усмотрите источники отчуждения. Мир так выстрадал за время чудовищной войны. Много сердец болело, очерствело, но эту вредную коросту надо милосердно снять и словом и делом. Отеплите молодые сердца. Пусть их героизм направится к мирному строительству. к творчеству. Пусть и песнь призывная зазвучит благодатно.

Радостно, когда дружеский зов раздается среди нежданных далей. Сейчас замечаем как добрые, неотложные мысли рождаются в новых кругах. Истинно, голоса молодежи, голоса женщин героически утвердят Знамя Мира. Лиги, организации, указы да приказы еще не решают будущее. Глас Народа, воззвание множеств есть знак времени.

Каждая эпоха имела свое Знамя. И теперь Знамя Народа зовет к Миру, к Культуре. Пусть кто то темный не прочь опять драться и впадать в зверскую глупость. Неизбежны судороги зла, но сущность народа, сердце его хочет мира, строительства мирного, познания и признания Красоты Жизни. "Любите друг друга", "творите добро", "храните сокровища народного творчества" – эти зовы заглушают всякие злые рычания. В строительстве потонет страх – мертвящий призрак невежества.

Доброжелательнее, смелее посмотрим в будущее. Голод телесный и голод духовный пусть изживается во взаимной помощи. Люди породили бедствия, люди их залечат, если не хотят катастрофу. Каждая культурная организация должна внести свою лепту в великий подвиг оздоровления. Именно каждая человеческая кооперация может преумножить добро и искоренять зло. Много сорников пытается разростись в саду и садовник неутомимо удаляет их, чтобы они не глушили ценные, целебные растения.

В каждом человеческом сообществе что то доброе, ободрительное может быть сделано. Невежда скажет: "опять о труизмах заговорили!" Ответим, непримененная истина не есть труизм. Труизм есть нечто общеизвестное, не нуждающееся в повторении; Но если нечто нужное и доброе не приложено в жизни – значит оно не общеизвестно, не осознано. Итак и в холоде зимы и в тепле лета внесем нашу лепту добра.

Сердечный привет! „Пакс пер Культура"

14 Мая 1946 г.

四十四、《列里赫公约》与平和旗帜的印度委员会，20 世纪 40 年代末。18 个英文名称组成的列表（共 2 页）。

原件保存于纽约列里赫博物馆档案室。

Committee of Roerich Pact and Banner of Peace

1. Sir Shanti Svarup Bhatnagar. famous scientist — Secretary — Ministry of Scientific and Industrial Research. 5. York Place New Delhi.

2. Sir B. Tek Chand (Judge of High Court in Delhi.

3. Sir R. K. Shanmukham Chetty. Minister of Finance Secretariat New Delhi.

4. Dr Amarnatha Jha Vice-Chancellor of Benares Hindu University Benares

5. M. R. Jayakar (famous Lawyer) Winter Road Malabar Hill Bombay.

6. Her Excellency Lady S. Hydari. (wife of Sir Akbar Hydari - Governor of Assam) Government House — Shillong. Assam.

7. Sir Mirza Ismail (famous statesman) (former Premier of Mysore and Hyderabad.) Bangalore, Mysore

8. Humayun Kabir Joint Education Adviser to the Government of India Ministry of Education Secretariat New Delhi

9. Honorable Raj Kumari Amrit-Kaur Minister of Health Secretariat New Delhi

10. Dr Mataprasad Director of Royal Science Institute Bombay.

11. Honorable Shyama Prasad Mookerjee Minister of Commerce Secretariat New Delhi.

12. K. M. Munshi (famous Lawyer) ~~Suvita~~ Ridge Road Malabar Hill Bombay.

13. Her Excellency Vijaya Lakshmi Pandit. Embassy Indian Union Moscow U.S.S.R.

14. Sir C. V. Raman, F.R.S. (famous Scientist, Indian Institute of Science Malleswaram P.O. Bangalore

第 1 页

15. Sir C. P. Ramaswami Aiyer
(former Premier in Travancore)
Ootacamund,
Nilgiris
S. India.

16. N. K. Sarkar (famous Lawyer)
Ranjani, 287. Lower Circular Rd
Calcutta.

17. G. Venkatachalam (famous
Art critic and Author) — President of All India Fine Arts
Association
6. St John's Road
Bangalore

18. Svetoslav Roerich
Vice-president - All India
Fine Arts Association -
Taj Mahal
Bombay

四十五、《列里赫公约与和平旗帜》总结版封面（纽约：列里赫公约与和平旗帜委员会，1947 年 56＋viii），英文版。

原件保存于圣彼得堡列里赫家族博物馆学院档案室。

THE ROERICH PACT

AND

THE BANNER OF PEACE

Published by

The Roerich Pact and Banner of Peace Committee
New York, N. Y.
1947

四十六、尼古拉·康斯坦丁诺维奇·列里赫的记忆。纽约《列里赫公约》与和平旗帜委员会的报道。1947 年 12 月末，英文版（共 3 页）。

原件保存于纽约列里赫博物馆档案室。

ROERICH PACT AND BANNER OF PEACE COMMITTEE

200 WEST 57th STREET, NEW YORK 19, N. Y.

Telephone
Circle 5-5377

DUDLEY FOSDICK
Chairman
JOSEPH J. WEED
Vice-Chairman
SINA FOSDICK
Executive Secretary

KATHERINE S. CAMPBELL
DR. D. H. FOGEL
EUGENE FOSDICK
JANET FOSDICK
INGEBORG FRITSCHI
MAGDALENE LEHRER
DR. E. MARKOFF
I. MOUROMTSEFF
DR. G. H. PAELIAN
SOPHIE SCHAFRAN
DR. E. O. SMITH
DR. DUDLEY CRAFTS WATSON

SANA MOUROMTSEFF
GAIL MOUROMTSEFF
Corresponding Secretaries

The Roerich Pact and Banner of Peace Committee of New York, filled with deep grief at the passing of its venerated Protector, Prof. Nicholas Roerich, world renowned artist and the creator of the Pact and Banner of Peace, feels behooved to speak of this unique project and give a brief review of its history.

It was conceived and proposed by Professor Roerich in 1904 to the Society of Architects in Russia, and again in 1914 to the state authorities. It was received with highest interest but delayed owing to war. The project was formally promulgated in New York in 1929, and the text of the Pact was published in the press. A number of Banner of Peace Committees were founded, in New York, Paris, Bruges, Bruxelles.

The great humanitarian aspect of the Pact is summed up in articles 1 and 2 which state: "Educational, artistic and scientific institutions, artistic and scientific missions, the personnel, the property and collections of such institutions and missions shall be deemed neutral and as such shall be protected and respected by belligerents. Protection and respect shall be due to the aforesaid institutions and missions in all places, subject to the sovereignty of the High Contracting Parties, without any discrimination as to the State Allegiance of any particular institution or mission. The Institutions, Collections and Missions thus registered may display a distinctive flag, which will entitle them to especial protection and respect on the part of the belligerents, of Governments and peoples of all the High Contracting Parties".

The design of the Banner of Peace created by Prof. Roerich shows three spheres surrounded by a circle in magenta colour on a white background. Some interpret this symbol as representing Religion, Art and Science, held together in the sphere of Culture; others as representing past, present and future achievements of humanity enclosed within the circle of Eternity.

1931 and 1932 saw two International Conferences held in Bruges Belgium. Thousands of approving opinions came from religious, educational, artistic, scientific and other cultural bodies and personages from all over the world. In 1933 the Third Convention of the Pact and Banner of Peace was held, on November 17 and 18 in Washington, to which thirty-five nations sent their

- 2 -

representatives. This convention unanimously passed a resolution to recommend the adoption of this humanitarian measure to the Governments of all Nations. The proceedings of the Washington Convention were published in New York in book form.

On April 15th, 1935, in the office of President Roosevelt, at the White House in Washington, the official representatives of the United States of America and all 20 Latin-American countries signed the treaty of the Roerich Pact. At the closing of the signing President Roosevelt delivered a deeply significant message in an international broadcast as follows: "It is most appropriate that on this day, designated as Pan-American Day by the chief executives of all the republics of the American continent, the Governments - members of the Pan-American Union - should sign a treaty which marks a step forward in the preservation of the cultural achievements of the nations of this hemisphere. In opening this Pact to the adherence of the nations of the world, we are endeavouring to make of universal application one of the principles vital to the preservation of modern civilization. This Treaty possesses a spiritual significance far deeper than the text of the instrument itself. Let us bring renewed allegiance to those high principles of international cooperation and helpfulness, which, I feel assured, will be a great contribution to civilization by the Americas".

In October 1937 the Congress of Roerich Baltic Societies convened in Riga, Latvia and passed a resolution to create Banner of Peace Committees in all Baltic States.

World War II was nearing, and on its second day the press of India carried a special message of Prof. Roerich, which included the following warning: "The thunder of the European War again demands that active attention should be paid to the defense of cultural treasures ..... During the last great war we applied our utmost efforts to draw attention to the fact that it is criminal to destroy historical, scientific and artistic monuments ..... On March 24th of this year, our Committee undertook a series of steps imploring European Governments to consider without delay the need of defending cultural treasures. We see now that such an appeal was most timely ....."

For the past 25 years Prof. Roerich made his residence in India. Widely known as a great artist, philosopher and educator,he has dedicated himself with untiring devotion to the mission of Peace. This is voiced not only in his paintings, which adorn museums and private collections the world over, but also in his books and many writings published in all European and many Asiatic languages.

The Pact Committees which have been established in America, Europe and India carry on their work with unswerving efforts. Prof. Roerich was also the guiding spirit of numerous societies and organizations devoted to the cause of Peace and Culture.

The Roerich Pact Committee resumed its activities in New York after the turbulent years of World War II. The European Vice-Chairmen represent Committees for Italy, Belgium, Switzerland, France, England and Portugal. There is also an active Roerich Pact Committee in Argentine, and a number of Committees in India, all under the leadership of eminent scholars and artists.

\- 3 -

A Brochure, "The Roerich Pact and the Banner of Peace", was published by the New York Committee early in 1947.

While the Roerich Pact Committee is deeply sorrowing over the passing of its Beloved Leader, the great artist and humanitarian, it is rededicating itself to its work, with invincible faith in a New Era for mankind based upon Peace among all nations.

One of the recent messages of Prof. Roerich is quoted here as a timely reminder: "Culture and Peace - the most sacred goal of Humanity! In these days of great confusion, both spiritual and material, the disturbed spirit strives to these radiant strongholds..... Above all confusions the Angels sing of Peace and Goodwill. No guns, no explosives can silence these choirs of heaven. And above all earthly wisdom, idealism, as the Teaching of Good, will still remain the quickest reaching and most renovating principle in life."

Roerich Pact and Banner of Peace Committee

四十七、尼古拉·列里赫教授、伟大的艺术家和世界良知、《列里赫公约》与和平旗帜创造者的记忆。他的作品集思想针对美丽、善良、真理和和平。阿根廷文化委员会的通知。布宜诺斯艾利斯，1947 年 12 月末，西班牙文版。

原件保存于圣彼得堡列里赫家族博物馆学院档案室（来自纽约列里赫博物馆的礼物）。

MENSAJES DEL COMITE CULTURAL ARGENTINO
BOLIVAR 608 — BUENOS AIRES — REPUBLICA ARGENTINA

HA DESAPARECIDO UN ARTISTA GENIAL: NICOLAS DE ROERICH — SU CONCIENCIA ECUMENICA — FUNDADOR DEL "PACTO ROERICH Y LA BANDERA DE LA PAZ" — SU OBRA Y SU PENSAMIENTO — HACIA LA BELLEZA, LA BONDAD, LA VERDAD Y LA PAZ

El día 13 de diciembre de 1947, en las primeras horas de la mañana, el Profesor Nicolás de Roerich rindió su vida mortal en la provincia de Punjab, valle de Kulu, India.

Nacido en 1874 en la tierra de Gogol y Tolstoy y después de una extraordinaria labor artística en toda Europa, se trasladó a Norteamérica para continuar su obra cultural.

Poco después de dirigir una expedición arqueológica por tierras de la India con los auspicios del gobierno norteamericano se radicó con su familia en aquel milenario país oriental, y allí, durante más de un cuarto de siglo, continuó pintando, escribiendo y también experimentando en un laboratorio instalado en la finca que habitaba.

No cabe en una nota periodística, necesariamente resumida, ponderar con detalles informativos las cualidades de este prócer contemporáneo, líder de la Belleza y de la Bondad en toda manifestación humana. Bastará decir que, si como artista genial, de asombrosa fecundidad, fué comparado con Leonardo de Vinci, como filósofo y apóstol pedagógico propulsor de toda tarea social unificadora y constructiva es comparable a los más eminentes educadores y pensadores de todas las épocas. Su gran bondad, recta derivación de sus profundos conocimientos, no reconocía fronteras, y como verdadero sabio impartía sus enseñanzas con esa convicción, tolerancia y paciencia que constituyen las raíces cósmicas de toda comprensión esencial y salvadora.

Versado en los principales idiomas antiguos y modernos, su verbo se ha expandido por todos los ámbitos culturales de significación civilizadora, y sus frecuentes y numerosos mensajes escritos — folletos, libros, artículos, mensajes, poesías, cartas, informaciones científicas y artísticas — se han impreso y reimpreso y circulan profusamente como aliento espiritual para los sedientos de sapiencia.

Espíritu cultivado en y más allá de las tres dimensiones conocidas, deja una simiente que — pase lo que pasare — dará óptimos frutos para la reconstrucción de la sociedad humana... cuando llegue la hora de la reconstrucción internacional. En efecto, el *Pacto Roerich y la Bandera de la Paz*, institución por él creada en Nueva York, a la que todos los países americanos se adhirieron en ceremonia oficial presidida por el extinto Roosevelt, adquirirá significación mundial en los años venideros.

Uno de sus muchos biógrafos y admiradores ha dicho recientemente:

"Fué uno de los más grandes proclamadores del siglo, un artista cuyo genio creador queda testimoniado en *cinco mil* pinturas magistrales que se exhiben en los principales museos del mundo. Su fecunda labor como arqueólogo y educador, como filósofo, poeta y líder del movimiento Unión Mundial mediante la Cultura, no es menos estupenda."

Estudiando su biografía nos hallamos ante un maravilloso encadenamiento de hechos de ejemplar trascendencia educativa. Mediante su incansable poder creador, su cotidiana tarea y sus fructíferos logros, Nicolás de Roerich adquirió, en dimensiones universales, esa facultad sintética que concilia y resuelve los más difíciles problemas. Adviértase qué sutil psicología y benevolente comprensión saturan sus mensajes y comunicados a las diversas sociedades que llevan su nombre en América y otros países, todas ellas fundadas bajo su espiritual patrocinio y trabajando culturalmente bajo su nobilísima y directa inspiración.

Es imposible no admirar a este maestro al contemplar, con profunda emoción, sus paisajes y figuras, de ejecución tan delicada y vivencia cromática tan penetrante, que en cierta ocasión hizo exclamar a Zuloaga ante alguno de sus cuadros: "Siento ante estas pinturas una expresión artística tan enorme y trascendente que no puedo expresarla con palabras."

Los museos del Louvre, París, Londres, Moscú, Viena, Brujas, Leningrado, San Francisco, Roma, Nueva York, Buenos Aires y otras muchas grandes pinacotecas así oficiales como particulares conservan muchas de sus magníficas telas.

Nicolás de Roerich fué superior en todo. El rotativo *New York Times* con frecuencia lo calificaba como "uno de los líderes sociales más grandes de todas las épocas", al referirse a alguna de sus actividades, ya pintando, escribiendo o dirigiendo organizaciones de cultura artística y filosófica.

Mereció tantos elogios en vida y tantos artículos y folletos se le han dedicado desde todos los ángulos civilizados del mundo, que el nuevo biógrafo de tan esclarecida individualidad se verá apurado para resumir en un volumen, por copioso que sea, su gigantesca obra. Belleza, Bondad y Verdad fueron la triuna divisa de sus esforzamientos en favor de la cooperación humana.

Acaso algún lector argentino o hispanoamericano, de los que paseaban por París hace algunas décadas, recuerde que en mayo de 1913 se estrenó en el teatro de los *Champs Elysees* la balada de Stravinsky *Sacre du Printemps*. Pues bien, Roerich colaboró muy principalmente en los escenarios de esta obra juntamente con Nijinsky y Diaghilev, y Stravinsky, reconociendo su genio, le dedicó la obra, que es considerada como uno de los acontecimientos artísticos más descollantes del presente siglo.

* * *

En nombre de la Belleza, que es la sonrisa de Dios manifestada en sus infinitas expresiones, Nicolás de Roerich supo sonreír genialmente durante su intensa y entusiasta labor creativa; sonreír en la clarividencia de sus pinturas, de trascendente y comunicativa belleza; sonreír en sus delicadas poesías, plenas de inspiración estimulante; sonreír en sus mensajes filosóficos, saturados de conceptos cordiales y de sabiduría y en sus sapientes consejos a la juventud, por cuya educación formal tanto se preocupó; sonreír, en fin, en todas sus ejemplares labores, porque precisamente la belleza, por ser la sonrisa de Dios, es origen y raíz de todo entendimiento.

Como signos luminosos de su ardiente esforzamiento cabe señalar, calificándolos de guiones para la humanidad, la sabiduría de sus enseñanzas y la transparencia vívida de su arte. En ambas labores — prosa y pintura, pensando y sintiendo, — alienta el mismo espíritu cooperador y unificador. Sócrates, Pitágoras, Platón... sus predecesores en la Historia, difundieron idénticos conceptos filosóficos (*la Verdad es una y tiene muchas vestiduras según las circunstancias*), y Leonardo, Rafael y Zurbarán expresaron idénticas bellezas trascendentes.

Espíritus de esta cultivada categoría inducen a meditar sobre la frase lapidaria del filósofo alemán: "Dios y yo somos uno en el Conocimiento", vale decir, que somos dioses encadenados, mónadas embutidas en la envoltura carnal, y que para llegar a Dios — a la Suprema Sabiduría — el hijo pródigo, a través del tiempo-espacio, ha de regresar al Hogar Uno totalmente desprendido de los complejos de inferioridad inherentes de la materia. En pocas palabras: acelerar el proceso evolutivo del Ego para adquirir, por propios merecimientos, esa conciencia universal que es la esfera natural del Espíritu purificado mediante la experiencia propia, que es la madre de la ciencia..., rotaciones y traslaciones a que están sujetas todas las células humanas.

* * *

Nicolás de Roerich no ha muerto. Vive y perdurará en la memoria de cuantos ansían conocimiento constructivo y salvador.

(El Directorio del Comité Central del "Pacto Roerich" en la República Argentina encarece a la prensa la reproducción, glosa o comentario del precedente artículo y el envío de un ejemplar al Comité Cultural Argentino, calle Bolivar 608, Buenos Aires)

四十八、印度已经批准了《列里赫公约》。纽约《列里赫公约》与和平旗帜委员会的通知。1948 年 9 月 3 日，英文版。

原件保存于纽约列里赫博物馆档案室。

ROERICH PACT AND BANNER OF PEACE COMMITTEE

200 WEST 57th STREET, NEW YORK 19, N. Y.

Telephone
Circle 5-5377

September 3, 1948

PRESS RELEASE

News has just been received at the headquarters of the Roerich Pact and Banner of Peace Committee, 200 West 57th St., New York City, that the Government of India has officially ratified the Roerich Pact. Thus India becomes the first country of the Eastern Hemisphere to follow the example of all the Americas in adopting this practical instrument for the achievement of world-wide peace through culture.

On April 15, 1935 this Pact was signed in the White House, in the presence of President Franklin D. Roosevelt, by the representatives of twenty-one Governments of North, Central and South America.

The Roerich Pact and Banner of Peace was created and promulgated by Nicholas Roerich, for the protection of the treasures of human genius. It provides that educational, artistic, religious and scientific institutions, as well as all sites of cultural significance, shall be deemed inviolable, and respected by all nations in times of war and peace.

四十九、Э. 朱塞佩·卡帕尼，意大利《列里赫公约》与和平旗帜委员会主席。写给纽约《列里赫公约》与和平旗帜委员会主任季德列·福斯季克的信。博洛尼亚，1949 年 3 月 6 日，英文版（共 2 页）。

原件保存于纽约列里赫博物馆档案室。

ROERICH PACT
AND BANNER OF PEACE COMMITTEE
200, West 57th Street - New-York 19, N.Y. (USA)

PRESIDENZA ITALIANA
Via Barberia, 30 - Telef. 28920 - Bologna (Italia)
UFFICIO DEL PRESIDENTE:
Via Rizzoli, 4 - Telef. 34206 - Bologna (Italia)

COMITATO DEL PATTO INTERNAZIONALE ROERICH

6th March 1949.

Mr. Dudley Fosdick
Roerich Pact and Banner of Peace Committee
200 West 57th Street
New York 19, N.Y. (USA)

My dear Friend and Colleague:

I received, with many thanks, your kind and interesting letter of February 18th.

I am glad to know that you always send one copy of every clipping received from me to Mme. Helena Roerich in India. I am also happy to know that she is fully cognizant of my work in Italy, being constantly informed by you about it. I thank you very much for this very kind service. I am sending herewith a clipping of the No. 2, 1949 of the "Corriere del Libro". Under separate cover I have already sent to you 10 copies of such a number. In the next issue of the "Corriere del Libro" will be published a communication about the four new South American Committees of the Roerich Pact and Banner of Peace. Prof. Dr Amirto de Lima, Don Santiago Gastaldi and Mr. Alberto Montano Lanza are friends of mine.

I do not know how to thank you enough for your kindness in sending to me the letter of appointment as President of the Roerich Pact and Banner of Peace Committee for Italy with full power, right and authority to organize the Italian Roerich Committee (Comitato del Patto Internazionale Roerich). Yes, this letter will serve the purpose.

I understand the third part of your letter. I also firmly believe that in the near future an appeal to Washington, as well as many others in related directions, will be received enthusiastically and bring most beneficial results. Let me thank you heartily for your assurance to work out a plan of financial assistance for us as soon as your obligations and duties will be more or less normalized. I must assure you that such a financial assistance will be extremely useful to our efforts and constructive projects on behalf of the Roerich ideals.

I am sorry to tell you that the Authorities of your Country have not quoted Italy in their programmes of cultural relations and exchanges among the American and European nations. Official communications to the world press by the U.S.I.S. (United States Information Service) have not quoted my Country. Italy, the Alma Mater Studiorum of many European countries has been forgotten!... It is a pity, is it not ?

I shall be glad to know if there are contacts between the

III CONVENZIONE
INTERNAZIONALE

Stati aderenti

Argentina - Brasile - Cile
Cina-Columbia-Costarica
Cecoslovacchia-Equatore
Giappone - Grecia - Guatemala - Honduras - India
Irlanda - Jugoslavia - Lituania - Nicaragua - Panama - Paraguay - Persia
Perù - Polonia - Portogallo
San Domingo - Spagna
Svizzera - Stati Uniti
Venezuela

Osservatori

Albania - Belgio - Francia
Germania - Italia - Olanda
Turchia - Ungheria

Roerich Pact and Banner of Peace Committee and the U.N.E.S.C.O. (United Nations Educational Scientific and Cultural Organization). Can you introduce the Italian Roerich Committee to some Authorities of the U.N.E.S.C.O. ? Let me know, please.

A member of our Italian Roerich Committee is interested in the social and constitutional development of a world language. There are many languages in the world, nevertheless there is not a universal language in order to help every social relation. Such a language could be either the English or Spanish one. Is it possible to send an appeal to the cultural world at large for a speech unification ? Please acquaint me with your idea. The U.N.E.S.C.O., for example, ought to be interested in so great an initiative. Let me know your opinion, please.

I am sending herewith the page 4 of the "Corriere del Libro" which will acquaint you with the Knights Templars Academy. I should be very grateful if you would be good enough to let me know your opinion about it. I am making arrangements in order to confer the title of Knight Templar upon you.

Please pay my respects to your gracious wife Mrs. Sina Fosdick.

With heartiest greetings to you and your co-workers, I remain

Fraternally yours,

五十、Э. 朱塞佩·卡帕尼，意大利《列里赫公约》与和平旗帜委员会主席。写给纽约《列里赫公约》与和平旗帜委员会主任季德列·福斯季克的信。博洛尼亚，1949 年 5 月 7 日，英文版。

原件保存于纽约列里赫博物馆档案室。

By Air Mail

ROERICH PACT
AND BANNER OF PEACE COMMITTEE
200, West 57th Street - New-York 19, N.Y. (USA)

PRESIDENZA ITALIANA
Via Barberia, 30 - Telef. 28920 - Bologna (Italia)
UFFICIO DEL PRESIDENTE:
Via Rizzoli, 4 - Telef. 34236 - Bologna (Italia

COMITATO DEL PATTO INTERNAZIONALE ROERICH

May 7th, 1949.

To
Mr. Dudley Fosdick
Chairman
Roerich Pact and Banner of Peace Committee
200 West 57th Street - New York 19, N.Y.

My dear Friend and Colleague:

I thank you very much for your kind letter of April 6th. I shall be glad to receive, as soon as possible, your answer to the other points of my letter.

I am happy to know that your contact with UNESCO will, without a doubt, be established in the future.

I am glad to possess the important document you sent me on the Roerich Pact from the official sources of the United States Government in Washington. Dialectically speaking, it is a ratification of a Pan American Union more than international one.

I am extremely glad to inform you that a great Italian personality - His Excellency Gr. Cr. Count Dr. Temistocle Bertucci - is wishing to adhere together with his institution to the Roerich Pact and Banner of Peace Committee. As I have already accepted for the Italian Roerich Committee, I should be very grateful if you would be good enough to accept his adhesion on behalf of your Central Institution.

His Excellency Bertucci is the Grand Master of the Sovereign Military Order of Malta (Grand Priory of Podolia). He is also a very great personality in the diplomatic world. Versatile scholars not only in Italy but of Europe and Asia also honor him, remember his forceful personality and above all his fine scholarship, which has been of immense value for studies of heraldry and other historical sciences. H.E. Bertucci has been awarded with many distinctions, decorations, honors all over the world. I am extremely glad to introduce you to this eminent man. His Gran Priory of Podolia is now adhering to the Roerich Pact and Banner of Peace Committee, and I am deeply happy to inform you about this thing. Please send to him a letter of thanks. His address is as follows:

H.E. Gr.Cr. Count Dr. Temistocle Bertucci
Prince of Kartly
Viale Liegi No. 6 - Rome (Italy).

Please inform me of having done so.
Many wishes to you and Mrs. Fosdick.

Fraternally yours,

III CONVENZIONE INTERNAZIONALE

Stati aderenti

Argentina - Brasile - Cile Cina-Columbia-Costarica Cecoslovacchia - Equatore Giappone - Grecia - Guatemala - Honduras - India Irlanda - Jugoslavia - Lituania - Nicaragua - Panama - Paraguay - Persia Perù - Polonia - Portogallo San Domingo - Spagna Svizzera - Stati Uniti Venezuela

Osservatori

Albania - Belgio - Francia Germania - Italia - Olanda Turchia - Ungheria

五十一、《国际列里赫公约出版物的目录》最终版本封面（博洛尼亚：国际列里赫公约委员会，1950 年第 36 页，图集《国际列里赫大学出版物》，第 i 期，意大利分公司）。意大利文版。

原件保存于纽约列里赫博物馆档案室。

The Roerich International University Publications - No. 1
Italian Chapter

FONTI BIBLIOGRAFICHE
DEL
PATTO INTERNAZIONALE ROERICH

(Protezione dei tesori del genio umano e delle istituzioni educative artistiche, religiose e scientifiche in tempo di guerra e di pace)

"Con tutto il mio cuore io sono
tra i seguaci del Patto Roerich....
Uniamo tutte le forze morali at-
torno a questa nobile visione.,,
MAURICE MAETERLINCK

COMITATO DEL PATTO INTERNAZIONALE ROERICH
BOLOGNA

五十二、П. Н. 基尔帕尔，代理联合国教育、科学及文化组织文化活动部经理的职务。写给意大利《列里赫公约》与和平旗帜委员会主任弗伦克 A. 斯文加利斯的信。巴黎，1954 年 10 月 5 日，英文版。

副本保存于纽约列里赫博物馆档案室。

UNITED NATIONS EDUCATIONAL, SCIENTIFIC AND CULTURAL ORGANISATION

19, Avenue Kleber, Paris 16

5 October 1954

Dear Mr. Svengalis,

Your letter of the 21st May 1954, addressed to the Director-General, was received on 1st June 1954. I regret that due to a most unfortunate oversight it has not been possible to answer your letter until now.

I am glad to inform you that the importance of the Roerich Pact has not been underrated by Unesco. On the contrary, Unesco has made special reference to it in a document entitled Historical Note, concerning the Draft Convention for the Protection of Cultural Property in the event of Armed Conflict, a copy of which has been mailed to you separately. This Note lists the sequence of events that led up to the Convention signed by 39 countries at The Hague in May of this year. The Roerich Pact, in which you are especially interested, is outlined as follows: "In 1935, a Pact concerning the protection of art and science institutions and of historic monuments was signed in Washington (Roerich Pact). However, this was signed only the States of America. It was also confined to the protection of buildings, which were to be marked by a distinctive flag. No provision was made for international control. On the other hand, the Pact contained some very extensive provisions; it applied not merely to historical monuments and museums, but to all institutions devoted to science, art, education and culture, and almost amounted to prescribing complete neutrality for such properties. These provisions, though appropriate in the case of a continent whose territory has hitherto been fortunately spared most of the horrors of modern warfare, do not altogether serve to cover conditions in other parts of the world.

I should also like to point out that it is not the purpose of the Convention to take the place of previous international agreements. Article 36 of the Final Act states that it will be supplementary to the Hague Conventions of 1899 and 1907 and to the Washington Pact (Roerich Pact) in the governance of relations between States bound by those instruments.

With renewed apologies for the long delay in sending this reply.

Yours sincerely,

P. N. Kirpal
Acting Director
Department of Cultural Activities

Mr. Frank A. Svengalis
Chairman, Indiana Committee of
Roerich Pact and Banner of Peace
Indiana
U.S.A.

列里赫公约

什克利亚韦尔·格奥尔吉博士

所有民族对同一个想法都感兴趣的情况实属罕见，而所有民族团结起来追求同一个目标的情况更是难得。在满怀热情支持此项工作的国家和人民中，推进这项工作的重担落在了尼古拉·列里赫肩上。这再一次证明，美、知识和文化是联结世界各族人民的最佳纽带。

在我们的城市、港口、舰船和城堡上空飘扬着各种各样的旗帜：有军旗，有商旗，有皇室御旗，也有共和国国旗。但是在众多的星星和条框、十字、狮徽章和鹰徽章中，我们的文化标志、人类对艺术和科学进行永恒追求和取得成就的标志还太少。而现在，在这位伟大天才艺术家的倡议下，这面新旗帜开始飘扬在全世界上空，并在未来承担起保护美和知识的圣坛的重任。尼古拉·列里赫坚信，他的想法不会只是一个空想和美好的愿景，将会以法律的形式表述为国际协作服务的具体方案，并将受到美国和民族联盟的认可。

1929 年夏，对艺术和科学机构提供国际庇护的方案起草完毕，随后提交给华盛顿国会，之后又提交至民族联盟知识协作国际研究所。列里赫博物馆就《列里赫公约》方案规定的原则问题征求了各国代表的意见，之后便收到了来自世界各地的上千封来信。所有代表都一致赞赏尼古拉·列里赫的倡议，并同意实施他所提出的方案。除此之外，民族联盟中的权威人士在研究此公约后认为，各个国家都会赞同这一提议。1930 年 5 月，由比利时部长姆·茹利亚·杰斯特列担任主席的民族联盟国际博物馆办公室总部给该联盟的所有成员分发传阅了草案，以期批准通过《列里赫公约》。

1931 年 7 月，法国道德与政治科学院、艺术科学院决议通过《列里赫公约》草案，且法国政府声明将派代表参加布鲁日列里赫公约大会。

《列里赫公约》不仅是国家和民族尊崇文化的标志，更是现代国际法取得显著进步的象征。

公约前言号召人们将一如既往地尊重宗教、教育、艺术和科技文物。

之后公约提出了所有文明国家应当遵循的文物保护原则。“和平旗帜”是尼古拉·列里赫提出并设计的新旗帜，它以白色为背景，一个大圆内套有三个同等大小的内切圆。这面旗帜的使命是保护文化中心免遭毁灭和亵渎，其使用规则与红十字会标志类似。若违反这些准则，国际调查委员会有权向公众舆论披露事实，并提交法庭处理。应文物所在国政府的请求，受公约特别庇护的文物将在民族联盟秘书处进行登记。

持怀疑态度的人可能会说，居心不良的军人或革命者可能会像不遵守其他法规一样不遵守《列里赫公约》的准则。而且我们每个人都知道，就连神的诫命也有人违背，还有破坏者不敢为的吗？最终来看，可能人类智慧无法理解，认为不可能做得到，但是理智总是会占据上风的，因为理智是全世界和谐与和平达到总体平衡的前提条件。难道因为有人违背，神的诫命就应当被废除吗？难道因为有人违法犯罪，人类制定的所有法律就应当被废除吗？难道因为存在偶尔战胜和平的恶势力，国际公约就应当被废除吗？

事实上，国家法律还没有足够的手段去制裁国家犯罪。但是道德和精神的制裁，比如，《列里赫公约》提出的公诸社会公众舆论的方式，就具有一定的意义，它能迫使一切违法犯罪者、亵渎和破坏文化者注意到其行径可能带来的后果。欺骗和破坏文物的行为所带来的“名声”于民族无益，不可能增加民族的威望。这既是一条人所共知的简单真理，也是对抗怀疑论者和否定论者的法宝。

和平旗帜已经高高飘扬，文化领袖与尼古拉·列里赫一起确立了旗帜的迫切性和必要性。

和平旗帜将高高飘扬在所有美和知识的圣坛上空，守护着人类的文化瑰宝，并预示着一个更加文明的新世纪。

哈尔滨《列里赫公约》俄罗斯委员会

1934 年 9 月 5 日在哈尔滨俄陀思妥耶夫斯基中学召开了哈尔滨《列里赫公约》俄罗斯委员会成立组织会议。

与会人员：内斯特大主教和修道院院长纳凡奈尔、尼古拉·康斯坦丁诺维奇·列里赫院士、尼古拉·利沃维奇·贡达特季院士、格奥尔吉·康斯坦丁诺维奇·金斯教授、尼古拉·伊万诺维奇·尼基福罗夫教授、爱德华·爱德华多维奇·安涅尔特教授、阿列克谢·巴甫洛维奇·希翁宁教授、尼基京·费多特·奥尔洛夫博士、叶甫盖尼·萨莫伊洛维奇·考夫曼、弗谢沃洛德·尼坎诺罗维奇·伊万诺夫、弗拉基米尔·米哈伊洛维奇·安纳斯塔西耶夫、弗拉基米尔·康斯坦丁诺维奇·列里赫、尤里·尼古拉耶维奇·列里赫、尼古拉·亚历山大罗维奇·维尤诺夫、瓦西里·谢尔盖耶维奇·夫罗洛夫和格里戈里·亚历山大罗维奇·索福克洛夫。

伴随着内斯特大主教宣读“天父”祈祷文的声音，大会拉开了帷幕，之后贡达特季请求内斯特大主教祝福，会议正式开始。

列里赫院士发言，向与会人员汇报《列里赫公约说明书》。

《文化权利宣言》

德米特里·谢尔盖耶维奇·利哈乔夫院士

文化财产既包括名录中所列的独立存在的实物，即建筑物、雕塑、风景画、书信、印章、古玩、应用艺术、音乐、民间文艺等文物，还包括艺术、科学、教育、行为、习俗、民族文化特性、人群、个体等方面的传统和习惯现象。

清单、名录、记载不能完全涵盖活的文化。文化财产是第一类和第二种属性的作品和现象的总和，对环境有害的习俗和习惯除外。

文化既是某些民族和小种族，也是国家存在的主要意义和主要价值。文化之外的独立存在是没有意义的。

一、文化与国家权利

保护文化财产和文化的责任由国家来承担，国家还要为本国文化的自我更新、教育、创作自由负责，并且国家应当完全不干涉创作生命力。

任何形式的文化都有权获得国家的资金支持：支持教育和保护文化珍品，首先是支持和保护本国各民族的文化。

国家机构负责培养对文化、文物、文化活动、知识分子、大小民族独立语言的尊重；不得妨碍在本国范围内使用任何语言的权利，要知道，语言是任何居住在该国范围内不同民族最主要的文化珍品。

只有在不降低文化作品质量的前提下，才可以下指令让文化（或者部分文化）自给自足。

自给自足的文化在物质上和精神上都是有益的，会对社会起到正面影响，可以提高人们的道德和智力素养。

二、文化保护权

所有国家，无论处于何种发展水平，都有权利保护其原创文化，伪文化（必要情况下由联合国教科文组织的专家来鉴定）除外。这一权利由当地组织与联合国教科文组织下属的统一高等机构来监管。这个机构拥有独立的监察员编制和司法权限，对所有国家具有同等效力，有权起诉破坏文化作品完整性、损害文化机构及其社会地位的犯罪行为。

鉴于在大多数情况下，文化损失都是由军事行动造成的，我们再次确认 1954 年 5 月 14 日生效的《关于武装冲突时保护文化财产公约》的完整有效权能，并坚持要求所有国家，包括新成立的国家，无条件遵守该公约的要求。

由于文物在修复过程中经常遭到损害，所以作为对现有规则的补充（包括所谓的《威尼斯宪章》），修复时一定要就主要问题进行不断协商，并且咨询国际修复家，尤其是当文物目前所在国不是其原属国时。

在修复特别重要的文物（与现有名录相比，特别重要文物的名录应当大幅增加）时，必须聘请拥有联合国教科文组织下属相应机构颁发的国际最高证书的修复家参与。

创造的整体文物群（圣坛、圣像画、双联画、三联画、整套家具、图书馆和具有全民性质的美学和历史珍品）在出售及搬迁时不得拆分。

历史文化名城（《历史文化名城名录》应予以补充，并提交联合国教科文组织来核定）不仅应当保护城市中心部分，还应保护具有历史价值的郊区和周边地区（如俄罗斯圣彼得堡及其郊区、宫殿、村镇等，诺夫哥罗德与周边修道院和教堂，莫斯科与莫斯科庄园，等等）

为了保持最具历史文化价值的城市的原有历史面貌，应当明确建筑物的建设规划和高度（如不得高于圣彼得堡冬宫）、颜色、建筑物的平均尺寸、外立面、市内风格等。

最具历史文化价值城市的历史面貌是指伊姆·格列弗斯和恩普·安齐费罗夫在其著作中运用当时科学所定义的“城市面貌”。

具有历史文化价值的景观不仅包括发生在该地的历史事件（俄罗斯境内的会战：波尔塔瓦会战、库利科会战、博罗季诺会战、斯大林格勒会战、库尔斯克会战、塞瓦斯托波尔防御战），还包括艺术记忆（和列维坦有关的伏尔加河上的普莱斯、圣维多利亚山、塞尚纪念作品等）。

三、文化可用权

每个人都应当具有了解和研究文化作品的权利（当然，心存恶意者除外，这样的问题由相应的工作组来处理）。

藏品的开放性（“公开性”）既涉及国家级藏品，也涉及私人藏品。应由专业工作组来决定各种水彩画、素描和书籍是否可以对外公开，并公布结果。

所有的文物应当在所有者指定的日期及期限内免费对外开放，一年两次。对学生、退休人员和科学家应予以特殊照顾。

最珍贵的藏品都需进行完整列表，由国家和慈善家（针对慈善家减免相应的税费）

出资制定并印刷。

完整清单仅针对保存在展馆和展品储藏室内的文物及其科学描述。私人收藏的小件文物或独立文物的信息可以登载到刊物（科学刊物或者流行刊物）上。

文物（考古作品、写生画、应用艺术作品等）应当有固定的保存场所，并且只有在特殊情况下，文化性质的原因除外，才可以变更保存场所，且变更保存场所的原因应当提交联合国教科文组织来审核。

此外，还必须保障文物捐赠者的权利，应当充分尊重捐赠者的生前意愿和遗嘱，决定其捐赠的全人类公认具有文化价值的文物的保存地。若是生前捐赠，则前任保管者和新任保管者之间必须完全信任。

如无法满足捐赠者的条件（或者出售时），则要在取得联合国教科文组织出具的许可之后，方可改变全人类公认的具有文化价值的文物的保存条件。

本《文化权利宣言》只是初步方案，接受本宣言条例的国家必须在联合国教科文组织下设立专门机构，由该下属机构制定最终方案，制定有效的保护措施，规范文化利用通道，并且该方案将成为该国必须遵循的共同准则和履行所有文化权利的法规。

俄罗斯联邦知识分子大会创始代表大会表决通过了（1997 年 12 月 10 ~ 11 日，莫斯科）《文化权利宣言》：

代表大会认为，在俄罗斯联邦，乃至世界范围内，德米特里 · 谢尔盖耶维奇 · 利哈乔夫院士制定的《文化权利宣言》是 20 世纪末最重要的文件，它奠定了新世纪文化保护和发展的基石。

代表大会提议在俄罗斯联邦境内施行《文化权利宣言》，并提交给俄罗斯总统叶利钦。

代表大会将请求俄罗斯总统以俄罗斯联邦的名义将《文化权利宣言》提交给联合国，使其成为国际性文件，并建议联合国表决通过该宣言，建议世界各国批准通过《文化权利宣言》。

莫斯科

1997 年 12 月 11 日

参考文献

德米特里 · 谢尔盖耶维奇 · 利哈乔夫：《关于俄罗斯的思考》，圣彼得堡：Logos 出版社，1999 年，第 635 ~ 640 页。

圣彼得堡市遗产保护战略

圣彼得堡市政府
（国家历史文化遗产保护、使用和管理委员会）

（受圣彼得堡市市长瓦莲金娜·伊万诺芙娜·马特维延科委托制定，国家文物使用和保护委员会主席韦拉·安纳托利耶芙娜·杰缅季耶娃于2005年4月15日在圣彼得堡律师馆举办的“列里赫公约通过70周年”纪念大会上提出，2005年11月1日第1681号圣彼得堡市政府决议批准通过）

本战略确立了圣彼得堡文化遗产保护工作的首要任务、基本原则和主要方向，阐述了圣彼得堡市遗迹、建筑群和市区环境的保护、修复和使用问题，以及在圣彼得堡市历史街区内新建和改造建筑物相关的问题。战略要求解决城市景观改造和完善方面的意识、法律和程序问题，其本质在于：通过发展实现保护，通过保护实现发展。

一、全球化时代中的文化遗产

文化遗产是一种具有社会、经济、文化和精神价值的不可替代的资产。与自然财富一样，文化遗产是民族自尊和国际社会认同的重要基础。

后工业文明意识到了文化遗产的巨大潜力，意识到将文化遗产看作最重要的世界经济资源进行有效利用和保护的必要性。文化财产的损失是不可弥补和不可逆的。任何文化遗产的损失都将不可避免地反映当前和未来人们生活的方方面面，表现为整体上的精神衰落、历史记忆断裂、社会贫乏。文化遗产的损失无法依靠发展现代文化和重新创作来弥补。积累和保护宝贵的文化遗产是文明发展的基础。

二、圣彼得堡的文化遗产——其价值在于其原始性

在世界大都市中，从规模上来讲，圣彼得堡是独一无二的文化名城，主城区有大型历史中心，城郊还有成片的建筑群。建筑杰作和完整的建筑空间环境造就了城市形象。历史区域的完整性和原始性程度高是圣彼得堡历史中心及其城郊文物群列入联合国教科文组织《世界遗产名录》的根本原因。

古都的大部分形成于近百年内，且其原始结构发生了改变。宏伟的圣彼得堡城建

于古代海洋形成的广阔自然冰斗之上。这座新都城坐落于波罗的海沿岸，它融合了整个欧洲的文化传统，创造性地开发出俄罗斯新风格、平面布置方案和建筑类型，是一次前所未有的城市建设实验。新的建设方案与涅瓦河三角洲的自然条件和特点有机地结合在一起。此外，素有“第二个阿姆斯特丹”“北方威尼斯”“新罗马”“新凡尔赛”之称的圣彼得堡具有不可复制的独特性。圣彼得堡城由多个片区构成：彼得堡片区（充满“非对称均衡”规划元素的原中心区）、瓦西里岛（标准的矩形规划区）、海军部所在片区（径向辐射状和环状结构）及莫斯科和维堡附近的郊区（通过主干道与中心城区相通）。

合理的几何布局结合蜿蜒流畅的水道轮廓，具有创作风景全景图和透视图的优势体系。浩浩荡荡的涅瓦河自古以来就是城市的中央地带，它决定了这座城市的广场和建筑群的规模和宽度。城郊公馆和喀琅施塔得城堡与首都建设密切相关，形成了一个统一的整体。

城市建设架构在古典主义时期得到了发展，那时建设了最大规模的建筑群。巴洛克和古典主义风格构成了圣彼得堡建筑的“黄金时代”。虽然建筑风格变化多样，但最初的城市建设规划还是保留了自己的逻辑。普希金和陀思妥耶夫斯基、俄罗斯文化“白银时代”原汁原味的彼得堡更是提升了环境价值。

从彼得大帝开始，建设活动开始执行硬性法律规定。限定了街道宽度、街区划分、建筑物的样式和特点，包括标准建筑设计方案。而从 18 世纪下半叶开始，又制定了街道建筑物立面必须统一的原则，街区内开始安装防火墙系统。到 19 世纪中期，确定了高度限制：不能大于街道的宽度，不能超过 11 俄丈（23.5 米），即不能高于冬宫屋檐。制定的这些标准保证了城市立体空间的完整性。

圣彼得堡的古建筑都保存得非常完好，因此苏联时期的新建设只在圣彼得堡历史中心区以外开展。对中心城区只是进行了局部改造，而在新建城区，结构主义建筑获得了发展，这是俄罗斯对 20 世纪世界建筑史做出的重大贡献。如今，苏联新古典主义也得到了认同。城市工业区成了文化遗产的有机沃土。花园和公园综合体展现了各式各样的欧洲景观艺术，比如屋顶花园、公园。名人公墓中安葬着祖国的杰出人物，考古遗产就是一部关于“消失了的”城市和先辈们的珍贵编年史。

圣彼得堡的独特价值在于其文化财产的原始性、多面性和具有全人类的意义。

三、文化遗产——圣彼得堡稳步发展的动力

如果没有文化遗产，圣彼得堡的现代生活及其发展前景将难以想象。在很大程度上，是文化遗产赋予了圣彼得堡人独特的气质，确定了人文价值的继承性，强调着俄罗斯文化之都的非官方地位，塑造了圣彼得堡的国际形象。

文化遗产对于圣彼得堡的意义，等同于自然资源、石油和钻石矿床对于其他地区

的意义。文化遗产已经融入社会发展的各个进程，并成为精神财富的源泉。古建筑群的结构促进了社会的和谐与平等，以及各领域活动的发展。

动用文化遗产的经济资源是城市新生的基础。最终正是高雅的美学素养和保存完好的历史环境为圣彼得堡创造了得天独厚的投资吸引力和实实在在的商业价值，也是人民生活水平的保证。这不仅表现为立竿见影的经济效益，也表现为不同活动领域就业机会的增加。而且从广义上来讲，它是整个城市社会的财富（来自管理文化遗产、文物修复、旅游业和基础设施的收入）。

四、国家在文化遗产保护方面的政策

以全面保护文化遗产为基本原则。根据这一原则，这项活动仅在圣彼得堡经济和社会发展政策框架内以及未来规划和城市建设项目中有效。保护文化遗产设施应当成为城市建设中的重要战略任务。

全面保护原则，包括在与社会部门、非国家部门发展伙伴关系方面，国家管理机构的引导、监督和协调功能。应当利用所有可用资源，鼓励跨学科、跨部门合作，以达到保护文化遗产的目的。保护文化遗产的重任应当不仅由文物保护机构，还应由那些管理城市规划和建设、经济和工业发展、生态、交通、景观美化、资产综合体、公用住宅事业、法律机构等问题的组织、机构来共同分担。

五、文化遗产保护方案

传统的具有禁止性质的保护措施，如免遭什么而保护在现今情况下仍然在运行。在存在多种经济主体的情况下，保护文物的要求在城区社会、文化和经济发展过程中滋生出冲突。在这种情况下，保护文化遗产与地方社会团体疏远，市民失去了参与文化遗产保护活动的动力。

另一种方案是“为了什么而保护”。在当前的管理政策理念下，这种方案对居民是有利的。一些因保护限制而导致不便在特殊区域居住的情况，能通过一定的实惠得到补偿。文化和自然环境的完整性能够保障城市社会团体的发展（通过旅游、修复工作收入、提高社会地位等）。

社会经济活动与历史环境保护要求之间关系的平衡与和谐是新战略创立的基础。让全社会为保护文化遗产而共同努力则是新战略的目标。

六、保护实践——文化遗产保护的对象和内容

一直以来，我们只对文物本身进行了保护，而没有考虑文物的周边环境。圣彼得

堡文化遗产的特性使得我们必须结合设施、环境和城市建设开展保护工作。文化遗产保护对象是指成为历史、建筑、艺术价值载体的关键部分、参数及环境特性。在保护独立文化遗产设施的同时，还应遵守城市建设的基本原则。最重要的是立体空间的建筑布局、中心水域的布局、整个城市的轮廓、河流的风景全貌、主要广场的建筑群、主要街道的配景。在辽阔的圣彼得堡市，建筑规划的开放空间和优势景观河道、建筑群和环境建筑都非常重要。文化遗产保护的对象包括街区和地块、建筑物规模、高度和分区规划的环境。而在圣彼得堡城郊和距市中心较远的区域，保护对象则是不同规模的建筑物和特别的景观。城市建设保护方案应规定文化层最早和最具价值区块的考古研究模式，以及搜寻与监控措施。

“联合保护区”“保护对象”的概念首次出现在圣彼得堡保护活动的理论和实践工作中。

保护区指为保障文化遗产设施及其周边历史环境的完整性而制定了城市建设和经营活动规范的保护区域。历史中心联合保护区是圣彼得堡保护分区的一大特点。除此之外，还有圣彼得堡彼得宫及普希金、克拉斯诺谢利斯基区文化和历史文物保护区、圣彼得堡喀琅施塔得和疗养区村镇文化与历史文物保护区。

为了使圣彼得堡成为世界遗产，划分出了很多具有历史文化价值的地区，并规定了这些区域内的客体和利用规范。

圣彼得堡辖区内作为世界遗产而受到保护的对象是：

（1）历史建筑物、大涅瓦河沿岸街道景观和全景，可观看最具文化价值的建筑群的景观点；

（2）主导系统背景建筑物的比例（城市轮廓）；

（3）主导结构轴和结构方向。保护主要方向上的建筑高度优势。

在这些区域内规定：

（1）禁止新建建筑物（还原历史环境和改造文化遗产设施而进行现代利用的措施除外）；

（2）禁止改变街道和街区基线的历史规划结构；

（3）限制改造具有历史文化价值的设施（建筑物、正立面、街心花园等）。对于联合保护区的其他部分，则制定了详细的限制规范，规定在不改变规划结构（街道网络、街区划分）、主要环境特性和独立文化遗产设施的前提下，容许进行改造，包括在保障历史建筑物完好的前提下开展考古工作。保护规范应当作为城市建设和设计文件资料基础而列入圣彼得堡建设和土地利用规章。

目前，圣彼得堡共有 7783 项文化遗产列入了国家保护项目。分别是建筑群、建筑物和工程建筑、花园和公园、池塘和运河、纪念碑和花园公园雕塑、历史墓地和考古对象。文物名录反映了 20 世纪中期以前的建筑发展阶段。设施保护对象反映了建筑立面面貌的价值特性、大楼规模和布局、历史装饰、设计、有价值和稳定的规划结构元素和城区分区。保护对象可以延伸至建筑结构，包括装饰或立面。因此，可以对保护设施和城市建设方面采取一定的改造许可措施。

七、圣彼得堡建筑遗产遭受物理伤害（摧毁）的威胁和风险

遗产设施受到的物理伤害（摧毁）与自然老化进程有关，而以下情形将加速这一进程。

（1）恶劣的气候条件（湿度高，长时间的积雪和积冰，年最高温和最低温之差超过 110 度）；

（2）自然灾害（洪水、山洪、浸水、滑坡、飓风、大风、暴风雨）；

（3）涅瓦河三角洲的地质和水文特性（土壤结构不稳定）；

（4）大气污染；

（5）不可控的都市化和汽车交通运动；

（6）历史环境中不合时宜的新建建筑；

（7）建筑物利用模式不规范；

（8）火灾；

（9）破坏文明的行为和其他侵略行动。

高强度旅游开发导致设施超负荷也是文化遗产设施完整性的一大威胁。破坏文物原始性的全面修复也是危害极大的。

自然老化过程取决于建筑物建筑材料的使用寿命、设计运营安全极限。

建筑物缺乏对天气条件的应有保护措施，缺乏对土壤和结构、污染和酸雨的技术工程要求，将导致累积效应。灰泥层碳化和金属腐蚀过程加剧，铜锈侵蚀着青铜表面，磨损影响摧毁了镀金层，花岗岩和大理石退化，地下水破坏了地基，生物腐蚀扩散到木质结构。受生态环境和人类活动因素的影响，近 5 年来，我们已经失去了 9 处文化遗产设施，还有 1317 件文物仍然受到破坏。

永久保存的方法肯定是不存在的。首要任务就是延缓自然老化和磨损的速度，将不良因素的影响和作用最小化。

八、防止损毁现象的措施和方法

频繁的人类活动和各种自然因素加快文化遗产设施物理损毁可谓是“活生生”的威胁，并且可能传递给下一代。应当规避的威胁与防治措施比例失调的现象愈演愈烈。

减缓损毁过程的主要措施：

（1）减少污染源和振动源（远离车辆行驶，限制停车，禁止交通工具靠近特别珍

贵的文物；迁出工业企业，完善和革新工业用地）；

（2）通过正确运营和结构养护，保护建筑物免受天气影响，去除弱化结构、渗水和水的毛细管运动，阻碍排水的缺陷以此来降低历史建筑物的易损性；

（3）按其意义来有效利用文物建筑物，并且不破坏其完整性；

（4）在修复、保养和装修过程中禁止使用不合适的有害材料；

（5）物理防护（加强门卫、视频监控、设立监控中心等）；

（6）系统防火措施。

防护措施不足需要在长期监控和发展预测的基础上进行历史建筑损耗过程、物理、化学和生物损毁相互作用的跨学科研究。针对各种类型的危险和历史建筑物，应当制定组织、行政与技术措施相结合的综合预防措施，以消除威胁、降低损失。与专门的紧急方案一起，这些防护措施应当在跨部门的基础上引入防火安全机构、民防机构和经济状态部机构、生态监控、应急机构和警察局。

必须为文化遗产设施的破坏（毁灭）、损害、盗窃风险提供必要的保证，并结合此类不动产的特性，制定文化遗产设施的维护和运营规章制度。

九、文化遗产设施的修复、维护和重建——列宁格勒-圣彼得堡修复学校

妥善维护和合理利用是最有效、成本最低的遗产保护法。及时的预防和保存工作可以延长修复间隔期。在一定意义上，维护（保护建筑物和装饰易损结构的各种方法）是可以替代成本高昂的修复的。

修复是一项迫不得已的紧急措施。修复需要深度介入文物的原始结构，重塑结构，甚至移除一部分原始构成要素。确立了国际修复原则的《威尼斯宪章》更倾向于维护，只有在其他保护方法无济于事的特殊情况下，才能使用修复方案。

重建和综合科学修复法是列宁格勒修复学校的特长。该方法因修复伟大卫国战争造成的破坏而声名鹊起。战后运用了传统工艺、细致研究文物真迹的碎片、圣像画术和档案资料开展了这场独一无二的修复与重建活动。战后修复在规模和复杂程度上、高超技艺上、科学研究深度上都堪称一场复兴功勋。杰出修复工匠的工作具有独立自主的历史文化和艺术价值。

现代世界观历史主义确定了修复的其他原则——要求最大限度地保留其原貌。基于这个原因，只能在特殊情况下，对受损的设施进行重建，并采用城市建设修复手段或者还原建筑群的完整性。原则上不允许建造历史上不存在的、不属于历史构思中的建筑部分。承认后来的历史特性层的价值，不排除各时代的风格元素，否定文物风格统一的原则（即所谓的“风格性”或“浪漫主义”修复，最佳修复时间——文物盛行时期）。此外，被修复设施在修复后不应当看起来像翻新的建筑物。圣彼得堡的修复实

践工作基于考古修复原则（也就是像研究考古对象一样细致地、系统地来研究文物）。按照《威尼斯宪章》的说法，一旦开始臆想，科学修复工作就结束了。

现如今，圣彼得堡的实际情况是，有 7000 多件文物需要紧急修复（费用至少在 600 亿卢布左右）。在众多其他保护方案中，科学的综合修复方案仍是最佳选择。

圣彼得堡修复学校拥有众多专业工艺和高超的技师，为国际修复经验做出了不菲贡献。独有的工艺、技能和本领是圣彼得堡修复学校的核心竞争力。

20 世纪 90 年代危机之后，修复工作重新成为圣彼得堡经济和社会生活的一个重要因素。共有 399 个持证单位、12000 多人投入到圣彼得堡的修复活动中。修复工作作为一个新领域，可在一定程度上促进经济增长，并能创造就业机会。修复工作的特殊性完全证实了国家支持和鼓励特殊措施的正确性（税务优惠、国家订单）。非商业组织“圣彼得堡发展基金会”、“奥拉宁鲍姆修复和发展基金会”的修复项目、“彼得堡立面”项目、联邦专项项目“俄罗斯文化（2001 ~ 2005 年）”、联邦专项项目“历史古城建筑物的保护与发展（2002 ~ 2010 年）”的子项目“圣彼得堡历史中心的保护与发展”，直接保障了修复公司的生存，并促使其数量不断增加。修复工作要求特殊技艺，应当由表现良好的公司来实施。然而，还需要打破这一行业的垄断，拥有高级专家的中小型公司的存在是保护建筑遗产的最佳保障。

必须提供尽可能多的支持，促使生产传统修复材料的公司重生。

成立科学研究中心（修复学院）是当前的迫切任务，以制定和运用现代修复原则、标准和方法，研究出符合彼得堡遗产特性的新工艺，评测材料和工作质量，推荐和培养专家。在市政定购的基础上，在中等专业和高等教育机构中培养遗产修复和保护专家是完全合理的。

保障修复工作的其他措施：

（1）细致划分，确立各类修复工程的标准和费用；

（2）通过制定必要的质量标准和技能证书的方式来保障并保护知识产权；

（3）借助旅游区的展会、竞赛、手工制品来宣传修复工作质量；

（4）鼓励培训，提供奖学金（补贴、津贴、补助）；

（5）建立职称等级，以促进培养高级专家，促进有天赋的年轻人掌握技艺秘术；

（6）通过大众传媒来向全社会推广。

如此一来，不仅能提高职业尊严、提高修复工作和手艺的价值和社会经济意义，还能为就业和个体价值的实现开辟新的前景。

十、保护文化遗产局势下的现代建筑

任何一个被称为“露天博物馆”的城市都不能被封存。圣彼得堡是一个发展中的大都市，因此协调文化遗产保护与区域发展和改造的利益关系是最重要的任务之一。

区域和目标的改造（包括新建）难题，只有在制定并遵守限制和优先制度，从而保全历史环境中的关键元素的前提下，才能得以解决。实施改造前，应当进行历史文化和历史城市建设鉴定，以确定所有级别文化遗产设施的完好性程度和意义：整体作为历史居民点或名胜古迹的城市、大型遗址（比如，战后低层建筑街区）建筑群，独立建筑物。

现代建筑与历史建筑的一体化定期出现在保护工作的理论和实践中。在历史环境背景下的新建筑是文化遗产保护战略的主要组成部分之一。建设管控区明确了在城市建设环境不完善或退化区域、破败街道沿线区域、街区内部地块和受毁建筑物地块新建建筑物的可能性。新建建筑应当服务于城市建筑结构的修复、受损城市面貌要素、规划结构、规模、分段、协调、轮廓、视觉联系、空间关系的重现。

将现代建筑和谐地融入历史建筑群中的方法有很多种：既可以采用把新建筑的规模、材料和颜色完全“融入”周围环境的方法，也可以采用借助新工艺、新材料尽可能地模拟和重建的“对位”法。与用新建建筑仿品替代真品的重建不同，作为最具创造力的方法，还原和修复强调新建建筑必须呈现历史环境的内在规律性和艺术形象的结构布局中。

与此同时，新建筑还可能威胁到邻近建筑物的物理状态。在密集的城市建筑物中，在圣彼得堡结构不稳定的土壤上进行建设和改造的难度，属于工程地质的最高等级。在历史中心进行改造和新建工作应当考虑地质和水文特性。

投资者愿意在城市历史区域、文物古迹附近开展建设活动，这足以证明这些区域的旺盛生命力和周边环境的超高商业价值。窗外的景色也成为一个重要指标。风景点、视觉联系、城市全景应当编成目录，作为环境和城市建设保护的对象。

十一、开放的城市空间

圣彼得堡开放空间（广场和滨河地带、花园、公园、林荫道和街道）与街区内密集的建筑物共生，造就了市中心独一无二的历史环境。开放空间是建筑遗产的一部分，它们在保障城市社会休闲和娱乐需求方面发挥了主要作用。开放空间表达了城市的集体性生活，是圣彼得堡式的公共集会场所。开放空间具有商业价值，不仅通过创造就业岗位，而且还通过提高城市对商业投资和居住的吸引力来促进经济恢复。

城市大小空间恢复项目使得人们能够更好地来理解环境的价值和质量。开放空间的美化设施，加之辟为文物保护单位的考古对象和小型建筑造型的点缀，从整体上改善了市民的生活质量。

开放空间的重要性不言而喻，然而开放空间却常常遭到破坏。开放空间内充斥着大量的汽车停车场，还存在着污染问题。汽车竞赛运动员成了开放空间的主要使用者。

通过发展步行区及其基础设施，将开放空间纳入社会经营，是最有效的保护和普及历史环境的方式。美化设施、绿化、灯光、以及与周边建筑和环境艺术相得益彰的小型建筑造型有助于在历史中心创造舒适的环境。缺乏和谐、忽视传统、空间超负荷可能会催生感受问题、失去安全感和舒适感，使得开放空间失去吸引力和友好氛围。广告技术手段（广告板、广告柱和标识等）的“轰炸”则会导致视觉疲劳。绝不允许出现此类丑化主要广场和风景全貌（从大涅瓦河至铸造大桥的空间、莫伊卡河沿岸、丰坦卡河沿岸、格里博耶多夫运河沿岸、马尔索沃教场、瓦西里岛长滩、宫殿广场、奥斯特洛夫斯基广场、卡赞斯卡亚广场、十月党人广场、剧院广场、劳动广场）的现象。

绿化空间（花园、公园、林荫路、市中心街心花园、郊区公园宫殿建筑群）也是历史景观不可分割的一部分。与水道一起，它们组成了稳固的生态历史环境综合区，并且是圣彼得堡作为世界遗产项目的重要特性。保护战略应该保障建筑景观设施不可侵犯，保障系统进行综合恢复和预防工作，保障花园式剧院文化的重现，保障露天花园式艺术博物馆的建立。

在规划开放空间美化设施的实践工作中，应当更加灵活地利用公共和私营伙伴关系。市民的直接参与能起到自我发展、激发个人和集体的责任意识及尊重现有城市结构的效果。

十二、文化遗产设施保护法规

相应的法律法规文件是文化遗产保护的基础。文物保护领域法律构架组成如下。

（1）国际法典：《欧洲考古遗产保护公约》（1969 年 5 月 6 日，伦敦，1991 年 2 月 14 日起在苏联生效）、《世界文化和自然遗产保护公约》（1972 年 11 月 16 日，巴黎，1989 年 1 月 12 日起在苏联生效）、《欧洲建筑遗产保护公约》（1985 年 10 月 3 日，格拉纳达，1991 年 3 月 1 日起在苏联生效）；

（2）联邦法律：《俄罗斯联邦各民族文化遗产（历史文化文物）法》（以下称联邦法律）；

（3）苏联部长会议 1982 年 9 月 16 日第 865 号《关于批准历史文化文物利用与保护条例的决议》（目前采用与联邦法律不相矛盾的部分）；

（4）苏联文化部 1986 年 5 月 13 日第 203 号《关于批准历史文化不动产文物的修复、利用、维护、完整性保障、登记程序条例的指示》、苏联文化部 1986 年 1 月 24 日第 33 号《关于开辟苏联历史文化不动产文物保护区的指示》（目前采用与联邦法律不相矛盾的部分）。

无论是联邦法律，还是地方法律，其基础都需要完善和发展。

与 1978 年 12 月 15 日生效的俄罗斯联邦现行《历史文化文物利用与保护法》（以下称俄罗斯联邦法律）一样，联邦法律要求按照历史文化意义对文化遗产进行等级划分（联邦级、地区级和地方（市政）级）。从俄罗斯联邦法律的执行效果来看，如此划分文化遗产设施的等级没有科学的理论依据，国家保护措施系统不取决于历史文化意义级别。在现代条件下，“等级划分”在实施国家保护方面制造了不必要的障碍，引起了区别对待同属于国家财产的文化遗产设施的问题，并导致文化遗产设施资助资金依靠不同等级的财政预算。取消对文化遗产设施的等级划分，以便能够按照民法、土地法、预算法和城市建设法来对文化遗产进行系统保护。

为保护文化遗产设施、完善旨在协调国家遗产保护方面法律关系的现有法规如下。

1. 对联邦法律进行如下修改和补充

（1）取消按照不同历史文化意义对文化遗产设施进行等级划分的规定；

（2）为联邦中心城市圣彼得堡出台在文物集中区域实施文化遗产联合保护区的特别条例。

（3）出台相关法规，以便在为保护设施而进行的经营活动带来的收益难以为继时，给文化遗产所有者划拨财政预算津贴以用作文化遗产设施保护费；

（4）规定装修施工时以及发生自然灾害的情况下，必须为文化遗产设施受损进行保险，前提是保险事故发生时支付的保险补偿应当只用于受损文化遗产设施的修复。

（5）将国家博物馆、图书馆、剧院－音乐厅机构、教学机构等设施列入《国家不得转让文化遗产设施名录》。

2. 制定并批准联邦修复法律法规

（1）《关于制定、协商和批准文化遗产设施保护工程设计和预算文件的规定》；

（2）《关于完成联邦法律规定的各类修复工程的规定》。

3. 对俄罗斯联邦税法进行补充

（1）将以慈善活动名义用于文化遗产设施装修和维护的资金计入减少公司利润计税基础的非营业费用；

（2）将以慈善活动名义用于文化遗产设施装修和维护的资金计入减少个人收入计税基础的财产税前扣除；

4. 补充俄罗斯联邦《关于俄罗斯联邦主体国家文化遗产设施保护机构授权记录和审查文化遗产保护领域内的行政违法事件的行政法律关系的法典》

5. 补充2003年11月26日生效的第684-96号《组织财产税法》

补充规定主要业务为文化遗产设施修复的组织免除交税。

6. 在通过圣彼得堡关于土地税税收优惠时规定针对组织所有的历史文化意义等级地块免除组织税费

7. 执行俄罗斯联邦城市建设法规时

出台圣彼得堡建设和土地利用制度，包括圣彼得堡城市建设分区图，图上注明文化遗产设施区域边界、限定利用条件的区域（尤其是文化遗产设施保护区）的边界，以及城市建设区域规划条例，包括大宗用地和这些区域内基本建设工程的许可建设和改造的标准。

确定文化遗产设施区域边界图（示意图）的制定程序。

8. 确立将地块列入地区级历史文化用途土地的程序

（1）组织和行政措施。

将积极保护文化遗产综合政策列入城市规划中。圣彼得堡市政服务、建设和景观美化领域的国家政权机构在作决定时，应当考虑保护圣彼得堡文化遗产的必要性。

按照俄罗斯联邦法律和国际协议规定来完善遗产管理系统。

保留国家历史文化文物监督、管理和保护委员会实施联邦国家保护机构的部分权限，在其结构中建立长期监控文化遗产的特别部门。

将给圣彼得堡州州长准备一年一度的关于圣彼得堡文化遗产设施状况报告的工作纳入国家历史文化文物监督、管理和保护委员会的工作中。此外，关于文化遗产保护工作的年度报告草案应提交给圣彼得堡市政府下属的文化遗产保护委员会来审议，并提交至圣彼得堡市市长批准。

积极协助俄罗斯联邦文化和大众传媒部下属的联邦文化遗产保护科学方法委员会，以及全俄历史文化文物保护协会、互助组织和社团组织。

（2）金融和经济保障。

圣彼得堡历史中心资产价值为 4200 亿卢布，不含难以评估的特别珍贵的文化遗产设施。修复费用约为 600 亿卢布。

2004 年所有渠道资金资助共计 24 亿卢布，也就是所需资金的 4%。

文物修复和老旧建筑物整修需要的投资等于或者超过新建建筑所需资金。

应当建立综合资助措施系统，以保障文化遗产设施的完好性，协调各级财政预算、非财政资金来源以最大限度地有效利用资金。

文化遗产保护和历史城市发展的现代经验推翻了文物改造和保养的消耗性概念。分析历史文化遗产保护的经济优势后会发现，在城市发展的 3 个领域中积极促进经济增长的正面影响：建设和修复、不动产价值、旅游。世界经验表明，将历史遗产列入城市发展规划之路是文物保护最有效的途径。

文化遗产保护的一般原则：

1）明确各级国家机构的职权。

2）在明确使用权的基础上制定多种所有权形式。

3）在确定文化价值优先权时遵守文物使用带来的经济效益原则。

4）依靠收入性投资项目、发展基础设施和景观美化的投资修复回报原则。

5）创造良好的投资环境。

圣彼得堡文化遗产保护经济刺激项目应当规定：

1）增加来自联邦政府和市政府机构的修复工作订单。

2）全面鼓励修复和改造，但是需要考虑到现代市场条件：节约面积、基础实施、原料和能源。

3）积极探索老旧建筑的新型利用方式，作为住房政策和公共美化方案的一部分，在老旧住宅改造区内保持社会平衡，改善各阶层居民的居住环境和生活条件。

4）依靠低息贷款、奖金、税收优惠和流动资金进行维修和修复；两种补贴方式——无回报的非营利性工作（修复）和有回报的工作是赋予建筑物实际增值的工作（重建和改造）。标准：设施的历史文化价值、当前价值、其社会作用、公众可用度、所有者负责能力、文物可能带来的收入。

5）制定灵活机制以支持私人倡议者、个人赞助商和生产销售石油、酒类、从事赌博商业和其他高营利性的商业组织。

6）通过税收优惠以保障赞助支持。

7）成立圣彼得堡参与的基金会以重建和修复圣彼得堡区域内的文化遗产设施。

8）必须向市民系统地阐明公共和私营投资文化遗产的价值，以使经济集团和城市团体意识到投资文化历史遗产的成果和威望。应当展示保护的显著价值和实际价值之间的差别，以及直接盈利和此项活动带来的间接盈利之间的差别。

（3）文化遗产设施所有权。

绝大多数的建筑遗产设施归国家所有。在不动产领域存在多种经济主体、各种所有权类型的情况下，将历史不动产排除于商业流通之外是不理智的。暂停收购文化遗产设施导致终止了资金流入历史不动产。

国家，作为文化遗产完整性、宪法赋予每个人接近文化遗产的权利的保证人，必须清除所有法律障碍来发展这种特殊的不动产。在俄罗斯联邦，任何人都无权对历史不动产胡作非为。所有者必须维护、保护、修复文物，并且保障其可参观。

特别珍贵的文化遗产、列入世界遗产名录的文物和建筑群、历史 - 文化自然保护区和考古遗产归国家所有，不得转让。

圣彼得堡拥有实施投资项目的成功经验，应制定更为有效的动员机制，促使投资者将二次利润投资到新的文化遗产保护行动中，从而启动修复项目。促进政策应一直持续，直到投资充足且富有成效。税收优惠应当取决于修复项目的性质，有三种：

1）用于文化事业且获利潜力较小的文物；

2）用于文化事业且具有一定获利潜力的文物；

3）主要用于经济用途且修复会带来盈利的文物。

4）科学和技术措施。

对圣彼得堡历史中心及其郊区实施保护措施之前的综合研究工作，包括地质、水文、生态、考古、历史、技术、社会和经济资料分析。

确定城市建设保护对象——珍贵和稳定的规划结构元素，对城市进行区域划分，对城区杂乱无章的建筑残骸进行建设的措施。

明确反映立面建筑面貌特性、建筑物布局和尺寸、历史装饰、设计、成为建筑物纪念意义载体的要素的保护对象。

修正文物登记簿，继续登记和盘点。

长期监控所有的损毁过程，研究停止方法和损毁原因，减少污染物数量。

建立历史文化遗产统一数据库，保障文物登记簿的编制和修正、文物研究、登记和盘点。管理数据库，在明确保护对象方面提供信息支持，保障监控文化遗产技术状态和使用情况，保障有照相记录的、有计划的修复历史。

保障历史文化遗产数据库与城市有关部门地质、水文和生态数据库的数据共享，以及与圣彼得堡交互式电子地图的共享。

十三、文化旅游

圣彼得堡拥有发展旅游的强大实力，旅游应当成为圣彼得堡经济的重要领域。旅游可以促进历史文化古迹的普及，提高圣彼得堡在俄罗斯国内外的声望，提高市民生活质量。旅游收入的专项拨出部分可以为维护和保存文化遗产提供经费。

旅游可以让更多的人了解文化遗迹，但是应当避免过度开发旅游资源。名胜古迹的访问量不得超过古迹保护程度和古迹特性所能承受的范围。

必须研制出不同于普通大众旅游的文化旅游模式，以免超出文化遗产设施的承载力。这种基于利用文化遗产优势发展旅游的模式，应当指向重现被遗忘的艺术类型和传统，创建新的旅游兴趣中心，组织特别的路线类型。

旅游和游览可以充分利用整个圣彼得堡文化遗产的潜力，但需合理分配季节性客流量，并创造舒适的居住和交通条件。

十四、文化遗产的社会和教育意义

对文化遗产的忠贞是圣彼得堡人显著的文化特性。这种文化特性形成于新旧文化相互渗透的过程之中和永恒价值融入现代文化生活的过程之中。每一代人都在寻找自己对过往的判读并且从中引申出新的思想。

教育培训应当利用历史、艺术和文化遗产所体现出的美学价值，以此来培养现代社会当之无愧的公民。培养年轻人对文化传统多样性的尊重和容忍，懂得抵抗排外和民族排斥现象乃是当前的迫切任务。无论是对文化遗产的保护工作，还是对圣彼得堡的社会秩序的维护，这种教育理念的客观性和性质都非常重要。

需要制定下列防止破坏文明现象和某些居民团体侵占动机的有效方法：

（1）结合综合防护措施（设立警察驻点、巡逻路线、安装摄像监控）以加强启蒙和教育工作。

（2）发展著名文物志愿者团体，团结年轻人参与遗产保护项目，组建年轻人修复队伍。

（3）设立文物、建筑群和名胜古迹点的纪念日。

（4）向社会广泛传播危害古迹的源头，以及文物保护措施。

（5）所有市民积极参与、创新参与，意识到历史城市空间价值是文化遗产保护领域取得成功的重要条件。使用现代大众传媒手段、多媒体手段和广告方式，激励私人和公共项目，从而将商业代表、知识分子、年轻人和老兵积极吸引到这项活动中。没有社会成员的参与，就不能有效地来保护文化遗产。

（6）应鼓励获取知识，与文化遗产交流的乐趣，这是个体和集体创造性地实现自我价值所必需的因素。利用一切机会将文物保护和相关文化传统的发展联系起来。

在实施对文化遗产设施进行保护的措施时，首先应完成以下工作：

（1）不得拆除和非法改变建筑和摧毁考古遗产。

（2）避免工业企业污染环境。

（3）对违反保护法的，处以一定罚款，以此来打消破坏者因非法行动而获利的念头。

（4）要求使用者和所有者保持历史不动产的应有面貌。

（5）限制外部广告，并控制保护区内的商业设计。

（6）禁止在历史城区或者在历史建筑物直接毗邻区规划新的道路。

（7）禁止新建与历史环境不相容的建筑物。

（8）疏导交通，并限制汽车停车场，建设步行区，取消保护区的地面交通。

必须激发市民、职业媒体收集和传播信息的积极性；支持对新设施进行登记和历史文化鉴定的社会倡议。宣传文化遗产的方法和形式要多种多样：出版代表现代文物认知水平的文物汇编；各种科学刊物、科学流行刊物和信息查询刊物；举行公开听证会；借助大众传媒发表演说；举行与城市日和国际文化保护日有关的大量活动；组织举办各种科学实践大会；设置纪念和保护牌，在建筑文物中设置文化遗产设施历史信息展板；组织举办主体性展会；发展小型市政、部门和私有博物馆网络。

主要任务：在市民心中建立行为规范——《彼得堡精神》，以培养城市社会的文化气质，杜绝生活中故意破坏文物的不文明行为。

十五、国际合作

与生态、能源、资源、人口等问题一样，文化遗产保护问题已经成为当前的一个全球性问题。而解决这个问题，需要全世界的共同努力。除遵守《世界文化和自然遗产保护公约》（联合国教科文组织，1972年11月16日）的要求外，还应当开展国际合作：

（1）与活跃在文物保护领域的国际组织进行科学技术交流，并发表文章。

（2）参加国际展会、大型国际会议和研讨会。

（3）引进外国专家来攻克圣彼得堡文化遗产保护中的难题。

（4）成立世界遗产中心圣彼得堡分部。

（5）在圣彼得堡成立国际文物和名胜古迹委员会、罗马修复中心分部。

对圣彼得堡而言，在文化遗产保护领域开展国际合作，是一项非常重要的战略资源。应全方位开展国际合作，包括交流立法经验、保护与修复理论和实践经验，以及吸引社会团体或发展有志普及和保护文化遗产的年轻一代。今后，圣彼得堡应当以自身经验为主，同时吸收借鉴国际社会的成果，以保护历史名城、名胜古迹，并能改善生活环境

附录 《圣彼得堡市建筑物立面修复项目》基本条例（2005～2006 年）

建筑物的立面赋予了圣彼得堡别具一格的魅力。因此，首先制定了立面综合修复方案。

圣彼得堡的外立面是一部反映建筑形式、装饰材料、技术人员水平的百科全书。柱式结构、悬楼、塔楼、尖顶和圆顶、各种各样的屋顶、雕塑和金属装饰使得这里的建筑物造型百变且宏伟壮观。彼得巴洛克有两种颜色的立面对比色彩，富有表达性，它替代了伊丽莎白时代颜色多样的巴洛克雕塑。古典主义风格和帝国风格的建筑物立面主要讲究严谨和对称。回溯过往风格（埃及和东方主题、哥特建筑和文艺复兴建筑、巴洛克和希腊复兴式建筑主题的变种），留下了多种多样的布景形态，现代派亦留下了精美的造型。建筑物装饰材料主要为：石灰石（普梯洛夫、加特契纳、普多斯特、波兰和德国）、花岗岩（维堡山岩、瓦阿拉姆、芬兰环斑等）、大理石（季夫季亚、意大利、鲁斯科利）、浇铸件、冲模绿锈青铜、黑色金属、锻造和铸造铁件、什皮阿特尔、镀金、涂料和电铸件、陶瓷和马赛克。

圣彼得堡大部分建筑物的立面都采用了灰泥。因为灰泥可塑性强，适用于各种风格和造型，还可以加入各种颜色和涂料，甚至可以呈现出石墙的质感和风格。

现今，建筑物立面的状态非常糟糕（遭受污染、装饰物大量丢失），呈现出一个真实的“华丽圣彼得堡”。除特别珍贵的设施外，立面都没有进行专业修复。

老旧的灰泥层摇摇欲坠，采用了临时的错误修复方法（水泥含量高的灰浆、合成黏结剂组成的涂料覆盖层损坏了灰泥层和砖层）。

最终目的是要永久修复。但只有采用特殊工艺和特殊材料才能达到这种效果（立面：硅酸盐石灰涂料材料、石灰灰泥溶液、天然涂料。施工季节：温度不低于 8℃），而一般的建设工程是不会使用这些特殊工艺和材料的。

立面修复的平均费用大约为 500 万卢布，每平方米的修复费用从 3 卢布到上千卢布不等。按照施工工艺来施工，后续对古建筑物进行特殊养护（定期冲洗立面，每年

2～3次；检查管网、屋顶、构件和装饰物，及时清除隐患）可以延长修复立面的寿命多达20～30年。

圣彼得堡列里赫家族博物馆学院

一、博物馆学院的使命

保存、更新列里赫家族的创作遗产，确保其传承，保护其在圣彼得堡的发源和基地。在俄罗斯和世界文化统一的大背景下，列里赫家族的创作遗产是社会发展和未来展望的战略性资源。

二、目的和主要任务

（1）在发现、保存和研究列里赫家族遗产、文化环境及同时代人的过程中，确保其传承性；

（2）列里赫遗产的科学性、艺术性开发及推广；

（3）创造条件，使更多的人了解列里赫家族的命运和作品，及其在圣彼得堡的发源；

（4）恢复俄罗斯的精神和文化历史传统；在科学、艺术作品和其他生命活动中确定道德准则。

三、法 律 状 况

圣彼得堡列里赫博物馆作为一个非商业性文化单位于 2001 年 5 月 11 日注册成立。创办单位是于 2001 年 1 月 30 日成立的“列里赫遗产”国际公益基金会。实际创办人是柳德米拉·科哈诺夫斯卡娅·米图索娃。列里赫家族博物馆学院的创办方案包含在圣彼得堡 300 周年庆祝方案中，该创办方案由圣彼得堡国立大学编制，并经 2001 年 2 月 6 日圣彼得堡文化管理委员会扩充小组会议批准。

2004 年 10 月 25 日举行了圣彼得堡博物馆跨部门会议，会议通过了将该文化单位设立为国家博物馆的决议。在 Л. А. 韦尔比茨卡娅校长为代表的圣彼得堡国立大学的大力支持下，以及 М. Б. 皮奥特罗夫斯基为代表的国立艾尔米塔什博物馆、Б. С. 索科洛夫院士和 А. А. 富尔先科院士为代表的俄罗斯科学院、其他科学文化活动家和组织的参与见证下，通过圣彼得堡市长 В. И. 马特维延科的协助，选择了具有历史性意义的建筑（即施密特中尉沿岸街 41 号）作为博物馆馆址。

2005 年 9 月 16 日，圣彼得堡列里赫家族博物馆学院在自己的博物馆大楼内举办了首个名为“列里赫和其他人”的展览。从此，该博物馆学院全面开放。目前开馆时间为：星期四～星期日，11：00～18：00；星期三，14：00～21：00。

2007 年 3 月 12 日，圣彼得堡 248 号政府令发布，该命令规定，以非商业性文化机构——“圣彼得堡列里赫家族博物馆学院为基础，成立圣彼得堡国立文化机构——“列里赫家庭博物馆学院”。

“列里赫家族博物馆学院”这个名字本身表明，它不仅是通常意义上的博物馆，也是我们伟大同胞们遗产的科研中心。

博物馆学院针对参观人员推荐以下内容：长期举办的列里赫家族成员纪念展、主题巡回游览、当代艺术家的各项展览、针对中学生举办的各类节目和活动、各类科技和启蒙类出版物。

列里赫家族博物馆学院举办的活动有：

（1）在每个月的第三个星期五开展圣彼得堡列里赫文集汇编文化讲习班；

（2）古典及东方音乐会；

（3）“畅游罗斯”民族音乐讲座；

（4）讲座（每年举办 10 场，以历史、东方学、语文学、艺术学、地理学、自然科学及其他学科为主题）；

（5）在各个展区分别举行尼古拉·列里赫和斯维亚托斯拉夫·列里赫的作品及世界艺术名做全幅临摹品艺术教育展。

四、馆　　藏

博物馆的藏品大约有 15000 件。主要的馆藏品大致可分为实物、文件资料、造型艺术品、照片、珍本书籍，其中包括莫卡（Мойка）沿岸大街 83 号列里赫家族故居内的沙发、各类彩色画作和素描作品、工艺美术品、19～20 世纪的各类容器、考古文物、私人物品、各类单品、1870～2000 年的各类手稿和文献资料、纪念性藏书、照片。在现有的这些馆藏品中，有超过 2000 件存放在 К.И. 马亚中学博物馆内（К.И. 马亚中学博物馆自 2016 年起正式成为列里赫家族博物馆学院的分馆）。

五、合　　作

在现有的合作计划以及与圣彼得堡国立大学、国立艾尔米塔什博物馆、俄罗斯国家博物馆、俄罗斯国家东方博物馆（Государственный музей Востока）（莫斯科）、列里赫博物馆（纽约）、香巴拉列里赫博物馆（Шамбала Музей Рериха）（乌兰巴托）、A. B. 阿诺欣国家博物馆（戈尔诺 - 阿尔泰斯克）、陕西省考古研究院（西安）等文化科研单位签订的双边协议框架下，博物馆不断与各单位合作开展各类活动。

后　　记

2013 年 9 月和 10 月中国国家主席习近平两次发出共建“新丝绸之路经济带”和“21 世纪海上丝绸之路”的合作倡议。陕西省委省政府落实“倡议”精神，着力加快与中亚各国以及俄罗斯等丝路沿线国家文化遗产保护的全方位合作。鉴于此，2015、2016 年陕西省文物局两次派出代表团赴俄罗斯，与圣彼得堡文化遗产保护委员会开展合作交流，期间代表团还访问了圣彼得堡国立列里赫家族博物馆（研究院）。

尼古拉·康斯坦丁诺维奇·列里赫（1874 ~ 1947 年）是享誉国际的画家、东方学家、收藏家和考古学家，曾在二十世纪三四十年代倡导发起旨在保护各国历史文化遗产的“列里赫运动”，并组织多国签署了《列里赫公约》，奠定了国际文化遗产保护合约的基础。列里赫先生曾于十九世纪末和二十世纪初前往中国黑龙江、新疆、西藏等地旅行和考古探险，其家族博物馆藏品丰富，包括其生平遗物、手稿、绘画作品、文物和其他珍贵收藏品以及文献资料。

陕西省文物局代表团考察了列里赫家族博物馆收藏与《列里赫公约》相关的大量实物及文献资料，以及该馆近年来开展的文化遗产保护法规建设成果、博物馆展览及围绕列里赫早年探险之路开展的考古研究工作。为加强双方在文化遗产保护法规建设、文化遗产保护规划及保护模式创新领域的交流与合作，增强向国内文化遗产领域推介《列里赫公约》对保护世界文化遗产的积极作用，系统介绍其在世界范围内的传播与实践历程，双方协定合作开展《列里赫公约》等考古及文化遗产保护系列出版物的翻译出版工作。

本书《H. K. 列里赫的文化遗产保护探索之路》为双方合作出版的首部著作，该书为 2005 年在圣彼得堡律师事务所举行的国际科学实践会议以及在圣彼得堡举行的第 5 ~ 15 届“列里赫遗产”国际科学实践会议的总结资料，可供文化遗产保护、国际法等研究人员及大中专院校相关专业师生阅读参考。原书由俄罗斯圣彼得堡国立列里赫家族博物馆（研究院）出版，陕西省考古研究院、陕西省文化遗产研究院联合负责中译。

本书出版工作得到了陕西省文物局的大力支持。在书籍合作出版项目启动以及编译过程中，陕西省文物局原局长、现陕西省政府参事室参事赵荣教授、陕西省文物局罗文利局长、陕西省考古研究院原院长王炜林研究员、圣彼得堡国立列里赫家族博物馆（研究院）阿列克谢·阿纳托利耶维奇·邦达连科馆长以及圣彼得堡市议员、著名考古学家阿列克谢·科瓦列夫先生均给予了极大的关心和指导。

郑州大学历史学院孙危教授及该校历史学院 2019 级硕士研究生伦雪飞、梁翠婷为译文的校对工作付出诸多辛劳，科学出版社王琳玮女士为书籍编辑工作付出大量心血，在此一并致以诚挚谢意。

全书由孙周勇、周萍、路智勇、王伟、张磊统稿。

由于本书由俄文原著翻译而来，中俄文化背景及语言习惯差异大，加之编译者能力有限，书中不足之处在所难免，敬请读者批评指正。

编　者

2020 年 9 月